Martin Wolmerath

Mobbing im Betrieb

Rechtsansprüche und deren Durchsetzbarkeit

Nomos Verlagsgesellschaft
Baden-Baden

Die Deutsche Bibliothek – CIP-Einheitsaufnahme

Ein Titeldatensatz für diese Publikation ist bei
Der Deutschen Bibliothek erhältlich. (http://www.ddb.de)

Zugl.: Bremen, Univ., Diss., 2000

ISBN 3-7890-7066-1

1. Auflage 2001

Für Eileen-Deirdre und Kevin

Vorwort

Mobbing ist keine Modeerscheinung, sondern das Ergebnis einer sich ändernden Arbeitswelt, wobei die Wechselbeziehungen zwischen der Arbeitswelt und den gesellschaftlichen Entwicklungen fließend sind. Mithin stellt das Mobbingphänomen das Spiegelbild unserer Gesellschaft dar. Wer verlernt hat, Konflikte offen, fair und zukunftsgerichtet zu lösen, wird leicht dem Mobbing verfallen - wobei sowohl als Mobber als auch als Mobbingbetroffener jeder in Betracht kommen kann. Vorstandsvorsitzende können in derselben Weise Mobbing ausgesetzt sein wie eine Sekretärin.

Anlass, mich mit der Mobbingproblematik zu beschäftigen, waren Schilderungen von Betriebs- und Personalratsmitgliedern auf einem der ersten Mobbingseminare für Betriebs- und Personalräte in der Bundesrepublik Deutschland, die selbst von Mobbing betroffen waren. Noch auf der Veranstaltung fasste ich den Entschluss, Arbeitshilfen für Betriebs- und Personalratsmitglieder zu erarbeiten. Seitdem sind gut sechs Jahre vergangen. In dieser Zeit habe ich auf einer Vielzahl von Seminaren zu Mobbing, Konfliktbewältigung am Arbeitsplatz sowie psychosoziale Belastungen am Arbeitsplatz referiert. Hinzu kommen Referate auf Tagungen, Betriebs- und Personalversammlungen sowie Interviews im Radio und im Fernsehen. Nicht gezählt habe ich die Gespräche insbesondere mit Betroffenen, Betriebs- und Personalratsmitgliedern, Therapeuten, Ärzten und Journalisten. Für ihre Schilderungen, Berichte, Fragen und Anregungen bin ich ihnen mehr als dankbar. Sie haben bei mir unzählige Eindrücke hinterlassen und mich dazu bewogen, hinsichtlich der Mobbingproblematik weiter „am Ball" zu bleiben. Dies gilt vor allem für Dr. Axel Esser, mit dem ich in dieser Zeit eng zusammen gearbeitet habe.

Bei dem vorliegenden Buch handelt es sich um meine Dissertation, die unter dem Titel „Rechtliche Bewertung von Mobbing und Möglichkeiten zur Begegnung dieses Phänomens" im Frühjahr 2000 an der Universität Bremen vorgelegt wurde. Diesbezüglich gilt mein Dank Prof. Dr. Wolfgang Däubler, der nicht nur meine Dissertation betreut, sondern auch mit nur wenigen Worten den Anlass für diese gab: „Dann tu's doch!". Mit Anregungen und Hilfestellungen hat mich weiter Prof. Dr. Roderich Wahsner begleitet, der ebenfalls meine Dissertation betreut hat. Auch ihm bin ich für seine Unterstützung dankbar.

Da die Arbeit an dem Manuskript im Februar 2000 abgeschlossen wurde, konnten nach diesem Zeitpunkt veröffentlichte Literatur sowie ergangene Rechtsprechung keine Berücksichtigung finden. Diese werden in einem Nachtrag zusammenfassend dargestellt.

November 2000 — Martin Wolmerath

Inhaltsverzeichnis

Einleitung

Im Sprachgebrauch der Bundesrepublik Deutschland hat sich in den letzten Jahren ein Begriff etabliert, der das wohl derzeit größte Problem der Arbeitswelt umschreibt - von Mobbing ist die Rede.

Obwohl es Mobbing schon seit den frühesten Anfängen abhängiger Beschäftigung geben dürfte,[1] nimmt Mobbing heute einen weitaus größeren Stellenwert ein, als es früher der Fall war.[2] Schätzungen gehen von 300.000 bis 2,5 Millionen Menschen aus, die von Mobbing betroffen sein sollen.

Diese negativ zu bezeichnende Entwicklung - die als eine Fehlentwicklung in der Arbeitswelt zu qualifizieren ist - kann vor allem auf gesellschaftliche Veränderungen sowie auf die bereits seit mehreren Jahren anhaltend hohe Arbeitslosigkeit zurückgeführt werden.[3] Veränderten Wertvorstellungen in den Betrieben und Dienststellen, neuen Führungsstilen und Formen der Arbeitsorganisation stehen der Zunahme von Konkurrenzdenken, wachsende Arbeitsverdichtung sowie die Angst vor dem Verlust des eigenen Arbeitsplatzes gegenüber. Die in den letzten Jahren gestiegenen Anforderungen an sozialer Kompetenz, Kommunikation sowie Konfliktfähigkeit scheinen alle betrieblichen Akteure gleichermaßen zu überfordern.[4] Der Umgangston am Arbeitsplatz wird härter, die Auseinandersetzungen am Arbeitsplatz gewinnen an Schärfe. Leymann stellt fest, dass Konflikte zu psychische Gewalt werden.[5] Immerhin 20 v.H. der Beschäftigten empfinden das Betriebsklima am Arbeitsplatz als erträglich bis schlecht.[6]

Die Folgen solcher Arbeitsbedingungen sind vielfältig. Sie reichen von Appetitlosigkeit, schlechtem Schlaf und Nervosität über psychische sowie physische Erkrankungen und Persönlichkeitsstörungen bis hin zum Suizid.[7]

Während Mobbing vor allem bei Arbeitsmedizinern und Arbeitspsychologen eine große Aufmerksamkeit erregt hat, haben sich die Juristen dieses Phänomens bislang kaum angenommen.[8] Nur einige wenige haben sich bislang dazu Gedanken gemacht und diese zu Papier gebracht.

Dabei habe ich in zahlreichen Gesprächen mit Mobbingbetroffenen, Ärzten, Psychologen, Therapeuten sowie Betriebs- und Personalratsmitgliedern den Eindruck gewonnen, dass den Juristen im Zusammenhang mit Mobbing eine besondere Bedeutung zugesprochen wird. Insbesondere für Mobbingbetroffene sind Rechtsanwälte sowie gewerkschaftliche Rechtsschutzsekretäre oftmals die letzten Hoffnungsträger. Dies ist speziell dann der Fall, wenn der Mobbingbetroffene bereits erfolglos die verschiedensten Versuche unternommen hat, dem Mobbing ein Ende zu bereiten; wozu unter anderem im Sande verlaufende Beschwerden an Vorgesetzte, an den Arbeitgeber

---

[1] s.a.: Brinkmann, S. 9

[2] vgl. Hage/Heilmann, S. 742

[3] Hage/Heilmann, S. 742; s.a.: Steinbrück, S. 6 ff.

[4] s.a.: Hage/Heilmann, S. 742; die Ausführungen der Gesprächsteilnehmer in Esser/Wolmerath AiB 1997, 209 ff.

[5] Leymann in Leymann/Niedl; S. 58

[6] HÖR ZU Nr. 32 v. 7.8.1998 unter Berufung auf den Bundesverband der Betriebskrankenkassen

[7] vgl. Hage/Heilmann, S. 742; s.a. den Fall „Ingrid" in Leymann/Niedl, S. 21 ff.

[8] Däubler in Leymann 1995, S. 76 f.

bzw. Dienstherrn sowie an die betriebliche Interessenvertretung zu zählen sind. Wissen um konkrete Hilfe gebetene Personen (z.B. Arbeitskollegen, Vorgesetzte, Therapeuten) in einer Mobbingsituation nicht mehr weiter, so sind diese nicht selten geneigt, den Mobbingbetroffenen an einen Rechtsanwalt zu verweisen. Der Rechtsanwalt wird in einer derartigen Situation häufig als die „letzte rettende Hand" betrachtet, die den Mobbingbetroffenen vor „dem Untergang" bewahren kann.

Wird ein Rechtsanwalt mit einer konkreten Mobbingsituation konfrontiert, so fühlt er sich nicht selten überfordert. Rechtsanwälte haben mir verschiedentlich berichtet, dass sie das Phänomen Mobbing mit juristischen Mitteln nicht in den Griff bekommen. Ihnen erscheint Mobbing in juristischer Hinsicht als äußerst schwer fassbar. Da es sich bei „Mobbing" nicht um eine juristische Terminologie handelt, könnten sich die Juristen mit Hilfe entsprechender Argumente leicht aus der Affäre ziehen und den „Ball" an die Soziologen und Arbeitswissenschaftler „weiterspielen". Die Juristen könnten argumentieren, dass Soziologen, Arbeitswissenschaftler, Arbeitgeberverbände, Gewerkschaften und Politiker die Verantwortung für Fehlentwicklungen in der Arbeitswelt zu tragen haben. Konsequenter Weise müssten diese mit den ihnen zur Verfügung stehenden Mitteln korrigierend in den Prozess der Veränderung der Arbeitswelt eingreifen. Sie hätten demnach dafür zu sorgen, dass sich dieser Prozess in einer das Mobbing ausschließenden Arbeitswelt vollzieht. Schließlich könne es nicht die Aufgabe der Juristen sein, gesellschaftlich bedingte Fehlentwicklungen in der Arbeitswelt zu korrigieren.

Ein solcher Umgang mit der Mobbingproblematik erscheint mir aus den nachfolgenden Gründen nicht als förderlich. Zum einen hilft eine derartige Sichtweise den mit einer konkreten Mobbingsituation konfrontierten Personen und Institutionen (z.B. Mobbingbetroffener, Arbeitgeber bzw. Dienstherr, Therapeut, Arzt, Betriebs- bzw. Personalrat) bei der Bewältigung der existierenden Probleme nicht weiter. Zum anderen besteht die Gefahr, dass das Vertrauen in das bundesdeutsche Rechtssystem Schaden nimmt, wenn sich die Juristen ihrer Verantwortung entziehen und sich nicht an der Lösung des Phänomens Mobbing beteiligen.

Aus diesen Gründen erachte ich es als zwingend erforderlich, sich auch in juristischer Hinsicht umfassend mit der Mobbingproblematik zu beschäftigen. Hierzu soll diese Untersuchung einen Beitrag liefern, mit der mehrere Ziele verfolgt werden:

- Den Mobbingbetroffenen, Arbeitgebern bzw. Dienstherren, betrieblichen Interessenvertretungen und anderen interessierten Personen sowie Institutionen soll aufgezeigt werden, welche Möglichkeiten das bundesdeutsche Rechtssystem bietet, um Mobbing im konkreten Einzelfall mit juristischen Mitteln aufarbeiten zu können.
- In der gleichen Weise sind die Probleme, die sich bei einer Aufarbeitung von Mobbing mit juristischen Mitteln ergeben sowie die Grenzen der Juristerei aufzuzeigen.
- Mit der Mobbingproblematik konfrontierte Personen und Institutionen sowie Arbeitgeberverbände, Gewerkschaften, politische Parteien und der Gesetzgeber sollen für die Mobbingproblematik sensibilisiert werden. Hierzu ist aufzuzeigen, welche Gefahren sich aus Mobbing für den Einzelnen, für den Betrieb bzw. die Dienststelle und letztendlich auch für die Gesellschaft ergeben können.
- Die aufzuzeigenden Probleme, Grenzen und Gefahren sollen Anlass sein, Möglichkeiten zur Begegnung des Phänomens Mobbing darzustellen und die betreffenden Personen sowie Institutionen (z.B. Betriebs- und Personalräte, Gewerkschaften, Arbeitgeberverbände, politische Parteien und Gesetzgeber) für diese zu sensibilisieren.

- Den Rechtsanwälten, gewerkschaftlichen Rechtssekretären, Personalverantwortlichen und diesen vergleichbare Personen soll die Einarbeitung in die Mobbingproblematik erleichtert werden, so dass bei diesen ein Gefühl der Unsicherheit und Überforderung im Zusammenhang mit Mobbing nicht entsteht.

Diesen Zielen folgend geht die Untersuchung von der nachfolgenden These aus, die sich auf den von mir in zahlreichen Gesprächen, auf Seminaren sowie auf Betriebs- und Personalversammlungen mit Mobbingbetroffenen, Rechtsanwälten, Ärzten, Psychologen, Therapeuten, Selbsthilfegruppen, Arbeitgebervertretern sowie Betriebs- und Personalratsmitgliedern gesammelten Erkenntnissen stützt:

Das bundesdeutsche Rechtssystem kann zur Bewältigung einer konkreten Mobbingsituation nur in Ausnahmefällen mit Erfolg herangezogen werden. Aus diesem Grunde sind vorbeugende Maßnahmen erforderlich. Diese müssen in das bundesdeutsche Rechtssystem integriert sein, um in allen Betrieben und Dienststellen erfolgreich einsowie umgesetzt werden zu können.

Zur Belegung dieser These erfolgt zunächst (1. Kapitel) eine Problembeschreibung. Im Anschluss hieran wird Mobbing einer umfassenden rechtlichen Bewertung unterzogen. Diese beinhaltet sowohl das Aufzeigen der Möglichkeiten als auch der Grenzen der Aufarbeitung eines konkreten Mobbingfalles mit juristischen Mitteln. Angesprochen werden materiell- sowie verfahrensrechtliche Fragen und Probleme, die sich regelmäßig bei einer juristischen Aufarbeitung von Mobbing stellen. In dem 2. Kapitel erfolgt eine strafrechtliche, in dem 3. Kapitel eine schadensersatzrechtliche, in dem 4. Kapitel eine arbeitsrechtliche, in dem 5. Kapitel eine sozialrechtliche, in dem 6. Kapitel eine dienstrechtliche und in dem 7. Kapitel eine betriebs- sowie personalvertretungsrechtliche Bewertung der Mobbingproblematik. Welche Möglichkeiten die Betriebsparteien, die Tarifvertragsparteien sowie der Gesetzgeber zur Beseitigung des Mobbingphänomens haben, wird in den Kapiteln 8. bis 10. aufgezeigt. Das 8. Kapitel enthält das Muster für eine Betriebs- bzw. Dienstvereinbarung zur Mobbingproblematik. In dem 9. Kapitel wird der Entwurf eines Tarifvertrags „Partnerschaftliches Verhalten am Arbeitsplatz" vorgestellt. Das 10. Kapitel beinhaltet den Entwurf eines Gesetzes zur Vermeidung von psychischen Belästigungen am Arbeitsplatz und zur Verbesserung der Situation der von psychischen Belästigungen betroffenen Beschäftigten. Den Abschluss bildet das 11. Kapitel, das neben dem zusammenfassenden Ergebnis abschließende Betrachtungen zum Gegenstand hat.

Um den Leserinnen und Lesern den Einstieg in die Mobbingproblematik zu erleichtern, werden zahlreiche Beispiele angeführt, die zum überwiegenden Teil auf wahre Begebenheiten beruhen, allerdings zum Schutze der betreffenden Personen anonymisiert wurden. Die in den Beispielen angeführten Namen sind daher frei erfunden. Eventuelle Übereinstimmungen mit lebenden oder verstorbenen Personen sind nicht beabsichtigt und rein zufälliger Natur.

Lediglich aus Vereinfachungsgründen wurde die männliche Sprachform gewählt, um die Lesbarkeit dieser Arbeit zu erleichtern. Die Leserinnen werden diesbezüglich um Verständnis gebeten.

1. Kapitel: Problembeschreibung

Um Mobbing in rechtlicher Hinsicht bewerten zu können, bedarf es zunächst einer Problembeschreibung. Hierzu dient dieses Kapitel, das mit einer Begriffsbestimmung beginnt. Anschließend wird insbesondere auf die Auswirkungen und Gefahren von Mobbing für die davon Betroffenen eingegangen.

I. Begriffsbestimmung

Das Wort „Mobbing“ hat sich im bundesdeutschen Sprachgebrauch zu einem Begriff entwickelt, der teilweise höchst inflationär Verwendung findet und daher häufig in einem ihm nicht zugedachten Sinn benutzt wird. Bereits seit einigen Jahren ist eine vom Paloma Verlag herausgegebene Postkarte mit dem Aufdruck „Bis jetzt dachte ich, Mobbing ist eine Putzfrauen-Tätigkeit“ erhältlich, 1997 ist im Verlag Tebbert KG der Roman „Sommer Mobbing“ erschienen, die ARD strahlte erstmals Ende 1998 im Vorabendprogramm eine Filmreihe mit dem Titel „Mobbing Girls“ aus, im gleichen Jahr wurde im Kellertheater Hamburg eine Komödie „Mobbing oder der tragische Tod eines Trapatensus“ aufgeführt, 1999 ist im Tomus Verlag eine Satire mit dem Titel „Fit for Mobbing. Die hohe Schule der Bosheit im Betrieb“ erschienen. Am Arbeitsplatz kann man vereinzelt Formulierungen wie „nun mob nicht schon wieder“ vernehmen. Eine Seminarteilnehmerin berichtete, dass in ihrer Abteilung zum Zwecke der allgemeinen Belustigung eine „Mobbing-Hitliste“ geführt werde, der bevorzugte „Mobbinghandlungen“ zu entnehmen sei.[9]

Um eventuellen Missverständnissen sowie einer unterschiedlichen Auffassung hinsichtlich der Terminologie Mobbing vorzubeugen und für die weiteren Ausführungen eine einheitliche Ausgangsbasis zu schaffen, soll zunächst eine Bestimmung des Begriffs „Mobbing“ erfolgen.

1. Herkunft

Bei dem Begriff „Mobbing“ handelt es sich um eine Wortschöpfung, um ein Kunstwort. Es ist dem englischen Verb „to mob“ (über jemanden lärmend herfallen, anpöbeln, angreifen, attackieren) entlehnt.[10] Als Substantiv verwendet kann „the Mob“ mit „Mob, Gesinde, Bande, Sippschaft, Pöbel[haufen]“ übersetzt werden.[11] Zudem findet sich in der englischen Sprache der Begriff „mob law“, der mit dem Wort „Lynchjustiz“ zu übersetzen ist.[12] Seinen Ursprung hat der Begriff „Mobbing“ in der lateinischen Sprache: „mobile vulgus“ (wankelmütige Masse, aufgewiegelte Volksmenge).[13]

---

[9] Am Ende des Mobbing-Seminars gab die besagte Seminarteilnehmerin zu verstehen, dass sie aufgrund der Seminarteilnahme und der auf dem Seminar gewonnenen Erkenntnisse nunmehr kritisch zu der „Mobbing-Hitliste“ stehe

[10] vgl. Esser/Wolmerath, S. 20; Neuberger, S. 2; Resch, S. 88; Zuschlag, S. 3

[11] Neuberger, S. 2; Resch, S. 88; Zuschlag, S. 3

[12] Esser/Wolmerath, S. 20

[13] vgl. Resch, S. 88; Zuschlag, S. 3

Geprägt wurde der Begriff „Mobbing“ von Konrad Lorenz, der mit ihm - in Anlehnung an die Geschichte von Nils Holgersson - Gruppenangriffe von unterlegenen Tieren bezeichnet, um einen überlegenen Gegner zu verscheuchen:[14] Von einem Fuchs verfolgt, flüchtet Nils Holgersson auf einen Baum. Im Tiefflug führen ihm zu Hilfe kommende Gänse wieder und immer wieder Scheinangriffe auf den Fuchs aus. Als der Fuchs letztendlich völlig erschöpft auf dem Rücken liegt, kann Nils Holgersson entkommen.[15]

Der schwedische Arzt Peter-Paul Heinemann übernahm den von Konrad Lorenz geprägten Begriff zur Beschreibung des Verhaltens von Kindern auf dem Schulhof. Seine in den 60er und 70er Jahren durchgeführten Studien beschreiben und systematisieren ein Gruppenverhalten von Kindern, das sehr rohe Züge trägt und so weit geht, dass es ein betroffenes Kind in eine soziale Situation stürzen kann, die zuweilen mit einem Suizid endet.[16]

Hieran anknüpfend griff Leymann (1932 – 1999) den Begriff „Mobbing“ auf, um mit ihm ähnliche Vorgänge in der Arbeitswelt der Erwachsenen beschreiben zu können.[17] Ihm war aufgefallen, dass die Ursachen für psychische Belastungen von Arbeitnehmern oftmals nicht in deren Persönlichkeit, sondern in den betrieblichen Umfeldbedingungen zu suchen sind. Diese Erkenntnis war der Ausgangspunkt für seine Untersuchungen, die er in Schweden von Ende der 70er bis Mitte/Ende der 80er Jahre durchführte und deren Ergebnisse er ab 1984 publizierte.[18] Insbesondere sein 1993 bei Rowohlt herausgegebenes Buch „Mobbing. Psychoterror am Arbeitsplatz und wie man sich dagegen wehren kann“ war Auslöser, sich auch in der Bundesrepublik Deutschland mit diesem Phänomen zu beschäftigen.

2. *Definition*

Aufbauend auf die Untersuchungen von Leymann wird derzeit nach überwiegender Ansicht unter Mobbing eine konfliktbelastete Kommunikation am Arbeitsplatz unter Kollegen oder zwischen Vorgesetzten und Untergebenen verstanden, bei der die angegriffene Person unterlegen ist und von einer oder einigen Personen systematisch, oft und während einer längeren Zeit mit dem Ziel und/oder dem Effekt des Ausstoßes aus dem Arbeitsverhältnis direkt oder indirekt angegriffen wird und dies als Diskriminierung empfindet.[19]

Daneben gibt es weitere Begriffsbestimmungen, die belegen, dass die auf Leymann zurückgehende Definition nicht in dem Sinne einer abschließenden sowie endgültigen Festlegung dessen, was Mobbing ist, verstanden werden darf. Vielmehr handelt sich hierbei lediglich um den derzeitigen Stand der Diskussion sowie um den Versuch, das Phänomen Mobbing bei gleichzeitiger Abgrenzung von anderen Erscheinungsformen des sozialen Umgangs am Arbeitsplatz zu beschreiben, wobei zu bedenken ist, dass viele der Mobbinghandlungen für sich genommen und isoliert betrachtet, nicht als

---

[14] Brinkmann, S. 11 f.; Esser/Wolmerath, S. 20; Leymann 1995, S. 14; Neuberger, S. 3 Fn. 3

[15] Leymann 1995, S. 14; s.a.: Selma Lagerlöf, Wunderbare Reise des kleinen Nils Holgersson mit den Wildgänsen, Nymphenburger Verlagsbuchhandlung, München © 1948, S. 28 ff., die den Flug der Gänse als Tiefflüge, nicht aber als Scheinangriffe beschreibt

[16] Leymann 1995, S. 14

[17] Leymann 1995, S. 14

[18] vgl. Leymann 1995, S. 14 f.; Brinkmann, S. 12 f.

[19] statt vieler: Leymann 1995, S. 18; Gleichmann, S. 2; Wolmerath, S. 2; Hage/Heilmann, S. 743

Mobbing bezeichnet werden können. Was Mobbing kennzeichnet, ist vielmehr die Verbundenheit der einzelnen Mobbinghandlungen durch ein unsichtbares „Band". Insoweit kann dieses Phänomen durchaus mit einer Perlenkette verglichen werden: Ist die einzelne Perle noch relativ unbedeutend, so wächst der Wert der Kette mit der zunehmenden Zahl weiterer Perlen, wobei der Kettenfaden die Verbindung zwischen den einzelnen Kettengliedern, den Perlen, herstellt.

Soweit in der Literatur weitere Begriffsbestimmungen zu finden sind, sind diese in zeitlicher Hinsicht oftmals vor der oben dargelegten Definition erarbeitet und demzufolge wahrscheinlich auch bei ihrer Ausarbeitung berücksichtigt worden. Teilweise handelt es sich bei diesen Begriffsbestimmungen aber auch um den Versuch einer Fortentwicklung.[20] Neuberger, der sich mit den Untersuchungen von Leymann äußerst kritisch auseinandersetzt, definiert Mobbing beispielsweise mit dem Satz „Jemand spielt einem übel mit und man spielt wohl oder übel mit".[21] Lindemeier[22] begreift Mobbing als „bewußte oder unbewußte Handlungen einer Person oder mehreren Personen gegenüber einer oder mehreren Personen, die durch kontinuierliche Schikanen das Ziel verfolgen, den oder die anderen aus dem eigenen Wirkbereich zu entfernen". Stark vereinfacht wird Mobbing häufig mit „Psychoterror am Arbeitsplatz" umschrieben,[23] wenngleich diese Begriffsbestimmung wegen der zahlreichen Interpretationsmöglichkeiten höchst ungenau ist.

Alle diese Definitionen sind dadurch gekennzeichnet, dass es sich hierbei nicht um Begriffsbestimmungen im juristischen Sinne handelt. Am deutlichsten wird dies bei dem Merkmal „Ausstoß aus dem Arbeitsverhältnis" in der eingangs erwähnten Definition sowie bei dem von Lindemeier verwendetem Kriterium „bewußte oder unbewußte Handlungen".

Das Bundesarbeitsgericht hat in einer Entscheidung vom 15.1.1997[24] den Versuch einer Definition unternommen: „Mobbing ist das systematische Anfeinden, Schikanieren oder Diskriminieren von Arbeitnehmern untereinander oder durch Vorgesetzte". Aber auch diese Begriffsbestimmung ist unbefriedigend, weil sie das Mobbing von Vorgesetzten durch Beschäftigte sowie den „Ausstoß aus dem Arbeitsverhältnis" nicht erfasst.

Trotz aller Kritik, die der auf Leymann zurückgehenden Definition entgegengebracht werden kann, werde ich diese dennoch zur Grundlage meiner weiteren Ausführungen machen, da diese Begriffsbestimmung am weitesten verbreitet ist. Jeder, der sich mit dem Phänomen Mobbing beschäftigt, wird sich irgendwann mit den Arbeitsergebnissen von Leymann sowie der auf seinen Untersuchungen aufbauenden Definition auseinandersetzen (müssen). Zudem enthält sie die wesentlichen Merkmale, die Mobbing ausmachen und eine Abgrenzung von anderen Erscheinungsformen „verletzenden" Verhaltens am Arbeitsplatz ermöglichen, auch wenn ich eine Korektur dieser Begriffsbestimmung anzubringen habe, auf die ich in dem folgenden Punkt 3. im

---

[20] vgl. die Aufzählung weiterer Definitionen bei Schlaugat, S. 8; Mittelstaedt, S. 124 f.; Neuberger, S. 13 ff. und Niedl, S. 18 ff., 23

[21] Neuberger, S. 18

[22] Lindemeier, S. 4

[23] vgl. Gleichmann, S. 2; s.a.: Schimmelpfennig/Schimmelpfennig, S. 260; Hage/Heilmann, S. 742; Ausfelder, S. 24; der Titel eines Buches von Leymann/Niedl lautet „Mobbing. Psychoterror am Arbeitsplatz"

[24] 7 ABR 14/96 = BAGE 85, 56 (58)

Zusammenhang mit der Darstellung der einzelnen Merkmale von Mobbing zurückkommen werde.

3. Voraussetzungen für und Merkmale von Mobbing

Bei Mobbing handelt es sich sowohl um eine soziale Aggression[25] als auch um eine Strategie zur Bewältigung sozialer Konflikte.[26] Da Mobbing sehr stark von Emotionen begleitet wird, kann dieses Phänomen als eine Form der emotionalgeleiteten Konfliktbewältigung betrachtet werden.[27]

Mobbing setzt einen sozialen Konflikt voraus, unter dem eine Interaktion zwischen mindestens zwei voneinander abhängigen Akteuren verstanden wird, in der jeder versucht, scheinbar oder tatsächlich unvereinbare Handlungspläne zu verwirklichen und wobei sich mindestens ein Akteur der Gegnerschaft bewusst ist.[28]

Demzufolge reicht es für das Vorliegen eines Konflikts aus, wenn jemand einen anderen beispielsweise als Bedrohung für den eigenen Arbeitsplatz empfindet, obwohl dies nicht den Tatsachen entspricht und der Gegenüber infolgedessen das Empfinden des anderen nicht erkennt.[29] Insoweit existiert eine Konfliktwahrnehmung nur auf einer Seite. Der mit einer solchen Situation Konfrontierte ist verwundert über das Verhalten des anderen und kann sich keinen Reim darauf machen, weshalb er von diesem in einer bislang unbekannten Art und Weise behandelt wird (z.B. die Verweigerung des Grußes, der Ausspruch einer Beleidigung).

Wird ein sozialer Konflikt nicht offen erkennbar ausgetragen, so spricht man von einem „verdeckten sozialen Konflikt". Wird er hingegen für beide Seiten erkennbar ausgefochten, so handelt es sich um einen „offenen sozialen Konflikt".[30]

Im Zusammenhang mit Mobbing dürften die verdeckten sozialen Konflikte im Vordergrund stehen, wobei das Konfliktempfinden zu Beginn des Mobbingprozesses regelmäßig nur auf einer Seite bestehen dürfte. Ein Beispiel mag diese Situation verdeutlichen: Ursula Meier beabsichtigt, sich auf die betriebsintern ausgeschriebene Position der Filialleiterin zu bewerben. Ihre Chancen, diese Stelle zugesprochen zu bekommen, schätzt sie als hoch ein. Allerdings befürchtet sie, dass sich Walburga Lustig ebenfalls für die Position der Filialleiterin interessiert. Walburga Lustig ist einige Jahre jünger als Ursula Meier und ausgesprochen attraktiv, verfügt über ein gesundes Maß an Selbstbewusstsein, ist bei der Geschäftsleitung wegen ihrer fachlichen Leistungen geschätzt sowie mit dem Sohn des Geschäftsführers flüchtig bekannt. Ursula Meier empfindet Frau Lustig als eine übermächtige Konkurrentin, der sie nichts entgegensetzen könne. Da sie eine offene Auseinandersetzung scheut, befragt sie weder Walburga Lustig nach einer möglichen Bewerbungsabsicht, noch erkundigt sie sich bei der Geschäftsleitung nach der Bewerberlage. Frau Meier fängt an, hinter dem Rücken vom Frau Lustig schlecht über diese zu reden, ihr unter anderem Fehler bei der Arbeit, unzureichende Führungsqualitäten und ein intimes Verhältnis mit dem Sohn des Geschäftsführers zum Zwecke der Übertragung der Position der Filialleiterin nachzusagen. Walburga Lustig wundert sich, dass sich die Arbeitskolleginnen ihr

---

[25] Neuberger, S. 34
[26] Zuschlag, S. 21
[27] Mittelstaedt, S. 132, 135
[28] Hage/Heilmann, S. 743
[29] Hage/Heilmann, S. 743; s.a.: Esser/Wolmerath, S. 75 ff.
[30] s.a.: Wolmerath/Esser, S. 75

gegenüber merkwürdig distanziert verhalten. Sie vernimmt ein Tuscheln hinter ihrem Rücken. Erklären kann sich Frau Lustig diese Situation jedoch nicht.

Merkmale von Mobbing, die zugleich die Abgrenzung von normalen Konflikten am Arbeitsplatz ermöglichen, sind unter Beachtung der in Punkt 2. vorgestellten Mobbingdefinition:

1. Angriffe mit System,
2. Vielzahl von Angriffen,
3. Angriffe über längere Zeit,
4. Feindseligkeit der Angriffe,
5. Unterlegenheit des Angegriffenen,
6. Ausgrenzung des Angegriffenen - „Ausstoß aus dem Arbeitsverhältnis".[31]

Meines Erachtens sind nicht alle sechs Merkmale von gleicher Bedeutung. Das Zeitmoment erscheint mir in der Relation weniger wichtig als die Feindseligkeit der Angriffe sowie die Ausgrenzung des Mobbingbetroffenen.[32] Wer Mobbing ausgesetzt ist, spürt dies regelmäßig unmittelbar und sofort, auch wenn die sich hinter den einzelnen Mobbinghandlungen verbergende Systemantik nicht immer direkt erkannt wird sowie der sich hinter dem Mobbing verbergende Konflikt im Verborgenen bleibt. Um sich ungerecht behandelt und/oder ausgegrenzt zu fühlen, ist es nicht erforderlich, dass die Angriffe bereits über einen längeren Zeitraum erfolgt sind.[33] In dem oben angeführten Beispiel hat Frau Lustig recht schnell gemerkt, dass etwas nicht stimmt. Auch wenn ihr die Ursache verborgen bleibt, so spürt sie ein Unbehagen. Mit diesem subjektiven Empfinden geht bereits die Feindseligkeit der Handlungen von Frau Meier einher. Nur einem „Feind" gegenüber fühlt man sich berechtigt, diesem in jeder Hinsicht und mit allen zur Verfügung stehenden Mitteln zu schaden und/oder zu vernichten.[34] Die Gefühle der Geringschätzung und des Ekels gegenüber dem Feind ermöglichen es oftmals erst, die moralischen Grenzen der eigenen Furcht vor dem Anderen zu überwinden und zu aggressiven Handlungen überzugehen.[35] Dies dürfte auch auf Frau Meier zutreffen.

Mobbing bedingt eine Vielzahl von Angriffen, hinter deren Ausführung sich eine Systematik verbirgt. Damit fallen solche Handlungen nicht unter den Begriff Mobbing, die einmalig, selten, zufällig und unsystematisch erfolgen.[36] Demnach kann es sich nicht um Mobbing handeln, wenn jemand von seinem Vorgesetzten einmal - und dann nicht wieder - ungerecht behandelt wird. Entsprechendes gilt für einen Diebstahl am Arbeitsplatz zu Lasten eines Arbeitskollegen sowie für eine ungerechte und unsoziale Behandlung, die hart, aber nur kurzfristig zur Wirkung gelangt (z.B. Ausspruch einer nicht gerechtfertigten Abmahnung oder Kritik).[37] Ebenfalls kann von Mobbing nicht gesprochen werden, wenn sich einzelne ungerechte Behandlungen zufällig ergeben. Dagegen spricht vieles für das Vorliegen einer Mobbingsituation, wenn beispielsweise der Krankenpfleger Alfred Müller immer dann zum Wochenend- sowie Feiertagsdienst in der stets personell unterbesetzten sowie die seelischen und körperlichen Kräfte des

---

[31] s.a.: Wolmerath, S. 2
[32] s.a.: Esser/Wolmerath, S. 79 f.
[33] s.a.: Esser/Wolmerath, S. 80; so im Ergebnis auch Neuberger, S. 19
[34] s.a.: Esser/Wolmerath, S. 80
[35] s.a.: Esser/Wolmerath, S. 81
[36] s.a.: Neuberger, S. 17
[37] vgl. Esser/Wolmerath, S. 34

Pflegepersonals stark beanspruchenden Station X. eingeteilt wird, sobald Horst Bäcker den Schicht- und Einsatzplan erstellt.

Leymann hatte zunächst gefordert, dass die Angriffe mindestens einmal pro Woche erfolgen.[38] Später ist er von diesem Erfordernis zu Recht abgerückt. Schließlich würde diese Bedingung zu viele Lücken schaffen und Probleme in der Praxis aufwerfen. Man denke beispielsweise an einen Außendienstmonteur, der nur alle 10 bis 14 Tage in den Betrieb kommt, dann aber von seinem Einsatzleiter immer schikaniert wird. Auch könnten sich diejenigen Personen von jedem Mobbing freisprechen, die darlegen, dass ihre Angriffe nur alle zwei Wochen stattfinden, von Mobbing unter Berufung auf Leymann jedoch nur dann gesprochen werden könne, wenn die Mobbinghandlungen mindestens einmal pro Woche erfolgen.

Sofern eine Vielzahl systematischer Angriffe zu verzeichnen sind, müssen diese „während längerer Zeit" erfolgen. Als Mindestzeitraum hatte Leymann zunächst einen Zeitraum „über ein halbes Jahr oder länger"[39] festgelegt. Von diesem Erfordernis scheint er später ebenfalls zu Recht abgerückt zu sein. Offensichtlich wollte er diesen Mindestzeitraum später nur noch für statistische Zwecke verwenden.[40] Das Abrücken von einer starren Mindestdauer ist sinnvoll, da eine solche andernfalls von den Mobbing betreibenden Personen zur Begründung dessen, dass es sich bei ihren Handlungen bzw. Verhaltensweisen eben nicht um Mobbing handele, herangezogen werden könnten. Vor Erscheinen des zweiten Buches von Leymann in der Bundesrepublik Deutschland im Jahre 1995 wurde mir von Betriebs- und Personalratsmitgliedern mehrfach berichtet, dass sich Mobber unter Hinweis auf Leymann mit dem Argument versuchten, sich von jeder Verantwortung für ihr Verhalten „freizusprechen", von Mobbing könne in ihrem Fall bereits deswegen keine Rede sein, da sie mit den angeblichen Mobbinghandlungen nach weniger als sechs Monaten aufgehört hätten bzw. das angebliche Mobbingopfer bereits vor Ablauf der besagten sechs Monate aus dem Arbeitsverhältnis ausgeschieden oder auf einen anderen Arbeitsplatz versetzt worden sei.[41]

Das Merkmal der Ausgrenzung des Mobbingbetroffenen ist in der ursprünglichen Definition von Leymann nicht enthalten.[42] Über dieses Merkmal schreibt er erst 1995 in seinem zweiten in Deutschland herausgegebenen Buch unter Bezugnahme auf die zwischenzeitig weiterentwickelte Definition, indem er darlegt, dass der Ausstoß aus dem Arbeitsverhältnis häufig der Fall zu sein scheint, wobei er den Ausstoß aus dem Arbeitsverhältnis mit dem Ausstoß aus der Arbeitswelt gleichsetzt.[43]

Gemäß den von mir gesammelten Erfahrungen handelt es sich bei der Ausgrenzung um den Kern von Mobbing. Ausgegrenzt zu werden ist die alltägliche Erfahrung von Mobbingbetroffenen.[44] Sie umfasst die soziale Isolierung sowie die Aufkündigung des zwischenmenschlichen Respekts, der Entzug des üblichen zwischenmenschlichen

---

[38] Leymann 1993, S. 22

[39] Leymann 1993, S. 22

[40] vgl. Leymann 1995, S. 17 und S. 18

[41] Entsprechende Antworten wurden mir hinsichtlich des Merkmals „mindestens einmal pro Woche" berichtet

[42] vgl. Leymann 1993, S. 21 mit der dort angeführten Defintion: „Der Begriff Mobbing beschreibt negative kommunikative Handlungen, die gegen eine Person gerichtet sind (von einer oder mehreren anderen) und die sehr oft und über einen längeren Zeitraum hinaus vorkommen und damit die Beziehung zwischen Täter und Opfer kennzeichnen."

[43] vgl. Leymann 1995, S. 18; s.a.: Esser/Wolmerath, S. 81

[44] s.a.: Esser/Wolmerath, S. 82

Miteinanders.[45] Diese Erfahrung macht zweifelsohne auch Frau Lustig in dem eingangs erwähnten Beispiel.

Allerdings ist das Resultat der Ausgrenzung nicht zwingend der Ausstoß aus dem Arbeitsverhältnis, wie es gemäß dem Wortlaut der hier verwendeten Mobbingdefintion der Fall zu sein scheint. Zwei unterschiedliche betriebliche Situationen mögen dies beispielhaft verdeutlichen: Sofern ein Vorgesetzter gegen eine einzelne Person Mobbing betreibt, dürfte damit regelmäßig bezweckt werden, den Mobbingbetroffenen - aus welchen Gründen auch immer - zu einem Ausscheiden aus dem Unternehmen bzw. der Dienststelle zu bewegen. Man denke insoweit an den Ausspruch einer Eigenkündigung sowie an eine Beendigung des Beschäftigungsverhältnisses im gegenseitigen Einvernehmen. Dagegen geht es den Mobbing betreibenden Beschäftigten oftmals nur um ein Herausdrängen des Mobbingbetroffenen (z.B. ein Abteilungsleiter bzw. Arbeitskollege) aus einer bestimmten Position oder Abteilung. Insoweit ist es den Mobbern gleichgültig, wo der Mobbingbetroffene arbeitet und mit welchen Aufgaben bzw. Funktionen er betraut wird - solange es nicht die eigene Abteilung ist bzw. man in Zukunft nichts mehr mit dem Mobbingbetroffenen zu tun hat. Für sie sind abteilungsbezogene „Personalprobleme" gelöst, sobald die Person, um die es geht, die Abteilung verlassen hat. Die etwa infolge einer Versetzung in eine andere Abteilung für die dort Beschäftigten möglicherweise neu entstehenden Probleme interessieren die Beschäftigten der „abgebenden" Abteilung regelmäßig nicht. Vergleichbares gilt, wenn jemand aus einer bestimmten Position herausgedrängt wird.

Demgemäß ist die hier verwendete Definition insoweit zu korrigieren, als das Merkmal „Ausstoß aus dem Arbeitsverhältnis" in einem weiten Sinne zu verstehen ist. Bei der Erarbeitung der Definition dürften die daran beteiligten Personen das Wort „Arbeitsverhältnis" kaum in einem juristischen Sinne und derart einengend verstanden haben, dass sie unter diesem das sich aus dem Arbeitsvertrag ergebende Rechtsverhältnis zwischen den beiden Vertragsparteien Arbeitnehmer und Arbeitgeber begriffen wissen wollten. Vielmehr muss das Merkmal des Ausstoßes aus dem Arbeitsverhältnis auch andere Formen umfassen, die sich zwar auf den Arbeitsplatz bzw. auf die Arbeitsposition - nicht aber auf das Arbeitsverhältnis als solches - beziehen,[46] wie es Lindemeier[47] mit den Worten „aus dem eigenen Wirkbereich" tut. Mit umfasst müssen daher von dem „Ausstoß aus dem Arbeitsverhältnis" unter anderem sein: das Herausdrängen aus einer inne gehabten Position bzw. der Entzug einer bestimmten Funktion und/oder der damit zusammenhängenden Begleitumstände (z.B. der Entzug der Handlungsvollmacht einer Sachbearbeiterin, das Zuweisen von reparaturanfälligen sowie unattraktiven Dienstfahrzeugen) und/oder der Wechsel des Arbeitsplatzes (z.B. Versetzung in eine andere Abteilung, Zuweisung eines Arbeitsplatzes in einem anderen Gebäudetrakt). Weiter muss der Begriff des Arbeitsverhältnisses in einem weiten Sinne verstanden werden, so dass er auch das öffentlichrechtliche Dienstverhältnis der Beamten umfasst. Insoweit wäre die Bezeichnung „Beschäftigungsverhältnis" eher angebracht.

Unter Berücksichtigung der aufgezeigten Korrekturerfordernisse kann Mobbing daher treffender wie folgt definiert werden: Mit Mobbing wird ein Phänomen in der Arbeitswelt beschrieben, das aufbauend auf einen (oftmals im Verborgenen

---

[45] s.a.: Esser/Wolmerath, S. 83
[46] s.a.: Zapf, S. 20, der von einem Ausschluss des Betroffenen aus der Arbeitswelt spricht
[47] Lindemeier, S. 4

schwelenden) Konflikt am Arbeitsplatz systematische und sich ständig wiederholende Anfeindungen zum Gegenstand hat, die über einen längeren Zeitraum andauern, von dem Betroffenen als diskriminierend empfunden werden und regelmäßig den Ausstoß des Betroffenen aus seinem Wirkbereich zur Folge haben.[48]

Die Unterlegenheit des Angegriffenen ergibt sich bei Mobbing schwerpunktmäßig aus dem Umstand, dass der Angreifer die Schwachstellen des Angegriffenen ausnutzt sowie grundsätzlich nur dann seine Mobbinghandlungen ausführt, wenn es der Mobbingbetroffene nicht erwartet. Günstige Situationen sowie die Arglosigkeit des Mobbingbetroffenen werden gezielt ausgenutzt. Mit dem Ziel, eine gleichberechtigte Auseinandersetzung auszuschließen, wird häufig bereits vorbeugend versucht, die Möglichkeiten der Gegenwehr zu vereiteln oder systematisch zu untergraben.[49] So erfolgen die Angriffe etwa nur dann, wenn der Mobbingbetroffene diese nicht erwartet, er insoweit von den Mobbinghandlungen überrascht wird. Sofern ein Vorgesetzter (es können natürlich auch mehrere Vorgesetzte sein) und/oder der Arbeitgeber bzw. Dienstherr Mobbing betreibt bzw. betreiben, ergibt sich die Unterlegenheit des Angegriffenen regelmäßig schon aus dem Unterordnungsverhältnis des Beschäftigten gegenüber dem Vorgesetzten bzw. des Beschäftigten gegenüber seinem Arbeitgeber (Geschäftsführer, Dienststellenleiter etc.), das insbesondere in dem arbeitgeberseitigen Weisungsrecht zum Ausdruck kommt. Bereits auf der ersten von mir moderierten Veranstaltung zu dem Thema Mobbing Ende 1994 berichtete ein Betriebsratsvorsitzender, dass ihm ein Büroarbeitsplatz in einem Gebäudetrakt zugewiesen worden sei, der in Anbetracht zugemauerter Verbindungswege nur umständlich erreicht werden könne. Er vermutete, dass diese Versetzung erfolgt sei, um die Kommunikation zwischen ihm und den Arbeitskollegen sowie zwischen ihm und den anderen Mitgliedern des Betriebsrats zu erschweren, wenn nicht sogar gänzlich zu verhindern. Andere Mobbingbetroffene berichteten von der Übertragung von Aufgaben, die die betreffende Person entweder stark überforderte oder unterforderte: Man weist dem Betroffenen ein Arbeitsvolumen zu, das von einer Person nicht bewältigt werden kann oder eine Sachbearbeiterin wird angewiesen, sich etwa auf das Anspitzen von Bleistiften zu beschränken. Bei Mobbing auf derselben hierarchischen Ebene sowie gegen Vorgesetzte werden oftmals die Möglichkeiten der Kommunikation eingeschränkt oder sogar ganz genommen. Insbesondere die Beeinflussung von Arbeitskollegen kann dazu führen, dass ein einzelner Arbeitskollege oder Vorgesetzter isoliert und diesem somit die Möglichkeit der Kommunikation mit den anderen genommen wird. Mobbingbetroffene bringen ihre Unterlegenheit oftmals mit den folgenden Worten zum Ausdruck: „Mit mir spricht niemand mehr“, „Ich werde wie Luft behandelt“, „Mir hört keiner zu“ oder „Meine Anweisungen werden ignoriert“. Im Verlaufe einer Betriebsräteschulung hatten sich die Seminarteilnehmer sowie die Referenten mit dem Fall eines sprachbehinderten Betriebsschlossers zu beschäftigen, der als „Stotterer“ bezeichnet werden kann. Dieser arbeitete mit einem weiteren Betriebsschlosser in der Werkstatt eines Unternehmens in Süddeutschland. Der Arbeitskollege schikanierte ihn fortlaufend, beleidigte ihn ständig, schrie ihn regelmäßig an und gab ihm immer wieder zu verstehen, dass er nicht mehr lange in der

---

[48] Diese Definition habe ich mir anlässlich eines Interviews für die „Welt am Sonntag“ Ende August 1999 überlegt, die allerdings nicht veröffentlicht wurde; vgl. „Welt am Sonntag“ Nr. 36 vom 5.9.1999, S. BR 01

[49] s.a.: Esser/Wolmerath, S. 21

Werkstatt arbeiten würde. Hier wurde die Schwachstelle der Sprachbehinderung bewusst ausgenutzt. Der betroffene Betriebsschlosser war dem Arbeitskollegen gegenüber unterlegen, da er den verbalen Angriffen eigene Worte nicht entgegensetzen konnte.[50]

Die Personifizierung des Konflikts, welche sowohl bei diesem letzten Beispiel als auch in dem Fall der Frau Lustig offen zu Tage tritt, ist für Mobbing typisch. Die Sichtweise „Du bist das Problem - bist Du weg, so ist das Problem gelöst", beherrscht den Konflikt.[51] Aufgrund dieser Perspektive kann Mobbing als die schlimmste Form der Bewältigung sozialer Konflikte am Arbeitsplatz bezeichnet werden.

Von untergeordneter Bedeutung erachte ich das Definitionskriterium „und dies als Diskriminierung empfindet". Wer sich nicht angegriffen fühlt, hat kein Problem und wird sich daher auch nicht als Mobbingbetroffener bezeichnen. Wer die Angriffe als üblich oder verdient erlebt, merkt sie wegen seiner hohen Frustationstoleranz nicht oder genießt sie sogar im Extremfall, so dass in derartigen Fällen von Mobbing nicht die Rede sein kann.[52]

4. Mobbing-Phasen

Mobbing bezeichnet eine prozesshafte Situation, die sich aus einer Vielzahl einzelner Mobbinghandlungen zusammensetzt.[53] Mobbing tritt nicht plötzlich auf, sondern kann als ein schleichender Prozess betrachtet werden, dessen Elemente sich chronifizieren können.[54] Was vielleicht als ein Scherz oder eine spontane Reaktion auf eine „ungerechte" Behandlung gedacht war, kann sich zu einem „Selbstläufer" entwickeln, der sich immer mehr verselbstständigt und schlussendlich außer Kontrolle gerät. So kann aus Spaß bitterer Ernst werden, ein sich Ägern über eine bestimmte Person in abgrundtiefen Hass enden. Leymann hat den Geschehensprozess Mobbing in fünf in sich abgeschlossene und voneinander abgegrenzte Phasen unterteilt, die eskaltionsartig aufeinander aufbauen.[55]

Zu beachten ist, dass es sich bei diesem Phasenmodell - in gleicher Weise wie bei dem Versuch, Mobbing zu definieren - lediglich um ein Arbeitsergebnis handelt. Ursprünglich bestand das Phasenmodell aus vier Phasen. Erst im weiteren Verlauf wurde ihm eine fünfte Phase angefügt.[56] Der Vergleich dieses Phasenmodells mit den von mir gesammelten Erfahrungen hat gezeigt, dass nicht in jedem Einzelfall sämtliche Phasen durchlaufen werden müssen, um im konkreten Einzelfall von Mobbing sprechen zu können. Bei dem einen Mobbingbetroffenen kann Mobbing mit einem Fehlverhalten der Personalverwaltung (z.B. der Ausspruch einer nicht gerechtfertigten Abmahnung [dies entspricht der Phase 3 des Phasenmodells]) beginnen, ein anderer hält die

[50] Dieser Mobbingfall konnte, nachdem auf dem Seminar ein begehbarer Weg gefunden worden war, recht schnell gelöst werden. Der Mobbingbetroffene brachte seinen Unmut über die Angriffe des Arbeitskollegen in der Weise zum Ausdruck, indem er auf einer gut sichtbaren Tafel für jeden Angriff einen Strich machte (z.B. Y. hat mich heute x-mal beleidigt). Bereits nach wenigen Tagen hörten die Angriffe auf. Später wurde der Mobber in eine andere Abteilung versetzt.

[51] Wolmerath, S. 2; Esser/Wolmerath, S. 78 f.; s.a.: Hage/Heilmann, S. 744

[52] Neuberger, S. 17

[53] s.a.: Schimmelpfennig/Schimmelpfennig, S. 261

[54] Mittelstaedt, S. 123

[55] vgl. Leymann 1995, S. 20 f.; s.a.: Esser/Wolmerath, S. 21 f.

[56] vgl. Leymann 1993, S. 58 und Leymann 1995, S. 20 f.

Mobbinghandlungen nicht aus und kündigt bereits nach wenigen Wochen. In einem solchen Fall ist ein Sprung von der Phase 2 in die Phase 5 festzustellen.[57]

Für Mobbingbetroffene ist es regelmäßig unerheblich, in welcher Mobbingphase sie sich aktuell befinden. Für sie steht ausnahmslos die Beendigung der Situation im Vordergrund. Dass sie sich in dem Phasenmodell wiederfinden, steht außer Zweifel.

Der Vorteil des Phasenmodells von Leymann ist meines Erachtens darin zu erblicken, dass sich jedermann in der Form eines „worst-case-Szenario" recht schnell einen guten Überblick darüber verschaffen kann, was auf einen Mobbingbetroffenen im schlimmsten Fall zukommen kann bzw. welches „Martyrium" der Mobbingbetroffene im konkreten Einzelfall bereits durchlaufen musste.[58] Bei der Betrachtung des Phasenmodells ist wiederum zu bedenken, dass Leymann die von ihm verwendeten Begriffe nicht in einem juristischen Sinne verstanden haben dürfte. Auch unterscheidet er in seinem Phasenmodell nicht zwischen den einzelnen Mobbinghandlungen und dem Geschehensprozess Mobbing.

Das Phasenmodell von Leymann enthält in der derzeit vorliegenden Form folgende fünf Stufen, denen Esser/Wolmerath - unter Beachtung dessen, dass jeder Mobbingbetroffene individuell sowie höchst unterschiedlich reagiert und jede Mobbingsituation den eigenen „Gesetzmäßigkeiten" unterliegt - die in etwa entsprechende psychische, soziale und somatische Befindlichkeit des Mobbingbetroffenen zugeordnet haben:[59]

Phase	**Betriebliche Ebene** (nach Leymann)	**Persönliche Ebene** (nach Esser/Wolmerath)
1	**Konflikte in der Organisation** (einzelne Unverschämtheiten und Gemeinheiten)	Erste Stresssymptome, Bewältigung durch individuelle Anpassung: Versöhnungsangebote, Ignorieren, Kampf, Konfliktbearbeitung
2	**Mobbing und Psychoterror** (Konzentration auf eine einzelne Person)	Angst, Verwirrung, Selbstzweifel, Zunahme der Isolierung, psychosomatische Störungen
3	**Rechtsbrüche durch Über- und Fehlgriffe der Personalverwaltung** (Versetzung, Abmahnung, Drohungen, Abqualifizierung, Kündigungsversuche)	Innere Kündigung, Rückzug oder Auflehnung, Beschwerden, Erschöpfung und verstärkte psychosomatische Störungen
4	**Ärztliche und therapeutische Fehldiagnosen; Vergebliche juristische Schritte**	Generelle Verunsicherung und Misstrauen, tiefe Verzweiflung, posttraumatisches Stresssyndrom
5	**Ausschluss aus der Arbeitswelt** (Versetzungen [mehrfach], Abschieben auf einen funktionslosen Arbeitsplatz, Kaltstellen, langfristige Arbeitsunfähigkeit, Einlieferung in eine Nervenheilanstalt, Kündigung, Frührente, Eigenkündigung)	Depression, Obsession, Suchtmittelmissbrauch, massive Gesundheitsstörungen, posttraumatisches Stresssyndrom, Persönlichkeitsstörungen, Suizid (-versuch)

57 vgl. Esser/Wolmerath, S. 22; s.a.: Schimmelpfennig/Schimmelpfennig, S. 263
58 Esser/Wolmerath, S. 22
59 Esser/Wolmerath, S. 23

5. *Abgrenzung von anderen Begriffen*

Abzugrenzen ist Mobbing von anderen Begriffen, insbesondere vom Streit. Während bei Mobbing die Auseinandersetzung mit dem Konfliktgegner im Vordergrund steht, wird bei einem Streit die Integrität des anderen sowie dessen soziale Beziehungen grundsätzlich nicht infrage gestellt.[60] Vergleichbares gilt für Meinungsverschiedenheiten.

6. *Weitere Begriffe zur Beschreibung des Mobbingphänomens*

Neben Mobbing finden weitere Begriffe zur Beschreibung dieses Phänomens Verwendung. Die Begriffe „Bossing" und „Bullying" haben sich in der gleichen Weise etabliert. Soweit Mobbing durch Vorgesetzte erfolgt, wird teilweise der Begriff „Bossing" genannt. Er lässt sich mit den Worten „gesundheitsgefährdende Führerschaft" übersetzen und geht auf die Untersuchungen von Kile in Norwegen zurück.[61]

Im angelsächsischen Sprachraum ist der Begriff „Mobbing" im Zusammenhang mit dem Mobbingphänomen weitgehend unbekannt. Verwendung findet hier der Begriff „Bullying", der sich mit tyrannisieren, einschüchtern sowie schikanieren übersetzen lässt,[62] im Zusammenhang mit der (psychischen) Gewalt an Schulen.[63] Sofern er mit dem Arbeitsleben in Verbindung gebracht wird, ist der Begriff „Bullying at work" gebräuchlich.[64]

Im anglo-amerikanischen Sprachraum finden sich ferner die Bezeichnungen „(employee) abuse" (Misshandlung, Missbrauch, Beschimpfung von Arbeitnehmern) und „(sexual) harassment" (ständiges [sexuelles] Belästigen, Quälen, Aufreiben).[65]

Ich halte die im deutschen Sprachraum anzutreffende Unterscheidung zwischen den Begriffen „Mobbing" und „Bossing" nur dann für sinnvoll und gerechtfertigt, wenn es darum geht, sich ausschließlich mit Mobbinghandlungen von Vorgesetzten zu beschäftigen. Ansonsten sollte der weitergehende Begriff „Mobbing" verwendet werden. Je mehr Begriffe zur Beschreibung eines Problems herangezogen werden, desto schwieriger gestaltet sich die Diskussion über dieses Problem und mithin auch die Information sowie Sensibilisierung insbesondere der Beschäftigten in den Betrieben und Dienststellen einschließlich der Personen, die Arbeitgeberfunktionen innehaben.

7. *Abgrenzung von anderen Erscheinungsformen psychischer Belastung bzw. psychosozialer Probleme am Arbeitsplatz*

Mobbing beschreibt lediglich eine extreme Form der psychischen Belastungen, die am Arbeitsplatz angetroffen werden können.[66] Man kann insoweit auch von psychosozialen Problemen im Berufsleben sprechen, wobei unter den psychosozialen

---

[60] Esser/Wolmerath, S. 78; s.a.: Hage/Heilmann, S. 744

[61] Brinkmann, S. 12; s.a.: Zuschlag, S. 4

[62] Brinkmann, S. 12

[63] Dies habe ich in zahlreichen Diskussionen mit britischen und irischen Bürgern (zum Teil in Buchhandlungen) erfahren. Im Ergebnis so auch: Zuschlag, S. 4

[64] so lautet auch der Titel eines Buches von Andrea Adams, das 1992 bei Virago Press in London erschienen ist

[65] Schlaugat, S. 5 f.; s.a.: Neuberger, S. 3; Brinkmann, S. 12

[66] s.a.: Resch, S. 10

Problemen seelische Störungen sowie Erkrankungen zu verstehen sind, die durch den Kontakt mit anderen Menschen am Arbeitsplatz auftreten.[67]

Weitere Erscheinungsformen der psychischen Belastung am Arbeitsplatz sind die sexuelle Belästigung sowie die Diskriminierung (insbesondere von Minderheiten).[68] Von Bedeutung ist in diesem Zusammenhang, dass die sexuelle Belästigung[69] sowie die Diskriminierung[70] anderer Mobbing darstellen kann. So werden rund 3 bis 5 v.H. aller Mobbingfälle in der Bundesrepublik Deutschland dem Bereich der sexuellen Belästigung zugeschrieben.[71]

Zu beachten ist allerdings, dass nicht jede sexuelle Belästigung und jede Diskriminierung zugleich Mobbing ist. Tritt eine sexuelle Belästigung bzw. Diskriminierung lediglich vereinzelt auf, so ermangelt es bereits unter Zugrundelegung der Mobbingdefinition von Leymann an den Kriterien „Vielzahl von Angriffen" und „Angriffe über längere Zeit". Mithin kann in derartigen Fällen nicht von Mobbing gesprochen werden.[72] Anders verhält es sich allerdings dann, wenn die sexuelle Belästigung und/oder die Diskriminierung Bestandteil eines in sich geschlossenen Mobbingprozesses ist.

II. Auswirkungen von Mobbing auf die Arbeitswelt

Wenden wir uns in diesem Kapitelabschnitt den Auswirkungen von Mobbing auf die Arbeitswelt zu, wobei insbesondere der Mobbingbetroffene im Focus der Betrachtung steht.

1. Erscheinungsformen

Wie bereits in Kapitelabschnitt I.7. dargelegt wurde, kann Mobbing unter anderem aus Diskriminierungen sowie sexuellen Belästigungen bestehen. Leymann hat aus 300 Interviews 45 Erscheinungsformen von Mobbing herausgearbeitet und anschließend katalogisiert, die mit den festgestellten Handlungen der Mobber einhergehen. Es handelt sich hierbei um

- Angriffe auf die Möglichkeiten, sich mitzuteilen (Handlungen 1 bis 11),
- Angriffe auf die sozialen Beziehungen (Handlungen 12 bis 16),
- Angriffe[73] auf das soziale Ansehen (Handlungen 17 bis 31),
- Angriffe auf die Qualität der Berufs- und Lebenssituation (Handlungen 32 bis 38),
- Angriffe auf die Gesundheit (Handlungen 39 bis 45).[74]

---

[67] vgl. Lindemeier, S. 2
[68] Esser/Wolmerath in AiB 4/1997, S. 209
[69] vgl. Ausfelder, S. 45 ff.; Huber, S. 91 f.; Niedl, S. 26; Thomas, S. 29; Walter, S. 93 f.
[70] vgl. Nied!, S. 27
[71] vgl. Huber, S. 92; Ausfelder, S. 46; Brinkmann, S. 52
[72] s.a.: Huber, S. 92
[73] Leymann spricht von „Auswirkungen auf das soziale Ansehen" (vgl. Leymann 1993, S. 33). Da sich die zuzuordnenden Handlungen 17 bis 31 in ihrer Feindseligkeit in keinster Weise von den übrigen Handlungen unterscheiden, erachte ich es als angebracht, auch die Handlungen 17 bis 31 als „Angriffe" zu bezeichnen. So im Ergebnis auch: Esser/Wolmerath, S. 25 f.; Kollmer, S. 18; Resch , S. 98; Neuberger, S. 24, jeweils ohne Begründung. Lediglich Neuberger, a.a.O., deutet den Begriff „Auswirkungen" als Druckfehler.
[74] vgl. Leymann 1993, S. 33 f.

Die von Leymann zusammengetragenen 45 Mobbinghandlungen sind folgende:

I. Angriffe auf die Möglichkeiten, sich mitzuteilen

(1) Der Vorgesetzte schränkt die Möglichkeit ein, sich zu äußern;
(2) Man wird ständig unterbrochen;
(3) Kollegen schränken die Möglichkeit ein, sich zu äußern;
(4) Anschreien oder lautes Schimpfen;
(5) Ständige Kritik an der Arbeit;
(6) Ständige Kritik am Privatleben;
(7) Telefonterror;
(8) Mündliche Drohungen;
(9) Schriftliche Drohungen;
(10) Kontaktverweigerung durch abwertende Blicke oder Gesten;
(11) Kontaktverweigerung durch Andeutungen, ohne dass man etwas direkt ausspricht;

II. Angriffe auf die sozialen Beziehungen

(12) Man spricht nicht mehr mit dem/der Betroffenen;
(13) Man lässt sich nicht ansprechen;
(14) Versetzung in einen Raum weitab von den Kollegen;
(15) Den Arbeitskollegen/innen wird verboten, den/die Betroffene/n anzusprechen;
(16) Man wird „wie Luft“ behandelt;

III. Angriffe auf das soziale Ansehen

(17) Hinter dem Rücken des Betroffenen wird schlecht über ihn gesprochen;
(18) Man verbreitet Gerüchte;
(19) Man macht jemanden lächerlich;
(20) Man verdächtigt jemanden, psychisch krank zu sein;
(21) Man will jemanden zu einer psychiatrischen Untersuchung zwingen;
(22) Man macht sich über eine Behinderung lustig;
(23) Man imitiert den Gang, die Stimme oder Gesten, um jemanden lächerlich zu machen;
(24) Man greift die politische oder religiöse Einstellung an;
(25) Man macht sich über das Privatleben lustig;
(26) Man macht sich über die Nationalität lustig;
(27) Man zwingt jemanden, Arbeiten auszuführen, die das Selbstbewusstsein verletzen;
(28) Man beurteilt den Arbeitseinsatz in falscher und kränkender Weise;
(29) Man stellt die Entscheidungen des/der Betroffenen in Frage;
(30) Man ruft ihm/ihr obszöne Schimpfworte oder andere entwürdigende Ausdrücke nach;
(31) Sexuelle Annäherungen oder verbale sexuelle Angebote;

IV. Angriffe auf die Qualität der Berufs- und Lebenssituation

(32) Man weist dem Betroffenen keine Arbeitsaufgaben zu;
(33) Man nimmt ihm jede Beschäftigung am Arbeitsplatz, so dass er sich nicht einmal selbst Aufgaben ausdenken kann;
(34) Man gibt ihm sinnlose Arbeitsaufgaben;
(35) Man gibt ihm Aufgaben weit unter seinem eigentlichen Können;
(36) Man gibt ihm ständig neue Aufgaben;
(37) Man gibt ihm „kränkende“ Arbeitsaufgaben;

(38) Man gibt dem Betroffenen Arbeitsaufgaben, die seine Qualifikation übersteigen, um ihn zu diskreditieren;

V. Angriffe auf die Gesundheit

(39) Zwang zu gesundheitsschädlichen Arbeiten;

(40) Androhung körperlicher Gewalt;

(41) Anwendung leichter Gewalt, zum Beispiel um jemanden einen „Denkzettel" zu verpassen;

(42) Körperliche Misshandlung;

(43) Man verursacht Kosten für den/die Betroffene, um ihm/ihr zu schaden;

(44) Man richtet physischen Schaden im Heim oder am Arbeitsplatz des/der Betroffenen an;

(45) Sexuelle Handgreiflichkeiten.

Die von Leymann erstellte Liste möglicher Mobbinghandlungen kann nicht als abschließend qualifiziert werden, da es sich hierbei lediglich um ein Arbeitsergebnis handelt, dem eine recht bescheidene Zahl von Fällen zugrunde liegt.[75] Die Zahl der befragten Mobbingbetroffenen (300 Interviews) ist zu gering, um hieraus allgemeingültige Rückschlüsse ziehen zu können. Ferner beschränkt sich die Katalogisierung weitgehend auf kommunikative Handlungen; nonverbale Angriffe sind zu wenig berücksichtigt. So sind Angriffe auf das Eigentum bzw. auf den Besitz (z.B. Beschädigung eines Pkw, Vernichten von Akten, Wegwerfen einer Aktentasche) nur unter dem Aspekt „Man richtet physischen Schaden im Heim oder am Arbeitsplatz des/der Betrofenen an" (Handlung Nr. 44) erwähnt und nicht weiter differenziert.

Trotz ihrer Ungenauigkeit und Unvollständigkeit liefert die von Leymann erstellte Liste möglicher Mobbinghandlungen insbesondere dem sich erstmals mit der Mobbingproblematik auseinandersetzenden Betrachter einen guten Überblick, welchen Handlungen Mobbingbetroffene ausgesetzt sein können. Viele Mobbingbetroffene werden in diesem Katalog auf Handlungen stoßen, mit denen sie selbst konfrontiert werden bzw. wurden.

Gemäß den von mit gesammelten Erfahrungen scheinen der Phantasie der Mobber kaum Grenzen gesetzt zu sein. Daher halte ich es für unwahrscheinlich, jemals eine vollständige Liste möglicher Handlungen bzw. Erscheinungsformen von Mobbing erstellen zu können.[76] Allerdings glaube ich, dass die verbalen Mobbingangriffe - wie es im Übrigen auch in der von Leymann katalogisierten Liste zum Ausdruck kommt - im Vordergrund stehen. Schließlich lassen sich diese am leichtesten durchführen, ohne dass es großartiger Vorbereitungen bedarf. Auch dürfte die Hemmschwelle der Mobber, Mobbinghandlungen durchzuführen, bei den verbalen Handlungsformen am niedrigsten anzusetzen sein. Wer hat schon Skrupel und wen plagt das schlechte Gewissen, wenn er einen anderen etwa wie Luft behandelt, lächerlich macht, im „Vorbeigehen" mit einem Schimpfwort tituliert oder bekannt gewordene Gerüchte verbreitet. Auch ist hier die Angst vor Sanktionen am geringsten. Mobbinghandlungen von Vorgesetzten sowie von Arbeitgebern bzw. Dienstherren sind oftmals dadurch gekennzeichnet, dass scheinbar objektive Gründe angeführt werden, um einzelne Handlungen zu rechtfertigen. So

[75] Kratz , S. 25 ff., hat beispielsweise eine Liste mit 61 Mobbinghandlungen, die er „Rezepturen aus dem Giftschrank eines Mobbers" nennt, erstellt; s.a. die von Zuschlag, S. 11 ff., gefertigte Liste möglicher Mobbinghandlungen sowie die weiteren Handlungsbeispiele bei Neuberger, S. 26 und S. 31

[76] s.a.: Esser/Wolmerath, S. 24; Hage/Heilmann, S. 744; Gleichmann, S. 5; Neuberger 1994, S. 93; Schlaugat, S. 20

unterbleibt beispielsweise eine Beförderung des Betriebsratsvorsitzenden nicht, weil er Mitglied der betrieblichen Interessenvertretung ist, sondern weil ein Teamleiter für die Teammitglieder stets erreichbar sein muss, der Betriebsratsvorsitzende dies aufgrund seiner Funktion sowie der ständig zu erledigenden Betriebsratsaufgaben jedoch nicht gewährleisten kann.

Von Körperverletzungen im „klassischen" Sinne (z.B. die Zufügung von Verletzungen mit einem Messer, das Schlagen mit einem Gegenstand), sexuellen Übergriffen sowie von folgenschweren Sachbeschädigungen wurde mir bislang nur höchst selten berichtet. Die Hemmschwelle der Mobber, derartige Handlungen zu verüben, scheint relativ hoch angesiedelt zu sein. Ich erinnere mich in diesem Zusammenhang an eine Fallschilderung, die das „Verprügeln" des Mobbingbetroffenen mit anschließendem Urinieren des Mobbers auf den am Boden liegenden Mobbingbetroffenen zum Gegenstand hatte.

2. *Erscheinungshäufigkeit*

Empirisch abgesicherte Untersuchungsergebnisse zur Erscheinungshäufigkeit von Mobbing in der Bundesrepublik Deutschland existieren nicht. Schätzungen gehen von „etwa 300 000 bis 1 Million"[77] bis „ca. 2,5 Millionen"[78] Beschäftigten aus, die von Mobbing direkt betroffen sind. Jeder vierte Erwerbstätige soll im Laufe seines Erwerbslebens mit Mobbing konfrontiert werden.[79]

Zapf gelangt bei einer Übertragung der skandinavischen Studien auf die Bundesrepublik Deutschland zu einer Rate von 1,2 bis 3,5 v.H. der arbeitenden Bevölkerung.[80] Eine parlamentarische Anfrage an die Landesregierung von Baden-Württemberg aus dem Jahre 1994 ergab, dass in Baden-Württemberg 7,2 v.H. der Berufstätigen von Mobbing betroffen sein sollen.[81]

3. *Typische Mobber und typische Mobbingbetroffene?*

In Gesprächen werde ich immer wieder gefragt, ob es den typischen Mobber und/oder den typischen Mobbingbetroffenen gibt. Gemäß den von mir gesammelten Erfahrungen ist diese Frage zu verneinen. Zwar drängen Erzählungen aus den Betrieben und Dienststellen vereinzelt die Vermutung auf, dass es das „geborene Mobbingopfer" gibt. Betrachtet man die konkreten betrieblichen Verhältnisse etwas genauer, so erscheint die Situation des Mobbingbetroffenen in einem anderen Licht. Häufig sind es die Arbeitskollegen, die dazu beitragen, dass einzelne Beschäftigte in jeder Abteilung Mobbinghandlungen ausgesetzt sind, in denen sie tätig werden. Ein Beispiel mag eine solche Situation verdeutlichen: Ursula Bäcker wurde bereits mehrfach versetzt. Die Gründe hierfür reichen von der Schließung der Abteilung über Streitigkeiten mit einzelnen Arbeitskolleginnen bis hin zu einer eingeschränkten Einsatzfähigkeit aus

---

[77] Zapf/Warth, S. 22; s.a.: Schimmelpfennig/Schimmelpfennig, S. 260 f.; Leymann 1993, S. 84, geht von 1,4 Millionen Mobbingbetroffenen aus

[78] Schauer, S. 12

[79] so: Huber, S. 7

[80] Zapf, S. 4; deutlicher ist Zapf auf S. 15 in seinem nicht veröffentlichten Manuskript, das die Grundlage des veröffentlichten Beitrages bildet

[81] Landtag Baden-Württemberg, Drucksache 11/4839 v. 25.10.1994 zu der Drucksache 11/4014 v. 13.5.1994, S. 7 zu 4.

krankheitsbedingten Gründen. Sie ist bei ihren Arbeitskollegen nicht sonderlich beliebt. Frau Bäcker soll wegen ihrer eingeschränkten Einsatzfähigkeit erneut versetzt werden. Dies nehmen die Beschäftigten der aufnehmenden Abteilung zum Anlass, sich bei der abgebenden Abteilung über Frau Bäcker zu informieren. Da sie kaum positives zu hören bekommen, wird beschlossen, geeignete Maßnahmen zu ergreifen, um auf diesem Wege zu erreichen, dass Frau Bäcker in der aufnehmenden Abteilung „nicht alt" werde. Die feindselige Aufnahme in der neuen Abteilung nimmt Frau Bäcker nach kurzer Zeit zum Anlass, den Personalchef um eine weitere Versetzung zu bitten, der dieser Bitte entspricht. Als die nunmehr aufnehmende Abteilung von dem Ansinnen des Personalchefs erfährt, informieren sich die Beschäftigten bei der abgebenden Abteilung. Da der „Buschfunk" unter den Beschäftigten funktioniert, ist der weitere Leidensweg der Ursula Bäcker vorgezeichnet.

Allerdings darf - wie es das Beispiel der Ursula Bäcker anschaulich zum Ausdruck bringt - nicht übersehen werden, dass derjenige, der in einer konkreten Situation zu einer „Minderheit" gehört (z.B. der einzige Mann in einer Abteilung, in der ansonsten nur Frauen tätig sind; der einzige Raucher in einem Großraumbüro), eher gefährdet ist, mit Mobbinghandlungen konfrontiert zu werden, als es bei einem Angehörigen der Majorität der Fall ist.[82]

In der gleichen Weise, wie es den typischen Mobbingbetroffenen nicht gibt, existiert auch kein typischer Mobber. In demselben Maße, wie jedermann Mobbing ausgesetzt sein kann, kann jedermann Mobbinghandlungen begehen.[83]

4. *Verteilung auf die Geschlechter*

Verschiedene Untersuchungen, die in der Bundesrepublik Deutschland durchgeführt wurden, legen den Schluss nahe, daß in 2/3 aller Fälle Frauen und lediglich in 1/3 aller Fälle Männer von Mobbing betroffen sind.[84] Zapf rät - meines Erachtens zu Recht - hinsichtlich einer solchen Verallgemeinerung zur Vorsicht. Zunächst müssten die Häufigkeiten der Mobbingbetroffenen in ein Verhältnis zu den jeweiligen Gesamtstichzahlen gesetzt werden. Ferner ist aus der Stressforschung bekannt, dass Frauen eher bereit sind, gesundheitliche Probleme zuzugeben und Hilfe zu suchen, als es bei Männern der Fall ist. Dies dürfte auch bezogen auf Mobbing gelten. Allerdings lässt Zapf den - seines Erachtens nach berechtigten - Schluss zu, dass Frauen deswegen stärker von Mobbing betroffen sind, weil sie Erstens in Branchen arbeiten, in denen Mobbing häufiger vorkommt (s.a. den folgenden Punkt 6.) und sie Zweitens weniger häufig höhere Positionen innehaben.[85]

5. *Verteilung auf Altersgruppen und Beschäftigungszeiten*

Gesicherte Erkenntnisse, dass bestimmte Altersgruppen überdurchschnittlich stark von Mobbing betroffen sind, existieren nicht. Zapf[86] kommt aufgrund eigener Studien zu dem Ergebnis, dass ein nicht zu vernachlässigender Teil von Mobbingfällen kurz nach dem Antritt einer neuen Arbeitsstelle beginnt. Dies ist vor allem dann der Fall,

---

[82] s.a.: Wolmerath, S. 4; Zapf, S. 15
[83] s.a.: Esser/Wolmerath, S. 37; Ausfelder, S. 50; Groeblinghoff, S. 163
[84] so: Steinbrück, S. 6; s.a. die Hinweise bei Schimmelpfennig/Schimmelpfennig, S. 266
[85] Zapf/Warth, S. 22; Zapf, S. 7; Schlaugat, S. 25 f.
[86] vgl. Zapf, S. 4, 6

wenn - etwa wie in dem Fall der Ursula Bäcker (vgl. Punkt 3.) - eine bestimmte Abteilung oder Arbeitsgruppe von vornherein gegen die Besetzung einer konkreten Stelle mit einer bestimmten Person war oder sich eine einzelne Person aus der Abteilung oder Arbeitsgruppe ohne Erfolg Hoffnung auf die zu besetzende Stelle gemacht hatte (vgl. hierzu das Beispiel der Walburga Lustig unter I.3.). Bei ca. 33 v.H. der von Zapf befragten Mobbingbetroffenen begann das Mobbing innerhalb der ersten sechs Monate am neuen Arbeitsplatz, bei 6 v.H. innerhalb der ersten drei Monate. 12 v.H. gaben an, von Anfang an Mobbing ausgesetzt gewesen zu sein. Aber auch die langjährige Eingebundenheit in einer Arbeitsgruppe schützt nicht vor Mobbing. So will Zapf festgestellt haben, dass 26 v.H. der von ihm befragten Mobbingbetroffenen schon mehr als fünf Jahre an ihrem Arbeitsplatz tätig waren, bevor das Mobbing begann.

Die von Zapf erarbeiteten Ergebnisse verdeutlichen, dass Mobbing unter allen Altersgruppen und unabhängig von der Beschäftigungsdauer bzw. Tätigkeit an einem konkreten Arbeitsplatz auftritt - wenngleich neue Arbeitskollegen augenscheinlich ein höheres Risiko tragen, mit Mobbing konfrontiert zu werden, als es bei den über einen längeren Zeitraum Beschäftigten der Fall zu sein scheint.

6. Verteilung auf Branchen und Beschäftigtengruppen

In eigenen Untersuchungen sowie dem Vergleich diverser bundesdeutscher Studien kommt Zapf zu dem Ergebnis, dass Mobbing im Arbeiterbereich eher selten vorkommt. In den Branchen Verkehr, Handel, Gastgewerbe, Energie/Wasser, Bergbau und Landwirtschaft kommt Mobbing nur in einem äußerst geringen Maße vor. Hingegen sind der Gesundheitsbereich (Faktor 7:1), der Erziehungsbereich (Faktor 3:1) sowie der Bereich der öffentlichen Verwaltung (Faktor 3,5:1) überrepräsentiert. Gleiches trifft auf den Kreditbereich zu. Zapf kommt folglich zu dem Schluss, dass Mobbing eher ein Problem der Angestellten und Beamten als ein Problem der Arbeiter ist.[87]

Diese Schlussfolgerung kann ich teilen. Gesprächspartner in Beratungen sowie Teilnehmer von Betriebs- und Personalratsschulungen waren bislang überwiegend Angestellte und Beamte. Namentlich ist mir lediglich ein Arbeiter in Erinnerung, der an mehreren Seminaren teilnahm. Sein Wesen, seine Sichtweise hinsichtlich des Umgangs mit Problemen sowie Konflikten am Arbeitsplatz, die Gradlinigkeit seines Handeln, seine Natürlichkeit und seine erfrischende Ehrlichkeit bewegten nicht nur eine Ärztin aus dem Hochschulbereich zu der geäußerten Erkenntnis „So einen wie Walter hätte ich auch gerne in meinem Personalrat“.

Arbeiter scheinen sich die Fähigkeit der offenen Konfliktlösung noch am ehesten bewahrt zu haben. Während bei ihnen offensichtlich das Motto „Hart aber herzlich“ zu gelten scheint, dürfte das entsprechende Motto im Beamten- und Angestelltenbereich „Je feiner, desto gemeiner“ lauten. Je „intelligenter“ die Mobber sind, desto feiner, subtiler und wohl überlegter sind ihre Methoden und Vorgehensweisen, was wiederum zur Folge hat, dass ihr Verhalten häufig erst relativ spät erkannt und als Mobbing ertlarvt werden kann.

---

[87] vgl. Zapf, S. 9; Zapf/Warth, S. 22 f.

7. *Verteilung auf Beschäftigte und Vorgesetzte*

Bei der quantitativen Verteilung von Mobbing auf Beschäftigte und Vorgesetzte gelangt Zapf zu dem Ergebnis, dass in über 70 v.H. der Fälle Vorgesetzte an Mobbing aktiv beteiligt sind.[88] Gemäß einer von Metzner durchgeführten Auswertung von 215 Fragebögen - die Fragebögen wurden in der Zeit von September 1994 bis September 1996 von dem Berliner Beratungsprojekt „NO MOBBING" zur Beantwortung ausgeteilt - treten in 75 v.H. aller Fälle Vorgesetzte und Führungskräfte als Mobber auf.[89]

Mobbing wäre demnach in mehr als 2/3 aller Fälle „Vorgesetzten-Mobbing"; d.h. Vorgesetzte mobben ihre Untergebenen. Das verbleibende knappe Drittel würde Mobbing auf derselben hierarchischen Stufe ausmachen; d.h. Vorgesetzte gegen Vorgesetzte, Untergebene gegen Untergebene.[90] Nur in den seltensten Fällen ginge Mobbing von einem Untergebenen gegen einen Vorgesetzen aus.[91] Metzner gibt diesbezüglich eine Quote von 1,5 v.H. an.[92]

Wenngleich die Ergebnisse in eine eindeutige Richtung zu weisen scheinen, so wäre es dennoch verfehlt, den Kreis der Mobber mit dem Arbeitgeberumfeld (Arbeitgeber, Geschäftsfüher, Prokurist, Dienststellenleiter, Abteilungsleiter etc.) gleichzusetzen. Zapf legt - wie ich meine zu Recht - die Betonung auf das Wort „Beteiligung". Sofern in über 70 v.H. der Fälle Vorgesetzte an Mobbing beteiligt sind, bedeutet dies nicht zwangsläufig, dass sie als Mobber in Erscheinung treten. Häufig wird ihnen von dem Mobbingbetroffenen sowie von der betrieblichen Interesenvertretung Versagen und Führungsfehlverhalten vorgeworfen. In dem einen Fall seien sie beispielsweise nicht energisch genug gegen das Mobbing vorgegangen, in einem anderen Fall würden sie durch ihr Verhalten Mobbing begünstigen.[93] Diese Tendenz habe ich in zahlreichen Gesprächen mit Mobbingbetroffenen sowie Betriebs- und Personalräten bestätigt gefunden. Wenngleich die Arbeitgeberseite nicht selber Mobbinghandlungen begeht, so wird ihr dennoch überwiegend eine im konkreten Einzelfall mehr oder weniger große Schuld an der Mobbingsituation zugesprochen. Insbesondere Führungsfehlverhalten, Führungsschwäche und mangelnde (soziale) Kompetenz wird diesem Personenkreis oftmals vorgeworfen.

Gemäß den von mir gesammelten Erfahrungen ist das Verhalten der Arbeitgeberseite im Zusammenhang mit Mobbing wesentlich von dem Umstand abhängig, wie sich die betriebliche Situation gestaltet. Ist der Abbau von Personal beabsichtigt oder will man sich von solchen Beschäftigten trennen, denen nicht oder nur unter erschwerten Bedingungen gekündigt werden kann (z.B. Schwerbehinderte, Schwangere, Mitglieder des Betriebs- bzw. Personalrats), so kann es im Interesse der Arbeitgeberseite liegen, selbst als Mobber in Erscheinung zu treten. Im Einzelfall kann es sich in finanzieller Hinsicht durchaus rechnen, Personal via Mobbing abzubauen. Man denke insoweit insbesondere an die Einsparung von Sozialplanzahlungen. Abgesehen von derartigen Fallkonstellationen dürfte die Arbeitgeberseite kaum ein Interesse haben, Mobbing zu betreiben. In dem Maße, in dem das Bewusstsein sowie die Erkenntnis der Arbeitgeberseite wächst, dass sich ein gutes Betriebsklima positiv

[88] Zapf, S. 10; Zapf/Warth, S. 25
[89] Metzner, S. 7
[90] Metzner, S. 7
[91] vgl. Zapf, S. 10
[92] Metzner, S. 7
[93] s.a. Zapf, S. 9

auf die Ertragslage eines Unternehmens auswirkt, dürften Aktionen gegen Mobbing am Arbeitsplatz zunehmen. In derartigen Fällen dürfte der Arbeitgeberseite eine Beteiligung an Mobbingsituationen kaum zuzusprechen sein.

Entscheidend ist für mich nicht der Grad der Verteilung der Beteiligung an Mobbing auf die unterschiedlichen betrieblichen Akteure, sondern der Umstand, dass Mobbing in jeder betrieblichen Konstellation anzutreffen ist. Erschreckend ist, dass jeder Mobbing betreiben kann, auch wenn die Möglichkeit bzw. das Risiko, von anderen als Mobber bezeichnet zu werden, unterschiedlich groß ist und von der Funktion am Arbeitsplatz abhängt.[94]

8. *Anzahl der Mobber und Mobbingbetroffenen*

Der Mobbingdefinition lässt sich die Vermutung entnehmen, dass es ein zahlenmäßiges Ungleichgewicht zwischen der Seite der Mobber und der der Mobbingbetroffenen geben muss. Das Mobbing kann sowohl von einer einzelnen Person, als auch von einer Vielzahl von Personen ausgehen. Hingegen zielt das Mobbing regelmäßig nur gegen eine einzelne Person. Da die Unterlegenheit mit der Zahl der Sympathieträger, Verbündeten, sozialen Unterstützer etc. abnimmt, ist ein Mobbing gegen eine personenstarke Gruppe nicht möglich. Hier ist allenfalls ein Mobbing gegen einzelne Personen denkbar (z.B. der Mobber richtet seine Mobbinghandlungen losgelöst voneinander gleichzeitig gegen mehrere Arbeitskollegen). Nur kleinste Gruppen von zwei bis maximal drei Personen können dem Mobbing einer Vielzahl anderer Personen ausgesetzt sein, da derartige Gruppen so klein sind, dass sich ihre Mitglieder nicht gegenseitig die erforderliche soziale Unterstützung und den notwendigen Rückhalt geben können.

Gesicherte empirische Untersuchungsergebnisse zu der Anzahl der Mobber und Mobbingbetroffenen gibt es nicht. Nach Zapf[95] scheint es so zu sein, dass der Einzel-Mobber im Verhältnis zum Gruppen-Mobber weniger häufig anzutreffen ist, jedenfalls nehme offensichtlich die Zahl der Mobber in der einzelnen Mobbingsituation zu, je länger das Mobbing andauert.

Diese Annahme von Zapf kann ich nicht teilen. Gemäß den von mir gemachten Erfahrungen scheint die Anzahl der Mobber eher von der betrieblichen Stellung des Mobbingbetroffenen abhängig zu sein. Wird Mobbing gegen einen Beschäftigten gerichtet, so wird regelmäßig ein einziger Mobber genügen, um den Mobbingbetroffenen aus dessen Wirkbereich entfernen zu können. Dies ist insbesondere bei Mobbing durch Vorgesetzte (z.B. Abteilungsleiter) sowie Personen mit Arbeitgeberfunktionen (z.B. Geschäftsführer, Dienststellenleiter) der Fall. Soll sich das Mobbing hingegen gegen einen Vorgesetzten (z.B. Abteilungsleiter, Prokurist, Geschäftsstellenleiter) richten, so wird es eher von dem Zusammenwirken mehrerer Mobber abhängen, ob der Mobbingbetroffene aus seine Position gedrängt werden kann. Sollte es zutreffen, dass in 75 v.H. aller Fälle Vorgesetzte und Führungskräfte als Mobber auftreten, so müsste die Zahl der Einzel-Mobber der der Gruppen-Mobber überwiegen. Dies spricht gegen die Annahme von Zapf.

---

[94] hierbei ist zu bedenken, dass die Bezeichnung eines anderen als Mobber ebenfalls eine Mobbinghandlung darstellen kann

[95] Zapf, S. 8

Auch dürfte die subjektive Wahrnehmung des Mobbingbetroffenen, welche Personen Mobbinghandlungen begehen, mit der Zeit zunehmend schwinden. Wer am Arbeitsplatz isoliert ist und keine Verbündeten mehr hat, wird kaum zwischen dem Mobber und den tatenlos zusehenden Arbeitskollegen sowie andere die Mobbingsituation begünstigenden Personen unterscheiden. Aus der Sicht des Mobbingbetroffenen hat sich „die ganze Welt“ gegen ihn verschworen; er betrachtet sich von allen ungerecht behandelt. Dieser Umstand dürfte auch der Grund dafür sein, dass die Anzahl der Mobber als umso größer angegeben wird, je länger das Mobbing andauert.

Solange es keine verlässlichen Untersuchungsergebnisse gibt, wird man demgemäß - entgegen jeder Vermutung - wohl eher von dem Umstand ausgehen müssen, dass der Einzel-Mobber (Ein-Personen-Mobber) vorherrscht.

9. *Ursachen für Mobbing*

Die Ursachen für Mobbing sind vielfältigster Natur. Sie reichen von Missgunst und Neid über die Unsicherheit um die eigene Position bis hin zum bewussten Personalabbau via Mobbing.[96] Die Entstehungsbedingungen sind primär nicht einseitig bei den Mobbingbetroffenen oder den Mobbern zu lokalisieren.[97]

Betriebs- und Personalratsmitglieder haben mir auf den unterschiedlichsten Veranstaltungen vornehmlich folgende Ursachen benannt, weshalb es nach ihren Erkenntnissen Mobbing gibt:

- In den Betrieben geht bereits seit einigen Jahren die Angst vor dem Verlust des Arbeitsplatzes um. Stellenabbau, Outsourcing, Verlagerung von Produktionsstätten ins Ausland, die „Standort Deutschland“-Debatte sowie Begriffe wie „Globalisierung“ und „Shareholder value“ haben sich in den Köpfen der Beschäftigen festgesetzt.
- Neue Management-Strategien und Arbeitsstrukturen (z.B. Trend zu kleinen Einheiten, Teamarbeit, Delegation von Verantwortung) überfordern viele - sowohl Vorgesetzte als auch Beschäftigte.
- Der Abbau von Stellen führt, wenn sich der Arbeitsanfall hierdurch nicht ebenfalls verringert, bei den verbleibenden Beschäftigten zu einer Arbeitsverdichtung, die bei unerwarteten Ausfällen von Arbeitskollegen (z.B. infolge krankheitsbedingter Arbeitsunfähgigkeit) mangels vorhandener Vertretungskapazitäten weiter verdichtet wird.
- Vorgesetzen mangelt es häufig an sozialer Kompetenz. Sie sind nicht oder nur unzureichend in der Lage, die von ihnen bekleidete Position auszufüllen. „Führungsunfähigkeit“, „Führungsschwäche“, „unzureichende soziale Kompetenz“ und „fachlich ungeeignet“ sind die Schlagworte, die ich auf den Seminaren bislang am häufigsten gehört habe.
- Die Privatisierung öffentlicher Funktionen und Aufgaben verunsichert die davon Betroffenen und schürt oftmals Existenzängste, da die Beschäftigten regelmäßig nicht wissen, was in dem privatisierten Unternehmen auf sie zukommen wird. Für viele ist die Privatisierung der Vorbote eines Stellenabbaus, mithin der eigenen Arbeitslosigkeit.
- Die Arbeitswelt entwickelt sich entsprechend dem allgemeinen gesellschaftlichen Trend immer mehr zu einer Ellbogengesellschaft, in der nur die Starken überleben. Wer auf andere Rücksicht nimmt, zeigt Schwäche.

---

[96] vgl. Esser/Wolmerath, S. 32 f.
[97] Groeblinghoff, S. 163

- Aufgrund gesellschaftlicher Veränderungsprozesse steht das Individuum im Vordergrund. Wer nur an sich denkt, interessiert sich nicht für andere und deren Belange. Die „Ich-Bezogenheit“ führt dazu, dass Probleme und Konflikte oftmals nicht mehr angesprochen werden. Wer selbst Gemeinheiten und Ungerechtigkeiten am Arbeitsplatz erfahren hat, neigt eher dazu, sich ähnlich zu verhalten.

Auch wenn diese Aspekte nicht auf einer wissenschaftlichen Untersuchung fußen, so können sie dennoch zur Beantwortung der Frage, warum es Mobbing gibt, herangezogen werden - zumal die einzelnen Aspekte in der Mobbingliteratur in unterschiedlicher Weise anzutreffen sind. Stets ist jedoch zu bedenken, dass die Ursachen für das Mobbing einzelfallbezogen und höchst individuell sind.[98] Verallgemeinerungen sind meines Erachtens in der gleichen Weise fehl am Platze, als wenn man die Zahl der möglichen Mobbinghandlungen auf 45 beschränken würde.

Leymann macht es sich nach meinem Dafürhalten zu leicht, wenn er die Ursachen von Mobbing den drei organisatorischen Faktoren „Organisation“, „Gestaltung“ und „Leitung der Arbeit“ zuschreibt.[99] Da es derzeit keine empirischen Belege einer Ursachenanalyse gibt,[100] ist es nicht verwunderlich, dass in der Literatur hinsichtlich der Ursachen von Mobbing die unterschiedlichsten Katalogisierungen zu finden sind, die in ihrer Zusammenschau allerdings einen recht umfangreichen und verlässlichen Überblick über mögliche Ursachen für Mobbing liefern.

Nach Zapf[101] können die Ursachen für Mobbing „in der Organisation“, „in der Gruppe“, „in der Person des Täters“ und „in der Person des Opfers“ gefunden werden. Gleichmann[102] kommt trotz anderer Begrifflichkeiten letztendlich zu dem gleichen Ergebnis. Sie führt folgende Ursachen an:

I. Ursachen in den Rahmenbedingungen[103]
- Über- oder Unterforderung,
- mangelnde Arbeitsorganisation,[104]
- Fehler im Führungsverhalten,[105]
- unklare Kompetenzregelungen,
- äußere Arbeitsbedingungen,
- Angst um den Arbeitsplatz,
- schlechtes Betriebsklima,
- arbeitsrechtliche Bedingungen,
- soziale Normen,

II. Ursachen im sozialen System[106]
- soziale Zusammensetzung der Gruppe,
- Feindseligkeit,
- Neid,[107]

---

[98] Sinnvoller ist es daher vielleicht, sich die 10 Risikofaktoren zu vergegenwärtigen, die Zapf, S. 21, für das Auftreten von Mobbing herausgearbeitet hat. Sie spiegeln in gleicher Weise die Ursachen für Mobbing wider.

[99] s.a.: Schimmelpfennig/Schimmelpfennig, S. 273

[100] vgl. Gleichmann, S. 2

[101] Zapf, S. 12 ff.

[102] Gleichmann, S. 3 f.

[103] Zapf würde diesbezüglich von „Organisationale Ursachen“ sprechen, vgl. Zapf, S. 12 ff.

[104] zu den Einzelheiten vgl. Leymann 1993, S. 133 ff.; Schimmelpfennig/Schimmelpfennig, S. 268 f.

[105] zu den Einzelheiten vgl. Leymann 1993, S. 137 f.; Schimmelpfennig/Schimmelpfennig, S. 269 f.

[106] Zapf dürfte insoweit von „Ursachen in der Gruppe“ sprechen; vgl. Zapf, S. 15

[107] s.a.: Schimmelpfennig/Schimmelpfennig, S. 272

- Missgunst,[108]
- Gruppendruck,[109]
- Sündenbocksyndrom,[110]

III. Ursachen im persönlichen System[111]
- moralisches Niveau,
- Stabilität der Persönlichkeit,
- Stigmatisierbarkeit,
- Qualifikation,
- soziale Kompetenz,

IV. Ursachen im Mobber[112]
- Überforderung und Selbstwertprobleme,
- soziopathische Persönlichkeit,
- persönliche Ziele und Motive,
- mögliche Ängste,

V. Ursachen im Mobbingbetroffenen[113]
- wenig soziale Kompetenz,
- Leistungsprobleme,
- soziopathische Persönlichkeit,
- Auffälligkeit der äußeren Erscheinung,
- Krankheiten.

Die Soziologin Mittelstaedt[114] macht (allgemeine) gesellschaftskulturelle Wandlungsprozesse für Mobbing verantwortlich. Im Gegensatz zu den eher „kühleren" 80er Jahren bezeichnet sie die 90er Jahre als das Jahrzehnt der Emotionen. Die zunehmende Freisetzung der Gesellschaftsmitglieder aus bislang gewohnten Lebenszusammenhängen bewirke bei der alltäglichen Lebensorientierung eine stärkere Verortung und Handlungsorientierung über die Emotionen. Die hervortretende Sensibilisierung der Menschen für die eigenen Gefühle führe auch zur Wahrnehmung der zunehmenden Individualisierung. Diese Individualisierung bedeute für jeden Einzelnen, dass alle Lebensrisiken direkt an ihn selber haften. Letztendlich liege der Schluss nahe, dass die stärkere Emotionsorientierung im Alltag zu einer stärker emotionsausgerichteten Form der Konfliktaustragung führe - wie es bei Mobbing der Fall ist. Die Emotionssensibilisierung führe zu einem Aufkeimen von Ängsten. Da man allerdings nicht wisse, mit diesen umzugehen, würden Verhaltensformen weniger verlässlich vorhersagbar. Dadurch würden sich die Menschen zusätzlichen Risiken ausgesetzt sehen, die es individuell zu bewältigen gebe. Unter dem Einfluss dieser Ängste handele man für andere in demselben Maße unerwartet, wie einem selbst das Handeln der anderen verunsichere.

---

[108] s.a.: Schimmelpfennig/Schimmelpfennig, S. 272
[109] s.a.: Schimmelpfennig/Schimmelpfennig, S. 270
[110] s.a.: Schimmelpfennig/Schimmelpfennig, S. 270 f.
[111] Zapf dürfte insoweit von „Ursachen in der Gruppe" - genauer: von Ursachen in den Gruppenmitgliedern - sprechen
[112] insoweit besteht Übereinstimmung mit der Terminologie von Zapf
[113] insoweit besteht Übereinstimmung mit der Terminologie von Zapf
[114] Mittelstaedt, S. 227 ff.

10. Konsequenzen und Gefahren

Konsequenzen und Gefahren, die mit Mobbing verbunden sind, lassen sich - bezogen auf die Arbeitswelt - vier Bereichen zuordnen:
- Konsequenzen und Gefahren für den Mobbingbetroffenen;
- Konsequenzen und Gefahren für den Mobber;
- Konsequenzen und Gefahren für die Belegschaft;
- Konsequenzen und Gefahren für den Betrieb bzw. für die Dienststelle.

Daneben lassen sich auch Konsequenzen und Gefahren für die Gesellschaft feststellen.

Wenden wir uns zunächst den Konsequenzen und Gefahren zu, die sich für den Mobbingbetroffenen ergeben können.

a. Konsequenzen und Gefahren für den Mobbingbetroffenen

Wie bereits unter I.7. dargelegt wurde, stellt Mobbing eine Form der psychischen Belastungen dar.[115] Psychische Belastungen können zu Stressreaktionen führen, die sich auf das Wohlbefinden sowie auf den Gesundheitszustand des Betroffenen negativ auswirken.[116] Leymann hat bei den von ihm untersuchten Mobbingbetroffenen folgende Stresssymptome festgestellt:[117]

- Gedächtnisstörungen	- Einsamkeit/Kontaktarmut
- Konzentrationsschwierigkeiten	- „Druck" auf der Brust
- Niedergeschlagenheit	- Schweißausbrüche
- ohne Initiative, apathisch	- Trockener Mund
- Gereiztheit	- Herzklopfen, Palpitation
- Rastlosigkeit	- Atemnot
- Aggressionen	- Blutwallungen
- Gefühl der Unsicherheit	- Rückenschmerzen
- Übersensibel bei Enttäuschungen	- Nackenschmerzen
- Alpträume	- Muskelschmerzen
- Bauch-/Magenschmerzen	- Einschlafstörungen
- Durchfall	- Unterbrochener Schlaf
- Erbrechen	- Frühzeitiges Aufwachen
- Übelkeit	- Schwäche in den Beinen
- Appetitlosigkeit	- Antriebslosigkeit
- „Kloß" im Hals, Globusgefühl	- Schwindel
- Weinen	- Zorn

Diese und mögliche weitere Stresssymptome können, wenn das Mobbing nicht unterbunden wird, zu Persönlichkeitsstörungen, Minderung des Selbstwertgefühls, Herz- und Kreislaufstörungen, Kopf-, Nacken- und Rückenschmerzen, Hautkrankheiten, Schlafstörungen, Magen- und Darmkrankheiten, Depressionen, Phobien und Obsessionen[118] führen.[119] Aus leichteren, unspezifischen und abschnittsweisen Befindlichkeitsstörungen entwickeln sich manifeste Krankheitssymptome, komplexe

---

[115] s.a.: Leymann 1993, S. 108

[116] dies ist unstreitig; vgl. Leymann 1995, S. 28; Zuschlag, S. 97

[117] Leymann 1993, S. 110 f.

[118] siehe hierzu das Beispiel „Sandwich-Mann" von Leymann 1995, S. 51 ff.

[119] vgl. Leymann 1993, S. 113 ff.; Hage/Heilmann, S. 742; Gleichmann, S. 7; Zuschlag, S. 102 ff.; zum Krankheitsverlauf von Mobbingbetroffenen vgl. Leymann 1995, S. 47 ff.

psychosomatische/psychiatrische Syndrome, im Sinne gravierender, chronifizierter und teils irreversibler Gesundheitsschädigungen.[120] Psychische und psychosomatische (und vermittelt darüber körperliche) Erkrankungen sind die regelmäßige Folge von Mobbing.[121] Der Missbrauch beispielsweise von Medikamenten und Alkohol kann ebenfalls die Folge von Mobbing sein.[122] Suizid und Suizidversuche bilden das letzte Glied in der Reihe der möglichen Folgen von Mobbing.[123] Schätzungen zufolge sollen ca. 20 v.H. der Selbsttötungsfälle (d.h. rund 30.000 Suizide) pro Jahr auf Mobbing zurückzuführen sein.[124]

Mobbing hat den Stellenwert einer psychischen Traumatisierung.[125] Abgesehen von einzelnen Ausnahmen erkranken Mobbingbetroffene, die einer medizinischen Behandlung bedürfen, an einer posttraumatischen Stressbelastung, kurz PTSD (post-traumatic stress disorder) genannt.[126] Hierbei handelt es sich um ein Krankheitsbild, bei dem das traumatische Erlebnis (z.B. aufgrund einer Naturkatastrophe oder Seenot) eine so starke Wirkung entfaltet, so dass psychische Überlebensängste entstehen, die der Betroffene nicht mehr ohne weiteres bewältigen kann.[127] Aber auch Krankheitsbilder wie Herzinfarkt und Krebs können durch Mobbing verursacht werden.[128]

Neben den gesundheitlichen Folgen, die von einer vorübergehenden bis zu einer dauerhaften Arbeitsunfähigkeit führen können, sind die sozialen Auswirkungen von Mobbing zu nennen. Mobbingbetroffene, denen ihr traumatisches Ereignis immer und immer wieder durch den Kopf geht und sie auf diese Weise lähmt, andere vernünftige Gedanken zu fassen, neigen dazu, ihre Erlebnisse wieder und wieder zu erzählen, bis ihnen niemand mehr zuhören kann. Bekannte, Freund und manchmal sogar die eigene Familie wenden sich dann von dem Mobbingbetroffenen ab.[129]

Die Mobbingdefinition enthält den Aspekt des „Ausstoßes aus dem Arbeitsverhältnis". Dies kann - wie unter I.3. bereits näher darlegt ist - auf verschiedenste Weise erfolgen. Neben dem Entzug einer bestimmten Position, der Versetzung auf einen anderen Arbeitsplatz, sowie der Beendigung des Arbeitsverhältnisses, ist auch die „Frühverrentung" zu nennen.

b. *Konsequenzen und Gefahren für den Mobber*

Dass das Mobbing auch für den Mobber mit gesundheitlichen Risiken verbunden sein kann, wird in der Literatur kaum gesehen. Sofern der Mobber mit Billigung oder sogar mit Unterstützung Dritter handelt und es sich bei dem Mobber nicht um eine sozial ausgegrenzte Person handelt, dürften soziale Gefahren und Konsequenzen für ihn grundsätzlich auszuschließen sein. Mithin verbleiben für einen solchen Mobber solche Gefahren und Konsequenzen, die sich aus der Anwendung des bundesdeutschen

---

[120] Groeblinghoff, S. 163
[121] Groeblinghoff, S. 163
[122] s.a.: Leymann 1993, S. 114
[123] vgl. Leymann 1993, S. 121 f.; s.a. den Fall „Ingrid" in Leymann/Niedl, S. 21 ff.
[124] vgl. Gleichmann, S. 7; Kratz, S. 7; Groeblinghoff, S. 163; Schimmelpfennig/Schimmelpfennig, S. 267 gehen von fast 2.000 Fällen aus
[125] Becker, S. 127
[126] Leymann 1995, S. 42
[127] Leymann 1995, S. 42; s.a.: Esser/Wolmerath, S. 29
[128] vgl. Resch, S. 57 und S. 121
[129] vgl. Zapf, S. 19; Zuschlag, S. 108; s.a. das Beispiel vom „Sandwich-Mann" in Leymann 1995, S. 51 ff.

Rechtssystems ergeben können. Welche es im konkreten Einzelfall sein können, ist Gegenstand der Erörterung in den folgenden Kapiteln.

Zuschlag führt den „Angst-Mobber" an, der nach dem Prinzip „Angriff ist die beste Verteidigung" bzw. „lieber mobben als gemobbt werden" handelt. Solch ein Mobber wird in vergleichbarer Weise (psychosomatisch) krank wie sein „Opfer". Schließlich ist für ihn das Mobbing beachtlicher Stress mit erheblicher emotionaler Belastung.[130]

c. *Konsequenzen und Gefahren für die Belegschaft*

Mobbing hat negative Auswirkungen auf das Betriebsklima sowie auf die Arbeitsmoral.[131] Sofern es Mobbing im Betrieb bzw. in der Dienststelle gibt, sind die Beschäftigten in ihrer psychosozialen Befindlichkeit verunsichert. Dies geht mit einer geringeren Leistungsmotivation und damit verbunden mit steigenden (Produktions-) Kosten einher.[132] Mobbing lenkt die Aufmerksamkeit von der Arbeitsaufgabe auf die sozialen Beziehungen. Durch Mobbing bedingte Fehlzeiten und die damit häufig verbundene Mehrbelastung der anderen Beschäftigten führen zu einem erheblichen Motivationsverlust.[133] Bei einem schlechten Betriebsklima zwingen die emotionalen Stressfaktoren zu einem reaktiven sowie defensiven Verhalten, um die eigene Persönlichkeit zu schützen.[134] Im Extremfall kann die Quantität und Qualität der Arbeitsergebnisse derart abfallen, daß eine Gefährdung der Arbeitsplätze eintritt. Das Schicksal der Belegschaft bzw. einzelner Belegschaftsmitglieder ist dann mit dem Schicksal des Betriebes bzw. der Dienststelle sowie einzelner Abteilungen stark verknüpft.

d. *Konsequenzen und Gefahren für den Betrieb bzw. für die Dienststelle*

Abgesehen von den wenigen Fällen, in denen ein gewisser Nutzen aus Mobbing gezogen werden kann - etwa wenn es gelingt, Personal kostengünstig (d.h. insbesondere ohne Zahlung einer Sozialplanabfindung) abzubauen[135] oder Personen zu einem Ausscheiden zu veranlassen, die einem besonderen Kündigungsschutz unterfallen (z.B. Schwerbehinderte, Schwangere, Betriebs- und Personalratsmitglieder) -, stehen die sich für den Betrieb bzw. für die Dienststelle aus Mobbing ergebenden Kosten im Vordergrund.

Hinsichtlich der den Betrieben sowie Dienststellen durch Mobbing entstehenden Kosten existieren keine empirisch abgesichteren Befunde. Resch schätzt, dass der Arbeitsausfall eines Mobbingbetroffenen und die Minderleistung der Mobber zusammen mit dem Ausfall der Arbeitszeit von Vorgesetzten sowie der Personalabteilung, die sich mit dem Mobbingfall auseinandersetzen müssen, Kosten in Höhe von 30.000 bis 100.000 DM/Jahr verursachen.[136] Laut Huber[137] sollen den bundesdeutschen

---

[130] Zuschlag, S. 114
[131] s.a.: Resch, S.126; Kollmer, Rn. 22; Zuschlag, S. 110; Grunewald, S. 1071; Groeblinghoff, S. 163
[132] Walter, S. 13
[133] Walter, S. 14
[134] Walter, S. 15
[135] Niedl in Leymann, S. 61
[136] zitert nach Niedl in Leymann, S. 64; s.a. das Rechenbeispiel bei Resch, S. 125 ff. und bei Beckers/Mertz, S. 145 ff.; Huber, S. 12
[137] Huber, S. 14; s.a.: Kratz, S. 7

Betrieben fehlzeitenbedingt Kosten in Höhe von insgesamt 30 Milliarden DM/Jahr entstehen.

Wenngleich nicht verkannt werden darf, dass hoch angesetzte Schätzungen für das Medieninteresse von nicht zu unterschätzender Bedeutung ist und Arbeitgeber bzw. Dienstherren sowie Dienststellenleiter umso eher bereit sein dürften, aktiv gegen Mobbing einzuschreiten, je negativer sich die Kostensituation für sie stellt, so ist dennoch zu berücksichtigen, dass die einem Betrieb bzw. einer Dienststelle erwachsenden Kosten von den Umständen des konkreten Einzelfalls abhängen. Während beispielsweise ein längerer Arbeitsausfall eines Hilfsarbeiters regelmäßig relativ leicht überbrückt werden kann, dürfte sich dies bei einem ausgewiesenen „Spezialisten" (z.B. Projektleiter in einer Entwicklungsabteilung) eher als problematisch erweisen. Im schlimmsten Fall kann das Projekt zum Scheitern verurteilt, der daraus resultierende Schaden immens sein.

Abhängig von den besonderen Umständen des konkreten Einzelfalls können die durch das Ausscheiden eines Beschäftigten entstehenden Fluktuationskosten zwischen 15.000 DM (bei einem Lagerarbeiter) und 40.000 DM (bei einer Führungskraft mit einem Jahresgehalt in Höhe von 120.000 DM) liegen.[138]

Wegen der Abhängigkeit der Kosten von den Umständen des konkreten Einzelfalls beschränke ich mich auf die beispielhafte Aufzählung möglicher Kostenfaktoren. Zu nennen sind[139]:

- Kosten, die durch Fehlzeiten (z.B. Krankenstand, Absentismus) bedingt sind;
- Kosten, die sich aus einem betriebsinternen Arbeitsplatzwechel (z.B. durch Versetzung bedingte Schulungs- und Einarbeitungszeiten) ergeben;
- Kosten, die mit dem Verlust eines Arbeitsplatzes (z.B. [Eigen-]Kündigung, Abschluss eines Aufhebungsvertrages) verbunden sind;
- Kosten, die mit der Einstellung eines neuen Mitarbeiters verbunden sind (z.B. Inserate, Personalauswahlgespräche, Einarbeitungszeit);
- Opportunitätskosten durch entgangene Gewinne wegen der Nichtrealisierung von Marktchancen;
- Kosten infolge verminderter Produktivität (z.B. Konventionalstrafe aufgrund innerer Kündigung des Mobbingbetroffenen, Dienst nach Vorschrift);
- Kosten durch mobbingbedingte arbeitsorganisatorischen Probleme (z.B. unzureichende Weitergabe von Informationen);
- Kosten, die durch gerichtliche Auseinandersetzungen (z.B. Kündigungsschutzverfahren) bedingt sind;
- Kosten, die dem Betrieb bzw. der Dienststelle durch die inhaltliche Auseinandersetzung mit der Mobbingproblematik entstehen (z.B. Arbeitsausfall, Zeitaufwand der Personalabteilung).

e. *Konsequenzen und Gefahren für die Gesellschaft*

Obwohl Mobbing ein Problem der Arbeitswelt ist, hat es auch Auswirkungen auf die Gesellschaft. Werteverlust, Entethisierung und zunehmende Verrottung im zwischenmenschlichen Umgang nehmen durch Mobbing zu.[140]

---

[138] Groeblinghoff, S. 163
[139] nach Zapf, S. 20 und Niedl in Leymann, S. 65 ff.
[140] vgl. Groeblinghoff, S. 164

Sobald die Entgeltfortzahlung im Krankheitsfall ausläuft, hat der Mobbingbetroffene, der sich in einem Arbeitsverhältnis befindet, regelmäßig Anspruch auf den Bezug von Krankengeld (vgl. § 3 EFZG; § 44 SGB V). Entsprechendes gilt für Maßnahmen der Rehabilitation sowie für andere Leistungen aus der gesetzlichen Rentenversicherung (vgl. §§ 15 ff., 43 – 45 SGB VI). Verliert jemand wegen Mobbing seinen Arbeitsplatz, so hat er oftmals Anspruch auf Leistungen aus der Arbeitslosenversicherung (vgl. § 3 Abs. 1 SGB III). Für alle diese Leistungen hat die Solidargemeinschaft der in der Sozialversicherung Versicherten aufzukommen. Handelt es sich bei dem Mobbingbetroffenen um einen Beamten, so sind die Kosten für die entsprechenden Leistungen gemäß den einschlägigen beamtenrechtlichen Vorschriften letzten Endes von den Steuerzahlern zu tragen.

Wie hoch die durch Mobbing bedingten Leistungen der Sozialversicherung sind, ist bislang nicht bekannt. Auch existieren keine verlässlichen Hochrechnungen und Schätzungen. Psychische/Psychosomatische Erkrankungen als Grund für eine Arbeitsunfähigkeit sollen laut Groeblinghoff in den letzten 10 Jahren um ca. 65 v.H. zugenommen haben - wesentlich infolge (auch auf Mobbing zurückführbarer) psychosozialer Stressbelastung.[141] Groeblinghoff schätzt, dass die durch Mobbing bedingten Behandlungskosten ca. 100.000 DM bis 130.000 DM je Fall (bei einer Behandlungsdauer von drei bis vier Jahre), die gesamtwirtschaftlichen Kosten aller krankheitsbedingten Fehlzeiten (in den sog. alten Bundesländern) jährlich 5 Mrd. DM je 1 v.H. Krankstand betragen.[142] Der gesamte Anteil psychischer Erkrankungen unter allen Frühverrentungen betrug zum Anfang der 90er Jahre 13,8 v.H. bei einer Zunahme von ca. 60 v.H. in einem Zeitraum von sieben Jahren.[143] Einer wagen Hochrechnung von Resch[144] zufolge werden pro Jahr zwischen 12.000 und 25.000 Menschen aufgrund von Mobbing „frühverrentet“, wodurch jährliche Kosten zwischen drei und sechs Milliarden DM entstehen.

Nicht in Geld beziffern lässt sich der Verlust an sozialer Kompetenz sowie Konfliktfähigkeit, der mit Mobbing einhergeht. In dem Maße, in dem sich Mobbing ausbreitet, gehen der Gesellschaft die Fähigkeit zur offenen, fairen und konstruktiven Austragung von Konflikten sowie weitere wichtige Güter wie gegenseitiger Respekt, Solidarität und Fairness verloren. Der der Gesellschaft insgesamt entstehende Schaden lässt sich nur erahnen[145] - die Zunahme von verbaler sowie nonverbaler Gewaltbereitschaft und der Verlust der Fähigkeit zur Kommunikation dürften nur einige der Folgen sein.

II. Am Mobbinggeschehen beteiligte Personen

Auf dem ersten Blick scheint Mobbing nur denjenigen, der mobt (sprich: der „Mobber“), und denjenigen, der gemobt wird (sprich: der „Mobbingbetroffene“[146]),

---

[141] Groeblinghoff, S. 163
[142] Groeblinghoff, S. 164
[143] Groeblinghoff, S. 164
[144] Resch, S. 127
[145] Hesse/Schrader, S. 42 beziffern den Schaden mit ca. 100 Milliarden DM
[146] In der Literatur wird nahezu ausschließlich der Begriff „Mobbingopfer“ (bzw. „Mobbingtäter“) verwendet. So beispielsweise Groeblinghoff. Ich halte diese Terminologie für überzogen, weil sie den am Mobbinggeschehen beteiligten Personen von vornherein feste Rollen zuweist – ohne der Frage nachzugehen, ob derjenige, der sich beispielsweise bei seinem Vorgesetzten über einen Arbeitskollegen

etwas anzugehen. Sofern man jedoch die Konsequenzen und Gefahren bedenkt, die mit Mobbing verbunden sind, so wird schnell klar, dass es weitere sowohl betriebsinterne und betriebsexterne als auch aktive und passive Personen gibt, die in irgendeiner Form an dem Geschehensprozess beteiligt sind. Leymann weist den „Möglichmachern“[147] eine sehr große Bedeutung zu. Er versteht hierunter diejenigen Personen, die zuschauen, sich nicht um die Mobbingsituation kümmern, den Geschehensprozess weiterlaufen lassen sowie weggucken. Würden diese Personen in den Geschehensablauf eingreifen, so dürfte das Mobbing in der Regel unverzüglich beendet werden. Indem die „Möglichmacher“ das Mobbing ermöglichen, tragen sie einerseits mit zu der fortschreitenden Isolierung des Mobbingbetroffenen bei, andererseits wird ihr Verhalten von dem Mobber oftmals als Zeichen ihrer Solidarität verstanden. Mithin kann der Eindruck erweckt werden, als ob es einen innerbetrieblichen „Konsens“ dergestalt gibt, dass der Mobber denkt „Die Belegschaft steht hinter meinen Aktivitäten“; und der Mobbingbetroffene der Annahme ist „Alle sind gegen mich“. Sicherlich wird es in einigen Fällen einen solchen „Konsens“ auch tatsächlich geben.

Als weitere beteiligte Personen in dem dargelegten Sinne kommen - abhängig von dem konkreten Einzelfall - insbesondere in Betracht: Arbeitgeber, Dienststellenleiter, Vorgesetzte, Arbeitskollegen, Betriebs- bzw. Personalratsmitglieder, Frauenbeauftragte, am Arbeitsplatz tätige Fremdfirmenbeschäftigte, Freunde, Nachbarn, Familienangehörige, Lebenspartner.

Diese Personen können bei einem Mobbingverlauf beispielsweise wie folgt in Erscheinung treten: Der Vorgesetzte (sofern nicht selbst als Mobber tätig oder von Mobbing betroffen) kann Mobbing fördern, aber auch ein Ende setzen. Selbst nicht als Mobber in Erscheinung tretende Arbeitskollegen können sich mit dem Mobbingbetroffenen solidarisieren, aber auch Mobbing durch ihr Verhalten überhaupt erst ermöglichen. Die betriebliche Interessenvertretung (z.B. Betriebsrat) kann zur Konfliktlösung beitragen bzw. präventive Maßnahmen gegen Mobbing entwickeln, aber auch in Hilflosigkeit verfallen. Lebenspartner, Nachbarn und Freunde können dem Mobbingbetroffenen in scheinbar ausweglosen Situationen beistehen und ihm den notwendigen Halt geben, sich aber auch von dem Mobbingbetroffenen abwenden und diesen alleine lassen.[148]

---

beschwert, Mobbingbetroffener oder Mobber ist. Aus diesem Grunde verwende ich die Begriffe „Opfer“ und „Täter“ nur dort, wo es tatsächlich angezeigt ist (s.a. die Darstellung der verschiedenen Sichtweisen im Fall „Michael“ bei Mittelstaedt, S. 136 ff.).

[147] Leymann 1993, S. 61

[148] vgl. Wolmerath, S. 3

2. Kapitel: Strafrechtliche Bewertung von Mobbing

Bei der strafrechtlichen Bewertung von Mobbing gilt das Augenmerk zunächst dem Mobber. Anschließend werden die übrigen betrieblichen Akteure (so genannte Dritte; z.B. Vorgesetzte, Geschäftsführer, Dienststellenleiter, Arbeitskollegen, Mitglieder der betrieblichen Interessenvertretung) einer strafrechtlichen Begutachtung unterzogen. Neben der Erörterung wesentlicher materiellrechtlicher Aspekte erfolgt eine Auseinandersetzung mit verfahrensrechtlichen Problemen. Insoweit wird nicht nur der Frage nach einer möglichen Strafbarkeit, sondern auch nach einer tatsächlichen Bestrafung des Täters nachgegangen. Hierbei wird von der Grundannahme ausgegangen, dass der Täter stets rechtswidrig handelt, mithin nicht auf Rechtfertigungsgründe zurückgreifen kann. Entsprechendes soll für die Schuldfähigkeit des Täters gelten.

Gestützt auf die von mir gesammelten Erfahrungen gehe ich im Folgenden von der weiteren Grundannahme aus, dass grundsätzlich nur einzelne Personen als Mobber in Erscheinung treten, was insbesondere beim Mobbing durch Vorgesetzte regelmäßig der Fall ist. Allerdings soll nicht übersehen werden, dass in strafrechtlicher Hinsicht relevante (Mobbing-) Handlungen auch von mehreren Personen verübt werden können,[149] wie es beispielsweise beim Mobbing gegen Vorgesetzte oftmals anzutreffen ist (siehe hierzu auch die Ausführungen in dem 1. Kapitel unter II.8.). Im Extremfall kann beispielsweise ein Abteilungsleiter oder Geschäftsführer dem Mobbing einer ganzen Abteilung bzw. mehrerer Abteilungen ausgesetzt sein. In einem solchen Fall kann eine (sukzessive) Mittäterschaft bzw. Nebentäterschaft[150] (auch „Mehrtäterschaft“ genannt) der handelnden Personen vorliegen.

Bevor ich mich der strafrechtlichen Bewertung des Verhaltens des Mobbers zuwende, möchte ich zunächst auf das Grundproblem von Mobbing eingehen, welches darin zu erblicken ist, dass nicht einzelne Handlungen, sondern das „Zusammenspiel“ vieler einzelner Angriffe des Mobbers das Charakteristische an Mobbing darstellt. Es stellt sich somit die Frage, wie eine solche Situation in rechtlicher Hinsicht zu bewerten ist.

I. Mobbing und die Handlung im rechtlichen Sinne

Bei der Beantwortung dieser Frage muss zunächst bedacht werden, dass mit dem Begriff „Mobbing“ ein Geschehensprozess am Arbeitsplatz beschrieben wird (vgl. das 1. Kapitel unter I.2. und 3.), der sich regelmäßig über einen längeren Zeitraum - manchmal über mehrere Jahre oder sogar über Jahrzehnte - hinzieht und der sich aus einer Vielzahl von einzelnen Mobbinghandlungen zusammensetzt, die in ihrem Zusammenwirken - auf welche Weise auch immer - oftmals zu dem Ausschluss des Mobbingbetroffenen aus seinem Wirkbereich führen.

Dem bundesdeutschen Rechtssystem ist der Geschehensprozess grundsätzlich fremd. Im Vordergrund steht hier regelmäßig nicht die Betrachtung eines in sich abgeschlossenen Geschehensprozesses, sondern die das Gesamtgeschehen ausmachenden einzelnen Verhaltensweisen. Gleich in welchem Zusammenhang der Begriff

---

[149] siehe den von Däubler gebildeten Fall: Däubler in Leymann, S. 78 = BB 1995, 1347

[150] zu den Begrifflichkeiten, vgl. statt vieler: Tröndle/Fischer, § 25 Rn. 5a ff.

„Handlung" im juristischen Sinne verwendet wird (z.B. „Rechtshandlung", „strafrechtlicher Handlungsbegriff", „unerlaubte Handlung", „Prozesshandlung"), stets steht ein in sich abgeschlossenes und einem Menschen zuzurechnendes einzelnes Verhalten im Vordergrund.[151] Von diesem Grundsatz weicht das Disziplinarrecht insoweit ab, als dort der Grundsatz der Einheit des Dienstvergehens gilt, wonach mehrere Dienstpflichtverletzungen eines Beamten in der Regel nur ein Dienstvergehen darstellen.[152]

Erst bei der Strafbemessung ist daher die Betrachtung des Gesamtgeschehens regelmäßig von Bedeutung. Zu denken ist in dieser Hinsicht vor allem an die fortgesetzte Handlung, die allerdings seit der Entscheidung des Großen Senats für Strafsachen vom 3.5.1994 in der strafgerichtlichen Praxis kaum noch von Bedeutung ist[153]. Von einer fortgesetzten Handlung ist - sofern man sie noch zulässt - zu sprechen, wenn einzelne Handlungskomplexe jeweils für sich betrachtet tatbestandsmäßig sind und der Gesamtunwert des Verhaltens erst im Verbund mit nachfolgenden, auch für sich tatbestandsmäßigen Handlungskomplexen hervortritt.[154] Um von einer fortgesetzten Handlung sprechen zu können, bedarf es eines Gesamtvorsatzes, den er Täter vor oder bei Tatbeginn gefasst haben muss.[155] Abgesehen von den Mobbingfällen, die ein gezieltes sowie strategisches Vorgehen zum Gegenstand haben - man denke etwa an einen Geschäftsführer, der den Plan fasst, ein Betriebsratsmitglied so lange zu schikanieren, bis dieses entweder einer Aufhebung des Arbeitsvertrages zustimmt oder eine Kündigung des Arbeitsvertrages ausspricht -, wird speziell der Mobber kaum vor bzw. zu Beginn seines Tuns einen Gesamtvorsatz gefasst haben. Auch später wird im Verlaufe des Mobbingprozesses der Entschluss, eine Mobbinghandlung auszuführen, oftmals eher spontan und auf den jeweiligen Einzelfall bezogen unter Ausnutzung günstiger Gelegenheiten gefasst. Von einer günstigen Gelegenheit ist in diesem Zusammenhang zu sprechen, wenn mögliche Zeugen nicht zugegen sind, der Täter mithin seine Tat im Verborgenen begehen kann.

Diese das Mobbingphänomen charakterisierenden Merkmale sind es, die es nicht zulassen, eine Parallele zu den Fällen der langsamen Vergiftung eines Menschen infolge der Verabreichung einer Vielzahl kleiner jeweils für sich betrachtet unschädlichen, Mengen Gift, die erst in ihrem Zusammenspiel tödlich wirken, zu ziehen. Wenngleich sich das Mobbing durchaus als eine besondere Art der „Vergiftung" des Wohlbefindens sowie der Gesundheit des Mobbingbetroffenen bezeichnen lässt, und den einzelnen Mobbinghandlungen bei einer rückblickenden Betrachtung ein gewisser „Sparbucheffekt" zukommt - in dem einen Fall sammelt sich in dem Körper Gift an, in dem anderen Fall auf die Seele sowie auf den Körper des Betroffenen wirkende Mobbinghandlungen -, so dürfte ein Mobber dennoch nur in Ausnahmefällen einen dem Gifttäter vergleichbaren Gesamtvorsatz haben, den Mobbingbetroffenen fortgesetzt zu schädigen.

---

[151] vgl. z.B. Tröndle/Fischer, Vor § 13 Rn. 3 f.; Kleinknecht/Meyer-Goßner, Einl Rn. 94 ff.; SK-StGB-Rudolphi, Vor 1 Rn. 17 ff.; SK-StGB-Samson/Günther, Vor § 52 Rn. 44; Roxin AT, § 7 Rn. 5; Palandt, Überbl v § 104 Rn. 4 ff.

[152] s.a. die Ausführungen im 6. Kapitel unter II.2.

[153] vgl. BGHSt 40, 138 = NJW 1994, 1663; s.a.: Hamm, S. 1636; Tröndle/Fischer, Vor § 52 Rn. 25 ff.; Schmidt/Seidel, S. 211

[154] Tröndle/Fischer, Vor § 52 Rn. 25e; SK-StGB-Samson/Günther, Vor § 52 Rn. 64

[155] vgl. Tröndle/Fischer, Vor § 52 Rn. 29; BGHSt 40, 138 (146, 156 f.)

Bei der Bestimmung des Sanktionsmittels (z.B. Geld- oder Freiheitsstrafe) sowie der Sanktionshöhe (z.B. Anzahl der zu verhängenden Tagessätze, Dauer der Gefängnisstrafe, Entscheidung über die Strafaussetzung zur Bewährung) kann die Prozesshaftigkeit der Handlungen des Täters von Bedeutung sein: § 53 Abs. 1 StGB bestimmt für das Strafrecht, dass auf eine Gesamtstrafe zu erkennen ist, wenn jemand mehrere Straftaten begangen hat, die gleichzeitig abgeurteilt werden, und dadurch mehrere Freiheitsstrafen oder mehrere Geldstrafen verwirkt (sog. Tatmehrheit). Ist eine der Einzelstrafen keine lebenslange Freiheitsstrafe, so wird die Gesamtstrafe gemäß § 54 Abs. 1 Sätze 2, 3 StGB durch Erhöhung der verwirkten höchsten Strafe, bei Strafen verschiedener Art durch Erhöhung der ihrer Art nach schwersten Strafe (sog. Asperationsprinzip) gebildet. Dabei werden die Person des Täters und die einzelnen Straftaten zusammenfassend gewürdigt. Allerdings darf die Gesamtstrafe nicht die Summe der Einzelstrafen erreichen (§ 54 Abs. 2 Satz 1 StGB). Die Gesamtstrafe darf bei zeitigen Freiheitsstrafen 15 Jahre, bei Vermögensstrafen den Wert des Vermögens des Täters (der vom erkennenden Gericht geschätzt werden darf) und bei Geldstrafe 720 Tagessätze nicht übersteigen (§ 54 Abs. 2 Satz 2 StGB). Ist eine Gesamtstrafe aus Freiheits- und Geldstrafe zu bilden, so entspricht bei der Bestimmung der Summe der Einzelstrafen ein Tagessatz einem Tag Freiheitsstrafe (§ 54 Abs. 3 StGB). Verletzt dieselbe Handlung mehrere Strafgesetze oder das Strafgesetz mehrmals, so wird gemäß § 52 Abs. 1 StGB nur auf eine Strafe erkannt (sog. Tateinheit), wobei sich die Strafbemessung nach § 52 Abs. 2 - 4 StGB richtet. Entsprechend den für die Tateinheit geltenden Grundsätzen wird die Strafe gebildet, wenn mehrere an sich rechtlich selbstständige Straftaten eine natürliche Handlungseinheit bilden. Ein Fall der Gesetzeskonkurrenz liegt vor, wenn eine Handlung mehrere Strafgesetze verletzt, wobei das eine Strafgesetz das andere aufgrund Spezialität, Subsidiarität oder Konsumtion ausschließt.[156] Eine Vortat bleibt sanktionslos, wenn sie in eine Nachtat aufgeht (sog. mitbestrafte Vortat). Eine Nachtat bleibt straflos, wenn diese nur dazu gedient hat, die durch eine Vortat erlangten Vorteile zu sichern (sog. mitbestrafte Nachtat).[157]

II. Strafrechtlich relevantes und sozialadäquates Verhalten

Einzelne der von Leymann aufgelisteten Mobbinghandlungen (vgl. 1. Kapitel unter II.1.), von denen mir teilweise auch Mobbingbetroffene berichtet haben, werfen die Frage auf, ob diese nicht von jedermann als Mitglied unserer Gesellschaft hingenommen werden müssen, mit der Folge, dass diese insoweit einer strafrechtlichen Sanktion entzogen sind. Zu denken ist hierbei insbesondere an folgende Handlungen, die sich auch in dem Katalog von Leymann wiederfinden:
- der Mobber spricht nicht mehr mit dem Mobbingbetroffenen (vgl. Handlung Nr. 12);
- der Mobber lässt sich von dem Mobbingbetroffenen nicht ansprechen (vgl. Handlung Nr. 13);
- der Mobbingbetroffene wird „wie Luft" behandelt (vgl. Handlung Nr. 16);
- der Mobber macht sich über eine Behinderung des Mobbingbetroffenen lustig (vgl. Handlung Nr. 22);
- der Mobber imitiert den Gang, die Stimme oder Gesten des Mobbingbetroffenen, um diesen lächerlich zu machen (vgl. Handlung Nr. 23);

---

[156] s.a.: Tröndle/Fischer, Vor § 52 Rn. 17 ff.; SK-StGB-Samson/Günther, Vor § 52 Rn. 12 ff., 79 ff.
[157] s.a.: Tröndle/Fischer, Vor § 52 Rn. 48 ff.; SK-StGB-Samson/Günther, Vor § 52 Rn. 99 ff.

- der Mobber macht sich über das Privatleben des Mobbingbetroffenen lustig (vgl. Handlung Nr. 25);
- der Mobber macht sich über die Nationalität des Mobbingbetroffenen lustig (vgl. Handlung Nr. 26)

Das Besondere an diesen Handlungen ist, dass sie auf den Mobbingbetroffenen umso stärker wirken, je häufiger sie über einen längeren Zeitraum erfolgen und je mehr Personen sich an diesen beteiligen. Dieser Umstand verdeutlicht, wie existentiell wichtig soziale Kontakte sowie das Gefühl, ein Mitglied des betreffenden sozialen Umfeldes zu sein, ist. Wer sozial isoliert und wem der mitmenschliche Respekt aufgekündigt ist, dem wird die „Geschäftsgrundlage“ des üblichen zwischenmenschlichen Miteinanders entzogen.[158] Diesen Umstand bringt das folgende von Däubler[159] gebildete Beispiel klar zum Ausdruck: „... Die sechs Kollegen, die mit ihm denselben Raum teilen, behandeln ihn wie Luft. ... Geht X. in die Kantine, setzt sich niemand zu ihm; setzt er sich zu anderen an den Tisch, stehen diese auf und suchen sich einen anderen Platz. ...“. X. muss sich in einer schrecklichen Situation befunden haben; anders lassen sich die Folgen (Depressionen und psychosomatische Störungen) nicht erklären. Wären die Angriffe nur von einer Person, und nicht von allen, begangen worden, hätten diese auf den X. anders gewirkt. Er hätte vielleicht erkannt, dass ihn diese eine Person nicht leiden kann, wäre sich aber der sozialen Anerkennung der restlichen Arbeitskollegen sicher gewesen.

Welzel hat die Lehre von der Sozialadäquanz[160] begründet, die nachfolgend von Nipperdey für das Zivilrecht übernommen wurde.[161] Nach dieser Lehre stellen die Straftatbestände Muster verbotenen Verhaltens dar, welche dem geordneten Sozialleben widersprechen. Aus diesen seien allerdings solche Verhaltensweisen auszugliedern, die nach der geschichtlich gewordenen Sozialordnung anerkannt sind. Während Welzel die Auffassung vertritt, sozialadäquate (d.h. spiegelgerechte)[162] Verhaltensweisen seien nicht tatbestandsmäßig,[163] meinte Nipperdey zunächst, dass sie zwar tatbestandsmäßig, aber nicht rechtswidrig seien. Später hat Nipperdey die Sozialadäquanz als positives Unrechtselement bezeichnet.[164]

Die Lehre von der Sozialadäquanz fußt auf der Erkenntnis, dass das Zusammenleben von Menschen mit Risiken verbunden ist, die hinzunehmen sind. Werden von der Rechtsordnung zugelassene gefährliche Tätigkeiten sozialadäquat, so sind dennoch eintretende Rechtsverletzungen nicht als Unrecht, sondern als Unglück zu bezeichnen. Sie liegen im erlaubten Risiko zugelassener Betätigung.[165] Zu denken ist diesbezüglich beispielsweise an einen Arbeitnehmer, der mit dem Bus zur Arbeit fährt und während den einzelnen Fahrten sowohl von anderen Fahrgästen mit einer Erkältungskrankheit angesteckt wird als auch selbst andere infizieren kann. In solchen Fällen kann man nicht

---

[158] Esser/Wolmerath, S. 83
[159] Däubler in Leymann, S. 78 = BB 1995, 1347
[160] vgl. Tröndle/Fischer, Vor § 32 Rn. 12; Schönke/Schröder-Lenckner, Vorbem §§ 13 ff. Rn. 69; Schaub, § 193.II.8.
[161] Nipperdey, S. 1992
[162] Nipperdey, S. 1992
[163] so auch im Strafrecht die heute h.M.; vgl. Tröndle/Fischer, Vor § 32 Rn. 12; Schönke/Schröder-Lenckner; Vorbem §§ 13 ff. Rn. 70
[164] Nipperdey, S. 1993
[165] Nipperdey, S. 1992

zur Verantwortung gezogen werden, selbst wenn im Einzelfall eine böse Absicht vorliegt, andere bewusst zu schädigen.[166]

Bezogen auf die Arbeitswelt bedeutet dies, dass eine ungerechte Verteilung von Arbeitsaufgaben oder die Beschränkung auf Kopfschütteln statt klärender Worte ebenso hinzunehmen ist wie das „Schneiden" durch andere Menschen, die Verweigerung des Grußes oder das Infizieren mit Erkältungskrankheiten durch Arbeitskollegen.[167] Auch kann man die Bereitschaft anderer zur Kommunikation am Arbeitsplatz nicht erzwingen.[168]

Mag das zu beanstandende Verhalten menschlich noch so zu missbilligen sein, es rechtfertigt keine rechtliche Sanktionierung, solange sich der „Täter" im Rahmen des sozialadäquat hinzunehmenden Verhaltens bewegt. Erst wenn die Grenzen der Sozialadäquanz überschritten werden, sind rechtliche Maßnahmen möglich.[169]

Während Gralka[170] Mobbing zumindest in straf- und zivilrechtlicher Hinsicht als sozialadäquate Verhaltensformen betrachtet, gibt Däubler[171] zu bedenken, dass die Lehre von der Sozialadäquanz für „Normalfälle" gedacht ist, bei denen sich unvermeidbare Lebensrisiken realisieren. Dieser Ansatz lässt den Schluss zu, dass die Grundsätze der Lehre von der Sozialadäquanz dann nicht heranzuziehen sind, wenn jemand einen anderen etwa mittels systematischer Schikanen bewusst psychisch zermürbt.

Dieser Einschränkung haben sich Esser/Wolmerath[172] angeschlossen. Ausgehend von dem von Däubler eingangs angeführten Beispiel,[173] gegen das Gralka[174] und Dieball[175] getrennt voneinander erwidert haben, führen sie aus, dass niemand verlangen kann, dass Arbeitskollegen sich mit einem an den Tisch setzen. Auch könne man nicht verlangen, dass diese sitzen bleiben, sofern man sich zu ihnen an den Tisch begibt. Als sozialadäquate Verhaltensweisen seien sie von jedermann hinzunehmen. Anders sei die Situation allerdings dann zu beurteilen, wenn jemand durch derartige Verhaltensweisen gezielt verletzt werden soll. Durch ihr demonstratives Verhalten geben die Arbeitskollegen in unmissverständlicher Weise zu verstehen, dass die betreffende Person ein Mensch ist, mit der man sich nicht an einen Tisch setzt. Diese Person ist es nicht wert, dass man mit ihr den Tisch teilt.

Der Ansicht von Esser/Wolmerath, die auf Däublers Ansatz fußt, ist aus folgenden Gründen beizupflichten: Bei Mobbing handelt es sich um ein Erscheinungsbild, das stets mit dem Ausdruck von Missachtung, Nichtachtung, Missbilligung, tiefster

---

[166] Däubler in Leymann, S. 79

[167] Däubler in Leymann, S. 79

[168] Däubler in Leymann, S. 79; s.a.: Kollmer, Rn. 77 m.w.N., nach dem die hartnäckige Gesprächsverweigerung gegenüber einem Vorgesetzten eine erhebliche Verletzung der Ordnung des Betriebes mit der Folge einer fristlosen Kündigung des Arbeitsvertrages des sich Verweigernden darstellen kann

[169] Gralka, S. 2654; Kollmer, Rn. 65

[170] Gralka, S. 2654

[171] Däubler in Leymann, S. 80

[172] Esser/Wolmerath, S. 246

[173] Däubler in Leymann, S. 78 = Däubler in BB 1995, S. 1347: „Über den Sachbearbeiter X. wird im Betrieb verbreitet, er sei vom Amtsgericht wegen Exhibitionismus bestraft worden. Die sechs Kollegen, die mit ihm denselben Raum teilen, behandeln ihn wie Luft. Der Vorgesetzte weist ihm immer häufiger "Problemfälle" zu und schüttelt nur den Kopf, wenn X. sie nicht lösen kann. Geht X. in die Kantine, setzt sich niemand zu ihm; setzt er sich zu anderen an den Tisch, stehen diese auf und suchen sich einen anderen Platz. Nach sechs Monaten wird X. wegen Depressionen und psychosomatischer Störungen krankgeschrieben. Auf Anraten seines Arztes kündigt er sein Arbeitsverhältnis mit gesetzlicher Frist..."

[174] Gralka, S. 2651 ff.

[175] Dieball, S. 483 ff.

Abneigung sowie der Austragung zwischenmenschlicher Konflikte verbunden ist, auch wenn dem Mobber im Einzelfall vielleicht zunächst die Absicht, dem Mobbingbetroffenen mit seinen einzelnen Handlungen Schaden zuzufügen, fehlt. Im Verlaufe des Mobbingprozesses ändert sich allerdings oftmals die Situation. So manch einem Mobber geht es ab einem bestimmten Zeitpunkt nur noch um die Verwirklichung seines Zieles, die „Beseitigung" bzw. „Vernichtung" des Mobbingbetroffenen. Handlungen werden dann oftmals gezielt geplant und erreichen in diesem Stadium die Stufe des vorsätzlichen Handelns. Mit dieser Besonderheit unterscheidet sich Mobbing von „normalen" Konflikten sowie Lebenssituationen, bei denen es durchaus angezeigt sein kann, Haftungsrisiken auszuschließen - wie es etwa bei einer heftigen persönlichen Auseinandersetzung der Fall sein kann, wenn sich in ihrer Folge psychosomatische Beschwerden einstellen und eine Erkrankung erfolgt.[176] „Normale" Konflikte und Auseinandersetzungen sind durch ihre Einmaligkeit begrenzt, während Mobbing aus zahlreichen mehr oder weniger kleinen „Nadelstichen"[177] besteht - eine Besonderheit, die weder Welzel noch Nipperdey bei ihren Überlegungen bedacht haben dürften.

Aus diesen Gründen ist es mit der Rechtsordnung sowie mit den Grundsätzen der gesellschaftlichen Sozialordnung nicht zu vereinbaren, wenn sich der Mobber hinter der Lehre von der Sozialadäquanz „verstecken" und unter dem Deckmantel des sozial Hinzunehmenden bzw. zu Ertragenden Handlungen begehen könnte, die trotz ihrer weitreichenden Folgen (vgl. die Ausführungen im 1. Kapitel unter II.10.a.) von dem Mobbingbetroffenen sowie von der Gesellschaft sanktionslos hinzunehmen wären. Hier muss die Güterabwägung eine Haftung des Mobbers aus rechtspolitischen Gründen ermöglichen.[178] Um mit den Worten von Däubler zu argumentieren: was für „Normalfälle" entwickelt wurde, muss auf „Normalfälle" beschränkt bleiben. Andernfalls besteht die Gefahr, dass die Rechtsordnung sowie die gesellschaftliche Sozialordnung Schaden nimmt.

Abzulehnen ist demzufolge die Ansicht von Gralka, wonach unhöfliche bzw. unsoziale Handlungen des Mobbers der Verwirklichung des objektiven Tatbestandes entgegenstehen. Bezogen auf den von Däubler konstruierten Fall führt Gralka aus, dass der Schwerpunkt des Verhaltens der Arbeitskollegen nicht in dem Aufstehen von dem Tisch, sondern in der Vermeidung zwischenmenschlicher Kontakte mit dem X. zu sehen sei. Das Schwergewicht des Verhaltens der Arbeitskollegen liege auf dem Unterlassen des sozialen Kontaktes. Da es eine Rechtspflicht zu sozialen Kontakten nicht gebe, ermangele es bereits an der Verwirklichung des objektiven Tatbestandes.[179] Dieball hat auf Gralka zu Recht erwidert,[180] dass der Entzug sozialer Beziehungen, das Einsperren in ein soziales Ghetto als eine Aktivität und nicht als ein untätiges Zuschauen qualifiziert werden kann. Bezogen auf den konkreten Beispielsfall bedeutet dies, dass sich das Verhalten der Arbeitskollegen nicht in einem Unterlassen (d.h. Verweigerung sozialer Beziehungen), sondern in einzelnen Handlungen (d.h. Behandeln wie Luft, Verlassen des Tisches, Aufsuchen eines anderen Tisches) äußert. Da es auf diese Aktivitäten entscheidend ankommt, welche einer rechtlichen Bewertung zugeführt werden müssen, kann nicht generell von einer fehlenden objektiven Tatbestandsmäßigkeit gesprochen werden.

---

[176] vgl. Däubler in Leymann, S. 81
[177] dies erkennt auch Gralka, S. 2654
[178] s.a. Nipperdey, S. 1992
[179] Gralka, S. 2652
[180] vgl. Dieball, S. 484

Mobbinghandlungen können nicht sozialadäquat sein. Mithin können sich Mobber zur Rechtfertigung ihrer Mobbinghandlungen auch nicht auf ein sozialadäquates Verhalten berufen.

III. Strafrechtliche Bewertung des Verhaltens des Mobbers

In strafrechtlicher Hinsicht kann der Mobber theoretisch nahezu alle Straftaten begehen.[181] Unter Berücksichtigung der von Leymann erarbeiteten Liste der 45 Mobbinghandlungen (vgl. 1. Kapitel unter II.1.) sowie der von mir insbesondere auf zahlreichen Seminaren sowie in Gesprächen mit Mobbingbetroffenen gewonnenen Erkenntnisse möchte ich mich im Folgenden auf solche Delikte beschränken, die im Zusammenhang mit Mobbing wohl am häufigsten vorkommen dürften. Es handelt sich hierbei um folgende Straftaten:

- (fahrlässige) Körperverletzung (im Amt; §§ 223 f., 229, 340 StGB),
- (sexuelle) Nötigung (§§ 177, 240 StGB),
- Beleidigung (§ 185 StGB),
- üble Nachrede (§ 186 StGB),
- Verleumdung (§ 187 StGB),
- Beleidigung trotz Wahrheitsbeweis (§ 192 StGB),
- Diebstahl (§§ 242 ff. StGB),
- Sachbeschädigung (§ 303 StGB),
- Datenveränderung (§ 303a StGB),
- Straftaten gegen Betriebsverfassungsorgane und ihre Mitglieder (§ 119 BetrVG).

Weiter geben vereinzelte Berichte und Fallschilderungen in den Medien Anlass, sich mit der Tötung des Mobbingbetroffenen in mittelbarer Täterschaft zu befassen.

1. Verwirklichung einzelner Straftatbestände

Um den Mobber im Zusammenhang mit Mobbing bestrafen zu können, bedarf es zunächst der Verwirklichung eines Straftatbestandes. Beginnen wir mit der Beantwortung der Frage, unter welchen Voraussetzungen der Mobber als Täter einer Tötung in mittelbarer Täterschaft in Betracht kommen kann.

a. Tötung des Mobbingbetroffenen in mittelbarer Täterschaft

Bei der Tötung eines anderen handelt es sich ohne Zweifel um die schlimmste Straftat, die ein Mensch überhaupt begehen kann. Im Zusammenhang mit Mobbing sind mir bislang keine Fälle bekannt geworden, welche die unmittelbare Tötung eines Mobbingbetroffenen zum Gegenstand hatten. Allerdings haben im Sommer 1997 sowie im Februar 1999 zwei Selbsttötungen von jungen Polizistinnen in den Medien für Aufsehen gesorgt. In seiner Ausgabe Nr. 35 vom 21. August 1997 berichtet der „Stern“ von einer 24 Jahre alten Frau, die bei der Berliner Polizei gearbeitet und sich aus Verzweiflung erschossen hatte. Sie fühlte sich von ihren Vorgesetzten und Kollegen verfolgt. Der „Stern“ stellt in seiner Überschrift die Frage, ob diese Frau „von Kollegen in den Tod getrieben“ wurde. In seiner Ausgabe Nr. 8 vom 22. Februar 1999 greift „Der Spiegel“ den Suizid einer anderen jungen Polizistin auf. Die Eltern der Frau glauben -

---

[181] vgl. die Aufzählung bei Zuschlag, S. 26 f.

so der Presseartikel -, dass ihre Tochter im Dienst sexuell belästigt und damit womöglich in den Tod getrieben wurde.

Dass vereinzelt Menschen infolge Mobbing Suizid begehen, hat bereits Leymann festgestellt.[182] Diesbezüglich führt er aus, dass für viele Menschen der durch Mobbing erzeugte Druck so ungeheuer und die Existenzangst derart groß wird, dass sie nicht mehr weiterleben wollen.[183] Sofern sich Mobbingbetroffene das Leben nehmen, spricht Leymann von einem „Selbstmord aus der tiefen Verzweiflung, zu nichts mehr zu taugen".[184]

Wenn Mobber mit ihrem Handeln im schlimmsten Fall erreichen können, dass sich Mobbingbetroffene das Leben nehmen, so stellt sich zwangsläufig die Frage, ob Mobber für ein solches Handeln in strafrechtlicher Hinsicht zur Rechenschaft gezogen werden können.

Eine Strafbarkeit wegen Tötung in mittelbarer Täterschaft gemäß § 212 StGB kommt in Betracht, wenn der Mobber die Selbsttötung des Mobbingbetroffenen in der Hand hat, es dem Mobbingbetroffenen (Suizidenten) an einer freiverantwortlichen Willensentschließung ermangelt, der Mobber dies erkennt und dennoch den Suizid veranlasst (z.B. den Suizidenten als Werkzeug gegen sich selbst benutzt[185]) oder unterstützt.[186] Hat der Mobber die mangelnde Verantwortlichkeit des von ihm unterstützten Suizidenten in fahrlässiger Weise nicht erkannt, so kommt eine Strafbarkeit wegen fahrlässiger Tötung in mittelbarer Täterschaft gemäß § 222 StGB in Betracht.[187] Hält der Dritte den Suizidenten irrtümlich nicht für verantwortlich, liegt ein Fall der versuchten Tötung in mittelbarer Täterschaft (§§ 212, 22, 23 StGB) vor. Solange eine Selbsttötung freiverantwortlich erfolgt, ist die bloße Veranlassung des Suizids sowie die Unterstützung dazu nicht als Tötung in mittelbarer Täterschaft strafbar.[188]

Die Suizidentscheidung ist so lange als freiverantwortlich gefasst anzusehen, als keinerlei Anzeichen für psychische Störungen erkennbar sind, aufgrund derer die natürliche Einsichts- oder Urteilsfähigkeit hinsichtlich der Tragweite und der Unwiderruflichkeit dieses Schrittes ausgeschlossen oder wesentlich beeinträchtigt sein könnte.[189]

Mobbing kann zu psychischen Störungen führen. Dies ist bereits im 1. Kapitel unter II.10.a. dargelegt worden. Dass diese allerdings derart gravierend sind, die Einsichts- und Urteilsfähigkeit des Mobbingbetroffenen bezüglich der Tragweite und der Unwiderruflichkeit einer Selbsttötung zumindest wesentlich zu beeinträchtigen, dürfte auf den überwiegenden Teil der Betroffenen nicht zutreffen. Regelmäßig wird ihnen ihr Tun trotz ihrer seelischen Verfassung bewusst sein. Sie handeln nicht in einem verwirrten Zustand, sondern - wie Leymann meines Erachtens zutreffend schreibt[190] - aus tiefer Verzweiflung und ihrer unzureichenden Selbstwertigkeit heraus. Mit ihrer Tötung streben sie gewissermaßen eine „Flucht nach vorne" an, um dem Psychoterror, den Angriffen des Mobbers zu entfliehen und dem „Spuk" auf diese Weise ein Ende zu

---

182 vgl. Leymann 1993, S. 121 f.

183 s.a. den Fall „Ingrid" in Leymann/Niedl, S. 21 ff.

184 Leymann 1993, S. 122

185 vgl. Schönke/Schröder-Eser, Vorbem zu §§ 211 ff. Rn. 37; Tröndle/Fischer, Vor § 211 Rn. 5

186 vgl. Schönke/Schröder-Eser, Vorbem zu §§ 211 ff. Rn. 37; Tröndle/Fischer, Vor § 211 Rn. 6; SK-StGB-Horn, § 212 Rn. 10

187 Schönke/Schröder-Eser, Vorbem zu §§ 211 ff. Rn. 37; SK-StGB-Horn, § 212 Rn. 21

188 h.M.; vgl. Schönke/Schröder-Eser, Vorbem zu §§ 211 ff. Rn. 38; SK-StGB-Horn, § 212 Rn. 11

189 Schönke/Schröder-Eser, Vorbem zu §§ 211 ff. Rn. 36; s.a.: SK-StGB-Horn, § 212 Rn. 13

190 Leymann 1993, S. 122

bereiten. Setzen die Mobbingbetroffenen ihre Suizidentscheidung regelmäßig freiverantwortlich in die Tat um, fehlt es mithin an einer Tatherrschaft der Mobber. Infolgedessen scheidet eine Strafbarkeit des betreffenden Mobbers wegen der Tötung des Mobbingbetroffenen in mittelbarer Täterschaft aus.

In entsprechender Weise dürften Mobber die Mobbingbetroffenen nur in den seltensten Fällen fahrlässig in die Selbsttötung treiben bzw. dieses vorsätzlich versuchen, oder den Mobbingbetroffenen vorsätzlich als Werkzeug gegen sich selbst benutzen wollen.[191]

Demzufolge wird eine Strafbarkeit des Mobbers wegen vorsätzlicher Tötung in mittelbarer Täterschaft (§ 212 StGB), wegen fahrlässiger Tötung in mittelbarer Täterschaft (§ 222 StGB) sowie sowie wegen versuchter Tötung in mittelbarer Täterschaft (§§ 212, 22, 23 StGB) grundsätzlich auszuschließen sein.

Im Übrigen dürfte eine fremdgesteuerte Selbsttötung, sofern eine solche im Ausnahmefall erfolgt, regelmäßig unentdeckt bleiben. Leymann beispielsweise konnte den Fall „Ingrid" nur schildern, weil die Mobbingbetroffene ausführliche Tagebuchaufzeichnungen hinterlassen hatte, welche Leymann von den Angehörigen zur Verfügung gestellt wurden.[192] Sofern der Mobbingbetroffene kein „Mobbingtagebuch" oder keinen „Abschiedsbrief" - in dem die Beweggründe für den Suizid aufgezeigt und vielleicht auch der Name des Mobbers genannt werden - hinterlässt, dürfte eine mittelbare Täterschaft des Mobbers unerkannt bleiben. Lediglich in den Fällen, in denen eine Selbsttötung des Mobbingbetroffenen scheitert, wird es im Einzelfall möglich sein, die Beweggründe des Mobbingbetroffenen für seinen Suizidversuch sowie die Rolle des Mobbers und seine Bedeutung für den Suizidversuch des Mobbingbetroffenen in Erfahrung zu bringen. In einem derartigen Fall wird der Erfolg der Beweisaufnahme nahezu allein von den Zeugenaussagen des Mobbingbetroffenen sowie von seiner Glaubwürdigkeit abhängen, da andere Beweismittel in der Regel nicht zur Verfügung stehen dürften und der Mobber kaum sein Tun einräumen wird. So dürfte es beispielsweise in dem von dem Bundesgerichtshof behandelten „Sirius-Fall"[193] nur deswegen zu einer Verurteilung des mittelbar handelnden Täters gekommen sein, weil die Selbsttötung des Opfers scheiterte und dieses damit dem Gericht als Beweismittel zur Verfügung stand.

Da derartige Fallkonstellationen höchst selten vorkommen und mithin in der Praxis kaum eine Rolle spielen dürften, wird der Aspekt der mittelbaren Tötung des Mobbingbetroffenen durch den Mobber bei der weiteren Bewertung des Verhaltens des Mobbers nicht weiter verfolgt.

b. Körperverletzung zu Lasten des Mobbingbetroffenen

Die Liste der von Leymann zusammengetragenen 45 Mobbinghandlungen (vgl. 1. Kapitel unter II.1.) enthält unter anderem Angriffe auf die Gesundheit des Mobbingbetroffenen („Zwang zu gesundheitsschädlichen Arbeiten" [Handlung Nr. 39], „Körperliche Misshandlungen" [Handlung Nr. 42]), welche die Frage nach einer Bestrafung des Mobbers wegen Körperverletzung aufwerfen. Gleiches gilt unter dem Blickwinkel, dass Mobbingbetroffene infolge des Mobbing regelmäßig erkranken (vgl.

---

191 vgl. Esser/Wolmerath, S. 242

192 vgl. Leymann in Leymann/Niedl, S. 21

193 BGHSt 32, 38

1. Kapitel unter II.10.a.). Schließlich bestimmt § 223 Abs. 1 StGB, dass mit Freiheitsstrafe bis zu fünf Jahren oder mit Geldstrafe bestraft wird, wer einen anderen körperlich misshandelt oder an der Gesundheit schädigt. Eine Qualifizierung[194] erfährt die Körperverletzung gemäß § 224 Abs. 1 StGB, wenn eine diese durch Beibringung von Gift oder anderen gesundheitsschädlichen Stoffen (Nr. 1), mittels einer Waffe oder eines anderen gefährlichen Werkzeugs (Nr. 2), mittels eines hinterlistigen Überfalls (Nr. 4), mit einem anderen Beteiligten gemeinschaftlich (Nr. 4) oder mittels einer das Leben gefährdenden Behandlung (Nr. 5) begangen wird. In diesem Fall beträgt die Strafandrohung Freiheitsstrafe von sechs Monaten bis zu zehn Jahren, in minder schweren Fällen drei Monate bis zu fünf Jahren. Ein Amtsträger (d.h. insbesondere Beamte und Richter; vgl. § 11 Abs. 1 Ziffer 2 StGB), der während der Ausübung seines Dienstes oder in Beziehung auf seinen Dienst eine Körperverletzung begeht oder begehen lässt, wird mit Freiheitsstrafe von drei Monaten bis zu fünf Jahren, in minder schweren Fällen mit Freiheitsstrafe bis zu fünf Jahren oder Geldstrafe, bestraft (§ 340 Abs. 1 StGB). Gemäß §§ 223 Abs. 2, 224 Abs. 2 sowie § 340 Abs. 2 StGB ist die versuchte - sprich die begonnene aber nicht vollendete - (gefährliche) Körperverletzung (im Amt) ebenfalls strafbar.

Unter der körperlichen Misshandlung im Sinne des § 223 Abs. 1 StGB wird eine üble, unangemessene Behandlung verstanden, durch welche die betroffene Person in ihrem körperlichen Wohlbefinden oder in ihrer körperlichen Unversehrtheit in mehr als einem nur unerheblichen Grade beeinträchtigt wird.[195] Hierzu zählen „Substanzschäden“ (z.B. Zufügen von Beulen sowie Wunden), „Substanzverluste“ (z.B. Verlust von Gliedmaßen, Organen oder Zähnen), „Substanzverunstaltungen“ (z.B. hervorgerufen durch das Abschneiden der Haare, das Beschmieren mit Teer, das Urinieren auf den Körper des Mobbingbetroffenen[196]) sowie das Hervorrufen körperlicher Funktionsstörungen (z.B. als Folge einer das Gehör schädigenden Lärmbelästigung, Schlaflosigkeit infolge häufiger Störanrufe, Durchfall nach einem traumatischen Erlebnis).[197] Seelische Beeinträchtigungen können nur dann als eine körperliche Misshandlung im Sinne der Vorschrift gewertet werden, wenn neben der Erschütterung des seelischen Gleichgewichtes eine Reizung der die sinnlichen Eindrücke vermittelnden Empfindungsnerven des Zentralnervensystems eintritt.[198] Der Bezug auf den Körper der geschädigten Person kann sowohl in einer unmittelbaren (z.B. Berühren) als auch in einer mittelbaren (z.B. Magenschmerzen verursachende Angst, lang andauernder heftiger Lärm, „Telefonterror“) körperlichen Einwirkung bestehen.[199]

Als Schädigung an der Gesundheit im Sinne des § 223 Abs. 1 StGB ist jedes Hervorrufen oder Steigern eines krankhaften Zustandes zu verstehen - und zwar ohne Rücksicht auf dessen Dauer.[200] Da die Gesundheitsbeschädigung - anders als die körperliche Misshandlung - nicht auf die Beeinträchtigung eines körperlichen Zustandes beschränkt ist, kann auch die Erregung oder Steigerung einer psychischen pathologischen Störung eine Schädigung an der Gesundheit im Sinne dieser Vorschrift

[194] vgl. Schönke/Schröder-Stree, § 224 Rn. 1; Tröndle/Fischer, § 224 Rn. 1
[195] Tröndle/Fischer, § 223 Rn. 3; s.a.: SK-StGB-Horn, § 223 Rn. 4
[196] Im Verlaufe eines Telefongesprächs berichtete mir ein Mobbingbetroffener im Frühjahr 1999, dass eine Mobbinghandlung in dem Urinieren auf seinen Körper bestanden habe.
[197] Schönke/Schröder-Eser, § 223 Rn. 3; SK-StGB-Horn, § 223 Rn. 6
[198] Schönke/Schröder-Eser, § 223 Rn. 4; s.a.: SK-StGB-Horn, § 223 Rn. 9
[199] Schönke/Schröder-Eser, § 223 Rn. 4
[200] Tröndle/Fischer, § 223 Rn. 6; Schönke/Schröder-Eser, § 223 Rn. 5; SK-StGB-Horn, § 223 Rn. 18

darstellen.[201] Eine psychische Einwirkung, die lediglich das seelische Wohlbefinden berührt, genügt allerdings nicht.[202] Nicht ausreichend ist es somit, wenn etwa ein Arbeitskollege einen anderen durch das extrem laute Hören eines Radioprogramms am Einschlafen hindert, so dass letzterer am nächsten Morgen unausgeschlafen und gereizt ist. Führt hingegen die Störung des Schlafes (z.B. die einschlafende Person wird immer dann angeschrien, sobald sie eingeschlafen ist) zu einem Nervenzusammenbruch, so ist die psychische Einwirkung als ausreichend zu qualifizieren.[203]

Sofern die Mobbinghandlung „Körperliche Misshandlung“ (Handlung Nr. 42) dazu führt, dass der Mobbingbetroffene durch diese in seinem körperlichen Wohlbefinden oder in seiner körperlichen Unversehrtheit in einer mehr als nur unerheblichen Weise beeinträchtigt wird, kann von einer körperlichen Misshandlung des Mobbingbetroffenen gesprochen werden. In der gleichen Weise kann dies für die Mobbinghandlung „Telefonterror“ (Handlung Nr. 7) gelten, sofern diese den Mobbingbetroffenen nicht nur in seinem seelischen Wohlbefinden beeinträchtigt, sondern zudem eine Reizung der die sinnlichen Eindrücke vermittelnden Empfindungsnerven des Zentralnervensystems hervorgerufen wird. Anders verhält es sich hingegen bei der Mobbinghandlung Nr. 39: Der bloße Zwang zu gesundheitsschädlichen Arbeiten erfüllt weder den Tatbestand einer körperlichen Misshandlung, noch den einer Gesundheitsschädigung, da hierdurch weder das körperliche Wohlbefinden beeinträchtigt, noch ein krankhafter Zustand hervorgerufen wird. Insoweit entfällt die Möglichkeit einer Strafbarkeit wegen einer Körperverletzung des Mobbingbetroffenen.

Handelt es sich bei dem Täter um einen Amtsträger im Sinne des § 11 Abs. 1 Ziffer 2 StGB (z.B. Beamter), so wird die Körperverletzung gemäß § 340 Abs. 1 Satz 1 StGB qualifiziert,[204] wenn er diese während der Ausübung seines Dienstes begeht. Dies ist dann zu bejahen, wenn der Amtsträger zu einem Zeitpunkt handelt, zu dem er befugt als Amtsträger tätig ist (d.h. während der Dienstzeit). Gleiches gilt für ein Handeln außerhalb der Dienstzeit, sofern die Körperverletzung in einem sachlichen Zusammenhang mit seinem Dienst steht.[205] Stets muss ein sachlicher Zusammenhang zwischen der Körperverletzung und der Dienststellung bestehen.[206]

Sticht etwa ein Beamter während seiner Dienstzeit aus Eifersucht mit einem Messer auf einen Arbeitskollegen ein, so liegt kein Fall des § 340 Abs. 1 StGB in Form einer gefährlichen Körperverletzung gemäß § 340 Abs. 3 i.V.m. § 224 Abs. 1 Ziffer 2 StGB vor, da der Angriff des Täters nicht in einem inneren Zusammenhang mit seiner Dienstausübung steht.[207] Ebenfalls findet § 340 Abs. 1 StGB keine Anwendung, wenn beispielsweise ein Richter eine Kollegin fortlaufend des Nachts in deren Wohnung anruft und diese infolge des Telefonterrors psychisch erkrankt. Etwas anderes gilt allerdings dann, wenn beispielsweise zwei Polizeibeamte im Verlaufe einer Diskussion über eine dienstliche Angelegenheit derart in Streit geraten, dass die Situation eskaliert und der eine Polizist den anderen derart traktiert, dass sich dieser wegen einer Platz-

[201] Schönke/Schröder-Eser, § 223 Rn. 6; Tröndle/Fischer, § 223 Rn. 6; BGH v. 31.10.1995, NJW 1996, 1068 (1069)
[202] Tröndle/Fischer, § 223 Rn. 6
[203] so im Ergebnis auch: Tröndle/Fischer, § 223 Rn. 6; s.a. die beiden Beispiele bei: Esser/Wolmerath, S. 243 f.
[204] vgl. SK-StGB-Horn, § 340 Rn. 2
[205] Tröndle/Fischer, § 340 Rn. 2; SK-StGB-Horn, § 340 Rn. 4 f.
[206] Schönke/Schröder-Cramer, § 340 Rn. 3; s.a.: BGHSt 4, 293 (294)
[207] SK-StGB-Horn, § 340 Rn. 5

wunde in eine ambulante ärztliche Behandlung begeben muss, um die Wunde nähen zu lassen.

c. (Sexuelle) Nötigung des Mobbingbetroffenen

„Mündliche Drohungen“ (Handlung Nr. 8), „Schriftliche Drohungen“ (Handlung Nr. 9), „Man will jemanden zu einer psychiatrischen Untersuchung zwingen (Handlung Nr. 21), „Man zwingt jemanden, Arbeiten auszuführen, die das Selbstbewusstsein verletzen“ (Handlung Nr. 27), „Sexuelle Annäherungen oder verbale sexuelle Angebote“ (Handlung Nr. 31, „Androhung körperlicher Gewalt“ (Handlung Nr. 40) und „Sexuelle Handgreiflichkeiten“ (Handlung Nr. 45) aus Leymanns Liste der 45 Mobbinghandlungen (vgl. 1. Kapitel unter II.1.) werfen die Frage auf, ob sich ein derart handelnder Mobber wegen (sexueller) Nötigung gemäß § 177 bzw. § 240 StGB strafbar machen kann.

aa. Nötigung

Gemäß § 240 Abs. 1 StGB wird bestraft, wer einen anderen rechtswidrig mit Gewalt oder durch Drohung mit einem empfindlichen Übel zu einer Handlung, Duldung oder Unterlassung nötigt. Gemäß § 240 Abs. 4 StGB macht sich wegen besonders schwerer Nötigung strafbar, wer beispielsweise eine andere Person zu einer sexuellen Handlung nötigt oder seine Befugnis oder Stellung als Amtsträger (vgl. § 11 Abs. 1 Ziffer 2 StGB) missbraucht. Die versuchte Nötigung ist gemäß § 240 Abs. 3 StGB ebenfalls mit Strafe bedroht.

aa.a. Nötigungsmittel der Gewalt

Unter Berücksichtigung der Sitzblockade-Entscheidung des Bundesverfassungsgerichts vom 10.1.1995[208] ist unter der Gewalt im Sinne des § 240 Abs. 1 StGB die durch eine gegenwärtige Beeinträchtigung erzeugte und sich beim Betroffenen auch körperlich auswirkende Auslösung eines Zwanges zu verstehen.[209]

Insbesondere getragen von dem Willen des Gesetzgebers, nicht jede Zwangswirkung auf den Willen Dritter unter Strafe zu stellen, und zu vermeiden, dass zahlreiche unter anderem am Arbeitsplatz anzutreffende Verhaltensweisen der Strafandrohung unterfallen, erfordert die Gewalt im Sinne des § 240 Abs. 1 StGB eine körperliche Kraftentfaltung des Täters. Zwangswirkungen, die nicht auf dem Einsatz körperlicher Kraft, sondern auf einem geistig-seelischen Einfluss beruhen, sind nicht als Gewalt im Sinne der Vorschrift zu qualifizieren, erfüllen unter Umständen allerdings die Tatbestandsalternative der Drohung (vgl. hierzu die Ausführungen in dem nachfolgenden Punkt aa.b.).[210]

Gewalt in dem dargelegten Sinn kann auch gegen bzw. an Sachen (z.B. durch die Wegnahme von Gehhilfen oder eines Rollstuhles) sowie gegen Dritte (sog. Dreiecksnötigung) erfolgen.[211]

---

[208] BVerfGE 92, 1

[209] Schönke/Schröder-Eser, Vorbem §§ 234 ff. Rn. 10

[210] BVerfGE 92, 1 (16 f.)

[211] vgl. Tröndle/Fischer, § 240 Rn. 9 f.; Schönke/Schröder-Eser, Vorbem §§ 234 ff. Rn. 17a - 19; SK-StGB-Horn, § 240 Rn. 11c

Gewalt kann in den Formen der vis absoluta sowie der vis compulsiva ausgeübt werden, wobei unter der vis absoluta das unmittelbare Erzwingen eines Verhaltens und unter der vis compulsiva die beeinflussende willensbeugende Gewalt verstanden wird.[212] Keine Gewalt stellt hingegen die bloße Ausnutzung eines Überraschungsmoments dar, wie es etwa bei dem unvorhersehbaren plötzlichen Wegreißen einer Aktentasche der Fall ist.[213]

Schaut man sich die Liste der Mobbinghandlungen nach Leymann (vgl. 1. Kapitel unter II.1.) an, so können die Handlungen „Man will jemanden zu einer psychiatrischen Untersuchung zwingen" (Handlung Nr. 21) und „Man zwingt jemanden, Arbeiten auszuführen, die das Selbstbewusstsein verletzen" (Handlung Nr. 27) eine Gewaltanwendung in dem dargelegten Sinne zum Gegenstand haben, sofern der Mobber seinen Zwang mittels einer körperlichen Kraftentfaltung ausübt.

aa.b. Nötigungsmittel der Drohung

Die Drohung im Sinne des § 240 Abs. 1 StGB bezeichnet das Inaussichtstellen eines Übels, auf dessen Eintritt der Drohende Einfluss hat oder zu haben vorgibt, dessen Verwirklichung davon abhängen soll, dass der Bedrohte nicht nach dem Willen des Drohenden reagiert.[214] Hierbei muss sich die Drohung gegen die Person richten, deren Willen gebeugt werden soll.[215]

Das Übel muss wenigstens mittelbar als vom Willen des Drohenden abhängig dargestellt werden. Auch mit dem Tun eines Dritten kann gedroht werden, falls der Drohende ihn beeinflussen kann oder dies vorgibt. Auch genügt eine Drohung, deren Verwirklichung sich gegen einen Dritten richtet[216] (z.B. die Drohung des Mobbers, das Essen in der Werkskantine zu vergiften).

Mit einem empfindlichen Übel wird gedroht, wenn der in Aussicht gestellte Nachteil von einer Erheblichkeit ist, so dass seine Ankündigung geeignet erscheint, den Bedrohten im Sinne des Verlangens des Drohenden zu beeinflussen (z.B. Drohung mit der Kündigung des Arbeitsvertrages, Drohung mit der Aufnahme in eine „schwarze" Liste, Drohung mit der Veröffentlichung unwahrer Berichte über das Intimleben, Drohung mit der Einleitung einer Dienstaufsichtsbeschwerde).[217]

Auch die Drohung mit einem Unterlassen kann ein empfindliches Übel darstellen, sofern es für den Bedrohten motivierende Kraft hat, aus dessen Sicht der Täter Herr des Geschehens ist, die Herbeiführung und Verhinderung des angekündigten Nachteils - wenn auch nur scheinbar - in seiner Macht steht und die Verquickung von Mittel und Zweck verwerflich ist (z.B. Die Drohung, eine Einstellungszusage nicht einzuhalten, falls die bedrohte Person nicht auch weiterhin sexuell gefügig ist).[218]

Die in der Liste der 45 Mobbinghandlungen nach Leymann aufgeführten Angriffsformen „Mündliche Drohung" (Handlung Nr. 8), „Schriftliche Drohung" (Handlung Nr. 9) und „Androhung körperlicher Gewalt" (Handlung Nr. 40) können

[212] vgl. Tröndle/Fischer, § 240 Rn. 13; Schönke/Schröder-Eser, Vorbem §§ 234 ff. Rn. 13 ff.
[213] Schönke/Schröder-Eser, Vorbem §§ 234 ff. Rn. 23
[214] Tröndle/Fischer, § 240 Rn. 15; Schönke/Schröder-Eser, Vorbem §§ 234 ff. Rn. 30 f.
[215] Tröndle/Fischer, § 240 Rn. 15
[216] Tröndle/Fischer, § 240 Rn. 16; s.a. Schönke/Schröder-Eser, § 240 Rn. 11; SK-StGB-Horn, § 240 Rn. 11c
[217] Tröndle/Fischer, § 240 Rn. 17; Schönke/Schröder-Eser, § 240 Rn. 9
[218] Tröndle/Fischer, § 240 Rn. 18; Schönke/Schröder-Eser, § 240 Rn. 10

durchaus Drohungen im Sinne des § 240 Abs. 1 StGB darstellen, sofern diese von dem Mobber gegen den Mobbingbetroffenen in der dargelegten Art und Weise gerichtet werden, um einen bestimmten Nötigungserfolg herbeizuführen. Man denke in dieser Hinsicht etwa an die mündlich ausgesprochene Drohung, den Mobbingbetroffenen betreffende Details über sein intimes Privatleben in dem Betrieb zu verbreiten, sofern der Mobbingbetroffene auch weiterhin an seine Kandidatur für das Betriebsratsamt festhalte.

aa.c. Nötigungserfolg

Die Nötigungshandlung des Nötigenden muss zu einem Nötigungserfolg führen, der in einer Handlung, einer Duldung oder in einer Unterlassung des Genötigten bestehen kann.[219] Zu denken ist diesbezüglich im Zusammenhang mit Mobbing etwa an die durch den Mobber veranlasste Löschung von Daten auf einem Server (Handlung), das abgenötigte Geschehenlassen (Dulden) einer Manipulation an einer Steuerungsanlage sowie der erzwungene Verzicht der Bewerbung des Mobbingbetroffenen für eine bestimmte Position bzw. auf eine konkrete Stelle (Unterlassen).

bb. Sexuelle Nötigung

Gegenüber § 240 StGB ist § 177 StGB das speziellere Delikt mit der Folge, dass eine Bestrafung nach § 240 StGB unterbleibt, wenn eine solche nach § 177 StGB erfolgen kann.[220] Diesbezüglich ist beispielhaft an die Mobbinghandlung Nr. 45 „Sexuelle Handgreiflichkeiten" zu denken, welche die Frage nach einer Strafbarkeit des Mobbers gemäß § 177 StGB aufwirft.

Gemäß § 177 Abs. 1 StGB wird bestraft, wer eine andere Person mit Gewalt (Ziffer 1), durch Drohung mit gegenwärtiger Gefahr für Leib oder Leben (Ziffer 2) oder unter Ausnutzung einer Lage, in der das Opfer der Einwirkung des Täters schutzlos ausgeliefert ist (Ziffer 3), nötigt, sexuelle Handlungen des Täters oder eines Dritten an sich zu dulden, oder an dem Täter oder einem Dritten vorzunehmen. Der Versuch ist gemäß § 23 Abs. 1 i.V.m. §§ 177 Abs. 1, 12 Abs. 1 StGB ebenfalls mit Strafe bedroht.

bb.a. Sexuelle Handlung

Voraussetzung ist zunächst, dass es zu einer sexuellen Handlung des Täters oder eines Dritten am Körper des Opfers oder seitens des Opfers am Körper des Täters oder eines Dritten gekommen ist. Nicht erfasst werden von § 177 Abs. 1 StGB somit sexuelle Handlungen, die der Täter vor dem Opfer oder das Opfer an sich selbst vornimmt; und zwar auch dann, wenn diese Verhaltensweisen von dem Täter erzwungen worden sind.[221] Auch muss die sexuelle Handlung von einiger Erheblichkeit sein, um von § 177 StGB erfasst zu werden. Dies hat zur Folge, dass unbedeutende Berührungen sowie nur unanständige oder geschmacklose Handlungen nach dieser Vorschrift straflos bleiben,

---

[219] Schönke/Schröder-Eser, § 240 Rn. 12

[220] Schönke/Schröder-Eser, § 240 Rn. 39; Tröndle/Fischer, § 177 Rn. 5

[221] SK-StGB-Horn, § 177 Rn. 4; Tröndle/Fischer, § 177 Rn. 16; Lackner/Kühl, § 177 Rn. 7, die in einem derartigen Fall § 240 StGB anwenden.

auch wenn sie als sexuelle Belästigungen im Sinne des § 2 Abs. 2 Ziffer 2 BeSchuG gelten.[222]

bb.b. Aufgenötigter Sexualkontakt

Weiter muss der Sexualkontakt unter Nötigungsdruck zustande gekommen sein. Der Sexualkontakt muss eine Person treffen, die sich in einem Zustand befindet, in dem sie zu einem Neinsagen gegenüber dem sexuellen Ansinnen des Täters angesichts der ihr von dem Täter oder einem Dritten zugefügten Zwangslage nur noch erheblich eingeschränkt oder nicht mehr fähig ist. Diese Zwangslage des Opfers muss durch die spezifischen Nötigungsmittel Gewalt oder Drohung mit gegenwärtiger Gefahr für Leib oder Leben verursacht worden sein. Sie kann sich aber auch als eine schutzlose Lage darstellen, die von dem Täter herbeigeführt und hernach zu dem Sexualkontakt ausgenutzt wurde.[223]

Mit gegenwärtiger Gefahr für Leib oder Leben im Sinne des § 177 Abs. 1 Ziffer 2 StGB droht, wer ausdrücklich oder durch konkludentes Verhalten ankündigt, er werde, sofern sich der Adressat nicht seinem Willen beugt, eine Situation setzen, die eine gegenwärtige Gefahr für dessen Leben oder körperliche Integrität darstellt.[224] Den Gewaltbegriff im Sinne der Ziffer 1 dieser Vorschrift erfüllt jede gegen den Körper des Opfers gerichtete Einwirkung des Täters, welche bestimmt und geeignet ist, die physischen und psychischen Voraussetzungen des Opfers zu beeinträchtigen, deren dieses bedarf, um sich (gegebenenfalls mit Hilfe Dritter) dem sexuellen Ansinnen des Täters verweigern zu können.[225] Eine hilflose Lage im Sinne des § 177 Abs. 1 Ziffer 3 StGB besteht, wenn aufgrund äußerer Umstände die Möglichkeit des Opfers, sich der Einwirkung des Täters zu entziehen, wesentlich herabgesetzt ist.[226]

Sofern man die dargelegten Grundsätze auf die Liste der 45 Mobbinghandlungen nach Leymann (vgl. 1. Kapitel unter II.1.) bezieht, steht mangels eines spezifischen Nötigungsmittels bzw. einer fehlenden hilflosen Lage fest, dass die Handlung Nr. 31 „Sexuelle Annäherung oder verbale sexuelle Angebote“ nicht unter die Vorschrift des § 177 Abs. 1 StGB subsumiert werden kann, da es offensichtlich an einer Nötigungshandlung ermangelt, der Mobbingbetroffene sich der sexuellen Annäherung entziehen bzw. das ihm unterbreitete sexuelle Angebot ausschlagen kann. Ob dies auch für die Handlung Nr. 45 „Sexuelle Handgreiflichkeiten“ gilt, hängt in dem konkreten Einzelfall davon ab, ob diese unter dem Einsatz von Gewalt, durch Drohung oder unter Ausnutzung einer hilflosen Lage in dem dargelegten Sinn erfolgt ist. Sofern ein solches im konkreten Einzelfall bejaht werden kann, ist der objektive Tatbestand der sexuellen Nötigung gemäß § 177 Abs. 1 StGB erfüllt.

---

[222] SK-StGB-Horn, § 177 Rn. 5
[223] SK-StGB-Horn, § 177 Rn. 8; s.a.: Tröndle/Fischer, § 177 Rn. 10
[224] SK-StGB-Horn, § 177 Rn. 9
[225] SK-StGB-Horn, § 177 Rn. 10; s.a.: Tröndle/Fischer, § 177 Rn. 6 ff.; Lackner/Kühl, § 177 Rn. 4
[226] Tröndle/Fischer, § 177 Rn. 12 f.; Lackner/Kühl, § 177 Rn. 6; s.a.: SK-StGB-Horn, § 177 Rn. 14, der zudem fordert, dass die Schutzlosigkeit des Opfers auf einen Defekt zurückzuführen ist, der in den Verantwortungsbereich des Täters fällt.

d. Beleidigung, üble Nachrede und Verleumdung

Gemäß den von mir gemachten Erfahrungen scheinen die Mobbinghandlungen schwerpunktmäßig gegen die Ehre und das Ehrgefühl der Mobbingbetroffenen gerichtet zu sein. Neben nonverbalen ehrverletzenden Handlungen, zu denen das Ignorieren der Anwesenheit sowie das Totschweigen des Mobbingbetroffenen in der gleichen Weise zu rechnen ist, wie das kollektive Verlassen des Kantinentisches oder einer Räumlichkeit,[227] wurden mir von Mobbingbetroffenen hauptsächlich verbale Mobbingangriffe auf ihr Ehrgefühl geschildert.[228] Hinzu treten oftmals Vermutungen von Mobbingbetroffenen, verbalen Ehrangriffen ausgesetzt zu sein. Nicht selten gehen Mobbingbetroffene - oftmals berechtigt - davon aus, dass hinter ihrem Rücken bzw. hinter vorgehaltener Hand „schlecht" über sie gesprochen wird. Diese Einschätzung entspricht wohl auch den von Leymann gewonnen Ergebnissen. Sofern man sich den Katalog der 45 Mobbinghandlungen nach Leymann anschaut (vgl. 1. Kapitel unter II.1.), fällt auf, dass die dort aufgelisteten Angriffe überwiegend gegen das Ehrgefühl des Mobbingbetroffenen gerichtet sind.

aa. Beleidigung des Mobbingbetroffenen

Gemäß § 185 StGB wird die Beleidigung mit Freiheitsstrafe bis zu einem Jahr oder mit Geldstrafe und, wenn die Beleidigung mittels einer Tätlichkeit begangen wird, mit Freiheitsstrafe bis zu zwei Jahren oder mit Geldstrafe bestraft.

Unter der Beleidigung im Sinne dieser Vorschrift ist der (rechtswidrige) Angriff auf die Ehre eines anderen durch die (vorsätzliche) Kundgabe von Nichtachtung, Geringachtung oder Missachtung zu verstehen.[229] Eine solche kann auf unterschiedliche Weise erfolgen: Ein beleidigendes Werturteil wird gegenüber dem Betroffenen selbst oder einem Dritten gegenüber geäußert, oder ehrenrührige unwahre Tatsachen werden gegenüber dem Betroffenen behauptet.[230] Erforderlich ist hierbei stets, dass dem Betroffenen durch die Äußerung der sittliche, personale und/oder soziale Geltungswert ganz oder teilweise abgesprochen wird.[231]

Die Missachtung muss kundgetan werden. Hierzu ist ein Verhalten mit einem entsprechenden Erklärungswert notwendig, wobei entscheidend darauf abzustellen ist, wie der Empfänger dieses verstehen durfte.[232]

Sexuelle sowie sexualbezogene Handlungen werden von § 185 StGB nur dann erfasst, wenn besondere Umstände einen beleidigenden Charakter erkennen lassen. Dies ist regelmäßig dann der Fall, wenn eine über eine bloße Schamverletzung hinausgehende Ehrverletzung (insbesondere ein Angriff auf die Geschlechtsehre) vorliegt, wenn nach den gesamten Umständen des Einzelfalls in dem Verhalten des Täters

---

[227] vgl. den von Däubler in BB 1995, 1347 = Däubler in Leymann, S. 78 gebildeten Fall, der in der Literatur zu einer kontroversen Diskussion geführt hat; siehe hierzu: Gralka, S. 2651 ff. und Dieball, S. 483

[228] s.a.: Zapf, S. 11, der zu dem gleichen Ergebnis gelangt. Körperliche Mobbingangriffe und sexuelle Belästigungen kommen nach Zapf, S. 12, kaum vor

[229] h.M.; vgl. Schönke/Schröder-Lenckner, § 185 Rn. 1; Tröndle/Fischer, § 185 Rn. 1a; Lackner/Kühl, § 185 Rn. 3

[230] h.M.; vgl. Schönke/Schröder-Lenckner, § 185 Rn. 1, 6

[231] Schönke/Schröder-Lenckner, § 185 Rn. 2; s.a.: Tröndle/Fischer, § 185 Rn. 7

[232] Schönke/Schröder-Lenckner, § 185 Rn. 8; Lackner/Kühl, § 185 Rn. 7

zugleich eine von ihm gewollte herabsetzende Bewertung des Opfers zum Ausdruck kommt.[233]

aa.a. Der Kollegenscherz

Abzugrenzen ist die Beleidigung von dem „Kollegenscherz", der als solcher einer strafrechtlichen Sanktion entzogen ist. Er ist nur dann als Beleidigung zu bestrafen, wenn der „Kollegenscherz" eingesetzt wird, um die Minderwertigkeit des Betroffenen zum Ausdruck zu bringen.[234] Begrüßen sich beispielsweise[235] zwei Arbeitskollegen mit Worten wie „Da kommt ja unsere alte Schwuchtel" und „Tag Kanake", so handelt es sich bei solchen Äußerungen zwar nicht um die allerfeinsten Umgangsformen. Da sie jedoch zwischen den Beteiligten üblich sind und sich keiner von beiden durch den jeweils anderen in der Ehre verletzt fühlt, beide zudem wissen, dass der jeweils andere die Worte als „Scherz" bzw. „Fopperei" wertet, handelt es sich hierbei um einen in strafrechtlicher Hinsicht bedeutungslosen Kollegenscherz. Hat hingegen einer der beiden diese Art der Begrüßung aufgekündigt und ist das dem anderen bekannt, so entfällt die Möglichkeit einer Strafbarkeit dieses Kollegen nur, wenn er auch weiterhin annehmen durfte, dass seine Begrüßung von dem anderen als Scherz aufgefasst wird.[236] Ein solcher Fall dürfte im Zusammenhang mit Mobbing allerdings kaum vorliegen. Wem gegenüber unmissverständlich zum Ausdruck gebracht wird, dass sein Verhalten fortan unerwünscht ist, wird kaum annehmen dürfen, seine Äußerungen würden auch weiterhin als Scherze aufgefasst werden.[237]

Da gemäß der Mobbingdefintion von Leymann nur dann von Mobbing gesprochen werden kann, wenn sich der Mobbingbetroffene durch die Handlungen des Mobbers diskriminert fühlt (vgl. das 1. Kapitel unter I.2. und 3.), können Mobbinghandlungen in strafrechtlicher Hinsicht grundsätzlich nicht als bedeutungslose Kollegenscherze qualifiziert werden.

aa.b. Beleidigungsfreie Sphären

Die Tatbestandsmäßigkeit eines Beleidigungsdelikts wird ferner verneint, wenn eine ehrverletzende Äußerung über (nicht anwesende) Dritte Ausdruck eines besonderen Vertrauens ist und die nicht begründete Gefahr der Weitergabe der Äußerung besteht (sog. beleidigungsfreie Sphäre). Der Grund für eine Straflosigkeit derartiger Äußerungen ist, dem Bedürfnis Rechnung zu tragen, einen Freiraum zu haben, in dem sich Menschen aussprechen und ihren Emotionen freien Lauf lassen können, ohne deswegen eine Sanktion befürchten zu müssen. Diese beleidigungsfreie Sphäre wurde zunächst für Äußerungen im engsten Familienkreis geschaffen. Eine Übertragung dieses Grundgedankens ist auf vergleichbare enge persönliche Verhältnisse (z.B. engster Freundeskreis) übertragbar, die durch eine „Schweigepflicht" des anderen abgesichert

---

[233] Tröndle/Fischer, § 185 Rn. 9a; Lackner/Kühl, § 185 Rn. 6; BGHSt 36, 145 (150); s.a.: BGH v. 12.8.1992, NStZ 1993, 182 und BGH v. 20.9.1994, NStZ 1995, 129

[234] vgl. Esser/Wolmerath, S. 246; Tröndle/Fischer, § 185 Rn. 8a; SK-StGB-Rudolphi, § 185 Rn. 11

[235] vgl. das Beispiel bei Esser/Wolmerath, S. 246

[236] vgl. Tröndle/Fischer, § 185 Rn. 8a

[237] siehe hierzu auch das von Esser/Wolmerath auf S. 246 f. gebildete Beispiel

sind und in denen typischerweise das Bedürfnis besteht, sich einmal sanktionslos aussprechen und verbal „abreagieren“ zu können.[238]

Wenngleich das Arbeitsverhältnis - entsprechendes gilt auch für das Dienstverhältnis - mit der Beachtung von arbeitsvertraglichen Haupt- und Nebenpflichten verbunden ist, so ist das Verhältnis zwischen den Vorgesetzten sowie dem Arbeitgeber und dem einzelnen Arbeitnehmer mit denen von Familienmitgliedern oder dem ähnlichen engen persönlichen Verhältnissen nicht vergleichbar. Noch weniger gilt es im Verhältnis der Arbeitnehmer untereinander. Selbst in „Gefahrengemeinschaften“ (z.B. Beschäftigte im Bergbau oder auf Ölförderinseln, Seeleute), in denen der Einzelne auf die Hilfe anderer in Gefahrensituationen angewiesen ist, besteht in beleidigungsrechtlicher Hinsicht kein Band, das mit dem des engsten Familienkreises vergleichbar ist. Können die Grundsätze des engsten Familienkreises mithin nicht auf die Arbeitswelt übertragen werden, scheidet eine Qualifizierung des Arbeitsplatzes als beleidigungsfreie Sphäre aus.

bb. Üble Nachrede und Verleumdung zu Lasten des Mobbingbetroffenen

Eine Strafbarkeit wegen übler Nachrede gemäß § 186 StGB kommt in Betracht, wenn der Täter in Beziehung auf einen anderen eine nicht erweislich wahre Tatsache behauptet oder verbreitet, welche diesen verächtlich zu machen oder in der öffentlichen Meinung herabzuwürdigen geeignet ist. Zu beachten ist, dass die Unwahrheit der Tatsache oder deren Nichterweislichkeit eine objektive Bedingung der Strafbarkeit ist.[239]

Qualifiziert wird die üble Nachrede, wenn die Tat öffentlich oder durch Verbreitung von Schriften (vgl. § 11 Abs. 3 StGB) begangen ist (§ 186 StGB).[240] Öffentlich ist eine üble Nachrede erfolgt, wenn sie von einem größeren, nach Zahl und Individualität unbestimmten oder durch nähere Beziehung nicht verbundenen Personenkreis unmittelbar wahrgenommen werden kann. Bei mündlichen Äußerungen müssen unbeteiligte Dritte anwesend sein. Eine schriftliche Tat ist öffentlich begangen, wenn die Möglichkeit der Kenntnisnahme durch beliebige Dritte besteht.[241] Die Verbreitung von Schriften im Sinne des § 186 StGB ist darauf gerichtet, diese ihrer Substanz nach einem größeren Personenkreis zugänglich zu machen, wobei dieser nach Zahl und Individualität unbestimmt oder jedenfalls so groß sein muss, dass er für den Täter nicht mehr kontrollierbar ist.[242]

Wegen Verleumdung gemäß § 187 StGB wird hingegen unter anderem bestraft, wer wider besseres Wissen in Beziehung auf einen anderen eine unwahre Tatsache behauptet oder verbreitet, welche diesen verächtlich zu machen oder in der öffentlichen Meinung herabzuwürdigen oder dessen Kredit zu gefährden geeignet ist. Im Unterschied zu § 186 StGB schützt § 187 StGB den tatsächlichen Geltungswert, weshalb die ehrenrührigen Tatsachenbehauptungen sowie Verbreitungen hier erweis-

238 Schönke/Schröder-Lenckner, Vorbem §§ 185 ff. Rn. 9; s.a.: Tröndle/Fischer, § 186 Rn. 8; Lackner/Kühl, § 185 Rn. 9; SK-StGB-Rudolphi, § 185 Rn. 18 f.

239 h.M.; vgl. Schönke/Schröder-Lenckner, § 186 Rn. 10; Tröndle/Fischer, § 186 Rn. 12; Lackner/Kühl, § 186 Rn. 7

240 vgl. SK-StGB-Rudolphi, § 187 Rn. 19

241 Schönke/Schröder-Lenckner, § 186 Rn. 19; s.a.: Tröndle/Fischer, § 186 Rn. 19

242 Schönke/Schröder-Lenckner, § 186 Rn. 20, § 184 Rn. 57

lich unwahr sein müssen.[243] Unwahr ist eine Behauptung, wenn sie in ihren wesentlichen Punkten falsch ist. Geringfügige Übertreibungen oder die Unrichtigkeit von Nebensächlichkeiten genügt nicht.[244] Die Unwahrheit der behaupteten bzw. verbreiteten Tatsache ist ein Merkmal des Tatbestandes und muss dem Täter bewiesen werden.[245] Sofern dies nicht möglich ist, scheidet eine Strafbarkeit gemäß § 187 StGB aus. Es kommt dann lediglich eine Bestrafung des Täters gemäß § 186 StGB in Betracht.

Die Tathandlung besteht in beiden Fällen in einem Behaupten oder Verbreiten von Tatsachen - in der beschriebenen Art - in Beziehung auf einen anderen (d.h. die Person, um welche es geht) gegenüber einem Dritten. Tatsachen sind konkrete Vorgänge oder Zustände der Vergangenheit oder Gegenwart, die sinnlich wahrnehmbar in die Wirklichkeit getreten und damit dem Beweise zugänglich sind.[246] Da die Grenze zwischen Tatsachen und Werturteile fließend sind, ist die Abgrenzung im Einzelfall unter Berücksichtigung des Kommunikationszusammenhanges vorzunehmen.[247] „Behaupten" bedeutet im Sinne der §§ 186, 187 StGB, etwas als nach eigener Überzeugung geschehen oder vorhanden hinzustellen, auch wenn man es von Dritten erfahren und nicht selbst gesehen hat.[248] Insoweit ist auch die Zufügung einschränkender Zusätze (z.B. „wie ich glaube" oder „wahrscheinlich") unerheblich.[249] „Verbreiten" bedeutet im Sinne der beiden Vorschriften die Mitteilung einer ehrenrührigen Tatsache als Gegenstand fremden Wissens und fremder Überzeugung durch die Weitergabe von wirklichen oder angeblichen Tatsachenbehauptungen anderer, die sich der Täter nicht selbst zu eigen macht und für deren Richtigkeit er daher auch nicht eintritt.[250] Die behauptete bzw. verbreitete Tatsache muss geeignet sein, den Betroffenen verächtlich zu machen oder in der öffentlichen Meinung herabzuwürdigen. Beide Alternativen erfassen alle Aspekte des Ehrbegriffs, wobei ersterer mehr auf die sittlich-personale, letzterer mehr auf die soziale Komponente hindeutet.[251]

cc. Beleidigung des Mobbingbetroffenen trotz Wahrheitsbeweises

Der Beweis der Wahrheit der behaupteten oder verbreiteten Tatsache schließt die Bestrafung nach § 185 StGB nicht aus, wenn das Vorhandensein einer Beleidigung aus der Form der Behauptung oder Verbreitung oder aus den Umständen, unter welchen sie geschah, hervorgeht (sog. Beleidigung trotz Wahrheitsbeweises; § 192 StGB).[252] Diese Vorschrift gilt für alle Beleidigungsdelikte, die durch eine Behauptung von Tatsachen

---

[243] Schönke/Schröder-Lenckner, § 187 Rn. 1; Lackner/Kühl, § 187 Rn. 1; SK-StGB-Rudolphi, § 186 Rn. 14

[244] Schönke/Schröder-Lenckner, § 187 Rn. 2; Lackner/Kühl, § 187 Rn. 1

[245] Schönke/Schröder-Lenckner, § 187 Rn. 2; Tröndle/Fischer, § 187 Rn. 1; SK-StGB-Rudolphi, § 187 Rn. 3

[246] Schönke/Schröder-Lenckner, § 186 Rn. 3; Tröndle/Fischer, § 186 Rn. 1 f.; Lackner/Kühl, § 185 Rn. 3

[247] Schönke/Schröder-Lenckner, § 186 Rn. 4; Tröndle/Fischer, § 186 Rn. 1; Lackner/Kühl, § 185 Rn. 3

[248] Tröndle/Fischer, § 186 Rn. 6; Schönke/Schröder-Lenckner, § 186 Rn. 7; Lackner/Kühl, § 186 Rn. 5

[249] Tröndle/Fischer, § 186 Rn. 6; s.a.: Tröndle/Fischer, § 186 Rn. 7; SK-StGB-Rudolphi, § 185 Rn. 9 f.

[250] Schönke/Schröder-Lenckner, § 186 Rn. 8; s.a.: Lackner/Kühl, § 186 Rn. 5; SK-StGB-Rudolphi, § 185 Rn. 11

[251] Schönke/Schröder-Lenckner, § 186 Rn. 5, § 187 Rn. 3; s.a.: SK-StGB-Rudolphi, § 186 Rn. 7

[252] Schönke/Schröder-Lenckner, § 192 Rn. 1; Lackner/Kühl, § 192 Rn. 2; SK-StGB-Rudolphi, § 192 Rn. 3

begangen werden können, mithin für §§ 185 - 187 StGB.[253] Erforderlich, aber auch ausreichend ist für eine Tatbestandsverwirklichung, dass durch die Form oder Begleitumstände eine selbstständige, durch die wahren Tatsachen nicht mehr gedeckte beleidigende Wertung zum Ausdruck gebracht wird. Dies kann unter anderem bei der Veröffentlichung einer wahren ehrenrührigen Tatsache, obwohl daran kein Interesse besteht, sowie bei der Reaktualisierung einer länger zurückliegenden ehrenrührigen Tatsache der Fall sein.[254]

dd. Bewertung einzelner Mobbinghandlungen

Sofern man beispielsweise den Katalog der 45 Mobbinghandlungen nach Leymann betrachtet (vgl. 1. Kapitel unter II.1.), gelangt der Betrachter zu der folgenden Bewertung der einzelnen Mobbinghandlungen:

Die Handlung Nr. 17 betrifft den Fall, dass hinter dem Rücken des Betroffenen schlecht gesprochen wird. Was Gegenstand der Gespräche ist, teilt Leymann nicht mit. Sofern es sich hierbei um Werturteile handelt, kommt eine Strafbarkeit wegen Beleidigung (§ 185 StGB), sofern es sich um Tatsachen handelt, kommt eine Strafbarkeit wegen übler Nachrede oder Verleumdung in Betracht. Ob der Tatbestand der üblen Nachrede (§ 186 StGB) oder der Tatbestand der Verleumdung (§ 187 StGB) verwirklicht wird, hängt von dem Umstand ab, ob die gesprächsgegenständlichen Tatsachen nachweislich wahr sind. Sofern dies der Fall ist, richtet sich die Strafbarkeit nach § 187 StGB, andernfalls nach § 186 StGB. Entsprechendes gilt für die Handlung Nr. 18, die in dem Verbreiten von Gerüchten durch den Mobber besteht.

Wenn der Mobber den Mobbingbetroffenen lächerlich macht (Handlung Nr. 19; beispielsweise das Bloßstellen des Mobbingbetroffenen in einer Teambesprechung), um damit seine Nichtachtung, Geringschätzung bzw. Missachtung gegenüber dem Mobbingbetroffenen zum Ausdruck zu bringen, beleidigt er diesen im Sinne des § 185 StGB. Handelt es sich hierbei hingegen um das bloße Reagieren auf eine Situation, indem der Betroffene mit eigenen Äußerungen oder Verhaltensweisen konfrontiert wird - dem Betroffenen wird gewissermaßen der Spiegel vorgehalten -, so wird damit noch nicht der sittliche, personale bzw. soziale Geltungswert dieser Person abgesprochen. Mithin scheidet in einem derartigen Fall eine Bestrafung gemäß § 185 StGB aus.

Die Handlung Nr. 27 „Man zwingt jemanden, Arbeiten auszuführen, die das Selbstbewusstsein verletzen“ beinhaltet den durch den Mobber ausgeübten Zwang, Arbeiten auszuführen, die das Selbstbewusstsein des Mobbingbetroffenen verletzen. Dem vergleichbar besteht die Handlung Nr. 37 in „Man gibt ihm ‚kränkende‘ Arbeitsaufgaben“. Bezüglich der Handlung Nr. 27 existieren keine weiteren Informationen, in welcher Art und Weise Zwang ausgeübt wird, inwieweit dem Mobber eine Zwangausübung bewusst ist und/oder in welcher Hinsicht der Mobbingbetroffene Zwang empfindet. Sofern man auf die subjektive Seite des Mobbingbetroffenen abstellt, kann er einen ihn in seinem Selbstbewusstsein verletzenden Zwang unter Umständen bereits in der Weisung eines direktionsbefugten Vorgesetzten erblicken (z.B. die Weisung des Vorgesetzten an einen Arbeitnehmer türkischer Staatsbürgerschaft, in

---

[253] Tröndle/Fischer, § 192 Rn. 1; Schönke/Schröder-Lenckner, §192 Rn. 2; SK-StGB-Rudolphi, § 192 Rn. 1

[254] Schönke/Schröder-Lenckner, § 192 Rn. 1; s.a.: Lackner/Kühl, § 192 Rn. 2; SK-StGB-Rudolphi, § 192 Rn. 7

einem Team zu arbeiten, das ausschließlich aus Kurden besteht). Vergleichbares gilt für die Handlung Nr. 37. Nur wenn eine solche Weisung ausgespochen wird, um damit eine Geringschätzung des Betroffenen zum Ausdruck zu bringen (z.B. die Weisung an den Fuhrparkleiter, den Ladeplatz vor den Augen der Belegschaft zu fegen, um damit zu verdeutlichen, dass dieser nur für solche Arbeiten zu gebrauchen sei; die Weisung eines Vorgesetzten, ihm die Schuhe zu küssen), ist Raum für eine Strafbarkeit gemäß § 185 StGB.

Gemäß der Handlung Nr. 30 werden dem Mobbingbetroffenen obszöne Schimpfworte oder andere entwürdigende Ausdrücke nachgerufen. Hier spielt sich das Geschehen unmittelbar zwischen dem Mobber und dem Mobbingbetroffenen ab. Dieser ist „Ohrenzeuge" der Tat. Durch die Verlautbarung obszöner Schimpfworte sowie anderer entwürdigender Ausdrücke wird in krasser Weise die Miss- bzw. Nichtachtung eines Menschen zum Ausdruck gebracht. Mithin handelt es sich hierbei um eine als „klassisch" zu bezeichnende Beleidigung im Sinne des § 185 StGB.

Die Handlungen Nr. 31 und Nr. 45 bestehen aus „Sexuelle Annäherung oder verbale sexuelle Angebote" sowie „Sexuelle Handgreiflichkeiten". Mit diesen Handlungen sind ohne Zweifel Schamverletzungen und Beeinträchtigungen des eigenen Achtungsanspruchs des Betroffenen verbunden. Dies allein genügt allerdings nicht, um eine Strafbarkeit gemäß § 185 StGB begründen zu können. Hierzu bedarf es eines Angriffs auf die Geschlechtsehre des Mobbingbetroffenen, der mit einer Kundgabe der Nichtachtung, Geringschätzung bzw. Missachtung einhergeht. Dies ist etwa dann der Fall, wenn ein verbales sexuelles Angebot mit dem Hinweis verbunden ist, dass die betreffende Person mit jedem Arbeitskollegen „ins Bett steige", mithin als „Betriebshure" zu bezeichnen sei. Anhaltspunkte hierfür sind dem Katalog von Leymann nicht zu entnehmen. Allerdings lässt dieser Umstand noch nicht den Schluss zu, dass eine Strafbarkeit des Mobbers wegen sexualbezogener Mobbinghandlungen gemäß § 185 StGB nicht in Betracht kommen kann.

Unzweifelhaft lassen sich die von Leymann katalogisierten Handlungen 17-19, 27, 30, 31, 37 und 45 nicht unter den Straftatbestand des § 192 StGB subsumieren. Schließlich enthalten diese keine als wahr bewiesenen behaupteten oder verbreiteten Tatsachen. Dass eine Mobbinghandlung geeignet ist, den Straftatbestand des § 192 StGB zu erfüllen, ergibt sich unter Hinweis auf ein von Esser/Wolmerath geschildertes Beispiel.[255] In dem dort aufgeführten Fall benutzt Meier die zeitlich zurückliegende Verurteilung des Müller wegen falscher uneidlicher Aussage (vgl. § 153 StGB) zu dem Zweck, ihn bei seinen Arbeitskollegen als eine Person darzustellen, welche zu Lügen und Eigentumsdelikten fähig ist, um auf diese Weise seine Wahl in den Betriebsrat zu verhindern.

Schlussendlich lässt sich somit festhalten, dass Mobbinghandlungen im konkreten Einzelfall geeignet sind, den objektiven Tatbestand eines Beleidigungsdelikts gemäß §§ 185 ff. StGB zu verwirklichen.

[255] Esser/Wolmerath, S. 248

e. *Diebstahl zu Lasten des Mobbingbetroffenen*

Leymanns Liste der 45 Mobbinghandlungen enthält keinen Angriff, der sich gegen das Eigentum des Mobbingbetroffenen in der Weise richtet, dass der Mobber dem Mobbingbetroffenen eine in dessen (Mit-) Eigentum befindliche bewegliche Sache - ohne Rücksicht auf deren wirtschaftlichen Wert - in eigentumsanmaßender Weise wegnimmt. In der Arbeitswelt sind jedoch durchaus Handlungen zu verzeichnen, welche die Frage zulassen, ob sich Mobber wegen Diebstahls strafbar machen können. Schließlich ist es oftmals ein leichtes, am Arbeitsplatz bei passender Gelegenheit Sachen zu entwenden, die dem Mobbingbetroffenen gehören. Kaum ein Beschäftigter wird damit rechnen, an einem nicht öffentlich zugänglichen Arbeitsplatz von den eigenen Arbeitskollegen oder von einem Vorgesetzten bestohlen zu werden. So ist es auch nicht verwunderlich, dass vorkehrende Maßnahmen zum Schutze des Eigentums nicht präventiv, sondern regelmäßig erst im konkreten Bedarfsfall - insbesondere, nachdem bereits etwas abhanden gekommen ist - ergriffen werden.

aa. *Tatobjekt und Tathandlung*

Tatobjekt des Diebstahls ist gemäß § 242 Abs. 1 StGB eine fremde bewegliche Sache. Sachen in diesem Sinne sind körperliche Gegenstände (vgl. § 90 BGB), wobei ihr Aggregatzustand (fest, flüssig, gasförmig) unerheblich ist. Beweglich sind diese, wenn sie tatsächlich fortbewegt werden können, fremd, wenn sie zumindest auch im Eigentum eines anderen stehen, mithin sich weder im Alleineigentum des Täters befinden noch herrenlos oder eigentumsunfähig sind.[256]

Die Tathandlung besteht in der Wegnahme der Sache durch den Bruch fremden und der Begründung neuen (regelmäßig eigenen) Gewahrsams.[257] Unter dem Gewahrsam wird ein tatsächliches Herrschaftsverhältnis zwischen einer Person und einer Sache verstanden, das von einem (natürlichen) Herrschaftswillen getragen ist.[258] Ein tatsächliches Herrschaftsverhältnis besteht, wenn der unmittelbaren Verwirklichung des Einwirkungswillens auf die Sache keine Hindernisse entgegenstehen.[259] Fremder Gewahrsam wird gebrochen, wenn ihn der Täter nicht ausschließlich selbst hat.[260] Für den Bruch fremden Gewahrsams ist erforderlich, dass die tatsächliche Herrschaftsmacht ohne dem Willen des bisherigen Gewahrsamsinhabers oder einer zur Disposition über den Gewahrsam befugten Person gebrochen wird, für die Begründung neuen Gewahrsams, die Ergreifung des Gegenstandes durch den Täter.[261]

Wenn der Mobber dem Mobbingbetroffenen eine Sache in der Weise wegnimmt, dass der Mobbingbetroffene keinen Zugriff mehr auf diese hat, hat der Mobber eine Tathandlung im Sinne des § 242 Abs. 1 StGB begangen. Zu denken ist beispielsweise an einen Mobber, der den Kfz-Schlüssel des Mobbingbetroffenen oder Geld aus der auf dem Schreibtisch des Mobbingbetroffenen liegenden Geldbörse nimmt und einsteckt.

---

[256] vgl. Schönke/Schröder-Eser, § 242 Rn. 8 ff.; Tröndle/Fischer, § 242 Rn. 2 ff.; Lackner/Kühl, § 242 Rn. 3 ff.

[257] h.M.; vgl. Tröndle/Fischer, § 242 Rn. 13; Lackner/Kühl, § 242 Rn. 8

[258] h.M.; vgl. Schönke/Schröder-Eser, § 242 Rn. 22 f., 29; Lackner/Kühl, § 242, Rn. 8a; s.a.: Tröndle/Fischer, § 242 Rn. 11

[259] h.M.; vgl. Schönke/Schröder-Eser, § 242 Rn. 25; Lackner/Kühl, § 242 Rn. 9

[260] Schönke/Schröder-Eser, § 242 Rn. 32; Lackner/Kühl, § 242 Rn. 14

[261] Schönke/Schröder-Eser, § 242 Rn. 35, 37; s.a.: Lackner/Kühl, § 242 Rn. 14 ff.

bb. Rechtswidrige Zueignung der Sache

Der Diebstahl ist auf die rechtswidrige Zueignung der Sache gerichtet. Die Zueignung besteht in der Begründung des Eingenbesitzes unter Ausschluss des Berechtigten mit dem Willen, wie ein Eigentümer über die Sache zu verfügen.[262] Dazu genügt das Zueignen der Sache selbst oder ihres wirtschaftlichen Wertes.[263] Erforderlich ist der Ausschluss des Berechtigten von dem Genuss des Wertes bzw. der Substanz der Sache im Sinne einer dauernden Nachteilswirkung für den Eigentümer.[264] Diese fehlt beispielsweise, wenn der Täter dem Eigentümer die Sache zurückgibt, ohne zwischenzeitlich den wirtschaftlichen Wert der Sache geschmälert zu haben. Entsprechendes gilt, wenn der Täter die Sache zerstört, sofern dies nicht mit dem Ziel der Erlangung eines wirtschaftlichen Wertes für den Täter erfolgt.[265]

Letztendlich muss die Zueignung objektiv rechtswidrig sein. Dies ist dann der Fall, wenn der Täter in einer vom Recht nicht zugelassenen Weise in die Eigentumsordnung durch Zueignung der Sache eingreift, die (erstrebte) Zueignung der materiellen Eigentumsordnung widerspricht.[266]

Abgesehen von den Fällen, in denen der Mobber dem Mobbingbetroffenen eine Sache aus Spaß wegnimmt, um sie diesem später zurückzugeben, oder etwa die Aktentasche des Mobbingbetroffenen nimmt, um diese in die Müllpresse zu werfen, dürfte es im Zusammenhang mit Mobbing grundsätzlich keine Probleme bei der Bejahung der rechtswidrigen Zueignung einer dem Mobbingbetroffenen weggenommenen Sache geben, so dass der Mobber im konkreten Einzelfall ohne weiteres den objektiven Tatbestand des Diebstahls gemäß § 242 Abs. 1 StGB verwirklichen kann.

f. Sachbeschädigung zu Lasten des Mobbingbetroffenen

In einem relativ großen Umfang dürften Sachbeschädigungen auf Mobbing zurückzuführen sein. Im Vergleich zu der Möglichkeit, einen Diebstahl am Arbeitsplatz zu begehen, finden sich hierzu in einem noch weitaus größeren Verhältnis passende Situationen, dem Mobbingbetroffenen Schaden zuzufügen. Zu denken ist etwa an das Zerschneiden von Pflanzen, das scheinbar unachtsame Verschütten von Kaffee auf ein Kleidungsstück des Mobbingbetroffenen, das Wegwerfen der Aktentasche des Mobbingbetroffenen in die Müllpresse sowie an das Verkleben der Türschlösser eines Pkw, der von dem Mobbingbetroffenen auf dem Firmenparkplatz abgestellt ist.

Das Strafgesetzbuch sanktioniert derartige Verhaltensweisen, da gemäß § 303 Abs. 1 StGB bestraft wird, wer rechtswidrig eine fremde Sache beschädigt oder zerstört.

Tatobjekt des § 303 Abs. 1 StGB sind ausschließlich bewegliche oder unbewegliche körperliche Gegenstände,[267] ohne dass diese einen Vermögenswert haben müssen.[268] Fremd im Sinne des § 303 Abs. 1 StGB ist eine solche Sache, wenn sie im fremden

---

[262] Tröndle/Fischer, § 242 Rn. 18; Lackner/Kühl, § 242 Rn. 21

[263] Tröndle/Fischer, § 242 Rn. 18; Schönke/Schröder-Eser, § 242 Rn. 47

[264] h.M.; vgl.Tröndle/Fischer, § 242 Rn. 19; Lackner/Kühl, § 242 Rn. 21

[265] Tröndle/Fischer, § 242 Rn. 19; Lackner/Kühl, § 242 Rn. 21; SK-StGB-Hoyer, § 242 Rn. 77 f.

[266] h.M.; vgl. Tröndle/Fischer, § 242 Rn. 21; Schönke/Schröder-Eser, § 242 Rn. 59; Lackner/Kühl, § 242 Rn. 27

[267] Schönke/Schröder-Stree, § 303 Rn. 3, 5; Tröndle/Fischer, § 303 Rn. 1b

[268] h.M.; vgl.Tröndle/Fischer, § 303 Rn. 2; SK-StGB-Samson, § 303 Rn. 2; Lackner/Kühl, § 303 Rn. 2

(Mit-) Eigentum des Opfers steht.[269] Eine Sache ist beschädigt im Sinne des § 303 Abs. 1 StGB, wenn der Täter ihre Substanz nicht unerheblich verletzt oder auf sie körperlich derart einwirkt, dass dadurch ihre bestimmungsmäßige Brauchbarkeit nicht nur geringfügig beeinträchtigt oder der Zustand der Sache mehr als nur belanglos verändert wird.[270] Eine Substanzverletzung ist nicht zwingend erforderlich.[271] Zerstört ist hingegen eine Sache im Sinne des § 303 Abs. 1 StGB, wenn sie so wesentlich beschädigt wurde, dass sie für ihren Zweck völlig unbrauchbar wird; wobei die teilweise Zerstörung - gemeint ist die funktionelle Ausschaltung eines wesentlichen Teils - genügt.[272]

Nach Leymann kann eine Mobbinghandlung unter anderem in dem Anrichten eines physischen Schadens im Heim oder am Arbeitsplatz des Mobbingbetroffenen bestehen (Handlung Nr. 44; vgl. 1. Kapitel unter II.1.). Sofern sich ein solcher Schaden unter die zuvor genannten Tatbestandvoraussetzungen subsumieren lässt, kommt eine Strafbarkeit gemäß § 303 Abs. 1 StGB in Betracht. Ermangelt es an einer Verwirklichung des objektiven Tatbestandes, so ist im konkreten Einzelfall eine versuchte Sachbeschädigung zu prüfen, die ebenfalls gemäß § 303 Abs. 2 StGB strafbar ist.

Sofern die Kostenverursachung in der Beschädigung bzw. Zerstörung einer dem im (Mit-) Eigentum des Mobbingbetroffenen stehenden Sache besteht, ist auch die Handlung Nr. 43 („Man verursacht Kosten für den/die Betroffene, um ihm/ihr zu schaden"; vgl. 1. Kapitel unter II.1.) geeignet, nach § 303 Abs. 1 StGB bestraft zu werden.

g. *Datenveränderung*

Standardmäßig sind Büroarbeitsplätze heute mit einem PC ausgestattet. Was liegt näher, als den Arbeitsplatz-PC des Mobbingbetroffenen zur Begehung von Mobbinghandlungen zu verwenden. Denkbar sind zahlreiche Varianten: Sofern der Bildschirmschoner mit ehrverletzenden Worten versehen wird, kommt eine Strafbarkeit wegen Beleidigung gemäß § 185 StGB in Betracht (vgl. hierzu die Ausführungen in dem voranstehenden Punkt d.). Wie verhält es sich aber, wenn der Mobber - ohne hierzu befugt zu sein - Daten löscht oder den Zugriff auf den PC - beispielsweise durch die Veränderung der Zugangsberechtigung - unmöglich macht?

In Ergänzung zu § 303 StGB erstreckt § 303a StGB den Strafschutz vor Beschädigung und Zerstörung auf nicht unmittelbar wahrnehmbar gespeicherte personen- sowie vermögensbezogene Daten:[273] Wegen Datenveränderung gemäß § 303a Abs. 1 StGB wird bestraft, wer rechtswidrig Daten löscht, unterdrückt, unbrauchbar macht oder verändert. Die versuchte Datenveränderung ist nach § 303a Abs. 2 StGB ebenfalls mit Strafe bedroht.

Der Tatbestand des § 303a StGB ist auf Daten beschränkt, an denen und an deren Unversehrheit ein anderer ein unmittelbares Interesse besitzt, das in einer eigen-

---

[269] Schönke/Schröder-Stree, § 303 Rn. 4; Tröndle/Fischer, § 303 Rn. 3; SK-StGB-Samson, § 303 Rn. 2

[270] Schönke/Schröder-Stree, § 303 Rn. 8; Tröndle/Fischer, § 303 Rn. 5; Lackner/Kühl, § 303 Rn. 3; BGHSt 44, 34 (38)

[271] Schönke/Schröder-Stree, § 303 Rn. 8b; Tröndle/Fischer, § 303 Rn. 5; BGHSt 44, 34 (38); Lackner/Kühl, § 303 Rn. 4

[272] Schönke/Schröder-Stree, § 303 Rn. 11; s.a.: Tröndle/Fischer, § 303 Rn. 10; Lackner/Kühl, § 303 Rn. 7; SK-StGB-Samson, § 303 Rn. 9

[273] Schönke/Schröder-Stree, § 303a Rn. 1; s.a.: Lackner/Kühl, § 303a Rn. 1

tümerähnlichen Stellung und der damit verbundenen Verfügungsberechtigung zu erblicken ist. Eine Rechtsposition, die allein aus dem Persönlichkeitsrecht hervorgeht, genügt nicht.[274]

Daten im Sinne des § 303a Abs. 1 StGB sind gemäß der Legaldefinition in § 202a Abs. 2 StGB nur solche, die elektronisch, magnetisch oder sonst nicht unmittelbar wahrnehmbar gespeichert sind oder übermittelt werden.

Gelöscht sind Daten, wenn sie vollständig und unwiederbringlich unkenntlich gemacht wurden, sich mithin nicht mehr restrukturieren lassen und damit für immer gänzlich verloren sind. Unterdrückt werden hingegen Daten, wenn sie dem Zugriff des Verfügungsberechtigten (z.B. durch die Eingabe eines Code-Wortes) auf Dauer oder zeitweilig entzogen werden und deshalb von diesem nicht mehr verwendet werden können. Von einem Unbrauchbarmachen im Sinne der Vorschrift ist zu sprechen, wenn Daten in ihrer Gebrauchsfähigkeit so beeinträchtigt werden, dass sie nicht mehr ordnungsgemäß verwendet werden können und damit ihren bestimmungsmäßigen Zweck nicht mehr zu erfüllen vermögen. Verändert werden Daten, wenn sie einen anderen Informationsgehalt erhalten und dadurch der ursprüngliche Verwendungszweck beeinträchtigt wird.[275]

Wichtig ist zu bedenken, dass das Löschen usw. mehrerer Daten in einem Arbeitsvorgang nur eine Tat darstellt, wobei kurzzeitige Unterbrechungen des Arbeitsvorgangs nicht schädlich sind.[276]

Unter Berücksichtigung dieser Grundsätze macht sich beispielsweise der Mobber gemäß § 303a Abs. 1 StGB strafbar, der dienstliche Daten, auf die der Mobbingbetroffene mit Hilfe seines Arbeitsplatz-PC Zugang hat, löscht oder auf der Festplatte unauffindbar „versteckt". Gleiches gilt, wenn er die Daten in einer gebrauchs- bzw. verwendungsunfähigen Weise verändert und/oder der Zugriffsmöglichkeit des Mobbingbetroffenen - etwa durch die Veränderung der Zugangsberechtigung - entzieht. Gelingt dem Mobber die Tatvollendung nicht, etwa weil sich der Mobber bei der Manipulation der Zugangsberechtigung beobachtet fühlt und sein Vorhaben deshalb vor der Speicherung der Änderung abbricht, kommt eine Strafbarkeit wegen versuchter Datenveränderung gemäß § 303a Abs. 2 StGB in Betracht.

h. Straftaten gegen Betriebsverfassungsorgane und ihre Mitglieder

Dass Mitglieder der betrieblichen Interessenvertretung Mobbing ausgesetzt sein können, liegt auf der Hand. So ist es auch kein Wunder, dass mir sowohl Betriebsrats- als auch Personalratsmitglieder immer wieder berichtet haben, dass sie selbst bzw. ein Mitglied ihres Gremiums unter Mobbinghandlungen zu leiden hatten bzw. haben. Oftmals sind es die Vorgesetzten, die Mobbing betreiben. Dies ist besonders dann der Fall, wenn sie kein Verständnis dafür haben, dass ihr Mitarbeiter den Arbeitsplatz verlässt, um Betriebsrats- bzw. Personalratsarbeit zu verrichten. Daneben kommen aber auch Beschäftigte sowie die eigenen Betriebsrats- bzw. Personalratskollegen als Mobber in Betracht. Esser/Wolmerath führen in diesem Zusammenhang zwei Beispiele an, die sich

[274] Schönke/Schröder-Stree, § 303a Rn. 3; s.a.: SK-StGB-Samson, § 303a Rn. 15 f.
[275] Schönke/Schröder-Stree, § 303a Rn. 4; Tröndle/Fischer, § 303a Rn. 5 ff.; Lackner/Kühl, § 303 Rn. 3; s.a.: SK-StGB-Samson, § 303a Rn. 19 ff., nach dem das Unterdrücken auf Dauer angelegt sein muss
[276] Schönke/Schröder-Stree, § 303a Rn. 8

im Übrigen auch in den Katalog der 45 Mobbinghandlungen nach Leymann (vgl. 1. Kapitel unter II.1.) einordnen lassen:
- Das Betriebsratsmitglied Herbert Müller wird in einen Raum weitab von den Arbeitskollegen versetzt, um Herbert Müller zur Niederlegung seines Betriebsratsamtes zu bewegen (vgl. Handlung Nr. 14);[277]
- Der Betriebsratsvorsitzende Franz Meier wird auf Betriebsversammlungen ständig unterbrochen, so dass er insbesondere die mündlichen Tätigkeitsberichte des Betriebsrats nicht abgeben kann (vgl. Handlungen Nr. 2 und Nr. 3).[278]

Während dem Bundespersonalvertretungsrecht eine Strafbarkeit des Mobbers für Handlungen, die sich gegen die Organe der Interessenvertretungen und ihre Mitglieder richten, fremd ist, enthält das Betriebsverfassungsgesetz in seinem § 119 eine Strafvorschrift. Danach wird bestraft, wer
1. eine Wahl des Betriebsrats, der Jugend- und Auszubildendenvertretung, der Bordvertretung, des Seebetriebsrats oder der in § 3 Abs. 1 Nr. 1 oder 2 bezeichneten Vertretung der Arbeitnehmer behindert oder durch Zufügung oder Androhung von Nachteilen oder durch Gewährung oder Versprechen von Vorteilen beeinflusst,
2. die Tätigkeit des Betriebsrats, des Gesamtbetriebsrats, des Konzernbetriebsrats, der Jugend- und Auszubildendenvertretung, der Gesamt- Jugend- und Auszubildendenvertretung, der Bordvertretung, des Seebetriebsrats, der in § 3 Abs. 1 Nr. 1 oder 2 bezeichneten Vertretungen der Arbeitnehmer, der Einigungsstelle, der in § 76 Abs. 8 bezeichneten tariflichen Schlichtungsstelle, der in § 86 bezeichneten betrieblichen Beschwerdestelle oder des Wirtschaftsausschusses behindert oder stört oder
3. ein Mitglied oder ein Ersatzmitglied des Betriebsrats, des Gesamtbetriebsrats, des Konzernbetriebsrats, der Jugend- und Auszubildendenvertretung, der Gesamt-Jugend- und Auszubildendenvertretung, der Bordvertretung, des Seebetriebsrats, der in § 3 Abs. 1 Nr. 1 oder 2 bezeichneten Vertretungen der Arbeitnehmer, der Einigungsstelle, der in § 76 Abs. 8 bezeichneten Schlichtungsstelle, der in § 86 bezeichneten betrieblichen Beschwerdestelle oder des Wirtschaftsausschusses um seiner Tätigkeit willen benachteiligt oder begünstigt.

Mithin stellt sich die Frage, ob die beispielhaft aufgeführten Behandlungen des Herbert Müller und des Franz Meier geeignet sind, eine Strafbarkeit gemäß § 119 Abs. 1 BetrVG zu begründen. Täter im Sinne dieser Vorschrift kann jedermann sein (z.B. Arbeitnehmer, Arbeitgeber, Betriebsfremde).[279] Da es sich bei § 119 Abs. 1 BetrVG um ein schlichtes Tätigkeitsdelikt handelt, ist die Tat bereits dann vollendet, wenn ein schlichtes aktives Tun festgestellt werden kann, das als Beeinflussung, Behinderung, Störung, Benachteiligung oder Begünstigung zu qualifizieren ist.[280]

aa. Wahlbehinderung und Wahlbeeinflussung

Eine Wahlbehinderung im Sinne des § 119 Abs. 1 Ziffer 1 BetrVG liegt bereits dann vor, wenn das allgemeine Verbot der Behinderung der Betriebsratswahl (vgl. § 20 BetrVG), der Wahl der Jugend- und Auszubildendenvertretung (vgl. § 63 Abs. 2 Satz 2 i.V.m. § 20 BetrVG), der Wahl der Bordvertretung (vgl. §§ 114, 115 i.V.m. § 20

[277] s.a.: Esser/Wolmerath, S. 250
[278] s.a.: Esser/Wolmerath, S. 250
[279] h.M.; vgl. FKHE § 119 Rn. 1 m.w.N.; Gnade u.a., § 119 Rn. 4; Richardi, § 119 Rn. 3
[280] DKK-Trümner, § 119 Rn. 1; s.a.: FKHE, § 119 Rn. 3

BetrVG) sowie der Wahl des Seebetriebsrats (vgl. §§ 114, 116 i.V.m. § 20 BetrVG) missachtet wird.[281] Der Begriff der Wahl ist in einem weiten Sinne zu verstehen, so dass auch vorbereitende Maßnahmen (z.B. die Durchführung einer Betriebsversammlung zur Wahl des Wahlvorstandes gemäß § 17 Abs. 1 Satz 1 BetrVG) durch § 119 Abs. 1 Ziffer 1 BetrVG geschützt sind.[282] Neben der Wahlbehinderung durch positives Tun kann diese auch durch Unterlassen erfolgen, sofern den Täter eine Rechtspflicht zum Handeln trifft.[283]

Eine Wahlbeeinflussung im Sinne des § 119 Abs. 1 Ziffer 1 BetrVG ist gegeben, wenn in sittlich anstößiger Weise versucht wird, das Wahlergebnis in eine ganz bestimmte Richtung zu lenken.[284] Dies ist beispielsweise der Fall, wenn der Arbeitgeber ein Schreiben an seine Angestellten richtet, in dem er diesen mitteilt, dass er sie als „leitende Angestellte" betrachte und sie deswegen auffordere, beim Wahlvorstand Einspruch gegen ihre Eintragung in die Wählerliste zu erheben.[285] Im Zusammenhang mit Mobbing dürften allerdings die wenigsten Fälle dem § 119 Abs. 1 Ziffer 1 BetrVG zuzuordnen sein.

bb. Behinderung und Störung der Tätigkeit

§ 119 Abs. 1 Ziffer 2 BetrVG schützt die Tätigkeit der in dieser Vorschrift genannten Organe der Betriebsverfassung und stellt deren Behinderung oder Störung unter Strafe.[286] Strafbar ist jeder Eingriff in die Tätigkeit dieser Organe, der eine Behinderung oder Störung darstellt.[287] Die Verwirklichung des Straftatbestandes kann sowohl durch aktives Tun als auch durch Unterlassung erfolgen; letztes allerdings nur, wenn den Täter eine Rechtspflicht zum Handeln trifft.[288]

Das ständige Unterbrechen des Betriebsratsvorsitzenden Franz Meier in dem eingangs erwähnten Fall stört die Betriebsversammlung und behindert ihn bei der Ausübung seiner Betriebsratstätigkeit. Auch wenn er die Tätigkeitsberichte für den Betriebsrat in seiner Eigenschaft als Betriebsratsvorsitzender erstattet, so kommt ihm deswegen nicht die Stellung eines betriebsverfassungsrechtlichen Organs zu. Wer zu diesem Kreis gehört, ist in § 119 Abs. 1 Ziffer 2 BetrVG abschließend geregelt. Damit wäre eine Strafbarkeit des Störers bzw. der Störer gemäß § 119 Abs. 1 Ziffer 2 BetrVG ausgeschlossen. Diese Schlussfolgerung würde allerdings dazu führen, dass die „Täter" ihre Handlungen gezielt niemals gegen ein betriebsverfassungsrechtliches Organ, sondern ausschließlich gegen deren Mitglieder richten würden - da dies in strafrechtlicher Weise sanktionslos bliebe. Damit würde der § 119 Abs. 1 Ziffer 2 BetrVG praktisch „leerlaufen". Um eine solche Rechtsfolge zu vermeiden, bedient sich das Schrifttum[289] zurecht einer „Brücke", indem es in der Behinderung oder Störung eines Organmitglieds bei der Ausübung seiner Amtstätigkeit zugleich eine Behinderung bzw.

---

[281] DKK-Trümner, § 119 Rn. 3
[282] Gnade u.a., § 119 Rn. 1; Richardi, § 119 Rn. 11
[283] Richardi, § 119 Rn. 13
[284] DKK-Trümner, § 119 Rn. 7; s.a.: Gnade u.a., § 119 Rn. 1; Richardi, § 119 Rn. 15
[285] vgl. ArbG Bochum v. 3.3.1972, BB 1972, 494 (495); LAG Hamm v. 27.4.1972, DB 1972, 1297 (1298)
[286] vgl. DKK-Trümner, § 119 Rn. 12; FKHE, § 119 Rn. 6
[287] Richardi, § 119 Rn. 18
[288] DKK-Trümner, § 119 Rn. 12; Gnade u.a., § 119 Rn. 2; Richardi, § 119 Rn. 18
[289] GK-Oetker, § 119 Rn. 18 m.w.N.

Störung der Organtätigkeit sieht. Sofern man sich dieser Meinung anschließt - sachlich rechtfertigende Gründe sprechen meines Erachtens nicht dagegen - wird der Betriebsrat durch die Behinderung des Betriebsratsvorsitzenden ebenfalls behindert, so dass der Straftatbestand des § 119 Abs. 1 Ziffer 2 BetrVG in dem Beispielsfall als erfüllt zu betrachten ist.

cc. Benachteiligung und Begünstigung

§ 119 Abs. 1 Ziffer 3 BetrVG schützt die Betätigung von Mitgliedern der in dieser Vorschrift genannten betriebsverfassungsrechtlichen Organe in dem Sinne, dass diese nicht um ihrer Tätigkeit willen benachteiligt oder begünstigt werden dürfen.[290] Unter der Benachteiligung in diesem Sinne wird jede tatsächliche, persönliche oder wirtschaftliche Schlechterstellung der durch § 119 Abs. 1 Ziffer 3 BetrVG geschützten Person im Vergleich zu anderen Personen verstanden, die nicht aus sachlichen oder in der Person des Betroffenen liegenden Gründen, sondern um seiner Tätigkeit innerhalb des betriebsverfassungsrechtlichen Organs willen, erfolgt.[291] Die Begünstigung im Sinne dieser Vorschrift lässt sich mit einem Umkehrschluss zur Benachteiligung erschließen: Begünstigung ist somit jede tatsächliche, persönliche sowie wirtschaftliche Schlechterstellung der durch § 119 Abs. 1 Ziffer 3 BetrVG geschützten Person im Vergleich zu anderen Personen, die nicht aus sachlichen oder in der Person des Betroffenen liegenden Gründen, sondern um seiner Tätigkeit innerhalb des betriebsverfassungsrechtlichen Organs willen erfolgt. Eine solche dürfte allerdings im Zusammenhang mit Mobbing kaum vorkommen. Eine Begünstigung des Mobbingbetroffenen kann allenfalls dann eine feindselige Mobbinghandlung darstellen, wenn sie erfolgt, um diesen Umstand später anzuprangern - insbesondere, um den Mobbingbetroffenen bloßzustellen und zu isolieren. In der betrieblichen Praxis wird eher von einer Benachteiligung des Mobbingbetroffenen auszugehen sein.

Die Versetzung von Herbert Müller (vgl. das eingangs erwähnte Fallbeispiel) ist ausschließlich erfolgt, um diesen zur Niederlegung seines Betriebsratsamtes zu bewegen. Mit dieser Versetzung gehen zahlreiche Benachteiligungen einher. Zum einen wird ihm der soziale Kontakt zu seinen Arbeitskollegen sowie zu den übrigen Mitgliedern des Betriebsrats erschwert - im Zweifelsfall sogar abgeschnitten. Zum anderen wird ihm seine Betriebsratsarbeit aufgrund der räumlichen Distanz erschwert. Rat suchende Arbeitskollegen können ihn nicht mehr so schnell und leicht an seinem Arbeitsplatz aufsuchen. Da Herr Müller „um seiner Tätigkeit willen“ benachteiligt wird, ist der Straftatbestand des § 119 Abs. 1 Ziffer 3 BetrVG als erfüllt anzusehen.

2. Kausalzusammenhang zwischen der Handlung des Mobbers und der Verwirklichung des Straftatbestandes sowie Zurechenbarkeit des tatbestandlichen Erfolges

Sofern der Täter im konkreten Einzelfall einen Straftatbestand verwirklicht hat, ist für eine Bestrafung seines Verhaltens weiter erforderlich, dass ein kausaler Zusammen-

---

[290] DKK-Trümner, § 119 Rn. 15; FKHE, § 119 Rn. 7

[291] DKK-Trümner, § 119 Rn. 16; s.a.: Gnade u.a., § 119 Rn. 3

hang zwischen der Handlung des Täters sowie der Tatbestandsverwirklichung besteht und dem Täter der tatbestandliche Erfolg zugerechnet werden kann.[292]

Dieses Strafbarkeitserfordernis gilt nur bei „Erfolgsdelikten“, das heißt bei Straftaten, deren Tatbestand ein Tun beschreibt, das einen bestimmten Erfolg auslöst, der noch nicht in der Handlung selbst eingeschlossen ist.[293] Erfolgedelikte sind, sofern es die oben aufgeführten Straftaten betrifft, die (fahrlässige) Körperverletzung (im Amt; §§ 223, 229, 340 StGB), die (sexuelle) Nötigung (§§ 177, 240 StGB), die Sachbeschädigung (§ 303 StGB) sowie die Datenveränderung (§ 303a StGB).[294]

Bei den (schlichten) Tätigkeitsdelikten stellt sich dieses Erfordernis hingegen nicht. Es handelt sich hierbei um Straftaten, deren Tatbestand ein schlichtes Handeln beschreibt, zu dem ein über dieses Handeln hinausgehender Erfolg nicht hinzuzutreten braucht (z.B. Beleidigung, Diebstahl; §§ 185, 242 StGB).[295] Auch bei den Straftaten gegen Betriebsverfassungsorgane und ihre Mitglieder (§ 119 BetrVG) handelt es sich um (schlichte) Tätigkeitsdelikte,[296] so dass eine Tatvollendung bereits dann vorliegt, wenn der Täter ein Verhalten an den Tag gelegt hat, das als Behinderung, Beeinflussung, Störung etc. zu qualifizieren ist.[297]

Während es bei den „klassischen“ Tathandlungen der Körperverletzung (z.B. das Zufügen einer Stichwunde mit einem Messer) regelmäßig kein Problem darstellen wird, den Kausalzusammenhang zwischen der Handlung des Mobbers und der eingetretenen Körperverletzung des Mobbingbetroffenen zu begründen und dem Mobber den tatbestandlichen Erfolg seines Tuns zuzurechnen, scheint dies bei solchen Gesundheitsschädigungen des Mobbingbetroffenen zweifelhaft, die nicht auf einer konkreten einzelnen Handlung beruhen, sondern sich erst aus dem Zusammenwirken der einzelnen Mobbinghandlungen ergeben, wie es etwa bei Depressionen sowie Nervenzusammenbrüchen oftmals der Fall ist.

Nach der im Strafrecht vorherrschenden Äquivalenztheorie ist als Ursache jede Bedingung eines Erfolges anzusehen, die nicht hinweggedacht werden kann, ohne dass der konkrete Erfolg entfiele. Als Ursache gilt jede condicio sine qua non, d.h. jede Bedingung, ohne welche der Erfolg nicht eingetreten wäre.[298] Insoweit genügt, dass die Handlung mitursächlich für den Erfolg gewesen ist.[299] Allerdings ist ein tatbestandlicher Erfolg dem Täter nur dann zuzurechnen, wenn das durch ihn verursachte Verhalten eine rechtlich missbilligte Gefahr für den Erfolgseintritt geschaffen und sich diese Gefahr in dem konkreten Erfolg realisiert hat.[300] Ist nicht aufzuklären, ob der tatbestandliche Erfolg durch die eine oder andere Handlung des Täters verursacht wurde, steht der Grundsatz in dubio pro reo einer Zurechnung entgegen. Entsprechendes gilt, wenn mehrere Täter handeln und nicht geklärt werden kann, welcher der Täter die den tatbestandlichen Erfolg verursachende Handlung begangen hat.[301]

---

[292] h.M.; vgl. statt vieler Wessels, § 6.I.1.; Schönke/Schröder-Stree, Vorbem. §§ 13 ff. Rn. 130
[293] Tröndle/Fischer, Vor. § 13 Rn. 13
[294] vgl. Tröndle/Fischer, Vor.§ 13 Rn. 13, 13a; Wessels, § 1.II.2.a); Roxin AT, § 10 Rn. 102, § 11 Rn. 1
[295] h.M.; vgl. Tröndle/Fischer, Vor. 13 Rn. 13; Wessels, § 1.II.2.b); Roxin AT, § 10 Rn. 103, § 11 Rn. 1
[296] DKK-Trümner, § 119 Rn. 1; s.a.: FKHE, § 119 Rn. 3
[297] DKK-Trümner, § 119 Rn. 1
[298] Roxin AT, § 11 Rn. 5; s.a.: Lackner/Kühl, Vor § 13 Rn. 9; BGHSt 2, 20 (24); Wessels, § 6.I.2.
[299] Wessels, § 6.I.3.b)
[300] wohl h.M.; vgl. Lackner/Kühl, Vor § 13 Rn. 14; s.a.: Roxin AT, § 11 Rn. 44
[301] vgl. BGHSt 32, 25 (27)

Ist beispielsweise in einer konkreten Mobbingsituation erkennbar, dass ein Vorgesetzter eine Mitarbeiterin ständig schikaniert, ungerechtfertigt auf angebliche, in Wirklichkeit jedoch nicht begangene, Fehler hinweist, diese insgesamt ungerecht behandelt und sie bei den anderen Arbeitskollegen bloßstellt, so wird diese Mitarbeiterin mit Gewissheit in psychosomatischer Hinsicht erkranken und zu ihrer Genesung ärztlicher Hilfe bedürfen. Wird zu einem bestimmten Zeitpunkt das Vorliegen einer Körperverletzung im Sinne des § 223 StGB festgestellt, so stellt sich die Frage, welche der unzähligen einzelnen Handlungen, die der Mitarbeiterin zugefügt worden sind, genau den tatbestandlichen Erfolg herbeigeführt hat bzw. welche Angriffe für die Verletzung des Körpers des Mobbingbetroffenen bedeutungslos sind. Diese Frage dürfte - auch mit Hilfe von Sachverständigengutachten - kaum zu beantworten sein.

In der gleichen Weise wird die Frage zu beantworten sein, ob einzelne Handlungen mitursächlich für die eingetretene Körperverletzung gewesen sind. Schließlich ist nicht auszuschließen, dass gerade die Mobbinghandlung, die dem Mobber konkret vorgehalten wird, für die Körperverletzung des Mobbingbetroffenen ohne Belang - mithin nicht mitursächlich - gewesen ist. Dieser Umstand dürfte dazu führen, dass es oftmals nicht gelingen wird, den erforderlichen Kausalzusammenhang begründen zu können.

Eine vergleichbare Situation entsteht, wenn mehrer Mobber losgelöst voneinander Mobbinghandlungen in der geschilderten Art begehen. Es dürfte auch in dieser Fallkonstellation kaum gelingen, festzustellen, wer genau von ihnen die die Körperverletzung verursachende Mobbinghandlung begangen hat.

Im Rahmen des § 240 StGB (Nötigung) muss zwischen dem Nötigungsmittel und dem Nötigungserfolg ein Kausalzusammenhang bestehen; d.h. das abgenötigte Verhalten muss die spezifische und unmittelbare Folge des angewandten Zwangsmittels sein.[302] Ein derartiger Kausalzusammenhang - der im Zusammenhang mit Mobbing regelmäßig vorliegen dürfte -, ist beispielsweise dann gegeben, wenn das Belegschaftsmitglied Werner Meier nur deshalb auf seine Kandidatur zum Personalrat verzichtet, weil Andreas Schmidt dem Werner Meier unmissverständlich zu verstehen gegeben hat, dass er den Werner Meier mit Geschichten über sein Privatleben „fertig mache", falls sich dieser für die anstehende Personalratswahl aufstellen lasse.

Dem Kausalitätserfordernis im Rahmen des § 177 StGB (Sexuelle Nötigung) ist genüge getan, wenn der Täter dafür ursächlich geworden ist, dass das Opfer in einen derart schutzlosen Zustand geraten ist, dass es bestimmte sexuelle Handlungen seitens des Einwirkenden oder eines Dritten duldet oder an diesen Personen vornimmt.[303]

Hinsichtlich der Sachbeschädigung (§ 303 StGB) sowie der Datenveränderung (§ 303a StGB) dürften sich in der Regel keine Probleme hinsichtlich der Kausalität sowie der Zurechenbarkeit ergeben, da die Sachbeschädigung bzw. die eingetretene Datenveränderung ohne die Handlungen des Mobbers nicht erfolgt wäre.

3. Vorsätzliche und fahrlässige Tatbegehung

Gemäß § 15 StGB ist die Strafbarkeit eines Täters grundsätzlich an die Voraussetzung geknüpft, dass der Täter vorsätzlich gehandelt hat: „Strafbar ist nur vorsätz-

[302] Schönke/Schröder-Eser, § 240 Rn. 14
[303] SK-StGB-Horn, § 177 Rn. 21

liches Handeln, wenn nicht das Gesetz fahrlässiges Handeln ausdrücklich mit Strafe bedroht". Diese Einschränkung trifft mit Ausnahme der Körperverletzung (§§ 223, 340 StGB), die auch fahrlässig begangen werden kann (vgl. § 229 StGB), auf alle anderen in diesem Kapitelabschnitt angesprochenen Straftaten zu.

Vorsätzlich im Sinne des § 15 StGB handelt, wer die Tatbestandsverwirklichung nicht erstrebt oder als sicher voraussieht, sondern nur für möglich hält (sog. Eventualvorsatz, dolus eventualis) oder die Tatbestandsverwirklichung als erstrebenswert in seinen Willen aufgenommen hat (sog. direkter Vorsatz, dolus directus, in der Form der Absicht) bzw. weiß oder als sicher annimmt, dass sein Verhalten die Voraussetzungen eines Strafgesetzes erfüllt (sog. direkter Vorsatz, dolus directus, in der Form des sicheren Wissens um eine Tatbestandsverwirklichung).[304]

Fahrlässig handelt hingegen im Sinne des § 15 StGB, wer die Sorgfalt, zu der er nach den Umständen und nach seinen persönlichen Fähigkeiten und Kenntnissen verpflichtet und imstande ist, außer acht lässt und infolgedessen die Tatbestandsverwirklichung nicht voraussieht (sog. unbewusste Fahrlässigkeit) bzw. die Möglichkeit einer Tatbestandsverwirklichung erkennt und mit einer solchen nicht einverstanden ist, aber dennoch entgegen seiner Einsicht handelt (sog. bewusste Fahrlässigkeit).[305]

Soweit es die vorsätzliche Körperverletzung (§ 223 StGB) betrifft, muss der Vorsatz des Täters die Handlung und das Bewusstsein umfassen, durch diese das Wohlbefinden des Körpers oder dessen Unversehrtheit zu beeinträchtigen oder die Gesundheit zu schädigen, wobei bedingter Vorsatz genügt.[306] Nimmt der Täter irrig Umstände an, die einen Rechtfertigungsgrund begründen würden, kommt lediglich eine Bestrafung wegen fahrlässiger Körperverletzung (§ 229 StGB) in Betracht.[307]

Für den subjektiven Tatbestand der Körperverletzung im Amt (§ 340 StGB) genügt bedingter Vorsatz.[308] Sofern die Körperverletzung im Amt fahrlässig begangen wurde, findet § 229 StGB gemäß § 340 Abs. 3 StGB Anwendung.

Hinsichtlich der Nötigung (§ 240 StGB) genügt bedingter Vorsatz, der die Kenntnis des Täters, mit Gewalt bzw. durch Drohung mit einem empfindlichen Übel das Verhalten einer anderen Person zu erzwingen, sowie den Willen zu diesem Zwang und die Kenntnis der Umstände, die das Übel als empfindlich und das Vorgehen des Täters als verwerflich sowie rechtswidrig erscheinen lassen - nicht jedoch das Bewusstsein der Rechtswidrigkeit - umfassen muss.[309]

Nimmt der Täter bei einer sexuellen Nötigung (§ 177 StGB) in Kauf, dass er nur über den Widerstand hinweg zu seinem Ziel des sexuellen Kontakts mit dem Opfer kommen kann und dass durch sein Verhalten ein (begonnener oder erwarteter) Widerstand des Opfers ausgeschaltet wird, so handelt dieser vorsätzlich, sofern der Vorsatz des Täters die finale Verknüpfung zwischen dem Einsatz des Nötigungsmittels und dem Erreichen des Sexualkontaktes umfasst.[310] Von einer vorsätzlichen sexuellen Nötigung ist insbesondere dann auszugehen, wenn das Opfer seinen entgegenstehenden Willen -

---

[304] vgl. Schönke/Schröder-Cramer, § 15 Rn. 60 ff.; Tröndle/Fischer, § 15 Rn. 5 ff.; SK-StGB-Rudolphi, § 15 Rn. 36 ff.

[305] vgl. Tröndle/Fischer, § 15 Rn. 13

[306] Tröndle/Fischer, § 223 Rn. 17; s.a.: Schönke/Schröder-Stree, § 223 Rn. 65; Schönke/Schröder-Cramer, § 340 Rn. 4

[307] Tröndle/Fischer, § 223 Rn. 17 und § 229 Rn. 3

[308] Schönke/Schröder-Cramer, § 340 Rn. 6

[309] Tröndle/Fischer, § 240 Rn. 33 ff.; s.a.: Lackner/Kühl, § 240 Rn. 16

[310] vgl. Tröndle/Fischer, § 177 Rn. 18; s.a.: SK-StGB-Horn, § 177 Rn. 16

sei es auch nur verbal - artikuliert hat und der Täter demzufolge bei der Tatbegehung nicht von dem Umstand ausgehen konnte, dass das Opfer in den Sexualkontakt einwillige.[311]

Die §§ 185 ff. StGB erfordern ein vorsätzliches Handeln des Täters gemäß § 15 StGB, wobei in allen Fällen bedingter Vorsatz genügt. Im Rahmen des § 185 StGB (Beleidigung) muss er das Bewusstsein umfassen, dass die Äußerung nach ihrem objektiven Sinn eine Missachtung darstellt, ferner die Wahrnehmung durch einen anderen.[312] Bei der üblen Nachrede (§ 186 StGB) muss sich der Vorsatz auf die Ehrenrührigkeit der Tatsache, dass sie der Täter behauptet bzw. verbreitet und dass die Äußerung unmittelbar an einen Dritten gelangt, beziehen.[313] Bezüglich der Verleumdung (§ 187 StGB) muss hinsichtlich der Unwahrheit der Tatsache das bestimmte Wissen hinzukommen.[314] Im Rahmen des § 192 StGB (Beleidigung trotz Wahrheitsbeweises) muss sich der Vorsatz darauf erstrecken, dass Form und Umstände der Kundgabe trotz des Wahrheitsbeweises ehrverletzend sind.[315]

Beim Diebstahl (§ 242 StGB) muss sich der Vorsatz auf die Verletzung fremden Gewahrsams und fremden Eigentums sowie auf die Begründung neuen Gewahrsams und eigene Zueignung richten. Weiter muss der Täter schon im Zeitpunkt der Wegnahme die Absicht der Zueignung haben, wobei unter der Absicht der Wille zur Herstellung der Eigentümerposition zu verstehen ist. Insoweit genügt ein bedingter Vorsatz nicht.[316]

Strafbar ist nach § 15 StGB nur die vorsätzliche Sachbeschädigung (§ 303 StGB). Insoweit muss der Täter vorsätzlich handeln, wobei dieser das Bewusstsein haben muss, eine fremde Sache zu beschädigen bzw. zu zerstören.[317]

Die Datenveränderung (§ 303a StGB) erfordert ebenfalls gemäß § 15 StGB ein vorsätzliches Handeln, wobei bedingter Vorsatz genügt, der sich allerdings auf alle Merkmale des Tatbestandes beziehen muss.[318]

Letztendlich ist im Rahmen des § 119 Abs. 1 BetrVG (Straftaten gegen Betriebsverfassungsorgane und ihre Mitglieder) gemäß § 15 StGB ebenfalls vorsätzliches Handeln erforderlich.[319]

Ob der Mobber den ihm zur Last gelegten Straftatbestand vorsätzlich - bzw., sofern gemäß § 15 StGB zugelassen, fahrlässig - verwirklicht hat, lässt sich nur im konkreten Einzelfall entscheiden. Allerdings wird grundsätzlich davon auszugehen sein, dass regelmäßig derjenige vorsätzlich handelt, der einen anderen im Rahmen der §§ 185 ff. BGB beleidigt, (sexuell) nötigt (§ 177 bzw. § 240 StGB) sowie bestiehlt (§ 242 StGB), eine dem anderen gehörende Sache beschädigt bzw. zerstört (§ 303 StGB), eine Datenveränderung im Sinne des § 303a StGB vornimmt und/oder die Arbeit der Interessenvertretung stört oder behindert und/oder eines seiner Mitglieder benachteiligt

---

311 vgl. Lackner/Kühl, § 177 Rn. 10

312 Tröndle/Fischer, § 185 Rn. 23; Lackner/Kühl, § 185 Rn. 10; s.a.: SK-StGB-Rudolphi, § 185 Rn. 20

313 h.M.; vgl. Tröndle/Fischer, § 186 Rn. 17; s.a.: Lackner/Kühl, § 186 Rn. 10; a.A.: SK-StGB-Rudolphi, § 186 Rn. 18

314 vgl. Tröndle/Fischer, § 187 Rn. 4; Lackner/Kühl, § 187 Rn. 1; SK-StGB-Rudolphi, § 187 Rn. 5

315 wohl h.M.; vgl. Tröndle/Fischer, § 192 Rn. 6; Lackner/Kühl, § 192 Rn. 3; s.a.: SK-StGB-Rudolphi, § 192 Rn. 9

316 vgl. Tröndle/Fischer, § 242 Rn. 22 ff.; Lackner/Kühl, § 242 Rn. 19; SK-StGB-Hoyer, § 242 Rn. 65 f.

317 Tröndle/Fischer, § 303 Rn. 12; Lackner/Kühl, § 303 Rn. 8; Schönke/Schröder-Stree, § 303 Rn. 14

318 vgl. SK-StGB-Samson, § 303a Rn. 13; Lackner/Kühl, § 303a Rn. 5; Schönke/Schröder-Stree, § 303a Rn. 5

319 s.a.: DKK-Trümner, § 119 Rn. 29; FKHE, § 119 Rn. 8; Richardi, § 119 Rn. 4

oder begünstigt. Schließlich wird es dem Mobber, der solche Straftaten begeht, in der Regel gezielt darum gehen, den Mobbingbetroffenen zu schädigen.

In Gesprächen insbesondere mit Betriebs- und Personalratsmitgliedern habe ich den Eindruck gewonnen, dass ein Mobber, der beispielsweise den Mobbingbetroffenen nötigt, dies auch will. Gerade das Bewusstsein der Reichweite seines Tuns sowie der Strafandrohung im Strafgesetzbuch dürfte der Grund dafür sein, dass mir nahezu ausschließlich Nötigungshandlungen „unter vier Augen" geschildert wurden, bei denen mögliche Zeugen nicht zugegen waren.

Bei Körperverletzungen des Mobbingbetroffenen dürfte der Mobber häufig einwenden, dass er seine Handlungen stets spontan aus der konkreten Situation heraus, gewissermaßen reflexartig, begangen und dass ihm zu jeder Zeit das Bewusstsein gefehlt habe, dem Mobbingbetroffenen mit seinen Handlungen Schaden zufügen zu können. Weder habe er eine Beschädigung der Gesundheit des Mobbingbetroffenen beabsichtigt, noch eine solche für möglich gehalten. Allerdings wird man dem Mobber auch in einer solchen Situation vorhalten können, dass ihm die mit Mobbing verbundenen Gefahren und Folgen aufgrund der umfangreichen Berichterstattung in den Medien bekannt sein müssen, er mithin zumindest fahrlässig gehandelt haben dürfte. Wer einen anderen über einen längeren Zeitraum wieder und immer wieder demütigt, schikaniert, bedroht, beleidigt, diskriminiert etc., der wird billigend in Kauf nehmen, es für möglich halten, dass der Mobbingbetroffene aufgrund seiner Handlungen eine Schädigung an der Gesundheit erleiden wird. In der Regel wird dem Mobber jedoch zuzugestehen sein, dass er diese Einsicht nur in einer abstrakt-generellen Form haben wird. Dass der Mobber eine Körperverletzung des Mobbingbetroffenen aufgrund einer konkreten Handlung (z.B. ein Nervenzusammenbruch infolge einer beleidigenden Äußerung) für möglich hält, dürfte hingegen oftmals zu verneinen sein. Dies dürfte vor allem dann der Fall sein, wenn es sich um eine relativ „harmlose" Handlung handelt, die für sich betrachtet kaum geeignet erscheint, eine Körperverletzung zu bewirken. Ob dem Mobber dann der Vorwurf einer vorsätzlichen Tatbegehung gemacht werden kann, scheint fraglich.

4. Rechtswidriges Handeln des Mobbers

Aus der eingangs erwähnten Grundannahme, dass Mobber grundsätzlich nicht auf Rechtfertigungsgründe zurückgreifen können, folgt, dass regelmäßig von einem rechtswidrigen Handeln des jeweiligen Mobbers ausgegangen werden darf. Augenmerk ist daher insoweit lediglich der Vorschrift des § 240 Abs. 2 StGB (sog. Verwerflichkeitsklausel) zu schenken, die für eine Strafbarkeit des Mobbers wegen Nötigung gemäß § 240 StGB von Bedeutung ist.

Laut § 240 Abs. 2 StGB ist die Nötigung rechtswidrig, wenn die Anwendung der Gewalt oder die Androhung des Übels zu dem angestrebten Zweck als verwerflich anzusehen ist. Die Widerrechtlichkeit der Tat ergibt sich aus dem Verhältnis von Nötigungsmittel und Nötigungszweck (sog. Mittel-Zweck-Relation). Beide sind zueinander in Beziehung zu setzen, wobei der Nötigungszweck allein vom Willen des Nötigenden bestimmt wird.[320] Die Vorschrift des § 240 Abs. 2 StGB stellt eine Ergänzung des Tatbestandes nach § 240 Abs. 1 StGB in dem Sinne eines „tatbestandsregulierenden Korrektivs" dar mit der Folge, dass beispielsweise Freiheitsbeein-

[320] Schönke/Schröder-Eser, § 240 Rn. 15, 17 ff.; Tröndle/Fischer, § 240 Rn. 22

trächtigungen, die außerhalb der „Verwerflichkeitszone“ des § 240 Abs. 2 StGB liegen, keine Nötigung sind.[321] Hierbei ist zu bedenken, dass unter dem Begriff der Verwerflichkeit ein erhöhter Grad sittlicher Missbilligung sozialwidrigen Handelns zu verstehen ist.[322]

Regelmäßig dürften sich im Zusammenhang mit Mobbinghandlungen, die als Nötigung im Sinne des § 240 Abs. 1 StGB zu qualifizieren sind, keine Probleme bei der Feststellung der Verwerflichkeit der Nötigung ergeben. Sofern wir uns das Beispiel aus dem voranstehenden Punkt 2. (Verzicht der Kandidatur des Werner Meier zur Personalratswahl) vergegenwärtigen, wird niemand Zweifel daran haben, dass das Verhalten von Andreas Schmidt verwerflich im Sinne des § 240 Abs. 2 StGB ist. Wer verhindern will, dass ein anderer in den Personalrat gewählt wird, muss dies mit legalen Mitteln versuchen. So könnte sich Andreas Schmidt ebenfalls zur Wahl stellen und versuchen, die Wähler mit Argumenten zu überzeugen, dass er die „bessere“ Alternative darstelle, er die Interessen der Wähler kompetenter und erfolgreicher verfolgen könne.

5. Verfahrensrechtliche Aspekte

Sofern die materiellrechtlichen Voraussetzungen für eine Bestrafung des Mobbers erfüllt sind, ist zu fragen, ob der Mobber auch in tatsächlicher Hinsicht mit einer Bestrafung rechnen muss bzw. „wer“ „was“ „wann“ im konkreten Fall zu unternehmen hat, um eine Sanktionierung des Mobbers erreichen zu können.

a. Verjährung der Straftaten des Mobbers

Liegt die dem Mobber vorgeworfene Straftat schon eine geraume Zeit zurück, so stellt sich die Frage, ob diese nicht bereits verjährt ist - mit der Folge, dass eine Ahndung der Tat ausgeschlossen ist (§ 78 Abs. 1 Satz 1 StGB; sog. Verfolgungsverjährung).

Gemäß § 78 Abs. 3 Ziffer 4 i.V.m Abs. 4 StGB beträgt die Verjährungsfrist bei der
- (fahrlässigen) Körperverletzung (im Amt; §§ 223, 229, 340 StGB),
- (sexuellen) Nötigung (§§ 177, 240 StGB),
- Verleumdung (§ 187 StGB),
- Diebstahl (§ 242 StGB),
- Sachbeschädigung (§ 303 StGB),
- Datenveränderung (§ 303 a StGB),

fünf Jahre.

Hingegen beträgt die Verjährungsfrist gemäß § 78 Abs. 3 Ziffer 5 i.V.m. Abs. 4 StGB bei
- der Beleidigung (§ 185 StGB),
- der üblen Nachrede (§ 186 StGB),
- den Straftaten gegen Betriebsverfassungsorgane und ihre Mitglieder (§ 119 StGB),

drei Jahre.

---

[321] Schönke/Schröder-Eser, § 240 Rn. 16; s.a.: Tröndle/Fischer, § 240 Rn. 22; BHGSt 35, 270 (276); SK-StGB-Horn, § 240 Rn. 37

[322] Tröndle/Fischer, § 240 Rn. 23 m.w.N.; BGHSt 35, 270 (276)

Die Verjährung einer Straftat beginnt, sobald die Tat beendet ist (§ 78a Satz 1 StGB). Tritt ein zum Tatbestand gehörender Erfolg (z.B. eine Gesundheitsschädigung) erst später ein, so beginnt die Verjährung mit diesem Zeitpunkt (§ 78a Satz 2 StGB).

Da der Beginn der Verjährung nicht auf die Kenntnis der Person des Täters abstellt, bleibt zunächst der Mobber straflos, dessen Täterschaft erst nach dem Ablauf der Verjährungsfrist bekannt wird. Er braucht dann nicht mehr befürchten, wegen der Tat bestraft zu werden. Gleiches gilt oftmals, wenn sich der Mobbingbetroffene erst nach langer Zeit entschließt, strafrechtliche Schritte gegen den Mobber einzuleiten. Zu denken ist in dieser Hinsicht beispielsweise an einen Mobbingbetroffenen, der erst nach seinem Ausscheiden aus dem Arbeitsverhältnis den Mut hat, seinen Arbeitgeber wegen diverser Straftaten anzuzeigen. Liegen diese Straftaten, sofern sie dem oben angeführten Katalog zuzuschreiben sind, länger als drei bzw. fünf Jahre zurück, so unterbleibt eine Einleitung strafrechtlicher Ermittlungen gegen den Arbeitgeber aus Gründen ihrer Verjährung.

Die Gefahr einer Verjährung von Straftaten des Mobbers dürfte umso größer sein, je länger das Mobbinggeschehen andauert. Demzufolge sollten vor allem Mobbingbetroffene vor der Einleitung von strafrechtlichen Schritten gegen den Mobber zunächst überlegen, wann der Mobber die betreffende Straftat begangen hat. Sofern diese in dem oben angeführten Katalog enthalten ist, sind sie in strafrechtlicher Hinsicht ohne Bedeutung, wenn sie länger als drei bzw. fünf Jahre zurückliegen. Mithin ist in zeitlicher Hinsicht ein „Schnitt" zu machen. Da alle verjährten Straftaten nicht mehr bestraft werden können, sollte der Mobbingbetroffene sein Augenmerk nur noch auf solche Taten lenken, die noch nicht verjährt sind bzw. zu verjähren drohen. Nur bei diesen kann unter Umständen ein Handeln sinnvoll sein, was übrigens auch für andere Personen gilt, die Kenntnis von den Straftaten des Mobbers haben.

b. Strafantrag und Strafanzeige

Strafrechtliche Ermittlungsverfahren werden regelmäßig aufgrund einer Strafanzeige und/oder eines Strafantrages eingeleitet. Bei der Strafanzeige (vgl. § 158 Abs. 1 StPO) handelt es sich um die Mitteilung des Verdachts einer Straftat, versehen mit der Anregung, die Strafverfolgbarkeit zu prüfen.[323] Eine Strafanzeige kann jedermann bei der Staatsanwaltschaft, der Polizei sowie dem Amtsgericht erstatten, ohne allerdings hierzu grundsätzlich verpflichtet zu sein.[324] Mithin kann eine solche insbesondere durch Vorgesetzte, Arbeitskollegen sowie Mitglieder der betrieblichen Interessenvertretung erfolgen.

Der Strafantrag (vgl. §§ 77 ff. StGB; § 158 StPO) ist hingegen die Erklärung des Verletzten oder sonst gesetzlich dazu Berechtigten, dass er die Strafverfolgung wegen einer Straftat wünscht, deren Verfolgung das Gesetz von der Existenz eines solchen Antrags abhängig macht.[325] Diesen muss grundsätzlich der verletzte Mobbingbetroffene selbst innerhalb einer (Ausschluss-) Frist von drei Monaten ab Kenntniserlangung von der Tat bei einem Gericht, der Staatsanwaltschaft oder bei einer Behörde des Polizeidienstes stellen (vgl. § 77b StGB, § 158 Abs. 2 StPO), da eine Strafverfolgung

[323] Kleinknecht/Meyer-Goßner, § 158 Rn. 2
[324] vgl. Roxin, § 37 Rn. 5; s.a.: Esser/Wolmerath, S. 250. Eine Pflicht zur Anzeige einer geplanten Straftat besteht nur im Rahmen der §§ 138, 139 StGB.
[325] vgl. Kleinknecht/Meyer-Goßner, § 158 Rn. 4; Esser/Wolmerath, S. 250

ansonsten bereits wegen der Überschreitung der Antragsfrist zu unterbleiben hat.[326] Lediglich im Rahmen des § 77a StGB kann auch ein Dienstvorgesetzter (sofern ein solcher nicht existiert, die Dienststelle bzw. die staatliche Aufsichtsbehörde) einen Strafantrag stellen.

Bei den sog. Antragsdelikten wird durch das Erfordernis eines Strafantrages Rücksicht auf die Person des Verletzten genommen, indem eine Strafverfolgung zu unterbleiben hat, wenn der Verletzte wegen der Geringfügigkeit kein Interesse an einer Strafverfolgung hat oder es gerade im Interesse des Verletzten ist, dass eine Strafverfolgung unterbleibt (sog. reines Antragsdelikt). Insoweit kann ein gestellter Strafantrag auch wieder zurückgenommen werden, was gemäß § 77d StGB bis zum rechtskräftigen Abschluss des Strafverfahrens möglich ist. Nur in Ausnahmefällen und dort, wo es das Gesetz ausdrücklich bestimmt, ist das Vorliegen eines Strafantrages nicht erforderlich, wenn die Strafverfolgungsbehörde ein besonderes öffentliches Interesse an einer Strafverfolgung hat (vgl. §§ 230 Abs. 1 Satz 1, 248a, 303c StGB). Gemäß der Ziffer 86 Abs. 2 RiStBV liegt ein öffentliches Interesse an der Strafverfolgung in der Regel nur dann vor, wenn der Rechtsfrieden über den Lebenskreis des Verletzten hinaus gestört und die Strafverfolgung ein gegenwärtiges Anliegen der Allgemeinheit ist (z.B. wegen des Ausmaßes der Rechtsverletzung, der niedrigen Beweggründe des Täters). Ist der Rechtsfriede über den Lebenskreis des Verletzten hinaus nicht gestört, so kann ein öffentliches Interesse zu bejahen sind, wenn dem Verletzten wegen seiner persönlichen Beziehung zum Täter nicht zugemutet werden kann, die Privatklage zu erheben, und die Strafverfolgung ein gegenwärtiges Anliegen der Allgemeinheit ist.

Bei der (versuchten) vorsätzlichen Körperverletzung nach § 223 StGB sowie bei der fahrlässigen Körperverletzung nach § 229 StGB handelt es sich gemäß § 230 Abs. 1 StGB um sog. Antragsdelikte. Entsprechendes gilt für die Beleidigung, üble Nachrede, Verleumdung und Beleidigung trotz Wahrheitsbeweises (§§ 185 ff. StGB) nach § 194 Abs. 1 Satz 1 StGB, für den Diebstahl geringwertiger Sachen (§ 242 StGB) gemäß § 248a StGB sowie für die Sachbeschädigung (§ 303 StGB) und Datenveränderung (§ 303a StGB) laut § 303c StGB. Auch die Straftaten gegen Betriebsverfassungsorgane und ihre Mitglieder (§ 119 BetrVG) werden nur auf Antrag verfolgt, den gemäß § 119 Abs. 2 BetrVG der Betriebsrat, der Gesamtbetriebsrat, der Konzernbetriebsrat, die Bordvertretung, der Seebetriebsrat, der Wahlvorstand, der Unternehmer oder eine im Betrieb vertretene Gewerkschaft stellen kann. Antragsbefugt ist - soweit es die Interessenvertretung mit Ausnahme der Gewerkschaft betrifft - nur der Betriebsrat, nicht jedoch auch das einzelne Betriebsratsmitglied.[327]

Auch wenn das Wissen um Mobbing inzwischen eine weite Verbreitung erfahren hat und wegen seiner möglichen Konsequenzen von der Allgemeinheit verurteilt wird, so würde es dennoch zu weit führen zu behaupten, dass die Verfolgung einer auf Mobbing beruhenden Straftat, soweit sie die oben angeführten Delikte betrifft, ein gegenwärtiges Anliegen der Allgemeinheit ist. Dies dürfte nur in Ausnahmefällen der Fall sein,[328] etwa wenn es sich um einen Ausbilder handelt, der jugendliche Auszubildende schlägt. Folglich bewirkt die Erstattung einer Strafanzeige durch Vorgesetzte, Arbeitskollegen, Mitglieder der betrieblichen Interessenvertretung usw. nicht, dass ein strafrechtliches

---

[326] vgl. Tröndle/Fischer, § 77b Rn. 2, 8; Schönke/Schröder-Stree, § 77b Rn. 1

[327] DKK-Trümner, § 119 Rn. 20; GK-Oetker, § 119 Rn. 43; s.a.: FKHE, § 119 Rn. 1; Richardi, § 119 Rn. 26

[328] s.a.: Esser/Wolmerath, S. 274

Ermittlungsverfahren gegen den Mobber eingeleitet wird. Dies kann nur der Mobbingbetroffene selbst sowie im Rahmen des § 77a StGB (s.a.: §§ 194 Abs. 3, 230 Abs. 2 StGB) der Dienstvorgesetzte bzw. die Dienststelle oder die staatliche Aufsichtsbehörde, indem dieser bzw. diese einen Strafantrag stellt.

Lediglich bei der gefährlichen Körperverletzung (§ 224 StGB), der Körperverletzung im Amt (§ 340 StGB)[329] und bei der (sexuellen) Nötigung (§§ 177, 240 StGB) handelt es sich um Delikte, die unabhängig von der Stellung eines Strafantrages verfolgt werden (sog. Offizialdelikte). Hierzu ist lediglich Voraussetzung, dass die strafrechtlichen Ermittlungsbehörden von der Begehung der Straftat Kenntnis erlangen - was regelmäßig mit der Erstattung einer Strafanzeige erfolgt. Insoweit stellt lediglich der Verjährungseintritt der angezeigten Straftat einer Strafverfolgung entgegen.

Häufig scheitert eine strafrechtliche Verfolgung des Mobbers bereits - sofern es die Antragsdelikte betrifft - an der Überschreitung der Antragsfrist gemäß § 77b StGB. Dies ist insbesondere dann der Fall, wenn der Mobbingbetroffene erst im Rahmen einer Maßnahme zur gesundheitlichen Rehabilitation nach erfolgter Wiedererlangung seines Selbstwertgefühls oder nach dem Ausscheiden aus dem Arbeitsverhältnis beschließt, zum Zwecke der Rache oder der Erlangung von Genugtuung für das zugefügte Leid aktiv zu werden und gegen den Mobber vorzugehen. Dies gilt insbesondere in den Fällen, in denen der Arbeitgeber bzw. Dienstherr oder ein Vorgesetzter Mobbinghandlungen begeht. Hier setzt der Wille des Mobbingbetroffenen, etwas zu unternehmen, in der Regel recht spät ein. Dies ist oftmals erst nach dem Ausscheiden aus dem Beschäftigungsverhältnis der Fall. Wer auf dem Arbeitsmarkt keine Alternativen hat und/oder (etwa als alleinerziehende Mutter) auf den konkreten Arbeitsplatz zwingend angewiesen ist, wird während eines bestehenden Arbeitsverhältnisses kaum die Initiative ergreifen, einen Strafantrag zu stellen. Insoweit hält die Angst vor dem Verlust des Arbeitsplatzes den Mobbingbetroffenen von der Einleitung strafrechtlicher Schritte ab. Diese Angst dürfte auch der Grund dafür sein, dass Mobbingbetroffene manchmal über Jahre und Jahrzehnte Mobbing ertragen (müssen).

c. *Sühneversuch und Privatklage*

Die (versuchte) vorsätzliche Körperverletzung (§ 223 StGB) sowie die fahrlässige Körperverletzung (§ 229 StGB), die Beleidigung, üble Nachrede und Verleumdung (§§ 185 ff. StGB)[330] sowie die Sachbeschädigung (§ 303 StGB) sind gemäß § 374 Abs. 1 Ziffern 2, 4 und 6 StPO Privatklagedelikte. Bei den Privatklagedelikten handelt es sich um die in § 374 Abs. 1 StPO abschließend aufgeführten Delikte, bei denen der Verletzte die Anklage nicht nur - wie bei den Antragsdelikten - veranlassen, sondern grundsätzlich selbst erheben und im Strafverfahren vertreten muss.[331] Gemäß § 380 Abs. 1 StPO ist die Erhebung einer Privatklage wegen eines Privatklagedelikts allerdings erst zulässig, nachdem die Sühne zwischen dem Täter und dem Opfer erfolglos versucht worden ist.[332]

---

[329] vgl. Schönke/Schröder-Cramer, § 340 Rn. 7; SK-StGB-Horn, § 340 Rn. 9

[330] Die Voraussetzung des § 374 Abs. 1 Ziffer 2 StPO, dass die Beleidigung (§§ 185 - 189 StGB) nicht gegen eine der in § 194 Abs. 4 StGB genannten politischen Körperschaften gerichtet ist, trifft auf alle Mobbingfälle zu, so dass dieser Aspekt keiner weiteren Vertiefung bedarf.

[331] vgl. Roxin, § 12 Rn. 16

[332] hinsichtlich der für den Sühneversuch zuständigen Vergleichsbehörden vgl. die Übersicht bei Esser/Wolmerath, S. 273 sowie bei Kleinknecht/Meyer-Goßner, § 380 Rn. 3

Dass der Staat einer Privatklage gegenüber nicht sonderlich aufgeschlossen ist, ergibt sich nicht nur aus dem Erfordernis eines fehlgeschlagenen Sühneversuchs. So wird gemäß § 376 StPO die öffentliche Klage von der Staatsanwaltschaft nur erhoben, wenn dies im öffentlichen Interesse geboten ist. Wann dies der Fall ist, bestimmt sich auch hier nach Ziffer 86 Abs. 2 RiStBV. Ihm Rahmen des § 379 StPO hat der Privatkläger für die dem Beschuldigten voraussichtlich erwachsenden Kosten durch Hinterlegung in barem Geld oder in Wertpapieren Sicherheit zu leisten. Weiter ist regelmäßig ein Gebührenvorschuss an die Gerichtskasse zu leisten (§ 379a StPO). Letztendlich kann der Beschuldigte nach § 388 StPO Widerklage erheben. Alle diese der Privatklage - aus welchen Gründen auch immer - gegenüber aufgebauten Hürden dürften in ihrer Gesamtheit Ursache dafür sein, dass nur rund 10 v.H. der auf die Möglichkeit der Erhebung einer Privatklage verwiesenen Opfer überhaupt eine Privatklage erheben,[333] es nur in 0,8 v.H. aller Privatklagen zu einer Verurteilung des Täters kommt.[334]

Ich habe den Eindruck gewonnen, dass die Strafgerichte insbesondere den Straftaten gegen die Ehre des Mobbingbetroffenen nicht sonderlich aufgeschlossen sind. Vielleicht führt die Überlastung der Amtsgerichte in dem einen oder anderen Fall dazu, dass sich die Richter nicht mit einem solchen „Kleinkram" beschäftigen möchten - so dass es sich aus der Sicht des Strafrichters anbietet, das Verfahren gemäß § 383 Abs. 3 StPO wegen geringer Schuld des Täters einzustellen. In einem mir bekannten Fall kam es nur deswegen zu der Eröffnung des Hauptverfahrens, weil sich der Täter explizit gegen eine Verfahrenseinstellung gemäß § 383 Abs. 3 StPO ausgesprochen hatte.

Soweit das Hauptverfahren eröffnet wird (vgl. § 383 Abs.1 StPO), sind regelmäßig folgende Varianten einer Verfahrensbeendigung möglich, wobei von dem Regelfall ausgegangen wird, dass der Beschuldigte keine Widerklage (vgl. § 388 StPO) erhoben und die Staatsanwaltschaft das Verfahren nicht gemäß § 377 Abs. 2 StPO übernommen hat:

- das Verfahren wird gemäß § 383 Abs. 2 StPO wegen geringer Schuld des Täters eingestellt;
- das Verfahren wird gemäß § 389 Abs. 1 StPO wegen falscher Verfahrensart eingestellt;
- das Verfahren wird gemäß § 393 StPO wegen des Todes des Privatklägers eingestellt;
- die Privatklage wird von dem Privatkläger - notfalls mit Zustimmung des Täters - gemäß § 391 StPO zurückgenommen;
- der Täter wird freigesprochen (§ 384 Abs. 1 Satz 1 i.V.m. § 267 Abs. 5 StPO);
- der Täter wird verurteilt (§ 384 Abs. 1 Satz 1 i.V.m. § 267 Abs. 1 StPO);
- Täter und Opfer schließen einen (gerichtlichen oder außergerichtlichen) Vergleich.[335]

Der Abschluss eines Vergleichs kommt insbesondere dann in Betracht, wenn dem Privatkläger mit der Abgabe einer Ehrenerklärung durch den Täter eher geholfen ist als mit seiner Verurteilung und der Mobbingbetroffene aus diesem Grund seine Privatklage im Gegenzug zu der Ehrenerklärung des Mobbers zurücknimmt. Während eine Verurteilung eher bei einem uneinsichtigen Täter anzustreben ist, ist eine Beendigung des Verfahrens mit Hilfe eines Vergleichs in den Fällen sinnvoll sowie zweckmäßig und daher auch anzustreben, in denen der Täter sein unrechtes Handeln einsieht und willens

[333] Roxin, § 61 Rn. 4

[334] Esser/Wolmerath, S. 274; unter Berücksichtigung der Werte von Roxin, § 61 Rn. 4, sind es sogar nur 0,6 v.H.

[335] vgl. Roxin, § 61 Rn. 22 ff.

ist, von weiteren ehrverletzenden Mobbinghandlungen Abstand zu nehmen. Eine solche Einsicht ist notwendig, wenn der Mobber und der Mobbingbetroffene noch über soziale Berührungspunkte verfügen, insbesondere noch in demselben Betrieb bzw. derselben Dienststelle oder bei demselben Arbeitgeber bzw. Dienstherrn beschäftigt sind. Zudem ist zu bedenken, dass eine gut durchdachte und relativ weit gefasste Ehrenerklärung durchaus geeignet ist, den Mobbingbetroffenen vor weiteren Mobbingangriffen seitens des Mobbers zu schützen - sollte der Mobber aller Zuversicht zuwider doch weitere (strafbewährte) Mobbinghandlungen begehen. Esser/Wolmerath haben ein Beispiel für eine solche Ehrenerklärung gebildet:[336] „Der Angeklagte nimmt seine beleidigenden Äußerungen mit Bedauern zurück. Er sichert zu, Äußerungen aller Art, die den Kläger beleidigen oder in sonstiger Form in seiner Ehre beeinträchtigen können, zu unterlassen. Für jeden Fall der Zuwiderhandlung wird der Angeklagte an das Deutsche Rote Kreuz eine Spende in Höhe von 1500,00 DM tätigen. Die Feststellung der Zuwiderhandlung obliegt dem für den Wohnsitz des Angeklagten zuständige Schiedsmann Müller.“

Allerdings muss beachtet werden, dass es nicht einfach ist, sowohl das Gericht als auch den Mobber und gegebenenfalls seinen Prozessbevollmächtigten von einer relativ weit gefassten Ehrenerklärung zu überzeugen. In einem mir bekannten Fall war dies nicht möglich, da bereits der Vorsitzende Richter die Gefahr einer Wiederholung nicht sah bzw. nicht sehen wollte, im Übrigen für den Fall der Wiederholung auf das erneute Beschreiten des Rechtsweges verwies, der Angeklagte sich somit ebenfalls nicht veranlasst sah, dem Vorschlag des Prozessbevollmächtigten des Privatklägers zu folgen. Aber auch in den Fällen, in denen eine Ehrenerklärung der zuvor beschriebenen Art abgegeben wird, ist zu bedenken, dass dem Mobber im Falle der Wiederholung die erneute Ehrverletzung bewiesen werden muss.

Eine äußerst eng gefasste Ehrenerklärung birgt die Gefahr, dass sich der Mobber diesen Umstand bei weiteren Mobbinghandlungen zunutze macht. Wer sich beispielsweise unter Zurücknahme seiner beleidigenden Worte verpflichtet, den Mobbingbetroffenen nie mehr als „Volltrottel“ zu titulieren, geht damit nicht gleichzeitig auch die Verpflichtung ein, die Beschimpfung als „Hornochse“ zu unterlassen. In einem derartigen Fall müsste der Betroffene ein weiteres Mal den mühseligen Weg der Privatklage beschreiten.

d. Zur Beweisbarkeit der Tat des Mobbers

Letztendlich ist zu bedenken, dass dem Täter alle entscheidungserheblichen Tatsachen, soweit diese nicht allgemeinkundig sind und er diese nicht glaubhaft eingesteht, bewiesen werden müssen.[337] Sowohl im Privatklageverfahren als auch im Offizialverfahren hat das Gericht zur Erforschung der Wahrheit die Beweisaufnahme von Amts wegen auf alle Tatsachen und Beweismittel zu erstrecken, die für die Entscheidung des Gerichts von Bedeutung sind (§ 244 Abs. 2 StPO, s.a. § 384 Abs. 3 StPO).[338]

Dieser Umstand dürfte sich bei äußerst vielen Mobbinghandlungen als außerordentlich schwer erweisen, da die Mobbinghandlungen - so meine durch Schilderungen zahlreicher Mobbingbetroffener, Psychologen sowie Betriebs- und Personalrats-

336 Esser/Wolmerath, S. 275
337 vgl. Kleinknecht/Meyer-Goßner, § 244 Rn. 3; s.a.: Lemke u.a.-Julius, § 244 Rn. 7
338 s.a.: Lemke u.a.-Julius, § 244 Rn. 7 ff.

mitglieder gewonnene Erfahrung - in der wohl überwiegenden Zahl der Fälle im Verborgenen bzw. unter Ausnutzung günstiger Situationen (d.h. wenn keine möglichen Zeugen zugegen sind sowie die Tat nicht auf einer anderen Weise nachgewiesen werden kann [z.B. mittels einer Videoaufnahme]) begangen werden. Aber auch dann, wenn es Zeugen für einzelne Mobbinghandlungen gibt, so steht damit noch nicht fest, dass sich diese später noch an die strafbare Handlung erinnern - wobei es nicht nur auf das „Können", sondern auch auf das „Wollen" der Zeugen ankommt. Je größer zum Beispiel die Solidarität der Arbeitskollegen mit dem Mobber und je stärker die Isolierung des Mobbingbetroffenen am Arbeitsplatz ist, desto geringer dürfte ihr Bestreben sein, mit ihren Zeugenaussagen zur Sachaufklärung beizutragen. Weiter ist zu bedenken, dass - sofern erforderlich - der Kausalzusammenhang zwischen der Handlung des Mobbers und dem tatbestandlichen Erfolg bewiesen werden muss - eine Voraussetzung für die Bestrafung des Mobbers, die bei einer Körperverletzung des Mobbingbetroffenen in Anbetracht der Vielzahl der Handlungen, die regelmäßig erst in ihrem Zusammenwirken ihre gesundheitsschädliche Wirkung entfalten, häufig kaum bewiesen werden dürfte (s.a. die Ausführungen in Punkt 2.).

Aber auch dann, wenn der Mobbingbetroffene im Rahmen eines Strafverfahrens als Zeuge vernommen werden kann, wie es etwa bei der (sexuellen) Nötigung regelmäßig der Fall ist, so ist dieser Umstand kein Garant für eine Bestrafung des Mobbers. Vielmehr hängt es - sofern weitere Zeugen nicht vorhanden sind und auf andere Beweismittel (z.B. Sachverständigengutachten, Videoaufzeichnungen) nicht zurückgegriffen werden kann - entscheidend von der Glaubwürdigkeit des Mobbingbetroffenen ab, ob und inwieweit seinen Aussagen mehr Glauben geschenkt werden kann als den Einlassungen des Mobbers. Insoweit steht das Wort des Mobbingbetroffenen gegen das Wort des Mobbers.

Aber auch dann, wenn die Täterschaft des Mobbers naheliegt, hat der Grundsatz „in dubio pro reo" zur Folge, dass die für dem Angeklagten jeweils günstige Rechtsfolge eintreten muss, wenn das Gericht nicht die volle Überzeugung von der Täterschaft des Angeklagten bzw. von dem Bestehen unmittelbar entscheidungserheblicher Tatsachen gewinnt.[339] Insbesondere darf dem Abgeklagten kein Nachteil daraus entstehen, dass er die Tat bestreitet und damit nicht in der Lage ist, Umstände vorzutragen, die sich zu seinen Gunsten auswirken können. Gibt es etwa für die dem Mobbingbetroffenen zur Last gelegte Körperverletzung keine geeigneten Beweismittel bzw. erscheinen diese dem Gericht nicht als ausreichend und bestreitet der Mobber die Tat, so wird das Gericht nicht umhin kommen, den Mobber von dem Tatvorwurf freizusprechen (vgl. § 267 Abs. 5 StPO).

Bereits diese wenigen Aspekte verdeutlichen, dass eine Bestrafung des Mobbers wegen einer strafbaren Mobbinghandlung aus Gründen der mangelnden Beweisbarkeit in der Mehrzahl der Fälle scheitern dürfte.

Die sich regelmäßig stellende Beweisproblematik sollte insbesondere für den Mobbingbetroffenen Anlass sein, zu überdenken, ob dem Mobber sein Handeln sowie alle anderen entscheidungserheblichen Tatsachen überhaupt bewiesen werden können. Schließlich kann sich ein für den Mobber positiv auswirkender Verfahrensausgang negativ auf die Situation des Mobbingbetroffenen auswirken. Welch einen Eindruck muss beispielsweise ein uneinsichtiger Mobber gewinnen, der vor Gericht freigesprochen wird. Kann bei ihm nicht unter Umständen der Eindruck entstehen, dass er

[339] Kleinknecht/Meyer-Goßner, § 261 Rn. 26

sich mit seinen Mobbinghandlungen in rechtlich erlaubten Bahnen bewegt, und er sich infolgedessen vielleicht sogar bestärkt fühlt, mit seinem Handeln fortzufahren?

Aber auch eine Verurteilung des Mobbers ist keine Garantie, von weiteren Mobbinghandlungen verschont zu bleiben. Vielmehr besteht oftmals die Gefahr, dass der Mobber die Verurteilung zum Anlass nimmt, auf feinere und ihm noch schwerer nachweisbare Methoden umzusteigen. So ist beispielsweise denkbar, dass beleidigende Äußerungen nicht mehr verbal erfolgen, sondern mittels der Einspeisung in den Bildschirmschoner des PC des Mobbingbetroffenen zum Ausdruck gebracht werden, oder der Mobber auf andere Mobbinghandlungen ausweicht (z.B. Beschädigen von Eigentum des Mobbingbetroffenen, Telefonterror).

IV. Strafrechtliche Bewertung des Verhaltens Dritter

Leymann spricht treffend von den „Möglichmachern“,[340] denen er im Zusammenhang mit Mobbing eine wichtige Rolle zuspricht. Ohne selbst Mobbinghandlungen vorzunehmen, lassen sie zu, dass es das Mobbing in dem betreffenden Betrieb bzw. in der betreffenden Dienststelle gibt. Sie verhalten sich passiv, indem sie zuschauen, die Handlungen geschehen lassen, wegschauen oder das Mobbing dulden. Weiter ist denkbar, dass sie aktiv sind, den Mobber unterstützen oder ihn zu seinen Handlungen ermutigen.

Derartige aktive und passive Verhaltensweisen können alle in dem betreffenden Betrieb bzw. in der betreffenden Dienststelle tätigen Personen aufweisen. Damit stellt sich die Frage nach einer möglichen Bestrafung von Arbeitgebern, Dienstherren, Vorgesetzten, Arbeitskollegen und anderen in Betracht kommenden Personen - die im Folgenden als „Dritte“ bezeichnet werden - wegen
- Anstiftung (§ 26 StGB),
- Beihilfe (§ 27 StGB),
- unterlassener Hilfeleistung (§ 323c StGB),
- Begehen durch Unterlassen (§ 13 StGB).

Soweit es den öffentlichen Dienst betrifft, ist zudem an die Verleitung eines Untergebenen zu einer Straftat (§ 357 StGB) zu denken.

Bei einer Strafbarkeit Dritter ist stets zu bedenken, dass als Täter grundsätzlich nur natürliche Personen in Betracht kommen, wie es insbesondere bei Vorgesetzten und Geschäftsführen der Fall ist. Juristischen Personen fehlt hingegen die Handlungsfähigkeit und damit die strafrechtliche Verantwortlichkeit für das, was ihre Organe in ihrer Vertretung tun.[341] Mithin kann bestraft werden, wer als natürliche Person „Arbeitgeber“ ist bzw. für eine juristische Person (z.B. e.V., GmbH, AG) oder eine Personenhandelsgesellschaft (z.B. OHG, KG) als Vertreter (z.B. Vorsitzender, Geschäftsführer, vertretungsberechtigter Gesellschafter) handelt. Entsprechendes ist für den Betriebs- sowie Personalrat anzunehmen, so dass sich ausschließlich seine Mitglieder strafbar machen können. Ergänzt wird dieser Grundsatz durch § 14 StGB, der den Anwendungsbereich solcher Tatbestände, die sich an bestimmte Normadressaten richten, auch auf deren Vertreter erstrecken, soweit diese tatsächlich oder rechtlich die Erfüllung der den Normadressaten obliegenden Sonderpflichten über-

[340] Leymann 1993, S. 61

[341] Schönke/Schröder-Cramer, Vorbem §§ 25 ff. Rn. 119; Lackner/Kühl, § 14 Rn. 1a; Tröndle/Fischer, § 14 Rn. 1a

nommen haben. § 14 StGB ist in seinem Anwendungsbereich allerdings auf solche Tatbestände beschränkt, die nicht für jedermann gelten, sondern nur für natürliche oder juristische Personen Sonderpflichten begründen.[342]

Wenn in diesem Kapitelabschnitt von dem Vorgesetzten die Rede ist, soll damit aus Gründen der Vereinfachung und sprachlichen Erleichterung jede natürliche Person gemeint sein, die mit einer „Arbeitgeberfunktion" ausgestattet ist, wie sie vor allem Vorgesetzten, Prokuristen, Geschäftsführern, Dienststellenleitern, Arbeitgebern (soweit es sich hierbei um natürliche Personen handelt) zukommt.

1. Verwirklichung einzelner Straftatbestände

Um einen Dritten, der selbst keine Mobbinghandlungen ausführt, im Zusammenhang mit der Situation des Mobbingbetroffenen bestrafen zu können, bedarf es zunächst der Verwirklichung eines Straftatbestandes. Beginnen wir mit der Beantwortung der Frage, unter welchen Voraussetzungen ein Dritter Anstifter bzw. Helfer des Mobbers sein kann.

a. Anstiftung und Beihilfe

Mittels Anstiftung und Beihilfe kann ein Dritter auf das Mobbing entscheidenden Einfluss nehmen, ohne selbst nach außen als Täter (sprich: Mobber) in Erscheinung treten zu müssen. Dies ermöglicht es ihm bei Bedarf, etwa gegenüber dem Mobbingbetroffenen, der betrieblichen Interessenvertretung sowie gegenüber dem Arbeitgeber bzw. Dienstherrn oder Vorgesetzten als eine mit der geschilderten Mobbingsituation völlig überraschte Person aufzutreten, der das geschilderte Geschehen bislang verborgen geblieben sei. Handelt es sich bei dem Dritten beispielsweise um einen Vorgesetzten, so kann er - ohne den Verdacht einer Beteiligung an den Mobbinghandlungen des Mobbers zu wecken - versprechen, alles Erdenkliche und Erforderliche zur Beendigung der Mobbingangriffe zu unternehmen. Ein weiteres Untätigbleiben dürfte in solchen Fällen mit scheinbar objektiven Gründen gerechtfertigt werden. So kann es durchaus geschehen, dass der Mobbingbetroffene folgendes zu hören bekommt: „Ich habe den X. mit Ihrem Vorwurf konfrontiert. Als Antwort habe ich genau gegenteiliges erfahren. Wem soll ich nun glauben?" oder „Ich weiß nicht, was ich in Ihrem Fall tun kann."

aa. Tathandlung der Anstiftung

Voraussetzung ist für eine Strafbarkeit gemäß § 26 StGB, dass der Anstifter eine andere Person (den Angestifteten) zu einer Tatbegehung bestimmt hat. Dies ist dann der Fall, wenn der Anstifter beim Angestifteten den Entschluss zur Tatbegehung hervorgerufen hat.[343] Nicht gefordert wird, dass die Willensbeeinflussung die einzige Ursache für den Tatentschluss gewesen ist.[344] Auch ist nicht erforderlich, dass sich der Angestiftete bewusst ist, zu einer Tat angestiftet zu sein.[345] Ebenfalls ist ohne

---

[342] h.M.; vgl. Lackner/Kühl, § 14 Rn. 1, 1a; s.a.: SK-StGB-Samson, § 14 Rn. 1

[343] Schönke/Schröder-Cramer, § 26 Rn. 4; Tröndle/Fischer, § 26 Rn. 3; Lackner/Kühl, § 26 Rn. 2; SK-StGB-Samson, § 26 Rn. 2

[344] Schönke/Schröder-Cramer, § 26 Rn. 4; s.a.: Tröndle/Fischer, § 26 Rn. 3, 9

[345] Schönke/Schröder-Cramer, § 26 Rn. 12

Bedeutung, welcher Mittel sich der Anstifter bedient, um den anderen zu der Tatbegehung zu bestimmen.[346] Ist der Täter bereits zur Begehung einer bestimmten Tat entschlossen, so scheidet eine Anstiftung aus. Möglich ist in diesem Fall allenfalls die Strafbarkeit wegen eines strafbaren Anstiftungsversuchs (§ 30 StGB) oder (psychischer) Beihilfe gemäß § 27 StGB.[347]

Kommt es nicht zu einer Tatbestandsverwirklichung durch den Angestifteten oder begeht der Angestiftete weniger als ihm angesonnen, kann sich der Anstifter wegen versuchter Anstiftung strafbar machen, wenn sich die Anstiftung auf ein Verbrechen bezieht (§ 30 Abs. 1 StGB); d.h. eine rechtswidrige Tat, die im Mindestmaß mit Freiheitsstrafe von einem Jahr und darüber bedroht ist (vgl. § 12 Abs. 1 StGB). Mithin ist die versuchte Anstiftung zu einem Vergehen (d.h. eine rechtswidrige Tat, die mit einer geringeren Freiheitsstrafe als von einem Jahr oder die mit Geldstrafe bedroht ist; vgl. § 30 Abs. 2 i.V.m. § 12 Abs. 1 StGB) straflos. Da es sich bei den in Kapitelabschnitt III.1. begutachteten Straftaten mit Ausnahme der Tötung in mittelbarer Täterschaft sowie der sexuellen Nötigung um Vergehen handelt, scheidet eine Strafbarkeit Dritter wegen versuchter Anstiftung im Zusammenhang mit Mobbing grundsätzlich aus.

bb. Tathandlung der Beihilfe

Die Tathandlung der Beihilfe erfordert gemäß § 27 Abs. 1 StGB, dass jemand einem anderen zu dessen vorsätzlich begangenen rechtswidrigen Tat Hilfe geleistet hat, wobei die Hilfeleistung sowohl in psychischer als auch in physischer Hinsicht erfolgen kann.[348]

cc. Beispiele für eine Anstiftung des Mobbers sowie für eine Beihilfe zu Mobbing

Die Anstiftung des Mobbers bzw. die Beihilfe zu einer Straftat des Mobbers kann beispielhaft wie folgt aussehen: Uwe Müller betreibt eine ausländerfeindliche Hetze gegen seinen türkischen Arbeitskollegen Kemal Yilmaz. Eines Tages eskaliert das ausländerfeindliche Verhalten von Uwe Müller, indem er Kemal Yilmaz ohne ersichtlichen Grund tätlich angreift und mit einem Messer verletzt. Uwe Müller hat damit den objektiven Tatbestand der gefährlichen Körperverletzung (§§ 223 Abs. 1, 224 Abs. 1 Ziffer 2 StGB) erfüllt. Dass er seine Tat vorsätzlich begangen hat und hierfür voll verantwortlich ist, kann ebenso unterstellt werden wie deren Rechtswidrigkeit.

Sofern der Tatentschluss von Uwe Müller durch Zureden seines ebenfalls ausländerfeindlichen Arbeitgebers Willi Kühl hervorgerufen wurde, hat Willi Kühl mit seinem Handeln eine Anstiftung des Uwe Müller zu einer gefährlichen Körperverletzung begangen. War Uwe Müller hingegen zum Zeitpunkt der Unterredung bereits zu der Verletzung des Kemal Yilmaz fest entschlossen, hat Willi Kühn ihn aber in seiner Tat durch zustimmende Worte bestärkt und/oder dem Uwe Müller das Messer gereicht, damit dieser die Tat begehen kann, so hat Willi Kühn den Tatbestand der Beihilfe zu einer gefährlichen Körperverletzung erfüllt.

---

[346] Tröndle/Fischer, § 26 Rn. 4

[347] Schönke/Schröder-Cramer, § 26 Rn. 7; Tröndle/Fischer, § 26 Rn. 3

[348] vgl. Schönke/Schröder-Cramer, § 27 Rn. 12; Tröndle/Fischer, § 27 Rn. 7; Lackner/Kühl, § 27 Rn. 4

b. Verleitung eines Untergebenen zu einer Straftat

Da Mobbing insbesondere ein Problem innerhalb des öffentlichen Dienstes zu sein scheint (vgl. 1. Kapitel unter II.6.), ist weiter an eine Strafbarkeit von Vorgesetzten gemäß § 357 StGB zu denken. Abs. 1 dieser Vorschrift bestimmt, dass ein Vorgesetzter, der seinen Untergebenen zu einer rechtswidrigen Tat im Amt verleitet oder zu verleiten unternimmt oder eine solche rechtswidrige Tat seines Untergebenen geschehen lässt, die für diese rechtswidrige Tat angedrohte Strafe verwirkt hat. Entsprechendes gilt gemäß § 357 Abs. 2 StGB für einen Amtsräger, dem eine Aufsicht oder Kontrolle über die Dienstgeschäfte eines anderen übertragen ist, sofern die von diesem letzteren begangene rechtswidrige Tat die zur Aufsicht oder Kontrolle gehördenden Geschäfte betrifft.

Der § 357 StGB folgt dem Gedanken, dass der vorgesetzte oder beaufsichtigende Amtsträger die volle Verantwortung dafür trägt, dass in seinem Dienstbereich keine rechtswidrigen Taten von ihm unterstellten Bediensteten begangen werden.[349]

Unbestritten ist, dass der § 357 StGB den §§ 26, 27 StGB (Anstiftung und Beihilfe) vorgeht.[350] Gleiches gilt für die Reichweite des § 357 StGB. Für die Anwendbarkeit der Vorschrift ist lediglich erforderlich, dass die Straftat in Ausübung eines Amtes erfolgt,[351] wobei die Tat des Untergebenen rechtswidrig, nicht aber auch schuldhaft begangen sein muss.[352]

aa. Täterkreis

Täter ist nach § 357 Abs. 1 StGB ein Dienstvorgesetzter - der Amtsträger im Sinne des § 11 Abs. 1 Ziffer 2 StGB sein muss -, im Rahmen des § 357 Abs. 2 StGB ein Aufsichts- oder Kontrollbeamter.[353]

Ob jemand Dienstvorgesetzter bzw. Aufsichts- oder Kontrollbeamter in diesem Sinne ist, ist eine Frage des Einzelfalls. Zu denken ist etwa an einen Angestellten oder Beamten, der aufgrund seiner Funktion als Abteilungsleiter seinen Mitarbeitern gegenüber weisungsbefugt ist.

bb. Tathandlung

Als Tathandlung kommen gemäß § 357 Abs. 1 StGB drei Verhaltensweisen in Betracht:

1. das Verleiten eines Untergebenen zu einem Amtsdelikt (d.h. das erfolgreiche Einwirken zur Begehung eines Amtsdelikts[354]);

---

[349] SK-StGB-Rudolphi, § 357 Rn. 1

[350] vgl. Schönke/Schröder-Cramer, § 357 Rn. 1; Tröndle/Fischer, § 357, Rn. 1; SK-StGB-Rudolphi, § 357 Rn. 1

[351] Tröndle/Fischer, § 357 Rn. 1; Schönke/Schröder-Cramer, § 357 Rn. 9; s.a.: BHGSt 3, 349 (352); BGH v. 13.11.1958, NJW 1959, 584 (585); SK-StGB-Rudolphi, § 357 Rn. 4

[352] vgl. Tröndle/Fischer, § 357 Rn. 1; Schönke/Schröder-Cramer, § 357 Rn. 9; SK-StGB-Rudolphi, § 357 Rn. 5

[353] s.a.: Tröndle/Fischer, § 357 Rn. 3; Schönke/Schröder-Cramer, § 357 Rn. 2; SK-StGB-Rudolphi, § 357 Rn. 2

[354] s.a.: Tröndle/Fischer, § 357 Rn. 4; Schönke/Schröder-Cramer, § 357 Rn. 5; SK-StGB-Rudolphi, § 357 Rn. 7

2. das Unternehmen der Verleitung eines Untergebenen zu einem Amtsdelikt (d.h. das erfolglose Einwirken zur Begehung eines Amtsdelikts[355]);
3. das Geschehenlassen eines Amtsdelikts durch einen Untergebenen (d.h. das Geschehenlassen einer Tat, die der Vorgesetzte bzw. Aufsichts- oder Kontrollbeamte verhindern könnte[356]).

Hierbei ist zu berücksichtigen, dass als Amtsdelikt im Sinne des § 357 StGB über §§ 331 ff. StGB hinaus jedes Delikt in Betracht kommt, sofern es nur in Ausübung des dem Täter übertragenen Amtes begangen wird.[357]

Die aufgezeigten möglichen Tathandlungen lassen sich auf Mobbing beispielhaft wir folgt übertragen:
1. Einsatzleiter Müller möchte die Polizistin Veronika Schmidt wegen ihres unkollegialen Verhaltens disziplinieren. Er überredet (d.h. er verleitet die ihm Untergebenen im Sinne des § 357 Abs. 1 Ziffer 1 StGB) die Mitglieder seines Sondereinsatzkommandos, die Kollegin Schmidt sowie ihre Wohnung „aufzumischen". Dem Vorschlag des Einsatzleiters folgend stürmt das Einsatzkommando zu nächtlicher Stunde die Wohnung, reißt Veronika Schmidt aus dem Bett und liefert diese wegen angeblicher Geistesgestörtheit und akuter Lebensgefahr in eine Nervenklinik ein. Die von Müller geleiteten Mitglieder des Einsatzkommandos begehen zumindest einen Hausfriedensbruch, eine Sachbeschädigung an der Wohnungstür sowie gegebenenfalls weitere Sachbeschädigungen an anderen Sachen der Veronika Schmidt und eine Freiheitsberaubung (vgl. §§ 123, 303, 239 StGB).
2. Einsatzleiter Müller scheitert mit seinem Versuch, die Mitglieder seines Einsatzkommandos, zu der oben geschilderten Tat zu bewegen. Gleichwohl hat er es unternommen, die Polizisten zu den Straftaten im Sinne des § 357 Abs. 1 Ziffer 2 StGB zu verleiten.
3. Einsatzleiter Müller ist einer Unterhaltung zugegen, bei deren Gelegenheit sich die Mitglieder des Sondereinsatzkommandos verabreden, die Veronika Schmidt sowie deren Wohnung in der oben dargestellten Weise „aufzumischen". Obwohl es dem Müller ein leichtes wäre, seine untergebenen Polizisten von dieser „Strafaktion" abzuhalten und er hierzu aufgrund seiner Vorgesetztenfunktion verpflichtet ist, unternimmt er nichts (vgl. § 357 Abs. 1 Ziffer 3 StGB).

Wenngleich diese Fallbeispiele an den Haaren herbeigezogen scheinen, so spiegeln sie eine bittere Realität wider. Der Ausgangsfall ist dem Fall der Stefanie L. nachgebildet, über den der „STERN" in seiner Ausgabe 35/1997 vom 21.8.1997 berichtet.

c. Begehung durch Unterlassen

Von dem aktiv gegen Mobbing einschreitenden Dritten ist derjenige zu unterscheiden, der sich einer konkreten Mobbingsituation verschließt, weil er etwa die Existenz des Phänomens Mobbing generell verneint bzw. für den betroffenen Arbeitsbereich (einzelne Abteilungen, oder aber auch den ganzen Betrieb bzw. die gesamte

[355] s.a.: Tröndle/Fischer, § 357 Rn. 4; Schönke/Schröder-Cramer, § 357 Rn. 6; SK-StGB-Rudolphi, § 357 Rn. 8
[356] s.a.: Tröndle/Fischer, § 357 Rn. 5; Schönke/Schröder-Cramer, § 357 Rn. 7; SK-StGB-Rudolphi, § 357 Rn. 9
[357] SK-StGB-Rudolphi, § 357 Rn. 4

Dienststelle) ausschließt. Somit stellt sich die Frage, ob ein solches passives Verhalten mit strafrechtlichen Konsequenzen behaftet sein kann.

Gemäß § 13 Abs. 1 StGB macht sich strafbar, wer es unterlässt, einen Erfolg abzuwenden, der zum Tatbestand eines Strafgesetzes gehört, wenn diese Person rechtlich dafür einzustehen hat, dass der Erfolg nicht eintritt, und wenn das Unterlassen der Verwirklichung des gesetzlichen Tatbestandes durch ein Tun entspricht (Begehen durch Unterlassen). Im Zusammenhang mit Mobbing dürfte insoweit die Körperverletzung im Vordergrund stehen.

Der in der Vorschrift angesprochene Erfolg ist in einem weiten Sinne auszulegen und als das tatbestandsmäßige Ereignis aufzufassen, das eine Strafbestimmung für die Vollendung einer Straftat voraussetzt.[358]

Die Entsprechensklausel in § 13 Abs. 1 StGB („durch ein Tun entspricht") ist von entscheidender Bedeutung bei den verhaltensgebundenen Straftatbeständen. Bei diesen entspricht das Unterlassen dem positiven Tun nur, wenn es in gleichwertiger Weise die besonderen Handlungsmodalitäten verwirklicht, es also eine dem positiven Tun vergleichbare Prägung besitzt und damit in seinem sozialen Sinngehalt mit der Tatbestandshandlung des Begehungsdelikts übereinstimmt. Bei den reinen Erfolgsdelikten, bei denen es allein auf die Verursachung des tatbestandsmäßigen Erfolges ankommt, entfällt eine „Gleichwertigkeitsprüfung". Schließlich entspricht bereits die mögliche Nichtabwendung des Erfolges seitens des Garanten dem positiven Tun.[359]

Insoweit es sich bei der Straftat um eine Körperverletzung handelt, ist eine Gleichwertigkeitsprüfung nicht erforderlich, so dass der Entsprechensklausel stets genüge getan ist.

aa. Garantenstellung des Arbeitgebers bzw. Dienstherrn

Tatbestandvoraussetzung für eine Strafbarkeit gemäß § 13 Abs. 1 StGB ist die Stellung des Unterlassungstäters als Garant für die Schadensabwehr.[360] Aus einer Rechtspflicht heraus muss sich für ihn eine Pflicht ergeben, gegen Rechtsgutgefährdungen des Opfers einzuschreiten.[361] Eine Rechtspflicht zur Abwendung von Gefahren kann sich unter anderem daraus ergeben, dass es der Täter gegenüber dem Gefährdeten übernommen hat, für den Schutz bestimmter Rechtsgüter zu sorgen.[362]

Die Rechtspflicht des Arbeitgebers, dafür Sorge zu tragen, dass seine Beschäftigten im Betrieb nicht durch Handlungen Dritter Schaden (z.B. an Leben, Gesundheit, Ehre, Eigentum) erleiden, lässt sich aus dem Arbeitsvertrag als eine den Arbeitgeber treffende Nebenpflicht (sog. Fürsorgepflicht) herleiten. So ist der Arbeitgeber beispielsweise gehalten, seine Beschäftigten vor tätlichen Angriffen - auch seitens der eigenen Arbeitskollegen - zu schützen, zumal wenn ihm solche bereits in der Vergangenheit bekannt geworden sind.[363]

Diese Ansicht entspricht im Ergebnis jener Meinung, wonach eine „Garantenstellung" des Arbeitgebers aus seiner betrieblichen Stellung als Autorität heraus besteht,

---

358 Schönke/Schröder-Stree, § 13 Rn. 3; s.a.: Tröndle/Fischer, § 13 Rn. 18
359 Schönke-Schröder-Stree, § 13 Rn. 4; s.a.: Tröndle/Fischer, § 13 Rn. 17
360 Schönke/Schröder-Stree, § 13 Rn. 2; s.a.: Lackner/Kühl, § 13 Rn. 6
361 Schönke/Schröder-Stree, § 13 Rn. 7; s.a.: Tröndle/Fischer, § 13 Rn. 5; BGHSt 30, 391 (393); Lackner/Kühl, § 13 Rn. 6
362 Schönke/Schröder-Stree, § 13 Rn. 26
363 vgl. Esser/Wolmerath, S. 263

mit der eine Aufsichtspflicht einhergeht, sofern ein Betriebsangehöriger seine betriebliche Stellung und den Betrieb als solchen zu einer Straftat missbraucht (sog. betriebsbezogene Straftat). Für Straftaten von Betriebsangehörigen gelegentlich einer betrieblichen Tätigkeit soll der Arbeitgeber hingegen für ein Nichteinschreiten nicht verantwortlich gemacht werden können.[364] Sofern man bedenkt, dass diese Meinung aus einer Zeit herrührt, als dem Phänomen Mobbing in der Bundesrepublik Deutschland noch keinerlei Beachtung geschenkt wurde, es sich bei Mobbing um eine Form der psychischen Belastung am Arbeitsplatz handelt, strafbare Mobbinghandlungen den Betrieb als „Tatort" benötigen, um überhaupt dem Mobbing zugeordnet werden zu können, so kann es sich bei Straftaten, die im Zusammenhang mit Mobbing begangen werden, zwangsläufig nur um „betriebsbezogene Straftaten" handeln. Damit kann der Arbeitgeber auch unter diesem Blickwinkel als Garant im Sinne des § 13 StGB in Betracht kommen.

Gleiches gilt für die natürliche Person des Dienstherrn, da dieser insoweit nicht anders als eine natürliche Arbeitgeberperson behandelt werden kann.

bb. Garantenstellung von Vorgesetzten

In der Regel delegiert der Arbeitgeber zahlreiche Aufgaben an die Vorgesetzten (z.B. Abteilungsleiter, Prokurist, Personalchef). Diese haben in der Regel eine im Betrieb herausgehobene Stellung, indem sie befugt sind, anderen Weisungen zu erteilen. Diesem Umstand trägt beispielsweise § 84 Abs. 1 BetrVG Rechnung, der bestimmt, dass jeder Arbeitnehmer das Recht hat, sich bei den zuständigen Stellen des Betriebes zu beschweren. Dies wird in der Regel der unmittelbare Vorgesetzte sein.[365] Wenn der Arbeitgeber den Vorgesetzten bestimmte Befugnisse - und somit auch in einem unterschiedlichen Maße Arbeitgeberfunktionen - überträgt, so müssen sich diese auch insoweit - in demselben Maße, wie sie Arbeitgeberfunktionen ausüben - wie „Arbeitgeber" behandeln lassen. Damit haben diese in demselben Maße wie der Arbeitgeber dafür Sorge zu tragen, dass ihrem Weisungsrecht unterstellte Beschäftigte vor Schädigungen Dritter geschützt werden. Mithin können auch Vorgesetzte als Garanten im Sinne des § 13 StGB in Frage kommen.

Entsprechendes ist für den öffentlichen Dienst anzunehmen, da Anhaltspunkte für eine abweichende Behandlung der dort beschäftigten Vorgesetzten nicht ersichtlich sind.

cc. Garantenstellung von Mitgliedern der betrieblichen Interessenvertretung

Ob ein Betriebsrats- bzw. Personalratsmitglied wegen Unterlassen gemäß § 13 Abs. 1 StGB bestraft werden kann, hängt von der Beantwortung der Frage ab, ob ihm in dem gleichen Maße eine „Garantenstellung" zukommt, wie es bei der natürlichen Person des Arbeitgebers sowie der Vorgesetzten der Fall ist.

Der Betriebsrat hat gemäß § 75 Abs. 1 BetrVG darüber zu wachen, dass alle im Betrieb tätigen Personen nach den Grundsätzen von Recht und Billigkeit behandelt

[364] Schönke/Schröder-Stree § 13 Rn. 52; s.a.: Lackner/Kühl, § 13 Rn. 14; s.a.: SK-StGB-Rudolphi, § 13 Rn. 35, der eine solche Handlung mit Verweis aus einer fehlenden Vorschrift, die dem § 357 StGB entspricht, ablehnt

[365] s.a.: DKK-Buschmann, § 84 Rn. 12

werden, insbesondere, dass jede unterschiedliche Behandlung von Personen wegen ihrer Abstammung, Religion, Nationalität, Herkunft, politischen oder gewerkschaftlichen Betätigung oder Einstellung oder wegen ihres Geschlechts unterbleibt. Weiter hat er darauf zu achten, dass Arbeitnehmer nicht wegen der Überschreitung bestimmter Altersstufen benachteiligt werden. Gemäß § 75 Abs. 2 BetrVG hat der Betriebsrat die freie Entfaltung der Persönlichkeit der im Betrieb beschäftigten Arbeitnehmer zu schützen und zu fördern.

Für den Personalrat gilt entsprechendes. Gemäß § 67 Abs. 1 Sätze 1, 2 BPersVG hat der Personalrat darüber zu wachen, dass alle Angehörigen der Dienststelle nach Recht und Billigkeit behandelt werden, insbesondere, dass jede unterschiedliche Behandlung von Personen wegen ihrer Abstammung, Religion, Nationalität, Herkunft, politischen oder gewerkschaftlichen Betätigung oder Einstellung oder wegen ihres Geschlechts unterbleibt. Dabei muss er sich so verhalten, dass das Verhalten der Verwaltungsangehörigen in die Objektivität und Neutralität ihrer Amtsführung nicht beeinträchtigt wird.

Es handelt sich hierbei um eine Pflicht, die nicht nur von dem Betriebs- bzw. Personalrat, sondern auch von jedem einzelnen Mitglied der Interessenvertretung zu beachten ist, da der Betriebsrat bzw. Personalrat nur durch seine Mitglieder handeln kann.[366] So hat der Betriebsrat beispielsweise gegen beleidigende und diskriminierende Verhaltensweisen gegenüber ausländischen Arbeitnehmern,[367] gegen sexuelle Belästigungen[368] sowie Belästigungen und Beleidigungen durch Vorgesetzte[369] vorzugehen. Sofern der Betriebsrat gegen diese Pflicht in erheblicher Weise verstößt, kann er im Rahmen des § 23 Abs. 1 BetrVG aufgelöst werden. Hat ein einzelnes Betriebsratsmitglied diese Pflicht gröblich verletzt, kann es gemäß § 23 Abs. 1 BetrVG aus dem Betriebsrat ausgeschlossen werden.[370] Vergleichbares gilt für die Personalvertretung und ihre Mitglieder gemäß § 28 Abs. 1 BPersVG.[371]

Bedenkt man die Reichweite der dem Betriebsrat bzw. Personalrat sowie seinen Mitgliedern in § 75 BetrVG bzw. § 67 Abs. 1 BPersVG übertragenen Pflichten sowie die sich aus ihrer Verpflichtung ergebenden Konsequenz (Auflösung des Betriebs- bzw. Personalrats bzw. Ausschluss aus dem Betriebs- bzw. Personalrat), so kann die erforderliche „Garantenstellung“ mit der besonderen Pflichtenstellung begründet werden, die das Betriebsverfassungsgesetz dem Betriebsrat bzw. das Bundespersonalvertretungsgesetz dem Personalrat sowie seinen Mitgliedern eingeräumt hat. Demzufolge kommen sowohl Betriebsrats- als auch Personalratsmitglieder als Täter für eine Unterlassungstat im Sinne des § 13 Abs. 1 StGB in Betracht, können sich mithin gemäß dieser Vorschrift strafbar machen.

---

366 vgl. GK-Kreutz, § 75 Rn. 9; Lorenzen u.a.-Lorenzen, § 67 Rn. 2a; BVerwGE 66, 7 (14)
367 DKK-Berg, § 75 Rn. 14
368 DKK-Berg, § 75 Rn. 19; Altvater u.a. § 67 Rn. 4 = Altvater u.a. 1998, § 67 Rn. 2 für die Personalvertretung
369 DKK-Berg, § 75 Rn. 41
370 DKK-Berg, § 75 Rn. 43
371 vgl. zur Auflösung des Betriebs- bzw. Personalrats sowie zum Ausschluss eines Mitglieds aus dem Betriebs- bzw. Personalrat die Ausführungen im 7. Kapitel

dd. Garantenstellung von Arbeitskollegen und sonstigen Dritten

Die für eine Strafbarkeit erforderliche Garantenstellung kann sich bei Arbeitskollegen und sonstigen Dritten nur unter dem Blickwinkel der „engen persönlichen Verbundenheit“ und/oder der „Gefahrengemeinschaft“ ergeben.

Eine Garantenstellung wegen „enger persönlicher Verbundenheit“ wird der Familie im engeren Sinne (Ehegatten, Verwandte gerader Linie, Geschwister, Verlobte) zugesprochen, die als Gemeinschaftsverhältnis von Natur aus auf gegenseitigen Beistand ihrer Mitglieder angelegt ist.[372] Da moralische Pflichten alleine nicht ausreichen, eine Garantenstellung aus „enger persönlicher Verbundenheit“ zu begründen, trifft dies beispielsweise auf Freundschaften sowie Liebesbeziehungen nicht zu, mag die zwischenmenschliche Verbundenheit auch noch so stark sein.[373] Selbst wenn die zwischenmenschlichen Beziehungen zwischen einzelnen Beschäftigten, Vorgesetzten etc. und dem Mobbingbetroffenen noch so groß ist (z.B. enge Freundschaft, Liebesbeziehung), den Grad der in einer Familie bestehenden engen persönlichen Verbundenheit wird sie demnach niemals erreichen können. Kann sie mithin nicht mit der familiären Beziehung gleichgestellt werden, scheidet eine Garantenstellung wegen „enger persönlicher Verbundenheit“ grundsätzlich aus.

In Betracht kommen kann eine Garantenstellung wegen „enger persönlicher Verbundenheit“ somit nur dann, wenn sich Familienmitglieder im engeren Sinne (z.B. der Ehegatte, ein Sohn des Mobbingbetroffenen) an dem Arbeitsplatz des Mobbingbetroffenen aufhalten, wobei es in strafrechtlicher Hinsicht ohne Bedeutung ist, ob die betreffenden Personen ebenfalls bei demselben Arbeitgeber bzw. Dienstherrn beschäftigt, oder aus rein privaten Gründen anwesend sind. Sofern dies der Fall ist, besteht auch die Verpflichtung, zum Schutz der Rechtsgüter des Mobbingbetroffenen tätig zu werden. Man denke insoweit etwa an den Ehemann einer Mobbingbetroffenen, der durch Zufall Zeuge eines Gespräches wird, in dem sich zwei Arbeitskolleginnen verabreden, die Bremsen an dem Pkw der Mobbingbetroffenen zu manipulieren. Kurze Zeit vor der Beendigung der Arbeitsschicht seiner Ehefrau sieht der Ehemann, wie die Manipulation vorgenommen wird. Er schaut untätig zu und unternimmt auch nichts, als seine Ehefrau kurze Zeit später in den Wagen steigt und wegfährt. Es kommt, wie es kommen muss: der Wagen verunfallt und erleidet Totalschaden, die Frau wird bei dem Unfall schwer verletzt.

Allerdings ist einzuräumen, dass eine solche Konstellation im Zusammenhang mit Mobbing in der Praxis wohl kaum vorkommen dürfte.

Von einer Garantenstellung aufgrund einer „Vertrauensgemeinschaft“ kann gesprochen werden, wenn Menschen zumindest für einen vorübergehenden Zeitraum einer Gemeinschaft angehören, die ihrem Wesen nach auf gegenseitige Hilfeleistungen angelegt ist, wie etwa unter Bergsteigern.[374] Entsprechendes gilt für Mitglieder einer Familie im weiteren Sinne (z.B. Schwiegereltern, Schwager und Schwägerin, Cousin und Cousine) sowie für nichteheliche Lebensgemeinschaften. Ein bloßes Zusammenleben in einer Wohngemeinschaft genügt zur Begründung einer derartigen Garanten-

[372] vgl. Tröndle/Fischer, § 13 Rn. 6, 10; SK-StGB-Rudolphi, § 13 Rn. 47 ff.; BGHSt 19, 167 (167 ff.)

[373] Schönke/Schröder-Stree, § 13 Rn. 17 f.; s.a.: Tröndle/Fischer, § 13 Rn. 10

[374] h.M.; vgl. Schönke/Schröder-Stree, § 13 Rn. 23; Tröndle/Fischer, § 13 Rn. 10; SK-StGB-Rudolphi, § 13 Rn. 55; a.A.: Lackner/Kühl, § 13 Rn. 10

pflicht hingegen nicht, da diese Gemeinschaft von ihrer Natur her nicht auf eine gegenseitige Hilfeleistung angelegt ist.[375]

Überträgt man diese Grundsätze auf die Arbeitswelt, so besteht eine Garantenpflicht für Familienmitglieder im weiteren Sinne sowie für Partner einer nichtehelichen Lebensgemeinschaft. Diese kommt zu tragen, wenn sich einzelne Angehörige dieses Personenkreises an dem Arbeitsplatz des Mobbingbetroffenen aufhalten (z.B. als Arbeitskollegen, als Besucher), und zum Schutze eines Rechtsguts des Mobbingbetroffenen nicht tätig werden, obwohl ihnen dies in zumutbarer Weise möglich wäre.

In einem Betrieb bzw. in einer Dienststelle Beschäftigte befinden sich dagegen in einer der Wohngemeinschaft vergleichbaren „Arbeitsgemeinschaft“, ohne dass es in dieser einer naturbedingten gegenseitigen Hilfeleistung bedarf. Infolgedessen kann für diesen Personenkreis eine Garantenstellung aus dem Gesichtspunkt der „Vertrauensgemeinschaft“ grundsätzlich nicht hergeleitet werden.[376] Etwas anderes kann im Ausnahmefall allenfalls für solche Arbeitnehmer gelten, zwischen denen ein besonderes Vertrauen hinsichtlich der Abwendung von Gefahren für den jeweils anderen besteht, die mit der Ausübung der Tätigkeit verbunden sind.[377] Dies wird im Einzelfall bei Bergleuten im Untertagebetrieb sowie bei Berufstauchern der Fall sein. Ob dies auch für Montagekolonnen, Arbeitsteams und vergleichbare Arbeitsgemeinschaften gelten kann, ist zu bezweifeln, da sich diese regelmäßig nicht in einer dem Bergbau bzw. der Unterwassertätigkeit vergleichbaren besonderen Gefahrenlage befinden.

Zusammenfassend gilt somit, dass sich gemäß § 13 Abs. 1 StGB (Begehen durch Unterlassen) grundsätzlich nur Familienmitglieder (sowohl im engeren als auch im weiteren Sinne) und Gefährten einer eheähnlichen Lebensgemeinschaft im Zusammenhang mit Mobbing strafbar machen können. Allerdings dürfte eine Strafbarkeit dieser Personen gemäß § 13 StGB die Ausnahme sein. Kaum ein Familienmitglied bzw. Lebenspartner dürfte eine Mobbingsituation ausnutzen, um dem mit ihm in besonderer Weise verbundenen Mobbingbetroffenen einen Schaden beizufügen, wobei vornehmlich an eine Körperverletzung durch Unterlassen zu denken wäre.

ee. Erforderlichkeit und Zumutbarkeit der Erfolgsverhinderung

Dem Unterlassungstäter wird man nicht jedes Handeln abverlangen können, um die Verwirklichung eines Straftatbestandes zu verhindern. Die Erforderlichkeit sowie Zumutbarkeit des Handelns begrenzt die Pflicht, zum Schutze gefährdeter Rechtsgüter tätig zu werden. Unzumutbares Handeln wird ebenso wenig verlangt wie sinnlose Aktivitäten.[378]

Sofern wir diese Aspekte auf die Mobbingproblematik übertragen, ergibt sich folgendes Bild, das mit Hilfe eines Beispiels[379] illustriert werden soll, wobei es im Ergebnis keinen Unterschied macht, ob Helmut Meier der Arbeitgeber oder ein Vorgesetzter von Udo Müller ist: Der Arbeitgeber Helmut Meier erfährt, dass sein Arbeitnehmer Udo Müller diversen Mobbinghandlungen ausgesetzt ist. Mobber ist dessen

---

[375] vgl. Schönke/Schröder-Stree, § 13 Rn. 25; Tröndle/Fischer, § 13 Rn. 10; BGH v. 17.10.1984, NStZ 1985, 122; BGH v. 7.11.1986, NJW 1987, 850 (850); Lackner/Kühl, § 13 Rn. 10; SK-StGB-Rudolphi, § 13 Rn. 47 ff.

[376] so auch: Lackner/Kühl, § 13 Rn. 10; SK-StGB-Rudolphi, § 13 Rn. 57

[377] s.a.: SK-StGB-Rudolphi, § 13 Rn. 55

[378] vgl. Tröndle/Fischer, § 13 Rn. 14 ff.; Lackner/Kühl, § 13 Rn. 5

[379] vgl. Esser/Wolmerath, S. 263

Arbeitskollege Oskar Schmidt. Dem Helmut Meier ist weiter bekannt, dass Udo Müller während der Arbeitszeit bereits mehrfach in Tränen ausgebrochen ist und sich wegen der Mobbingangriffe bereits seit längerer Zeit in ärztlicher Behandlung befindet. Helmut Meier ist sich absolut sicher, dass es in allernächster Zeit zu einer Eskalation des Konflikts kommen wird. Dennoch unternimmt er nichts. Insbesondere wirkt er nicht auf Oskar Schmidt ein, seine Mobbinghandlungen unverzüglich einzustellen. Es kommt wie erwartet. Kurze Zeit später ereignet sich ein weiterer Mobbingangriff, in dessen Verlauf Udo Müller einen Nervenzusammenbruch erleidet und zur stationären Behandlung in ein Krankenhaus eingeliefert werden muss.

Helmut Meier hat den Udo Müller nicht durch ein aktives Tun verletzt. Dass es zu dem Nervenzusammenbruch kam, ist allerdings dem Umstand zu „verdanken", dass er untätig blieb, obwohl er wusste, dass der Udo Müller in allernächster Zeit einen gesundheitlichen Schaden erleiden würde. Diesen Schadenseintritt hätte er wegen seiner hervorgehobenen besonderen betrieblichen Position ohne große Anstrengungen verhindern können. So hätte er den Oskar Schmidt auf die arbeitsrechtlichen Konsequenzen seines Handelns hinweisen und ihn unmissverständlich auffordern können, jede Mobbinghandlung unverzüglich einzustellen.

Soweit im konkreten Einzelfall die aufgezeigten Voraussetzungen erfüllt sind, kann somit im Zusammenhang mit Mobbing der Tatbestand einer Tat durch Unterlassen gemäß § 13 StGB erfüllt sein.

d. Unterlassene Hilfeleistung

Letztendlich ist an eine Strafbarkeit des Dritten wegen unterlassener Hilfeleistung gemäß § 323c StGB zu denken. Da sich die Situation in einem Ünglücksfall anders darstellt als bei einer Unterlassungstat im Rahmen des § 13 StGB, dürfte eine Strafbarkeit nach dieser Vorschrift noch seltener in Betracht zu ziehen sein.[380] Sofern man bedenkt, dass man in aller Regel selbst einem „Feind" in Unglücksfällen noch die „rettende Hand" reicht, glaube ich, dass Dritte - und zwar unabhängig von ihrer Stellung bzw. Funktion im Betrieb und in der Dienststelle und trotz ihrer eventuellen Klassifizierung als „Möglichmacher" - in Situationen, in denen eine Hilfeleistung von Nöten ist, in aller Regel ihrer Verantwortung nachkommen und Hilfe leisten bzw. eine solche organisieren. Trotzdem ist nicht ausgeschlossen, dass im Einzelfall eine derartige Intervention - aus welchen Gründen auch immer (z.B. aus Angst vor dem Mobber und/oder vor dem Verlust des Arbeitsplatzes, mangelnde Zivilcourage) unterbleibt.

Gemäß § 323c StGB macht sich wegen unterlassener Hilfeleistung strafbar, wer bei Unglücksfällen oder gemeiner Gefahr oder Not nicht Hilfe leistet, obwohl dies erforderlich und ihm den Umständen nach zuzumuten, insbesondere ohne erhebliche eigene Gefahr und ohne Verletzung anderer wichtiger Pflichten möglich ist.

Eine gemeine Gefahr im Sinne des § 323c StGB ist eine Gefährdung einer größeren Anzahl von Menschenleben oder erheblicher Sachwerte, eine gemeine Not eine die

[380] Damit dürfte sich auch kaum eine doppelte Strafbarkeit des Dritten gemäß § 13 StGB und § 323c StGB ergeben, die nach den Konkurrenzregeln dergestalt zu lösen wäre, dass die unterlassene Hilfeleistung gegenüber der Unterlassenstat subsidiär ist, mit der Folge, dass die unterlassene Hilfeleistung hinter die Unterlassenstat zurücktritt; vgl. SK-StGB-Rudolphi, § 323c Rn. 30; BGHSt 14, 282 (284 f.)

Allgemeinheit betreffende Notlage.[381] Da Mobbinghandlungen grundsätzlich nur gegen einzelne Personen gerichtet sind, scheiden mithin die Notsituationen „gemeine Gefahr" und „gemeine Not" im Zusammenhang mit der Mobbingproblematik grundsätzlich aus, so dass auf diese Aspekte im Folgenden nicht eingegangen wird.

aa. Vorliegen eines Unglücksfalls

Unter einem Unglücksfall werden plötzlich eintretende Ereignisse verstanden, die erhebliche Gefahren für Menschen oder Sachen von erheblichem Wert hervorrufen oder hervorzurufen drohen.[382] Dass diese bei Mobbing auftreten können, beweist das in dem voranstehenden Punkt c.ee. aufgeführte Beispiel: Udo Müller erleidet am Arbeitsplatz einen Nervenzusammenbruch. Sofern ein Nervenzusammenbruch nicht unverzüglich behandelt wird, können Komplikationen und weiter Folgen auftreten. Vergleichbares gilt für das Beispiel in dem Punkt a.cc.: der durch das Messer verletzte Kemal Yilmaz muss ärztlich versorgt werden, soll im Zweifel nicht seine Gesundheit oder sogar sein Leben in Gefahr gebracht werden. Demgemäß können Mobbinghandlungen ohne weiteres im konkreten Einzelfall Unglücksfälle im Sinne des § 323c StGB heraufbeschwören.

bb. Erforderliche und zumutbare Hilfeleistung

Bestraft wird, wer in einem Unglücksfall der beschriebenen Art nicht Hilfe leistet, obwohl dies erforderlich und der betreffenden Person zuzumuten ist.[383] Der Begriff der Hilfeleistung bezeichnet eine Tätigkeit, die der Intention nach auf Abwehr weiterer Schäden gerichtet und hierzu auch objektiv geeignet - d.h. zweckmäßig - ist.[384] Erforderlich ist die Hilfeleistung, wenn ohne sie die Gefahr besteht, dass sich die Situation zu einer nicht ganz unerheblichen Schädigung der betreffenden Person oder Sache auswirkt.[385] Zumutbar ist eine Hilfeleistung, die dem allgemeinen Sittlichkeitsempfinden entspricht und den Täter nicht selbst einer erheblichen eigenen Gefahr aussetzt.[386]

Betrachten wir die beiden in dem voranstehenden Punkt aa. angesprochenen Beispielsfälle unter dem Blickwinkel der dargelegten Aspekte, so ist es in beiden Fällen erforderlich und zweckmäßig, erste Hilfe zu leisten, einen Krankenwagen zu rufen und sich bis zu seinem Eintreffen um Udo Müller bzw. Kemal Yilmaz zu kümmern. Dies entspricht zum einen dem allgemeinen Sittlichkeitsempfinden. Zum anderen ist ein derartiges Verhalten für die Anwesenden nicht mit eigenen Gefahren verbunden. Damit sind zugleich die erforderlichen und zumutbaren Hilfeleistungen des anwesenden

---

[381] Schönke/Schröder-Cramer, § 323c Rn. 8; s.a.: Tröndle/Fischer, § 323c Rn. 3c; Lackner/Kühl, § 323c Rn. 3

[382] h.M.; vgl. Schönke/Schröder/Cramer, § 323c Rn. 5; Tröndle/Fischer, § 323c Rn. 2a; Lackner/Kühl, § 323c Rn. 2

[383] Schönke/Schröder-Stree, § 323c Rn. 10; s.a.: Tröndle/Fischer, § 323c Rn. 4 ff.; Lackner/Kühl, § 323c Rn. 5 ff.

[384] Schönke/Schröder-Stree, § 323c Rn. 11

[385] Schönke/Schröder-Stree, § 323c Rn. 13; Lackner/Kühl, § 323c Rn. 5

[386] Schönke/Schröder-Stree, § 323c Rn. 20; Tröndle/Fischer, § 323c Rn. 7; s.a.: Lackner/Kühl, § 323c Rn. 7

Vorgesetzten umschrieben, der bei einem Untätigbleiben somit den Tatbestand der unterlassenen Hilfeleistung gemäß § 232c StGB verwirklichen würde.

2. *Kausalzusammenhang zwischen der Handlung des Dritten und der Verwirklichung des Tatbestandes sowie Zurechenbarkeit des tatbestandlichen Erfolges*

Auch wenn Verallgemeinerungen in der Regel fehl am Platz sind, so wird man dennoch im Zusammenhang mit Mobbing von der folgenden Grundannahme ausgehen dürfen: Soweit es die Anstiftung (§ 26 StGB), die Beihilfe (§ 27 StGB) sowie die Verleitung eines Untergebenen zu einer Straftat (§ 357 StGB) betrifft, wird man den Kausalzusammenhang zwischen der Handlung des Dritten und der Verwirklichung des objektiven Tatbestandes sowie die Zurechenbarkeit des tatbestandlichen Erfolges regelmäßig annehmen dürfen. Entsprechendes dürfte bei einer Unterlassenstat gemäß § 13 StGB der Fall sein, wo auf eine hypothetische Kausalität dergestalt abzustellen ist, dass dem Täter die Nichtverhinderung des Erfolges dann zugerechnet wird, wenn die unterlassene Handlung nicht hinzugedacht werden kann, ohne dass der Erfolg entfiele.[387] Hingegen bedarf es bei der unterlassenen Hilfeleistung (§ 323c StGB) der Feststellung eines Kausalzusammenhanges sowie der Zurechenbarkeit nicht, da es sich hier um ein schlichtes (Un-) Tätigkeitsdelikt handelt.

3. *Vorsätzliches und fahrlässiges Handeln des Dritten*

Sofern der Dritte einen der voranstehenden Tatbestände verwirklicht hat, muss dies im Rahmen des § 15 StGB vorsätzlich bzw. - wo gesetzlich zugelassen - fahrlässig erfolgt sein, wobei hinsichtlich der Begrifflichkeiten des Vorsatzes sowie der Fahrlässigkeit auf die Ausführungen in Kapitelabschnitt III.3. verwiesen werden kann.

Gemäß dem eindeutigen Wortlaut der betreffenden Vorschrift erfordert sowohl die Anstiftung als auch die Beilhilfe ein vorsätzliches Handeln des Teilnehmers (vgl. §§ 26, 27 Abs. 1 StGB). Mithin ist eine fahrlässige Anstiftung bzw. Beihilfe nicht strafbar.

Da sich der Vorsatz eines Anstifter (§ 26 StGB) auf eine bestimmte Haupttat beziehen muss, ist es nicht ausreichend, den Täter nur zu irgendwelchen unbestimmten nur der Gattung oder dem Tatbestand nach umschriebenen Handlungen zu veranlassen. Vielmehr muss der Anstifter eine in den wesentlichen Merkmalen konkretisierte Haupttat vor Augen haben.[388] Sofern man sich dieser Meinung anschließt, bleibt straflos, wer etwa als Geschäftsführer einen Vorgesetzten lediglich dazu bestimmt, eine konkrete Person so lange zu schikanieren und psychisch unter Druck zu setzen, bis diese ihren Arbeitsvertrag aufkündigt.[389] Erleidet der Betroffene aufgrund einer Handlung des Vorgesetzten eine Körperverletzung gemäß § 223 StGB, wäre der Geschäftsführer trotz seiner bestimmenden Einflussnahme auf das Verhalten des Vorgesetzten nicht als Anstifter zu bestrafen.

Mit einem derartigen Ergebnis wird die h.M. der Mobbingproblematik nicht gerecht. Schließlich geht es bei Mobbing nicht bloß um eine einzelne Handlung, sondern um eine Vielzahl von Maßnahmen des Mobbers. Es ist kaum vorstellbar, dass ein Dritter

---

[387] vgl. Tröndle/Fischer, Vor § 13 Rn. 20; BGH v. 10.8.1984, NStZ 1985, 26 (27); Schönke/Schröder-Stree, § 13 Rn. 61

[388] h.M.; vgl. Tröndle/Fischer, § 26 Rn. 6; s.a. BGHSt 34, 63 (64 f.); Schönke/Schröder-Cramer, § 26 Rn. 16; Lackner/Kühl, § 26 Rn. 5

[389] vgl. das Beispiel bei Esser/Wolmerath, S. 262

(z.B. Vorgesetzter) eine andere Person zunächst zu der einen, später zu einer anderen und wiederum später zu einer weiteren ausreichend konkretisierten Haupttat bestimmt. Eher dürfte in der betrieblichen Praxis der von Esser/Wolmerath erwähnte Fall[390] anzutreffen sein, wonach der Dritte (z.B. Vorgesetzte) lediglich ein „Signal" setzt, mit Mobbinghandlungen zu beginnen. Meines Erachtens ist eher auf die Reichweite der Täterbestimmung abzustellen. Wer unmissverständlich zum Ausdruck bringt, dass ein Mobbingbetroffener in einer bestimmten Art und Weise „fertig gemacht" werden soll und den Mobber zu entsprechenden Aktivitäten bestimmt, muss sich auch die Handlungen des Mobbers zurechnen lassen, die den „Vorgaben" des Anstifters entsprechen. Andernfalls würde ein derart vorgehender Anstifter gegenüber einem konkret werdenden Teilnehmer begünstigt, der dem Mobber jede einzelne Mobbinghandlung exakt vorgibt.

Weiter muss der Anstifter die Umstände kennen, welche die Strafbarkeit des Angestifteten begründen. Er muss wissen, dass es sich bei der Tat um eine rechtswidrige handelt, die der Angestiftete vorsätzlich begeht.[391]

Diese Voraussetzungen werden im Zusammenhang mit Mobbing regelmäßig erfüllt sein. Schließlich dürfte der Vorgesetzte den Angestifteten in dem oben gebildeten Fallbeispiel gerade deshalb zu der Tat bestimmen, weil diese rechtswidrig ist und der Vorgesetzte in Kenntnis dessen deshalb sowie wegen der sich aus einer Tatbegehung möglicherweise ergebenden Konsequenzen von einer eigenen Tatbegehung absieht.

Bei der Beihilfe (§ 27 StGB) muss der Gehilfe wissen, dass er eine bestimmte fremde Tat unterstützt und dass es mit der Hilfe seines Beitrags zur Deliktvollendung kommt.[392] Vorsätzlich handelt der Gehilfe, der die Haupttat des Täters fördern und damit zur Tatbestandsverwirklichung beitragen will, wobei er die wesentlichen Merkmale der Haupttat erkennen muss.[393]

Sofern man sich das Beispiel der Darreichung des Messers durch den Arbeitgeber Willi Kühn (vgl. Punkt 1.a.cc.) vergegenwärtigt, dürften an einer vorsätzlichen Hilfeleistung keine Zweifel bestehen, da dem Uwe Müller das Messer gerade zu dem Zweck gereicht wurde, damit dieser seine Tat überhaupt begehen konnte.

Hinsichtlich der Verleitung eines Untergebenen zu einer Straftat (§ 357 StGB) genügt bedingter Vorsatz; wobei es ausreicht, wenn sich der Vorgesetzte die Tat des Untergebenen bzw. der Untergebenen in ihren Hauptmerkmalen vorstellt.[394] Dass der Einsatzleiter in allen drei Fallvarianten des in Punkt 1.b.bb. dargestellten Beispiels zumindest in der Form des bedingten Vorsatzes gehandelt hat, liegt nahe. Er wusste, was die Mitglieder des Sondereinsatzkommandos taten bzw. tun sollten und er wollte dies auch. Dieser Umstand bezieht sich auch auf die Verwendung von Dienstmitteln (Kfz, Dienstkleidung, Werkzeug zum Aufbrechen der Wohnungstür), die Tatbegehung während der Dienstzeit sowie der Einsatz polizeilicher Autorität im Zusammenhang mit der Einweisung der Veronika Schmidt in die Nervenklinik.

Im Unterschied zu den voranstehenden Straftaten kann die Unterlassenstat im Sinne des § 13 StGB sowohl vorsätzlich als auch fahrlässig begangen werden, sofern im konkreten Einzelfall fahrlässiges Handeln mit Strafe bedroht ist (vgl. § 15 StGB). Bei

---

390 Esser/Wolmerath, S. 262

391 h.M.; vgl. Schönke/Schröder-Cramer, § 26 Rn. 19; Tröndle/Fischer, § 26 Rn. 7; Lackner/Kühl, § 26 Rn. 4

392 Schönke/Schröder-Cramer, § 27 Rn. 19; s.a.: Lackner/Kühl, § 27 Rn. 7

393 Tröndle/Fischer, § 27 Rn. 8

394 vgl. Tröndle/Fischer, § 357, Rn. 6; SK-StGB-Rudolphi, § 357 Rn. 11

Vorsatztaten muss sich der Täter bewusst sein, dass er nicht eingreift. Ob sich der Vorsatz auf den Erfolg sowie auf die Umstände, welche die Handlungspflicht begründen, einschließlich der Umstände, aus denen sich die Zumutbarkeit ergibt, sowie die Möglichkeit der Erfolgsverhinderung erstrecken muss, ist sehr umstritten.[395] Im Zusammenhang mit Mobbing dürfte der Fall überwiegen, dass Vorgesetzte gezielt untätig bleiben, sofern die Mobbingsituation für sie und/oder für den Betrieb bzw. die Dienststelle von Vorteil ist. Zu denken ist in dieser Hinsicht beispielsweise an einen Geschäftsführer, der in den Mobbinghandlungen des Mobbers die einmalige Gelegenheit erblickt, den missliebigen Betriebsratsvorsitzenden los zu werden. Gerade weil er die Tragweite des Handelns des Mobbers sowie die sich für den Mobbingbetroffenen hieraus ergebenden Risiken kennt, schaut er weg, hüllt sich in Schweigen und versucht, sein Wissen nicht nach außen dringen zu lassen. Wäre es nicht so, würde er von seinem Weisungsrecht und von seinen arbeitsrechtlichen Disziplinierungsmöglichkeiten (z.B. Abmahnung, Versetzung des Mobbers) Gebrauch machen und dem Mobbing Einhalt gebieten. All dies lässt die Annahme zu, dass ein derart handelnder Geschäftsführer vorsätzlich untätig bleibt.

Gemäß § 15 StGB ist die Strafbarkeit wegen unterlassener Hilfeleistung (§ 232c StGB) an die Voraussetzung geknüpft, dass die Tat vorsätzlich begangen wird, wobei bedingter Vorsatz genügt.[396] Ist der Dritte entschlossen, dem Mobbingbetroffenen in einer konkreten Notlage seine Hilfe zu versagen und macht er sich deshalb auch keine Gedanken über konkrete (d.h. erforderliche sowie zumutbare) Hilfsmaßnahmen, so wird regelmäßig von einem bedingten Vorsatz des Dritten auszugehen sein.[397]

Versagen anwesende Dritte in den in Punkt 1.d.aa. Bezug genommenen Fallbeispielen die erforderliche Hilfe, etwa weil diese den Kemal Yilmaz bzw. den Udo Müller nicht mögen, so handeln diese vorsätzlich.

Auch wenn sich nur im konkreten Einzelfall entscheiden lässt, ob der Dritte vorsätzlich bzw. fahrlässig den Straftatbestand verwirklicht hat, so lässt sich dennoch unter Bezugnahme auf die voranstehenden Ausführungen festhalten, dass dies im Zusammenhang mit Mobbing ohne weiteres möglich ist.

4. *Rechtswidriges Handeln des Dritten*

Folgend der eingangs dargelegten Grundannahme, dass das Handeln des Täters grundsätzlich nicht von einem Rechtfertigungsgrund gedeckt wird, kann diese Strafbarkeitsvoraussetzung somit grundsätzlich als erfüllt betrachtet werden.

5. *Verfahrensrechtliche Aspekte*

In verfahrensrechtlicher Hinsicht erscheinen mir die Aspekte der Verjährung von Straftaten, der Erforderlichkeit der Beschreitung des Privatklageverfahrens nach erfolglos erfolgtem Sühneversuch sowie die Beweisbarkeit der strafrechtlich relevanten Tatsachen im Zusammenhang mit einer Strafbarkeit Dritter als problematisch.

---

[395] vgl. Tröndle/Fischer, § 13 Rn. 18; befürwortet wird dies von SK-StGB-Rudolphi, Vor § 13 Rn. 25

[396] vgl. Lackner/Kühl, § 323c Rn. 6; Tröndle/Fischer, § 323c Rn. 10

[397] so auch: Lackner/Kühl, § 323c Rn. 9

a. Verjährung der Straftaten des Dritten

In demselben Maße, wie die Straftaten des Mobbers verjähren, unterliegen auch die Straftaten des Dritten der Verjährung gemäß §§ 78 ff. StGB.

Da der Anstifter gemäß § 26 StGB gleich dem Täter bestraft wird, kann insoweit Bezug genommen werden auf die Ausführungen in Kapitelabschnitt III.5.a., mit der Folge, dass die Anstiftung in dem dort aufgezeigten Rahmen in drei bzw. fünf Jahren verjährt. Entsprechendes gilt für die Beihilfe (§ 27) sowie für die Verleitung eines Untergebenen zu einer Straftat (§ 357 StGB). Schließlich richtet sich die Strafe für den Gehilfen gemäß § 27 Abs. 2 StGB, auch wenn diese nach § 49 Abs. 1 StGB zu mildern ist, nach der Strafandrohung für den Täter. § 357 StGB bestimmt, dass der Vorgesetzte die für die rechtswidrige Tat des Untergebenen angedrohte Strafe verwirkt.

Vergleichbares gilt ferner für eine Unterlassungstat gemäß § 13 StGB, da diese Vorschrift an den Tatbestand des Strafgesetzes anknüpft und lediglich eine Milderung der Strafe nach § 49 Abs. 1 StGB zulässt. Handelt es sich zum Beispiel um eine Körperverletzung des Mobbingbetroffenen durch Unterlassen, so verjährt diese Tat mithin gemäß § 223 i.V.m. §§ 13, 78 Abs. 3 Ziffer 4 StGB in fünf Jahren.

Eindeutig ist hingegen die Verjährung der unterlassenen Hilfeleistung geregelt. Hier beträgt die Verjährungsfrist gemäß § 323c i.V.m. § 78 Abs. 3 Ziffer 5 StGB drei Jahre.

Ob eine konkrete Straftat des Dritten verjährt ist, kann nur im Einzelfall beantwortet werden. Allerdings dürfte die Grundregel gelten, dass der Dritte davon ausgehen kann, dass seine Anstiftung, Beihilfe und Verleitung eines Untergeben infolge der Verjährung der Straftat nicht gesühnt werden kann, sofern der (Haupt-) Täter seine Tatbeteiligung verschweigt bzw. dieser nicht ermittelt werden kann. Insgesamt dürfte der Satz gelten: Je geschickter und versteckter der Dritte handelt, desto weniger dürfte seine Tat bekannt werden, mit der sich daraus ergebenden Konsequenz, dass er - soweit es die in diesem Kapitel angesprochenen Straftaten betrifft - spätestens in fünf Jahren nicht mehr damit rechnen muss, wegen eines im Zusammenhang mit der Mobbingsituation begangenen Delikts bestraft zu werden.

b. Strafantrag und Strafanzeige

Da die Strafbarkeit wegen Anstiftung und Beihilfe (§§ 26, 27 StGB) eine vorsätzlich begangene rechtswidrige Tat eines anderen voraussetzt, somit zu dieser in einem engen sachlichen Zusammenhang steht, ist hinsichtlich der Erforderlichkeit eines Strafantrages bzw. des Genügens einer Strafanzeige zur Einleitung strafrechtlicher Ermittlungen gegen den teilnehmenden Dritten zu differenzieren. Soweit es sich bei der Tat des anderen um ein Offizialdelikt handelt, ist auch die Anstiftung bzw. Beihilfe als eine solche zu bezeichnen, so dass für deren Strafverfolgung die Strafanzeige ausreicht. Handelt es sich bei der Tat des anderen dagegen um ein Antragsdelikt, so ist die Anstiftung bzw. Beihilfe zu einer solchen Tat ebenfalls als ein Antragsdelikt zu qualifizieren. Nur eine solche Differenzierung wird im Zweifelsfall auch dem Interesse des Geschädigten gerecht. Wenn beispielsweise die Strafverfolgung eines Haus- und Familiendiebstahls gemäß § 247 StGB von der Stellung eines Strafantrages abhängig gemacht wird, so muss dies erst recht für die Anstiftung bzw. Beihilfe zu einer solchen Tat gelten.

Demgemäß genügt für die Einleitung strafrechtlicher Ermittlungen gegen einen teilnehmenden Dritten, der den Mobber beispielsweise zu einer Nötigung im Sinne des

§ 240 StGB angestiftet hat, die Erstattung einer Strafanzeige, während es bei der Anstiftung zu einer Sachbeschädigung im Sinne des § 303 StGB gemäß § 303c StGB der Stellung eines Strafantrages des Geschädigten bedarf.

Entsprechendes muss hinsichtlich der Erforderlichkeit eines Strafantrages bzw. des Genügens einer Strafanzeige bei einer Unterlassungstat gemäß § 13 StGB gelten. Schließlich handelt es sich bei § 13 StGB nicht um einen Straftatbestand, sondern um die Beschreibung einer besonderen Form der Tatbegehung.[398] Mithin genügt zur Einleitung eines strafrechtlichen Ermittlungsverfahrens eine Strafanzeige, wenn die Unterlassungstat ein Offizialdelikt ist. Handelt es sich hierbei hingegen um ein Antragsdelikt, so ist die Stellung eines Strafantrages erforderlich.

Da es sich bei der Verleitung eines Untergebenen zu einer Straftat (§ 357 StGB) um ein Offizialdelikt handelt, werden die Strafverfolgungsbehörden tätig, sobald sie von der Tat erfahren. Ausgangspunkt hierfür dürfte regelmäßig eine Strafanzeige sein - bezogen auf die Beispielsfälle 1. und 3. In Punkt 1.b.bb. infolge einer Strafanzeige der Veronika Schmidt, eines Mitbewohners oder der diensthabenden Ärztin in der Aufnahmeabteilung der Nervenklinik. Dagegen dürfte der Fall 2. unerkannt bleiben, sofern die beteiligten Personen schweigen, ihr Wissen um das versuchte Verleiten des Einsatzleiters nicht nach außen dringt.

Bei der unterlassenen Hilfeleistung (§ 323c StGB) handelt es sich ebenfalls um ein Offizialdelikt mit der Folge, dass die Erstattung einer Strafanzeige für die Einleitung strafrechtlicher Ermittlungen gegen den Dritten genügt.

c. *Sühneversuch und Privatklage*

Sofern es sich bei der Anstiftung bzw. Beihilfe um eine Teilnahme an einem Antragsdelikt handelt, unterfallen diese somit auch gegebenenfalls der Regelung des § 374 StPO, mit der Folge, dass die Erhebung einer Privatklage von einem erfolglosen Sühneversuch (§ 380 StPO) abhängt. Entsprechendes gilt gemäß den Ausführungen in dem voranstehenden Punkt b. auch für eine Unterlassungstat im Rahmen des § 13 StGB. Da die sich diesbezüglich stellenden Probleme bereits ausführlich in dem Kapitelabschnitt III.5.c. behandelt worden sind, kann insoweit auf die dortigen Ausführungen verwiesen werden.

d. *Zur Beweisbarkeit der Tat des Dritten*

Problematisch erscheint mir bei der Anstiftung (§ 26 StGB), der Beihilfe (§ 27 StGB) sowie der Verleitung eines Untergebenen zu einer Straftat (§ 357 StGB) die Beweisbarkeit der Tat des Dritten. Das Wissen um eine Teilnahme an der Tat bzw. der Verleitung zu einer Straftat dürften grundsätzlich nur der Mobber sowie der Teilnehmer bzw. der Untergebene teilen. Schließlich dürften diese kaum ein Interesse daran haben, dass Dritte von ihrem Wirken erfahren. Sofern diese schweigen, dürften Anhaltspunkte für ein Mitwirken des Dritten grundsätzlich nicht nach außen dringen. Da dies die Regel sein wird, dürfte die Teilnahme bzw. die Verleitung von Untergebenen nur in Ausnahmefällen bekannt werden, etwa wenn einer der Beteiligen sein Schweigen bricht.

---

[398] Für die Richtigkeit dieser Schlussfolgerung sprechen im Übrigen auch die Überschriften im Strafgesetzbuch, die dem § 13 vorangestellt sind. Diese Vorschrift ist im zweiten Abschnitt „Die Tat" und dort im ersten Titel „Grundlagen der Strafbarkeit" enthalten.

Nur wenn dieses Schweigen gebrochen wird, haben die Dritten mit einer Bestrafung zu rechnen, wobei ihnen ihr Tun bewiesen werden muss. Verhält sich etwa ein teilnehmender Vorgesetzter recht geschickt, indem er ein doppeltes „Spiel" treibt, wird man diesem trotz einer Tatbezichtigung seitens des Täters kaum einer Teilnahme überführen können. Zu denken ist hierbei etwa an die folgende Fallkonstellation, die sich an das von Esser/Wolmerath[399] gebildeten Beispiel anschließt: Geschäftsführer Meier möchte das Betriebsratsmitglied Müller „loswerden". Meier überzeugt Müllers Vorgesetzten, diesen so lange unter Druck zu setzen, bis Müller kündigt. Daraufhin beginnt der Vorgesetzte, Müller psychisch unter Druck zu setzen. Müller beschwert sich bei dem Betriebsrat über die Mobbinghandlungen seitens des Vorgesetzten. Im Verlaufe eines Monatsgesprächs gemäß § 74 Abs. 1 BetrVG spricht der Betriebsrat die Mobbingproblematik an. Daraufhin bittet der Geschäftsführer den Vorgesetzten in das Sitzungszimmer, weist diesen zurecht und erteilt ihm eine mündliche Abmahnung. Was der Betriebsrat nicht weiß, ist der Umstand, dass der Geschäftsführer den Vorgesetzten bereits im Vorfeld über mögliche notfalls erforderlich werdende „Reaktionen" in Kenntnis gesetzt hat. - Wer würde dem Geschäftsführer bei einem derartigen Gesprächsverlauf unterstellen, dass es sich bei diesem um den Anstifter des Vorgesetzten handelt. Würde man dem Vorgesetzten zu einem späteren Zeitpunkt Glauben schenken, dass ihn der Geschäftsführer zu den Mobbinghandlungen angestiftet hat? - wohl kaum.

Die Beweisproblematik stellt sich auch bei der Unterlassungstat gemäß § 13 StGB sowie bei der unterlassenen Hilfeleistung. Soweit es neben dem Mobbingbetroffenen keine weiteren Zeugen gibt, wird der Dritte stets einwenden, dass der Schadenseintritt - insbesondere eine Körperverletzung des Mobbingbetroffenen - für den Dritten verborgen geblieben sei, und er mithin zu keinem Zeitpunkt die Erforderlichkeit eines Handelns bzw. Eingreifens annehmen konnte. Insbesondere sei ihm bislang nicht der Umstand bekannt gewesen, dass der Geschädigte Mobbinghandlungen ausgesetzt gewesen sei. Eine derartige Verteidigungsstrategie dürfte umso eher von Erfolg gekrönt sein, je mehr Beschäftigte der Betrieb bzw. die Dienststelle aufweist, da Konflikte umso mehr im Verborgenen schwelen und mithin nicht so leicht in die Betriebsöffentlichkeit vordringen können, je unübersichtlicher sich die Beschäftigtenzahl gestaltet. In Kleinbetrieben dürfte sich die Situation hingegen anders gestalten, da hier Konflikte aufgrund der Überschaubarkeit der Beschäftigtenzahl eher zu Tage treten und damit kaum im Verborgenen ausgetragen werden können.

Waren nur der Mobbingbetroffene sowie der Dritte bei der Tatbestandsverwirklichung zugegen, hängt es wiederum entscheidend von der Glaubwürdigkeit des Mobbingbetroffenen ab, ob seinen Aussagen mehr Glauben geschenkt werden darf als den Einlassungen des Dritten, da nur der Mobbingbetroffene - sofern keine anderen Beweismittel zur Verfügung stehen - Zeugnis über den Tathergang geben kann.

V. Ergebnis der strafrechtlichen Bewertung von Mobbing

Das Ergebnis der strafrechtlichen Bewertung von Mobbing ist aus der Sicht des Mobbingbetroffenen längst nicht so positiv, wie er es sich vielleicht erhofft hat. Wenngleich sich einzelne Mobbinghandlungen im konkreten Einzelfall durchaus dem

[399] Esser/Wolmerath, S. 262

materiellen Strafrecht zuordnen lassen - das materielle Strafrecht zur Aufarbeitung von Mobbing mithin durchaus als ausreichend betrachtet werden kann -, so werden strafverfahrensrechtliche Aspekte einer Bestrafung des Täters (Mobber bzw. Dritter) oftmals entgegenstehen. Insoweit lassen sich vor allem folgende Problemfelder benennen: Verjährung der Straftat, Versäumung der Frist zur Stellung eines Strafantrages, Kausalitäts- und Zurechenbarkeitsprobleme bei der Körperverletzung, kaum mögliche Beweisführung.

3. Kapitel: Schadensersatzrechtliche Bewertung von Mobbing

Bei der schadensersatzrechtlichen Bewertung von Mobbing erstreckt sich die gutachterliche Betrachtung nicht nur auf allgemein zivilrechtliche, sondern auch auf arbeitsrechtliche Fragestellungen. Die allgemeinen arbeitsrechtlichen sowie dienstrechtlichen Konsequenzen, die mit Mobbing verbunden sein können, werden in dem 4. und 6. Kapitel behandelt. In dem 6. Kapitel erfolgt weiter aus Gründen des Sachzusammenhanges mit der Behandlung der Pflichten der Beamten eine schadensersatzrechtliche Begutachtung ihres Verhaltens.

Ebenfalls nicht behandelt wird in diesem Kapitel das Haftungsprivileg bei Personenschäden gemäß §§ 104 ff SGB VII, das im Rahmen einer Schadensersatzpflicht von Bedeutung sein kann. Da der Eintritt des Haftungsprivilegs von unfallversicherungsrechtlichen Voraussetzungen abhängt, wird es im 5. Kapitel im Zusammenhang mit der sozialrechtlichen Bewertung von Mobbing behandelt. Entsprechendes gilt für eventuell bestehende Schadensersatzansprüche der Sozialversicherungsträger.

Das Augenmerk gilt zunächst dem Mobber. Im Anschluss hieran werden die anderen betrieblichen Akteure (z.B. Vorgesetzte, Arbeitgeber, die betriebliche Interessenvertretung und ihre Mitglieder, Arbeitskollegen und sonstige Dritte) in die Untersuchung einbezogen.

Die Ausführungen in diesem Kapitel beschränken sich nicht auf materiellrechtliche Aspekte. Wesentliche im Zusammenhang mit Mobbing auftretende verfahrensrechtliche Fragen werden ebenfalls erörtert.

Hervorzuheben ist, dass schadensersatzrechtliche Ansprüche nicht nur gegenüber natürlichen, sondern auch gegenüber juristischen Personen (z.B. e.V., GmbH, AG) geltend gemacht werden können, auch wenn letztere teilweise in ihrer Haftung beschränkt sind. So haftet zum Beispiel bei einer GmbH nur das Gesellschaftsvermögen für Verbindlichkeiten der Gesellschaft (vgl. § 13 Abs. 2 GmbHG). Insoweit unterscheidet sich die zivilrechtliche Haftung von der strafrechtlichen Sanktionsmöglichkeit (vgl. 2. Kapitel unter IV.).

Bei der schadensersatzrechtlichen Begutachtung von Mobbing wird von der Grundannahme ausgegangen, dass in der Regel nur einzelne Personen Mobbing betreiben. Treten einzelne Personen gemeinsam als Mobber auf, so haften sie als Gesamtschuldner in der Weise, dass der Geschädigte von jedem Einzelnen Schadensersatz begehren kann - wenngleich die Gesamtschuldner untereinander zum Ausgleich verpflichtet sind (vgl. § 840 Abs. 1 BGB).

I. Schadensersatzrechtliche Bewertung des Verhaltens des Mobbers

In dem 2. Kapitel wurde unter III. festgestellt, dass sich der Mobber im konkreten Einzelfall unter anderem wegen Körperverletzung, Beleidigung, Sachbeschädigung und Diebstahl strafbar machen kann. Während das Strafrecht die Sanktionierung des Täters durch den Staat zum Gegenstand hat, geht es beim Schadensersatzrecht um den Ersatz zugefügter Schäden. Primäre Grundlage hierfür sind die §§ 823 ff. BGB, die mit dem Titel „Unerlaubte Handlungen" überschrieben sind.[400] Sie bilden das schadensrechtliche

[400] s.a.: Kittner, Rn. 440, der den § 823 Abs. 1 BGB „als Zentralnorm des Deliktsrechts" bezeichnet

Äquivalent zu den in strafrechtlicher Hinsicht unerlaubten Handlungen, und ergeben sich als die zwingende Konsequenz aus der Tatsache, dass dem Strafrecht die Verpflichtung zur Leistung von Schadensersatz fremd ist. Wer etwa die Aktentasche eines anderen zerstört, wird unter Umständen wegen Sachbeschädigung (§ 303 StGB) bestraft. Um die zerstörte Aktentasche von dem Täter ersetzt zu bekommen, bedarf es unabhängig davon der Geltendmachung schadensrechtlicher Ersatzansprüche, die notfalls eingeklagt und gegebenenfalls im Wege der Zwangsvollstreckung beigetrieben werden müssen.

Bezogen auf den Mobber sind unter Berücksichtigung der von mir gesammelten Erfahrungen folgende schadensersatzrechtliche Haftungsgrundlagen schwerpunktmäßig von Bedeutung:

- Schadensersatzpflicht wegen Positiver Vertragsverletzung,
- Schadensersatzpflicht wegen unerlaubter Handlung gemäß § 823 BGB,
- Schadensersatzpflicht wegen sittenwidriger vorsätzlicher Schädigung gemäß § 826 BGB,
- Verpflichtung zur Zahlung von Schmerzensgeld gemäß § 847 BGB,
- Verpflichtung zum Widerruf sowie zur Unterlassung ehrverletzender Äußerungen analog §§ 823, 1004 BGB,
- Verpflichtung zur Unterlassung (weiterer) nonverbaler Mobbinghandlungen analog §§ 823, 1004 BGB.

Soweit es Beamte betrifft, sind zudem schadensersatzrechtliche Besonderheiten zu beachten, auf die ich in ebenfalls eingehen werde.

1. Voraussetzungen einzelner Anspruchsgrundlagen

Um von einem Mobber Schadensersatz beanspruchen zu können, ist zunächst erforderlich, dass die Voraussetzungen der geltend gemachten Anspruchsgrundlage erfüllt sind. Wenden wir uns diesbezüglich zunächst der Positiven Vertragsverletzung zu.

a. Schadensersatz wegen Positiver Vertragsverletzung

Der Begriff der Positiven Vertragsverletzung umfasst alle Pflichtverletzungen im Rahmen eines bestehenden Vertragsverhältnisses, die weder Unmöglichkeit noch Verzug herbeiführen und deren Folgen nicht von den gesetzlichen Gewährleistungsvorschriften erfasst werden. Demgemäß sind die Grundsätze der Positiven Vertragsverletzung insbesondere auf die Verletzung arbeitsvertraglicher Nebenpflichten anzuwenden.[401]

Demzufolge ist der Frage nachzugehen, ob der Mobber mit seinem Verhalten gegen arbeitsvertragliche Nebenpflichten verstößt, so dass eine Schadensersatzpflicht des Mobbers nach den Grundsätzen der Positiven Vertragsverletzung in Betracht kommen kann.

---

[401] vgl. Palandt, § 276 Rn. 107 f.

aa. Haftung gegenüber dem Mobbingbetroffenen

Handelt es sich bei dem Mobber um einen Vertreter oder um einen Erfüllungsgehilfen des Arbeitgebers, so ist fraglich, ob der Vertreter bzw. Erfüllungsgehilfe überhaupt nach den Grundsätzen der Positiven Vertragsverletzung zum Schadensersatz verpflichtet sein kann. Schließlich bestehen arbeitsvertragliche Beziehungen ausschließlich zwischen dem Mobbingbetroffenen und dem Arbeitgeber sowie zwischen dem Mobber und dem Arbeitgeber.

Diesen Umstand hat der Bundesgerichtshof als Argument für die Ablehnung einer eigenen Haftung des Vertreters bzw. Erfüllungsgehilfen gegenüber dem Geschädigten herangezogen. Schließlich beruhe die Haftung wegen Positiver Vertragsverletzung auf der Verletzung vertraglicher Pflichten.[402]

Von diesem Grundsatz will Larenz eine Ausnahme zulassen, wenn der Schuldner persönlich das Vertrauen des Gläubigers in Anspruch genommen hat. Seine Haftung beruhe dann - so Larenz - nicht auf einem Vertragsverhältnis, sondern auf einem neben ihm einhergehenden besonderen Vertrauensverhältnis zwischen dem Schulder (d.h. Schädiger) und dem Gläubiger (d.h. Geschädigten), welches ein Schuldverhältnis ohne primäre Leistungspflicht zwischen dem Schuldner und dem Gläubiger zur Folge habe.[403]

Die Vorstellung, dass es ein besonderes Vertrauensverhältnis am Arbeitsplatz gibt, wonach Schädigungen des jeweils anderen zu unterbleiben haben, vermag grundsätzlich nicht zu überzeugen. Wäre dies so, gäbe es wegen der zu befürchtenden Konsequenzen weder ungerechtfertigte Versetzungen und Kündigungen noch Entgeltklagen vor den Arbeitsgerichten gegen zahlungsunwillige Arbeitgeber. Eine solche Haftung, die als „Sachwalterhaftung“[404] bezeichnet wird, kann daher im Zusammenhang mit Mobbing nur in äußerst engen Grenzen in Betracht kommen. Ein besonderes Vertrauensverhältnis kann zwischen „normalen“ Beschäftigten nicht angenommen werden. Allenfalls kann ein solches im konkreten Einzelfall zwischen einzelnen Vorgesetzten und Beschäftigten bestehen. Zudem ist zu bedenken, dass die §§ 823 ff. BGB einen ausreichenden Rechtsschutz bei Schäden, die der Mobber dem Mobbingbetroffenen zufügt, gewähren. Infolgedessen ist eine Haftung des mobbenden Vertreters bzw. Erfüllungsgehilfen gegenüber dem Mobbingbetroffenen nach den Grundsätzen der Positiven Vertragsverletzung grundsätzlich ausgeschlossen.

bb. Haftung gegenüber dem Arbeitgeber

Unter Verweis auf die Ausführungen im 1. Kapitel unter II.10.c. und d. sind mit Mobbing zahlreiche negative Auswirkungen für die Belegschaft sowie für den Betrieb bzw. die Dienststelle verbunden. So wird infolge Mobbing regelmäßig der Betriebsablauf beeinträchtigt und der Betriebsfrieden gestört. Mithin stellt sich die Frage nach einer Schadensersatzpflicht des Mobbers gegenüber dem Arbeitgeber nach den Grundsätzen der Positiven Vertragsverletzung. Zu denken ist in diesem Zusammenhang beispielsweise an die Erstattung von Entgelt, das der Arbeitgeber als Lohnfortzahlung im Krankheitsfall an den arbeitsunfähig erkrankten Mobbingbetroffenen gezahlt hat

[402] BGH v. 10.6.1964, NJW 1964, 2009; s.a.: BGH v. 21.3.1967, MDR 1967, 577
[403] Larenz, S. 368
[404] vgl. die Ausführungen in Kapitelabschnitt II.1.f.

sowie an die Leistung von Schadensersatz an Geschäftspartner infolge Produktionsausfall.

Erleidet ein Arbeitgeber infolge Mobbing einen Schaden, den er gemäß den Grundsätzen der Positiven Vertragsverletzung ersetzt haben möchte, so stellt sich zunächst die Frage nach einer Pflichtverletzung des Mobbers.

Das Arbeitsverhältnis ist von Haupt- und Nebenpflichten geprägt. Während sich die Hauptpflichten unmittelbar aus dem Arbeitsvertrag ergeben - die Pflicht zur Erbringung der vertraglich zugesagten Leistung durch den Arbeitnehmer bzw. die Gewährung der vereinbarten Vergütung durch den Arbeitgeber -, resultieren die Nebenpflichten aus der Natur des Arbeitsverhältnisses als „Austauschverhältnis“ - dem Austausch der Leistung „Geld“ (in Form des Arbeitsentgeltes) mit der Leistung „Arbeit“ (in Form erbrachter Arbeitsleistungen). So verpflichtet der in § 242 BGB niedergelegte Grundsatz von Treu und Glauben beide Vertragspartner, aufeinander Rücksicht zu nehmen.[405]

Für den Arbeitnehmer bedeutet dies, dass er seine Verpflichtungen aus dem Arbeitsverhältnis derart zu erfüllen, seine Rechte so auszulegen und die im Zusammenhang mit dem Arbeitsverhältnis stehenden Interessen seines Arbeitgebers so zu wahren hat, wie es von ihm unter Berücksichtigung seiner Stellung im Betrieb, seinen eigenen Interessen und den Interessen der anderen Belegschaftsangehörigen nach Treu und Glauben billiger Weise verlangt werden kann.[406] Demzufolge hat jeder Arbeitnehmer beispielsweise die Verhaltensregeln einzuhalten, die für einen ungestörten Betriebsablauf notwendig sind. Entsprechendes gilt für eine gegebenenfalls existierende Betriebsordnung.[407] Er hat ferner Schaden vom Arbeitgeber abzuwenden sowie dazu beizutragen, dass ein solcher vermieden bzw. möglichst gering gehalten wird.[408]

Soweit es den privaten Bereich des Arbeitnehmers angeht, besteht eine derartige Verpflichtung grundsätzlich nicht.[409] Auch können die arbeitsvertraglichen Nebenpflichten kaum das außerdienstliche Verhalten begrenzen. Es ist dem einzelnen Arbeitnehmer lediglich verwehrt, den Unternehmenszielen entgegenzuarbeiten bzw. ein Verhalten an den Tag zu legen, das sein Arbeitsverhältnis konkret berührt.[410]

Auch ein sozialadäquates und damit rechtmäßiges Verhalten kann eine Verletzung arbeitsvertraglicher Nebenpflichten beinhalten, wie es etwa bei einer Verkäuferin der Fall ist, welche die Kunden ihres Arbeitgebers „wie Luft“ behandelt.[411]

Stets ist zu bedenken, dass der Umfang sowie die Grenzen der Nebenpflichten von der Eigenart des Arbeitsverhältnisses dergestalt abhängig sind, dass sie bei einem Vorgesetzten (z.B. Abteilungsleiter, Prokurist) stärker ausgeprägt sind als es bei einem „normalen“ Beschäftigten oder - in einer noch krasseren Weise - bei einer Aushilfskraft der Fall ist.[412]

Sofern man diese Grundsätze auf die Mobbingproblematik überträgt, ergibt sich das folgende Bild: der Mobber hat jede Störung des Betriebsfriedens und des Betriebsablaufs zu unterlassen. Entsprechendes gilt für schadensverursachende Mobbinghandlungen zum Nachteil des Arbeitgebers sowie des Mobbingbetroffenen, sofern diese

---

405 vgl. Däubler Arbeitsrecht, S. 145 f.; Däubler AR 2, Rn. 652 ff.
406 h.M.; vgl. Schaub, § 53.I.1.a); s.a.: Däubler AR 2, Rn. 657
407 vgl. Schaub, § 53.I.3.
408 vgl. Zöllner/Loritz, § 13.II.2.; Däubler AR 2, Rn. 659
409 vgl. Schaub, § 53.I.2.; s.a.: Zöllner/Loritz, § 13.III.
410 vgl. Schaub, § 53.I.3.; s.a.: Zöllner/Loritz, § 13.I.6.; Stahlhacke/Preis, Rn. 706
411 Dieball, S. 484
412 s.a.: Schaub, § 53.I.5.a); Däubler AR 2, Rn. 660 f.

einen betrieblichen Bezug aufweisen und nicht nur dem Privatleben bzw. dem außerdienstlichen Verhalten zuzuordnen sind. Man denke in diesem Zusammenhang etwa an eine Filialleiterin, die das Arbeitsklima vergiftet, indem sie die Verkäuferinnen wegen jeder kleinen Ungeschicklichkeit vor der Kundschaft laustark rügt, diese bereits bei den kleinsten Fehlern als zu ungeschickt wegschickt sowie die Verkäuferinnen stets mit den Worten anspricht „Wenn Euch die Dummheit weh täte ...“.[413] Hier begeht die Filialleiterin unzweifelhaft eine Nebenpflichtverletzung, da sie ein Verhalten an den Tag legt, das sich negativ auf das Arbeitsklima, auf den Betriebsablauf sowie auf die Wirtschaftlichkeit der Filiale auswirkt. Zumindest einige der Kunden dürften wegen des Verhaltens der Filialleiterin zu anderen Anbietern wechseln. Etwas anderes würde - auch wenn es sehr konstruiert erscheint und in der Praxis kaum vorkommen dürfte - hingegen beispielsweise dann gelten, wenn die Filialleiterin sowie die Verkäuferinnen Mitglieder eines Vereins wären, und sich diese in ihrer Freizeit regelmäßig mit anderen Personen zum Kegeln treffen. Vergiftet die besagte Filialleiterin das Vereinsklima - nicht aber zugleich auch das Klima am Arbeitsplatz -, indem sie ihre Arbeitskolleginnen in entsprechender Weise tituliert und bloßstellt, so könnte ein solches Verhalten, das ausschließlich dem privaten Bereich zuzuordnen ist und keinen Bezug zu den Arbeitsverhältnissen aufweist, nicht als eine Verletzung arbeitsvertraglicher Nebenpflichten qualifiziert werden.

Ist der Arbeitgeber wegen der Nebenpflichtverletzung zur Kündigung des Arbeitsvertrages im Rahmen des § 626 BGB berechtigt,[414] so kann er alternativ zu dem Schadensersatzanspruch den Arbeitsvertrag kündigen und den durch die Kündigung entstehenden Schaden (vgl. § 628 Abs. 2 BGB) ersetzt verlangen, wobei sich die Ersatzpflicht allerdings auf den Zeitraum bis zum nächsten ordentlichen Kündigungstermin beschränkt.[415]

b. Unerlaubte Handlung des Mobbers

Nach § 823 Abs. 1 BGB ist zum Schadensersatz verpflichtet, wer vorsätzlich oder fahrlässig das Leben, den Körper, die Gesundheit, die Freiheit, das Eigentum oder ein sonstiges Recht einer anderen Person verletzt. Gemäß § 823 Abs. 2 Satz 1 BGB trifft die gleiche Verpflichtung denjenigen, der gegen ein den Schutz eines anderen bezweckenden Gesetzes verstößt.

Wie im Bereich des Strafrechts sind von jedem Mitglied unserer Gesellschaft sozialadäquate (verkehrsrichtige) Verhaltensweisen hinzunehmen, auch wenn diese im konkreten Fall für den Einzelnen mit Nachteilen oder Rechtsgutsverletzungen (z.B. gesundheitliche Beeinträchtigung infolge einer Infizierung mit einer Erkältungskrankheit am Arbeitsplatz) verbunden sein können. Unter Bezugnahme auf die Ausführungen im 2. Kapitel unter II. ermangelt es schließlich an einer Rechtsgutsverletzung im Sinne des § 823 BGB, wenn sich der Mobber verkehrsrichtig verhalten hat. Da die Mobbinghandlungen wegen ihrer vielfältigen negativen Auswirkungen (vgl. 1. Kapitel unter II.10.) nicht als verkehrsrichtige Verhaltensweisen betrachtet werden können, die von unserer Gesellschaft toleriert werden und demzufolge von jedem Mitglied unserer Gesellschaft hinzunehmen sind, kann ein Mobber grundsätzlich nicht

---

[413] vgl. die Fallschilderung bei Warschkow/Erdmann, S. 509

[414] vgl. die Ausführungen im 4. Kapitel unter I.3.b.

[415] Palandt, § 276 Rn. 127 f.

sozialadäquat handeln. Allenfalls zu Beginn des Mobbingprozesses können einzelne Handlungen dem Bereich der Sozialadäquanz zugeordnet werden, etwa wenn Herr Meier (der spätere Mobber) aus seinem Urlaub zurückkehrt, am ersten Arbeitstag die vertrockneten Blumen in seinem Büro entdeckt und vor lauter Ärger hierüber seinen Arbeitskollegen Fischer (den künftigen Mobbingbetroffenen), der die Blumen während der Urlaubszeit zu pflegen versprach, nicht grüßt und mit Missachtung „bestraft".

Der vereinzelt in der Literatur anzutreffenden sowie vom Bundesgerichtshof vertretenen Ansicht, wonach das verkehrsrichtige Verhalten im Einzelfall einen Rechtfertigungsgrund darstellen kann,[416] vermag ich insoweit nicht zu teilen, auch wenn damit vielleicht lediglich der Wille verbunden ist, dem Schädiger die Beweislast für das von ihm behauptete verkehrsgerechte Verhalten aufzubürden.[417] Schließlich ist jedes sozialadäquates Verhalten nicht verboten, sondern erlaubt. Was von der Rechtsordnung erlaubt ist, kann aber nicht zugleich tatbestandsmäßig sein. Andernfalls würde man eine meines Erachtens nicht gerechtfertigte Parallele etwa zur Notwehr ziehen, die nur ausnahmsweise generell verbotene und mit Sanktion belegte Handlungen erlaubt.[418]

aa. Verletzung des Lebens

Geschütztes Rechtsgut ist gemäß § 823 Abs. 1 BGB zunächst das Leben. Dieses verletzt, wer einen anderen tötet.[419] Im Zusammenhang mit Mobbing ist mir bislang kein Fall bekannt geworden, der die unmittelbare Tötung des Mobbingbetroffenen durch den Mobber zum Gegenstand hatte. Bekannt geworden sind lediglich Fälle, die die Frage nach einer Einordnung in dem Bereich der mittelbaren Tötung aufwerfen (vgl. die Ausführungen im 2. Kapitel unter III.1.a.), die ebenfalls von § 823 Abs. 1 BGB sowie § 823 Abs. 2 BGB i.V.m. §§ 211 ff. StGB erfasst werden.[420] Da sich insoweit dieselben Frage wie im Strafrecht stellen und zudem davon auszugehen ist, dass eine mittelbare Tötung des Mobbingbetroffenen kaum vorkommen dürfte, wird dieser Aspekt auch bei der schadensersatzrechtlichen Bewertung von Mobbing nicht weiter verfolgt.

bb. Verletzung des Körpers sowie der Gesundheit

Weitere Schutzgüter sind gemäß § 823 Abs. 1 BGB der Körper und die Gesundheit. Körperverletzungen und Gesundheitsbeschädigungen fallen häufig zusammen, müssen es jedoch nicht zwingend.[421]

Unter der Körperverletzung im Sinne des § 823 Abs. 1 BGB wird jeder unbefugte - nicht ganz unerhebliche - Eingriff in die körperliche Unversehrtheit verstanden. Hierzu zählt jedes Hervorrufen oder Steigern eines von den normalen körperlichen Funktionen

---

[416] vgl. Palandt, § 823 Rn. 40; BGHZ 359 (365); BGH v. 2.10.1990, NJW 1991, 747 (748); s.a.: Soergel-Zeuner, § 823 Rn. 25 bezüglich der Gesundheitsverletzung durch psychische Einwirkungen

[417] vgl. Palandt, § 823 Rn. 40; so aber: BGHZ 24, 21 (28)

[418] so wie hier im Ergebnis auch: Soergel-Zeuner, § 823 Rn. 3, 266; MüKo-Mertens, § 823 Rn. 5 will derartige Fälle in der Weise lösen, dass er die Zurechnung mangels Verschulden verneint

[419] h.M.; vgl. Palandt, § 823 Rn. 3; Larenz/Canaris, S. 377; MüKo-Mertens, § 823 Rn. 72; Soergel-Zeuner, § 823 Rn. 15

[420] vgl. MüKo-Mertens, § 823 Rn. 14

[421] Däubler ZR 2, Rn. 933, 935; Larenz/Canaris, S. 378; s.a.: Soergel-Zeuner, § 823 Rn. 20

nachteiligen abweichenden Zustands, wobei es keiner Schmerzzufügung bedarf.[422] Auch braucht sie keinen Krankheitswert zu haben oder einen Eingriff in die körperliche Substanz beinhalten.[423]

Margit Ricarda Rolf[424] berichtet im Zusammenhang mit dem von ihr erlebten Mobbing über massive Schlafstörungen, Alpträume, Atemprobleme und Herzrasen. Zumindest die über sechs Wochen anhaltenden Schlafstörungen lassen sich der Körperverletzung im Sinne des § 823 Abs. 1 BGB zuordnen, da es sich hierbei um einen regelwidrigen Körperzustand handelt, der - sofern er über einen längeren Zeitraum anhält - regelmäßig einer ärztlichen Behandlung bedarf.

Von einer Verletzung der Gesundheit im Sinne der Vorschrift wird hingegen gesprochen, wenn die Lebensvorgänge derart gestört sind, dass eine medizinische Behandlung erforderlich ist.[425] Es handelt sich hierbei um eine Störung der physischen, psychischen oder mentalen Befindlichkeit eines Menschen mit Krankheitscharakter.[426] Seelische Schmerzen unterfallen allerdings nur dann dem Schutzbereich des § 823 Abs. 1 BGB, sofern diese die Auswirkung der Verletzung des eigenen Körpers sowie der eigenen Gesundheit ist. Psychische Beeinträchtigungen müssen demzufolge pathologisch fassbar sein, um als Körper- bzw. Gesundheitsverletzung anerkannt werden zu können.[427]

Sticht der Mobber etwa mit einem Messer auf den Mobbingbetroffenen derart ein, dass dieser einer ärztlichen Behandlung bedarf (z.B. die Stichwunde muss genäht werden), so liegt ohne Zweifel eine Verletzung der Gesundheit des Mobbingbetroffenen im Sinne des § 823 Abs. 1 BGB vor. Entsprechendes gilt, wenn der Mobber den Mobbingbetroffenen ständig erniedrigt, so dass der Mobbingbetroffene letztendlich in Depressionen verfällt.

Aus der Tatsache, dass sich Mobbing grundsätzlich negativ auf die Psyche des Mobbingbetroffenen auswirkt, mit der Folge, dass Mobbingbetroffe neben zahlreichen Stressfolgen die unterschiedlichsten Krankheitsbilder bis hin zum PTSD aufweisen (vgl. 1. Kapitel unter II.10.a.) und regelmäßig zur Wiederherstellung des Gesundheitszustandes einer stationären sowie ambulanten ärztlichen Behandlung bedürfen, resultiert, dass Mobbingbetroffene infolge Mobbing sowohl an ihrem Körper als auch an ihrer Gesundheit im Sinne des § 823 Abs. 1 BGB verletzt werden können.

cc. *Verletzung der Freiheit*

Unter der Freiheit im Sinne des § 823 Abs. 1 BGB wird die körperliche Bewegungsfreiheit verstanden.[428] Ein Eingriff in die Fortbewegungsfreiheit ist vor allem dann gegeben, wenn der Geschädigte eingesperrt wird.[429] Ein bloßes Ausgrenzen genügt indes nicht.[430]

---

[422] vgl. Palandt, § 823 Rn. 4; Soergel-Zeuner, § 823 Rn. 16; MüKo-Mertens, § 823 Rn. 73

[423] Larenz/Canaris, S. 377

[424] Rolf, S. 155 f.

[425] Däubler ZR 2, Rn. 935; s.a.: MüKo-Mertens, § 823 Rn. 74

[426] vgl. Larenz/Canaris, S. 377; MüKo-Mertens, § 823 Rn. 74

[427] BGH v. 4.4.1989, NJW 1989, 2317; s.a.: MüKo-Mertens, § 823 Rn. 75; Soergel-Zeuner, § 823 Rn. 20; BGHZ 107, 359 (363)

[428] h.M.; vgl. Palandt, § 823 Rn. 6; Däubler ZR 2, Rn. 939; Larenz/Canaris, S. 385; Kittner, Rn. 446; Soergel-Zeuner, § 823 Rn. 28

[429] Larenz/Canaris, S. 386; Kittner, Rn. 447; Soergel-Zeuner, § 823 Rn. 30

[430] Kittner, Rn. 446

Sperrt der Mobber den Mobbingbetroffenen beispielsweise in die Toilette ein oder blockiert der Mobber die Bürotür mit einem Stuhl, so dass der Mobbingbetroffene das Zimmer nicht mehr verlassen kann, so ist das Rechtsgut „Freiheit" des Mobbingbetroffenen verletzt. Anders sieht es hingegen in dem folgenden Fall aus, den ich vor einigen Jahren in einem Verlag beobachten konnte. Streitereien zwischen zwei Sektretärinnen nahm ein Vorgesetzter zum Anlass, die eine Mitarbeiterin in einen Nebenraum des Sekretariates zu versetzen. Zeitgleich demontierte er den Türgriff der Verbindungstür zwischen den beiden Büros, so dass die „strafversetzte" Sekretärin ihren neuen Arbeitsplatz bzw. das Sekretariat nur über den Flur erreichen konnte. Sie war mithin von dem Sekretariatsgeschehen ausgesperrt, nicht aber zugleich auch ihrer körperlichen Bewegungsfreiheit beraubt, so dass von einer Verletzung der Freiheit der versetzten Sekretärin nicht gesprochen werden konnte.

dd. Verletzung des Eigentums

Eine Eigentumsverletzung im Sinne des § 823 Abs. 1 BGB ist gegeben, wenn derart auf eine Sache (vgl. § 90 BGB) eingewirkt wird, dass ein adäquater Schaden eintritt. Nicht erforderlich ist eine Substanzverletzung.[431] Die zahlreichen denkbaren Eigentumsverletzungen können vier Fallgruppen zugeordnet werden:
- die Substanz der Sache wird beschädigt oder zerstört,
- die Sache wird dem Eigentümer oder einem berechtigten Besitzer entzogen,
- die rechtliche Zuordnung der Sache zum bisherigen Inhaber wird aufgehoben,
- die Sache wird in ihrer Funktion beeinträchtigt.[432]

Mobber können im Rahmen des § 823 Abs. 1 BGB das Eigentum des Mobbingbetroffenen in vielfältigster Form verletzen, indem sie etwa den Lack seines Pkw mit einem Schlüssel zerkratzen (Substanzbeschädigung), seine Büropflanze zerstückeln (Substanzzerstörung), die Aktentasche des Mobbingbetroffenen in einer unauffindbaren Weise verstecken (Sachentziehung), den Laptop des Mobbingbetroffenen an einen gutgläubigen Dritten veräußern (Aufhebung der Sachzuordnung) oder den Diskettenschacht an dem Laptop des Mobbingbetroffenen blockieren, so dass ein Kopieren der Dateien von der Festplatte des Laptops auf Disketten sowie ein Arbeiten mit Disketten ausgeschlossen ist (Funktionsbeeinträchtigung).

Diese wenigen Beispiele verdeutlichen bereits, dass dem Mobber - soweit es die Verletzung fremden Eigentums betrifft - keine Grenzen gesteckt sind. Dies gilt umso mehr, wenn man sich der im Schrifttum vertretenen Meinung anschließt, dass das Eigentum bereits durch den Versuch eines Diebstahls (vgl. § 242 StGB) verletzt sein kann.[433]

ee. Verletzung sonstiger Rechte

Sonstige Rechte im Sinne des § 823 Abs. 1 BGB sind solche, die denselben rechtlichen Charakter wie das Eigentum haben und ebenso wie Leben, Gesundheit,

---

[431] Palandt, § 823 Rn. 7 f.
[432] Däubler ZR 2, Rn. 941 ff.; s.a.: Larenz/Canaris, S. 387 ff.; Kittner, Rn. 447; Soergel-Zeuner, § 823 Rn. 32
[433] vgl. Soergel-Zeuner, § 823 Rn. 35 m.w.N.

Freiheit etc. von jedermann zu beachten sind.[434] Sie müssen einen bestimmten materiellen oder immateriellen Wert haben, der dem Rechtsinhaber unter Ausschluss aller anderen Menschen zugewiesen ist.[435] Hierzu zählen unter anderem der (Mit-) Besitz,[436] das allgemeine Persönlichkeitsrecht[437] sowie der eingerichtete und ausgeübte Gewerbebetrieb.[438] Auch wird man das „Recht am Arbeitsplatz" als ein sonstiges Recht im Sinne der Vorschrift ansehen müssen.

ee.a. Verletzung des allgemeinen Persönlichkeitsrechts

Bei dem allgemeinen Persönlichkeitsrecht, das sich aus Art. 2 Abs. 1, Art. 1 Abs. 1 GG herleiten lässt und den Schutz des § 823 Abs. 1 BGB genießt,[439] handelt es sich inhaltlich um ein „Auffangrecht", das hinter den Einzelrechten zurücktritt, welche den spezifischen Ausprägungen der Persönlichkeit einen besonderen Schutz verleihen (z.B. § 12 BGB, der das Recht am eigenen Namen regelt).[440] Bei schweren Verletzungen des allgemeinen Persönlichkeitsrechts wird dem Geschädigten gegen den Schädiger gemäß § 823 i.V.m. § 847 BGB ein Schmerzensgeld zuerkannt, wenn die Persönlichkeitsverletzung nicht in anderer Weise befriedigend ausgeglichen werden kann,[441] etwa wenn den Schädiger eine schwere Schuld trifft oder wenn es sich um eine objektiv erheblich ins Gewicht fallende Beeinträchtigung des Persönlichkeitsrechts handelt.[442]

Dass Mobbinghandlungen geeignet sind, das allgemeine Persönlichkeitsrecht des Mobbingbetroffenen zu verletzen, lässt sich unter Verweis auf zwei Entscheidungen des LAG Berlin vom 5.3.1997 sowie des LAG Hamm vom 3.9.1997 belegen.

Mit Urteil vom 5.3.1997 hat das LAG Berlin[443] den früheren Arbeitgeber einer Anzeigenberaterin zur Zahlung einer Entschädigung in Höhe von 10.000 DM verpflichtet. Der Arbeitgeber hatte die Anzeigenberaterin (Klägerin) bei dem Leser- und Kundenkreis erheblich in Misskredit gebracht und ihr somit die Möglichkeit einer anderweitigen Beschäftigung jedenfalls in dem Berliner Bezirk Spandau genommen. Mittels eines fett gedruckten Textes hatte der Arbeitgeber in der Dezember-Ausgabe 1995 des „Spandauer Journals" nach erfolgter krankheitsbedingter Arbeitsunfähigkeit der Anzeigenberaterin mitgeteilt, dass diese an „astraler Hypertrophie" (mithin unter einer eingebildeten Krankheit) leide und für lange Zeit nicht mehr tätig werden könne.

---

[434] Palandt, § 823 Rn. 11; s.a.: Däubler ZR 2, Rn. 953; Larenz/Canaris, S. 392; Kittner, Rn. 455; Soergel-Zeuner, § 823 Rn. 46

[435] Däubler ZR 2, Rn. 953

[436] vgl. Däubler ZR 2, Rn. 956; Palandt, § 823 Rn. 13; Kittner, Rn. 457; Soergel-Zeuner, § 823 Rn. 58f.; a.A.: Larenz/Canaris, S. 396

[437] vgl. Soergel-Zeuner, § 823 Rn. 71; Däubler ZR 2, Rn. 972 ff.; Palandt, § 823 Rn. 177

[438] h.M.; vgl. Däubler ZR 2, Rn. 962; Palandt, § 823 Rn. 19; Larenz/Canaris, S. 393; Kittner, § 467; Soergel-Zeuner, § 823 Rn. 50

[439] vgl. BGHZ 35, 363 (367)

[440] Däubler ZR 2, Rn. 972; BVerfGE 34, 269 (271 f.)

[441] vgl. LAG Hamm v. 3.9.1997 – 14 Sa 433/97 - Seite 7 der Entscheidung; BGHZ 35, 363 (368 f.); BGHZ 39, 124 (133 f.); ArbG Berlin v. 6.9.1996 – 34 Ca 39707/95 + WK 34 Ca 3603/96 – Seite 6 der Entscheidung; LAG Berlin v. 5.3.1997 – 13 Sa 137/96 – Seite 10 der Entscheidung; LAG Köln v. 7.1.1998 – 2 Sa 1014/97 – Seite 11 der Entscheidung

[442] BGHZ 35, 363 (369)

[443] 13 Sa 137/96

In ähnlicher Weise hat das LAG Hamm mit Urteil vom 3.9.1997[444] die Arbeitgeberin, deren Geschäftsführerin, die Redakteurin sowie den verantwortlichen Chefredakteur einer Wochenzeitung gesamtschuldnerisch verurteilt, an die Klägerin als Schmerzensgeld einen Betrag in Höhe von 4.000 DM zu zahlen. Auch hier wurde die Klägerin in Misskredit gebracht, indem sie - wenn auch mit geändertem Namen - zumindest für ihre Arbeitskollegen unzweifelhaft erkennbar als die faulste Mitarbeiterin Deutschlands dargestellt wurde, die in drei Monaten nur an drei Tagen gearbeitet habe. Für die Höhe des Schmerzensgeldes war maßgebend, dass lediglich ein kleiner Kreis der Leserschaft des Anzeigenblattes den Artikel mit der Klägerin in Verbindung bringen konnte.[445]

Anders ist die Sachlage hingegen beispielsweise dann zu bewerten, wenn sich eine nach Inhalt und Form nicht überzogene Abmahnung, mit der behauptete Vertragsverstöße des Arbeitnehmers gerügt werden, als unberechtigt erweist und aus den Personalakten entfernt werden muss.[446] In einem solchen Fall kann nicht von einer Verletzung des allgemeinen Persönlichkeitsrechts des Arbeitnehmers gesprochen werden.

ee.b. Verletzung des Rechts am eingerichteten und ausgeübten Gewerbebetrieb

Die Rechtsprechung erkennt ein „Recht am eingerichteten und ausgeübten Gewerbebetrieb" an, während ein solches Recht in der Literatur teilweise auf Ablehnung bzw. Kritik stößt.[447] Meines Erachtens kann man ein derartiges Recht nur dann anerkennen, wenn man den Arbeitnehmern in der gleichen Weise ein „Recht am Arbeitsplatz" einräumt. Schließlich kann nicht eingesehen werden, weshalb der Gewerbebetrieb in schadensersatzrechtlicher Hinsicht besser als der Arbeitnehmer gestellt sein sollte (s.a. die Ausführungen in dem folgenden Punkt ee.c.).

Sofern man das „Recht am eingerichteten und ausgeübten Gewerbebetrieb" anerkennt, umfasst dieses die gesamte wirtschaftliche Tätigkeit eines Unternehmens einschließlich der Geschäftsverbindungen, der Kunden und der Außenstände.[448] Es ist verletzt, wenn durch einen rechtswidrigen unmittelbaren (d.h. betriebsbezogenen) Eingriff in den gewerblichen Tätigkeitskreis eingedrungen wird.[449] Voraussetzung ist hierfür, dass der Eingriff nicht vom Gewerbebetrieb ohne weiteres ablösbare Rechte oder Rechtsgüter betrifft.[450]

An einem unmittelbaren Eingriff in den Gewerbebetrieb fehlt es, wenn betriebsangehörige Arbeitnehmer, geschäftsführende Gesellschafter oder der Inhaber selbst durch den Schädiger verletzt werden[451] oder der Schädiger zum Betrieb gehörende Sachen zerstört, beschädigt oder entfernt.[452] Besteht eine Mobbinghandlung etwa in der Beschädigung des Dienstwagens des Mobbingbetroffenen oder in dem Verstecken der

---

[444] 14 Sa 433/97; insoweit bestätigt durch BAG v. 18.2.1999 – 8 AZR 735/97

[445] vgl. LAG Hamm v. 3.9.1997 – 14 Sa 433/97 – Seite 8 der Entscheidung; BAG v. 18.2.1999 – 8 AZR 735/97 – Seite 9 der Entscheidung

[446] LAG Köln v. 7.1.1998 – 2 Sa 1014/97 – Ls. 2 und Seite 9 der Entscheidung

[447] vgl. Däubler ZR 2, Rn. 962 ff.; Kittner, Rn. 467; Larenz/Canaris, S. 544 ff.; Brox SR II, Rn. 446

[448] Däubler ZR 2, Rn. 962

[449] Soergel-Zeuner, § 823 Rn. 108; Däubler ZR 2, Rn. 966

[450] Soergel-Zeuner, § 823 Rn. 108 f.; Däubler ZR 2, Rn. 965; BGHZ 29, 65 (74)

[451] Däubler ZR 2, Rn. 965 m.w.N.; Soergel-Zeuner, § 823 Rn. 112

[452] Soergel-Zeuner, § 823 Rn. 113

Pkw-Schlüssel, so greift der Mobber damit nicht in den Gewerbebetrieb seines Arbeitgebers ein. Gleiches gilt, wenn der Mobbingbetroffene beispielsweise aufgrund einer Handlung des Mobbers arbeitsunfähig erkrankt und der Arbeitgeber infolge der Schädigung des Mobbingbetroffenen einen Schaden erleidet (z.B. Zahlung einer Vertragsstrafe infolge des Ausfalls des Mobbingbetroffenen, Entgeltfortzahlung im Krankheitsfall).

Ein unmittelbarer Eingriff in den Gewerbebetrieb ist im Zusammenhang mit der Mobbingproblematik hingegen zu bejahen, wenn sich beispielsweise der Mobber, der seine Mobbinghandlungen gegen seinen Arbeitgeber richtet, gegenüber den Kunden seines Arbeitgebers in der Weise negativ verhält, indem er diese wahrheitswidrig unter Hinweis auf ein angeblich unmittelbar bevorstehendes Insolvenzverfahren des Arbeitgebers veranlasst, den Betrieb nicht mehr mit Waren zu beliefern.[453]

Ein Eingriff in den Gewerbebetrieb durch ein Verhalten des Mobbers erscheint unter Bezugnahme auf den von mir konstruierten Fall sowie unter Berücksichtigung der derzeit vorliegen Erkenntnisse hinsichtlich des Umfangs von Mobbing gegen Arbeitgeber sowie Vorgesetzte (vgl. 1. Kapitel unter II.7.) eher die Ausnahme zu sein. Demzufolge dürfte eine Verletzung des eingerichteten und ausgeübten Gewerbebetriebs im Zusammenhang mit Mobbing nur äußert selten in Betracht kommen.

ee.c. Verletzung des „Rechts am Arbeitsplatz"

Wird der Mobbingbetroffene wegen der Mobbingsituation versetzt, gibt er seinen Arbeitsplatz im Wege einer Eigenkündigung auf oder verliert er diesen infolge einer arbeitgeberseitig ausgesprochenen Kündigung, stellt sich die Frage, ob der Mobbingbetroffene hierdurch in seinem „Recht am Arbeitsplatz" gemäß § 823 Abs. 1 BGB verletzt sein kann.

Während ein Teil der Literatur sowie das Bundesarbeitsgericht ein solches Recht verneinen,[454] spricht sich unter anderem Mertens für einen Schutz des Arbeitsplatzes gemäß § 823 Abs. 1 BGB aus, wenn sich die Handlungen unmittelbar gegen den Arbeitnehmer als Inhaber eines Arbeitsplatzes richten, wie es etwa beim Boykott, bei der Verbreitung abträglicher Werturteile sowie der Veranlassung des Arbeitgebers zum Ausspruch einer Druckkündigung der Fall ist.[455]

Da meines Erachtens (s.a. die Ausführungen in dem voranstehenden Punkt ee.b.) nicht einzusehen ist, weshalb ein - regelmäßig finanzkräftigerer - Gewerbebetrieb in schadensersatzrechtlicher Hinsicht vorteilhafter zu behandeln ist als ein Arbeitnehmer,[456] der seinen Arbeitsplatz zwingend benötigt, um seine Existenz sowie die seiner Familie sichern zu können, das Arbeitsentgelt die Existenzgrundlage eines jeden Arbeitnehmers darstellt, und ein ungekündigtes Arbeitsverhältnis speziell in Zeiten hoher Arbeitslosigkeit von unschätzbarem Wert für jeden Beschäftigten ist, erachte ich die unter anderem von Mertens vertretene Meinung für die richtige Auffassung, wonach das „Recht am Arbeitsplatz" als ein sonstiges Recht im Sinne des § 823 Abs. 1

---

[453] vgl. Däubler ZR 2, Rn. 968; Soergel-Zeuner, § 823 Rn. 130 ff.

[454] vgl. Soergel-Zeuner, § 823 Rn. 152; Palandt, § 823 Rn. 27; BAG v. 4.6.1998 – 8 AZR 786/96 – S. 13 ff. der Entscheidung = BB 1999, 746 (747 f.) = AiB 1999, 112 (112)

[455] MüKo-Mertens, § 823 Rn. 130, 515; s.a.: Däubler AR 2, Rn. 593; Fabricius 305 ff.; im Ergebnis so wohl auch Schaub, § 125.VII.15., § 243.II.3., der die Möglichkeit einer Schadensersatzpflicht gemäß § 823 Abs. 1 BGB im Falle einer nicht gerechtfertigten Druckkündigung bejaht

[456] s.a.: Däubler AR 2, Rn. 593; Fabricius, S. 308

BGB zu qualifizieren ist. Mithin können Mobber mit ihrem Verhalten das Recht des Mobbingbetroffenen an seinem Arbeitsplatz verletzen.

Nicht selten dürfte eine Verletzung des „Rechts am Arbeitsplatz" mittels der von dem Mobber erzwungenen „Druckkündigung"[457] des Arbeitsverhältnisses des Mobbingbetroffenen durch die Arbeitgeberseite erfolgen. Denkbar ist aber auch der Fall, dass der Ruf eines Vorgesetzten durch das Mobbing derart Schaden nimmt, so dass sich dieser zur Vermeidung von Nachteilen für seine weitere berufliche Entwicklung gezwungen sieht, seinen Arbeitsplatz in dem Betrieb bzw. in der Dienststelle aufzugeben.

ff. *Verletzung eines Schutzgesetzes*

Ein Schutzgesetz im Sinne des § 823 Abs. 2 BGB ist jede Rechtsnorm, die gerade dazu dienen soll, den Einzelnen oder einzelne Personenkreise gegen die Verletzung eines Rechtsguts zu schützen.[458] Hauptfunktion dieser Vorschrift ist, dem Inidividualschutz dienende Rechtsnormen aus anderen Bereichen der Rechtsordnung in das Gefüge des Deliktsrechts einzubeziehen.[459] Eine Haftung nach § 823 Abs. 2 BGB setzt mithin voraus, dass der Geschädigte zu dem geschützten Personenkreis gehört, dass er in einem Rechtsgut oder Interesse verletzt worden ist, dessen Schutz das Gesetz zu dienen bestimmt ist, und dass sich schließlich in dem Schädigungsvorgang eine Gefahr verwirklicht hat, die durch das Gesetz abgewehrt werden sollte.[460] Schutzgesetze in diesem Sinne sind, soweit es das Strafgesetzbuch betrifft, unter anderem die §§ 185, 186, 211 ff., 223, 223a, 229, 240 und § 340 StGB.[461]

Wie im 2. Kapitel unter III. festgestellt wurde, können Mobbinghandlungen im konkreten Einzelfall geeignet sein, eine Strafbarkeit des Mobbers zu begründen. Insbesondere ist an eine Strafbarkeit wegen Beleidigung, übler Nachrede sowie Verleumdung gemäß §§ 185 ff. StGB zu denken. Damit kann infolge einer Mobbinghandlung ein Schutzgesetz im Sinne des § 823 Abs. 2 BGB verletzt sein, welches zugleich eine Schutzgutverletzungen im Sinne des § 823 Abs. 1 BGB darstellen kann. Diesbezüglich ist beispielhaft an einen Mobber zu denken, der den Pkw des Mobbingbetroffenen beschädigt. Dieser verletzt zum einen das Eigentum des Mobbingbetroffenen gemäß § 823 Abs. 1 BGB, zum anderen das Schutzgesetz des § 303 StGB, wonach die Sachbeschädigung unter Strafe gestellt ist.

c. *Schadensersatz wegen sittenwidriger vorsätzlicher Schädigung*

Nach § 826 BGB ist zum Schadensersatz verpflichtet, wer in einer gegen die guten Sitten verstoßenden Weise einem anderen vorsätzlich Schaden zufügt.

---

[457] zur Problematik der Druckkündigung vgl. die Ausführungen im 4. Kapitel unter I.3.

[458] Palandt, § 823 Rn. 141; Däubler ZR 2, Rn. 1059; Soergel-Zeuner, § 823 Rn. 285, 289 f.; MüKo-Mertens, § 823 Rn. 162 f.

[459] Soergel-Zeuner, § 823 Rn. 287

[460] Soergel-Zeuner, § 823 Rn. 290

[461] vgl. Palandt, § 823 Rn. 3, 149 m.w.N.; MüKo-Mertens, § 823 Rn. 194 m.w.N.

aa. Zufügung eines Schadens durch den Mobber

Unter dem Schaden im Sinne des § 826 BGB wird jeder Vermögensnachteil sowie jede Beeinträchtigung eines rechtlich anerkannten Interesses und jede Belastung mit einer ungewollten Verpflichtung verstanden.[462]

Dass Mobbinghandlungen zu Vermögensnachteilen bei dem Mobbingbetroffenen führen können, liegt auf der Hand. Zu denken ist etwa an eine nicht erfolgte Beförderung des Mobbingbetroffenen infolge von Unterstellungen, Lügen, Verleumdungen und üblen Nachreden seitens des Mobbers sowie an die Ablehnung einer Gehaltserhöhung aus Gründen, die dem Mobbing zuzuschreiben sind. Auch beinhalten die in dem voranstehenden Punkt b. bereits erörterten unerlaubten Handlungen nach § 823 BGB oftmals einen Vermögensschaden im Sinne des § 826 BGB.

bb. Sittenwidriges Handeln des Mobbers

Sittenwidrig handelt, wer gegen das Anstandsgefühl aller billig und gerecht Denkenden verstößt. Inhaltlich geht es hierbei um die entschiedene Missbilligung eines Verhaltens, dessen Verwerflichkeit sich aus dem verfolgten Ziel, den eingesetzten Mitteln, dem Missverhältnis von Zweck und Mittel, der zutage getretenen Gesinnung oder der eingetretenen Folgen ergeben kann.[463]

Unsittliche Motive (z.B. Neid, Eifersucht, Rache, feindliche Gesinnung, Eigensucht, Schadenfreude) allein machen ein Verhalten so lange nicht sittenwidrig, als es zugleich der Wahrnehmung berechtigter Belange dient.[464] Fehlen solche, kann das Verhalten schikanös und damit sittenwidrig sein. Gleiches gilt, wenn das Verhalten durch illegitime Motive geprägt ist.[465]

Mobbing zeichnet sich dadurch aus, dass ein sozialer Konflikt verdeckt und höchst personalifiziert ausgetragen wird. Je mehr sich der Konflikt aufschaukelt, desto mehr wird der Mobbingbetroffene als Ursache des bestehenden Problems betrachtet, mit der Folge, dass das Problem erst dann gelöst zu sein scheint, wenn der Mobbingbetroffene aus dem „Gesichtsfeld" des Mobbers verschwunden ist. Mithin wird es dem Mobber ab einem gewissen (Zeit-) Punkt regelmäßig nur noch um die „Vernichtung" des Mobbingbetroffenen, um seinen Ausschluss aus dessen Wirkbereich, gehen. Berechtigte Belange für das Verhalten des Mobbers dürfte es in objektiver Hinsicht kaum geben. Selbst in den Fällen, in denen das Handeln des Mobbers in gewisser Hinsicht nachvollziehbar erscheint und dem Mobber sogar eine gewisse Sympathie bzw. Verständnis für sein Verhalten entgegengebracht werden kann (z.B. nach den allgemeinen Gepflogenheiten in der Dienststelle wäre der Mobber an der Reihe gewesen, befördert zu werden; der Mobbingbetroffene macht sich wegen seines aufdringlichen Verhaltens und seiner sexistischen Sprüche bei seinen Arbeitskolleginnen unbeliebt), darf es aus rechtsstaatlichen Gründen nicht hinzunehmen sein, wenn der Mobber beispielsweise in Betracht kommende Konkurrenten beförderungsabträglichen Mobbinghandlungen aussetzt, um sich in das „rechte Licht" zu setzen und sich seine

---

[462] h.M.; vgl. Däubler ZR 2, Rn. 1068; Soergel-Hönn/Dönneweg, § 823 Rn. 60; MüKo-Mertens, § 826 Rn. 51

[463] Fikentscher, Rn. 1277; s.a.: Palandt, § 826 Rn. 2; Kittner, Rn. 508; Larenz/Wolf, S. 744

[464] Soergel-Hönn/Dönneweg, § 826 Rn. 41; MüKo-Mertens, § 826 Rn. 37

[465] Soergel-Hönn/Dönneweg, § 826 Rn. 42

Beförderung „zu sichern“, oder „Ekelpakete“ mit Hilfe von Mobbinghandlungen aus deren Wirkbereiche drängt. Insoweit ist das Verhalten des Mobbers wegen des Einsatzes verwerflicher Mittel grundsätzlich als sittenwidrig anzusehen.

d. Verpflichtung zur Zahlung von Schmerzensgeld

Gemäß § 847 Abs. 1 BGB ist dem Verletzten eine billige Entschädigung in Geld (sog. Schmerzensgeld) zu zahlen, wenn dieser im Falle der Verletzung des Körpers oder der Gesundheit sowie im Falle der Freiheitsentziehung auch einen Schaden erlitten hat, der kein Vermögensschaden ist.

aa. Voraussetzungen einer Anspruchsgrundlage gemäß §§ 823 ff. BGB

Voraussetzung für das Vorliegen eines solchen Anspruchs ist das Vorliegen der Voraussetzungen einer Anspruchsgrundlage im Sinne der §§ 823 ff. BGB,[466] was unter Hinweis auf die Ausführungen unter Punkt b. durchaus möglich ist. Die Verletzung des Körpers oder der Gesundheit des Mobbingbetroffenen, die Entziehung der Freiheit des Mobbingbetroffenen sowie im Ausnahmefall die Verletzung des allgemeinen Persönlichkeitsrechts des Mobbingbetroffenen sind geeignet, Haftungsgrundlage für einen Schmerzensgeldanspruch des Mobbingbetroffenen gemäß § 847 Abs. 1 BGB zu sein.

bb. Erleiden eines Nichtvermögensschadens

Weitere Bedingung ist gemäß § 847 Abs. 1 BGB, dass der Mobbingbetroffene einen Nichtvermögensschaden erlitten hat. Zu einem derartigen Schaden zählen nachteilige Folgen für die körperliche und/oder seelische Verfassung des Verletzten, wie es etwa bei körperlichen sowie seelischen Schmerzen, Bedrückung, Angst, Kummer, Sorgen, Unbehagen, Wesensänderungen sowie der Schmälerung der Lebensfreunde der Fall ist.[467]

Die im 1. Kapitel unter II.10.a. aufgeführten Folgen von Mobbing können unter Berücksichtigung dieser Grundsätze oftmals einen Nichtvermögensschaden darstellen. Beispielhaft sei die Beeinträchtigung des Wohlbefindens des Mobbingbetroffenen infolge Niedergeschlagenheit, Initiativlosigkeit, Rastlosigkeit, Alpträume, Einsamkeit und Kontaktarmut, Appetitlosigkeit, Schlaflosigkeit, Antriebslosigkeit und Zorn genannt. Ferner sind Wesensänderungen sowie die Schmälerung der Lebensfreunde oftmals Folge von Mobbing. So berichtet beispielsweise Margit Ricarda Rolf[468] über massive Schlaflosigkeit (sieben Nächte ohne Schlaf), Herzrasen, Atemnot, Alpträume, Gereiztheit sowie von einer angespannten familiären Situation.

Demgemäß sind die Mobbinghandlungen des Mobbers im konkreten Einzelfall durchaus geeignet, einen Anspruch des Mobbingbetroffenen auf Schmerzensgeld gemäß § 847 Abs. 1 BGB auszulösen.

---

[466] Larenz/Canaris, S. 590

[467] vgl. Palandt, § 847 Rn. 8; Soergel-Zeuner, § 847 Rn. 24; Brox SR II, Rn. 508

[468] Rolf, S. 146, 155 f., 175

e. Widerruf und Unterlassung ehrverletzender Äußerungen zum Nachteil des Mobbingbetroffenen

Sofern der Mobber ehrverletzende Äußerungen tätigt, stellt sich die Frage, ob und inwieweit es möglich ist, den Mobber auf Widerruf und Unterlassung derselben in Anspruch zu nehmen.[469] Schließlich werden in entsprechender Anwendung des § 1004 Abs. 1 BGB alle absoluten Rechte unter den Schutz dieser Vorschrift gestellt. Mithin sind besonders geschützt: das Leben, die Gesundheit, die Freiheit, das allgemeine Persönlichkeitsrecht, die Ehre.[470] Wird ein solches geschütztes Rechtsgut verletzt, so kann von dem Störer analog § 1004 Abs. 1 Satz 1 BGB die Beseitigung der Beeinträchtigung verlangt werden.

aa. Unwahre Tatsachenbehauptungen

Geht es um die Beseitigung einer unwahren Tatsachenbehauptung, deren Fortwirkung eine dauernde Störung eines geschützten Rechtsguts des Verletzten begründet - etwa der verleumderischen Bezichtigung einer Tätigkeit als Prostituierte -, so kann der Widerruf einer solchen Behauptung insoweit verlangt werden, als der Störer die unwahre Behauptung richtigstellt. Unerheblich ist, wie groß der Personenkreis ist, gegenüber dem die Behauptung aufgestellt wurde. Andere Zwecke als die Richtigstellung der unwahren Behauptung (z.B. Genugtuung, Recht bekommen) können mit dem Widerrufanspruch analog § 1004 Abs. 1 Satz 1 BGB nicht verfolgt werden.[471]

Soweit sich die Unwahrheit der Tatsachenbehauptung - etwa der Vorwurf eines Diebstahls - nicht aufklären lässt, es keine ernsthaften Anhaltspunkte für die Wahrheit der Tatsachenbehauptung gibt, ist ein sog. eingeschränkter Widerruf möglich, der darin besteht, dass der Störer erklärt, seine Behauptung nicht weiter aufrechterhalten zu wollen.[472]

bb. Ehrverletzende Werturteile

Sofern es ehrverletzende Werturteile betrifft – z.B. die Titulierung als „Hornochse" -, kann von dem Störer ein Widerruf der Äußerung derselben nicht verlangt werden.[473] Dieser Umstand wird damit begründet, dass eine unter staatlichem Zwang abgegebene Entschuldigungserklärung nicht geeignet ist, die frühere Äußerung im Sinne eines Abrückens von dieser zu beseitigen, wie es insbesondere bei der Beleidigung der Fall ist.[474] Insoweit ist es nur möglich, dem Störer die weitere Verbreitung entsprechender Aussagen untersagen zu lassen.[475] Unter Umständen ist es möglich, ein erwirktes

---

[469] vgl. die dies bejahende Entscheidung des ArbG Bamberg, Kammer Coburg v. 16.6.1999 – 3 Ca 1312/98

[470] h.M.; vgl. Palandt, § 1004 Rn. 2; Brox SR II, Rn. 528; Medicus SR II, Rn. 945

[471] vgl. Palandt, Einf v. § 823 Rn. 26 f.; BGH v. 13.10.1964, MDR 1965, 35; s.a.: BGHZ 10, 104 (106), der einen Widerrufsanspruch verneint, wenn die Tatsachenbehauptung nur gegenüber dem Verletzten aufgestellt wurde

[472] vgl. Palandt Einf v § 823 Rn. 27; Däubler ZR 2, Rn. 1414

[473] wohl h.M.; vgl. Däubler ZR 2, Rn. 1422; Palandt, Einf v § 823 Rn. 32; BGHZ 10, 104 (105 f.); BGH v. 13.10.1964, MDR 1965, 35

[474] Palandt, Einf v § 823 Rn. 32

[475] Däubler ZR 2, Rn. 1422; Medicus SR II, Rn. 817, 944

Unterlassungsurteil auf Kosten des Störers veröffentlichen zu lassen, wenn nur auf diese Weise eine vollständige „Rehabilitation" des Betroffenen erreicht werden kann.[476]

cc. Drohung weiterer Störungen

Sofern künftig weitere ehrverletzende Werturteile sowie unwahre Tatsachenbehauptungen drohen, kann der Betroffene analog § 1004 Abs. 1 Satz 2 BGB die Unterlassung derartiger Äußerungen verlangen. Voraussetzung ist, dass eine Wiederholungsgefahr besteht.[477] Erforderlich ist hierfür eine ernstliche sich auf Tatsachen begründete Besorgnis weiterer Eingriffe, wobei diesbezüglich auf den Zeitpunkt der letzten mündlichen Verhandlung abzustellen ist.[478] Die Unterlassung weiterer erwiesen unwahrer Tatsachenbehauptungen kann ohne weiteres, die Unterlassung weiterer erweislich wahrer Tatsachenbehauptungen hingegen nur verlangt werden, wenn sich der Störer nicht auf ein Recht zu einer solchen Behauptung berufen kann. Ebenfalls ist die Unterlassung weiterer ehrverletzender Meinungsäußerungen sowie Werturteile möglich, sofern sich nicht der Störer auf ein berechtigtes Interesse an der Wiederholung seiner Kritik berufen kann.[479]

f. Unterlassung weiterer nonverbaler Mobbinghandlungen

Da die Beseitigung einer bereits abgeschlossenen und somit in der Vergangenheit liegenden nonverbalen Mobbinghandlung grundsätzlich nicht möglich ist - so kann zum Beispiel weder die zugefügte Stichwunde mit einem Messer noch die Beschädigen eines Kfz ungeschehen gemacht werden - ist bei nonverbalen Mobbinghandlungen lediglich an die Unterlassung weiterer solcher Aktivitäten zu denken. Anspruchsgrundlage ist abhängig von der Art des betroffenen Schutzgutes § 1004 Abs. 1 Satz 2 BGB in unmittelbarer (d.h. bei Eigentumsbeeinträchtigungen, die nicht als Entziehung oder Vorenthaltung des Besitzes zu qualifizieren sind; vgl. § 1004 Abs. 1 Satz 1 BGB) oder analoger (d.h. bei Beeinträchtigungen anderer geschützter Rechtsgüter) Anwendung.

Voraussetzung für einen derartigen Anspruch ist entsprechend den in dem voranstehenden Punkt e.cc. dargelegten Grundsätzen, dass bereits ein objektiv widerrechtlicher Eingriff vorliegt und die Gefahr einer Wiederholung besteht, mithin ein weiterer Schaden droht. Weiter muss die fragliche Handlung konkret bezeichnet werden können. Allgemein gehaltene Anträge haben keinen vollstreckbaren Inhalt und sind deshalb unzulässig.[480]

Da es sich bei Mobbing um einen prozesshaften Vorgang handelt, muss davon ausgegangen werden, dass sich einzelne Mobbinghandlungen (z.B. der Angriff mit einem Messer, das Zerstören oder Beschädigen einer bestimmten Sache) jederzeit wiederholen können. Dies kann insbesondere dann der Fall sein, wenn der Mobber mit weiteren Handlungen gedroht hat. Ob diese auch ein geschütztes Rechtsgut in dem darlegten Sinne verletzen können, ist abhängig von dem konkreten Einzelfall zu

---

[476] Däubler ZR 2, Rn. 1422; BGHZ 99,133 (139 f.)
[477] vgl. Däubler ZR 2, Rn. 1419; Palandt, Einf v § 823 Rn. 18; Medicus SR II, Rn. 994; Brox SR II, Rn. 526 f., der im Übrigen auch von einer gewohnheitsrechtlichen Anerkennung des Anspruchs spricht; s.a.: ArbG Bamberg, Kammer Coburg v. 16.6.1999 - 3 Ca 1312/98 - Bl. 9 der Entscheidung
[478] Palandt, Einf v § 823 Rn. 24
[479] Palandt, Einf v § 823 Rn. 20; s.a.: Brox SR II, Rn. 527
[480] Däubler ZR 2, Rn. 1420

beurteilen. Folglich ist es durchaus möglich, den Mobber (analog) § 1004 Abs. 1 Satz 2 BGB auf Unterlassung bestimmter weiterer Mobbinghandlungen in Anspruch zu nehmen, soweit im konkreten Einzelfall die weiteren Voraussetzungen dieser Anspruchsgrundlage erfüllt sind.

g. *Schadensersatzrechtliche Besonderheiten bei der Haftung von Beamten*

Da Beamte als Mobber in Erscheinung treten können, ist den sich für diesen Personenkreis ergebenden besonderen schadensersatzrechtlichen Besonderheiten Beachtung zu schenken, die sich wie folgt darstellen:

- § 78 BBG (diese Vorschrift gilt für Beamte, auf die das Bundesbeamtengesetz Anwendung findet; hingegen gilt der wortidentische § 46 BRRG für solche Beamte, auf welche landesbeamtenrechtliche Vorschriften zur Anwendung gelangen) regelt abschließend die vermögensrechtliche Haftung des Beamten gegenüber seinem Dienstherrn und betrifft damit das Innenverhältnis zwischen diesen.[481]
- Die Haftung des Beamten gegenüber Dritten betrifft das Außenverhältnis und richtet sich nach den allgemeinen schadensersatzrechtlichen Grundlagen mit folgenden Besonderheiten.[482] Im Bereich des privatrechtlichen einschließlich des verwaltungsprivatrechtlichen Verwaltungshandelns haftet der Beamte nach § 839 BGB, wobei Art. 34 GG grundsätzlich eine Eigenhaftung des Beamten ausschließt. Insoweit ist eine Haftung des Beamten gemäß §§ 823 ff. BGB ausgeschlossen. Liegt eine Amtspflichtverletzung im Sinne des § 839 BGB hingegen nicht vor, ist Raum für eine Eigenhaftung des Beamten wegen unerlaubter Handlung, so dass die §§ 823 ff. BGB dann zur Anwendung gelangen können.

aa. *Haftung gemäß § 78 Abs. 1 BBG (§ 46 Abs. 1 BRRG)*

Gemäß § 78 Abs. 1 Satz 1 BBG (§ 46 Abs. 1 Satz 1 BRRG) hat ein Beamter, der vorsätzlich oder grob fahrlässig die ihm obliegenden Pflichten verletzt, dem Dienstherrn, dessen Aufgaben er wahrgenommen hat, den daraus entstehenden Schaden zu ersetzen. Haben mehrere Beamte gemeinsam den Schaden verursacht, so haften sie gemäß § 78 Abs. 1 Satz 2 BBG (§ 46 Abs. 1 Satz 2 BRRG) als Gesamtschuldner.

aa.a. *Pflichtverletzung des Beamten*

Um eine Haftung gemäß § 78 Abs. 1 BBG (§ 46 Abs. 1 BRRG) auslösen zu können, bedarf es zunächst einer Pflichtverletzung des Beamten. Ein Beamter, der als Mobber in Erscheinung tritt, kann in vielerlei Hinsicht ihn obliegende Pflichten verletzen.[483] Beispielsweise ist neben der Verletzung des Körpers des Mobbingbetroffenen mit einem Messer an eine Beleidigung des Mobbingbetroffenen, an eine Verbreitung unwahrer Tatsachen über den Mobbingbetroffenen, an eine Nichtbefolgung von Weisungen eines von Mobbinghandlungen betroffenen Vorgesetzten sowie an eine Störung des Betriebsfriedens zu denken.

---

[481] vgl. Battis, § 78 Rn. 1, 3

[482] Battis, § 78 Rn. 4; s.a.: Schnellenbach, Rn. 304; Plog u.a., § 78 Rn. 9 ff.; Soergel-Vinke, § 839 Rn. 25 f., 28

[483] vgl. hierzu auch die Ausführungen im 6. Kapitel unter II.1., 2.

aa.b. Schaden des Dienstherrn

Ob dem Dienstherrn infolge der Pflichtverletzung des Beamten ein Schaden entstanden ist, ergibt sich aus der Beantwortung der Frage, wie der Dienstherr stehen würde, wenn die Pflichtverletzung nicht erfolgt wäre.[484]

Diese Frage lässt sich relativ leicht beantworten, wenn es etwa um die Erstattung von Bezügen bzw. Entgelten geht, die der Dienstherr infolge einer durch die Pflichtverletzung des verbeamteten Mobbers verursachte krankheitsbedingte Arbeits- bzw. Dienstunfähigkeit des Mobbingbetroffenen erlitten hat. Allerdings gibt es auch Fallkonstellationen, bei denen sich Schäden kaum feststellen bzw. kaum in Geld bemessen lassen. Dies betrifft vor allem das Ansehen der Dienststelle, die Zufriedenheit der Beschäftigten bei der Arbeit sowie den Betriebsfrieden. Hier dürfte sich der Schaden - vergleichbar der Situation einer Verletzung des allgemeinen Persönlichkeitsrechts des Mobbingbetroffenen - nur schätzen lassen.

bb. Schadensersatzpflicht gemäß § 839 BGB

Verletzt ein Beamter vorsätzlich oder fahrlässig die ihm einem Dritten gegenüber obliegende Amtspflicht, so hat er diesem den daraus entstehenden Schaden gemäß § 839 Abs. 1 Satz 1 BGB zu ersetzen.

bb.a. Amtspflichtverletzung

Zunächst bedarf es einer Amtspflichtverletzung, die dem Beamten (d.h. Mobber) dem Geschädigten (d.h. Mobbingbetroffenen) gegenüber obliegt. Von einer derartigen Pflichtverletzung kann gesprochen werden, sofern die Amtspflicht - wenn auch nicht notwendig allein, so doch auch - den Zweck verfolgt, das Interesse gerade des Geschädigten zu wahren. Insoweit wird eine besondere Beziehung zwischen der verletzten Amtspflicht und der Person des Geschädigten verlangt.[485] Losgelöst von dem Erfordernis einer besonderen persönlichen Beziehung besteht die absolute gegenüber jedermann existierende Amtspflicht, unerlaubte Handlungen zu unterlassen.[486]

Wie bereits zu Anfang dieses Kapitelabschnitts ausgeführt wurde, sind Mobbinghandlungen im konkreten Einzelfall geeignet, eine unerlaubte Handlung im Sinne des § 823 BGB darzustellen. Man denke insoweit beispielsweise an das Einsperren des Mobbingbetroffenen in die Toilette, das Beschädigen des Fahrrades des Mobbingbetroffenen durch das Zerstechen der Reifen, die Zerstörung einer Aktentasche durch ihren Wurf in die Müllpresse oder die Beschädigung der Gesundheit des Mobbingbetroffenen infolge Telefonterror.

bb.b Vermögensschaden

Weiter setzte ein Schadensersatzanspruch gemäß § 839 BGB voraus, dass dem Geschädigten infolge der Amtspflichtverletzung ein Vermögensschaden entstanden

---

[484] Plog u.a., § 78 Rn. 43; s.a.: Schnellenbach, Rn. 324 ff.

[485] ständige Rechtsprechung; vgl. BGHZ 122, 317 (320 f.); BGHZ 110, 1 (9); BGHZ 109, 163 (167 f.); BGHZ 106, 323 (331); BGHZ 84, 292 (299)

[486] Soergel-Vinke, § 839 Rn. 150; BGHZ 78, 374 (379); BGHZ 69, 128 (138)

ist.[487] Ein solcher Schaden umfasst auch solche Schäden, die wegen der Verletzung des allgemeinen Persönlichkeitsrechts des Geschädigten eingetreten sind.[488]

Dass dem Mobbingbetroffenen infolge einer Amtspflichtverletzung seitens des verbeamteten Mobbers ein Vermögensschaden entstanden sein kann, ist grundsätzlich nicht infrage zu stellen. Zu denken ist etwa an einen Vorgesetzten, der die anstehende Beförderung des Mobbingbetroffenen verhindert, die unter anderem eine Gehaltserhöhung zur Folge gehabt hätte. Mithin kann im Zusammenhang mit Mobbing eine Schadensersatzpflicht gemäß § 839 BGB im konkreten Einzelfall gegeben sein.

2. *Kausalzusammenhänge und Zurechenbarkeit der Handlungen des Mobbers*

Sofern es zu einer Verletzung der vorgenannten Rechtsgüter oder Rechte kommt, muss diese dem Mobber zurechenbar sein. Andernfalls ist eine Haftung des Mobbers ausgeschlossen. Zudem müssen - soweit erforderlich - die Kausalitätserfordernisse erfüllt sein.

Verletzt der Mobber beispielsweise ein durch § 823 BGB geschütztes Rechtsgut oder Recht, so wird ihm sein Handeln regelmäßig zuzurechnen sein. Besteht die Verletzungshandlung hingegen in einem Unterlassen, so ist dieses ihm nur dann zurechenbar, wenn es eine spezifische Rechtspflicht zur Abwendung des Erfolges gibt.[489] Wenngleich der Maßstab für die Beurteilung der Pflicht zur Abwendung des Erfolges nicht so streng ist wie der im Strafrecht,[490] kann insoweit auf die Ausführungen im 2. Kapitel unter IV.1.c. verwiesen werden. Im Zivilrecht wird in diesem Zusammenhang von „Verkehrspflichten“ sowie „Verhaltenspflichten“ gesprochen, wobei diese zugleich die Messlatte für das von dem Mobber verlangte Verhalten bilden.[491]

Hinsichtlich der Zurechenbarkeit der Handlung des Mobbers dürfte es im Zusammenhang mit Mobbing grundsätzlich keine Probleme geben, so dass dieser Aspekt nicht weiter vertieft wird. Hingegen dürften sich regelmäßig Kausalitätsprobleme stellen.

Während im Strafrecht die Äquivalenztheorie vorherrscht (vgl. hierzu die Ausführungen im 2. Kapitel unter III.2.), bestimmt sich die Kausalitätsprüfung im Zivilrecht nach der Adäquanztheorie. Nach dieser Theorie ist dem Handelnden ein Schaden nur dann zuzurechnen, wenn die von ihm gesetzte Bedingung im allgemeinen und nicht nur unter ganz besonders eigenartigen, unwahrscheinlichen und nach dem regelmäßigen Verlauf der Dinge außer Betracht zu bleibenden Umständen zur Herbeiführung des Erfolgs geeignet war.[492]

Dieser Kausalzusammenhang muss bezüglich der unerlaubten Handlung (vgl. §§ 823 ff. BGB) sowohl im Verhältnis Handlung/Verletzung eines geschützten Rechts bzw. Rechtsguts (sog. haftungsbegründende Kausalität) als auch im Verhältnis

---

487 Brox SR II, Rn. 487; Soergel-Vinke, § 839 Rn. 251
488 Soergel-Vinke, § 839 Rn. 251; BGHZ 78, 274 (280)
489 vgl. Däubler ZR 2, Rn. 992; Soergel-Zeuner, § 823 Rn. 157
490 vgl. Soergel-Zeuner, § 823 Rn. 158
491 vgl. Soergel-Zeuner, § 823 Rn. 159; Däubler ZR 2, Rn. 992
492 Busemann, S. 43; s.a.: Medicus, Rn. 598; Däubler ZR 2,Rn. 998; BGHZ 3, 261 (267); BGHZ 57, 137 (141)

Verletzung/Schaden (sog. haftungsausfüllende Kausalität) bestehen.[493] Insoweit kann auch von einem doppelten Kausalitätserfordernis gesprochen werden.

Da Voraussetzung für einen Schmerzensgeldanspruch gemäß § 847 Abs. 1 BGB ist, dass durch eine unerlaubte Handlung im Sinne der §§ 823 ff. BGB der Körper, die Gesundheit oder die Freiheit des Geschädigten verletzt wurde und diesem hierdurch ein Nichtvermögensschaden entstanden sein muss, wird zum Ausdruck gebracht, dass es zur Begründung eines derartigen Schmerzensgeldanspruchs ebenfalls sowohl der haftungsbegründenden als auch der haftungsausfüllenden Kausalität bedarf.[494] Entsprechendes gilt für die sittenwidrige vorsätzliche Schädigung (§ 826 BGB), da diese Vorschrift ebenfalls auf § 823 BGB aufbaut.

Das doppelte Kausalitätserfordernis stellt sich ferner bei der Positiven Vertragsverletzung. Hier muss ein adäquater Kausalzusammenhang zwischen dem Verhalten des Schädigers und der Pflichtverletzung sowie zwischen der Pflichtverletzung und dem verursachten Schaden bestehen.[495]

Das doppelte Kausalitätserfordernis stellt sich im Zusammenhang mit Mobbing oftmals als ein kaum zu bewältigendes Problem dar. Wirft jemand einen Stein gezielt auf ein Fenster und wird das Fensterglas hierdurch zerstört, so wird man eine Kausalität zwischen dem Steinwurf und der Beschädigung des Fensters sowie zwischen dieser und dem dadurch eingetretenen Schaden beim Eigentümer nicht beweifeln. Komplizierter stellt sich die Situation bereits dar, wenn eine dritte Person an dem Mobbinggeschehen beteilgt ist. Dies ist beispielsweise dann der Fall, wenn der Mobber dem Personalchef für den Fall der Kündigung des Arbeitsvertrages des Mobbingbetroffenen einen Vorteil verspricht. Handelt der Personalchef in Anbetracht des Versprechens, so wird der Mobbingbetroffene infolge der ausgesprochenen Kündigung seinen Arbeitsplatz verlieren und gegebenemfalls daraus resultierende Verdiensteinbußen erleiden. Auch wenn der in Aussicht gestellte Vorteil der Beweggrund für das Handeln des Personalchefs gewesen ist, so ist der Schaden des Mobbingbetroffenen, der in dem Arbeitsplatzverlust und seinen Folgen zu erblicken ist, nur wegen der Kündigung seitens des Personalchefs eingetreten. Demgemäß ist lediglich das Handeln des Personalchefs für den Schaden des Mobbingbetroffenen ursächlich. Anders wäre die Situation zu beurteilen, wenn der Mobber einen derart großen Druck auf den Personalchef ausübt, der den Personalchef nach Abwägung aller Risiken und Gefahren zu dem Ausspruch einer objektiv nicht gerechtfertigten Druckkündigung[496] veranlasst. Hier wäre es unbillig, nicht auch den Mobber für den Arbeitsplatzverlust einstehen zu lassen, der nur aufgrund seiner Drohung eingetreten ist. Schließlich setzt der Mobber den Personalchef in einem derartigen Fall in gewisser Weise als seine „Waffe“ gegen den Mobbingbetroffenen ein. Auch in den beiden geschilderten Fällen der Verletzung des allgemeinen Persönlichkeitsrechts (vgl. Punkt 1.b.ee.a.) liegt der doppelte Kausalzusammenhang nicht so offen zu Tage, auch wenn sich die angerufenen Gerichte nicht veranlasst sahen, in den Entscheidungsgründen auf diesen Aspekt einzugehen. Hier kann man den Kausalzusammenhang ebenfalls nur dadurch begründen, indem man die Zeitungen als die „Waffe“ der Schädiger ansieht, die die Publikationen als Medium für ihre persönlichkeitsverletzenden schriftlichen Äußerungen eingesetzt hatten.

---

[493] vgl. Däubler ZR 2, Rn. 995; Busemann, S. 43
[494] vgl. Brox SR II, Rn. 508
[495] vgl. Brox SR I, Rn. 293
[496] zur Problematik der Druckkündigung vgl. die Ausführungen in 4. Kapitel unter I.3.

Noch schwieriger wird sich die Situation oftmals bei den Gesundheitsverletzungen gestalten, die sich regelmäßig nur als Folge des prozesshaften Geschehens einstellen. Was vielleicht mit einem Unwohlgefühl in der Magengegend oder mit einem Schweißausbruch auf der Stirn beginnt, kann durchaus in einer Depression enden (vgl. 1. Kapitel unter II.10.a.). Erfolgt infolge Mobbing etwa ein Nervenzusammenbruch, so lässt sich dieser nur selten einer einzelnen konkreten Handlung zuordnen. Auch lässt sich kaum feststellen, ob der Nervenzusammenbruch auch ohne eine bestimmte einzelne Handlung eingetreten wäre. Entsprechendes gilt, wenn mehrere Mobber losgelöst voneinander handeln. Dann wird nicht nur die Zuordnung zu einer konkreten Handlung, sondern auch die Zuordnung zu einer konkreten Person oftmals misslingen. In der gleichen Weise stellt sich die Frage, ob der Nervenzusammenbruch des Mobbingbetroffenen nicht auch ohne das Wirken des einzelnen Mobbers erfolgt wäre. Dieses Kausalitätsproblem lässt sich noch weiter auf die Spitze treiben: Der Nervenzusammenbruch könnte seine Ursache auch in den Umständen des privaten Bereichs des Mobbingbetroffenen (z.B. familiäre und/oder finanzielle Probleme, der Tod eines nahen Angehörigen, Suchtprobleme) haben, mithin unabhängig von den Mobbingangriffen eingetreten sein. Lässt sich der erforderliche Kausalzusammenhang nicht feststellen, so entfällt zwangsläufig eine Schadensersatzpflicht des Mobbers.

Vergleichbares gilt bezüglich des Schmerzensgeldanspruchs (§ 847 BGB). Es wird kaum zu bezweifeln sein, dass Schmerzen, Angstzustände, Kummer, Wesensänderungen sowie die Schmälerung der eigenen Lebensfreude Folge von Mobbing sein können. Doch lassen sich diese Erscheinunsgbilder kaum auf einzelne konkret beschreibbare Handlungen zurückführen. Ist dies bei Schmerzen, Ängsten und Kummer infolge einer einzelnen besonders heftigen Mobbinghandlung vielleicht noch möglich - man denke an eine wüste Beschimpfung des Mobbingbetroffenen, die mit einer Bedrohung seines Lebens einhergeht und bei dem Mobbingbetroffenen konkrete Ängste auslöst -, so dürften Wesensänderungen sowie die Schmälerung der eigenen Lebensfreude grundsätzlich nicht auf einzelne Handlungen, sondern auf das Zusammenwirken und Ineinandergreifen der zahlreichen Mobbinghandlungen beruhen. Zudem kann auch hier nicht ausgeschlossen werden, dass die vorgenannten Mobbingfolgen auf die private Lebenssituation des Mobbingbetroffenen (z.B. Trennung vom Partner, Tod eines nahen Angehörigen) zurückzuführen sind.

Folgend der Adäquanztheorie haftet ein Beamter nur dann gemäß § 78 BBG (§ 46 BRRG), wenn zwischen der Pflichtverletzung und dem Schaden des Dienstherrn ein ursächlicher Zusammenhang dergestalt besteht, dass die Pflichtverletzung geeignet war, den Schaden herbeizuführen.[497]

Manipuliert der Mobber den Einsatzwagen eines Arbeitskollegen in der Weise, dass die Bremsanlage außer Funktion gesetzt ist, so ist diese Pflichtverletzung ohne Zweifel die adäquate Ursache dafür, wenn der Arbeitskollege mit dem Einsatzwagen bei einem Bremsversuch verunfallt. Schließlich konnte der Unfall nur deshalb eintreten, weil die Bremsanlage außer Funktion gesetzt war. Besteht der Schaden des Dienstherrn hingegen in der Entgeltfortzahlung aus krankheitsbedingten Gründen infolge Mobbing am Arbeitsplatz, so wird sich ein derartiger Ursachenzusammenhang oftmals nicht feststellen lassen. Es wird kaum zu beweisen sein, welche von mehreren Mobbinghandlungen (z.B. Beleidigung, Diskriminierung, sexuelle Belästigung)

[497] vgl. BVerwGE 70, 296 (300); BVerwGE 69, 334 (336); Battis, § 78 Rn. 10; s.a.: Plog u.a., § 78 Rn. 44; Schnellenbach, Rn. 322

beispielsweise ursächlich für einen Nervenzusammenbruch des Mobbingbetroffenen gewesen ist. Entsprechendes gilt, wenn neben der Mobbingsituation weitere Probleme existieren, die der Privatsphäre des Mobbingbetroffenen zuzuordnen sind. Es stellt sich dann die Frage, welche Probleme für den Nervenzusammenbruch ursächlich waren bzw. ob dieser nicht auch ohne die vorliegende Mobbingsituation eingetreten wäre. Noch verzwickter ist die Situation, wenn mehrere Mobber losgelöst voneinander Mobbinghandlungen begehen. In einem solchen Fall wird es zusätzlich regelmäßig nicht gelingen, die Person des Schädigers zu ermitteln. Demgemäß wird eine Haftung des Mobbers gemäß § 78 BBG (§ 46 BRRG) in zahlreichen Fällen wegen der nicht feststellbaren Kausalität entfallen.

Ihm Rahmen einer Haftung gemäß § 839 BGB muss zwischen dem Schaden und der Amtspflichtverletzung ein adäquat kausaler Zusammenhang bestehen.[498] Mithin ist zu fragen, welch einen Verlauf die Dinge bei einem pflichtgemäßen Handeln genommen hätten und wie sich die Vermögenssituation des Geschädigten dann darstellen würde.[499]

Der erforderliche Kausalzusammenhang lässt sich regelmäßig ohne größere Probleme begründen, wenn der Schaden auf eine konkrete Handlung des Mobbingbetroffenen beruht. Anders verhält es sich jedoch - wie bereits mehrfach ausgeführt wurde - bei Gesundheitsbeeinträchtigungen, die sich oftmals als Folge der ständig wiederkehrender Mobbingangriffe einstellen, ihre Ursache allerdings auch im privaten Bereich des Mobbingbetroffenen haben können. Demgemäß wird es in zahlreichen Fällen auch im Rahmen des § 839 BGB nicht möglich sein, einen adäquat kausalen Zusammenhang zwischen einer konkreten Amtspflichtverletzung und dem Schaden des Mobbingbetroffenen herzustellen, so dass eine Schadensersatzpflicht des Mobbers ausscheidet.

3. *Rechtswidriges Handeln des Mobbers*

Vergleichbar der Situation im Strafrecht entstehen schadensersatzrechtliche Ansprüche nur dann, wenn die Schadensverursachung rechtwidrig ist (vgl. §§ 823 Abs. 1 am Ende, 831 Abs. 1 Satz 1 BGB). Da grundsätzlich von dem Umstand ausgegangen werden kann, dass sich Mobber bezüglich der von ihnen begangenen schadensverursachenden Handlungen nicht auf Rechtfertigungsgründe berufen können, kann stets von einem rechtswidrigen Handeln des Mobbers ausgegangen werden, so dass diese schadensersatzrechtliche Bedingung nur in Ausnahmefällen nicht erfüllt sein dürfte.

4. *Vorsätzliches und fahrlässiges Handeln des Mobbers*

Eine Schadensersatzpflicht des Schädigers tritt grundsätzlich nur ein, wenn er den Schadenseintritt verschuldet hat. So bedingt § 823 Abs. 1 BGB, dass der Mobber vorsätzlich oder fahrlässig gehandelt hat, der Mobber mithin für das Geschehen verantwortlich ist.[500] Gleiches gilt für § 847 BGB (Anspruch auf Schmerzensgeld), da diese Vorschrift auf § 823 BGB aufbaut.

---

498 Ossenbühl, S. 71; Soergel-Vinke, § 839 Rn. 110

499 Soergel-Vinke, § 839 Rn. 190; BGH v. 6.4.1995, NJW 1995, 2344 (2345)

500 vgl. Däubler ZR 2, Rn. 989

Nach § 276 Abs. 1 Satz 1 BGB hat der Schuldner, sofern nicht ein anderes bestimmt ist, Vorsatz und Fahrlässigkeit zu vertreten. Vorsatz in diesem Sinne ist das Wissen und Wollen des rechtswidrigen Erfolges. Der Handelnde muss den rechtswidrigen Erfolg voraussehen und in seinen Willen aufgenommen haben. Dass der Erfolg gewünscht oder beabsichtigt ist, ist ebenso unerheblich wie der Beweggrund des Tuns; es genügt, dass der Handelnde den Erfolg (beispielsweise die Verletzung eines durch § 823 BGB geschützten Rechtsguts oder Rechts) billigend in Kauf nimmt.[501] Das Bewusstsein der Rechtswidrigkeit gehört ebenfalls - anders als im Strafrecht - zum Vorsatz.[502]

§ 276 Abs. 1 Satz 2 BGB definiert den Begriff der Fahrlässigkeit insoweit, als fahrlässig handelt, wer die im Verkehr erforderliche Sorgfalt außer acht lässt. Fahrlässiges Handeln setzt die Voraussehbarkeit und Vermeidbarkeit des rechtswidrigen Erfolges voraus.[503] Im Unterschied zum Strafrecht (vgl. 2. Kapitel unter III.3.), wo auf die dem Täter zumutbare Einsichts- und Handlungsfähigkeit abgestellt wird, gilt im Zivilrecht ein objektiver Sorgfaltsmaßstab. Es ist darauf abzustellen, wie sich ein sorgfältiger Mensch mit durchschnittlicher Umsicht und Tüchtigkeit - unter Berücksichtigung des jeweiligen Verkehrskreises - verhalten würde.[504] Bewusst fahrlässig handelt, wer mit dem Eintritt des Erfolges gerechnet, aber fahrlässig darauf vertraut hat, dass dieser nicht eintreten werde. Hat er den möglichen Eintritt des schädlichen Erfolges nicht erkannt, hätte er ihn aber bei gehöriger Sorgfalt voraussehen und verhindern können, so liegt ein unbewusstes fahrlässiges Handeln vor.[505] Von grober Fahrlässigkeit ist die Rede, wenn die im Verkehr erforderliche Sorgfalt in einem besonders schweren Maße verletzt ist.[506]

Zu Beginn eines Mobbingprozesses werden manche Mobbinghandlungen ohne weiteres situationsbedingt und äußerst spontan - teilweise sogar in einem gewissen Sinne reflexartig - erfolgen, ohne dass der Mobber etwas (z.B. eine mögliche Schädigung des Mobbingbetroffenen) mit der jeweiligen Handlung verbindet. Handlung kommt zu Handlung, ohne dass dem Mobber sein Tun und/oder die möglichen Folgen bewusst wird. Von einem vorsätzlichen Handeln des Mobbers kann in dieser Phase des Mobbing kaum gesprochen werden. Jedoch ab einem bestimmten Zeitpunkt wird dem Mobber in der Regel bewusst sein, was seine Mobbinghandlungen bewirken, wie diese auf den Mobbingbetroffenen einwirken. In dem Bewusstsein einer Gegnerschaft bzw. Antipathie gegenüber dem Mobbingbetroffenen führt er seine Handlungen immer häufiger mit dem Ziel aus, seine Interessen zu verfolgen und dem Mobbingbetroffenen zu schaden - etwa sein Eigentum zu beschädigen. Sofern dies der Fall ist, wird man dem Mobber ein vorsätzliches Verhalten unterstellen dürfen. Er weiß, dass er mit seinem Verhalten etwa ein durch § 823 BGB geschütztes Rechtsgut oder Recht des Mobbingbetroffenen widerrechtlich verletzt und will dies auch.

Aufgrund der mittlerweile mehrjährigen intensiven Diskussion über das Mobbingphänomen, die ihren Niederschlag in zahlreichen Publikationen, Fernseh- sowie

---

[501] Palandt, § 276 Rn. 10; Däubler ZR 2, Rn. 1028; Soergel-Zeuner, § 823 Rn. 268; Kittner, Rn. 270
[502] h.M.; vgl. Palandt, § 276 Rn. 11; Däubler ZR 2, Rn. 1029; Soergel-Zeuner, § 823 Rn. 268
[503] Palandt, § 276 Rn. 11; s.a.: Kittner, Rn. 272
[504] Däubler ZR 2, Rn. 1030 f.; Palandt, § 276 Rn. 15 f.; Esser/Wolmerath, S. 253; Soergel-Zeuner, § 823 Rn. 269; Kittner, Rn. 272 f.
[505] Palandt, § 276 Rn. 13
[506] Palandt, § 276 Rn. 14

Radiosendungen, Workshops, Seminaren etc. gefunden hat,[507] kann von dem Umstand ausgegangen werden, dass den Akteuren in den Betrieben und Dienststellen die möglichen gesundheitlichen Gefahren sowie Folgen von Mobbing allgemein bekannt sind. Auch wenn sich Mobber nicht als solche bezeichnen und für ihr Wirken oftmals scheinbar berechtigte Gründe anführen, dürfte ihnen regelmäßig zumindest ein fahrlässiges Handeln anzulasten sein,[508] was insbesondere dann von Bedeutung ist, wenn sich ein vorsätzliches Handeln des Mobbers nicht feststellen lässt.

Diese Grundsätze lassen sich auch auf die sittenwidrige Schädigung übertragen, wobei § 826 BGB eine Schadensersatzpflicht allerdings nur dann vorsieht, wenn der Schädiger vorsätzlich gehandelt hat, wobei ein bedingt vorsätzliches Handeln genügt, der die Sittenwidrigkeit der Handlung nicht umfassen muss.[509] Jedoch muss der Mobber das Bewusstsein haben, dass sein Handeln (bzw. Unterlassen)[510] zu einer Schädigung des Mobbingbetroffenen führen wird.[511]

Da eine von einem Arbeitnehmer begangene Nebenpflichtverletzung Schadensersatzansprüche des Arbeitgebers wegen Positiver Vertragsverletzung auslösen kann, ist nur eine solche Pflichtverletzung rechtlich von Relevanz, die schuldhaft begangen wurde.[512] Insoweit hat er entsprechend § 276 Abs. 1 BGB für Vorsatz und Fahrlässigkeit einzustehen.[513]

Von dem im Zivilrecht geltenden Grundsatz, wonach der Schuldner gemäß § 276 Abs. 1 BGB Vorsatz und Fahrlässigkeit zu vertreten hat, wird im Arbeitsrecht eine Ausnahme gemacht, wenn die schadensverursachende Nebenpflichtverletzung anlässlich einer Tätigkeit begangen wird, die durch den Betrieb veranlasst ist[514] oder eine betriebliche Tätigkeit darstellt.[515] Insoweit muss sich der Arbeitgeber bei jedem Schaden, den ein Arbeitnehmer in Ausübung einer betrieblichen Tätigkeit verursacht (in entsprechender Anwendung des § 254 BGB), das Betriebsrisiko sowie seine Verantwortung für die Organisation des Betriebes und die Gestaltung der Arbeitsbedingungen zurechnen lassen.[516] Hierbei sind betriebliche Tätigkeiten solche, die dem Arbeitnehmer für den Betrieb arbeitsvertraglich übertragen worden sind, oder die er im Interesse des Betriebes ausführt.[517]

Sofern diese Voraussetzungen erfüllt sind, hat der Arbeitnehmer nur für die Schäden aufzukommen, die er dem Arbeitgeber vorsätzlich oder grob fahrlässig zugefügt hat. Kann dem Arbeitnehmer nur eine geringe Schuld im Sinne der leichten Fahrlässigkeit vorgehalten werden, entfällt eine Schadensersatzpflicht. Bei mittlerer (d.h. normaler) Fahrlässigkeit ist der Schaden im Rahmen der Billigkeit zu ersetzen, wobei alle Umstände des Einzelfalls zu berücksichtigen sind.[518] Der Fahrlässigkeitsmaßstab wird

---

[507] vgl. zuletzt etwa die Reportage „Mobbing. Kampf um die Jobs mit allen Tricks" in „stern" Nr. 4 v. 20.1.2000, S. 46 ff.
[508] so auch: Esser/Wolmerath, S. 254
[509] Däubler ZR 2, Rn. 1069; Fikentscher, Rn. 1275 f.; Soergel-Hönn/Dönneweg, § 826 Rn. 63; Palandt, § 826 Rn. 9 ff.; MüKo-Mertens, § 826 Rn. 59, 61; Kittner, Rn. 507
[510] vgl. Palandt, § 826 Rn. 7; Soergel-Hönn/Dönneweg, § 826 Rn. 62
[511] vgl. MüKo-Mertens, § 826 Rn. 59, 62; Soergel-Hönn/Dönneweg, § 826 Rn. 64; Palandt, § 826 Rn. 9
[512] vgl. Soergel-Teichmann, § 242 Rn. 62 ff., 67
[513] Däubler ZR I, Rn. 1569
[514] BAG (GS) v. 27.9.1994, ArbuR 1994, 423; Kraushaar, S. 355
[515] Däubler Arbeitsrecht, S. 157; Däubler AR 2, Rn. 726
[516] BAG (GS) v. 27.9.1994, ArbuR 1994, 423 = ArbuR 1995, 70 (71 f.)
[517] Kraushaar, S. 355; BAG (GS) v. 27.9.1994, ArbuR 1995, 70 (72); s.a.: Busemann, S. 45
[518] statt vieler: Däubler Arbeitsrecht, S. 157; s.a.: Busemann, S. 44 f.

dabei insoweit subjektiviert, als eine grobe Fahrlässigkeit nur dann angenommen werden kann, wenn dem Arbeitnehmer ein schwerer persönlicher Schuldvorwurf zu machen ist, wenn er eine subjektiv schlechthin unentschuldbare Pflichtverletzung begangen hat.[519] Anders als im Rahmen des § 276 Abs. 1 BGB müssen sich Vorsatz und Fahrlässigkeit nicht allein auf die Pflichtverletzung, sondern auch auf die Beeinträchtigung des Rechtsguts beziehen.[520]

Unproblematisch sind die Fälle, in denen der Mobber am Arbeitsplatz vorsätzlich oder grob fahrlässig Mobbinghandlungen zum Nachteil des Mobbingbetroffenen begeht, die bei dem Arbeitgeber zu einem Schaden führen. Insoweit kommt eine (volle) Haftung des Mobbers sowohl nach den Grundsätzen der Arbeitnehmerhaftung als auch gemäß § 276 Abs. 1 BGB in Betracht. Kann dem Mobber hingegen nur ein Schuldvorwurf unterhalb der groben Fahrlässigkeit gemacht werden, so ist für den Umfang der Haftung entscheidend, ob die schadensverursachende Pflichtverletzung als eine betriebliche bzw. betrieblich veranlasste Tätigkeit qualifiziert werden kann.

Kaum vorstellbar ist, dass ein Arbeitgeber einem Beschäftigten mittels Anstellungsvertrag die Aufgabe überträgt, Mobbing zu betreiben. Wegen der zahlreichen negativen Auswirkungen auf den Betriebsablauf, auf das Betriebsklima sowie auf das Betriebsergebnis (vgl. die Ausführungen im 1. Kapitel unter II.10.) dürfte es ebenfalls grundsätzlich nicht im Interesse des Betriebes bzw. der Dienststelle sein, wenn jemand Mobbing betreibt. Allenfalls in Phasen des Personalabbaus, wenn es stets darum geht, Personal möglichst kostengünstig freizusetzen, kann die Arbeitgeberseite ein Interesse daran haben, dass Mobbing betrieben wird - etwa um auf diese Weise etwaige Kosten infolge bestehender Sozialplanansprüche einzusparen. Da solche Konstellationen jedoch die Ausnahme bilden dürften, wird man im Grundsatz davon auszugehen haben, dass die Grundsätze der Arbeitnehmerhaftung im Zusammenhang mit Mobbing keine Anwendung finden.

Da dem Mobber in der Regel bewusst sein wird bzw. er hätte erkennen müssen, dass seine Mobbinghandlungen nicht im Einklang mit den sich aus seinem Arbeitsvertrag ergebenden Nebenpflichten stehen, wird man in der Regel von einem zumindest fahrlässigen Handeln des Mobbers ausgehen dürfen, so dass insoweit eine Schadensersatzpflicht aus Positiver Vertragsverletzung in Betracht kommen kann.

§ 78 Abs. 1 Satz 1 BBG (§ 46 Abs. 1 Satz 1 BRRG) macht die Haftung des Beamten davon abhängig, dass dieser die ihm obliegende Pflicht im zivilrechtlichen Sinne[521] vorsätzlich oder grob fahrlässig verletzt hat. Hierbei ist allerdings zu bedenken, dass sich das Verschulden nur auf die Pflichtverletzung, nicht aber auch auf den Eintritt des Schadens beziehen muss.[522]

Grob fahrlässig im Sinne des § 78 Abs. 1 Satz 1 BBG (§ 46 Abs. 1 Satz 1 BRRG) handelt der Beamte, der die im Verkehr erforderliche Sorgfalt in einem besonders schweren Maße verletzt, schon einfachste, ganz naheliegende Überlegungen nicht angestellt und das nicht beachtet hat, was im konkreten Fall jedem einleuchten muss.[523] Hierbei sind subjektive Umstände insoweit zu berücksichtigen, als dem Beamten auch in subjektiver Hinsicht ein schweres Verschulden treffen muss.[524]

[519] Däubler Arbeitsrecht, S. 157
[520] Däubler Arbeitsrecht, S. 157
[521] Battis, § 78 Rn. 7; Plog u.a., § 78 Rn. 23; Schnellenbach, Rn. 317
[522] Schnellenbach, Rn. 316; Battis, § 78 Rn. 7; Plog u.a., § 78 Rn. 23; BVerwGE 70, 296 (299)
[523] vgl. Schnellenbach, Rn. 318; Plog u.a., § 78 Rn. 25; Battis, § 78 Rn. 7; BVerwGE 19, 243 (248)
[524] vgl. Plog u.a., § 78 Rn. 25; Schnellenbach, Rn. 318; BVerwGE 19, 243 (248)

Ob dem Mobbing betreibenden Beamten ein Verschulden in dem dargelegten Sinne vorzuhalten ist, kann nur im konkreten Einzelfall entschieden werden. Handelt der Beamte bewusst und gewollt mit dem Ziel, dem Mobbingbetroffenen zu schädigen, wird dieses regelmäßig in dem Bewusstein erfolgen, dass dies zugleich pflichtwidrig ist. Anders lässt sich der Umstand nicht erklären, weshalb die Mobber ihre Handlungen regelmäßig im Verborgenen unter Ausnutzung günstiger Gelegenheiten begehen. Demzufolge wird oftmals Vorsatz anzunehmen sein.

Gemäß § 839 Abs. 1 Satz 1 BGB haftet nur der Beamte, der die Amtspflichtverletzung vorsätzlich oder fahrlässig begangen hat, wobei sich das Verschulden nur auf die Amtspflichtverletzung, nicht aber auch auf den Schaden beziehen muss.[525]

Grundsätzlich wird man davon ausgehen können, dass ein Beamter seine Amtspflichten kennt. Daher wird ihm regelmäßig auch bewusst sein, dass er seine Pflichten verletzt, wenn er einen Schaden verursachende Mobbinghandlungen begeht. Diese Pflichtverletzung wird ein Beamter, der Mobbing treibt, in der Regel bewusst und gewollt in Kauf nehmen, sofern es ihm mit seinen Handlungen gerade auf eine Schädigung des Mobbingbetroffenen ankommt. Insbesondere das Handeln im Verborgenen unter Ausnutzung günstiger Situationen dürfte dafür sprechen, dass zumindest von einer fahrlässigen Amtspflichtverletzung gesprochen werden kann.

Indem der Anspruch auf Unterlassung weiterer Mobbinghandlungen auf bereits in der Vergangenheit begangene Mobbinghandlungen aufbaut, kommt es insoweit auf ein Verschulden des Mobbers nicht an. Entsprechendes gilt für den Widerruf unwahrer Tatsachenbehauptungen, da hier die Richtigstellung der Behauptung im Vordergrund steht, wobei es nicht darauf ankommen kann, ob die Behauptung der unwahren Tatsache schuldhaft erfolgt ist.[526]

5. *Ermittlung des Schadens und seines Ausmaßes*

Inhalt und Umfang des zu ersetzenden Schadens bemessen sich bei der unerlaubten Handlung gemäß § 823 BGB - abgesehen von den Sonderregelungen in §§ 842 - 851 BGB - nach den §§ 249 ff. BGB, wobei grundsätzlich das negative Interesse zu ersetzen ist.[527] Der Geschädigte ist mithin so zu stellen, wie er stehen würde, wenn der Schaden nicht eingetreten wäre,[528] wobei der zu ersetzende Schaden jeden unmittelbar und mittelbar verursachten Nachteil umfasst, der aus der Verletzung des Rechts bzw. Rechtsguts entstanden ist, das dem Schutz des § 823 BGB unterliegt.[529]

Auch bei der sittenwidrigen vorsätzlichen Schädigung (§ 826 BGB) richten sich Inhalt und Reichweite des zu ersetzenden Schadens nach §§ 249 ff. BGB.[530]

Gemäß § 249 BGB hat, wer zum Schadensersatz verpflichtet ist, den Zustand herzustellen, der bestehen würde, wenn der zum Ersatz verpflichtete Umstand nicht eingetreten wäre. Ist wegen der Verletzung einer Person oder wegen der Beschädigung einer Sache Schadensersatz zu leisten, kann der Gläubiger statt der Herstellung den dazu erforderlichen Geldbetrag verlangen. Ist die Herstellung nicht möglich oder zur

---

[525] Brox SR II, Rn. 487; Soergel-Vinke, § 839 Rn. 196
[526] s.a.: Brox SR II, Rn. 529, 531 zur allgemeinen Problematik
[527] vgl. Palandt, § 823 Rn. 159; BGH v. 25.11.1997, NJW 1998, 983 (984)
[528] BGHZ 57, 137 (139); BGH v. 25.11.1997, NJW 1998, 983 (984)
[529] vgl. Palandt, § 823 Rn. 159; s.a.: Däubler ZR 2, Rn. 1066, der darauf hinweist, dass sich im Rahmen des § 823 Abs. 2 BGB der zu ersetzende Schaden nach dem Zweck des verletzten Gesetzes bestimmt
[530] Vgl. MüKo-Mertens, § 826 BGB Rn. 65; Palandt, § 826 Rn. 14

Entschädigung des Gläubigers (d.h. Geschädigten) nicht genügend, hat der Ersatzpflichtige gemäß § 251 Abs. 1 BGB den Gläubiger in Geld zu entschädigen.

Im Rahmen des § 839 BGB richtet sich der Schadensersatzanspruch grundsätzlich auf Ersatz in Geld, nicht auf Naturalrestitution.[531] Die Schadensersatzpflicht des Beamten gemäß § 78 BBG bemisst sich von ihrem Umfang her nach §§ 249, 251 BGB.[532] Gleiches gilt für eine sich aus Positiver Vertragsverletzung ergebende Schadensersatzpflicht.

Regelmäßig wird der Schadensausgleich folglich in der Zahlung von Geld bestehen, wie es insbesondere bei der Verletzung des allgemeinen Persönlichkeitsrechts der Fall ist, soweit eine Befriedigung nicht in anderer Weise (z.B. mittels einer Gegendarstellung in der Presse) erlangt werden kann (siehe auch den Punkt 1.a.ee.a.). In gleicher Weise können Verletzungen des Lebens, des Körpers, der Gesundheit, der Freiheit, des Rechts am eingerichteten und ausgeübten Gewerbebetrieb sowie des „Rechts am Arbeitsplatz" nur mittels einer Geldzahlung (einmalig oder als Rente; vgl. § 843 BGB) kompensiert werden.

Damit drängt sich stets die Frage auf, in welcher Höhe der Schaden anzusetzen ist. Ist beispielsweise der an einem Pkw verursachte Schaden mittels Erstellung eines Kostenvoranschlages bzw. Sachverständigengutachtens sowie durch Vorlage einer Reparaturrechnung messbar, so fehlen derartige verlässliche Ermittlungsmethoden bei allen Schäden, die dem immateriellen Bereich zuzuordnen sind. Letztendlich stellt sich die Frage, welchen Geldwert etwa das Ansehen eines Menschen am Arbeitsplatz, seine körperliche Unversehrtheit, sein gesundheitliches Wohlbefinden, seine menschliche Existenz etc. hat. Dieses Problem scheint dem Gesetzgeber bewusst gewesen zu sein, indem er in § 847 Abs. 1 BGB die „billige Entschädigung in Geld" anspricht. Da die Prozessparteien stets über die Billigkeit der Entschädigung in Streit geraten, wird es grundsätzlich Aufgabe des angerufenen Gerichts sein, den Schaden zu ermitteln und folglich die Höhe des zu leistenden Schadensersatzes festzulegen (vgl. § 287 ZPO). Auf diese Weise wird wenigstens ein Ergebnis erreicht - wobei es allerdings müßig ist, über die Richtigkeit sowie Gerechtigkeit des gefundenen Ergebnisses zu philosophieren.

Als problematisch dürfte sich regelmäßig die Ermittlung des Umfangs des Nichtvermögensschadens im Rahmen des § 847 BGB (Schmerzensgeld) darstellen. Entsprechendes gilt für die Bemessung der Höhe der Entschädigung. Es stellt sich in jedem Einzelfall die Frage, welche Geldleistung der Billigkeit entspricht und damit geeignet ist, den erlittenen Schaden auszugleichen.[533] Das Schmerzensgeld verfolgt eine doppelte Funktion: es soll dem Geschädigten einen Ausgleich für die erlittenen materiellen Schäden gewähren und ihm zugleich Genugtuung für das ihm zugefügte Leid geben.[534] Schließlich ist das Schmerzensgeld in jedem Einzelfall unter Berücksichtigung des allgemeinen Schmerzensgeldniveaus in eine angemessene Relation zu Ausmaß und Schwere der Verletzung und zum Grad der Persönlichkeitseinbuße zu setzen, wobei allerdings auch die wirtschaftlichen Verhältnisse des Schädigers zu berücksichtigen sind.[535] Ferner stellt sich die Frage, ob ein einmaliger

---

[531] Brox SR II, Rn. 491, 493

[532] Battis, § 78 Rn. 10

[533] s.a.: Soergel-Zeuner, § 847, Rn. 29; Däubler ZR 2, Rn. 1311; Brox SR II, Rn. 509

[534] ständige Rechtsprechung; vgl. BGH v. 16.2.1993, NJW 1993, 1531 (1531); BGHZ 120, 1 (4 f.)

[535] MüKo-Stein, § 847 Rn. 18 ff.; Soergel-Zeuner, § 847 Rn. 30; BGH v. 16.2.1993, NJW 1993, 1531 (1532)

Kapitalbetrag oder die Zahlung einer Rente (vgl. § 843 BGB) zum Schadensausgleich erforderlich ist.[536]

Dem Geschädigten kommt die Rechtsprechung hierbei insoweit entgegen, als ein unbezifferter Klageantrag genügt, wenn die Größenordnung des geforderten Geldbetrages erkennbar ist und dem Gericht die erforderlichen tatsächlichen Grundlagen zur Festlegung der Entschädigung unterbreitet werden.[537]

Wenn man sich die Höhe des Schmerzensgeldes der Anzeigenvertreterin in dem Berliner Fall (vgl. die Fallschilderung unter Punkt 1.b.ee.a.) vergegenwärtigt, so ist zweifelhaft, ob die zugesprochenen 10.000 DM der Billigkeit entsprechen und ausreichen, die materiellen Schäden der Klägerin auszugleichen.[538] Wenngleich es sich bei dem Anzeigenblatt nicht um eine bedeutende Zeitung handelt, so dürfte sich der Fall zumindest in Berlin derart herumgesprochen haben, dass es der Anzeigenvertreterin äußerst schwer sein dürfte, in dem Großraum Berlin eine neue Anstellung als Anzeigenvertreterin zu finden. Auch wenn sich ausgesprochene Vorhaltungen nicht als wahr erweisen, so bleibt doch immer etwas an der Person hängen. Oftmals geht solchen Personen der Ruf „schwierig" zu sein, voraus. Viele Arbeitgeber dürften kaum gewillt sein, eine derart vorbelastete Person einzustellen. Dieser Umstand allein kann dazu führen, dass sich ein Arbeitgeber gegen die Stellenbewerberin entscheidet, da er nicht beurteilen kann, wie seine Anzeigenkunden auf die Bewerberin reagieren würden.

6. Verfahrensrechtliche Aspekte

In verfahrensrechtlicher Hinsicht scheinen mir im Zusammenhang mit einer Schadensersatzpflicht des Mobbers zwei Aspekte problematisch zu sein - die Verjährung des Schadensersatzanspruchs sowie die Beweislast des Mobbingbetroffenen.

a. Verjährung und Verwirkung von Schadensersatzansprüchen

Gemäß § 852 Abs. 1 BGB verjährt der Anspruch auf Ersatz des aus einer unerlaubten Handlung, sittenwidrigen vorsätzlichen Schädigung sowie Amtspflichtverletzung (§§ 823, 826, 839 BGB) entstandenen Schadens in drei Jahren von dem Zeitpunkt an, in welchem der Verletzte von dem Schaden und der Person des Ersatzpflichtigen Kenntnis erlangt, ohne Rücksicht auf diese Kenntnis in dreißig Jahren von der Begehung der Handlung an. Hierbei ist zu beachten, dass die Verjährung - anders als im Strafrecht - kein Prozesshindernis darstellt. Allenfalls wenn der Beklagte die Einrede der Verjährung erhebt - wovon allerdings in der Regel ausgegangen werden kann -, wird die Klage wegen dieses Umstandes abgewiesen.[539] Die erforderliche Kenntnis von dem Schaden und der Person des Schädigers ist gegeben, wenn der Verletzte aufgrund der ihm bekannten Umstände eine Schadensersatzklage mit einigermaßen sicherer Aussicht auf Erfolg erheben kann, er mithin von dem Schaden wenigstens in den Grundzügen Kenntnis hat und weiß, wer für den Schaden einzustehen hat.[540]

---

[536] s.a.: Soergel-Zeuner, § 847 Rn. 33; MüKo-Stein, § 847 Rn. 46 ff.; Palandt, § 847 Rn. 12

[537] Soergel-Zeuner, § 847 Rn. 35; MüKo-Stein, § 847 Rn. 56; Palandt, § 847 Rn. 14

[538] so aber das ArbG Berlin v. 6.9.1996 - 34 Ca 39707/95 + WK 34 Ca 3603/96 - Seite 7 f. der Entscheidung

[539] Vgl. Brox SR I, Rn. 18

[540] vgl. Brox SR II, Rn. 519

Suchen Mobbingbetroffene einen Rechtsanwalt auf - was nach der von mir gesammelten Erfahrung oftmals erst nach dem Lesen einer Lektüre über Mobbing, dem Gespräch mit einer Mobbing-Selbsthilfegruppe, dem Abschluss einer ärztlichen bzw. therapeutischen Behandlung sowie der Beendigung des Beschäftigungsverhältnisses erfolgt -, so schildern sie nicht selten Sachverhalte, die viele Jahre zurückliegen, mithin gemäß § 852 Abs. 1 BGB verjährt sind. Sofern dies der Fall ist, stellt sich die Frage, ob es trotz dieses Umstands Sinn macht, eine Schadensersatzklage aus unerlaubter Handlung (§ 823 BGB), wegen sittenwidrige vorsätzliche Schädigung (§ 826 BGB) sowie gegen einen mobbenden Beamten gemäß § 839 BGB zu erheben - etwa um einen Vorgesetzten, der Mobbing betreibt, mit seinem Tun zu konfrontieren und diesen Umstand in den Betrieb hineinzutragen. Schließlich dürfte die Arbeitgeberseite und insbesondere der Vorgesetzte die Klageerhebung als einen Affront bewerten, was eine weitere Eskalation des Konflikts zur Folge haben dürfte. So ist nicht auszuschließen, dass die Arbeitgeberseite die Klagerhebung zum Anlass nimmt, um mit dem Mobbingbetroffenen Verhandlungen über die Beendigung des Arbeitsverhältnisses aufzunehmen.

Da grundsätzlich von dem Umstand auszugehen ist, dass der Dienstherr ihm zustehende Ansprüche verfolgt, kann unterstellt werden, dass die dreijährige Verjährungsfrist gemäß § 78 Abs. 2 BBG (§ 46 Abs. 2 BRRG) beachtet wird, die in dem Zeitpunkt beginnt, in dem er von dem Schaden und der Person des Ersatzpflichtigen Kenntnis erlangt. Soweit ihm eine solche Kenntnis fehlt, verjährt der Anspruch in 10 Jahren von der Begehung der Handlung an (vgl. § 78 Abs. 2 Satz 2 BBG; § 46 Abs. 2 Satz 2 BRRG). Ist der Anspruch im Einzelfall verjährt, so hindert dieser Umstand den Dienstherrn nicht, den Schaden dennoch geltend zu machen. Allerdings wird der mit dem Ersatzanspruch konfrontierte Beamte regelmäßig die Einrede der Verjährung erheben, so dass diese dann einer erfolgreichen Rechtsverfolgung im Wege steht.

Indem der Anspruch aus Positiver Vertragsverletzung gemäß § 195 BGB grundsätzlich in 30 Jahren verjährt,[541] dürften sich kaum verjährungsrechtliche Probleme ergeben. Gleiches gilt für Widerrufs- und Unterlassungsansprüche, wobei sich insbesondere bei diesen Ansprüchen die Frage nach der Verwirkung des bestehenden Rechts stellt.

Nach allgemeiner Ansicht ist ein Recht verwirkt, wenn es der Berechtigte über einen längeren Zeitraum nicht geltend gemacht hat und sich die nunmehrige Geltendmachung für den Verpflichteten als unzumutbar erweist - etwa weil der Verpflichtete aus dem Verhalten des Berechtigten schließen durfte, dass dieser sein Recht nicht mehr ausüben werde und sich der Verpflichtete darauf eingestellt hat.[542]

Wartet ein Mobbingbetroffener eine recht lange Zeit, bis er den Mobber auf Widerruf in Anspruch nimmt, so wird der Mobber nur dann davon ausgehen dürfen, dass eine Geltendmachung des Anspruchs unterbleibt, wenn der Mobbingbetroffene durch Bekundungen (z.B. vor dem Schiedsmann, anlässlich eines Gesprächs) zu verstehen gegeben hat, dass er von einer Geltendmachung des Widerrufrechts absehen werde. Sofern der Mobbingbetroffene einen derartigen Vertrauenstatbestand nicht setzt, wird eine Verwirkung des Rechts kaum in Betracht kommen. Allerdings wird dem Mobbingbetroffenen regelmäßig das Rechtsschutzbedürfnis an einer Widerrufklage fehlen, wenn er so lange mit der Klageerhebung wartet, bis sich niemand mehr an die

---

[541] MüKo-Emmerich, Vor § 275 Rn. 336; s.a.: Larenz, S. 369 Rn. 20
[542] vgl. Brox SR I, Rn. 88; Däubler ZR I, Rn. 461

Tatsachenbehauptung erinnert, von einer Beeinträchtigung des Rechts des Mobbingbetroffenen, vor unwahren Tatsachenbehauptungen geschützt zu werden, nicht mehr gesprochen werden kann.

Da die Erfolgsaussichten eines gerichtlich geltend gemachten Unterlassungsanspruchs von einer drohenden Rechtsbeeinträchtigung abhängt, kann dieses Recht ebenfalls dann verwirkt werden, wenn der Mobbingbetroffene gegenüber dem Mobber zu verstehen gibt, dass dieser mit der Erhebung einer Klage nicht (mehr) rechnen muss.

Diese Grundsätze gelten im Übrigen für jeden Schadensersatzanspruch, gleich auf welcher Rechtsgrundlage er beruht. Mithin kann - wenn es auch im Zusammenhang mit Mobbing nur höchst selten vorkommen dürfte - jedes Recht verwirkt werden.

b. *Beweislast*

Wenngleich im konkreten Einzelfall vieles für eine Schadensersatzpflicht des Mobbers sprechen wird, so bedarf es regelmäßig der Erhebung einer Klage, um in den Genuss des Ersatzes des zugefügten Schadens, des begehrten Schmerzensgeldes, eines erhofften Widerrufs oder einer gewünschten Unterlassung weiterer Mobbinghandlungen gelangen zu können. Bereits bei der Vorbereitung der Klage dürften sich oftmals kaum zu überwindende Hürden auftun, die den Erfolg einer Klage in eine weite Ferne rücken lassen - von der Beweislast ist die Rede.

Im Rahmen des § 823 Abs. 1 BGB (Schadensersatz aus unerlaubter Handlung) trägt grundsätzlich der Geschädigte die Darlegungs- und Beweislast hinsichtlich der unerlaubten Handlung des Schädigers, der Rechts- oder Rechtsgutsverletzung, des Schadens, der haftungsbegründenden sowie haftungsausfüllenden Kausalität sowie des Verschuldens des Schädigers.[543] Entsprechendes gilt für § 823 Abs. 2 BGB mit der Folge, dass der Geschädigte den Verstoß gegen das Schutzgesetz, den Schaden, den Kausalzusammenhang und grundsätzlich auch das Verschulden des Schädiges darlegen und gegebenenfalls auch beweisen muss.[544]

Bei Mobbing handelt es sich, wie bereits mehrfach erwähnt wurde, um einen Geschehensprozess, der sich unter Umständen über mehrere Jahre oder sogar Jahrzehnte hinzieht und aus einer Vielzahl einzelner Mobbinghandlungen besteht. Kommt es etwa zu einer Gesundheitsverletzung des Mobbingbetroffenen durch den Mobber, so muss der Mobbingbetroffene beweisen, dass der Gesundheitsschaden auf eine konkrete Handlung des Mobbers zurückzuführen ist. Ist dies bei einer Verletzung mittels eines Messers noch relativ leicht möglich,[545] so dürfte dies bei Erkrankungen, beispielsweise bei einem Nervenzusammenbruch oder einer psychischen bzw. psychosomatischen Erkrankung kaum möglich sein. Der Nervenzusammenbruch bildet oftmals das letzte Glied in einer Kette von einzelnen Mobbinghandlungen, die gegen die Psyche des Mobbingbetroffenen gerichtet sind. Kommt es zu einem solchen Zusammenbruch, stellt sich die Frage, was genau „der letzte Tropfen“ war, der „das Fass zum Überlaufen gebracht hat“. War es zum Beispiel die letzte Schikane des Mobbers oder die einer anderen ebenfalls als Mobber in Erscheinung tretenden Person, eine Auseinandersetzung mit einer Arbeitskollegin, die Beschwerde eines Kunden, die ungerechte

[543] vgl. Soergel-Zeuner, § 823 Rn. 317; Palandt, § 823 Rn. 167; Däubler ZR 2, Rn. 1090; s.a.: MüKo-Mertens, § 823 Rn. 58 ff.

[544] vgl. Soergel-Zeuner, § 823 Rn. 318; Palandt, § 823 Rn. 174; MüKo-Mertens, § 823 Rn, 190; a.A.: Däubler ZR 2, Rn. 1100

[545] hierfür spricht häufig bereits der Beweis des ersten Anscheins; vgl. Däubler ZR 2, Rn. 1101 f.

Abmahnung durch den Vorgesetzten oder vielleicht doch die angespannte Situation zu Hause. In einem derartigen Fall wird die Beweisführung des Mobbingbetroffenen kaum gelingen.[546]

Je verzwickter die Situation im Betrieb bzw. in der Dienststelle und je isolierter der Mobbingbetroffene ist, je weniger Personen (z.B. Vorgesetzte, Arbeitskollegen, Mitglieder der betrieblichen Interessenvertretung) als Zeugen in Betracht kommen bzw. mit ihren Aussagen zur Sachaufklärung beitragen (wollen), desto eher wird der Klage des Mobbingbetroffenen der Erfolg versagt sein.[547] Dies gilt vor allem dann, wenn der Mobbingbetroffene auf andere Beweismittel als den Zeugenbeweis (z.B. Sachverständige, Urkunden) nicht zurückgreifen kann.

Günstiger erscheint mir hingegen die Ausgangslage dann zu sein, wenn eine Klage nicht zu dem Zweck erhoben werden soll, eine in der Vergangenheit liegende Rechts- oder Rechtsgutsverletzung aufzuarbeiten, sondern strategisch geplant wird, um den Mobber etwa für zukünftige Schädigungen in Regress nehmen zu können. Insoweit gilt, einen eventuell beabsichtigten Schadensersatzprozess ausführlich vorzubereiten, um die oben aufgezeigte Hürde der Beweislast überwinden zu können. Um sich eine möglichst gute Ausgangslage für spätere gerichtliche Auseinandersetzungen schaffen zu können, ist es daher ratsam, möglichst frühzeitig mit einer umfassenden Sammlung verwertbarer Beweise zu beginnen. Urkunden (z.B. ärztliche Befunde, beleidigende Briefe) sollten sicher verwahrt und in Betracht kommende Zeugen (z.B. Arbeitskollegen, Vorgesetzte, Mitglieder der betrieblichen Interessenvertretung, aber auch der Systembetreuer, der nach einer Password-Veränderung für eine neue Zugriffsmöglichkeit auf einem PC sorgen muss) sollten gebeten werden, sich unmittelbar nach dem zu bezeugenden Vorfall schriftliche Notizen zu machen, um diese zu einem späteren Zeitpunkt bei Bedarf in einen Prozess einführen zu können. Ob sich solche Zeugen finden lassen, hängt allerdings von den Umständen des konkreten Einzelfalls und insbesondere von dem Stadium der Isolation des Mobbingbetroffenen ab. Zu Beginn eines Mobbingprozesses dürfte die Bereitschaft zur Anfertigung schriftlicher Aufzeichnungen noch am größten sein. Diese dürfte mit der Zeit abnehmen, so dass es ab einem bestimmten Zeitpunkt oftmals kaum noch möglich sein wird, Personen zu finden, die sich bereit erklären, schriftliche Aufzeichnungen anzufertigen.

Da generell gilt, dass sich mittels schriftlicher Aufzeichnungen später einzelne Geschehensverläufe besser nachvollziehen und Lücken im Erinnerungsvermögen schließen lassen, sollte der Mobbingbetroffene ein „Mobbing-Tagebuch" führen, um auf diese Weise eine relativ vollständige Dokumentation seines „Leidensweges" zu erhalten.[548] Hierbei muss allerdings bedacht werden, dass dem Mobbing-Tagebuch selbst kaum ein eigenständiger Beweiswert zukommen wird. In demselben Maße, wie die Tagebuchaufzeichnungen der Wahrheit entsprechen können, sind Anfertigungen von frei erfundenen „Geschichten" denkbar. Diese können nicht nur das Resultat einer psychischen Erkrankung, sondern auch Bestandteil einer gezielten Mobbingstrategie des Verfassers sein, etwa um den angeblichen Schädiger aus tiefen Hass heraus zu „vernichten".

---

546 s.a.: Däubler in Skowronek, S. 271; Däubler in Leymann, S. 85 ff.

547 so im Ergebnis auch Däubler in Leymann, S. 85 ff. mit der Schilderung eines anschaulichen Beispiels

548 s.a.: Esser/Wolmerath, S. 270. Zu den weiteren Funktionen eines „Mobbing-Tagebuchs" vgl. Esser/Wolmerath, S. 144 f.

Die aufgezeigten Aspekte für die Schaffung einer möglichst guten Ausgangsposition für die Erhebung einer Klage werden in der Praxis allerdings höchst selten anzutreffen sein. Schließlich setzen diese voraus, dass sich der Mobbingbetroffene seiner Situation bewusst ist und er über die erforderliche Stärke seiner Persönlichkeit verfügt, um eine gerichtliche Auseinandersetzung durchstehen zu können. Regelmäßig werden Mobbingbetroffene daher erst an die Erhebung einer Klage denken, wenn sie etwa nach dem erfolgreichen Abschluss einer Therapie wieder über die erforderliche körperliche Kraft sowie ein gestärktes bzw. zurückgewonnenes Selbstvertrauen verfügen, oder aus dem Arbeitsverhältnis ausgeschieden sind. Dann allerdings sind sie mit den oben aufgezeigten Beweisproblemen - und häufig auch mit Verjährungsfragen (vgl. Punkt a.) - konfrontiert. Nur soweit es darum geht, Klagen zukünftiger Rechtsguts- bzw. Rechtsverletzungen vorzubereiten, scheint es möglich, eine im Einzelfall relativ sichere Ausgangslage für einen erfolgreichen Prozessausgang zu schaffen.

Vergleichbares gilt für die sittenwidrige vorsätzliche Schädigung (§ 826 BGB), bei der den Mobbingbetroffenen die Darlegungs- und Beweislast für das Vorliegen der anspruchsbegründenden Tatsachen trifft. Diese umfasst das Vorliegen einer Schadensverursachung infolge eines sittenwidrigen Handelns des Schädigers sowie den Vorsatz des Schädigers.[549]

Da sich der § 847 Abs. 1 BGB auf die in §§ 823 ff. BGB geregelten Haftungstatbestände bezieht, trifft den Mobbingbetroffenen die Darlegungs- und Beweislast für alle anspruchsbegründenden Tatsachen. Realistisch betrachtet wird man die Chancen des Mobbingbetroffenen, in den Genuss eines Schmerzensgeldanspruchs zu gelangen, in den überwiegenden Fällen als äußerst gering einstufen müssen. Schließlich obliegt es dem Mobbingbetroffenen, unter anderem den doppelten Kausalzusammenhang zu beweisen. Dies wird ihm kaum gelingen, da Ängste, Sorgen, Kummer, Wesensänderungen sowie die Schmälerung der eigenen Lebensfreude zahlreiche Ursachen haben dürften, welche ihre Wurzeln sowohl am Arbeitsplatz als auch im Privatleben haben können. Zu denken ist etwa an eine psychische Erkrankung des Mobbingbetroffenen, die bereits vor dem Beginn der Mobbinghandlungen aufgetreten ist sowie an familiäre Probleme (z.B. Trennung von dem Lebenspartner, Scheidung, Tod einer nahestehenden Person, Suchtmittelmissbrauch, Arbeitslosigkeit). Sind Anzeichen hierfür erkennbar, wird der verklagte Mobber diese in der gerichtlichen Auseinandersetzung einbringen und damit die Beweisbarkeit für den Mobbingbetroffenen (zusätzlich) erschweren.

Beruft sich der Arbeitgeber auf eine Schadensersatzpflicht des Mobbers wegen Positiver Vertragsverletzung, so hat dieser vor Gericht darzulegen und gegebenenfalls auch zu beweisen, dass der Mobber eine Nebenpflichtverletzung begangen hat, die adäquat kausal einen Schaden des Arbeitgebers verursacht hat. Gleiches gilt für das Verschulden des Mobbers.[550] Die den Arbeitgeber treffende Beweislast dürfte regelmäßig dazu führen, dass der Mobber keinen Schadensersatz zu leisten hat. Ist dem Arbeitgeber im konkreten Einzelfall noch der Nachweis von Nebenpflichtverletzungen durch den Mobber möglich, so wird es häufig nicht zu beweisen sein, welche der vielen einzelnen Mobbinghandlungen genau zu einer Schädigung des Mobbingbetroffenen

---

[549] vgl. Soergel-Hönn/Dönneweg, § 826 Rn. 253 f.; MüKo-Mertens, § 826 Rn. 104; Busemann, S. 41 f.

[550] Däubler Arbeitsrecht, S. 158; Däubler AR 2, Rn. 730; Ahrens, S. 938; Däubler ZR 1, Rn. 1573; s.a.: Brox SR I, Rn. 300, der dem Schuldner die Beweislast dafür, dass er nicht schuldhaft gehandelt hat, aufbürdet, wenn die Schadensursache im Verantwortungsbereich des Schuldners liegt; MüKo-Emmerich, Vor § 275 Rn. 359

geführt hat, die wiederum eine Schädigung des Arbeitgebers verursacht hat. Entsprechendes gilt für die Beantwortung der Frage, ob eine Schädigung der Gesundheit des Mobbingbetroffenen auf Handlungen des Mobbers zurückzuführen ist, oder ihre Ursachen ausschließlich im privaten Bereich des Mobbingbetroffenen hat. Noch verzwickter wird die Situation sein, wenn mehrere Personen Mobbinghandlungen begehen bzw. begangen haben. Hier muss der Arbeitgeber, sofern die Mobber nicht gemeinschaftlich handeln bzw. gehandelt haben, beweisen, dass eine bestimmte Person den Schaden verursacht hat. Je mehr sich die Arbeitkollegen und gegebenenfalls weitere in Betracht kommende Personen hinter die Mobbinghandlungen des Mobbers stellen und sich in Schweigen hüllen, desto geringer wird für den Arbeitgeber die Aussicht bestehen, „Licht" in den Mobbingprozess zu bringen, mithin den Sachverhalt aufzuklären.

Sofern der Mobbingbetroffene den Widerruf einer unwahren Tatsachenbehauptung begehrt, muss er gemäß den allgemeinen Beweisregeln beweisen, dass der Mobber eine unwahre Tatsachenbehauptung getätigt hat. Verlangt er die Unterlassung ehrverletzender Werturteile und unwahrer Tatsachenbehauptungen, sind die Tatsachen zu beweisen, die die Gefahr einer Wiederholung begründen.

Wennn man bedenkt, dass die Mehrzahl der verbalen Ehrverletzungen „hinter dem Rücken" des Mobbingbetroffenen bzw. nur „unter vier Augen" geäußert werden, so ist zu bezweifeln, ob dem Mobbingbetroffenen der erforderliche Beweis gelingt. Häufig wird der Mobbingbetroffene bereits mit dem Versuch fehlschlagen, beispielsweise den Urheber eines ehrverletzenden Gerüchts zu ermitteln. Je geringer die soziale Unterstützung bzw. der Rückhalt des Mobbingbetroffenen in der Belegschaft ist, und je mehr sich die Arbeitskollegen sowie Vorgesetzten mit dem Mobber solidarisch erklären, desto weniger dürften diese dazu beitragen, den entscheidungserheblichen Sachverhalt aufzuklären.

Kaum leichter dürfte sich die Beweisführung hinsichtlich der Gefahr der Wiederholung verbaler und/oder nonverbaler Mobbinghandlungen gestalten, da die Prozesshaftigkeit des Mobbingphänomens die Gefahr weiterer Handlungen beinhaltet. Schließlich darf von dem Umstand ausgegangen werden, dass derjenige, der bereits in der Vergangenheit nachweislich Mobbinghandlungen begangen hat, solche auch in der Zukunft begehen wird. Insoweit liegt der Schwerpunkt bei der Beweisführung der in der Vergangenheit begangenen Mobbinghandlungen. Nur soweit diese gelingt, wird der Mobbingbetroffene mit einer Unterlassungsklage Erfolg haben.

Im Rahmen der Beamtenhaftung (§ 78 BBG bzw. § 46 BRRG) trifft den Dienstherrn die Last, alle anspruchsbegründenden Tatsachen zu beweisen, mithin die schuldhafte Pflichtverletzung des Beamten, den Schaden sowie den Kausalzusammenhang zwischen diesen.[551] Obwohl der Dienstherr bei der Geltendmachung eines diesbezüglichen Schadensersatzanspruchs regelmäßig auf das Zeugnis des Mobbingbetroffenen zurückgreifen kann, wird es ihm bei solchen Schäden, die sich aus einer auf Mobbing beruhenden krankheitsbedingten Arbeits- bzw. Dienstunfähigkeit des Mobbingbetroffenen ergeben, oftmals kaum möglich sein, den erforderlichen Kausalzusammenhang zu beweisen. Daneben stellt sich das allgemeine Beweisproblem, dass der Mobber überwiegend im Verborgenen und unter Ausnutzung günstiger Situationen handelt, mithin die Person des Mobbers nicht selten unbekannt bleibt. Werden einen Schaden verursachende Mobbinghandlungen „unter vier Augen" begangen, so wird es - sofern

---

[551] Schnellenbach, Rn. 352; Plog u.a., § 78 Rn. 48

nicht auf andere Beweismittel zurückgegriffen werden kann - entscheidend von der Glaubwürdigkeit des Mobbingbetroffenen abhängen, ob seinen Aussagen gegenüber dem Vortrag des Mobbers Vorzug zu geben ist.

Soweit der Mobbingbetroffene eine Schadensersatzklage gegen den verbeamteten Mobber im Rahmen des § 839 BGB erhebt, tritt ihn die volle Beweislast dergestalt, dass er den Tatbestand der Amtspflichtverletzung sowie den Kausalzusammenhang zwischen der Amtspflichtverletzung und dem Schaden zu beweisen hat.[552] Ist dem Mobbingbetroffenen die Person des Schädigers bekannt, so kann er versuchen, diesem die schadensverursachende schuldhafte Amtspflichtverletzung nebst Kausalzusammenhang zu beweisen. Dies wird in der Regel dann nicht gelingen, wenn die Amtspflichtverletzung „unter vier Augen" erfolgt ist, und das Vorbringen des Mobbers nicht derart konstruiert erscheint, dass sich seine Sachverhaltsschilderung als höchst unglaubwürdig darstellt. Stellt sich der Schaden als das Ergebnis zahlreicher aufeinander aufbauender und ineinander greifender Handlungen des Mobbers dar, wird es dem Mobbingbetroffenen kaum gelingen, den Kausalitätsnachweis zu erbringen. Zudem wird der Mobber den Schaden privaten Umständen des Mobbingbetroffenen zuschreiben, der losgelöst von etwaigen Amtspflichtverletzungen eingetreten ist. Zu denken ist etwa der Verweis auf eine angespannte familiäre Situation des Mobbingbetroffenen, die diesen in schwere Depressionen gestürzt hat.

c. *Beteiligung der betrieblichen Interessenvertretung*

Sofern der Dienstherr gegen einen verbeamteten Mobber einen Schadensersatzanspruch gemäß § 78 BBG (§ 46 BRRG) geltend macht, hat der Dienstherr das Mitbestimmungsrecht des Personalrats gemäß § 76 Abs. 2 Satz 1 Ziffer 9 BPersVG zu beachten, sofern dies von dem Beamten beantragt worden ist (vgl. § 76 Abs. 2 Satz 2 BPersVG). Um dem Beamten ein Gebrauch des Antragsrechts zu ermöglichen, ist der Dienstherr verpflichtet, den Beamten auf dieses Recht hinzuweisen.[553] Dass der Dienstherr dieser Verpflichtung nachkommt, ist stets anzunehmen, so dass diesbezüglich regelmäßig keine Probleme bei der Verfolgung eines Schadensersatzanspruchs existieren dürften. Andernfalls ist der gegen den Beamten ergangene Leistungsbescheid rechtswidrig, so dass dieser auf einer entsprechenden Klage des Beamten hin aufzuheben ist.[554]

II. *Schadensersatzrechtliche Bewertung des Verhaltens von Vorgesetzten, des Arbeitgebers sowie von Personen mit Arbeitgeberfunktionen*

Wenden wir uns nunmehr der schadensersatzrechtlichen Bewertung des Verhaltens von Vorgesetzten, des Arbeitgebers sowie von Personen mit Arbeitgeberfunktionen zu.

Soweit es den Arbeitgeber betrifft, ist im Zusammenhang mit Mobbing an eine
- Haftung wegen Positiver Vertragsverletzung,
- Haftung für den Verrichtungsgehilfen (§ 831 BGB),
- Haftung für Organisationsverschulden (§ 823 Abs. 1 BGB), sowie an eine
- Haftung für Organmitglieder (§ 31 BGB) zu denken.

---

552 Soergel-Vinke, § 839 Rn. 275 ff.; s.a.: BGH v. 6.4.1995, NJW 1995, 2344 (2345 m.w.N.)
553 vgl. Altvater u.a., § 76 Rn. 29; OVG NW v. 18.11.1982, ZBR 1983, 239 (240)
554 OVG Lüneburg v. 10.12.1985, PersR 1996, 240; OVG NW v. 18.11.1982, ZBR 1983, 239 (240)

Daneben stellt sich die Frage nach einer Schadensersatzpflicht dessen, der als Vorgesetzter bzw. als eine Person mit Arbeitgeberfunktionen handelt, wobei beide Begriffe in einem umfassenden Sinne (z.B. Abteilungsleiter, Prokurist, Geschäftsführer) verstanden werden sollen. Im Zusammenhang mit Mobbing ist an eine Haftung von Angehörigen dieses Personenkreises als

- Organmitglied (§§ 823 ff. BGB), sowie als
- Sachwalter

zu denken.

Sofern es den Bereich des öffentlichen Dienstes betrifft, ist den schadensersatzrechtlichen Besonderheiten Rechnung zu tragen. Insoweit ist eine Haftung des Dienstherrn gemäß Art. 34 GG i.V.m. § 839 BGB sowie ein Anspruch des Mobbingbetroffenen auf Folgenbeseitigung bzw. auf Schadensersatz wegen der Verletzung der Fürsorgepflicht zu prüfen. Als Grundlage für eine Haftung des verbeamteten Vorgesetzten kommen § 78 Abs. 1 BBG (§ 46 Abs. 1 BRRG) sowie § 839 BGB in Betracht.

1. Voraussetzungen der einzelnen Anspruchsgrundlagen

Wenden wir uns zunächst der Frage zu, ob und inwieweit die Voraussetzungen der oben genannten Anspruchgrundlagen erfüllt sein können.

a. Schadensersatz wegen Positiver Vertragsverletzung

Bei der Positiven Vertragsverletzung handelt es sich um eine schuldhafte Verletzung von Pflichten aus dem Arbeitsverhältnis, die weder zur Unmöglichkeit noch zum Verzug führen.[555] Hierzu gehört die Verletzung von vertraglichen Nebenpflichten.[556]

Den Arbeitgeber trifft die sich aus dem mit dem Arbeitnehmer geschlossenen Arbeitsvertrag ergebende Nebenpflicht (auch Fürsorgepflicht genannt), Schaden von diesem abzuwenden, mithin geeignete Maßnahmen zu ergreifen, um den einzelnen Arbeitnehmer vor (weiteren) Mobbinghandlungen zu schützen. Insoweit muss sich der Arbeitgeber schützend vor den Arbeitnehmer stellen.[557] Auch verstößt es gegen die Fürsorgepflicht, wenn er selbst Handlungen oder Unterlassungen vornimmt, die dem Mobbing zuzurechnen sind.[558] Bereits der Verdacht, dass es beispielsweise am Arbeitsplatz eines infolge einer Eigenkündigung ausgeschiedenen Arbeitnehmers Mobbing gibt, verpflichtet den Arbeitgeber, diesen Umstand in einem Vorstellungsgespräch gegenüber dem betreffenden Stellenbewerber anzusprechen.[559]

Daneben legen die §§ 618, 619 BGB, § 62 HGB dem Arbeitgeber die gesetzliche Verpflichtung auf, für den Schutz von Leib, Leben und Gesundheit der Arbeitnehmer Sorge zu tragen. Diese beinhaltet die sichere Einrichtung und Unterhaltung des Arbeitsplatzes - soweit es nach der Natur der Arbeitsleistung möglich ist - sowie die Überwachung der Einhaltung der Sicherheitsvorschriften.[560] Der Arbeitgeber hat zudem darauf zu achten, dass der Arbeitnehmer bei der Ausübung seiner Tätigkeit keine

---

555 vgl. statt vieler: Palandt, § 276 Rn. 107
556 Däubler ZR 1, Rn. 1562, 1566; Palandt, § 276 Rn. 108
557 Grunewald, S. 1072; Kollmer, Rn. 39
558 Grunewald, S. 1073; Kollmer, Rn. 39
559 Kursawe, S. 248
560 Kasseler Handbuch-Künzl, Rn. 726; s.a. Kollmer, Rn. 47

vermeidbaren Schäden an Eigentum oder Vermögen erleidet.[561] Weiter muss er das Persönlichkeitsrecht der Arbeitnehmer schützen, was den Schutz vor Angriffen des Arbeitgebers sowie vor Angriffen Dritter (z.B. Arbeitskollegen) beinhaltet.[562] So darf er weder selbst den Arbeitnehmer in der Ehre verletzen noch ehrverletzende Angriffe anderer zulassen.[563] Beleidigungen, üblen Nachreden sowie Verleumdungen hat der Arbeitgeber mithin entgegenzuwirken.

Eine Verletzung der Fürsorgepflicht kann der Arbeitgeber nach einem Urteil des Arbeitsgerichts Frankfurt am Main[564] im Zusammenhang mit Mobbing dadurch begegnen, indem er dem Mobbingbetroffenen eine Umsetzung bzw. Versetzung anbietet.

Im Zusammenhang mit Mobbing werden, sofern der Arbeitgeber nicht selbst Mobbing betreibt, schwerpunktmäßig Unterlassungen im Vordergrund stehen. Der Arbeitgeber bleibt untätig, greift in eine konkrete Mobbingsituation nicht ein und lässt damit zu, dass weitere Mobbinghandlungen (z.B. Diskriminierungen, Verleumdungen, Tätlichkeiten zu Lasten des Mobbingbetroffenen, sexuelle Belästigungen) geschehen. Insoweit wird es unterlassen, den Arbeitgeberpflichten nachzukommen und den Mobbingbetroffenen vor weiteren Mobbinghandlungen zu schützen. Eine Pflichtverletzung durch aktives Tun stellt hingegen insbesondere das eigene Auftreten als Mobber sowie die Anstiftung bzw. Beihilfe zu Mobbinghandlungen anderer dar.

Bereits diese wenigen aufgeführten Beispiele lassen deutlich erkennen, dass der Arbeitgeber im Zusammenhang mit Mobbing in vielfältigster Weise gegen arbeitsvertragliche Pflichten verstoßen kann, die geeignet sind, einen Haftungsanspruch des Mobbingbetroffenen wegen Positiver Vertragsverletzung zu begründen.

b. Schadensersatzpflicht gemäß § 831 Abs. 1 BGB

Sofern ein Beschäftigter, der als Mobber in Erscheinung tritt, eine unerlaubte Handlung nach §§ 823 ff. BGB begeht, kann er bei einem für ihn negativen Prozessausgang von dem Geschädigten zum Schadensersatz herangezogen werden. Daneben stellt sich die Frage, ob und gegebenenfalls inwieweit der Arbeitgeber für unerlaubte Handlungen seiner Beschäftigten im Zusammenhang mit Mobbing einzustehen hat. Schließlich ist gemäß § 831 Abs. 1 Satz 1 BGB zum Schadensersatz verpflichtet, wer einen anderen zu einer Verrichtung bestellt und dieser einem Dritten in Ausführung der Verrichtung einen Schaden widerrechtlich zufügt.

Bei der Schadensersatzpflicht gemäß § 831 BGB handelt sich um eine Haftung des Arbeitgebers für eigenes Verschulden.[565] Die Haftung trifft damit den „Geschäftsherrn", d.h. die (natürliche oder juristische) Person, die dem in organisatorischer Hinsicht in abhängiger Stellung befindlichen Gehilfen einen Auftrag erteilt und in deren Interesse gearbeitet wird.[566] Dies kann im Rahmen einer Arbeitnehmerüberlassung derjenige sein, in dessen Betrieb der überlassene Arbeitnehmer seine Arbeitsleistung erbringt, sofern die Überlassung dergestalt ist, dass der betreffende Arbeitnehmer in dem Betrieb bzw. in der Dienststelle des Entleihers vollständig eingegliedert ist und den

[561] Kasseler Handbuch-Künzl, Rn. 773
[562] Kasseler Handbuch-Künzl, Rn. 742
[563] Kasseler Handbuch-Künzl, Rn. 759
[564] ArbG Frankfurt am Main v. 21.6.1999 - 15 Ca 8106/98 - Bl. 6 f. der Entscheidung
[565] vgl. Medicus SR II, Rn. 850; Brox SR II, Rn. 474 unter I.1.b)
[566] vgl. Däubler ZR 2, Rn. 1114; Soergel-Zeuner, § 831 Rn. 15 f.

dortigen Weisungen sowie der dortigen Aufsicht unterliegt.[567] Folglich kann die Regelung des § 831 BGB auch dann zur Anwendung gelangen, wenn ein entliehener Gehilfe Mobbinghandlungen in dem Betrieb bzw. in der Dienststelle des Entleihers begeht, die den Mobbingbetroffenen schädigen.

aa. Unerlaubte Handlung eines Gehilfen

Voraussetzung für eine Haftung gemäß § 831 Abs. 1 Satz 1 BGB ist zunächst, dass der Gehilfe eine unerlaubte Handlung im Sinne der §§ 823 ff. BGB begangen hat, wozu eine tatbestandsmäßige rechtswidrige Handlung genügt. Schuldhaft muss der Gehilfe grundsätzlich nicht gehandelt haben.[568]

Wie in Kapitelabschnitt I.1. dargelegt ist, kann eine Mobbinghandlung durchaus im Einzelfall eine unerlaubte Handlung im Sinne des § 823 BGB bzw. eine sitten-widrige vorsätzliche Schädigung nach § 826 BGB darstellen, so dass in einem solchen Fall diese anspruchsbegründende Voraussetzung des § 831 Abs. 1 Satz 1 BGB als erfüllt betrachtet werden kann.

bb. Verrichtungsgehilfeneigenschaft

Weiter muss es sich bei demjenigen, der die unerlaubte Handlung begangen hat, gemäß § 831 Abs. 1 Satz 1 BGB um einen Verrichtungsgehilfen handeln, der den Schaden in Verrichtung der ihm vom Geschäftsherrn übertragenen Aufgaben verursacht hat.

Der Begriff des Verrichtungsgehilfen bestimmt sich nach der Zugehörigkeit zu dem Tätigkeits- und Einflussbereich des Geschäftsherrn. Das zentrale Kriterium ist hierbei dessen Weisungsrecht, weil sich darin die Zuordnung des Gehilfen zu dessen Herrschaftssphäre manifestiert.[569] Dies ist zweifelsfrei bei einem Beschäftigten der Fall, da er zum einen in den Herrschaftsbereich Betrieb bzw. Dienststelle eingegliedert ist und zum anderen dem Weisungsrecht seines Arbeitgebers unterliegt.[570] Aber auch „Leiharbeitnehmer" zählen hierzu, wenn sie derart in den Betrieb eingegliedert sind, dass sie den Weisungen des Entleihers sowie seiner Aufsicht unterfallen.[571] Hingegen zählen nicht hierzu selbstständige Handwerker sowie sonstige selbstständige Unternehmer und Vorstandsmitglieder einer juristischen Person sowie deren verfassungsmäßig berufene Vertreter im Sinne des § 30 BGB.[572] Diesbezüglich ist insbesondere der Geschäftsführer einer GmbH zu nennen, bei dem eine Haftung des Geschäftsherrn (d.h. der GmbH) gemäß § 831 BGB ausgeschlossen ist.

Abgesehen von diesen Ausnahmefällen handelt es sich mithin bei allen Personen, die der Herrschaftssphäre des Arbeitgebers unterfallen, um Verrichtungsgehilfen im Sinne des § 831 BGB. Zu nennen sind insoweit insbesondere festangestellte Beschäftigte, und

---

[567] vgl. Soergel-Zeuner, § 831 Rn. 22; Medicus SR II, Rn. 851

[568] wohl h.M.; vgl. Fikentscher, Rn. 1304; Däubler ZR 2, Rn. 1113; MüKo-Stein, § 831 Rn. 56; s.a.: Soergel-Zeuner, § 831 Rn. 31 ff.; Kittner, Rn. 521; Brox SR II, Rn. 474 unter I.1.b); Medicus SR II, Rn. 852

[569] Larenz/Canaris, S. 478; s.a.: Däubler ZR 2, Rn. 1110; Brox SR II, Rn. 474 unter I.1.a); Medicus SR II, Rn. 851; BGHZ 45, 311 (313); BGHZ 103, 298 (303)

[570] vgl. Soergel-Zeuner, § 831 Rn. 17; Däubler ZR 2, Rn. 1110

[571] vgl. Soergel-Zeuner, § 831 Rn. 22; Medicus SR II, Rn. 851

[572] Soergel-Zeuner, § 831 Rn. 18, 23; Däubler ZR 2, Rn. 1110

zwar unabhängig von der im konkreten Fall ausgeübten Funktion (z.B. Untergebener oder Vorgesetzter).

cc. Handeln in Ausführung einer Verrichtung

Letztendlich muss die Schadenshandlung nach dem Wortlaut des § 831 Abs. 1 BGB in Ausführung einer Verrichtung erfolgt sein. Dies ist dann der Fall, wenn zwischen der aufgetragenen Verrichtung sowie der schädigenden Handlung ein innerer Zusammenhang besteht.[573] Ein solcher Zusammenhang ist selbst dann anzunehmen, wenn die schädigende Handlung eine noch im Leistungsbereich liegende Fehlleistung ist,[574] oder wenn der Verrichtungsgehilfe seine Befugnisse eigenmächtig oder irrtümlich überschreitet.[575] Hingegen wird eine Schadenshandlung nicht in Ausführung einer Verrichtung begangen, wenn diese nur aus Anlass oder bei Gelegenheit der Verrichtung vorgenommen wurde.[576] Das Verhalten des Gehilfen darf insoweit nicht aus dem Kreis oder aus dem allgemeinen Rahmen der ihm anvertrauten Aufgaben herausfallen.[577]

Begreift man § 831 BGB als Tatbestand einer vom Geschäftsherrn zu verantwortenden Verkehrspflichtverletzung im Hinblick auf die Auswahl, Überwachung und Organisation des Einsatzes seiner Hilfspersonen, so muss es für die Beantwortung der Frage, ob ein Handeln in Ausführung einer Verrichtung erfolgt ist, entscheidend darauf ankommen, ob die Bestellung des Gehilfen zu einer Verrichtung für dessen unerlaubtes Verhalten typischerweise gefahrerhöhend war und ob der Geschäftsherr unter Berücksichtigung seiner rechtlichen Befugnisse und der Verkehrsanschauung als Garant für die Vermeidung eines solchen Fehlers angesehen werden kann.[578] Dies ist regelmäßig bei vorsätzlichen Schadenshandlungen des Verrichtungsgehilfen jedoch nicht der Fall.[579]

Soweit ein Beschäftigter einem Mobbingbetroffenen mittels einer vorsätzlich begangenen unerlaubten Handlung einen Schaden zufügt, wäre dieser demnach „bei Gelegenheit“ verursacht worden.

Dieser Auffassung kann ich mich aus den nachfolgenden Gründen nicht anschließen. Sofern der Mobber mit Wissen und Wollen seines Arbeitgebers Mobbinghandlungen begeht, handelt der Mobber im Rahmen der ihm übertragenen Aufgaben, mithin in Ausführung der Verrichtung im Sinne des § 831 Abs. 1 BGB. In einem solchen Fall muss es unerheblich sein, ob der Mobber fahrlässig oder vorsätzlich handelt. Man stelle sich diesbezüglich beispielsweise vor, dass der Arbeitgeber ein eigenes Interesse daran hat, dass der Mobber unerlaubte Handlungen zu Lasten des Mobbingbetroffenen begeht, weil er erhofft, dass der Mobbingbetroffene die Handlungen zum Anlass nimmt, aus dem Arbeitsverhältnis auszuscheiden. Liegt eine fahrlässige Schadensverursachung vor, so wäre nach der oben dargelegten Auffassung entscheidend, ob ein innerer

---

[573] statt vieler: Däubler ZR 2, Rn. 1112; Soergel-Zeuner, § 831 Rn. 27; BGH v. 6.10.1970, NJW 1971, 31 (32)

[574] Fikentscher, Rn. 1306

[575] MüKo-Stein, § 831 Rn. 48

[576] h.M.; vgl. Fikentscher, Rn. 1306; Däubler ZR 2, Rn. 1112; Larenz/Canaris, S. 480; Soergel-Zeuner, § 831 Rn. 27; BGH v. 6.10.1970, NJW 1971, 31 (32)

[577] Palandt, § 831 Rn. 10

[578] MüKo-Stein, § 831 Rn. 48

[579] allgemeine Ansicht; vgl. Soergel-Zeuner, § 831 Rn. 29; Fikentscher, Rn. 1306, der eine Ausnahme von diesem Grundsatz bei „typischen beruflichen Versuchungen“ zulässt, um den Geschäftsherrn insoweit zu einer besonderen Aufsicht zu veranlassen; Palandt, § 831 Rn. 10; Däubler ZR 2, Rn. 1112; a.A.: Larenz/Canaris, S. 480

Zusammenhang zwischen der aufgetragenen Verrichtung und der Schadenszufügung besteht. Meines Erachtens läuft jeder Arbeitgeber Gefahr, dass es Mobbing in seinem Betrieb gibt. Nur wenn präventive Maßnahmen gegen Mobbing ergriffen werden, kann davon ausgegangen werden, dass Mobbing im eigenen Betrieb bzw. in der eigenen Dienststelle nicht oder nur höchst selten vorkommt. Leider sind vorbeugende Maßnahmen in der betrieblichen Praxis (noch immer) die Ausnahme, obwohl den Arbeitgebern die Gefahren und Risiken, die mit Mobbing verbunden sind, bekannt sein müssten. Dieser Umstand, dass die Arbeitgeberseite Mobbing in den Betrieben zulässt, lässt meines Erachtens den Schluss zu, dass stets ein innerer Zusammenhang zwischen der unerlaubten Handlung und der arbeitsvertraglich aufgetragenen Verrichtung besteht, wobei es unerheblich sein muss, ob der mobbende Verrichtungsgehilfe vorsätzlich oder fahrlässig handelt. Schließlich kann Mobbing im Grundsatz oftmals nur dort entstehen, wo die Arbeitgeberseite entweder die Ursache für das Entstehen von Mobbingsituationen schafft bzw. nichts gegen vorhandene Mobbingsituationen unternimmt.

Gestützt wird diese Ansicht von dem Umstand, dass die „Führung" und „Überwachung" der ihnen unterstellten Personen zu den Aufgaben der Arbeitgeber, ihrer Vorgesetzten sowie der Personen mit Arbeitgeberfunktionen gehört. Werden diese Pflichten verletzt, so kann von einem Führungsfehlverhalten gesprochen werden. Kann die Möglichkeit der Begehung von Mobbinghandlungen auf ein Führungsfehlverhalten zurückgeführt werden, wird man somit ebenfalls einen inneren Zusammenhang zwischen der dem Vorgesetzten übertragenen Tätigkeit und der von dem Mobber begangenen unerlaubten Handlung bejahen müssen. Entsprechendes muss gelten, wenn das Mobbing seine Ursachen in den Umständen hat, unter denen die Arbeit in dem betreffenden Betrieb bzw. in der betreffenden Dienststelle zu verrichten ist. Zu nennen ist in dieser Hinsicht etwa die Belastung durch übermäßige Arbeitsverdichtung, fehlende Vertretungsregelungen sowie unzureichende Arbeitsbedingungen.

Hingegen ist ein Handeln „bei Gelegenheit" anzunehmen, wenn die Handlung des Mobbers in keinem Zusammenhang mit der ihm übertragenen Tätigkeit steht, wie es etwa bei einer Schädigung anlässlich eines Zusammentreffens mit dem Mobbingbetroffenen in der Freizeit (z.B. beim Einkauf, am Urlaubsort) der Fall sein kann.

Zusammenfassend lässt sich somit festhalten, dass die Voraussetzungen für eine Schadensersatzpflicht des Arbeitgebers gemäß § 831 Abs. 1 BGB im Zusammenhang mit Mobbing im konkreten Einzelfall ohne weiteres erfüllt sein können.

c. *Haftung für Organisationsverschulden*

Sofern der Mobber nicht als Verrichtungsgehilfe im Sinne des § 831 Abs.1 BGB angesehen werden kann bzw. einen Schaden außerhalb des Anwendungsbereichs dieser Vorschrift verursacht (d.h. nicht in Ausführung der Verrichtung gemäß § 831 Abs. 1 BGB), stellt sich die Frage nach einer Haftung des Arbeitgebers nach den Grundsätzen der Organisationshaftung. Diese Frage ist von besonderer Bedeutung, weil bei ihrer Bejahung eine Haftung des Arbeitgebers für alle Beschäftigten - unabhängig von ihrer Funktion und Stellung im Betrieb - (d.h. auch eines Geschäftsführers sowie Vorstandsmitglieds) zukommt. Grundlage für eine Haftung wegen Organisationsverschulden ist § 823 Abs. 1 BGB, wobei sich das Verschulden des Arbeitgebers aus einer Einstandspflicht für eine unzureichende Organisation in dem Betrieb ergibt. Mit anderen Worten: Die Organisationshaftung folgt dem Grundsatz, dass der Unternehmer (Arbeitgeber) haftet, der es in vorwerfbarer Weise unterlassen hat, die Betriebsvorgänge so zu organisieren, dass im Rahmen des Möglichen niemand zu Schaden kommt.[580] Es handelt sich hierbei um eine besondere Form der „Verkehrspflichthaftung", deren Prototyp die deliktische Produzentenhaftung gemäß § 823 Abs. 1 BGB ist.[581]

Die Verkehrssicherungspflichten - und somit auch die Organisationspflichten - lassen sich auf den Grundgedanken zurückführen, dass derjenige, der eine Gefahrenquelle schafft oder in seinem Bereich andauern lässt oder unterhält, die ihn zumutbaren Vorkehrungen treffen muss, um zu verhindern, dass Dritte infolge der Gefahr zu Schaden kommen.[582] Soweit diese das Verhältnis des Arbeitgebers zu seinen Beschäftigten betreffen, werden sie durch die Fürsorgepflichten des Arbeitgebers geprägt.[583]

Der Arbeitgeber hat die Pflicht, seine Beschäftigten vor Schäden am Arbeitsplatz zu bewahren, insbesondere deren Leben, Gesundheit und Persönlichkeit zu schützen.[584] Damit trifft ihn zugleich die Pflicht, die erforderlichen organisatorischen Maßnahmen zu treffen, damit seine Beschäftigten am Arbeitsplatz keinen Schaden erleiden sowie die Beschäftigten gehindert werden, schädigende Handlungen zu unternehmen.[585] Hierbei ist der Größe des Betriebes Rechnung zu tragen. Je größer der Betrieb ist, desto mehr muss sich der Arbeitgeber geeigneter Hilfspersonen bedienen, die er - unter Berücksichtigung der konkreten betrieblichen Umstände - im Rahmen des erforderlichen zu kontrollieren bzw. überwachen hat.[586]

Konflikte am Arbeitsplatz sind nicht zu vermeiden. Sie müssen notwendigerweise immer wieder entstehen, weil die beteiligten Personen unterschiedliche Bedürfnisse haben und ihre eigenen höchst individuellen Interessen verwirklichen wollen.[587] Da es dem Arbeitgeber kaum möglich sein dürfte, seine Beschäftigten vor Konflikten am Arbeitsplatz zu schützen, wird man eine diesbezügliche Schutzpflicht kaum begründen können. Auch kann in der Regel davon ausgegangen werden, dass die Beschäftigten grundsätzlich in der Lage sind, Konflikte am Arbeitsplatz zu bereinigen. Die Diskussion um Mobbing zeigt allerdings, dass es Rahmenbedingungen am Arbeitsplatz gibt, die einer erfolgreichen Konfliktlösung entgegenstehen und die auf Organisationsdefizite der Arbeitgeberseite zurückzuführen sind. Unter Berücksichtigung der von mir gesammelten Erfahrung sowie unter Bezugnahme auf die Ausführungen im 1. Kapitel unter II.9. lassen sich beispielhaft folgende Organisationsdefizite anführen:

- Es werden künstlich Ängste (insbesondere Existenzängste in Form drohender Arbeitslosigkeit) geschürrt, die dazu führen, dass offene, faire, konstruktive und zukunftsgerichtete Konfliktlösungen bei den einzelnen Beschäftigten als riskant erscheinen. Hierzu zähle ich die in den vergangenen Jahren immer wieder verwendete Floskel vieler Arbeitgeber „Wenn Sie den Überstunden nicht zustimmen, werde ich die Produktion ins Ausland verlagern müssen".

---

580 Däubler ZR 2, Rn. 1118, 1043; s.a.: Kittner, Rn. 487

581 Brüggemeier, S. 43; Däubler, Rn. 1040 ff.

582 Soergel-Zeuner, § 823 Rn. 187; s.a.: Fikentscher, Rn. 1233; Kittner, Rn. 485; MüKo-Mertens, § 823 Rn. 210; Medicus SR II, Rn. 751 ff.; Brox SR II, Rn. 460 unter (1) und Rn. 461

583 vgl. MüKo-Mertens, § 823 Rn. 310

584 s.a.: Däubler AR 2, Rn. 448 f., 1769; MüKo-Müller Glöge, § 611 Rn. 411

585 vgl. BGH v. 19.6.1973, NJW 1973, 1602 (1603)

586 Fikentscher, Rn. 1234

587 Wolmerath/Esser, S. 76

• Die zu bewältigende Arbeit wird infolge Personalabbau derart verdichtet, dass eine ausreichende Kommunikation zwischen den Beschäftigten nicht mehr möglich ist. Spannungen, Missverständnisse etc. können nicht mehr sofort und ohne weiteres in klärenden Gesprächen (z.B. während der „Zigarettenpause“) abgebaut werden und schaukeln sich wegen der nicht geklärten Situation immer mehr auf.
• Es werden Personen mit Führungsaufgaben bzw. Vorgesetztenfunktionen betraut, denen die hierzu erforderliche soziale Kompetenz fehlt und/oder die keine Führungsqualitäten besitzen.
• Verantwortlichkeiten werden von der Führungsebene auf die Beschäftigten verlagert, ohne dass die betroffenen Beschäftigten zuvor in der erforderlichen Weise geschult wurden. Die Beschäftigten werden sodann mit Problemen konfrontiert, mit denen sie nicht umgehen können, die sie insbesondere nicht zu lösen vermögen.[588]

Diese beispielhaft aufgezählten Defizite gehen oftmals auf falsch umgesetzte Managementkonzepte, Führungsfehlverhalten und unzureichende Führungsstrukturen zurück, die ausschließlich die Arbeitgeberseite zu verantworten hat. Sie stellen nach meiner Auffassung Verstöße gegen die Verkehrssicherungspflichten der Arbeitgeberseite dar und lassen sich mithin als Organisationsdefizite qualifizieren.

Hat ein Mobbingbetroffener einen Schaden erlitten, der auf eine Handlung des Mobbers zurückzuführen ist und kann der Schaden auf ein Organisationsdefizit des Arbeitgebers zurückgeführt werden - wobei die oben aufgeführten Aspekte wichtige Hinweise für die betriebliche Praxis liefern dürften -, sind die Voraussetzungen für eine Haftung des Arbeitgebers für Organisationsverschulden gemäß § 823 Abs. 1 BGB als erfüllt anzusehen.

d. Haftung für Handlungen von Organmitgliedern

Gemäß § 31 BGB ist der Verein für den Schaden verantwortlich, den der Vorstand, ein Mitglied des Vorstandes oder ein anderer verfassungsmäßig berufener Vertreter einem Dritten durch eine in Ausführung der ihm zustehenden Verrichtung begangene, zum Schadensersatz verpflichtende Handlung zufügt. Dieser Grundsatz ist unter anderem auf alle juristischen Personen (z.B. GmbH, AG) und Personengesellschaften (OHG, KG) - nicht aber auf einzelkaufmännische Unternehmen[589] - übertragen worden, mit der Folge, dass der § 31 BGB auf diese analog angewendet werden kann.[590] Dahinter steht der Grundgedanke, dass die Handlungen, die ein Organ im Rahmen der ihm übertragenen Aufgaben vornimmt, dem dahinterstehenden Vermögensträger zuzurechnen sind.[591]

aa. Verfassungsmäßig berufene Vertreter

Verfassungsmäßig berufene Vertreter im Sinne des § 31 BGB sind aber nicht nur die in dieser Vorschrift aufgeführten Organe. Für die Stellung als Vertreter genügt, dass diesem durch die allgemeine Betriebsregelung und Handhabung bedeutsame, wesensmäßige Funktionen des Vermögensträgers zur selbstständigen, eigenver-

[588] s.a.: den Wortbeitrag von Glißmann bei Fricke, S. 33
[589] MüKo-Reuter, § 31 Rn. 31
[590] vgl. Larenz/Wolf, S. 213; Palandt, § 31 Rn. 3
[591] Larenz/Wolf, S. 214

antwortlichen Erfüllung zugewiesen sind, dass er den Vermögensträger auf diese Weise repräsentiert.[592] Der personelle Anwendungsbereich des § 31 BGB deckt sich insoweit in etwa mit dem Begriff des leitenden Angestellten im arbeitsrechtlichen Sinne.[593]

Fehlt es an einem Vertreter im Sinne des § 31 BGB, kann dennoch eine Haftung des Vermögensträgers nach dieser Vorschrift in Betracht kommen, wenn es dieser zu vertreten hat, dass es einen Vertreter nicht gibt und der verursachte Schaden bei der Existenz einer derartigen Person hätte vermieden werden können. Den Vermögensträger trifft in einem derartigen Fall eine Haftungspflicht, wenn er es in vorwerfbarer Weise unterlassen hat, die zur Wahrnehmung seiner Aufsichtspflicht erforderlichen Maßnahmen zu treffen (z.B. fehlende Beaufsichtigung der Beschäftigten), die Betriebsvorgänge (Organisation, Arbeitsablauf etc.) so zu organisieren, dass im Rahmen des Möglichen niemand zu Schaden kommt. Insoweit kann von einem Organisationsmangel bzw. Organisationsverschulden des Arbeitgebers gesprochen werden.[594]

In der betrieblichen Praxis wird man regelmäßig davon ausgehen können, dass es in den Betrieben und Dienststellen zumindest einen verfassungsmäßig berufenen Vertreter im Sinne des § 31 BGB geben wird. Zu denken ist in dieser Hinsicht insbesondere an Geschäftsführer, ferner an Prokuristen sowie Betriebsleiter. Allenfalls in kleinen Betrieben dürfte eine derartige Person fehlen, so dass in einem derartigen Fall von einem Organisationsmangel ausgegangen werden kann, sofern es der Vermögensträger versäumt hat, einen Vertreter zu bestellen, und der Schaden des Mobbingbetroffenen bei der Existenz eines Vertreters hätte vermieden werden können.

bb. Haftungsrelevante Handlungen

Zu den schadensersatzpflichtigen Handlungen im Sinne des § 31 BGB zählen Schadensersatzansprüche aus Positiver Vertragsverletzung sowie aus unerlaubter Handlung (§§ 823 ff. BGB).[595] Diese müssen, um eine Haftung des Vermögensträgers auslösen zu können, von einer der in § 31 BGB aufgeführten Organe in Ausführung der ihm zustehenden Verrichtung begangen worden sein. Dies ist der Fall, wenn zwischen dem Handeln und dem allgemeinen Rahmen der übertragenen Obliegenheiten ein innerer Zusammenhang besteht. Nicht ausreichend ist hingegen, wenn die Handlung bei Gelegenheit erfolgt ist.[596] Sofern ein Organ seine Stellung missbraucht, kann auch ein vorsätzliches Überschreiten der Befugnisse noch in Ausführung der übertragenen Verrichtungen erfolgen, solange sich dieses aus der Sicht des Außenstehenden nicht so weit von dem Aufgabenkreis des Handelnden entfernt, dass der generelle Rahmen der ihm übertragenen Obliegenheiten überschritten ist.[597] Auch eine vorsätzliche unerlaubte Handlung kann in einem engen sachlichen Zusammenhang mit den zugewiesenen Verrichtungen stehen. Dies gilt insbesondere dann, wenn sie gerade die übertragenen besonderen Pflichten verletzt.[598]

---

[592] BGHZ 49, 19 (21)
[593] Palandt, § 31 Rn. 6
[594] vgl. Däubler ZR 2 Rn. 1118; Larenz/Wolf, S. 217; MüKo-Reuter, § 31 Rn. 5; Landwehr, S. 497 f.; BGHZ 24, 200 (213)
[595] Larenz/Wolf, S. 214 f.; MüKo-Reuter, § 31 Rn. 18; Fikentscher, Rn. 1302
[596] BGH v. 8.7.1986, NJW 1986, 2941 (2942); Larenz/Wolf, S. 216 f.
[597] BGH v. 8.7.1986, NJW 1986, 2941 (2942)
[598] BGHZ 49, 19 (23)

Ist beispielsweise der Geschäftsführer einer GmbH damit beauftragt worden, Personal abzubauen, so dürfte die diesbezügliche Weisung des Gesellschafters alle Verhaltensweisen des Geschäftsführers umfassen, die dieser Zielerreichung dienen. Mithin wird auch eine Handlung, die sich im Verhältnis des Arbeitgebers zu dem Mobbingbetroffenen als eine Verletzung arbeitsvertraglicher (Neben-) Pflichten darstellt, von der Weisung des Gesellschafters gedeckt sein, so dass die Pflichtverletzung des Geschäftsführers in Ausführung der übertragenen Verrichtung begangen wird. Ob dies auch für eine unerlaubte Handlung des Geschäftsführers gilt, ist von der Reichweite der Weisung des Gesellschafters abhängig. Sofern die Begehung einer unerlaubten Handlung von der Weisung des Gesellschafters umfasst wird, ist diese ebenfalls in Ausführung der dem Geschäftsführer zustehenden Verrichtung begangen. Gleiches hat im Ergebnis zu gelten, wenn die unerlaubte Handlung eine Verletzung der übertragenen Pflichten beinhaltet, der Geschäftsführer die Grenzen des ihm erlaubten überschreitet (z.B. eine unerlaubte Handlung begeht, obwohl ihm der Gesellschafter aufgetragen hat, nur solche Maßnahmen durchzuführen, die mit dem Gesetz in Einklang stehen).

Ferner wird man dem Vermögensträger solche schadensverursachenden Mobbinghandlungen zurechnen müssen, die einen Verstoß gegen die Grundsätze der Behandlung von Betriebsangehörigen gemäß § 75 BetrVG (s.a. § 67 Abs. 1 BPersVG) beinhalten. Schließlich handelt es sich hierbei um gesetzliche Pflichten, deren Beachtung der Vermögensträger regelmäßig dem Geschäftsführer überträgt. Weiter ist ein erforderlicher innerer Zusammenhang anzunehmen, wenn der Geschäftsführer anlässlich einer betrieblichen Tätigkeit (z.B. Betriebsbegehung, Abteilungsbesprechung, Betriebsversammlung) dem Mobbingbetroffenen einen Schaden (z.B. eine Körperverletzung infolge eines Faustschlags) zufügt. Wird dieser hingegen anlässlich eines zufälligen Zusammentreffens in der Öffentlichkeit begangen (z.B. beide begegnen sich zufällig beim Einkaufen, beim Spaziergang oder am Urlaubsort), wird man den erforderlichen Zusammenhang verneinen müssen, so dass die schadensverursachende Handlung in einem solchen Fall bei Gelegenheit erfolgt ist.

Damit ist festzuhalten, dass ein verfassungsmäßig berufener Vertreter im Sinne des § 31 BGB im Zusammenhang mit Mobbing haftungsrelevante Handlungen begehen kann, die zu einer Haftung für Handlungen von Organmitgliedern gemäß § 31 BGB führen.

e. *Persönliche Haftung des Organmitglieds gemäß §§ 823 ff. BGB*

Unbestritten ist, dass neben der Organhaftung gemäß § 31 BGB die persönliche Haftung des Organmitglieds tritt.[599] Insoweit können beide gemäß §§ 421, 840 BGB als Gesamtschuldner haften.[600]

Eine Eigenhaftung des Organmitglieds kommt dann in Betracht, wenn es im Rahmen seiner Organstellung selbst unmittelbar eine unerlaubte Handlung begeht oder an einer solchen mitwirkt, indem es etwa ein bestimmtes Verhalten einer nachgeordneten Stelle anordnet, das den Tatbestand einer unerlaubten Handlung erfüllt.[601] Ob eine deliktische

[599] h.M.; vgl. BGHZ 109, 297 (302); BGH v. 12.3.1996, NJW 1996, 1535 (1536); Soergel-Hadding, § 31 Rn. 28; Palandt, § 31 Rn. 13

[600] vgl. Staudinger-Weick, § 31 Rn. 49; Soergel-Hadding, § 31 Rn. 28

[601] Soergel-Zeuner, § 823 Rn. 171; BGH v. 11.7.1995, NJW-RR 1995, 1369 (1370); BGH v. 14.5.1974, NJW 1974, 1371 (1372); BGHZ 109, 297 (302); BGB-RGRK, § 823 Rn. 426

Eigenhaftung auch dann eingreift, wenn im Bereich der organschaftlichen Aufgaben Organisationsmängel zu verzeichnen sind, die eine deliktische Schadenszufügung zur Folge haben, ist hingegen nicht geklärt.[602] Sie dürfte zumindest dann zu verneinen sein, wenn der Vermögensträger bzw. Arbeitgeber für das Vorliegen des Organisationsmangels verantwortlich ist.

Sofern man sich der vom Bundesgerichtshof[603] vertretenen Meinung anschließt, ist eine Eigenhaftung des Organmitglieds generell ausgeschlossen. Die Pflichten zur ordnungsgemäßen Führung der Geschäfte berühren ausschließlich das Innenverhältnis zwischen dem Vermögensträger (Arbeitgeber) und dem Organ bzw. Organmitglied (z.B. Geschäftsführer und Gesellschafter). Gegenüber geschädigten Dritten kommt mithin lediglich eine Haftung des Vermögensträgers (z.B. der GmbH) in Frage. Eine Ausnahme von diesem Grundsatz lässt der Bundesgerichtshof[604] zu, wenn mit den Pflichten aus der Organstellung Pflichten einhergehen, die von dem Organ nicht mehr nur für die Gesellschaft als deren Organ zu erfüllen sind, sondern die ihn aus besonderen Gründen persönlich gegenüber den Dritten treffen - wie es wegen einer dem Geschäftsführer als Aufgabe zugewiesenen oder von ihm jedenfalls in Anspruch genommenen Garantenstellung zum Schutz fremder Güter im Sinne des § 823 Abs. 1 BGB, die ihre Träger der Einflusssphäre der Gesellschaft anvertraut haben, der Fall ist. Hier kann über die Organstellung hinaus eine mit der Zuständigkeit für die Organisation und Leitung und der daraus erwachsenden persönlichen Einflussnahme auf die Gefahrenabwehr bzw. Gefahrensteuerung verbundene persönliche Verantwortung des Organs dem Dritten gegenüber zum Tragen kommen. Voraussetzung für eine Eigenhaftung ist, dass der Geschäftsführer zur Abwehr der Gefahrenlage in seinem Bereich gefordert ist.

Ist jemand beispielsweise als Geschäftsführer für Organisationsdefizite verantwortlich, die zugleich eine Verletzung der eigenen arbeitsvertraglichen Pflichten beinhalten, steht dem Arbeitgeber das Recht zu, dieses Fehlverhalten zu sanktionieren. Erleiden Dritte aus einem solchen Fehlverhalten einen Schaden, so haben sie regelmäßig die Möglichkeit, den Vermögensträger (Arbeitgeber) hierfür gemäß § 31 BGB in Regress zu nehmen. Da sie insoweit ausreichend geschützt sind, der Vermögensträger zudem in der Regel finanzkräftiger sein dürfte als ein Geschäftsführer, besteht kein Anlass, diesen gegenüber dem Dritten unmittelbar haften zu lassen. Demnach ist eine Eigenhaftung des Organmitglieds gemäß §§ 823 ff. BGB auszuschließen.

Dieses Ergebnis ergibt sich auch dann, wenn man die vom Bundesgerichtshof herausgearbeitete Ausnahmesituation zulässt. Es ist kaum vorstellbar, dass sich etwa ein Geschäftsführer in seinem Anstellungsvertrag dazu verpflichtet, eine besondere Garantenstellung gegenüber den Beschäftigten zu übernehmen. Eine Garantenstellung kann man allenfalls dann begründen, wenn beispielsweise ein Geschäftsführer dem Mobbingbetroffenen gegenüber zusagt, die Mobbingsituation zu beenden bzw. geeignete Maßnahmen zur Beendigung der Situation zu ergreifen und dennoch untätig bleibt. Nur in diesem engen Rahmen wird er dem Mobbingbetroffenen gegenüber ein besonderes Vertrauen zum Ausdruck bringen, so dass dann Raum für eine persönliche Haftung des Geschäftsführers als Organmitglied gemäß §§ 823 ff. BGB ist.

---

[602] vgl. Soergel-Zeuner, § 823 Rn. 171; s.a.: Altmeppen, S. 886 f. m.w.N.

[603] BGHZ 109, 297 (302); zustimmend: Soergel-Zeuner, § 823 Rn. 172

[604] BGHZ 109, 197 (303 f.); s.a.: Soergel-Zeuner, § 823 Rn. 174; Altmeppen, S. 885

f. Sachwalterhaftung des Erfüllungsgehilfen

Der Grundsatz, dass der Erfüllungsgehilfe keiner vertraglichen oder vertragsähnlichen Haftung ausgesetzt ist, wird durchbrochen, wenn dieser selbst gegenüber dem Geschädigten einen Vertrauenstatbestand geschaffen hat,[605] aufgrund dessen es unbillig wäre, den Erfüllungsgehilfen von einer eigenen Haftung freizusprechen. Diese Haftung wird „Sachwalterhaftung“ genannt. Sie tritt neben der deliktischen Haftung gemäß §§ 823 ff. BGB. Entwickelt wurde die Sachwalterhaftung im Zusammenhang mit der Haftung bei Vertragsschluss. Später erfolgte eine Ausdehnung der Haftung auf die Phase der Durchführung zustandegekommener Verträge.[606]

Dieser Aspekt der Haftung bei der Vertragsdurchführung führt zu der Frage, ob die Erfüllungsgehilfen des Arbeitgebers (z.B. Arbeitskollegen, Vorgesetzte, Geschäftsleitungsmitglieder) von dem Mobbingbetroffenen im Zusammenhang mit dem Mobbinggeschehen als Sachwalter in Regress genommen werden können.

aa. Sachwaltereigenschaft des Erfüllungsgehilfen

Grundsätzlich sind „normale“ Beschäftigte von einer Sachwalterhaftung ausgenommen. Weder reicht die Sachkunde eines solchen Beschäftigten für die Annahme eines besonderen Vertrauensverhältnisses aus, noch kann etwa aus dem Interesse eines Beschäftigten auf Erlangung eines Provisionsanspruchs oder eines Vertragsschlusses zugunsten seines Arbeitgebers ein besonderes Interesse hergeleitet werden, welches es rechtfertigen könnte, diesen Personenkreis in den Kreis der Sachwalter zu integrieren.[607]

Sachwalter können hingegen Geschäftsführer, Geschäftsleitungsmitglieder sowie alle anderen Personen sein, die die Geschicke eines Unternehmens (bzw. einer Dienststelle) leiten, die einen besonderen Einfluss in dem Unternehmen ausüben und Mitverantwortung tragen.[608]

Sofern man diese Grundsätze auf die Mobbingproblematik überträgt, ergibt sich somit das folgende Bild: Als Sachwalter kommen alle Personen in Betracht, die ein Unternehmen leiten bzw. an der Unternehmensleitung mitwirken. Dies sind neben dem Geschäftsführer Prokuristen und sonstige herausgehobene Beschäftigte mit Leitungsfunktionen (z.B. leitende Angestellte). „Normale Beschäftigte“ sowie Vorgesetzte ohne Disziplinierungsfunktion (z.B. Schichtführer, Gruppenleiter, Kolonnenführer, Büroleiter), können hingegen nicht als Sachwalter bezeichnet werden, da ihnen eine Mitverantwortung an der Unternehmensleitung kaum zugesprochen werden kann.

bb. Besonderes Vertrauensverhältnis oder Interesse des Sachwalters

Voraussetzung für die Anerkennung einer Sachwaltereigenschaft und somit für die Haftung dieser Person ist, dass er persönlich in besonderem Maße das Vertrauen des

[605] vgl. Däubler ZR I, Rn. 1046
[606] vgl. Fikentscher, Rn. 78, 523; Medicus, Rn. 110; Däubler ZR I, Rn. 1046; BGHZ 70, 337 (340 ff.) s.a.: BGHZ 14, 313 (317 ff.)
[607] vgl. BGHZ 88, 67 (69 f.)
[608] vgl. BGHZ 72, 382 (386); BGHZ 74, 103 (109)

Geschädigten in Anspruch genommen,[609] oder ein besonderes (vornehmlich wirtschaftliches) Interesse an den konkreten Vertrag hat.[610] Ein dem Geschädigten entgegengebrachtes besonderes Vertrauen kann sich beispielsweise aus der außergewöhnlichen Sachkunde für den Vertragsgegenstand, der persönlichen Zuverlässigkeit sowie der Einflussnahmemöglichkeit des Schädigers auf die Vertragsabwicklung ergeben.[611] Maßgeblich ist stets, dass der besondere Vertrauenstatbestand von dem Schädiger selbst oder in einer ihm zurechenbaren Weise geschaffen wurde und das Verhalten des Geschädigten maßgeblich beeinflusst hat.[612] Soweit diese Voraussetzungen erfüllt sind, treffen den Schädiger die Verpflichtungen aus dem Vertragsverhältnis selbst.[613]

Der oben aufgeführte Personenkreis, der als Sachwalter in Betracht kommt, dürfte regelmäßig kein eigenes Interesse an dem Bestand eines einzelnen Beschäftigungsverhältnisses haben. Demgemäß dürfte ein derartiges Interesse grundsätzlich auch im Hinblick auf den Bestand eines Beschäftigungsverhältnisses mit dem Mobbingbetroffenen fehlen. Auch dürfte dieser Personenkreis gegenüber dem Mobbingbetroffenen in der Regel kaum ein besonderes Vertrauen in Anspruch nehmen, das geeignet ist, eine Sachwalterhaftung zu begründen.

Dem Beschäftigungsverhältnis selbst liegt in der Regel kein besonderes Vertrauensverhältnis zwischen dem Beschäftigten und dem Kreis der möglichen Sachwalter zugrunde. Je größer ein Betrieb in personeller Hinsicht ist, desto geringer dürfte sich die Möglichkeit gestalten, überhaupt ein Vertrauensverhältnis zu dem einzelnen Beschäftigten aufzubauen. Kaum etwas anderes dürfte gelten, wenn sich ein Beschäftigter an eine solche Person wendet, um sich etwa wegen der eigenen Mobbingbetroffenheit zu beschweren. Wenngleich es beispielsweise zum Aufgabenspektrum eines Personalchefs gehört, Beschwerden nachzugehen und berechtigten Beschwerden abzuhelfen, so wird mittels eines konkreten Gesprächs, das die Beschwerde eines Mobbingbetroffenen zum Gegenstand hat, grundsätzlich kein besonderes Vertrauensverhältnis zwischen den Gesprächspartnern geschaffen. Allenfalls dann, wenn ein Personalchef dem Mobbingbetroffenen zusichert, sich persönlich für diesen einzusetzen, um dem Mobbing ein Ende zu bereiten, setzt er einen Vertrauenstatbestand, der eine Sachwalterhaftung begründen kann. Da dies aber nur in Ausnahmefällen der Fall sein wird, ist davon auszugehen, dass eine Sachwalterhaftung des Erfüllungsgehilfen im Zusammenhang mit Mobbing grundsätzlich ausgeschlossen werden muss.

---

609 wohl h.M.; vgl. BGHZ 126, 181 (183); BGHZ 88, 67 (68 f.); BGHZ 79, 281 (283 f.); BGHZ 74, 103 (108); BGHZ 71, 284 (287); BGHZ 63, 382 (384 f.); BGHZ 56, 81 (83 ff.); Medicus, Rn. 110; Fikentscher, Rn. 523; Däubler ZR I, Rn. 1046

610 vgl. BGHZ 126, 181 (183); BGHZ 79, 281 (285 f.); BGHZ 56, 81 (83); Fikentscher, Rn. 523; Medicus, Rn. 110

611 vgl. BGH v. 8.10.1987, NJW-RR 1988, 615 (616); BGHZ 74, 103 (108); BGHZ 56, 81 (85)

612 vgl. BGHZ 56, 81 (85)

613 vgl. BGHZ 56, 81 (87)

g. *Schadensersatzrechtliche Besonderheiten im Zusammenhang mit der Haftung des Dienstherrn*

In schadensersatzrechtlicher Hinsicht gelten für den Dienstherrn grundsätzlich die in den voranstehenden Punkten dieses Kapitelabschnitts dargelegten allgemeinen Grundsätze mit folgenden Besonderheiten:[614]
- Der Dienstherr haftet gemäß Art. 34 GG i.V.m. § 839 BGB, wenn jemand in Ausübung eines ihm anvertrauten öffentlichen Amtes die ihm einem Dritten gegenüber obliegende Amtspflicht verletzt hat.
- Verletzt der Dienstherr seine Fürsorgepflicht gegenüber einen Beamten, so kann der Beamte (soweit eine Erfüllung des Anspruchs auf Beachtung der Fürsorgepflicht nicht genügt) den Dienstherrn auf Beseitigung der sich aus der Pflichtverletzung ergebenden Folgen in Anspruch nehmen.
- Ist die Erfüllung einer Fürsorgepflicht nicht möglich und scheidet ein Folgenbeseitigungsanspruch aus, so hat der Dienstherr wegen der Verletzung der Fürsorgepflicht Schadensersatz zu leisten.

Diese schadensersatzrechtlichen Besonderheiten einer Haftung des Dienstherrn geben Anlass, der Frage nachzugehen, ob diese im Zusammenhang mit Mobbing eine Schadensersatzpflicht des Dienstherrn begründen können.

aa. *Schadensersatzpflicht gemäß Art. 34 GG i.V.m. § 839 BGB*

Gemäß Art. 34 GG i.V.m. § 839 BGB ist der Dienstherr dem Geschädigten gegenüber zum Schadensersatz verpflichtet, wenn jemand in Ausübung eines ihm anvertrauten öffentlichen Amtes eine dem Geschädigten gegenüber bestehende Amtspflicht verletzt hat.[615]

aa.a. *Person des Schädigers*

Um eine Haftung gemäß Art. 34 GG i.V.m. § 839 BGB begründen zu können, ist nicht erforderlich, dass es sich bei dem Schädiger um einen Beamten im staatsrechtlichen Sinne handelt. Es genügt vielmehr, dass er hoheitliche Aufgaben ausführt. Mithin können neben den Beamten im staatsrechtlichen Sinne auch die im öffentlichen Dienst beschäftigten Arbeiter und Angestellten Beamte im haftungsrechtlichen Sinne sein. Entscheidend ist, dass die betreffende Person zur Wahrnehmung hoheitlicher Aufgaben tätig geworden ist.[616]

Dass im öffentlichen Dienst Beschäftigte als Beamte im haftungsrechtlichen Sinne qualifiziert werden und demzufolge eine Haftung ihres Dienstherrn gemäß Art. 34 GG i.V.m. § 839 BGB auslösen können, ergibt sich bereits aus dem Umstand, dass zwischen diesem Personenkreis und ihrem Dienstherrn ein Beschäftigungsverhältnis besteht, aufgrund dessen sie mit der Wahrnehmung hoheitlicher Aufgaben betraut sind.

---

[614] vgl. Plog u.a., § 78 Rn. 7 ff.; Battis, § 78 Rn. 5; Schnellenbach, Rn. 303
[615] vgl. Brox, SR II, S. 375
[616] h.M.; vgl. Brox SR II, Rn. 484; Soergel-Vinke, § 839 Rn. 44 ff.; Kunig, Rn. 57; s.a.: BGHZ 84, 292 (299); Ossenbühl, S. 13 ff.

aa.b. Schadenszufügung in Ausübung eines öffentlichen Amtes

Weiter erfordert eine Haftung gemäß Art. 34 GG i.V.m. § 839 BGB, dass der Schädiger dem Geschädigten einen Schaden in Ausübung eines öffentlichen Amtes zugefügt hat. Ob dies der Fall ist, ergibt sich aus der Beantwortung der Frage, ob ein bestimmtes Verhalten des Schädigers als Ausübung eines öffentlichen Amtes anzusehen ist. Es muss diesbezüglich darauf abgestellt werden, ob die eigentliche Zielsetzung, in deren Sinn der Schädiger tätig wurde, einer hoheitlichen Tätigkeit zuzurechnen ist und zwischen dieser Zielsetzung sowie der schädigenden Handlung ein so enger innerer und äußerer Zusammenhang besteht, so dass die schädigende Handlung noch als dem Bereich der hoheitlichen Betätigung angehörend angesehen werden kann.[617] Ein derartiger Zusammenhang ist beispielsweise dann anzunehmen, wenn der Schädiger seine dienstlichen Befugnisse überschreitet und das Gegenteil dessen tut, was seine dienstliche Pflicht ist.[618] Entsprechendes gilt, wenn der Schädiger die Amtsstellung zu eigensüchtigen und strafbaren Zwecken missbraucht oder dienstlich gebotene Handlungen unterlässt.[619] Dagegen ermangelt es an einem inneren Zusammenhang, wenn der Schädiger aus rein persönlichen, mit dem Dienst in keinerlei Weise zusammenhängenden Gründen handelt.[620]

Wer Mobbinghandlungen begeht, versucht regelmäßig, einen zwischen ihm und dem Mobbingbetroffenen existierenden Konflikt - objektiv betrachtet - in einer unfairen, höchst eigennützigen und rücksichtslosen Art und Weise zu lösen. Handelt es sich bei dem Mobber um einen Vorgesetzten, so liegt die Gefahr nahe, dass er seine Amtsstellung insofern zur Verwirklichung seiner Ziele und mithin zur Begehung von Mobbinghandlungen missbraucht, als er seine hervorgehobene Stellung ausnutzt. Zu denken ist etwa an einen Vorgesetzten, der das Weisungsrecht gegenüber Untergebenen nutzt, um diese zu schikanieren (z.B. die Weisung, die Schuhe des Vorgesetzten zu küssen). Aber auch der Mobber, der keine Vorgesetztenposition inne hat, verstößt gegen seine dienstlichen Pflichten,[621] wenn er unter Ausnutzung seiner Stellung als Beschäftigter der Dienststelle beispielsweise dem Mobbingbetroffenen Schaden an dessen Eigentum zufügt oder den Dienstfrieden stört. Hierbei kommt dem Mobber stets zugute, dass er als Beschäftigter der Dienststelle das „Vertrauen" der anderen Beschäftigten genießt sowie seine Ortskenntnisse und anderes Insiderwissen zur Begehung seiner Mobbinghandlungen verwenden kann. Demzufolge kann grundsätzlich von dem Umstand ausgegangen werden, dass die im Zusammenhang mit Mobbing erfolgte Schadenszufügung in Ausübung eines öffentlichen Amtes erfolgt, so dass in einem derartigen Fall eine Haftung des Dienstherrn gemäß Art. 34 GG i.V.m. § 839 BGB in Betracht kommen kann.

[617] BGHZ 108, 230 (232); BGHZ 42, 176 (179); BGH v. 12.12.1991, NJW 1992, 1227 (1228 m.w.N.); s.a.: Ossenbühl, S. 25

[618] BGHZ 11, 181 (186)

[619] Soergel-Vinke, § 839 Rn. 73

[620] BGHZ 11, 181 (186)

[621] vgl. zu den Pflichten von Angestellten, Arbeitern und Beamten die Ausführungen im 4. Kapitel unter I. und im 6. Kapitel unter II.1.

bb. Anspruch des verbeamteten Mobbingbetroffenen auf Folgenbeseitigung

Verletzt der Dienstherr eine dem verbeamteten Mobbingbetroffenen gegenüber obliegende Fürsorgepflicht, so kann der Beamte - soweit ein Anspruch auf Erfüllung der Fürsorgepflicht nicht zur Schadensregulierung genügt - den Dienstherrn auf Beseitigung der durch die Fürsorgepflichtverletzung entstandenen Folgen in Anspruch nehmen.[622]

bb.a. Verletzung der Fürsorgepflicht

Der Anspruch auf Folgenbeseitigung erfordert zunächst eine Verletzung der Fürsorgepflicht, mithin einen Verstoß gegen § 79 Satz 1 BBG (§ 48 Satz 1 BRRG), wonach der Dienstherr im Rahmen des Dienst- und Treueverhältnisses für das Wohl des Beamten und dessen Familie zu sorgen hat. Wenngleich die sich aus § 79 BBG (§ 48 BRRG) ergebende Fürsorgepflicht des Dienstherrn die arbeitsrechtliche Fürsorgepflicht übertrifft,[623] so kann bereits unter Verweis auf die Ausführungen zur arbeitsrechtlichen Fürsorgepflicht unter Punkt a. festgehalten werden, dass die im Arbeitsrecht geltenden Fürsorgepflichten in der gleichen Weise gegenüber den Beamten zu beachten sind und demzufolge auch von dem Dienstherrn bzw. von einer für diesen handelnde Person verletzt werden können. Zu denken ist im Zusammenhang mit Mobbing etwa an einen Dienstvorgesetzten (z.B. Dienststellenleiter), der positive Kenntnis von einer akuten Mobbingbetroffenheit eines untergebenen Beamten hat, aber dennoch nicht zur Beendigung der Mobbinghandlungen einschreitet und den Beamten damit der Gefahr aussetzt, infolge der weiter anhaltenden Mobbingsituation einen Schaden an der Gesundheit zu erleiden.

bb.b. Schaden des Mobbingbetroffenen

Der Schaden, mithin die von dem Dienstherrn zu beseitigenden Folgen, bestehen in den rechtswidrigen Konsequenzen, die sich aus der Verletzung der Fürsorgepflicht ergeben.[624]
Besteht eine Mobbinghandlungen zum Beispiel in der Vorenthaltung einer Beförderung, so ergibt sich der Schaden regelmäßig aus der Differenz zwischen den bislang erhaltenen und den höheren Bezügen, die mit der Beförderung verbunden wären. Überwiegen dürften jedoch Schädigungen an der Gesundheit des verbeamteten Mobbingbetroffenen, die sich infolge der Mobbingsituation regelmäßig bei dem Mobbingbetroffenen einstellen.

cc. Schadensersatzpflicht wegen der Verletzung der Fürsorgepflicht gegenüber dem verbeamteten Mobbingbetroffenen

Ein Anspruch auf Schadensersatz wegen der Verletzung der Fürsorgepflicht kommt für einen Beamten dann in Betracht, wenn die Erfüllung der Fürsorgepflicht nicht möglich ist und ein Folgenbeseitigungsanspruch im konkreten Einzelfall aus-

---

[622] vgl. Battis, § 79 Rn. 14; BVerwGE 75, 354 (355); BVerwGE 69, 366 (367 ff., 371); BVerwGE 59, 319 (325 ff.); s.a.: BVerwG v. 6.9.1988, NJW 1989, 118 (118)
[623] Die Fürsorgepflicht des Arbeitgebers umfasst grundsätzlich nicht die Familie eines Angestellten bzw. Arbeiters; s.a.: Battis, § 79 Rn. 4
[624] BVerwGE 69, 366 (370)

scheidet.[625] Ein solcher Schadensersatzanspruch ist regelmäßig auf einen Ausgleich des zugefügten Vermögensschadens gerichtet, kann aber auch auf Naturalresitution gehen, etwa wenn es um die Richtigstellung diskriminierender Tatsachenbehauptungen geht. Hingegen umfasst die Schadensersatzpflicht keine immateriellen Schäden, so dass Schmerzensgeld insoweit nicht geltend gemacht werden kann.[626]

Der Schadensersatzanspruch bedingt, dass ein für den Dienstherrn handelnder Amtswalter oder eine andere Person, derer sich der Dienstherr bedient, um seinen Fürsorge- und Schutzpflichten zu genügen, eben eine solche Pflicht verletzt hat.[627] Weiter muss die Pflichtverletzung einen konkreten Schaden verursacht haben.[628]

Eine derartige Pflichtverletzung ist im Zusammenhang mit Mobbing in doppelter Weise möglich. Zum einen ist an einen Vorgesetzten zu denken, der selbst als Mobber in Erscheinung tritt und eine den Dienstherrn treffende Fürsorgepflicht verletzt. Man denke in diesem Zusammenhang etwa an einen Dienststellenleiter, der den ihm unterstellten Mobbingbetroffenen schikaniert, diskriminiert, beleidigt sowie sexuell belästigt. Aber auch ohne als Mobber in Erscheinung zu treten, kann der Dienststellenleiter eine dem Dienstherrn zurechenbare Fürsorgepflichtverletzung begehen, indem er etwa Beschwerden des Mobbingbetroffenen ignoriert, sich den Anliegen des Mobbingbetroffenen gegenüber verschließt und in keinster Weise zur Beendigung der Mobbingsituation tätig wird.

h. Schadensersatzrechtliche Besonderheiten bei einer Haftung von verbeamteten Vorgesetzten

Aufgrund des besonderen Status, den Beamte haben, ist es erforderlich, sich auch mit den schadensersatzrechtlichen Besonderheiten dieser Personengruppe zu befassen, soweit sie Vorgesetztenpositionen innehaben.

Ohne selbst als Mobber in Erscheinung zu treten, können Vorgesetzte, die über einen staatsrechtlichen Beamtenstatus verfügen, im Zusammenhang mit Mobbing Pflichten verletzen, die sie gegenüber ihrem Dienstherrn zu beachten haben. Zu denken ist in diesem Zusammenhang etwa an einen Dienststellenleiter, der seiner Aufsichtspflicht nicht genügt, indem er dem Mobbing freien Lauf lässt und nichts zu seiner Beendigung unternimmt, etwa trotz entsprechender Beschwerden des Mobbingbetroffenen und/oder des Personalrats untätig bleibt. In einem solchen Fall ist an eine Schadensersatzpflicht des Dienststellenleiters gemäß § 78 Abs. 1 BBG (§ 46 Abs. 1 BRRG) sowie an eine Schadensersatzpflicht des Dienststellenleiters gemäß § 839 BGB zu denken. Da beide Anspruchsgrundlagen bereits in Kapitelabschnitt I.1.g. dargestellt wurden, kann auf die dortigen Ausführungen verwiesen werden.

---

[625] vgl. Battis, § 79 Rn. 15; Schnellenbach, Rn. 410; s.a.: BVerwGE 88, 60 (63); BVerwGE 24, 186 (192 f.); BVerwGE 13, 17 (18 ff., 25)

[626] Schnellenbach, Rn. 415; s.a.: Plog u.a., § 79 Rn. 25b; Battis, § 79 Rn. 15; BVerwGE 88, 60 (63)

[627] vgl. Schnellenbach, Rn. 411; Battis, § 79 Rn. 15; s.a.: BVerwGE 13, 17 (20); OVG Lüneburg v. 18.3.1981, ZBR 1982, 91 (91)

[628] vgl. Schnellenbach, Rn. 411; s.a.: BVerwGE 24, 186 (192 f.)

2. *Kausalzusammenhänge und Zurechenbarkeit der Handlungen*

Soweit es die Zurechenbarkeit von Handlungen betrifft, dürfte es im Zusammenhang mit der Mobbingproblematik regelmäßig keine Probleme geben, so dass dieses Merkmal grundsätzlich erfüllt sein dürfte.

Vergleichbar der Situation bezüglich des Mobbers dürften sich oftmals Kausalitätsprobleme stellen, die unter Bezugnahme auf die Ausführungen in Kapitelabschnitt I.2. einer Schadensersatzpflicht entgegenstehen dürften. Insoweit sei auf die Ausführungen in Kapitelabschnitt I.2. verwiesen.

Die Schadensersatzpflicht gemäß § 831 Abs. 1 BGB (Haftung für den Verrichtungsgehilfen) weist insoweit eine Besonderheit auf, als der haftungsbegründende Kausalzusammenhang zwischen dem Verschulden des Geschäftsherrn und der Schädigung durch den Gehilfen vermutet wird.[629] Der haftungsbegründende Kausalzusammenhang ist jedoch dann nicht gegeben, wenn der Schaden auch bei der Anwendung der erforderlichen Sorgfalt entstanden sein würde. Da dieser Nachweis Gegenstand der Beweislast des Arbeitgebers ist, ist auf diesen Aspekt in Punkt 6.b. zurückzukommen.

Hinsichtlich einer Haftung wegen eines Organisationsverschuldens wird bedingt, dass die Verletzung der Organsiationspflicht(en) adäquat kausal zu einer Rechtsgutsverletzung im Sinne des § 823 Abs. 1 BGB geführt haben muss.

Für einen Anspruch auf Folgenbeseitigung ist Voraussetzung, dass ein Kausalzusammenhang sowohl in haftungsbegründender als auch in haftungsausfüllender Hinsicht besteht.[630] Soweit es den Schadensersatzanspruch eines Beamten wegen der Verletzung der Fürsorgepflicht betrifft, muss zwischen dem Pflichtenverstoß und dem eingetretenen Schaden ein adäquater Kausalzusammenhang bestehen.[631]

Wie bereits in Kapitelabschnitt I.2. ausgeführt wurde, lässt sich die haftungsbegründende Kausalität im Zusammenhang mit Mobbing oftmals nicht oder nur äußerst schwer feststellen. Stets stellt sich im Zusammenhang mit den gesundheitsschädlichen Auswirkungen von Mobbing die häufig nicht zu beantwortende Frage, ob es nicht auch ohne die konkrete Pflichtverletzung bzw. ohne eines vorliegenden Organisationsverschuldens zu der Gesundheitsschädigung gekommen wäre bzw. ob diese der Auslöser der Schädigung gewesen ist. Nur in Einzelfällen wird sich dieses Problem nicht stellen, etwa wenn der Mobbingbetroffene von einem Arbeitskollegen mit einem Messer verletzt wird.

3. *Rechtswidrigkeit*

Unter Bezugnahme auf die Ausführungen in Kapitelabschnitt I.3. kann das Merkmal der Rechtswidrigkeit, das für das Vorliegen eines Schadensersatzanspruchs erforderlich ist, stets angenommen werden, so dass diese schadensersatzrechtliche Bedingung nur in Ausnahmefällen nicht erfüllt sein dürfte.

---

[629] vgl. Fikentscher, Rn. 1307; Medicus SR II, Rn. 854, 856

[630] BVerwGE 69, 366 (372)

[631] Battis, § 79 Rn. 15; Schnellenbach, Rn. 413 m.w.N.; BVerwGE 70, 296 (300 f.)

4. *Vorsätzliches und fahrlässiges Handeln*

Vergleichbar der Situation bei der Schadensersatzpflicht des Mobbers ist eine Schadensersatzpflicht des Arbeitgebers, von Personen mit Arbeitgeberfunktionen sowie von Vorgesetzten grundsätzlich davon abhängig, dass sie den geltend gemachten Schaden zu vertreten haben. Lediglich bei einer Haftung des Dienstherrn gemäß Art. 34 GG i.V.m. § 839 BGB gilt dieser Grundsatz nicht. Insoweit wird nur bedingt, dass der Schädiger vorsätzlich oder fahrlässig gehandelt hat.[632]

a. *Haftung für eigenes Verschulden*

Sofern es die Haftung für eigenes Verschulden betrifft (z.B. Schadensersatzpflicht wegen unerlaubter Handlung [§ 823 BGB], Haftung bei Amtspflichtverletzungen [§ 839 BGB], Schadensersatzpflicht von Beamten gemäß § 78 BBG [§ 46 BRRG]), ist zu fragen, ob der Arbeitgeber vorsätzlich oder fahrlässig gehandelt hat. Da beide Begrifflichkeiten bereits im Kapitelabschnitt I.4. erläutert worden sind, sei insoweit auf die dortigen Ausführungen verwiesen.

Sofern ein Arbeitgeber Mobbinghandlungen begeht, wird ihm in der Regel bewusst sein, dass er damit ihn treffende Fürsorgepflichten verletzt. In dem gleichen Maße wird ihm bewusst sein, dass seine Nebenpflichtverletzung zu einer Schädigung des Mobbingbetroffenen führen kann. Aber auch in den Fällen, in denen ihm dieses Bewusstsein fehlt, wird man ihm vorwerfen können, dass er bei Beachtung der ihn treffenden Sorgfaltspflichten eine mögliche Schädigung des Mobbingbetroffenen hätte voraussehen können. Demzufolge kann man dem Mobbing betreibenden Arbeitgeber grundsätzlich zumindest Fahrlässigkeit vorwerfen. Gleiches ist anzunehmen, wenn er zwar nicht selbst Mobbing betreibt, er aber in sonstiger Weise nicht seiner Fürsorgepflicht nachkommt, etwa weil er diesbezügliche Beschwerden des Mobbingbetroffenen ignoriert.

Entsprechendes wird man für Vorgesetzte sowie für Personen mit Arbeitgeberfunktionen annehmen müssen, da man den Angehörigen dieses Personenkreises unterstellen darf, dass sie ihre Pflichten kennen und wissen bzw. kennen und wissen müssen, welche Konsequenzen mit einer Pflichtverletzung verbunden sein können.

Handelt ein Sachwalter dem Vertrauenstatbestand zuwider, erschüttert er das zum Mobbingbetroffenen bestehende besondere Vertrauensverhältnis. Er lässt weiterhin Mobbinghandlungen geschehen und verletzt damit die sich aus dem Arbeitsverhältnis ergebende Nebenpflicht, sich schützend vor den Mobbingbetroffenen zu stellen und Schaden von diesem abzuwenden. Da dem Sachwalter die Konsequenzen seines Verhaltens bewusst sein dürften bzw. er diese bei Beachtung der ihm zumutbaren Sorgfalt hätte erkennen müssen, wird man diesem ebenfalls regelmäßig zumindest ein fahrlässiges Handeln unterstellen dürfen.

b. *Einstandspflicht für Handlungen von Erfüllungsgehilfen*

Sofern es die Haftung des Arbeitgebers bzw. Dienstherrn wegen der Verletzung einer Fürsorgepflicht betrifft, so ist zu vermerken, dass diese Nebenpflicht nicht zwangsläufig von dem Arbeitgeber bzw. Dienstherrn selbst schuldhaft verletzt worden sein muss.

---

[632] vgl. insoweit die Ausführungen in Kapitelabschnitt I.4.

Vielmehr genügt eine schuldhafte Handlung seines gesetzlichen Vertreters oder Erfüllungsgehilfen, soweit dieser im Rahmen des Beschäftigungsverhältnisses liegende Verpflichtungen des Arbeitgebers bzw. Dienstherrn wahrnimmt (vgl. § 278 BGB).[633]

§ 278 BGB beruht auf dem Gedanken, dass der Schuldner gegenüber dem Gläubiger für seinen Geschäfts- und Gefahrenkreis verantwortlich ist. Zu dem Gefahrenkreis eines jeden Schuldners gehören die von ihm eingesetzten Hilfspersonen.[634] Wer für sich den Vorteil der Arbeitsteilung in Anspruch nimmt, hat folglich auch das Risiko zu tragen, dass der an seiner Stelle Handelnde schuldhaft rechtlich geschützte Interessen des Gläubigers verletzt.[635] Im Rahmen des § 278 BGB ist daher das Verhalten des Erfüllungsgehilfen bzw. des gesetzlichen Vertreters wie das eigene Verhalten des Schuldners zu beurteilen. Der Schuldner haftet insoweit wie für eigenes Verschulden.[636]

Gesetzlicher Vertreter im Sinne des § 278 BGB ist jeder, der mit Wirkung für den Arbeitgeber bzw. Dienstherrn handelt, ohne verfassungsmäßig berufener Vertreter im Sinne des § 31 bzw. § 89 Abs. 1 i.V.m § 31 BGB zu sein.[637] Erfüllungsgehilfe ist, wer nach den tatsächlichen Gegebenheiten des Falles mit dem Wohle des Arbeitgebers bzw. Dienstherrn bei der Erfüllung einer diesem obliegenden Verbindlichkeit als seine Hilfsperson tätig wird.[638]

Erforderlich für eine Anwendung des § 278 BGB ist stets, dass der Erfüllungsgehilfe bzw. Vertreter in Erfüllung einer Verbindlichkeit des Arbeitgebers bzw. Dienstherrn gehandelt hat. Die von der Hilfsperson verrichtete Tätigkeit muss im Bereich des von dem Arbeitgeber bzw. Dienstherrn geschuldeten Geschäftsverhaltens liegen,[639] mit dieser in einem sachlichen Zusammenhang stehen.[640] Handlungen, die von ihrer Zielsetzung her nichts mit der übernommenen Aufgabe zu tun haben, werden als Handeln „bei Gelegenheit“ qualifiziert, die nicht von § 278 BGB erfasst werden.[641] Sofern man bedenkt, dass die Hinzuziehung als Gehilfe erst dessen Handlung ermöglicht, wird man dem Handeln „bei Gelegenheit“ daher enge Grenzen stecken müssen. Man wird § 278 BGB mithin auf alle Schädigungen anwenden müssen, die dem Gehilfen durch die Übertragung der Hilfstätigkeit erst ermöglicht oder erheblich erleichtert worden sind.[642]

Soweit sich ein Arbeitgeber bzw. Dienstherr Personen bedient, die für ihn handeln bzw. denen einzelne Aufgaben übertragen worden sind, wie es etwa bei einem leitenden Angestellten sowie bei einem Vorgesetzten regelmäßig der Fall ist, so haben diese auch im Rahmen ihrer Aufgaben für die Beachtung der Fürsorgepflicht Sorge zu tragen. Dies kann - abhängig von den konkreten Umständen des Einzelfalls - beispielsweise darin bestehen, sich schützend vor einen Mobbingbetroffenen zu stellen oder einer (z.B. gemäß § 84 BetrVG) erhobenen Beschwerde des Mobbingbetroffenen nachzugehen. Wird dies schuldhaft unterlassen, muss sich der Arbeitgeber das Handeln seines Gehilfen nach § 278 BGB zurechnen lassen. Schließlich besteht insoweit zwischen der

---

[633] vgl. Larenz, S. 368; Brox SR II, Rn. 223
[634] Palandt, § 278 Rn. 1; BGH v. 23.11.1995, NJW 1996, 464 (465)
[635] BGH v. 23.11.1995, NJW 1996, 464 (465)
[636] vgl. Medicus, Rn. 334; Brox SR I, Rn. 226
[637] Palandt, § 278 Rn. 5 f.; Däubler ZR 1, Rn. 1038
[638] Palandt, § 278 Rn. 7; BGH v. 24.11.1995, NJW 1996, 451 (451); Brox SR II, Rn. 225
[639] Palandt, § 278 Rn. 12; BGHZ 123, 1 (14)
[640] Däubler ZR 1, Rn. 1041
[641] h.M.; vgl. Däubler ZR 1, Rn. 1041; Brox SR II, Rn. 223; Medicus, Rn. 332
[642] so im Ergebnis auch Medicus, Rn. 333

übertragenen Aufgabe und der vom Arbeitgeber geschuldeten Fürsorgepflicht ein enger sachlicher Zusammenhang.

Begeht der Gehilfe hingegen selbst Mobbinghandlungen, die in keinem sachlichen Zusammenhang mit der übertragenen Aufgabe stehen, wie es etwa bei einem tätlichen Angriff auf den Mobbingbetroffenen der Fall ist, der in keinem Zusammenhang mit der Arbeit steht (z.B. das Verprügeln des Nebenbuhlers aus Eifersucht in einer Diskothek), so kommt eine Anwendung des § 278 BGB nicht in Betracht. In einem derartigen Fall hat der Gehilfe „bei Gelegenheit" gehandelt.

Abgesehen von den Fällen eines Handelns bei Gelegenheit wird dem untätig bleibenden Vorgesetzten, der beispielsweise einer Beschwerde des Mobbingbetroffenen nicht nachgeht, in der Regel zumindest ein fahrlässiges Handeln vorzuhalten sein. Oftmals wird der Vorgesetzte sogar vorsätzlich handeln. Dies dürfte insbesondere dann der Fall sein, wenn der Mobbingbetroffene mittels der Mobbinghandlungen zu einem Ausscheiden aus dem Beschäftigungsverhältnis veranlasst werden soll, was bei solchen Personen, die einem besonderen Kündigungsschutz unterliegen (z.B. werdende Mütter, Auszubildende, Betriebs- und Personalratsmitglieder, Schwerbehinderte) häufig der Fall sein dürfte.

Handelt es sich bei dem Gehilfen um einen „normalen" Beschäftigten, der z.B. als Arbeitskollege Mobbinghandlungen begeht, so wird man eine Haftung des Arbeitgebers bzw. Dienstherrn gemäß § 278 BGB ebenfalls annehmen müssen, wenn der Gehilfe die Mobbinghandlungen während der Arbeitszeit in dem Betrieb bzw. in der Dienststelle bzw. an einem auswärtigen Arbeitsplatz verübt und diese nicht nur „bei Gelegenheit" erfolgen. Dies dürfte beispielsweise dann der Fall sein, wenn Mobbinghandlungen zu Lasten des Mobbingbetroffenen begangen werden, weil der Mobber befürchtet, dass nicht er, sondern der Mobbingbetroffene die ausgeschriebene Vorarbeiterposition zugesprochen bekommt.

c. *Vermutetes Verschulden des Geschäftsherrn im Rahmen des § 831 BGB und Organisationsverschulden*

Liegen die Voraussetzungen des § 831 Abs. 1 Satz 1 BGB vor, so wird ein eigenes Verschulden des Geschäftsherrn hinsichtlich der Auswahl und der Beaufsichtigung des Verrichtungsgehilfen vermutet.[643] Dieser Vermutung kann der Geschäftsherr entgegentreten, wenn er fehlendes eigenes Verschulden nachweist (vgl. § 831 Abs. 1 Satz 2 BGB).[644] Der Nachweis fehlenden Verschuldens bei der Auswahl des Verrichtungsgehilfen wird dadurch geführt, dass der Geschäftsherr nachweist, er habe den Verrichtungsgehilfen derart ausgewählt bzw. überwacht, dass dieser die ihm übertragenen Aufgaben voraussichtlich ohne Schädigung Dritter würde durchführen können.[645] Sofern sich der konkrete Verursacher nicht ermitteln lässt, muss der Nachweis einer ordnungsgemäßen Auswahl bzw. Überwachung im Blick auf alle die Personen geführt werden, die als Urheber der Handlung in Betracht kommen.[646]

---

[643] vgl. Fikentscher, Rn. 1307; Medicus SR II Rn. 854, 856

[644] vgl. Fikentscher, Rn. 1307; Soergel-Zeuner, § 831 Rn. 37; Medicus SR II, Rn. 857; Brox SR II, Rn. 475

[645] Fikentscher, Rn. 1307; s.a.: Larenz/Canaris, S. 481; MüKo-Stein, § 831 Rn. 17; Soergel-Zeuner, § 831 Rn. 35 f.; Medicus SR II, Rn. 857; Brox SR II, Rn. 475

[646] Soergel-Zeuner, § 831 Rn. 48; Fikentscher, Rn. 1307; Larenz/Canaris, S. 481; BGH v. 19.6.1973, NJW 1973, 1602 (1603)

Die Möglichkeit der Exkulpation ist in der betrieblichen Praxis umso leichter, je größer der Betrieb bzw. die Dienststelle ist. Schließlich besteht vor allem in arbeitsteiligen (Groß-) Betrieben die Möglichkeit der Führung eines mehrstufigen (sog. dezentralisierten) Entlastungsbeweises dergestalt, dass zum Beispiel der Geschäftsführer einer GmbH nachweist, dass er höher positionierte Angestellte (insbesondere leitende Angestellte) ordnungsgemäß beaufsichtigt, die wiederum eine ordnungsgemäße Aufsicht durchführen, sofern eine ausreichende Organisation besteht, die eine ordnungsgemäße Geschäftsführung und Beaufsichtigung des gesamten Personals gewährleistet.[647] Da es in kleinen Betrieben kaum möglich sein wird, sich in einer derartigen Weise zu exkulpieren, wären die großen gegenüber den kleinen Betrieben in einem haftungsrechtlichen Vorteil.

Um diese die Großbetriebe haftungsrechtlich ungerechtfertigt privilegierende Stellung zu vermeiden, hat die Rechtsprechung die Haftung für derartige Betriebe von § 831 BGB auf § 823 i.V.m. § 31 BGB verlagert. Gemäß dieser Vorschrift, welche die Möglichkeit eines Entlastungsbeweises ausschließt, sind Großbetriebe gehalten, den betrieblichen Ablauf so zu gestalten, dass Betriebsangehörige hinreichend beaufsichtigt und damit gehindert werden können, schädigende Handlungen zu begehen.[648] Ein dabei unterlaufendes Organisationsverschulden wird dann auf der Ebene der Organhaftung angesiedelt, die die Möglichkeit der Exkulpation nicht kennt.[649]

Eine Haftung des Arbeitgebers bzw. Dienstherrn für Organisationsdefizite bedingt, dass die Organisationspflichten schuldhaft im Sinne des § 276 Abs. 1 BGB verletzt worden sind.[650] Dies erfordert, dass sich das Verschulden auch auf die Verletzung des in § 823 Abs. 1 BGB geschützten Rechtsguts beziehen muss. Hinsichtlich der Verletzung der Organisationspflicht wird vorausgesetzt, dass der Arbeitgeber bzw. Dienstherr die Möglichkeit einer Beeinträchtigung im allgemeinen hätte erkennen müssen. Hingegen muss der Schaden nicht vom Verschulden erfasst sein.[651]

Ergreift ein Arbeitgeber bzw. Dienstherr keine geeigneten Maßnahmen zur Beendigung akuter Mobbingsituationen und/oder zur Verhütung weiterer Mobbingfälle - obwohl die sich aus Mobbing ergebenden Gefahren wegen der nunmehr seit mehreren Jahren geführten Diskussion sowie erfolgten Berichterstattung in den Medien bekannt sein müssen -, ist diesem regelmäßig eine fahrlässige Verletzung von Organisationspflichten zu unterstellen, die auch eine eventuelle Rechtsgutsverletzung gemäß § 823 Abs. 1 BGB umfasst. Ist der Arbeitgeberseite eine akute Mobbingsituation bekannt (z.B. aufgrund einer Beschwerde des Mobbingbetroffenen, eines Hinweises aus der Belegschaft oder eines Vorbringens des Betriebsrats) und nimmt sie trotzdem nichts zur Behebung der Organisationsdefizite, so dürfte häufig sogar von Vorsatz die Rede sein.

Infolgedessen dürfte dem Arbeitgeber bzw. Dienstherrn zumindest in den Fällen, in denen er gegen akutes Mobbing nichts unternommen hat und/oder trotz vorheriger Mobbingfälle keine vorbeugenden Maßnahmen gegen weiteres Mobbing ergreift, regelmäßig Verschulden gemäß § 831 BGB bzw. § 823 i.V.m. § 31 BGB vorzuhalten sein.

---

[647] vgl. Fikentscher, Rn. 1308; Soergel-Zeuner, § 831 Rn. 40; Medicus SR II, Rn. 858

[648] Fikentscher, Rn. 1308, 1237 unter „l) Organisationspflicht"; s.a.: Däubler, Rn. 1116; Larenz/Canaris, S. 481 f.; BGH v. 19.6.1973, NJW 1973, 1602 (1603); Soergel-Zeuner, § 831 Rn. 41; Brox SR II, Rn. 475; Medicus SR II, Rn. 859

[649] Medicus SR II, Rn. 859

[650] Fikentscher, Rn. 1238; s.a.: Kittner, Rn. 488

[651] Larenz/Canaris, S. 426

5. *Ermittlung des Schadens und seines Ausmaßes*

Hinsichtlich der Ermittlung des Schadens und seines Ausmaßes stellen sich die gleichen Probleme, wie sie bereits in dem Kapitelabschnitt I.5. dargestellt worden sind. Auch im Rahmen der in diesem Kapitelabschnitt erörterten Anspruchsgrundlagen ist der Schadensausgleich regelmäßig auf eine Entschädigung in Geld gerichtet. Insoweit sind im Folgenden die Besonderheiten aufzuzeigen, die sich bei einer Haftung des Arbeitgebers, von Vorgesetzten sowie von Personen mit Arbeitgeberfunktionen ergeben.

Die von dem Arbeitgeber zu vertretene Positive Vertragsverletzung begründet für den Mobbingbetroffenen einen Schadensersatzanspruch, der sich auf alle unmittelbaren und mittelbaren Nachteile des schädigenden Verhaltens erstreckt (z.B. Kosten für die Inanspruchnahme eines Therapeuten) und auch Prozesskosten erfasst. Nicht zu ersetzen sind hingegen Folgeschäden, die außerhalb des Schutzzwecks der verletzten Nebenpflicht liegen.[652]

Der Grundsatz der Naturalherstellung (§ 249 Satz 1 BGB) verpflichtet den Dienstherrn im Rahmen eines Folgenbeseitigungsanspruchs zur Herstellung des Zustandes, der bestehen würde, falls er die rechtswidrigen Folgen nicht herbeigeführt hätte. Bestehen die Folgen in einem finanziellen Nachteil des Beamten, so ist dieser in Geld auszugleichen.[653] Bei einer Verletzung des allgemeinen Persönlichkeitsrechts ist eine Folgenbeseitigung insofern möglich, als der Dienstherr beispielsweise eine ehrverletzende dienstliche Beanstandung widerruft.[654]

6. *Verfahrensrechtliche Aspekte*

In verfahrensrechtlicher Hinsicht erscheinen mir die Aspekte der Verjährung und Verwirkung von Schadensersatzansprüchen sowie die Beweislast von gravierender Bedeutung zu sein, wobei zu vermerken ist, dass als Kläger grundsätzlich nur der Mobbingbetroffene in Betracht kommen dürfte.

a. *Verjährung und Verwirkung von Schadensersatzansprüchen*

Soweit es eine Schadensersatzpflicht nach §§ 823 ff. BGB betrifft (Haftung für den Verrichtungsgehilfen gemäß § 831 BGB; Haftung bei Amtspflichtverletzungen gemäß § 839 BGB; Haftung für Organisationsverschulden gemäß § 823 BGB; persönliche Haftung des Organmitglieds gemäß §§ 823 BGB), bestimmt § 852 Abs. 1 BGB, dass der Anspruch auf Schadensersatz aus unerlaubter Handlung in drei Jahren verjährt. Gemäß der vorgenannten Regelung beginnt die Verjährung in dem Zeitpunkt, in welchem der Verletzte von dem Schaden und der Person des Ersatzpflichtigen Kenntnis erlangt. Ohne Rücksicht auf diese Kenntnis verjährt der Anspruch in 30 Jahren von der Begehung der Handlung an.

Hingegen verjährt der Anspruch aus Positiver Vertragsverletzung, aus Sachwalterhaftung sowie auf Schadensersatz eines Beamten wegen der Verletzung der

[652] vgl. Palandt, § 276 Rn. 123
[653] BVerwGE 69, 366 (371)
[654] vgl. BVerwGE 75, 354 (355)

Fürsorgepflicht[655] gemäß § 195 BGB erst in 30 Jahren.[656] Gleiches gilt für die Haftung für Handlungen von Organmitgliedern.

Wie bereits in Kapitelabschnitt I.6.a. ausgeführt worden ist, beträgt die Verjährungsfrist für einen Schadensersatzanspruch, der auf § 78 Abs. 1 BBG (§ 46 Abs. 1 BRRG) gestützt wird, regelmäßig drei Jahre.

Ob ein Schadensersatzanspruch verjährt ist, kann nur im konkreten Einzelfall beantwortet werden. Allerdings dürften Ansprüche, die der kurzen Verjährungsfrist von drei Jahren unterfallen, oftmals verjährt sein. Zu denken ist in dieser Hinsicht etwa an einen Mobbingbetroffenen, der auf den Erhalt seines Arbeitplatzes zwingend angewiesen ist. Wer nicht die Möglichkeit hat, einen anderen Arbeitsplatz zu finden, etwa weil er schwerbehindert oder alleinerziehend ist und in einer strukturschwachen Region mit hoher Arbeitslosigkeit wohnt, wird aus der Angst vor Repressalien und dem Verlust des Arbeitsplatzes regelmäßig von der Erhebung einer Schadensersatzklage absehen. In einer solchen Fallkonstellation kann der Anspruchsgegener davon ausgehen, dass er nicht damit rechnen muss, von dem Mobbingbetroffenen auf Schadensersatz in Anspruch genommen zu werden. Allenfalls dann, wenn der Mobbingbetroffene aus dem Beschäftigungsverhältnis ausgeschieden ist, muss mit der Erhebung einer Klage gerechnet werden. Dann stellt sich allerdings die Frage, ob der Anspruch nicht bereits verjährt ist. Zwar steht die Verjährung einer Klageerhebung nicht entgegen, jedoch muss der Kläger davon ausgehen, dass der Beklagte die Einrede der Verjährung erhebt, und der Klage damit den möglichen Erfolg nimmt.

Vergleichbar der Situation beim Mobber (vgl. die Ausführungen in Kapitelabschnitt I.6.a.) sind im Zusammenhang mit Mobbing kaum Fallkonstellationen denkbar, welche die Verwirkung des Klagerechts zum Gegenstand haben können. Allenfalls dann, wenn der Mobbingbetroffene anlässlich seines Ausscheidens aus dem Beschäftigungsverhältnis quittiert, dass er auf die Geltandmachung von Schadensersatzansprüchen im Zusammenhang mit der Beendigung verzichte, kann er sein Klagerecht verwirken.

b. Beweislast

Vergleichbar der Situation bei der Geltendmachung von Schadensersatzansprüchen gegen den Mobber (vgl. die Ausführungen in Kapitelabschnitt I.6.b.) stellt sich auch bei der Geltendmachung von Schadensersatzansprüchen gegen Vorgesetzte, den Arbeitgeber sowie gegen Personen mit Arbeitgeberfunktionen die Frage nach der Beweisbarkeit der anspruchsbegründenden Tatsachen.

Soweit es den § 831 BGB (Haftung für den Verrichtungsgehilfen) betrifft, trägt der Mobbingbetroffene die Beweislast hinsichtlich der Verrichtungsgehilfeneigenschaft des Schädigers, der Geschäftsherreneigenschaft des Arbeitgebers bzw. Dienstherrn, des Eingriffs in seine deliktisch geschützten Rechtsgüter und Rechte, des hierdurch adäquat kausal verursachten Schadens sowie der rechtswidrigen Schadenszufügung in Ausführung der Verrichtung, während dem Arbeitgeber bzw. Dienstherrn der Beweis für das Vorliegen von Rechtfertigungsgründen, der Zurechnungsunfähigkeit, der

---

[655] vgl. Schnellenbach, Rn. 415; BGHZ 14, 122 (137)
[656] vgl. Fikentscher, Rn. 523; Medicus, Rn. 110 f.

Entlastungsvoraussetzungen sowie eventuell mitwirkendes Verschulden des Mobbingbetroffenen obliegt.[657]

Der Geschäftsherr kann der Vermutung, hinsichtlich des eigenen Verschuldens bezüglich der Auswahl und der Beaufsichtigung des Verrichtungsgehilfen sowie des Bestehens eines Kausalzusammenhanges zwischen dem Verschulden des Geschäftsherrn und der Schädigung durch den Verrichtungsgehilfen entgegentreten, indem er fehlendes eigenes Verschulden und/oder den mangelnden Kausalzusammenhang nachweist (vgl. § 831 Abs. 1 Satz 2 BGB).[658]

Der Geschäftsherr kann die Beweisführung versuchen, dass der Schaden auch bei Anwendung der erforderlichen Sorgfalt entstanden wäre, insbesondere nicht auf einer Sorgfaltsverletzung beruht. Insoweit muss der Geschäftsherr nachweisen, dass der Schaden selbst bei der gehörigen Sorgfalt eingetreten wäre, auch ein sorgfältig ausgewählter und überwachter Gehilfe den Schaden verursacht haben würde.[659] Nach allgemeiner Ansicht ist eine Haftung nach § 831 BGB ebenfalls ausgeschlossen, wenn dem Geschäftsherrn der Beweis gelingt, dass der Schaden nicht auf dem Mangel des Verrichtungsgehilfen beruht, die ihm als ungeeignet für die Verrichtung erscheinen lassen.[660]

Die zuletzt genannten Exkulpationsgründe wird ein Arbeitgeber bzw. Dienstherr regelmäßig im Zusammenhang mit Mobbing vorbringen. Stets wird er argumentieren, dass er seine Beschäftigten ausschließlich unter Beachtung qualitativer Kriterien auswählt, die sich nicht nur auf die Leistung, sondern auch auf das Sozialverhalten beziehen. Da jedoch jede im Betrieb bzw. in der Dienststelle tätige Person sowohl Mobbinghandlungen ausgesetzt sein als auch selber als Mobber in Erscheinung treten kann, könne ihm bei der Auswahl seiner Beschäftigten sowie der anschließenden Sorgfaltskontrolle kein Vorwurf mangelnder Sorgfalt unterbreitet werden. Auch wenn ein einzelner Beschäftigter charakterliche Defizite aufweise, so sei zu berücksichtigen, dass der Mobbingbetroffene zum Entstehen der Mobbingsituation in einem nicht unbeachtlichen Maße beigetragen habe. Sei der Mobbingbetroffene für seine Lage selbst verantwortlich, so habe er auch die Verantwortung für den eingetretenen Schaden zu tragen. Letztendlich wird das Repertoire möglicher Argumente unerschöpflich, die Phantasie der Arbeitgeberseite und ihrer Prozessvertreter unbegrenzt sein. Selbst objektiv nicht gerechtfertigte Abmahnungen sowie Versetzungen des Mobbingbetroffenen, die vielleicht auf dessen Wunsch erfolgt sind (etwa in eine andere Abteilung), dürften von dem Arbeitgeber bzw. Dienstherrn zur Untermauerung dessen, dass allein der Mobbingbetroffene für den verursachten Schaden verantwortlich sei, herangezogen werden. Vorstellbar ist zum Beispiel ein Satz der folgenden Art: „Zunächst sind Sie mit den übrigen Arbeitskollegen in der Abteilung Versand nicht klar gekommen. Auf Ihrem Wunsch hin wurden Sie in die Abteilung Einkauf versetzt. Und wiederum sind Sie mit den Arbeitskollegen nicht zurecht gekommen. Sie glauben doch wohl nicht, dass die Arbeitskollegen für Ihre Situation verantwortlich sind. Hätten Sie sich mit den Arbeitskollegen arrangiert, würde Sie sich heute nicht in der von Ihnen

[657] vgl. Soergel-Zeuner, § 831 Rn. 66 f.; MüKo-Stein, § 831 Rn. 61 ff.; Brox SR II, Rn. 475; Medicus SR II, Rn. 857; BGH v. 19.6.1973, NJW 1973, 1602 (1603)

[658] vgl. Fikentscher, Rn. 1307; Medicus SR II, Rn. 854 ff.; Soergel-Zeuner, § 831 Rn. 37; Brox SR II, Rn. 475

[659] vgl.; Soergel-Zeuner, § 831 Rn. 52; Brox SR II, Rn. 475 unter b)

[660] Soergel-Zeuner, § 831 Rn. 54 m.w.N.

geschilderten Situation befinden. Sie können kaum erwarten, dass sich 20 Arbeitskollegen nach Ihrer Nase richten."

Kann der Arbeitgeber bzw. Dienstherr seinen Vortrag mit Zeugenaussagen von Beschäftigten und Vorgesetzten untermauern sowie Abmahnungen und dergleichen vorlegen, wird ihm die Exkulpation regelmäßig gelingen. Die Angst vor dem Verlust des Arbeitsplatzes oder vor einem „Karriereknick" dürfte viele Arbeitskollegen und Vorgesetzte bewegen, sich vor Gericht zumindest „neutral" zu verhalten, indem sie aussagen, sich an nichts mehr erinnern zu können. Hingegen dürften sie umso eher und leidenschaftlicher Aussagen tätigen, die gegen den Mobbingbetroffenen sprechen, je größer seine Isolation am Arbeitsplatz war bzw. ist.

Auch wenn die Beweislast zwischen dem Mobbingbetroffenen und dem Arbeitgeber bzw. Dienstherrn aufgeteilt ist, und der Arbeitgeber bzw. Dienstherr wegen der Exkulpationslast im ersten Blick in der schwierigeren prozessualen Situation zu sein scheint, so glaube ich, dass der Arbeitgeberseite die Beweisführung letztendlich eher gelingen wird als dem Mobbingbetroffenen. Insbesondere der Kausalzusammenhang zwischen der Handlung des Mobbers und der Rechtsguts- bzw. Rechtsverletzung sowie zwischen dieser und dem Schaden des Mobbingbetroffenen dürfte oftmals - wie bereits in Kapitelabschnitt I.6.b. ausgeführt ist - kaum zu beweisen sein. Dies gilt insbesondere dann, wenn der Mobber aus dem Verborgenen heraus unter Ausnutzung günstiger Situationen handelt und dem Mobbingbetroffenen nur dann Schäden zufügt, wenn es keine Zeugen gibt. Daneben gilt das allgemeine sich im Zusammenhang mit Mobbing ergebende Problem, einen eingetretenen Schaden einer konkreten schadensverursachenden Handlung sowie eventuell einer konkreten Person zuschreiben zu können.

Das Besondere an der Haftung des Arbeitgebers bzw. des Dienstherrn für Organisationsverschulden ist darin zu sehen, dass der Mobbingbetroffene lediglich den erlittenen Schaden sowie die Ursächlichkeit der Verletzung der Verkehrssicherungspflicht bzw. Organisationspflicht zu beweisen hat[661] - mithin, dass sein Schaden im Organisationsbereich des Arbeitgebers bzw. Dienstherrn durch einen objektiven Mangel oder verkehrswidrigen Zustand ausgelöst worden ist.[662] Hingegen hat der Arbeitgeber bzw. der Dienstherr zu beweisen, dass weder ihn noch ein verfassungsmäßig berufener Vertreter oder ein Organ ein Verschulden trifft.[663] Infolgedessen obliegt es dem Arbeitgeber bzw. der Dienststelle zu beweisen, dass die Arbeitsorganisation das Mobbing nicht ermöglicht haben kann[664] bzw. der Schaden unabhängig von dem Organisationsmangel eingetreten ist.[665]

Eine vergleichbare Beweislastverteilung gilt bezüglich des Schadensersatzanspruchs eines Beamten wegen der Verletzung der Fürsorgepflicht. Hier hat der Beamte die Pflichtverletzung, den erlittenen Schaden sowie den zwischen beiden bestehenden Kausalzusammenhang zu beweisen,[666] während den Dienstherr die Beweislast hinsichtlich eines fehlenden Verschuldens trifft.[667]

Wenngleich der Mobbingbetroffene regelmäßig in der Lage sein wird, einen ihm zugefügten Schaden zu beweisen, so erscheint es hingegen zweifelhaft, ob er auch

---

[661] vgl. Kittner, Rn. 489
[662] BGHZ 51, 91 (105)
[663] vgl. Brox SR II, Rn. 461; BGHZ 51, 91 (105 ff.); BGHZ 116, 104 (108 ff.)
[664] Däubler in Skowronek, S. 272; s.a.: Kittner, Rn. 489
[665] vgl. Soergel-Zeuner, § 823 Rn. 329; s.a.: Kittner, Rn. 489
[666] vgl. Schnellenbach, Rn. 423; Plog u.a., § 79 Rn. 25a, 25b
[667] Plog u.a., § 79 Rn. 25a; Battis, § 79 Rn. 15; BVerwGE 13, 17 (25)

beweisen kann, dass der erlittene Schaden seine adäquat kausale Ursache in einem Organisationsdefizit seines Arbeitgebers bzw. Dienstherrn hat. Zum einen hängt die Bezeichnung eines Verhaltens als „Führungsfehlverhalten" von subjektiven Wertungen ab. So kann es durchaus sein, dass die Arbeitskollegen eine dahingehende Einschätzung des Mobbingbetroffenen nicht teilen. Zum anderen wird die Arbeitgeberseite stets einwenden, dass von einem Organisationsmangel nicht die Rede sein könne, ein solcher - sollte er wider Erwarten doch vorliegen - für den Schaden des Mobbingbetroffenen auf keinen Fall ursächlich gewesen sein kann. Zudem dürften Umstände in der Privatsphäre des Mobbingbetroffenen angeführt und in den Vordergrund der Auseinandersetzung gerückt werden. Nur soweit dem Mobbingbetroffenen die Beweisführung gelingt, kann er davon profitieren, dass der Arbeitgeber bzw. Dienstherr beweisen muss, dass es an einem Verschulden ermangelt. Allerdings ist wohl davon auszugehen, dass es nur in den wenigsten Fällen gelingen wird, dem Arbeitgeber bzw. Dienstherrn die Beweislast des mangelnden Verschuldens aufzubürden.

Hinsichtlich einer Haftung für Organmitglieder (§ 31 BGB) gelten die allgemeinen Beweisregeln mit der Folge, dass der Mobbingbetroffene alle anspruchsbegründenden Tatsachen darzulegen und im Falle des Bestreitens auch zu beweisen hat. Diese Beweislast des Mobbingbetroffenen betrifft auch den Umstand, dass ein bestimmter verfassungsmäßig berufener Vertreter für den erlittenen Schaden verantwortlich ist.[668]

Da sich hinsichtlich der Beweislast des Mobbingbetroffenen auch hier die bereits mehrfach dargelegten allgemeinen Beweisprobleme ergeben, kann davon ausgegangen werden, dass dem Mobbingbetroffenen die Beweisführung nur recht selten gelingen wird. Indem Organmitglieder oftmals dazu neigen, andere für sich handeln zu lassen, können sie sich leicht hinter dem Rücken anderer „verstecken" und auf diese Weise erreichen, dass ihre Rolle bzw. Funktion im Zusammenhang mit der Mobbingsituation im Verborgenen bleibt.

Den Nachweis etwa einer Nebenpflichtverletzung wird der Mobbingbetroffene regelmäßig nur dann führen können, wenn er oder ein Dritter den Arbeitgeber bzw. Dienstherrn oder einen Vorgesetzten mit Leitungsfunktion bereits zuvor in beweisbarer Weise auf die Mobbingsituation hingewiesen und/oder diesen um Abhilfe gebeten hatte. Man denke in diesem Zusammenhang etwa an einen entsprechenden Hinweis eines Arbeitskollegen oder des Betriebsrats sowie an die Erhebung einer schriftlichen Beschwerde durch den Mobbingbetroffenen. Da der Hinweis Dritter auf die Mobbingsituation als ein Akt der Solidarität bzw. Sympathie gewertet werden kann, darf weiter davon ausgegangen werden, dass solche Personen dem Mobbingbetroffenen bei Bedarf als Zeuge zur Verfügung stehen und somit auch bereit sind, zur Sachaufklärung beizutragen. Diesbezüglich ist allerdings zu bedenken, dass die soziale Isolierung des Mobbingbetroffenen mit der Zeit immer mehr zunimmt. Dies hat auch zur Folge, dass er umso weniger auf fürsprechende und ihm wohlgesinnter Zeugen zurückgreifen kann, je länger das Mobbing andauert. Mithin schwindet mit zunehmender Zeit auch die Bereitschaft der Arbeitskollegen, einem Vorgesetzten oder dem Arbeitgeber bzw. Dienstherrn, eine konkrete Mobbingsituation zu benennen.

[668] vgl. MüKo-Reuter, § 31 Rn. 26; s.a.: Staudinger-Weick, § 31 Rn. 41, der dies nur fordert, soweit die Haftung auf ein vorsätzliches Verhalten des verfassungsmäßig berufenen Vertreters gestützt wird. Da der Mobbingbetroffene die Voraussetzungen für eine haftungsrechtlich relevante Handlung des Organwalters zu beweisen hat, kann insoweit auf die Ausführungen in dem folgenden Punkt 4. verwiesen werden.

Ob der Mobbingbetroffene den erforderlichen Beweis erbringen kann, hängt von den konkreten Umständen des Einzelfalls ab. Gleichwohl erscheint es mit zweifelhaft, dass dem Mobbingbetroffenen ein solcher Beweis in der überwiegenden Zahl der Fälle gelingen wird. Regelmäßig wird der Arbeitgeber bzw. Dienstherr nicht nur die Pflichtverletzung leugnen, sondern auch den Kausalzusammenhang zwischen der behaupteten Pflichtverletzung und dem Schaden des Mobbingbetroffenen in Abrede stellen. Hierzu wird er sich regelmäßig der Zeugenaussagen der Vorgesetzten sowie Arbeitskollegen des Mobbingbetroffenen bedienen. Weil Mobbingbetroffene mit zunehmender Dauer der Mobbingsituation aufgrund der anwachsenden Isolierung immer auffälliger und „seltsamer“ werden, wird der Mobbingbetroffene ab einem bestimmten Zeitpunkt kaum mehr in der Lage sein, den Eindruck zu widerlegen, dass sein Schaden rein private Urachen hat.

Sofern dem Mobbingbetroffenen der Beweis der Nebenpflichtverletzung gelingt, muss er weiter das Vorliegen eines Schadens sowie den doppelten Kausalzusammenhang beweisen. Damit hat er den Beweis zu erbringen, dass er einen Schaden erlitten hat, der aufgrund der Nebenpflichtverletzung eingetreten ist.

Da bezüglich der Beweislast des Mobbingbetroffenen dieselben Grundsätze gelten, wie sie bereits im Hinblick auf eine Schadensersatzpflicht des Mobber aus Positiver Vertragsverletzung dargelegt worden sind (vgl. die Ausführungen im Kapitelabschnitt I.6.b.), bleibt festzuhalten, dass den Mobbingbetroffenen hinsichtlich eines Schadensersatzanspruchs aus Positiver Vertragsverletzung die „volle“ Beweislast für das Vorliegen aller anspruchsbegründenden Tatsachen trifft. Entsprechendes gilt für einen Schadensersatzanspruch gegen Organmitglieder gemäß § 823 BGB, gegen Sachwalter, gegen den Dienstherrn gemäß Art. 34 GG i.V.m. § 839 BGB sowie bei Ansprüchen gegen Beamte gemäß § 78 Abs. 1 BBG (§ 46 Abs. 1 BRRG) sowie § 839 BGB. In diesen Fällen trifft den Kläger die volle Beweislast mit den sich daraus ergebenden Problemen.

Damit dürfte feststehen, dass die oftmals nicht mögliche Beweisbarkeit aller anspruchsbegründenden Tatsachen einer erfolgreichen Schadensersatzklage häufig entgegenstehen dürfte.[669]

c. *Beteiligung der betrieblichen Interessenvertretung*

Sofern der Dienstherr einen Schadensersatzanspruch gemäß § 78 BBG (§ 46 BRRG) geltend macht, hat er das Mitbestimmungrecht des Personalrats gemäß § 76 Abs. 2 Satz 1 Ziffer 9 BPersVG zu beachten, sofern dies von dem Beamten beantragt worden ist. Wie bereits in Kapitelabschnitt I.6.c. ausgeführt wurde, kann davon ausgegangen werden, dass der Dienstherr dieser Verpflichtung regelmäßig nachkommt, so dass sich diesbezüglich in der Praxis kaum Probleme ergeben werden.

III. *Schadensersatzrechtliche Bewertung des Verhaltens der betrieblichen Interessenvertretung und ihrer Mitglieder*

Hinsichtlich des Verhaltens der betrieblichen Interessenvertretung und ihrer Mitglieder ist in zivilrechtlicher Hinsicht an eine Haftung wegen unerlaubter Handlung gemäß §§ 823 ff. BGB sowie an eine Haftung nach den Grundsätzen der Positiven

[669] siehe hierzu auch das lehrreiche Urteil des ArbG Frankfurt am Main v. 21.6.1999 – 15 Ca 8106/98

Vertragsverletzung zu denken, wobei einerseits zwischen dem Betriebs- bzw. Personalrat als Organ sowie dem einzelnen Mitglied und andererseits zwischen Amtspflichtverletzungen und sonstigem Handeln differenziert werden muss.

1. Schadensersatz wegen Positiver Vertragsverletzung

Da der Betriebs- bzw. Personalrat sowie seine Mitglieder kraft Gesetz handeln, und es ihre Aufgabe ist, die Interessen der Arbeitnehmer bzw. Beschäftigten in dem Betrieb bzw. in der Dienststelle zu vertreten (vgl. beispielhaft §§ 75, 80 Abs. 1 BetrVG; §§ 67 Abs. 1, 68 Abs. 1 BPersVG), können sie zwangsläufig nicht als „Erfüllungsgehilfen" des Arbeitgebers bzw. Dienstherrn im Sinne des § 278 BGB angesehen werden, so dass eine (Sachwalter-) Haftung nach den Grundsätzen der Positiven Vertragsverletzung ausgeschlossen ist, obwohl es zwischen dem Betriebsrat und seinen Mitgliedern einerseits sowie zwischen diesen und den Arbeitnehmern im Betrieb bzw. den Beschäftigten in der Dienststelle andererseits ein besonderes Vertrauensverhältnis gibt[670] - das jedoch nicht rechtlicher, sondern rein betriebspolitischer Natur ist. Sowohl der Betriebsrat als auch der Personalrat haben in erster Linie die Interessen der Beschäftigten gegenüber der Arbeitgeberseite zu vertreten und genießen insoweit auch ein besonderes Vertrauen seitens der Beschäftigten.

Belling spricht sich für eine vertragsähnliche Haftung des Betriebsrats sowie seiner Mitglieder aus seiner bzw. ihrer Sonderbeziehung gegenüber den repräsentierten Arbeitnehmer aus,[671] die er aus einer Rechtsanalogie zu §§ 1833, 1691 Abs. 1, 1915, 2219, 1985 BGB, § 82 KO, § 154 ZVG, § 42 VglO, §§ 92 Abs. 1, 42 VglO, § 89 KO bzw. § 44 VglO herleitet.[672] Diese Vorschriften bringen den Grundsatz zum Ausdruck, dass der Verwalter fremder Angelegenheiten zur ordentlichen Verwaltung verpflichtet ist und für die schuldhafte Verletzung dieser Verpflichtung haftet.[673] Das Betriebsratsamt ähnele den privaten Ämtern, bei denen der Gesetzgeber die Haftung des Amtsinhabers angeordnet habe.[674] Haftungsbegründend sei aber nur die Verletzung solcher Amtspflichten, die den Schutz des geschädigten Arbeitnehmers bezwecken; die Amtspflicht muss (zumindest auch) dem betroffenen Arbeitnehmer gegenüber bestehen.[675] Dies sei bei § 75 Abs. 1 und Abs. 2 BetrVG der Fall.[676] Insbesondere die Ehrenamtlichkeit rechtfertige eine Reduzierung der Haftung der Betriebsratsmitglieder auf Vorsatz und grobe Fahrlässigkeit.[677] Ein von einer Pflichtverletzung betroffener Arbeitnehmer könne alternativ die Erfüllung seiner subjektiven Rechte vom Betriebsrat oder Schadensersatz wegen ihrer Nichterfüllung von den Betriebsratsmitgliedern verlangen, wobei mehrere Betriebsratsmitglieder gesamtschuldnerisch (§ 426 BGB) haften sollen.[678]

Diesem Ansatz ist zu recht energisch widersprochen worden. Betriebsratsmitglieder würden - sofern man sich der Meinung von Belling anschließt - in einem stärkeren

[670] s.a.: Larenz S. 368 sowie die Ausführungen im 2. Kapitel unter IV.1.c.
[671] Belling, S. 368 f., 374
[672] Belling, S. 370 f.
[673] Belling, S. 371
[674] Belling, S. 371
[675] Belling, S. 373
[676] Belling, S. 373 ff.
[677] Belling, S. 376 f.
[678] Belling, S. 377 f.

Maße zum Schadensersatz herangezogen, als es bei dem Arbeitgeber der Fall wäre.[679] Eine allgegenwärtige Drohung mit unter Umständen existenzbedrohenden Haftungsfolgen würde die Neigung vieler Arbeitnehmer, sich für das Betriebsratsamt zur Verfügung zu stellen, zerstören.[680]

Gegen den Ansatz von Belling lassen sich weiter folgende Argumente anführen: Hätte der Gesetzgeber eine umfassende Haftung des Betriebsrats und seiner Mitglieder begründen wollen, so hätte er dies im Betriebsverfassungsgesetz berücksichtigen und einen finanziellen Ausgleich für das übernommene Haftungsrisiko vorsehen können. Da er dies bislang jedoch nicht getan hat - wofür bislang auch keine Veranlassung bestand[681] -, können im Wege der Rechtsfortbildung keine größeren Haftungsrisiken geschaffen werden, als sie im Verhältnis zur Schadensersatzpflicht des Arbeitgebers bestehen. Schließlich erwirtschaftet der Betriebsrat im Gegensatz zum Arbeitgeber durch den Einsatz von Arbeitnehmern im Betrieb keinen Gewinn, den er zur Begleichung ersatzpflichtiger Schäden heranziehen kann. Auch ist zu bedenken, dass es sich bei den Betriebsratsmitgliedern regelmäßig um juristische Laien handelt, die oftmals binnen kürzester Zeit Entscheidungen von großer Tragweite treffen müssen, die dem Wohl aller Betriebsangehörigen einschließlich dem Fortbestand des Betriebes zu dienen haben. Will und kann man sie in dieser Situation noch mit einem Haftungsrisiko, wie es Belling vorschlägt, belasten? - wohl kaum. Infolgedessen ist eine Haftung des Betriebsrats sowie seiner Mitglieder aus einer Sonderbeziehung gegenüber den vertretenen Arbeitnehmern abzulehnen.

Weil im Bereich der Personalvertretung keine Argumente ersichtlich sind, die eine abweichende Beurteilung rechtfertigen könnten, ist aus den gleichen Gründen auch eine Haftung des Personalrats und seiner Mitglieder aus einer Sonderbeziehung gegenüber den Beschäftigten abzulehnen. Eine Haftung nach den Grundsätzen der Positiven Vertragsverletzung ist somit auszuschließen.

2. *Schadensersatz wegen unerlaubter Handlung*

Eher von theoretischer als von praktischer Bedeutung ist die Beantwortung der Frage zu verstehen, ob eine Haftung des Betriebs- bzw. Personalrats und/oder eines seiner Mitglieder wegen unerlaubter Handlung gemäß §§ 823 ff. BGB in Betracht kommt. Schließlich sind in der Vergangenheit keine einschlägigen Entscheidungen bundesdeutscher Gerichte zu dieser Problematik bekannt geworden.[682]

a. *Handlungen des Organs und seiner Mitglieder für das Organ*

In der Literatur herrscht weitgehend Einigkeit darüber, dass eine Haftung des Betriebsrats nach §§ 823 ff. BGB ausscheidet.[683] Auch scheidet eine persönliche

---

[679] Gamillscheg, S. 177
[680] Gamillscheg, S. 178
[681] vgl. Däubler AR 1, Rn. 892
[682] vgl. Däubler AR 1, Rn. 892; Belling, S. 365
[683] so: DKK-Schneider, Einleitung Rn. 130; FKHE, § 1 Rn. 190; GK-Kraft, § 1 Rn. 76; Schaub § 220.V.6.; Däubler AR 1, Rn. 892; Brill, S. 354; s.a.: Belling, S. 31 ff. m.w.N.

Haftung der Betriebsratsmitglieder für Handlungen des Betriebsrats aus.[684] Entsprechendes ist für den Personalrat und seine Mitgliedern anzunehmen. Dies hat zur Folge, dass eine Schadensersatzpflicht des Interessenvertretungsorgans sowie seiner Mitglieder für das Organ gemäß §§ 823 ff. BGB nicht in Betracht kommen kann.

b. *Eigenes Handeln von Betriebs- und Personalratsmitgliedern*

Umstritten ist hingegen, ob Betriebsratsmitglieder für eigenes Handeln gemäß §§ 823 ff. BGB zur Verantwortung gezogen werden können. Schneider[685] verneint eine Anwendbarkeit der §§ 823 ff. BGB auf einzelne Betriebsratsmitglieder. Schaub,[686] Kraft,[687] Brill,[688] Richardi[689] und Busemann[690] sprechen sich für eine solche Haftung aus. Blanke/Wedde[691] und andere bejahen eine Haftung für fehlerhafte Rechtsauskünfte nach den Grundsätzen der unerlaubten Handlung. Däubler[692] schließlich spricht sich lediglich für eine Anwendbarkeit des § 826 BGB aus.

Sofern man sich der Meinung von Schneider anschließt, scheiden Ersatzansprüche gegenüber Betriebsratsmitglieder gemäß §§ 823 ff. BGB von vornherein aus. Folgt man den anderen Auffassungen, so kann im Einzelfall eine Schadensersatzpflicht einzelner Betriebsratsmitglieder gemäß §§ 823 ff. BGB in Betracht kommen. Als Schutzgesetze im Sinne des § 823 Abs. 2 BGB werden unter anderem der Gleichbehandlungsgrundsatz nach § 75 Abs. 1 BetrVG sowie die Individualrechte in den §§ 81 ff. BetrVG gewertet.[693]

Meines Erachtens muss die Beantwortung der Frage, ob ein Mitglied des Betriebs- bzw. Personalrats wegen einer unerlaubten Handlung haften kann, entscheidend davon abhängen, ob die betreffende Person die schädigende Handlung in der Eigenschaft als Beschäftigter oder als Mitglied des Betriebs- bzw. Personalrats begangen hat.

Handelt ein Betriebsratsmitglied losgelöst von seinem Betriebsratsamt in seiner Eigenschaft als Arbeitnehmer oder nutzt er seine besondere betriebliche Stellung als Betriebsratsmitglied zur Begehung von schadensverursachenden (Mobbing-) Handlungen aus, so sprechen keine Argumente dagegen, ihn nicht gemäß den in Kapitelabschnitt I. dargelegten Grundsätzen zu behandeln. Schließlich kann er insoweit nicht besser gestellt werden als jeder andere Arbeitnehmer.

Begeht er hingegen in seiner Eigenschaft als Betriebsratsmitglied schadensverursachende (Mobbing-) Handlungen, so können diese Amtspflichtverletzungen darstellen. Zu denken ist in dieser Hinsicht etwa an einen tätlichen Angriff im Rahmen

---

684 Schaub, § 220.V.6.; a.A.: Richardi, Vorbem. Vor § 26 Rn. 16, der eine Haftung auf diejenigen Betriebsratsmitglieder beschränken will, die die Beschlussfassung unterstützt haben, auf die die unerlaubte Handlung zurückgeht

685 DKK-Schneider, Einleitung Rn. 131

686 Schaub, § 220.V.6.; zustimmend auch: FKHE, § 1 Rn. 194; s.a.: Belling, S. 32 m.w.N.

687 GK-Kraft, § 1 Rn. 79 ff., der eine Schadensersatzpflicht gemäß § 823 BGB nur in den Fällen zulassen will, in denen die verletzte Pflicht bei gleichem Verhalten auch Arbeitnehmer treffen würde, die keine Amtsträger sind (a.a.O., Rn. 81). Handeln mehrere Betriebsratsmitglieder zusammen, so sollen nach Kraft (a.a.O., Rn. 83; zustimmend: FKHE, § 1 Rn. 201) die §§ 830, 840 BGB gelten.

688 Brill, S. 356

689 Richardi, Vorbem. Vor § 26 Rn. 15

690 Busemann, Rn. 63

691 DKK-Blanke/Wedde, § 39 Rn. 18; so auch: FKHE, § 39 Rn. 28 und GK-Wiese, § 39 Rn. 33

692 Däubler AR 1, Rn. 892; so auch: Gamillscheg, S. 178

693 GK-Kraft, § 1 Rn. 80

einer Sprechstunde des Betriebsrats oder an einer Weigerung der Entgegennahme einer Beschwerde des Mobbingbetroffenen. Aus der Sicht des Geschädigten wäre es unbillig, ihm nicht die Möglichkeit zuzubilligen, von dem Schädiger Schadensersatz nach §§ 823 ff. BGB fordern zu dürfen. In diesem Fall darf das Betriebsratsmitglied nicht besser gestellt werden als ein Belegschaftsmitglied ohne Betriebsratsamt.[694]

Allerdings dürfte eine Schadensersatzpflicht gemäß §§ 823 ff. BGB regelmäßig deswegen scheitern, weil die Amtspflichtverletzung nicht kausal für eine Schadensverursachung sein wird. Zu denken ist in dieser Hinsicht beispielsweise an einen Betriebsrat, dessen Mitglieder sich weigern, personelle Angelegenheiten des Mobbingbetroffenen gemäß §§ 99 ff. BetrVG zu behandeln. Wird eine Kündigung des Arbeitsverhältnisses dieses Beschäftigten durch den Arbeitgeber ausgesprochen, obwohl der Betriebsrat auf deren Unwirksamkeit hätte hinweisen können, so ist nicht das Unterlassen des Betriebsrats, sondern der Ausspruch der Kündigung durch den Arbeitgeber kausal für den Arbeitsplatzverlust des Beschäftigten, der eine Verletzung des „Rechts am Arbeitsplatz" gemäß § 823 Abs. 1 BGB (vgl. die Ausführungen in Kapitelabschnitt I.1.b.ee.c) darstellen kann. Regelmäßig wird die Amtspflichtverletzung mithin bereits aus diesem Grunde folgenlos im Sinne des § 823 Abs. 1 BGB bleiben. Zudem ist zu bedenken, dass den Mobbingbetroffenen die Beweislast trifft, wobei sich dieselben Probleme ergeben, wie sie bereits in Kapitelabschnitt I.6.b. dargelegt worden sind.

Entsprechende Grundsätze gelten im Übrigen auch für die Mitglieder des Personalrats.[695]

IV. Schadensersatzrechtliche Bewertung des Verhaltens von Arbeitskollegen und sonstigen Dritten

Als betriebliche Akteure kommen letztendlich Arbeitskollegen und sonstige Dritte in Betracht, die mit dem Mobbingbetroffenen sowie dem Mobber zusammen in dem Betrieb bzw. in der Dienststelle arbeiten. Dieser Personenkreis übt in der Regel selbst keine Mobbinghandlungen aus.[696] Trotzdem kommt ihm bei dem Mobbinggeschehen eine wichtige Funktion zu, da er das Mobbing oftmals erst durch sein passives Verhalten ermöglicht und/oder andauern lässt. Leymann[697] hat diese Personen - wie bereits ausgeführt worden ist - zutreffend als „Möglichmacher" bezeichnet.

1. Haftung der Arbeitskollegen

Arbeitskollegen, die nicht selbst Mobbing betreiben, können wegen ihres passiven Verhaltens (z.B. von dem Mobber wird nicht die Einstellung seiner Mobbinghandlungen verlangt), nicht zu einem Schadensersatz herangezogen werden, da es

[694] dies entspricht der Meinung von GK-Kraft, § 1 Rn. 81

[695] vgl. Grabedorf/Ilbertz/Widmaier, § 1 Rn. 43; Windscheid, S. 42 ff., der eine Haftung gegenüber einem Beschäftigten nur dann zulässt, wenn dem Personalratsmitglied bei seinem amtlichen Handeln eine unerlaubte Handlung zum Nachteil des Beschäftigten zur Last liegt, die sich unmittelbar gegen den Geschädigten richtet, ohne von Einfluss auf die Entscheidung der Dienststelle zu sein; s.a.: Ladwig, S. 484; Lorenzen u.a.; § 1 Rn. 88a und § 43 Rn. 17

[696] Andernfalls sind sie Mobber, so dass auf sie dann die Ausführungen in Kapitelabschnitt I. Anwendung finden.

[697] Leymann 1993, S. 61

bereits stets an einer Kausalität zwischen ihrem Verhalten und dem Schaden des Mobbingbetroffenen ermangelt. Ob sie den Mobber beispielsweise zu einer Einstellung seiner Mobbinghandlungen auffordern - oder nicht -, ändert nichts an der Tatsache, dass ausschließlich der Mobber schadensverursachende Handlungen begeht, die adäquat für den Schaden des Mobbingbetroffenen sein können.

Auch können die Arbeitskollegen nicht als „Sachwalter" qualifiziert werden. Schließlich besteht zwischen den Arbeitskollegen in der Regel kein besonderes Vertrauensverhältnis, das es rechtfertigen würde, eine Sachwalthaftung von Arbeitskollegen zu begründen. Damit scheiden auch Schadensersatzansprüche insoweit gegen die Arbeitskollegen aus.

2. *Haftung sonstiger Dritter*

Die gemeinsame und gleichzeitige Beschäftigung bei demselben Arbeitgeber bzw. Dienstherrn ist nicht geeignet, ein Rechtsverhältnis zwischen den Beschäftigten zu begründen. Entsprechendes gilt für das bloße „sich Aufhalten" in demselben Betrieb bzw. in derselben Dienststelle. Befindet sich eine betriebsfremde Person als Gehilfe eines Geschäftspartners des Arbeitgebers bzw. Dienstherrn (z.B. Wartungsfirma, Reinigungsfirma, Catering-Unternehmen, das von einem Zulieferer beauftragte Transportunternehmen) in dem Betrieb bzw. in der Dienststelle, in dem der Mobbingbetroffene arbeitet, und fügt diese dem Mobbingbetroffenen aufgrund einer Mobbinghandlung Schaden zu, so ist zu fragen, wie diese Schadenszufügung rechtlich zu qualifizieren ist. Hierbei ist zu bedenken, dass es eine schuldrechtliche Verbundenheit nur zwischen dem Arbeitgeber bzw. Dienstherrn und dem Geschäftspartner gibt. Sofern der Arbeitgeber bzw. Dienstherr durch eine von dem Gehilfen des Geschäftspartners begangene Nebenpflichtverletzung einen Schaden erleidet (z. B. Entgeltfortzahlung im Krankheitsfall, krankheitsbedingter Produktionsausfall), hat der Arbeitgeber bzw. Dienstherr gegen den Geschäftspartner in der Regel einen Schadensersatzanspruch aus Positiver Vertragsverletzung. Ein entsprechender Schadensersatzanspruch des Arbeitgebers bzw. Dienstherrn gegen den Gehilfen lässt sich nicht herleiten, da dieser regelmäßig nicht das persönliche Vertrauen des Arbeitgebers bzw. Dienstherrn in Anspruch genommen haben dürfte (s.a. die Ausführungen in Kapitelabschnitt II.1.f.).

Wie verhält es sich weiter in dem Verhältnis Mobbingbetroffener ./. Geschäftspartner? Zwischen beiden existiert keine schuldrechtliche Verbundenheit. Damit hat der Mobbingbetroffene auch keinen auf schuldrechtlicher Verbundenheit beruhenden Schadensersatzanspruch gegen den Geschäftspartner seines Arbeitgebers.

Fügt der Gehilfe dem Mobbingbetroffenen durch eine Mobbinghandlung einen Schaden zu, kann der Mobbingbetroffene diesen nur im Rahmen der §§ 823 ff. BGB ersetzt verlangen. In Betracht kommt zudem ein Schadensersatzanspruch gegen den Geschäftspartner des Arbeitgebers bzw. Dienstherrn gemäß § 831 BGB. Da der Geschäftspartner in der Regel finanzkräftiger sein wird als der Gehilfe, dürfte der Mobbingbetroffene in erster Linie daran interessiert sein, den ihm entstandenen Schaden von dem Geschäftspartner seines Arbeitgebers bzw. Dienstherrn ersetzt zu bekommen.

Gemäß § 831 Abs. 1 BGB ist derjenige, der einen anderen zu einer Verrichtung bestellt, zum Ersatz des Schadens verpflichtet, den der andere in Ausführung der Verrichtung einem Dritten widerrechtlich zufügt. Verrichtungsgehilfe in diesem Sinne ist (vgl. die Ausführungen in Kapitelabschnitt II.1.b.), wem von dem Geschäftsherrn in dessen Interesse eine Tätigkeit übertragen wurde und der von den Weisungen des Geschäftsherrn abhängig ist. Dies ist bei Arbeitsverhältnissen regelmäßig der Fall, bei Werk- und Dienstleistungsverträgen hingegen nicht.[698] Handelt es sich bei dem Gehilfen um einen Beschäftigten des Geschäftspartners (z.B. Bedienung eines Kantinenwirts, Putzfrau eines Reinigungsunternehmens, Handwerker einer Wartungsfirma), so kommt eine Haftung des Geschäftspartners des Arbeitgebers bzw. Dienstherrn in Betracht. Ist der Gehilfe hingegen bei einem Subunternehmer oder bei einem von dem Geschäftspartner beauftragten Unternehmen beschäftigt (z.B. Fahrer eines beauftragten Transportunternehmens), so scheidet eine Haftung des Geschäftspartners gemäß § 831 Abs. 1 BGB aus. In Betracht käme in einem solchen Fall nur eine Haftung des Geschäftspartners gemäß § 823 Abs. 1 BGB wegen der Verletzung einer Verkehrspflicht bei der Auswahl seines Vertragspartners,[699] was bei Mobbing allerdings nur in Ausnahmefällen in Betracht kommen dürfte.

Stets stellt sich aber auch hier die Problematik, dass der den Schadensersatz Begehrende gemäß den allgemeinen Beweisregeln die ansprüchsbegründenden Tatsachen beweisen muss, was jedoch im Zusammenhang mit Mobbing - wie bereits mehrfach dargestellt wurde - nur in Ausnahmefällen gelingen dürfte.

V. Ergebnis der schadensersatzrechtlichen Bewertung von Mobbing

Wenngleich sich einzelne Verhaltensweisen des Mobbers sowie der anderen betrieblichen Akteure dem materiellen Schadensersatzrecht zuordnen lassen, so existieren regelmäßig große Schwierigkeiten bei der Feststellung des im Einzelfall erforderlichen Kausalzusammenhanges sowie bei der Beweisbarkeit der anspruchsbegründenden Tatsachen durch den Kläger, bei dem es sich in der überwiegenden Zahl der Fälle um den Mobbingbetroffenen handeln wird. Es sind vornehmlich diese beiden Aspekte, die stets einer erfolgreichen Klageerhebung entgegenstehen dürften.

[698] Däubler ZR 2, Rn. 1110
[699] vgl. Däubler ZR 2, Rn. 1111

4. Kapitel: Arbeitsrechtliche Bewertung von Mobbing

Die arbeitsrechtliche Bewertung des Phänomens Mobbing hat zunächst den Mobber im Blickpunkt, wobei unterstellt wird, dass es sich hierbei um einen Angestellten oder Arbeiter, mithin um einen Arbeitnehmer im arbeitsrechtlichen Sinne handelt. Im Anschluss daran gilt das Augenmerk den Vorgesetzten, dem Arbeitgeber sowie den Personen mit Arbeitgeberfunktionen. Sodann wenden wir uns der betrieblichen Interessenvertretung und ihren Mitgliedern zu. Schlussendlich wird das Verhalten der Arbeitskollegen und sonstigen Dritten begutachtet. Neben der Begutachtung materiellrechtlicher Aspekte erfolgt auch in diesem Kapitel eine Erörterung wesentlicher verfahrensrechtlicher Fragestellungen, die sich im Zusammenhang mit der Mobbingproblematik stellen. Hierbei wird - soweit es von Bedeutung sein kann - unterstellt, dass Rechtfertigungs- und Schuldausschließungsgründe nicht vorliegen.

I. Arbeitsrechtliche Bewertung des Verhaltens des Mobbers

Mobber beeinflussen durch ihr Verhalten das Betriebsklima sowie die Arbeitsmoral in negativer Weise. Mobbing hat unter anderem Einfluss auf die Qualität der zu verrichtenden Arbeit sowie auf den Krankenstand.[700] Schätzungen zufolge entstehen den bundesdeutschen Betrieben Ausfallkosten wegen mobbingbedingter Fehlzeiten in Höhe von über 30 Milliarden DM.[701] Wenn Mobbing solche fatale Auswirkungen auf den Betrieb bzw. auf die Dienststelle hat, so stellt sich die Frage nach der arbeitsrechtlichen Verantwortlichkeit des Mobbers für die durch sein Verhalten verursachten Folgen - zumal, wie bereits im 3. Kapitel unter I.1.a.bb. ausgeführt wurde, Mobbinghandlungen mit der Verletzung arbeitsvertraglicher Nebenpflichten einhergehen, die regelmäßig fahrlässig, nicht selten auch vorsätzlich erfolgen. Demzufolge stellt sich die Frage, ob und inwieweit der Mobber wegen seiner Mobbinghandlungen in arbeitsrechtlicher Hinsicht sanktioniert werden kann. Als Sanktionsmittel kommen in Betracht:

- die Ermahnung des Mobbers,
- die Abmahnung des Mobbers,
- die Versetzung des Mobbers,
- die Kündigung des Mobbers.

Sofern es die Privatwirtschaft betrifft, ist zudem an eine Entfernung betriebsstörender Arbeitnehmer gemäß § 104 BetrVG zu denken, die in einer Versetzung bzw. Kündigung des Betriebsstörers besteht.

Bereits an dieser Stelle soll auf die Problematik hingewiesen werden, dass von dem Arbeitgeber der Ausspruch einer arbeitsrechtlichen Sanktion nur in äußerst engen Grenzen (vgl. § 104 BetrVG) verlangt werden kann. Insoweit ist der Wille der Arbeitgeberseite entscheidend, ob sie das sanktionswürdige Verhalten des Mobbers auch tatsächlich ahnden will bzw. ahndet. Wer in seiner Eigenschaft als Arbeitgeber oder Person mit Arbeitgeberfunktionen Mobbing fördert, begünstigt oder erst ermöglicht, wird kaum ein Interesse daran haben, den Mobber zu sanktionieren. Entsprechendes gilt für solche Mobber, auf die der Arbeitgeber etwa wegen ihrer besonderen Stellung im

[700] Esser/Wolmerath, S. 256
[701] Lindemeier, S. 4

Betrieb bzw. in der Dienststelle oder wegen ihrer fachlichen Kompetenz angewiesen ist und die er nicht als Arbeitskraft verlieren möchte. Insoweit stellt sich in einer derartigen Situation insbesondere für den Mobbingbetroffenen die Frage, ob und inwieweit er auf den Arbeitgeber einwirken kann, um den Ausspruch einer Sanktion zu erreichen. Auch dieser Frage wird im Folgenden nachgegangen.

1. Ermahnung und Abmahnung des Mobbers

Die Ermahnung (auch „Rüge" sowie „Verwarnung" genannt) stellt das mildeste Mittel der Sanktion einer Verletzung arbeitsvertraglicher Pflichten dar. Mit ihr wird - entweder mündlich oder schriftlich - eine konkrete Vertragsverletzung gerügt. Gleichzeitig wird der Ermahnte oftmals angehalten, seinen arbeitsvertraglichen Pflichten in Zukunft nachzukommen.[702] Wird diesem Sanktionsmittel ein dritter Bestandteil - die Androhung von Rechtsfolgen für den Fall der Zuwiderhandlung (z.B. die Versetzung des Arbeitnehmers, die Kündigung des Arbeitsvertrages) - hinzugefügt, so spricht man von einer Abmahnung.[703]

Der Ausspruch einer Ermahnung bzw. Abmahnung ist grundsätzlich weder an die Einhaltung einer bestimmten Form noch an Wahrung einer speziellen Frist gebunden. Allerdings ist der Arbeitgeber gut beraten, die Ermahnung bzw. Abmahnung schriftlich und alsbald auszusprechen, damit er zum einen im Bedarfsfall ihren Ausspruch beweisen und zum andern sein Recht zur Sanktionierung von Pflichtverletzungen nicht verwirken kann.

2. Versetzung des Mobbers

Von ihrer Tragweite her bildet die Versetzung die nächsthöhere Stufe auf der „Leiter" der betrieblichen Sanktionsmittel. Individualarbeitsrechtlich wird unter der Versetzung die Änderung des Aufgabenbereichs eines Arbeitnehmers nach der Art, dem Ort sowie der Zeit seiner Tätigkeit verstanden.[704] Dies kann, abhängig von der Ausgestaltung des Arbeitsvertrages und der Form der Versetzung, auf dreierlei Weise geschehen:
- mittels einer einvernehmlichen Änderung des Arbeitsvertrags (sog. Abänderungsvereinbarung),
- mittels der Ausübung des Direktionsrechts durch den Arbeitgeber,
- im Wege der arbeitgeberseitig ausgesprochenen Änderungskündigung.

a. Einvernehmliche Änderung des Arbeitsvertrages

Den Arbeitsvertragsparteien steht es jederzeit frei, den Arbeitsvertrag zu ändern. Hierzu bedarf es lediglich eines Einvernehmens zwischen den Vertragsparteien, das stets dann vorliegt, wenn beide die Vertragsänderung wünschen oder sich der schwächere dem stärkeren Vertragsteil fügt. Nur wenn das Angebot der Vertragsänderung von dem anderen Teil angenommen wird, kann ein „Abänderungsvertrag"

---

[702] vgl. Stahlhacke/Preis, Rn. 7; Grunewald, S. 1072; s.a.: Richardi, § 87 Rn. 255

[703] vgl. Esser/Wolmerath, S. 257; Däubler Arbeitsrecht, S. 155; Däubler AR 2, Rn. 696 f.; Eichhorn/Steinmann, S. 52; Schaub, § 61.I.5.c); Grunewald, S. 1072; Richardi, § 87 Rn. 255; Zöllner/Loritz, § 22.III.2.b); s.a.: Stahlhacke/Preis, Rn. 7 ff.

[704] Schaub, § 45.III.2., § 241.II.3.a); s.a.: Zöllner/Loritz, § 48.II.2.d)aa), § 12.III.1.d)

geschlossen werden. Die Vertragsfreiheit erlaubt es unter anderem den Arbeitsvertragsparteien, eine Versetzung mittels einer Abänderungsvereinbarung zu regeln. Eine solche Vorgehensweise bietet sich insbesondere dann an, wenn die Versetzung des betreffenden Arbeitnehmers nicht schon von dem Arbeitgeber im Wege der Ausübung seines Direktionsrechts ausgesprochen werden kann.

Im Zusammenhang mit Mobbing dürften Abänderungsvereinbarungen zum Zwecke der Versetzung des Mobbers kaum geschlossen werden. Aufgrund der Personifizierung der Konfliktsituation wird der Mobber regelmäßig davon ausgehen, dass er sich vertragstreu verhält. Die Verantwortung für die Situation wird er dem Mobbingbetroffenen zusprechen. In den Augen des Mobbers verhält sich nur der Mobbingbetroffene falsch. Demgemäß wird der Mobber grundsätzlich die Auffassung vertreten, dass nicht er, sondern der Mobbingbetroffene zu versetzen sei. Der Mobber dürfte daher im Zusammenhang mit einer konkreten Mobbingsituation kaum gewillt sein, einer Abänderungsvereinbarung zuzustimmen. Eher wird er auf den Arbeitgeber dergestalt einwirken, dass dieser den Mobbingbetroffenen versetzt. Eine derartige Situation dürfte in der betrieblichen Praxis nicht häufig anzutreffen sein. Angesprochen auf eine in Aussicht gestellte Versetzung wird der Mobbingbetroffene diese oftmals als eine Chance begreifen, dem Mobbing auf schneller sowie einfacher Weise entfliehen zu können. Selbst wenn der Mobbingbetroffene die Versetzung als ungerechtfertigt erachten sollte, so wird er dieser letztendlich zustimmen. Regelmäßig wird der Mobbingbetroffene die Versetzung als das „kleinere Übel" gegenüber der Alternative, auch weiterhin Mobbingangriffen ausgesetzt zu sein, begreifen. Eine solche Handhabung wurde mir sowohl von Mobbingbetroffenen als auch von Betriebs- und Personalratsmitgliedern in zahlreichen Gesprächen geschildert. Kommt es im Zusammenhang mit Mobbing zu einer Versetzung aufgrund einer einvernehmlichen Änderung des Arbeitsvertrags, so wird diese mithin eher den Mobbingbetroffenen als den Mobber betreffen, so dass die Versetzung des Mobbers aufgrund einer Abänderungsvereinbarung kaum als Sanktionsmittel in Betracht kommt.

Dass eine derartige Art der „Konfliktlösung" auch im Interesse des Arbeitgebers ist, verdeutlicht ein Urteil des Arbeitsgerichts Frankfurt am Main,[705] wonach der Arbeitgeber eine eventuelle Fürsorgepflichtverletzung gegenüber dem Mobbingbetroffenen dadurch vorbeugen bzw. umgehen kann, indem er dem Mobbingbetroffenen eine Umsetzung bzw. Versetzung auf einen anderen Arbeitsplatz anbietet.

b. Ausübung des Direktionsrechts

Sofern eine einvernehmliche Versetzung des Mobber im Wege der Änderung des Arbeitsvertrages nicht zu realisieren ist, kommt die vom Arbeitgeber „angeordnete" Versetzung des Mobbers in Betracht, die vor allem mittels der Ausübung des Direktionsrechts erfolgen kann.

Unter dem Direktionsrecht wird die sich aus dem Arbeitsverhältnis ergebende Weisungsbefugnis des Arbeitgebers verstanden, die Leistungspflichten des Arbeitnehmers nach Art, Ort und Zeit im Einzelnen unter Berücksichtigung der sich aus dem Arbeitsvertrag sowie aus kollektivem Recht und Gesetzen ergebenden Grenzen nach

[705] Urteil v. 21.6.1999 – 15 Ca 8106/98 – Bl. 6 f. der Entscheidung

billigem Ermessen (vgl. § 315 BGB) zu bestimmen.[706] Insoweit handelt es sich hierbei um eine Konkretisierung der Vertragspflichten des Arbeitnehmers.[707]

Eine auf die Ausübung des Direktionsrechts gestützte Versetzung kommt umso eher in Betracht, je weniger exakt die vom Arbeitnehmer zu verrichtende Tätigkeit in dem betreffenden Arbeitsvertrag umschrieben ist. Je genauer hingegen die zu verrichtende Tätigkeit in dem Arbeitsvertrag fixiert ist, desto weniger kann eine Versetzung mittels der Ausübung des Direktionsrechts erfolgen. In einem derartigen Fall ist nur noch an den Ausspruch einer Änderungskündigung zu denken (vgl. hierzu die Ausführungen in dem nachfolgendem Punkt c.).[708] Diese Problematik, die sich bei einer jeden Versetzung stellt, soll nachfolgend mit Hilfe zweier Beispiele verdeutlicht werden:[709]

Beispiel 1: Ursula Meier ist bei Jens Müller als Sekretärin eingestellt. In ihrem Arbeitsvertrag hat sie sich bereit erklärt, jede ihrer Ausbildung entsprechende Tätigkeit zu verrichten. Jens Müller möchte Frau Meier von der Abteilung Einkauf in die Abteilung Verkauf versetzen, wo sie eine vergleichbare Tätigkeit verrichten soll. Da es sich bei der Zuweisung des neuen Arbeitsplatzes um eine Konkretisierung der sich aus dem Arbeitsvertrag ergebenden Leistungspflicht handelt, genügt für die Versetzung von Frau Meier eine entsprechende Weisung durch Herrn Müller.

Beispiel 2: Ursula Meier ist als Sekretärin des Geschäftsführers Jens Müller eingestellt. Dies steht auch so in ihrem Arbeitsvertrag. Möchte Herr Müller der Frau Meier einen anderen Arbeitsplatz mit einer anderen Tätigkeit und/oder in einer anderen Abteilung zuweisen, so bedarf es hierzu einer Änderungskündigung. Schließlich handelt es sich bei der Zuweisung der neuen Tätigkeit um eine Abweichung von der im Arbeitsvertrag fest umschriebenen und von Frau Meier geschuldeten Tätigkeit als „Sekretärin des Geschäftsführers Jens Müller".

Ist die Versetzung des Mobbers im Wege der Ausübung des Weisungsrechts möglich, so bedarf es eines entsprechenden Handelns des Arbeitgebers bzw. einer weisungsbefugten Person, wobei zu bedenken ist, dass es von deren Belieben abhängt, ob von diesem Sanktionsmittel Gebrauch gemacht wird. Mithin wird es zu einer Versetzung des Mobbers nicht kommen, wenn ein Interesse an einer solchen Personalmaßnahme nicht besteht.

c. *Ausspruch einer Änderungskündigung durch den Arbeitgeber*

Ist die Versetzung des Mobbers im Wege der Ausübung des Direktionsrechts durch den Arbeitgeber ausgeschlossen bzw. ist der Mobber mit einer einvernehmlichen Versetzung nicht einverstanden, so kann eine solche letztendlich nur mit Hilfe des Ausspruchs einer Änderungskündigung erreicht werden.

Bei der Änderungskündigung handelt es sich um eine Kündigung des Arbeitsvertrages, welche mit dem Angebot des Arbeitgebers verbunden ist, das Arbeitsverhältnis zu geänderten Bedingungen fortzusetzen (vgl. § 2 Satz 1 KSchG). Dies kann in zweifacher Weise erfolgen - als unbedingte Kündigung verbunden mit dem Angebot zum Abschluss eines Arbeitsvertrages bzw. als Kündigung unter der Bedingung, dass der von der Kündigung Betroffene nicht einer gleichzeitig angebotenen Vertrags-

[706] vgl. Schaub, § 45.IV.1.; Däubler Arbeitsrecht, S. 150 f.
[707] Kittner/Trittin, § 2 KSchG Rn. 36
[708] s.a.: Zöllner/Loritz, § 6.I.8., § 12.III.1.b)
[709] vgl. Esser/Wolmerath, S. 260 f.

änderung zustimmt.[710] Weiter kann die Änderungskündigung - abhängig von den Umständen des konkreten Einzelfalles - als eine ordentliche oder als eine außerordentliche Änderungskündigung ausgesprochen werden.[711] Als eine außerordentliche Änderungskündigung wird sie insbesondere dann erfolgen, wenn eine ordentliche Kündigung aus tarifvertraglichen Gründen ausgeschlossen ist.[712]

Sofern eine Änderungskündigung ausgesprochen worden ist, steht es im Belieben des betreffenden Arbeitnehmers, ob er diese akzeptiert. Nimmt er sie an, werden für das Arbeitsverhältnis nunmehr die neuen Vertragsbedingungen maßgebend. Wird das Angebot hingegen abgelehnt, dann läuft das Arbeitsverhältnis mit dem Ablauf der Kündigungsfrist aus. Handelt es sich um eine außerordentliche fristlose Änderungskündigung, so endet das Arbeitsverhältnis mit dem Zugang der Ablehnungserklärung beim Arbeitgeber. Findet das Kündigungsschutzgesetz auf das Arbeitsverhältnis Anwendung (vgl. §§ 1 Abs. 1, 23 Abs. 1 KSchG), so kann der Gekündigte das Angebot unter dem Vorbehalt annehmen, dass die Änderung der Arbeitsbedingungen sozial gerechtfertigt ist (vgl. 2 KSchG) und beim zuständigen Arbeitsgericht Klage auf Feststellung erheben, dass die Änderung der Arbeitsbedingungen sozial ungerechtfertigt ist (sog. Änderungsschutzklage; § 4 Satz 2 KSchG). Hierbei ist zu beachten, dass der Vorbehalt von dem betroffenen Arbeitnehmer innerhalb der Kündigungsfrist, spätestens jedoch innerhalb von drei Wochen nach dem Zugang der Kündigung erklärt (vgl. § 2 Satz 2 KSchG) und die Änderungsschutzklage innerhalb von drei Wochen nach Zugang der Kündigung erhoben werden muss (vgl. § 4 KSchG).

Ob ein Arbeitgeber zu dem Mittel der Änderungskündigung greift, um den Mobber wegen seiner Mobbinghandlungen und der damit verbundenen Verletzungen seiner arbeitsvertraglichen Pflichten zu sanktionieren, hängt von den Umständen des konkreten Einzelfalls ab. Allerdings dürfte auch hier die allgemeine Regel gelten, dass nur der Arbeitgeber eine Änderungskündigung aussprechen wird, der damit eine Beendigung der Mobbingangriffe auf den Mobbingbetroffenen bezweckt. Da Arbeitgeber geneigt sind, denjenigen zu sanktionieren, der sich am wenigsten wehrt bzw. auf den am ehesten verzichtet werden kann, darf davon ausgegangen werden, dass wohl eher der Mobbingbetroffene als der Mobber von einer Änderungskündigung betroffen sein wird. Schließlich wird sich der eine oder andere Mobbingbetroffene seinem „Schicksal" fügen und auf ein Ende der Mobbingangriffe hoffen, auch wenn er sich durch die Personalmaßnahme regelmäßig - zu Recht - ungerecht behandelt fühlen wird. Demgemäß dürfte auch die Änderungskündigung als Mittel zur Sanktionierung des Verhaltens des Mobbers in der überwiegenden Zahl der Fälle ausscheiden.

3. Kündigung des Mobbers

Während es im Belieben des von einer Änderungskündigung betroffenen Mobbers steht, ob das Arbeitsverhältnis beendet wird, kommt dem Mobber eine solche Entscheidungsmöglichkeit bei dem Ausspruch einer Beendigungskündigung durch den Arbeitgeber nicht zu. Da die Beendigungskündigung die Beendigung des Arbeits-

---

[710] vgl. Schaub, § 137.I.3.; Zöllner/Loritz, § 22.I.1.; Stahlhacke/Preis/Vossen, Rn. 769

[711] vgl. Schaub, § 137.I.4.; s.a.: Stahlhacke/Preis/Vossen, Rn. 431

[712] Die außerordentliche Änderungskündigung ist nur zulässig, wenn die Änderung unabweislich notwendig ist, die neuen Arbeitsbedingungen für den Arbeitnehmer zumutbar sind und das Änderungsangebot der Billigkeit entspricht. Vgl. Stahlhacke/Preis, Rn. 431; BAG AP Nr. 1 zu § 626 BGB Änderungskündigung Bl. 609; BAG v. 6.3.1986, DB 1986, 2605 (2607)

verhältnisses zum Gegenstand hat, kann sie als das schärfste betriebliche Sanktionsmittel bezeichnet werden.

Formen der Beendigungskündigung sind die ordentliche sowie die außerordentliche Kündigung. Während die ordentliche Kündigung nur unter Einhaltung der im Einzelfall zu beachtenden Kündigungsfrist ausgesprochen werden kann (vgl. § 622 BGB), ist dies bei der außerordentlichen Kündigung grundsätzlich nicht der Fall. Diese wird in der Regel fristlos ausgesprochen (vgl. § 626 BGB), obwohl die außerordentliche Kündigung mit einer „sozialen Auslauffrist" versehen werden kann.

a. *Ordentliche Kündigung*

Da das Mobbinggeschehen auf einzelne Verhaltensweisen des Mobbers (z.B. Verletzung arbeitsvertraglicher Pflichten, Umstände aus dem Verhältnis des Mobbers zu betrieblichen Einrichtungen und zu dem Mobbingbetroffenen) zurückzuführen ist, ist zunächst an eine ordentliche Kündigung des Arbeitsvertrages des Mobbers aus verhaltensbedingten Gründen zu denken.[713] Um eine verhaltensbedingte Kündigung handelt es sich auch dann, wenn der Arbeitgeber einem Entlassungsbegehren der Belegschaft und/oder der betrieblichen Interessenvertretung folgt, welches objektiv durch das Vorliegen eines verhaltensbedingten Grundes seitens des Mobbers gerechtfertigt ist. Insoweit wird von einer „unechten Druckkündigung" gesprochen.[714] Folgt hingegen der Arbeitgeber dem Druck der Belegschaft (z.B. die Androhung, andernfalls zum Dienst nach Vorschrift überzugehen oder die Arbeit niederzulegen), ohne dass ein rechtfertigender verhaltensbedingter Kündigungsgrund in der Person des betreffenden Arbeitnehmers vorliegt, so handelt es sich hierbei um eine („echte") Druckkündigung, die regelmäßig als eine Kündigung aus betrieblichen Gründen zu qualifizieren ist.[715]

aa. *Kündigung aus verhaltensbedingten Gründen*

Eine auf dem Verhalten des Arbeitnehmers gestützte Kündigung erfordert zunächst, dass dieser gegen eine arbeitsvertragliche Haupt- oder Nebenpflicht in rechtswidriger und schuldhafter Weise verstoßen hat.[716] Da der verhaltensbedingten Kündigung ein Straf- oder Sühnecharakter nicht zukommt, ist weiter erforderlich, dass mit einer Wiederholung der Vertragsverletzung zu rechnen ist (sog. Negativ-Prognose). Dies ist insbesondere dann der Fall, wenn der betreffende Arbeitnehmer sein beanstandetes Verhalten trotz einer bereits erfolgten Abmahnung nicht geändert hat.[717]

Ein außerdienstliches Verhalten (z.B. eine strafbare Handlung in der Freizeit) des Arbeinehmers kann eine Kündigung nur rechtfertigen, sofern das Arbeitsverhältnis durch das außerdienstliche Verhalten konkret berührt wird.[718] Dies ist im Zusammenhang mit Mobbing etwa dann der Fall, wenn der Mobber das Betriebsgelände in seiner

---

[713] vgl. Schaub, § 130.I.1.b)

[714] KR-Etzel, § 1 KSchG Rn. 495; s.a.: Schaub, § 130.II.13.; BAG AP Nr. 33 zu § 1 KSchG 1969 Betriebsbedingte Kündigung

[715] vgl. KR-Etzel, § 1 KSchG Rn. 496, 601; s.a.: Däubler AR 2, Rn. 1129 f.; BAG v. 4.10.1990, NZA 1991, 468 (468); BAG AP Nr. 33 zu § 1 KSchG 1969 Betriebsbedingte Kündigung

[716] vgl. KR-Etzel, § 1 KSchG Rn. 423 m.w.N.; Kittner/Trittin, § 1 KSchG Rn. 154, 156; Schaub, § 130.I.2.a)

[717] Kittner/Trittin, § 1 KSchG Rn. 167; s.a.: KR-Etzel, § 1 KSchG Rn. 425, 428

[718] vgl. KR-Etzel, § 1 KSchG Rn. 472; LAG Hamm v. 10.3.1999, NZA-RR 1999, 623 (625)

dienstfreien Zeit betritt, um an dem von dem Mobbingbetroffenen verwendeten Dienstfahrzeug die Bremsanlage zu manipulieren.

Folgende Gründe - die auch im Zusammenhang mit Mobbing schwerpunktmäßig in Betracht kommen dürften - sind abhängig von den Umständen des konkreten Einzelfalls für die Rechtfertigung einer verhaltensbedingten Kündigung anerkannt worden:
- Anschwärzen, Klatschen und Denunziationen von Arbeitskollegen,[719]
- Beleidigungen des Arbeitgebers, dessen Vertreters (z.B. Geschäftsführer) sowie von Arbeitskollegen und Mitgliedern der betrieblichen Interessenvertretung, sofern hierdurch der Betriebsfrieden nachhaltig gestört wird,[720]
- Störungen des Betriebsfriedens, sofern der Betriebsablauf oder das geordnete Zusammenleben beeinträchtigt wird (z.B. aufgrund ausländerfeindlichen Verhaltens, Diskriminierung von Beschäftigten, Beleidigungen und sexuelle Belästigungen am Arbeitsplatz, Streitigkeiten und tätliche Auseinandersetzungen unter Arbeitskollegen),[721]
- Sexuelle Belästigungen,[722]
- Begehung von Straftaten, die zugleich einen Verstoß gegen arbeitsvertragliche Pflichten darstellen,[723]
- Tätlichkeiten gegenüber dem Arbeitgeber bzw. seinem Vertreter (z.B. Geschäftsführer) sowie gegenüber Arbeitskollegen.[724]

Derartige Verhaltensweisen werden von den Beschäftigten nicht selten zum Anlass genommen, von dem Arbeitgeber die Kündigung des betreffenden Arbeitnehmers zu verlangen. Liegt ein verhaltensbedingter Kündigungsgrund im konkreten Einzelfall vor, handelt es sich um eine unechte Druckkündigung. Andernfalls liegt eine echte Druckkündigung vor, die allenfalls aus betrieblichen Gründen gerechtfertigt sein kann (siehe hierzu die Ausführungen in dem nachfolgenden Punkt cc.).

In der betrieblichen Praxis dürfte ein Mobber nur in seltenen Ausnahmefällen Ziel der Druckausübung seitens der Belegschaft sein. Dies gilt vor allem dann, wenn der Mobber auf die Sympathie seiner Arbeitskollegen bzw. deren Passivität (z.B. Duldung, Wegsehen, Solidarisierung mit dem Verhalten des Mobbers) vertrauen kann. Etwas anderes dürfte hingegen für den Mobbingbetroffenen gelten. Je länger das Mobbing andauert, umso mehr wird der Mobbingbetroffene an seinem Arbeitsplatz, in seiner Abteilung etc. isoliert und ausgegrenzt. Dieser Prozess der zunehmenden Isolation und Ausgrenzung des Mobbingbetroffenen dürfte dazu führen, dass nicht der Mobber, sondern am ehesten der Mobbingbetroffene mit einer Drucksituation aus der Belegschaft rechnen muss bzw. mit einer solchen konfrontiert wird. Hierbei dürfte das Risiko eines Mobbingbetroffenen, „Zielscheibe“ einer Druckkündigung zu werden, umso mehr steigen, je länger das Mobbing andauert. Die Feindseligkeit gegenüber dem Mobbingbetroffenen, seine anwachsende Isolation und Ausgrenzung innerhalb des Betriebes bzw. der Dienststelle sowie die Personifizierung des Mobbingkonflikts sprechen deutlich für eine solche Annahme.

---

[719] vgl. KR-Etzel, § 1 KSchG Rn. 487; Schaub, § 10.II.3.; Stahlhacke/Preis, Rn. 711

[720] vgl. KR-Etzel, § 1 KSchG Rn. 484, 486 m.w.N; Schaub, § 130.II.10.; Stahlhacke/Preis, Rn. 709; BAG v. 21.1.1999 - 2 AZR 665/98

[721] vgl. KR-Etzel, § 1 KSchG Rn. 484 ff.; Schaub, § 130.II.1.; Stahlhacke/Preis, Rn. 710

[722] vgl. KR-Etzel, § 1 KSchG Rn. 486; Schaub, § 130.II.31.

[723] vgl. KR-Etzel, § 1 KSchG Rn. 519; Schaub, § 130.II.34.; Stahlhacke/Preis, Rn. 720

[724] vgl. KR-Etzel, § 1 KSchG Rn. 484, 486 m.w.N.; Schaub, § 130.II.35.; Stahlhacke/Preis, Rn. 710

Gemäß dem im Kündigungsschutzrecht geltenden Grundsatz der Verhältnismäßigkeit (Ultima-ratio-Prinzip) muss die Kündigung für den verfolgten Zweck geeignet, erforderlich und angemessen sein.[725] Diesbezüglich ist eine Abwägung zwischen den Interessen des Arbeitnehmers an der Erhaltung seines Arbeitsverhältnisses und dem (objektiven) Interesse des Arbeitgebers an der Beendigung des Arbeitsvertrages vorzunehmen.[726] Eine verhaltensbedingte Kündigung ist dann nicht verhältnismäßig, wenn eine Fortsetzung des Beschäftigungsverhältnisses auf einem anderen Arbeitsplatz möglich und dem Arbeitgeber auch zumutbar ist; der betreffende Arbeitnehmer beispielsweise auf einen freien Arbeitsplatz in eine andere Abteilung versetzt werden kann.[727]

Die aufgezeigten Problempunkte sowie Voraussetzungen für den Ausspruch einer verhaltensbedingten Kündigung veranschaulichen, dass der Mobber eine solche in der Regel nicht zu befürchten hat, sofern er von dem Arbeitgeber nicht schon in der Vergangenheit im Zusammenhang mit Mobbing wegen einer Verletzung arbeitsvertraglicher Pflichten abgemahnt worden ist. Vergleichbares gilt, wenn ein bereits abgemahnter Mobber auf einen anderen Arbeitsplatz versetzt werden kann und der Mobber dem Arbeitgeber „verspricht", keine weiteren Mobbinghandlungen vorzunehmen.

bb. Kündigung aus personenbedingten Gründen

Auch in der Person des Arbeitnehmers liegende Gründe können den Arbeitgeber nach einer Entscheidung des Bundesarbeitsgerichts[728] berechtigen, sich dem Druck Dritter zu beugen und eine Kündigung aus personenbedingten Gründen auszusprechen. In einem solchen Fall beugt sich der Arbeitgeber einer Drucksituation, die durch persönliche Umstände des Arbeitnehmers ausgelöst wurde. Sofern ein personenbedingter Kündigungsgrund existiert, handelt es sich wiederum um eine unechte Druckkündigung. Ist ein personenbedingter Kündigungsgrund nicht gegeben, wird von einer echten Druckkündigung gesprochen, auf die ich im nachfolgenden Punkt cc. näher eingehen werde.

Der oben zitierten Entscheidung des Bundesarbeitsgerichts lag eine Situation zugrunde, die sich - so scheint es auf dem ersten Blick - ohne weiteres dem Mobbing zuordnen lässt: Der Leiterin eines Kindergartens wird ein autoritärer Führungsstil sowie die mangelnde Fähigkeit zur Menschenführung vorgeworfen. Der Arbeitgeber beugt sich dem Druck der Erzieherinnen und spricht nach erfolgter Personalratsanhörung eine Kündigung aus.

Sicherlich können in der Person des Mobbers begründete Umstände geeignet sein, eine Drucksituation seitens der Beschäftigten zu begründen. Der Druck des Mobbingbetroffenen allein wird indes kaum genügen, den Arbeitgeber zu einer Entlassung des Mobbers zu bewegen. Grundsätzlich bedarf es hierzu einer Vielzahl von Personen. Wie bereits in dem voranstehenden Punkt aa. ausgeführt wurde, wird sich der Druck der Beschäftigten eher gegen den Mobbingbetroffenen als gegen den Mobber richten. Beeinflusst von der betrieblichen Situation, die von einer zunehmenden Isolation und Ausgrenzung des Mobbingbetroffenen geprägt ist, werden die

---

[725] vgl. Kittner/Trittin, § 1 KSchG Rn. 168, 49; KR-Etzel, § 1 KSchG Rn. 428 ff.
[726] KR-Etzel, § 1 KSchG Rn. 432
[727] vgl. KR-Etzel, § 1 KSchG Rn. 429 ff.
[728] BAG v. 31.1.1996, NZA 1996, 581

Beschäftigten leicht Gründe finden, die geeignet erscheinen, eine personenbedingte Kündigung des Mobbingbetroffenen zu rechtfertigen. Diesbezüglich sind beispielsweise an Umstände wie ein verschlossenes Wesen, eine unzureichende Teamfähigkeit sowie an umfangreiche krankheitsbedingte Fehlzeiten des Mobbingbetroffenen zu denken. Derartige Umstände können sich insbesondere der Mobber sowie mit diesem sympathisierende Arbeitskollegen zu Nutze machen und gegenüber der Arbeitgeberseite zum Zwecke einer (aus ihrer Sicht) notwendigen Kündigung des Arbeitsvertrages des Mobbingbetroffenen vortragen.

Losgelöst von einer etwaigen Drucksituation kann der Arbeitgeber in der Person des Mobbers begründete Umstände (z.B. autoritärer Führungsstil, unzureichende Fähigkeit zur Menschenführung) zum Anlass nehmen, die personenbedingte Kündigung des Arbeitsvertrages des Mobbers auszusprechen. Dies wird allerdings umso weniger der Fall sein, wie mehr der Arbeitgeber auf die Arbeitskraft des Mobbers nicht verzichten möchte - etwa weil er die Leistungen und Fähigkeiten des Mobbers schätzt, die Mobbinghandlungen für ihn von Vorteil sind oder er den Mobber sogar zu dessen Handlungen angestiftet hat.

cc. Kündigung aus betriebsbedingten Gründen

Sofern die Arbeitskollegen - allen Erwartungen zum Trotz - das Verhalten des Mobbers nicht dulden, können diese einen „Druck" dergestalt auf den Arbeitgeber ausüben, dass sich dieser im Interesse an einem ungestörten Betriebsablauf gezwungen sieht, dem Mobber zu kündigen. Ist die Kündigung des Mobbers durch das Vorliegen eines verhaltensbedingten oder personenbedingten Grundes gerechtfertigt, so richtet sich diese unechte Druckkündigung nach den in den Abschnitten aa. und bb. dargelegten Grundsätzen. Soweit dies nicht der Fall ist, ist an eine echte Druckkündigung zu denken, die als eine betriebsbedingte Kündigung in Betracht kommen kann.[729]

Im Zusammenhang mit Mobbing kann eine Drucksituation des Arbeitgebers wie folgt aussehen: Die Krankenschwester Karin Müller ist im Krankenhaus als eine „schwierige" Person bekannt, die ihre Arbeitskolleginnen bei jeder Gelegenheit wüst beschimpft. Ihre Anwesenheit ist in der jeweils betreffenden Station mit einer Zunahme des Krankenstandes bei den Pflegekräften sowie mit einer Verschlechterung des Arbeitsklimas verbunden. Zahlreiche Beschwerden des Stationspersonals sowie von Patienten haben den Personalchef bewogen, Frau Müller in die Zentralsterilisation zu versetzen. Als die Beschäftigten der Zentralsterilisation von der bevorstehenden Versetzung der Karin Müller in ihre Abteilung erfahren, teilen diese dem Personalchef unmissverständlich mit, dass eine Zusammenarbeit mit Frau Müller für sie nicht in Betracht komme. Sofern der Personalchef an der geplanten Maßnahme festhalte, könne er sich bereits jetzt auf einen „Krankenstand 100%" sowie auf den Ausspruch von Eigenkündigungen aller Beschäftigten dieser Abteilung einstellen. Der Personalchef fühlt sich wegen dieses Drucks der Beschäftigten außerstande, Frau Müller in die Zentralsterilisation zu versetzen. Vielmehr sieht er sich im Interesse an einem reibungslosen Betriebsablauf veranlasst, den Personalrat zu einer Kündigung der Karin Müller anzuhören und sodann die Kündigung des Arbeitsvertrages von Frau Müller auszusprechen.

---

[729] siehe statt vieler: Däubler AR 2, Rn. 1129 f.; BAG v. 4.10.1990, NZA 1991, 468 (468)

Nach allgemeiner Ansicht[730] ist eine auf Verlangen dritter Personen ausgesprochene Kündigung grundsätzlich unwirksam. Die Fürsorgepflicht des Arbeitgebers verpflichtet diesen, sich schützend vor dem betroffenen Arbeitnehmer zu stellen und die den Druck ausübenden Personen von ihrem Kündigungsverlangen abzubringen. Dies gilt insbesondere dann, wenn der Arbeitgeber den Druck Dritter (z.B. durch die Verbreitung von Gerüchten) selbst herbeigeführt hat. Nur wenn die Drohenden an ihrem in Aussicht gestellten Verhalten festhalten und dem Arbeitgeber dadurch bedingt ein schwerer wirtschaftlicher Schaden droht, kann eine aus betrieblichen Gründen ausgesprochene Kündigung wirksam sein, sofern sich diese als das einzig praktisch in Betracht kommende Mittel zur Schadensabwendung darstellt.

Betrachten wir den Fall von Frau Müller unter Berücksichtigung dieser Aspekte, so ist dem Personalchef der Ausspruch einer Beendigungskündigung verwehrt, wenn er die Karin Müller auf einen freien Arbeitsplatz in eine andere Abteilung bzw. Station versetzen kann. Nur soweit dies nicht der Fall ist und andere Sanktionsmittel nicht in Betracht kommen (z.B. der Ausspruch einer Abmahnung), muss er prüfen, wie hoch der zu erwartende Schaden sein würde, wenn er sich dem Druck der Beschäftigten nicht beugt. Sofern die Arbeitsplätze der drohenden Beschäftigten ohne größere Probleme in recht kurzer Zeit neu besetzt bzw. die Arbeit ohne größere Schwierigkeiten und ohne Risiken für die Patienten des Krankenhauses von anderen Abteilungen oder einem externen Dienstleister erledigt werden können, wird man von dem Personalchef verlangen müssen, auf den Ausspruch einer Kündigung des Arbeitsvertrages von Frau Müller zu verzichten. Andernfalls ist dem Personalchef insbesondere zum Schutze der Patienten zuzugestehen, eine Kündigung des Arbeitsvertrages von Frau Müller aussprechen zu dürfen.

Berücksichtigt man den Umstand der zunehmenden Isolation und Ausgrenzung des Mobbingbetroffenen, so dürfte es nicht der betrieblichen Praxis entsprechen, dass sich die Beschäftigten zusammenschließen, um von dem Arbeitgeber die Entlassung des Mobbers zu erzwingen. Dies dürfte allenfalls dann erfolgen, wenn ein Mobber zeitgleich und lösgelöst voneinander gegen mehrere Personen Mobbing betreibt, sich diese nach einer gewissen Zeit verbünden und im Schulterschluss die Entlassung des Mobbers fordern. In der betrieblichen Praxis dürfte jedoch der Fall eher anzutreffen sein, dass sich dem Mobber weitere Beschäftigte anschließen, die den Mobbingbetroffenen ebenfalls als „das Problem“ erachten und zur Lösung der Situation von dem Arbeitgeber die Kündigung des Mobbingbetroffenen fordern. Demnach wird sich ein Mobber, der sich der Sympathie seiner Arbeitskollegen gewiss ist und sich großer Beliebtheit erfreut, kaum Sorgen müssen, „Opfer“ einer Druckkündigung zu werden.

b. Außerordentliche Kündigung

Soweit eine Vertragsverletzung so schwerwiegend ist, dass dem anderen Teil unter Berücksichtigung aller Umstände des Einzelfalls und unter Abwägung der Interessen beider Vertragsteile aufgrund von Tatsachen die Fortsetzung des Arbeitsverhältnisses bis zum Ablauf der konkret zu beachtenden Kündigungsfrist nicht zuzumuten ist, kann

[730] vgl. Schaub, § 130.II.13.; Blaese, S. 178; KR-Etzel, § 1 KSchG Rn. 601; s.a.: BAG v. 4.10.1990, NZA 1991, 468; BAG v. 31.1.1996, NZA 1996, 581

diese Situation - als letztes Mittel, denn auch hier gilt das Ultima-ratio-Prinzip - eine außerordentliche (fristlose) Kündigung gemäß § 626 BGB rechtfertigen.[731]

aa. Wichtiger verhaltensbedingter Kündigungsgrund

Verhaltensbedingte Gründe stellen nur dann einen wichtigen Grund im Sinne des § 626 Abs. 1 BGB dar, wenn nicht nur in objektiver Hinsicht eine rechtswidrige Pflichtverletzung vorliegt (objektives Element), sondern der betreffende Arbeitnehmer diese zudem in vorwerfbarer und schuldhafter Weise verletzt hat (subjektives Element).[732] Eine fahrlässige Pflichtverletzung reicht grundsätzlich nicht aus.[733] Gleiches gilt für ein außerdienstliches Verhalten, das einen wichtigen Grund für eine außerordentliche Kündigung nur dann liefern kann, wenn es auf das Arbeitsverhältnis einwirkt.[734]

Um eine außerordentliche Kündigung rechtfertigen zu können, müssen die verhaltensbedingten Gründe noch gravierender sein als bei einer ordentlichen Kündigung, da dem Arbeitgeber anderenfalls zuzumuten ist, das Arbeitsverhältnis unter Einhaltung der Kündigungsfrist zu beenden.[735] Auch bedarf es regelmäßig einer vorausgegangenen Abmahnung wegen des beanstandeten Verhaltens.[736]

Als Gründe für eine außerordentliche verhaltensbedingte Kündigung wurden bislang unter anderem anerkannt:
- grobe Beleidigungen, die mit einer erheblichen Ehrverletzung verbunden sind,[737]
- sexuelle Belästigungen,[738]
- Begehung von Straftaten im Betrieb bzw. mit Berührung zum Arbeitsverhältnis,[739]
- Tätlichkeiten im Betrieb,[740]
- Schwere Verstöße gegen die betriebliche Ordnung, die mit einer konkreten Störung des Betriebsfriedens verbunden sind (z.B. infolge der Bedrohung eines Vorgesetzten sowie Tätlichkeiten zwischen Arbeitskollegen),[741]
- Ausländerfeindliche Hetzparolen.[742]

Gemäß ihrem Charakter als „allerletztes" Mittel der Sanktion arbeitsvertraglicher Pflichtverletzungen sollen Nebenpflichtverletzungen und Tatbestände des Diskriminierungsverbotes gemäß Art. 3 Abs. 3 GG keinen wichtigen Grund im Sinne des § 626 Abs. 1 BGB darstellen.[743] Hinsichtlich der Nebenpflichtverletzungen kann diese Ansicht meines Erachtens nur überzeugen, wenn es sich um Pflichtverletzungen mit gar keinen bzw. nur geringen Konsequenzen handelt. Dies ist etwa bei Verstößen gegen die Anzeige- und Nachweispflicht eines arbeitsunfähig erkrankten Arbeitnehmers gemäß

---

[731] vgl. Kittner/Trittin, § 1 KSchG Rn. 163, § 626 BGB Rn. 31; s.a.: Stahlhacke/Preis, Rn. 454
[732] Kittner/Trittin, § 626 BGB Rn. 52
[733] Kittner/Trittin, § 626 BGB Rn. 53
[734] Stahlhacke/Preis, Rn. 525
[735] s.a.: Däubler AR 2, Rn. 1136
[736] s.a.: Stahlhacke/Preis, Rn. 460; Däubler AR 2, Rn. 1135
[737] vgl. Stahlhacke/Preis, Rn. 530; Schaub, § 130.II.10.; BAG v. 21.1.1999 – 2 AZR 665/98 – S. 6 der Entscheidung
[738] vgl. Stahlhacke/Preis, Rn. 532; Schaub, § 130.II.31.
[739] vgl. Stahlhacke/Preis, Rn. 563; Schaub, § 130.II.34.; Däubler AR 2, Rn. 1135
[740] vgl. Stahlhacke/Preis, Rn. 532; Schaub, § 130.II.35.
[741] vgl. Stahlhacke/Preis, Rn. 533; s.a.: Schaub, § 130 II.11.
[742] LAG Hamm v. 11.11.1994, NZA 1995, 994; BAG v. 1.7.1999 – 2 AZR 676/98
[743] so Kittner/Trittin, § 626 BGB Rn. 60

§ 5 EFZG oder bei unentschuldigter verspäteter Arbeitsaufnahme der Fall. Hat eine Nebenpflichtverletzung weitreichende Konsequenzen zur Folge - wie es etwa bei Mobbing wegen der Beschädigung der Gesundheit des Mobbingbetroffenen regelmäßig der Fall ist - und ist die im Rahmen des § 626 Abs. 1 BGB anzustellende Prognose zukünftigen Verhaltens[744] negativ, so muss auch eine Nebenpflichtverletzung im konkreten Einzelfall unter Beachtung aller individuellen Besonderheiten geeignet sein, einen wichtigen Grund im Sinne des § 626 Abs. 1 BGB darzustellen.[745] Andernfalls müsste der kündigungswillige Arbeitgeber - sofern ihm andere Handlungsalternativen wie etwa eine Versetzung - nicht zur Verfügung stehen, eine ordentliche verhaltensbedingte Kündigung, verbunden mit einer sofortigen Freistellung von der Arbeitspflicht bis zum Ablaufen der Kündigungsfrist, aussprechen. Dies wäre zwar in den meisten Fällen in betriebswirtschaftlicher Hinsicht möglich, jedoch unbillig. Ein Beispiel soll dies verdeutlichen:[746]

Uwe Meier betreibt eine ausländerfeindliche Hetze gegen seinen türkischen Arbeitskollegen Kemal Yilmaz. Uwe Meier ist deswegen auch schon vor nicht allzu langer Zeit abgemahnt worden. Eines Tages eskaliert das ausländerfeindliche Verhalten von Uwe Müller, indem er Kemal Yilmaz ohne ersichtlichen Grund tätlich angreift und mit einem Messer verletzt. Da es sich bei dem Unternehmen des Kurt Schmitz um einen kleinen Handwerksbetrieb mit 12 Beschäftigten handelt, sieht er zum Schutze um das Leben und die Gesundheit von Kemal Yilmaz sowie der übrigen fünf ausländischen Beschäftigten keine andere Wahl, als Herrn Meier fristlos zu kündigen. Welche andere Handlungsalternative hat Kurt Schmitz? - Er könnte Uwe Meier erneut ermahnen oder abmahnen, aber sicherlich ohne Erfolg. Eine Versetzung von Uwe Meier, um ihn zumindest von Kemal Yilmaz zu trennen, scheitert mangels einer entsprechenden Möglichkeit. Ist es ihm zuzumuten, dem Jens Meier gegenüber eine ordentliche Kündigung auszusprechen und ihn gleichzeitig unter Fortzahlung der Bezüge bis zum Ablauf der Kündigungsfrist von der Arbeit freizustellen? - wohl kaum. Die Situation kann im Interesse des Arbeitgebers, der das Leben und die Gesundheit seiner Beschäftigten vor tätlichen Angriffen aufgrund der ihn treffenden Fürsorgepflicht zu schützen hat, nur gelöst werden, indem man ihm das Recht einräumt, dem Jens Müller fristlos zu kündigen - zumal von weiteren ausländerfeindlichen Handlungen des Uwe Meier auszugehen ist.[747]

Demgemäß sind Mobbinghandlungen im konkreten Einzelfall geeignet, einen wichtigen Kündigungsgrund im Sinne des § 626 Abs. 1 BGB abzugeben.[748]

bb. Wichtiger betriebsbedingter Kündigungsgrund

Übt die Belegschaft einen derart großen Druck auf den Arbeitgeber aus, dass ihm keine andere Möglichkeit verbleibt, als sich von dem Mobber zu lösen, so kann diese Situation unter Umständen den Ausspruch einer betriebsbedingten außerordentlichen (in

[744] vgl. Kittner/Trittin, § 626 BGB Rn. 48 ff.

[745] so im Ergebnis auch Kittner/Däubler/Zwanziger-Däubler, § 626 BGB Rn. 91; so wohl auch Grunewald, der eine außerordentliche Kündigung wegen Tätlichkeiten und beleidigende Äußerungen zulässt, und Kollmer, Rn. 46

[746] vgl. Esser/Wolmerath, S. 260

[747] so im Ergebnis auch Grunewald, S. 1072; Kollmer, Rn. 46

[748] so auch: Kittner/Däubler/Zwanziger, § 626 BGB Rn. 100

der Regel auch fristlosen) Kündigung rechtfertigen.[749] Insoweit gelten die in Abschnitt a.cc. dargelegten Grundsätze mit der Besonderheit, dass sich die Drucksituation auf den Arbeitgeber noch intensiver als bei der ordentlichen „echten" Druckkündigung darstellt, so dass ihm nicht zuzumuten ist, das Arbeitsverhältnis bis zum Ablaufen der Kündigungsfrist fortzusetzen. Mithin müssen dem Arbeitgeber schwere wirtschaftliche Nachteile drohen.[750]

Eine außerordentliche fristlose Kündigung aus betrieblichen Gründen erscheint mir im Zusammenhang mit Mobbing beispielhaft dann gerechtfertigt, wenn die Leiterin eines Kindergartens sowohl die Eltern als auch die Erzieherinnen insbesondere wegen ihres autoritären Führungsstils sowie der mangelnden Fähigkeit zur Menschenführung derart verprellt, dass dem Träger des Kindergartens seitens der Eltern mit der unverzüglichen Abmeldung ihrer Kinder aus der Einrichtung sowie seitens der Erzieherinnen mit der Kündigung ihrer Arbeitsverträge für den Fall angedroht wird, dass sich der Kindergartenträger nicht unverzüglich von der Leiterin trennt, die wegen ihres Verhaltens bereits in der Vergangenheit mehrfach abgemahnt wurde und Anlass für zahlreiche Beschwerden, Abmeldungen von Kindern sowie Kündigungen seitens der Beschäftigten war. Schließlich steht in diesem Fall die Existenz des Kindergartens auf dem Spiel, die durch das angedrohte Abmelden der Kinder sowie durch das in Aussicht gestellte Ausscheiden der Erzieherinnen bedroht wird. Zudem ist der Ruf bzw. das Ansehen der Einrichtung (und damit auch ihr Fortbestand) gefährdet. Der Ruf bzw. das Ansehen des Kindergartens ist schließlich entscheidend für das Anmeldeverhalten der Eltern sowie für das Bewerbungsverhalten von Erzieherinnen. Die Existenzbedrohung der Einrichtung ist in diesem Fall derart gravierend, dass eine unverzügliche Trennung von der Leiterin unabweisbar notwendig ist.

Ob der Mobber in der betrieblichen Praxis mit dem Ausspruch einer außerordentlichen Kündigung rechnen muss, hängt entscheidend von den konkreten Umständen des Einzelfalls sowie von der Dauer des Mobbingprozesses ab. Richtet sich das Mobbing gegen einen Einzelnen, so dürfte eine Drucksituation für den Arbeitgeber zur dann entstehen, wenn sich die Arbeitskollegen mit dem Mobbingbetroffenen solidarisieren. Da der Mobbingbetroffene jedoch zunehmend isoliert und ausgegrenzt wird, darf davon ausgegangen werden, dass der Mobber umso weniger mit dem Entstehen einer Drucksituation rechnen muss, je länger das Mobbing andauert. Dafür dürfte die Gefahr, „Opfer" einer außerordentlichen Druckkündigung zu werden, für den Mobbingbetroffenen umso größer werden, je länger das Mobbing andauert.

4. *Entfernung betriebsstörender Mobber gemäß § 104 BetrVG*

Während dem Bundespersonalvertretungsgesetz die Möglichkeit der Entfernung betriebsstörender Arbeitnehmer aufgrund eines diesbezüglichen Verlangens des Personalrats fremd ist, bestimmt § 104 Satz 1 BetrVG, dass der Betriebsrat von dem Arbeitgeber die Entlassung (d.h. Kündigung des Arbeitsverhältnisses[751]) oder Versetzung desjenigen Arbeitnehmers verlangen kann, der durch gesetzwidriges Verhalten oder durch grobe Verletzung der in § 75 Abs. 1 BetrVG enthaltenen Grundsätze den

[749] vgl. Schaub, § 130.II.13. m.w.N.; Kittner/Trittin, § 626 BGB Rn. 157; BAG v. 31.1.1996, NZA 1996, 581 (583)

[750] s.a.: Kittner/Trittin, § 626 BGB, Rn. 160 f.; Stahlhacke/Preis/Vossen, Rn. 541

[751] vgl. GK-Kraft, § 104 Rn. 10; DKK-Kittner, § 104 Rn. 6 = Kittner/Trittin, § 104 BetrVG Rn. 6; Richardi, § 104 Rn. 14

Betriebsfrieden wiederholt ernstlich stört. Allerdings unterfallen der Vorschrift nur Arbeitnehmer im Sinne des § 5 Abs. 1 BetrVG (Angestellte, Arbeiter sowie die zu ihrer Berufsausbildung Beschäftigten), mithin nicht die in § 5 Abs. 2 BetrVG aufgeführten Personen, leitende Angestellte (vgl. § 5 Abs. 3, 4 BetrVG) und Leiharbeitnehmer.[752]

Mithin stellt sich die Frage, ob und inwieweit ein Mobber, der über die Arbeitnehmereigenschaft im Sinne des § 5 Abs. 1 BetrVG verfügt, mit einer Sanktionierung seines Verhaltens gemäß § 104 BetrVG rechnen muss.

a. Wiederholte verschuldete ernstliche Störung des Betriebsfriedens

Die Vorschrift des § 104 BetrVG erfasst nur solche Verhaltensweisen, die gesetzeswidrig sind (d.h. gegen eine Rechtsnorm verstoßen)[753] oder eine grobe (d.h. eine besonders schwerwiegende)[754] Verletzung der in § 75 Abs. 1 BetrVG enthaltenen Grundsätze darstellen.

Abgesehen von dem Fall eines besonders schwerwiegenden Fehlverhaltens, aufgrund dessen den übrigen Arbeitnehmern eine weitere Zusammenarbeit mit dem betreffenden Arbeitskollegen nicht zugemutet werden kann, bedarf es eines wiederholten Fehlverhaltens, das zudem eine grobe und ernstliche Störung des Betriebsfriedens darstellen muss.[755] Von einer Störung des Betriebsfriedens in diesem Sinne kann gesprochen werden, wenn sich das Ereignis auf den Betrieb und auf die Zusammenarbeit im Betrieb auswirkt,[756] es zu einer erheblichen Beunruhigung einer beachtlichen Zahl von Arbeitnehmern kommt.[757] Grundsätzlich muss das Verhalten des Mobbers verschuldet im Sinne einer objektiven Sorgfaltswidrigkeit und einer subjektiven Vorwerfbarkeit sein, wobei Fahrlässigkeit genügt.[758]

Von einer wiederholten ernstliche Störung des Betriebsfriedens im Sinne des § 104 BetrVG ist im Zusammenhang mit Mobbing beispielhaft dann zu sprechen, wenn ein Vorarbeiter das Arbeitsklima durch ständige ausländerfeindliche Äußerungen sowie mit Diskriminierungen der ausländischen Arbeitnehmer vergiftet und dies zu einer erheblichen Beunruhigung unter den ausländischen Beschäftigten führt, so dass von einem ungestörten Betriebsablauf nicht mehr gesprochen werden kann.

Sofern man bedenkt, dass sich das Mobbing aus zahlreichen kleinen Handlungen zusammensetzt, die zwar in ihrer jeweiligen Wirkung von unterschiedlicher Qualität sein können, allerdings oftmals die in § 75 BetrVG niedergelegten Grundsätze verletzen (z.B. Diskriminierung wegen der Hautfarbe, Diskriminierung wegen fremdenfeindlicher Gesinnung, Beleidigung, Tätlichkeiten, sexuelle Belästigung), so ist nicht zu verkennen, dass diese in ihrem Zusammenwirken den Betriebsfrieden ernstlich stören können.[759] Indem es dem Mobber regelmäßig auf eine Behinderung, Diskriminierung, Schädigung etc. des Mobbingbetroffenen ankommt und er sich hierbei stets auch der den

---

[752] h.M.; vgl. DKK-Kittner, § 104 Rn. 5 m.w.N. = Kittner/Trittin, § 104 BetrVG Rn. 5 m.w.N.; GK-Kraft, § 104 Rn. 3; FKHE, § 104 Rn. 2; Richardi, § 104 Rn. 12

[753] GK-Kraft, § 104 Rn. 4; Richardi, § 104 Rn. 3

[754] GK-Kraft, § 104 Rn. 5; Richardi, § 104 Rn. 4

[755] h.M.; vgl. Kittner/Trittin, § 104 BetrVG Rn. 2 m.w.N = DKK-Kittner, § 104 Rn. 2; Gnade u.a., § 104 Rn. 1; FKHE, § 104 Rn. 5; GK-Kraft, § 104 Rn. 6

[756] Kittner/Trittin, § 104 BetrVG Rn. 3 = DKK-Kittner, § 104 Rn. 3

[757] GK-Kraft, § 104 Rn. 6; Richardi, § 104 Rn. 6; LAG Köln v. 15.10.1993, NZA 1994, 431 (432)

[758] h.M.; vgl. GK-Kraft, § 104 Rn. 8; DKK-Kittner, § 104 Rn. 4; FKHE § 104 Rn. 6; Richardi, § 104 Rn. 8 f.

[759] so im Ergebnis auch: FKHE, § 104 Rn. 4

Betriebsfrieden störenden Auswirkungen bewusst sein wird, kann dem Mobber insoweit mindestens der Vorwurf des fahrlässigen Handelns gemacht werden.

b. Verlangen des Betriebsrats auf Kündigung oder Versetzung des Mobbers

Der Betriebsrat kann die Versetzung bzw. Kündigung des Mobbers nur dann gemäß § 104 BetrVG von dem Arbeitgeber verlangen, wenn er einen entsprechenden Beschluss gefasst hat, wozu es einer ordentlichen Beschlussfassung des Betriebsrats bedarf.[760] Bei der Auswahl des geforderten Sanktionsmittels hat der Betriebsrat zudem dem Grundsatz der Verhältnismäßigkeit Rechnung zu tragen.[761]

Sofern der Betriebsrat in dem in Punkt a. angeführten Beispiel von den Handlungen des Vorarbeiters Kenntnis erhält, wird er zunächst überlegen, wie er zur Beilegung der betriebsstörenden Situation beitragen kann. Schließlich hat der Betriebsrat nicht nur die Interessen der ausländischen Beschäftigten, sondern auch die des Vorarbeiters zu vertreten. Daher wird der Betriebsrat zunächst das Gespräch mit dem Vorarbeiter suchen, um diesen zu einer Änderung seines Verhaltes zu bewegen. Haben derartige Gespräche mit dem Vorarbeiter keinen Erfolg, wird der Betriebsrat das Problem sicherlich in einem Monatsgespräch (vgl. § 74 Abs. 1 BetrVG) ansprechen und von der Arbeitgeberseite die Ergreifung erforderlicher Maßnahmen (z.B. eine Abmahnung des Vorarbeiters bzw. bei einer bereits erfolgten erfolglosen Abmahnung des Vorarbeiters seine Versetzung in eine andere Abteilung bzw. bei einer bereits erfolgten erfolglosen Versetzung die Kündigung des Vorarbeiters) verlangen. Allenfalls bei einem besonders schwerwiegenden Fehlverhalten wird der Betriebsrat ausnahmsweise auf eine unverzügliche Entfernung des Betriebsstörers bestehen.

Da die Bewertung der einzelnen Verhaltensweisen als mehr oder weniger schwerwiegend subjektiven Wertungen unterliegt, Mobbinghandlungen zudem in der Regel im Verborgenen begangen werden, wird ein erstmals als Betriebsstörer entlarvter Mobber kaum befürchten müssen, dass der Betriebsrat seine Versetzung oder sogar Kündigung verlangt. Der Betriebsrat wird - wie dargestellt - regelmäßig erst den Versuch starten, den Mobber von seinem betriebsstörenden Verhalten unter Hinweis auf die ansonsten drohenden Konsequenzen abzubringen. Zudem ist zu bedenken, dass dem Mobber sein betriebsstörendes Verhalten - welches er stets in Abrede stellen wird - nachgewiesen werden muss. Kann der Betriebsrat dies nicht, wird er von einer Beschlussfassung Abstand nehmen. Demnach hat allenfalls ein wiederholt als Betriebsstörer in Erscheinung getretener Mobber zu befürchten, dass der Betriebsrat seine Versetzung bzw. Kündigung verlangt.

c. Prüfungs- und Handlungspflicht des Arbeitgebers

Sofern der Betriebsrat die Versetzung oder Kündigung des Mobbers verlangt, hat der Arbeitgeber den ihm vorgetragenen Sachverhalt unter dem Blickwinkel des § 104 BetrVG in eigener Verantwortung zu prüfen.[762] Sofern dem Arbeitgeber das Verlangen des Betriebsrats als begründet erscheint, hat er die beantragte Maßnahme

---

[760] vgl. DKK-Kittner, § 104 Rn. 7; Richardi, § 104 Rn. 13

[761] DKK-Kittner, § 104 Rn. 8 = Kittner/Trittin, § 104 BetrVG Rn. 8; GK-Kraft, § 104 Rn. 4; FKHE, § 104 Rn. 7; Richardi, § 104 Rn. 13

[762] vgl. GK-Kraft, § 104 Rn. 11; DKK-Kittner, § 104 Rn. 9; FKHE, § 104 Rn. 8

durchzuführen, ohne dass es hierzu der Beteiligung des Betriebsrats gemäß § 99 bzw. § 102 BetrVG bedarf.[763] Auf welcher Art und Weise der Arbeitgeber die Maßnahme durchführt, unterliegt allein seiner Ermessensentscheidung.[764] Erachtet der Arbeitgeber die begehrte Personalmaßnahme als unbegründet, so hat er sich schützend vor die betreffende Person zu stellen. Zudem ist es seine Aufgabe, den Betriebsrat von seinem Verlangen abzubringen.[765] Ist es ihm nicht möglich, sich dem Druck des Betriebsrats zu erwehren, kann er unter Beachtung der für die Druckkündigung geltenden Grundsätze notfalls eine Kündigung aussprechen.[766]

Kommt der Arbeitgeber dem Verlangen des Betriebsrats nicht nach, hat der Betriebsrat die Möglichkeit - ohne dass er hierzu eine bestimmte Frist zu wahren hat[767] - das Arbeitsgericht mit dem Ziel anzurufen, dass das Arbeitsgericht dem Arbeitgeber aufgibt, die verlangte Maßnahme durchzuführen. Gibt das Arbeitsgericht dem Betriebsrat Recht, hat der Arbeitgeber die Maßnahme unverzüglich[768] nach Eintritt der Rechtskraft des Beschlusses umzusetzen, will er nicht die Verhängung eines Zwangsgeldes von bis zu 500 DM für jeden Tag der Zuwiderhandlung riskieren (§ 104 Sätze 2, 3 BetrVG). Wird der Antrag des Betriebsrats hingegen abgelehnt, steht damit fest, dass das Verlangen des Betriebsrats unbegründet war.

5. Beteiligung der betrieblichen Interessenvertretung

Abgesehen von den relativ seltenen Fällen einer existierenden Betriebs- bzw. Dienstvereinbarungen zur Regelung von Ermahnungen und Abmahnungen in dem konkreten Betrieb bzw. in der konkreten Dienststelle,[769] besteht kein Beteiligungsrecht der betrieblichen Interessenvertretung im Zusammenhang mit dem Ausspruch einer Ermahnung bzw. Abmahnung. Der Arbeitgeber kann daher beide Sanktionsmittel ohne eine vorherige Anhörung der betrieblichen Interessenvertretung anwenden.[770] In der gleichen Weise hat die betriebliche Interessenvertretung keine rechtlichen Möglichkeiten, den Ausspruch einer Ermahnung bzw. Abmahnung zu verhindern. Allenfalls im Wege der betriebspolitischen Intervention (z.B. Überreichung einer Protestnote, Herstellung von Betriebsöffentlichkeit) besteht im konkreten Einzelfall die Chance, den Ausspruch einer Ermahnung bzw. Abmahnung zu verhindern oder den Widerruf einer solchen zu erwirken - was am ehesten bei einer offensichtlich nicht gerechtfertigten Ermahnung bzw. Abmahnung gelingen dürfte.

Vor dem Ausspruch einer Versetzung hat der Arbeitgeber die betriebliche Interessenvertretung zu beteiligen. Die Beteiligung des Betriebsrats bei einer Ver-

---

763 vgl. Gnade u.a., § 104 Rn. 2; BAG v. 15.5.1997, ArbuR 1997, 374

764 GK-Kraft, § 104 Rn. 10

765 FKHE, § 104 Rn. 8; DKK-Kittner, § 104 Rn. 9

766 vgl. DKK-Kittner, § 104 Rn. 9; FKHE, § 104 Rn. 8

767 Der Betriebsrat kann lediglich sein Antragsrecht verwirken. Vgl. DKK-Kittner, § 104 Rn. 12; GK-Kraft, § 104 Rn. 12; FKHE, § 104 Rn. 13; Richardi, § 104 Rn. 21

768 str; vgl. FKHE, § 104 Rn. 15; a.A.: Richardi, § 104 Rn. 23; insoweit nicht eindeutig; DKK-Kittner, § 104 Rn. 13, der verlangt, dass die Kündigung zum nächsten zulässigen Kündigungstermin ausgesprochen wird.

769 siehe hierzu die Mustervereinbarung in: Eichhorn/Hickler/Steinmann, Handbuch Betriebsvereinbarung, 2. Aufl., Frankfurt/Main, 1998 = Wolmerath, Zum Umgang mit Abmahnungen, AiB 1997, 687 (689 f.)

770 statt vieler: Grunewald, S. 1072; Richardi, § 87 Rn. 210, 256; Grabendorff/Ilbertz/Widmaier, § 75 Rn. 186; Lorenzen u.a., § 75 Rn. 187a

setzung richtet sich - sofern in dem Betrieb in der Regel mehr als 20 wahlberechtigte Arbeitnehmer beschäftigt werden - nach §§ 99 - 101 BetrVG, wobei der Begriff der Versetzung im betriebsverfassungsrechtlichen Sinne in § 95 Abs. 3 BetrVG legal definiert wird. Bei einer beabsichtigten Änderungskündigung hat der Arbeitgeber - unabhängig von der Zahl der wahlberechtigten Arbeitnehmer - zudem das Anhörungsrecht des Betriebsrats gemäß § 102 BetrVG zu beachten.

Die Beteiligung des Personalrats ist in § 75 Abs. 1 Ziffer 3 BPersVG und in § 79 BPersVG geregelt, wobei zu berücksichtigen ist, dass das Bundespersonalvertretungsgesetz eine dem § 99 Abs. 1 Satz 1 BetrVG vergleichbare „Kleinbetriebsklausel" nicht kennt. § 75 Abs. 1 Ziffer 3 BPersVG differenziert allerdings zwischen der Versetzung und der Umsetzung, ohne diese Begriffe legal zu definieren.Während unter der Versetzung in personalvertretungsrechtlicher Hinsicht die dauernde Beschäftigung eines Arbeitnehmers in einer anderen Dienststelle desselben Arbeitgebers unter Fortsetzung des bisherigen Arbeitsverhältnisses verstanden wird,[771] ist die Umsetzung die Übertragung eines anderen Arbeitsplatzes (d.h. eines anderen Aufgabenbereiches) innerhalb derselben Dienststelle.[772] Beide Begriffe sind wiederum von der Abordnung[773] zu unterscheiden, die gemäß § 75 Abs. 1 Ziffer 4 BPersVG ebenfalls der Mitbestimmung des Personalrats unterliegt, wegen ihrer zeitlichen Begrenztheit bei Mobbing allerdings kaum als Sanktionsmittel in Betracht kommen dürfte.

Vor dem Ausspruch einer ordentlichen bzw. außerordentlichen Kündigung ist die betriebliche Interessenvertretung ebenfalls zu beteiligen, will nicht der Arbeitgeber die gerichtliche Feststellung der Unwirksamkeit der Kündigung bereits wegen der fehlenden Beteiligung des Betriebs- bzw. Personalrats riskieren. Die Anhörung des Betriebsrats ist in § 102 BetrVG geregelt, die Beteiligung des Personalrats sieht § 79 BPersVG vor.

Bereitet der Arbeitgeber die Beteiligung des Betriebs- bzw. Personalrats in dem erforderlichen Maße vor, so wird er in der Regel nicht zu befürchten haben, dass eine Versetzung oder Kündigung des Mobbers aus betriebsverfassungs- bzw. personalvertretungsrechtlichen Gründen unwirksam ist. Das Risiko einer ordnungsgemäßen Beteiligung der Interessenvertretung trägt der Arbeitgeber im Zusammenhang mit einer ausgesprochenen Kündigung allerdings nur insoweit, als sich der Gekündigte mittels einer Kündigungsschutzklage gegen die ausgesprochene Kündigung wehrt. Soweit eine solche Klage nicht erhoben wird, entfaltet die Kündigung nach Ablauf der Klagefrist bzw. mit Eintritt der Verwirkung des Klagerechts ihre Wirksamkeit. Insoweit ist dann ohne Belang, ob der Arbeitgeber die betriebliche Interessenvertretung ordnungsgemäß beteiligt hat.

---

[771] vgl. Altvater u.a. 1998, § 75 Rn. 10; Altvater u.a., § 75 Rn. 16; Lorenzen u.a.-Rehak, § 75 Rn. 48a f.; Grabendorff/Ilbertz/Widmaier, § 75 Rn. 19

[772] vgl. Altvater u.a. 1998, § 75 Rn. 11; Altvater u.a., § 75 Rn. 18; Lorenzen u.a.-Rehak, § 75 Rn. 57; Grabendorff/Ilbertz/Widmaier, § 75 Rn. 22; BVerwGE 60, 144 (146)

[773] Abordnung ist die vorübergehende Zuweisung einer Tätigkeit in einer anderen Dienststelle als der ständigen Dienststelle des Beschäftigten bei Aufrechterhaltung des Arbeitsverhältnisses und der Zugehörigkeit zur bisherigen Dienststelle. Diese ist nur möglich, wenn sie im Tarif- bzw. Arbeitsvertrag zugelassen ist; vgl. Altvater u.a. 1998, § 75 Rn. 12; Altvater u.a., § 75 Rn. 19; Lorenzen u.a.-Rehak, § 75 Rn. 64; Grabendorff/Ilbertz/Widmaier, § 75 Rn. 23

6. *Beweislast*

Sofern der Arbeitgeber von einer Verletzung arbeitsvertraglicher (Neben-) Pflichten erfährt, bedeutet dies nicht zwangsläufig, dass der betreffende Arbeitnehmer mit einer Sanktion seines Verhaltens rechnen muss. Schließlich unterliegt eine solche der Möglichkeit einer arbeitsgerichtlichen Überprüfung. Macht der sanktionierte Arbeitnehmer von seinem Klagerecht Gebrauch, so hat der Arbeitgeber die Tatsachen darzulegen und gegebenenfalls auch zu beweisen, die ihn zum Ausspruch des Disziplinierungsmittels veranlasst haben.

Handelt es sich bei dem Sanktionsmittel um eine Ermahnung oder Abmahnung, trägt der Arbeitgeber die Darlegungs- und Beweislast für das tatsächliche Vorliegen der in der Ermahnung oder Abmahnung beanstandeten Vertragsverletzung.[774] Bei einer Änderungskündigung hat er die Notwendigkeit der Änderung der Arbeitsbedingungen sowie die soziale Rechtfertigung der angebotenen neuen Vertragsbestandteile zu beweisen.[775] Bei einer Kündigung ist der Arbeitgeber darlegungs- und beweispflichtig für die Tatsachen, aus denen sich die Wirksamkeit der Kündigung ergibt, mithin im Falle der verhaltensbedingten Kündigung insbesondere für das beanstandete Verhalten, für die schuldhafte Verletzung einer Vertragspflicht sowie für das Vorliegen einer zuvor erfolglos ausgesprochenen ordnungsgemäßen Abmahnung. Im Falle der Druckkündigung muss der Arbeitgeber regelmäßig die Drucksituation sowie die Unabwendbarkeit der Kündigung darlegen und beweisen. Vergleichbares gilt für die außerordentliche Kündigung. Der Arbeitgeber muss die Voraussetzungen des § 626 BGB darlegen und im Falles des Bestreitens - wovon stets ausgegangen werden kann - auch beweisen.[776] Schlussendlich muss er gegebenenfalls beweisen, dass er vor dem Ausspruch der (ordentlichen bzw. außerordentlichen) Kündigung die betriebliche Interessenvertretung ordnungsgemäß beteiligt hat (vgl. § 102 BetrVG; § 79 BPersVG).[777]

In der betrieblichen Praxis sind zahlreiche Fallkonstellationen denkbar, die dazu führen, dass der Arbeitgeber im Zusammenhang mit der ihn treffenden Darlegungs- und Beweislast von einer Sanktion des Mobbers absieht. Die folgende Fallvariante[778] trägt dem Umstand Rechnung, dass auch gegenüber dem Mobber eine arbeitgeberseitige Fürsorgepflicht existiert, die sich durchaus im konkreten Einzelfall auch zu Gunsten des Mobbers auswirken kann: Frau Fischer bezichtigt den Herrn Müller der sexuellen Belästigung. Gegenstand des Vorwurfs sind sexuell bestimmte Angebote sowie Berührungen des Körpers. Da diese „unter vier Augen" erfolgt sein sollen, können Dritte nicht zu dem Sachverhalt befragt werden. Beide Personen sind bei den Arbeitskollegen im gleichen Maße beliebt. Beschwerden sowie Anlass zur Klage hat es gegenüber beiden bislang keine gegeben. Da Herr Müller die ihm zur Last gelegten Handlungen bestreitet und Frau Fischer der Lüge bezichtigt, sieht sich der mit der Angelegenheit befasste Personalchef nicht in der Lage, einer der beiden Sachverhaltsschilderungen der jeweils anderen gegenüber mehr Glauben zu schenken. Der Personalchef sieht sich nicht in der Lage, eine „gerechte" Entscheidung zu fällen. Gemäß dem

---

[774] vgl. Stahlhacke/Preis, Rn. 11; Kittner/Däubler/Zwanziger, Einleitung Rn. 171

[775] vgl. Kittner/Trittin, § 2 KSchG Rn. 194; Kittner/Däubler/Zwanziger, § 2 KSchG Rn. 194

[776] vgl. Däubler AR 2, Rn. 1166, 1139; Stahlhacke/Preis, Rn. 461 ff.; Stahlhacke/Preis/Vossen, Rn. 461 ff., 492; s.a.: Grunewald, S. 1073

[777] vgl. statt vieler: Däubler, AR 2, Rn. 1166 m.w.N.; KR-Etzel, § 1 KSchG Rn. 168, 424, 426, 435 ff.; Stahlhacke/Preis/Vossen, Rn. 461 ff., 623, 696, 726 ff.

[778] s.a. die Fallschilderung bei Warschkow/Erdmann, S. 509 f.

Grundsatz „in dubio pro reo“ sieht er sich gezwungen, das Vorliegen einer Nebenpflichtverletzung zu verneinen und damit von einer Sanktionierung des Herrn Müller abzusehen.

Gemäß den Schilderungen zahlreicher Mobbingbetroffener scheint diese Fallvariante im Zusammenhang mit Mobbing recht häufig vorzukommen. So wurde mir mehrfach berichtet, dass sie den Angriffen des Mobbers nur dann ausgesetzt waren, wenn etwaige Zeugen (insbesondere Vorgesetzte und Arbeitskollegen) nicht zugegen waren. Den Aussagen des Mobbingbetroffenen stehen in einer derartigen Fallkonstellation regelmäßig die gegenläufigen Aussagen des Mobbers entgegen. Gelingt es der mit dieser Situation konfrontierten Führungskraft bzw. dem Arbeitgeber nicht, den wahren Sachverhalt zu ermitteln, wird man dem Mobber eine Nebenpflichtverletzung kaum nachweisen können. Dieser Umstand ist dann die Ursache dafür, dass der Mobber nicht sanktioniert wird, obwohl er eine sanktionswürdige Pflichtverletzung begangen hat.

Antipathie und Sympathie, Neid, Eifersucht, Freundschaften, „Feindschaften“ etc. prägen das Verhältnis der Beschäftigten (einschließlich der Vorgesetzten) am Arbeitsplatz. Wer bei den anderen beliebt ist, kann eher und umfangreicher mir sozialer Unterstützung rechnen, als es bei einer unbeliebten sowie ausgegrenzten Person der Fall ist. Dieser Umstand kann dazu führen, dass im Betrieb nicht immer ein Interesse daran besteht, dass einzelne Situationen erkannt, aufgedeckt und beseitigt werden. Das sich in Schweigen hüllen, der Verweis auf Nichtwissen, aber auch absichtliche Falschaussagen werden im Extremfall dazu beitragen, dass der wahre Sachverhalt nicht aufgeklärt werden kann. Ziehen beispielsweise die Beschäftigten in einer Produktionshalle aus der Manipulation an einem Automaten den Vorteil, unentgeltlich Getränke zu erhalten, so werden sie bei der Entdeckung derselben nicht geneigt sein, die Person zu entlarven, die den Eingriff an dem Automaten vorgenommen hat. Im Extremfall könnte der Manipulant beispielsweise der Idee verfallen, eine unbeteiligte Person (z.B. den Mobbingbetroffenen) als den Täter darzustellen, um einer Sanktion zu entgehen. Dulden die Arbeitskollegen ein derartiges Verhalten oder beteiligen sich diese sogar aktiv an der Beschuldigung des Dritten, so wird die Arbeitgeberseite wegen der für sie insoweit eindeutigen Sachlage zwangsläufig zu der Feststellung gelangen, dass der Beschuldigte die Manipulation vorgenommen hat. Diese den tatsächlichen Gegebenheiten widersprechende Feststellung wird eine Abmahnung oder Kündigung des fälschlich beschuldigten Arbeitnehmers zur Folge haben. Eine derartige Fallkonstellation dürfte im Zusammenhang mit Mobbing recht häufig anzutreffen sein. Von Mobbingbetroffenen habe ich mehrfach gehört, dass sie - aus welchen Gründen im konkreten Einzelfall auch immer - in nicht gerechtfertigter Weise abgemahnt sowie versetzt wurden und manchmal auch die Kündigung ihrer Arbeitsverträge erfolgte. Auch Leymann scheint diesen Umstand erkannt zu haben. Derartige Situationen schreibt er der Phase 3 seines Phasenmodells zu, indem er von „Rechtsbrüchen durch Über- und Fehlgriffe der Personalverwaltung“ spricht (vgl. die Ausführungen im 1. Kapitel unter I.4.).

Den Beweis einer Verletzung arbeitsvertraglicher (Neben-) Pflichten durch den Mobber wird der Arbeitgeber daher in der Regel nur dann führen können, wenn er selbst oder ein den Vorfall berichtender Dritter (z.B. ein Vorarbeiter) Zeuge der Pflichtverletzung gewesen ist bzw. andere Beweismittel in der Hand hält, die von dem Mobber nicht entkräftet oder manipuliert werden können. In diesem Zusammenhang ist etwa an einen Brief des Mobbers an den Mobbingbetroffenen zu denken, der beleidigende

Äußerungen enthält. Da diese Konstellation allerdings nur in den seltensten Fällen vorliegen dürfte, ist davon auszugehen, dass ein Mobber grundsätzlich von dem Umstand ausgehen darf, von Sanktionen seines Arbeitgebers verschont zu bleiben, sofern er im Verborgenen unter Ausnutzung günstiger Gelegenheiten handelt, mit der Duldung bzw. Toleranz seines Tuns durch seine Arbeitskollegen bzw. seines Arbeitgebers rechnen und/oder auf die Solidarität seiner Arbeitskollegen bzw. seines Arbeitgebers bauen darf.

7. *Verwirkung von Sanktionsrechten*

Obwohl die Verhängung von arbeitsrechtlichen Sanktionen grundsätzlich nicht von der Beachtung bestimmter Fristen abhängt - insoweit bildet die Frist zum Ausspruch einer außerordentlichen Kündigung gemäß § 626 Abs. 2 Satz 1 BGB eine Ausnahme -, kann das Recht des Arbeitgebers zur Sanktion des Arbeitnehmers wegen der Verletzung arbeitsvertraglicher (Neben-) Pflichten verwirkt werden.[779]

Im Zusammenhang mit den Mobbinghandlungen des Mobbers dürfte es hinsichtlich der Verwirkung des Sanktionsrechts regelmäßig keine Probleme geben. Entweder der Arbeitgeber nimmt die Kenntnis von einem sanktionswürdigen Verhalten des Mobbers zum Anlass, alsbald entsprechend zu handeln, oder der Arbeitgeber verzichtet - aus welchen Gründen auch immer - endgültig auf eine Sanktionierung. Mithin dürfte es kaum zu einer Situation kommen, in der der Arbeitgeber bei positiver Kenntnis von der Pflichtverletzung erst eine geraume Zeit wartet, und sich erst dann entschließt, den Mobber beispielsweise abzumahnen; sich infolge der inzwischen vergangenen Zeit jedoch die Frage stellt, ob der Arbeitgeber überhaupt noch das Recht haben kann, diese auszusprechen.

II. *Arbeitsrechtliche Bewertung des Verhaltens von Vorgesetzten, des Arbeitgebers sowie von Personen mit Arbeitgeberfunktionen*

Wie bereits im 3. Kapitel unter II.1.a. ausgeführt ist, trifft den Arbeitgeber die sich aus dem Arbeitsvertrag ergebende Pflicht, insbesondere Sorge dafür zu tragen, dass bei ihm beschäftigte Arbeitnehmer am Arbeitsplatz keinen Schaden an Leben und Gesundheit erleiden. Entsprechendes kann man von Vorgesetzten verlangen, zumal sich der Arbeitgeber das (Nicht-) Verhalten dieses Personenkreises regelmäßig nach § 278 BGB zurechnen lassen muss.[780] Somit stellt sich die Frage, welche arbeitsrechtlichen Konsequenzen sich für einen Vorgesetzten, den Arbeitgeber sowie für eine andere mit Arbeitgeberfunktionen ausgestattete Person ergeben kann, der bzw. die dieser Fürsorgepflicht zuwider handelt und nicht gegen das Mobbing einschreitet bzw. keine geeigneten Maßnahmen zum Schutze des Mobbingbetroffenen ergreift.

Bezüglich der arbeitsrechtlichen Konsequenzen ist an eine

- Beschwerde des Mobbingbetroffenen an den Vorgesetzten bzw. Arbeitgeber,
- „Ermahnung" bzw. „Abmahnung" des Arbeitgebers durch den Mobbingbetroffenen,
- Zurückbehaltung der Arbeitsleistung durch den Mobbingbetroffenen,
- einvernehmliche Aufhebung des Arbeitsvertrages,
- Kündigung des Arbeitsvertrages durch den Mobbingbetroffenen,

---

[779] vgl. Kittner/Däubler/Zwanziger, Einleitung Rn. 137 f., 208

[780] s.a.: Däubler AR 2, Rn. 468

zu denken, wobei den Arbeitgeber unter Umständen die Pflicht zum Ersatz des durch eine Beendigung des Arbeitsverhältnisses entstandenen Schadens gegenüber dem Mobbingbetroffenen trifft (vgl. § 628 Abs. 2 BGB).

1. Beschwerde des Mobbingbetroffenen

Unter der Beschwerde wird jedes Vorbringen eines Arbeitnehmers verstanden, mit der er darauf hinweist, dass er sich entweder vom Arbeitgeber, von Vorgesetzten oder von anderen Beschäftigten des Betriebes bzw. der Dienststelle benachteiligt, ungerecht behandelt oder in sonstiger Weise beeinträchtigt fühlt, und mit dem er Abhilfe des ihn persönlich belastenden Zustandes begehrt.[781]

Das Recht, sich bei seinem Arbeitgeber zu beschweren, lässt sich aus dem Arbeitsverhältnis - aus der Fürsorgepflicht des Arbeitgebers - herleiten.[782] Daneben hat dieses Recht in zahlreichen Bestimmungen eine ausdrückliche Berücksichtigung gefunden (vgl. §§ 84 ff. BetrVG, § 68 Abs.1 Ziffer 3 BPersVG; § 3 BeSchuG; § 17 Abs. 2 ArbSchG; zum Beschwerderecht der Beamten vgl. § 171 BBG sowie die Ausführungen im 5. Kapitel unter I.).

a. Adressat der Beschwerde

Erhebt ein Mobbingbetroffener eine Beschwerde, so ist diese an die dafür zuständige Stelle des Betriebes bzw. der Dienststelle zu richten (vgl. § 84 Abs. 1 Satz 1 BetrVG; § 3 Abs. 1 Satz 1 BeSchuG). Wer für die Entgegennahme einer Beschwerde zuständig ist, ergibt sich aus dem organisatorischen Aufbau des Betriebes bzw. der Dienststelle - es sei denn, dass der Arbeitgeber die Zuständigkeit explizit geregelt hat. Sofern letzteres nicht der Fall ist, hat sich der Beschwerdeführer zunächst an seinen unmittelbaren Vorgesetzten zu wenden. Nur soweit der Beschwerde - aus welchen Gründen auch immer - der Erfolg versagt ist, kann der jeweils nächst höhere Vorgesetzte (letztlich bis hin zum Arbeitgeber selbst) konsultiert werden.[783]

Sofern man den Ergebnissen von Metzner und Zapf (vgl. die Ausführungen im 1. Kapitel unter II.7.) folgt, dass Vorgesetzte in rund 70 bis 75 v.H. aller Fälle an Mobbing beteiligt sind, so erscheint es bereits zweifelhaft, ob eine an den Vorgesetzten bzw. Arbeitgeber gerichtete Beschwerde überhaupt geeignet sein kann, einem Mobbingkonflikt Einhalt zu gebieten. Wer Mobbing duldet, begünstigt oder sogar fördert, wird kaum gewillt sein, sich seine eigene Rolle einzugestehen, diese zu offenbaren und aktiv gegen Mobbing einzuschreiten. In vielen Fällen wird sogar zu befürchten sein, dass sich der Adressat der Beschwerde schützend vor den Mobber stellt bzw. geeignete Maßnahmen ankündigt, aber nicht umsetzt. Wer beispielsweise als Arbeitgeber einen Vorgesetzten bestimmt, einen anderen so lange psychisch unter Druck zu setzen, bis dieser selber kündigt, oder als Vorgesetzter einem Mitarbeiter unmissverständlich zu verstehen gibt, dass der Mobbingbetroffene eine derartige Behandlung verdiene und der Mitarbeiter nur so weitermachen solle,[784] wird kaum

---

[781] GK-Wiese; § 84 Rn. 7; s.a.: Grabendorff/Ilbertz/Widmaier, § 68 Rn. 15
[782] GK-Wiese, § 84 Rn. 4; DKK-Buschmann, § 84 Rn. 1; Däubler AR 2, Rn. 465
[783] vgl. DKK-Buschmann, § 84 Rn. 12; Schiek, § 3 Beschäftigtenschutzgesetz Rn. 1; Schaub, § 234.V.5.
[784] vgl. die beiden Beispiel bei Esser/Wolmerath, S. 262

gewillt sein, einer an ihn gerichteten Beschwerde des Mobbingbetroffenen nachzugehen.

Erfolg kann eine Beschwerde daher nur dann haben, wenn ihr Adressat nichts mit der Mobbingsituation zu tun hat. In diesen Fällen gibt es keinen Widerspruch mit eigenen Interessen, so dass der Beschwerdeführer grundsätzlich davon ausgehen kann, die Berechtigung der Beschwerde werde mit „Wohlwollen" geprüft.

Häufig wird dem Mobbingbetroffenen die Rolle des Adressaten der Beschwerde im Verborgenen bleiben, so dass es dann vom Zufall abhängt, wie der Adressat mit der Beschwerde umgeht. Infolgedessen kann die Möglichkeit einer Beendigung der Mobbinghandlungen aufgrund einer Beschwerde des Mobbingbetroffenen eher als mäßig denn als Erfolg versprechend eingestuft werden. Da dieses Resultat unabhängig von dem Status des Betroffenen abhängt (Arbeiter, Angestellter oder Auszubildender), wird es ebenfalls für solche Beschwerden gelten, die Beamte nach § 171 BBG vorbringen.[785]

b. *Beschwerdegegenstand und Beschwerdeverfahren*

Gegenstand einer Beschwerde können eine individuelle Benachteiligung, eine ungerechte Behandlung oder sonstige Beeinträchtigung des Einzelnen sein.[786] Die Empfindung der Beeinträchtigung einer persönlichen Position[787] muss sich aus dem Arbeitsverhältnis ergeben, so dass außerbetriebliche sowie außerdienstliche Umstände ein Beschwerderecht (z.B. nach § 84 Abs. 1 BetrVG) nur begründen können, soweit sie auch das Arbeitsverhältnis berühren.[788] Da § 84 Abs. 1 BetrVG nur die „Individualbeschwerde" zulässt, ist insoweit die Erhebung einer „Popularbeschwerde" unzulässig.[789] Dieser Ausschluss der Popularbeschwerde gilt für die Beschwerde, so dass die Arbeitskollegen sowie die betriebliche Interessenvertretung für den Mobbingbetroffenen grundsätzlich keine Beschwerde erheben können.

Betrachtet man beispielsweise die Liste der 45 Mobbinghandlungen nach Leymann (vgl. 1. Kapitel unter II.1.), so sind alle dort aufgeführten Handlungen geeignet, die persönliche Situation eines Mobbingbetroffenen zu beeinträchtigen. Dass Mobbingbetroffene dies auch so empfinden, bedarf keiner weiteren Erläuterung - andernfalls könnten die in der Liste aufgeführten Handlungen nicht geeignet sein, das gesundheitliche Wohlbefinden eines Mobbingbetroffenen zu beeinträchtigen sowie gesundheitliche Schäden hervorzurufen.

Das in § 84 BetrVG niedergelegte Beschwerderecht, wonach jeder Arbeitnehmer das Recht hat, sich bei den zuständigen Stellen des Betriebes zu beschweren, ist weitreichender als man vielleicht auf den ersten Blick vermuten mag. Zum einen gilt es nicht nur für „normale" Beschäftigte, sondern auch für Leiharbeitnehmer[790] und Auszubildende[791] - nicht jedoch auch für leitende Angestellte (vgl. § 5 Abs. 3, 4 BetrVG),[792]

---

[785] zum Beschwerderecht des Beamten: vgl. die Ausführungen im 5. Kapitel unter I.

[786] vgl. DKK-Buschmann, § 84 Rn. 6; GK-Wiese, § 84 Rn. 7; Schaub, § 234.V.3.; Grabendorff/Ilbertz/Widmaier, § 68 Rn. 15

[787] DKK-Buschmann, § 84 Rn. 7

[788] GK-Wiese, § 84 Rn. 12

[789] h.M.; vgl. DKK-Buschmann, § 84 Rn. 7; GK-Wiese, § 84 Rn. 11 m.w.N.; Schaub, § 234.V.3.; FKHE, § 84 Rn. 4

[790] DKK-Buschmann, § 81 Rn. 3; GK-Wiese, vor § 81 Rn. 21

[791] DKK-Buschmann, § 81 Rn. 3; GK-Wiese, vor § 81 Rn. 21

zum anderen gelangt das Beschwerderecht auch in solchen Betrieben zur Anwendung, die über keinen Betriebsrat verfügen - weil entweder kein Betriebsrat eingerichtet[793] oder der Betrieb nicht betriebsratsfähig ist.[794]

Obwohl es eine dem § 84 BetrVG vergleichbare Regelung im Bundespersonalvertretungsgesetz nicht gibt, wird man die voranstehend dargelegten Grundsätze auch auf den öffentlichen Dienst übertragen können, da § 68 Abs. 1 Ziffer 3 BPersVG ein Beschwerderecht der im öffentlichen Dienst Beschäftigten voraussetzt.

Weitere Beschwerdemöglichkeiten eröffnet § 3 Abs. 1 Satz 1 BeSchuG. Danach haben Beschäftigte das Recht, sich bei den zuständigen Stellen des Betriebes bzw. der Dienststelle zu beschweren, wenn sie sich vom Arbeitgeber, von Vorgesetzten, von anderen Beschäftigten oder von Dritten am Arbeitsplatz sexuell belästigt im Sinne des § 2 Abs. 2 BeSchuG fühlen. Dieses Beschwerderecht lässt die Vorschriften der §§ 84, 85 BetrVG unberührt (§ 3 Abs. 1 Satz 2 BeSchuG).[795] Entsprechendes gilt im Übrigen auch für das Beschwerderecht der Beamten gemäß § 171 BBG.[796]

Das Beschwerderecht nach § 3 Abs. 1 Satz 1 BeSchuG unterscheidet sich von dem Beschwerderecht gemäß § 84 BetrVG insoweit, als es auch Handlungen und Verhaltensweisen Dritter erfasst. Im Übrigen wird es von § 84 BetrVG mit umfasst.[797]

Sexuelle Belästigung am Arbeitsplatz ist gemäß der Legaldefinition des § 2 Abs. 2 Satz 1 BeSchuG jedes (zunmindest: bedingt)[798] vorsätzliche, sexuell bestimmte Verhalten, das die Würde von Beschäftigten am Arbeitsplatz verletzt. Dazu gehören gemäß § 2 Abs. 2 Satz 2 BeSchuG unter Strafe gestellte sexuelle Handlungen und Verhaltensweisen sowie sonstige sexuelle Handlungen und Aufforderungen zu diesen, sexuell bestimmte körperliche Berührungen, Bemerkungen sexuellen Inhalts, sowie Zeigen und sichtbares Anbringen von pornographischen Darstellungen, die von den Betroffenen erkennbar abgelehnt werden. Für eine solche Ablehnung kann bereits ein zurückhaltend als höfliche Bitte vorgetragenes Begehren auf Unterlassung genügen.[799]

Betrachtet man die einzelnen Definitionsmerkmale der sexuellen Belästigung beispielsweise unter Hinzuziehung der von Leymann erstellten Liste der 45 Mobbinghandlungen (vgl. 1. Kapitel unter II.1.), so lassen sich - sofern eine erkennbare Ablehnung seitens des Mobbingbetroffenen im Sinne des § 2 Abs. 2 Satz 2 Ziffer 2 BeSchuG vorliegt - folgende Mobbinghandlungen der sexuellen Belästigung im Sinne des § 2 Abs. 2 BeSchuG zuordnen: „ Man ruft ihm/ihr obszöne Schimpfworte oder andere entwürdigende Ausdrücke nach“ (Handlung Nr. 30), „Sexuelle Annäherung oder

792 DKK-Buschmann, § 81 Rn. 3; GK-Wiese, vor § 81 Rn. 21. Leitende Angestellte können ihr Beschwerderecht insoweit nur aus dem Beschäftigungsverhältnis herleiten.

793 DKK-Buschmann, § 81 Rn. 3 und § 84 Rn. 2; GK-Wiese, vor § 81 Rn. 21; Däubler AR 2, Rn. 465; FKHE, § 104 Rn. 1

794 DKK-Buschmann, § 81 Rn. 3 und § 84 Rn. 2; Däubler AR 2, Rn. 465; FKHE, § 104 Rn. 1; a.A.: GK-Wiese, vor § 81 Rn. 21 f., der den Beschäftigten eines nicht betriebsratsfähigen Betriebes einen dem § 84 BetrVG entsprechenden Anspruch aus der sich aus dem Arbeitsvertrag ergebenden „Treuepflicht“ des Arbeitgebers herleitet. Insoweit spricht sich Wiese nicht für eine direkte, sondern lediglich für eine indirekte (entsprechende) Anwendung des § 84 BetrVG aus, kommt letztendlich aber zu dem gleichen Ergebnis (s.a.: GK-Wiese, vor § 81 Rn. 24).

795 Entsprechendes gilt für das Beschwerderecht der Beamten; vgl. Schiek u.a., Rn. 2759

796 vgl. Schiek u.a., Rn. 2759

797 Vgl. DKK-Buschmann, § 84 Rn. 4; GK-Wiese, § 84 Rn. 6; Däubler AR 2, Rn. 1592

798 Schiek u.a., Rn. 2712

799 vgl. Schiek u.a., Rn. 2711

verbale sexuelle Angebote“ (Handlung Nr. 31), „Sexuelle Handgreiflichkeiten“ (Handlung Nr. 45).

Folglich sind Mobbinghandlungen durchaus geeignet, sexuelle Belästigungen im Sinne des § 2 BeSchuG darzustellen. Diese sind damit geeignet, Gegenstand sowohl einer Beschwerde nach § 84 Abs. 1 BetrVG als auch einer Beschwerde nach § 3 Abs. 1 BeSchuG zu sein.

c. *Überprüfung der Beschwerde und Abhilfeverpflichtung des Arbeitgebers*

Hat ein Mobbingbetroffener eine Beschwerde erhoben (die Beachtung einer besonderen Form sowie Frist ist hierfür regelmäßig nicht erforderlich[800]), so hat der Arbeitgeber diese zu prüfen und dem Mobbingbetroffenen das Ergebnis seiner Untersuchungen mitzuteilen. Erkennt der Arbeitgeber die Berechtigung der Beschwerde an, so hat er ihr abzuhelfen. Diese Pflicht ist in § 84 Abs. 2 BetrVG ausdrücklich festgeschrieben. Im Falle einer Beschwerde wegen sexueller Belästigung hat der Arbeitgeber geeignete Maßnahmen zu treffen, um die Fortsetzung einer festgestellten Belästigung zu unterbinden (§ 3 Abs. 2 BeSchuG). In beiden Fällen handelt es sich um eine gesetzliche Verpflichtung des Arbeitgebers. [801] Erkennt der Arbeitgeber die Berechtigung der Beschwerde gegenüber dem Beschwerdeführer ausdrücklich an, so führt diese Anerkennung zu einer vertraglichen Selbstbindung des Arbeitgebers, die - in Verbindung mit § 84 Abs. 2 BetrVG bzw. § 3 Abs. 2 BeSchuG - den Rechtsgrund für einen individuellen Abhilfeanspruch des Beschwerdeführers gibt.[802]

Die Prüfung der Berechtigung der Beschwerde sowie ihr Ergebnis hängt maßgeblich davon ab, welche Rolle dem Arbeitgeber hinsichtlich des gesamten Mobbinggeschehens zukommt. Soweit die Arbeitgeberseite kein Interesse an einer Aufarbeitung des Mobbingkonflikts hat, wird sie bestrebt sein, die Beschwerde im Sande verlaufen zu lassen bzw. negativ zu bescheiden. Selbst wenn sie der Mobbingsituation neutral gegenüber eingestellt ist, besteht die Gefahr, dass die Beschwerdestelle aufgrund der Schilderung des Sachverhaltes durch den Mobbingbetroffenen zu der Annahme gelangt, die Geschichte sei frei erfunden. Dies dürfte regelmäßig der Fall sein, wenn der Mobbingbetroffene keinen konkreten „Täter“ benennen vermag bzw. ein solcher das ihm vorgeworfene Verhalten, das oftmals „unter vier Augen“ erfolgt sein dürfte, bestreitet. In einen solchen Fall muss der Mobbingbetroffene die Richtigkeit der Schilderungen beweisen,[803] was allerdings nur äußerst selten möglich sein wird.

Selbst wenn es dem Mobbingbetroffenen im Einzelfall gelingen sollte, die Beschwerdestelle von der Wahrheit zu überzeugen, so bedeutet dies nicht zwangsläufig, dass damit zugleich der Erfolg der Beschwerde garantiert ist. Insbesondere eine unzureichende soziale Kompetenz sowie die Angst, einer der beteiligten Personen unrecht zu tun, dürfte dazu führen, dass vielen Beschwerden der Erfolg versagt ist. Wer beispielsweise auf einen Beschäftigten losstürmt und ihn fragt, ob die Schilderung der Arbeitskollegin Fischer zutreffe, wonach Herr Müller diese mehrfach unsittlich berührt habe, wird ein eindeutiges und unmissverständliches „Nein“ ernten. Bleiben beide

[800] vgl. DKK-Buschmann, § 84 Rn. 13; GK-Wiese, § 84 Rn. 21; FKHE, § 84 Rn. 13
[801] vgl. GK- Wiese, § 84 Rn. 25; Schiek u.a., Rn. 2732; Schiek, § 3 Rn. 5
[802] DKK-Buschmann, § 84 Rn. 17; GK-Wiese, 84 Rn. 26; FKHE, § 84 Rn. 18 f.
[803] s.a.: Däubler AR 2, Rn. 1595

Personen bei ihren Aussagen, so wird der Beschwerde getreu den Worten „Wem soll ich nun glauben?“ der Erfolg versagt bleiben.

d. *Klageerhebung und außerbetriebliches Beschwerderecht*

Hilft der Arbeitgeber der für begründet erachteten Beschwerde nicht ab, so kann der Rechtsweg beschritten und Klage vor dem zuständigen Arbeitsgericht erhoben werden. Im konkreten Einzelfall kann zudem von dem außerbetrieblichen Beschwerderecht gemäß § 17 Abs. 2 Satz 1 ArbSchG Gebrauch gemacht werden.

Gemäß § 3 Abs. 1 Satz 1 ArbSchG ist der Arbeitgeber verpflichtet, die erforderlichen Maßnahmen des Arbeitsschutzes unter Berücksichtigung der Umstände zu treffen, welche die Sicherheit und Gesundheit der Beschäftigten bei der Arbeit betreffen. Maßnahmen des Arbeitsschutzes sind gemäß der Legaldefinition des § 2 Abs. 1 ArbSchG Maßnahmen zur Verhütung von Unfällen bei der Arbeit und arbeitsbedingte Gesundheitsgefahren einschließlich Maßnahmen der menschengerechten Gestaltung der Arbeit. Der in dieser Vorschrift enthaltene Maßnahmenkatalog unterstreicht die gesetzliche Verankerung eines umfassenden Arbeitsschutzansatzes.[804]

Die Maßnahmen zur Verhütung von arbeitsbedingten Gesundheitsgefahren gehen über die Verhütung von Unfällen bei der Arbeit hinaus und beziehen sich auf alle anderen Gefahren für die Sicherheit und die Gesundheit der Beschäftigten, die durch die Arbeitsbedingungen verursacht werden.[805] Damit wird das uralte Ziel einer menschengerechten Gestaltung der Arbeit verfolgt, welches auch unter dem Stichwort „Humanisierung der Arbeit“ geläufig ist.

Das Ziel einer menschengerechten Gestaltung der Arbeit beinhaltet eine Verbesserung der Bedingungen, unter denen die Arbeit zu leisten ist. Hierzu zählen beispielsweise

- die Achtung der Menschenwürde der Beschäftigten und die Gewährleistung ihrer körperlichen sowie geistig-seelischen Gesundheit,
- die Förderung der Persönlichkeit der Beschäftigten im Beschäftigungsverhältnis im Sinne von mehr individueller Freiheit, persönlicher Unversehrtheit und Lebensqualität,
- die Ermöglichung der Kommunikation mit anderen Beschäftigten.[806]

Von seiner Zielsetzung her umfasst der Gesundheitsschutz die physische und psychische Integrität des Arbeitnehmers bzw. die Erhaltung einer solchen Integrität gegenüber Beeinträchtigungen durch medizinisch feststellbare Verletzungen oder Erkrankungen, wobei unter der „Gesundheit“ nicht nur das Freisein von Krankheit oder Gebrechen, sondern auch die physischen und geistig-seelischen Faktoren begriffen werden, die sich auf die Gesundheit auswirken und die in unmittelbarem Zusammenhang mit der Sicherheit und der Gesundheit bei der Arbeit stehen (Gesundheitsbegriff der ILO).[807]

Wie bereits im 1. Kapitel unter II.9. dargestellt wurde, kann die Ursache von Mobbing in den Rahmenbedingungen begründet sein, unter denen im Einzelfall die Arbeit zu erbringen ist. Beispielhaft sind mangelnde Arbeitsorganisation, Fehler im Führungsverhalten sowie unklare Kompetenzregelungen zu nennen. Hinzu tritt eine

---

[804] Kittner/Pieper, § 2 Rn. 1
[805] Kittner/Pieper, § 2 Rn. 5
[806] Kittner/Pieper, § 2 Rn. 9
[807] Kittner/Pieper, § 1 Rn. 8; s.a.: Bücker/Feldhoff/Kohte, Rn. 235

offenbar ständig zunehmende Verdichtung der Arbeit; immer weniger Beschäftigte müssen immer mehr leisten, weil zwar auch weiterhin Arbeitsplätze abgebaut werden, sich die Qualität der zu erbringenden Arbeiten, Dienstleistungen etc. aber nicht vermindern.[808] Solche Bedingungen, unter denen die Arbeit zu leisten ist, widersprechen nicht nur den Prinzipien einer menschengerechten Gestaltung der Arbeit, sie sind - dies verdeutlichen auch die von Leymann herausgearbeiteten Mobbinghandlungen 27 - 29 und 32 - 39 (vgl. 1. Kapitel unter II.1.) - geeignet, Menschen in ihrem Wohlbefinden zu beeinträchtigen und letztendlich gesundheitliche Schäden zu verursachen.

Ergreift der Arbeitgeber Maßnahmen, die nicht ausreichen, die Sicherheit und den Gesundheitschutz bei der Arbeit zu gewährleisten, so ist der Mobbingbetroffene gemäß § 17 Abs. 2 Satz 1 ArbSchG berechtigt, sich an die zuständige Behörde im Sinne dieser Vorschrift zu wenden (sog. außerbetriebliches Beschwerderecht). Ist der Arbeitgeber aufgrund einer Beschwerde des Mobbingbetroffenen (z.B. gemäß § 84 Abs. 1 BetrVG oder § 3 Abs. 1 Satz 1 BeSchuG) bereits auf seine Mobbingsituation hingewiesen worden ist, wird man von dem Mobbingbetroffenen nicht verlangen können, sich noch einmal mit einer Beschwerde an den Arbeitgeber zu wenden, bevor er sich an die außerbetriebliche Beschwerdestelle wendet.[809]

Ob die Erhebung einer Klage gegen den Arbeitgeber und/oder eine außerbetriebliche Beschwerde geeignet ist, das Mobbing zu beenden, kann bezweifelt werden. Insbesondere ist zu befürchten, dass die Situation, in der sich der Mobbingbetroffene befindet, weiter eskaliert. So könnte die Klageerhebung beispielsweise von dem Arbeitgeber zum Anlass genommen werden, dem Mobbingbetroffenen in der mündlichen Verhandlung die Frage nach dem Sinn einer weiteren Aufrechterhaltung des Beschäftigungsverhältnisses zu stellen. Die Erhebung der außerbetrieblichen Beschwerde kann in der entsprechenden Weise mit einer Abmahnung wegen eines „unloyalen“ Verhalten „quittiert“ werden.

2. „Ermahnung“ und „Abmahnung“ des Arbeitgebers

Arbeitgeber, die als Mobber in Erscheinung treten und/oder ihrer Pflicht zuwider nicht gegen Mobbing einschreiten, können von dem Mobbingbetroffenen in gleicher Weise „ermahnt“ und „abgemahnt“ werden, wie Arbeitgeber ihre Beschäftigten ermahnen und abmahnen können. Mithin kann hinsichtlich der Voraussetzungen für den Ausspruch einer Ermahnung bzw. Abmahnung auf die Ausführungen in Kapitelabschnitt I.1. verwiesen werden, wobei zu beachten ist, dass das Recht zur „Ermahnung“ bzw. „Abmahnung“ des Arbeitgebers ebenfalls verwirkt werden kann, sofern der Mobbingbetroffene nicht alsbald handelt (vgl. Kapitelabschnitt I.7.).

Ob der Ausspruch einer „Ermahnung“ bzw. „Abmahnung“ geeignet ist, Einfluss auf das Verhalten des Arbeitgebers und seiner Führungskräfte zu nehmen, wird man nur in krassen Ausnahmefällen annehmen dürfen. Dies dürfte dann der Fall sein, wenn zum Beispiel ein Arbeitgeber auf die Arbeitskraft des Mobbingbetroffenen zwingend angewiesen ist oder dieser aus einem anderen Grunde nicht auf die Mitarbeit des Mobbingbetroffenen verzichten möchte. Kommt es dem Arbeitgeber hingegen explizit

---

[808] vgl. die Ausführungen von Adolf Breyer, Eva-Maria Lobner und Margarita Helmle in dem AiB-Gespräch „Psychische Belastungen am Arbeitsplatz“, dokumentiert in AiB 1997, S. 209 ff. (209 f.)
[809] so wohl auch im Ergebnis: Kittner/Pieper, § 17 Rn. 7; GK-Wiese, § 84 Rn. 9

darauf an, den Mobbingbetroffenen aus dem Betrieb zu drängen, so könnte der Ausspruch eines der beiden Sanktionsmittel eher dazu führen, dass der Arbeitgeber seinen „Druck“ auf den Mobbingbetroffenen verstärkt. Auch könnte er die „Ermahnung“ bzw. „Abmahnung“ zum Anlass nehmen, mit dem Mobbingbetroffenen wegen des offenbar gestörten Vertrauensverhältnisses Gespräche über dessen Ausscheiden aus dem Unternehmen aufzunehmen.

Möchte er den Mobbingbetroffenen nicht als Arbeitskraft verlieren, so kann der Arbeitgeber, dem das Mobbing bislang verborgen geblieben ist, der die Mobbingsituation bislang falsch bewertet und/oder eine Intervention nicht für erforderlich gehalten hat, die „Ermahnung“ bzw. „Abmahnung“ zum Anlass nehmen, endlich gegen das Mobbing vorzugehen und hierzu geeignete Maßnahmen zu ergreifen. Laut einer telefonischen Anfrage bei der „Mobbing-Zentrale e.V.“[810] will dieser Verein durchaus positive Erfahrungen mit der „Abmahnung“ des Arbeitgebers (bzw. Dienstherrn) gemacht haben. Ob und gegebenenfalls in welchem Umfang diese Auskunft der betrieblichen Realität entspricht, vermag ich nicht zu beurteilen.

Wenngleich es im Einzelfall durchaus möglich sein dürfte, dass mit Hilfe einer „Ermahnung“ bzw. „Abmahnung“ eine Beendigung der Mobbingangriffe erreicht werden kann, so wird dies gemäß meiner Einschätzung in der Mehrzahl der Fälle kaum gelingen. Trotzdem kann es im Einzelfall hilfreich sein, eine „Abmahnung“ auszusprechen. Dies gilt vor allem dann, wenn der Mobbingbetroffene seinen „Ausstieg“ bzw. „Rückzug“ aus dem Betrieb bzw. aus der Dienststelle plant und die „Abmahnung“ dem Ziel dient, einen wichtigen Grund im Sinne des § 144 Abs. 1 SGB III zu liefern, um damit die Verhängung einer Sperrzeit wegen Arbeitsaufgabe durch das Arbeitsamt (vgl. § 144 Abs. 1 Ziffer 1 SGB III) zu vermeiden.[811]

3. *Zurückbehaltung der Arbeitsleistung durch den Mobbingbetroffenen*

§ 273 Abs. 1 BGB statuiert das Recht, die eigene Arbeitsleistung zurückbehalten zu dürfen, ohne hierbei auf die vertragsgemäße Vergütung verzichten zu müssen. Getreu dem Motto, dass grundsätzlich niemanden zugemutet werden darf, sich bewusst einer Gefahr auszusetzen, kann der Mobbingbetroffene mithin im Falle von Gesundheitsgefährdungen am Arbeitsplatz von diesem Recht Gebrauch machen.[812] Soweit eine Verletzung der Fürsorgepflicht seitens des Arbeitgebers vorliegt, darf der Mobbingbetroffene dieses Zurückbehaltungsrecht anwenden, wenn er den Arbeitgeber zuvor erfolglos auf die Fürsorgepflichtverletzung hingewiesen und ihm die Gelegenheit auch in zeitlicher Hinsicht eingeräumt hatte, den beanstandeten Missstand abzustellen.[813]

Da jede Nichtbeachtung arbeitsschutzrechtlicher Normen nach allgemeiner Auffassung eine Verletzung arbeitsvertraglicher Pflichten gegenüber dem betroffenen Arbeitnehmer darstellt, kann jeder Mobbingbetroffene, dessen Arbeitgeber die Handlungspflicht nach § 3 Abs. 1 Satz 1 ArbSchG verletzt, seine Arbeitsleistung so

---

[810] Fersenweg 553, 21037 Hamburg, Tel.: 040/79319627

[811] vgl. zur Problematik der Verhängung einer Sperrfrist wegen Arbeitsaufgabe die Ausführungen in dem nachfolgenden Abschnitt 6.a.

[812] Kollmer, S. 38; s.a.: Hessisches LAG v. 26.8.1997 – 5 Sa 535/97 – Seite 11 der Entscheidung

[813] vgl. Kittner/Pieper ArbSchR, § 9 ArbSchG Rn. 19; Hessisches LAG v. 26.8.1997 – 5 Sa 535/97, Seiten 10 f. der Entscheidung; s.a.: Kollmer, S. 38

lange zurückbehalten, bis der Arbeitgeber seinen Pflichten nachgekommen ist.[814] Für die Dauer dieses vertragswidrigen Zustandes hat der Mobbingbetroffene einen Anspruch auf Fortzahlung der Vergütung, der sich nach § 615 BGB richtet.[815] Entsprechendes gilt nach § 4 Abs. 2 BeSchuG für die sexuelle Belästigung.

Die Ausübung eines Zurückbehaltungsrechts durch den Mobbingbetroffenen darf in ihrer Wirkung nicht überschätzt werden. Sie wird nur den Arbeitgeber veranlassen, längst überfälliges Handeln nachzuholen, der den Mobbingbetroffenen nicht als Arbeitskraft verlieren möchte. Kommt es ihm hingegen auf ein Ausscheiden des Mobbingbetroffenen aus dem Betrieb bzw. aus der Dienststelle an, weil er beispielsweise kein Interesse an einer Fortführung des Arbeitsverhältnisses mit dem Mobbingbetroffenen hat, oder ist ihm die Situation des Mobbingbetroffenen gleichgültig, so wird er das Fernbleiben von der Arbeit regelmäßig zur Begründung einer fristlosen Kündigung des Arbeitsvertrages des Mobbingbetroffenen heranziehen. In einer derartigen Fallkonstellation löst der Mobbingbetroffene durch sein Fernbleiben einen „Ping-Pong-Effekt" aus. Sofern der von einer Kündigung betroffene Mobbingbetroffene das Arbeitsgericht nicht anruft, hat der die Kündigung aussprechende Arbeitgeber keine nachteiligen Konsequenzen zu erwarten. Und selbst wenn der Mobbingbetroffene gegen die Kündigung Klage erhebt, kann sich der Arbeitgeber notfalls im Wege eines Abfindungsvergleichs „freikaufen", wobei sich sein Prozessrisiko regelmäßig in der Höhe der Abfindung widerspiegeln wird. Schließlich ist es der Mobbingbetroffene, der vor Gericht beweisen muss, dass er ein Recht zur Zurückbehaltung seiner Arbeitsleistung hatte, mithin die von seinem Arbeitgeber behauptete Pflichtverletzung des unentschuldigten Fernbleibens von der Arbeit nicht vorliegt.[816]

4. *Aufhebung des Arbeitsvertrages*

Arbeitsverträge können jederzeit im beiderseitigen Einvernehmen ohne Beachtung einer Kündigungsfrist zu jedem beliebigen Zeitpunkt durch Abschluss eines Aufhebungsvertrages beendet werden. Im Zusammenhang mit Mobbing stellt das Verlangen des Mobbingbetroffenen hinsichtlich der Aufhebung des Arbeitsvertrages häufig eine „Flucht nach vorne" dar. Von einem Mittel zur Sanktionierung des Arbeitgebers kann hingegen grundsätzlich nicht gesprochen werden, da der Abschluss eines derartigen Vertrages für den Arbeitgeber nur ausnahmsweise mit nachteiligen Konsequenzen verbunden sein dürfte. Abhängig von der Position des Mobbingbetroffenen entstehen dem Betrieb Fluktuationskosten (z.B. Stellenausschreibung in der Tages- und/oder Fachpresse, Einsatz von Aushilfskräften, geringere Arbeitsleistung während der Einarbeitungszeit), die jedoch mit jedem Personalwechsel verbunden sind.

Betriebs- und Personalratsmitglieder haben mir mehrfach berichtet, dass Mobbingbetroffene oftmals überstürzt den Abschluss eines Aufhebungsvertrages verlangt haben, da sich dieses Vorgehen aus der Perspektive des Mobbingbetroffenen als ein sicheres, schnelles und einfaches Mittel darstellt, dem Mobbing zu entfliehen. Dem Vorteil einer möglichst schnellen Beendigung des Arbeitsverhältnisses steht allerdings

---

[814] Däubler AR 2, Rn. 422; Däubler Arbeitsrecht, S. 67 f., 164; Kittner/Pieper ArbSchR, § 9 ArbSchG Rn. 16 ff.

[815] Däubler AR 2, Rn. 422; Däubler Arbeitsrecht, S. 67 f., 164

[816] s.a.: Kollmer, S. 38 f.; Esser/Wolmerath, S. 283 f.

die Gefahr der Verhängung einer Sperrzeit wegen Arbeitsaufgabe[817] durch die Bundesanstalt für Arbeit (vgl. § 144 Abs. 1 Ziffer 1 bzw. § 198 Satz 2 Ziffer 6 i.V.m. § 144 Abs. 1 Ziffer 1 SGB III) entgegen, sofern nicht ein neuer Arbeitsplatz gefunden ist. Auch ist zu bedenken, dass Aufhebungsverträge regelmäßig umfassende Ausgleichsklauseln enthalten, die sich im Einzelfall negativ auf den Mobbingbetroffenen auswirken können (z.B. Verzicht auf die Abgeltung von Mehrarbeit oder unverbrauchten Urlaubs).[818]

Aus den dargelegten Gründen ist der Abschluss eines Aufhebungsvertrages allenfalls ratsam, wenn der Mobbingbetroffene bereits eine neue Anstellung gefunden hat und die Arbeit bei dem neuen Arbeitgeber möglichst schnell aufnehmen möchte bzw. seine Existenzgrundlage anderweitig gesichert ist.

5. *Kündigung des Arbeitsvertrages*

Ist der Arbeitgeber zum Abschluss eines Aufhebungsvertrages nicht bereit und/oder ist die Kommunikation zwischen den Vertragsparteien gestört, greifen Mobbingbetroffene oftmals zu dem Mittel der Kündigung, um dem Mobbing entfliehen zu können. Der Ausspruch einer Kündigung durch den Mobbingbetroffenen ist für den Arbeitgeber - wie im Falle des Abschlusses einer Aufhebungsvereinbarung - kaum mit Nachteilen verbunden. Allernfalls ein nur äußerst schwer zu ersetzender Spezialist kann mit seiner Kündigung in einem gewissen Maße eine Sanktion des Arbeitgebers erreichen. In allen anderen Fällen kommt der Eigenkündigung allenfalls ein Dokumentationschrakter in dem Sinne „mit mir nicht!“ zu. Schließlich ist es immer der kündigende Arbeitnehmer, der aus dem Unternehmen ausscheidet, selbst wenn er „dem Arbeitgeber“ kündigt.

a. *Ordentliche Kündigung*

Eine ordentliche Kündigung des Arbeitsvertrages durch den Mobbingbetroffenen ist jederzeit möglich. Einer Begründung bedarf es hierzu nicht, da das Kündigungsschutzgesetz gemäß § 1 Abs. 1 KSchG ausschließlich auf arbeitgeberseitige Kündigungen Anwendung findet, der Gesetzgeber den Arbeitgeber insofern wegen seiner sozialen und wirtschaftlichen Macht nicht für schutzwürdig erachtet. In der gleichen Weise findet eine Beteiligung der betrieblichen Interessenvertretung nicht statt, da sich § 102 BetrVG bzw. § 79 BPersVG nur auf die arbeitgeberseitige Kündigung bezieht. Grundsätzlich hat der kündigungswillige Mobbingbetroffene daher nur die im konkreten Einzelfall zu beachtende Kündigungsfrist zu wahren.

b. *Außerordentliche Kündigung*

Der Ausspruch einer außerordentlichen (fristlosen) Kündigung durch den Mobbingbetroffenen ist ebenfalls unter Beachtung der sich aus § 626 BGB ergebenden Voraussetzungen möglich. Weil die Voraussetzungen für eine außerordentliche Kündigung des Arbeitsvertrages durch den Arbeitgeber identisch sind mit den Voraus-

[817] zu den Einzelheiten der Verhängung einer Sperrfrist wegen Arbeitsaufgabe vgl. die Ausführungen in dem nachfolgenden Abschnitt 6.a.
[818] s.a.: Esser/Wolmerath, S. 284 f.

setzungen für eine von dem Arbeitnehmer ausgesprochene außerordentliche Kündigung, kann insoweit auf die Ausführungen in Kapitelabschnitt I.3.b. verwiesen werden. Einen wichtigen Grund zur sofortigen Beendigung wird man zum Beispiel dem Mobbingbetroffenen zugestehen müssen, der um seine Gesundheit oder sogar um sein Leben fürchten muss, obwohl er beispielsweise den untätig bleibenden Geschäftsführer bereits mehrfach inständig um Hilfe gebeten hat, und auch die Intervention seitens des Betriebsrats ohne Erfolg geblieben ist.

6. *Folgen der Aufgabe des Arbeitsverhältnisses für den Mobbingbetroffenen*

Der Ausspruch einer Kündigung bzw. der Abschluss eines Aufhebungsvertrages ist zwangsläufig mit dem Verlust des Arbeitsplatzes verbunden. Ist eine Anschlussbeschäftigung bei einem anderen Arbeitgeber nicht gefunden, ist der Gang zum Arbeitsamt die Regel. Die Suche nach einem neuen Arbeitsplatz schließt sich dem an. Schnell folgt der Euphorie, dem Mobbing endlich entronnen zu sein, die Ernüchterung, dass es nicht einfach sein wird, eine neue Arbeitsstelle zu finden.

a. *Verhängung einer Sperrzeit durch das Arbeitsamt*

Beim Arbeitsamt droht dem sich arbeitslos meldenden Mobbingbetroffenen die Verhängung einer Sperrfrist von 12 Wochen wegen der Aufgabe des Arbeitsverhältnisses gemäß § 144 Abs. 1 Ziffer 1 SGB III (für den Anspruch auf Arbeitslosengeld) bzw. gemäß § 198 Satz 2 Ziffer 6 i.V.m. § 144 Abs. 1 Ziffer 1 SGB III (für den Anspruch auf Arbeitslosenhilfe), welche gemäß § 49 Abs. 1 Ziffer 3 SGB V auch zu einem Ruhen eines eventuell bestehenden Anspruchs auf Krankengeld führt. Sofern die Sperrzeit von 12 Wochen für den Betroffenen eine besondere Härte bedeutet, wird die Sperrzeit auf sechs Wochen halbiert (§ 144 Abs. 3 Satz 1 SGB III), wobei sich die besondere Härte nach etwaigen Besonderheiten der Situation, durch welche die Sperrzeit ausgelöst worden ist, bemisst.[819] Die Verhängung einer Sperrfrist kann der Mobbingbetroffene regelmäßig nur dann verhindern, wenn er dem Arbeitsamt nachweist, dass er für sein Verhalten einen wichtigen Grund gehabt hat (§ 144 Abs. 1 SGB III).

Der Sperrzeitenregelung liegt der Gedanke zugrunde, dass eine Sperrzeit nur dann nicht eintreten soll, wenn dem Arbeitnehmer - unter Berücksichtigung aller Umstände des Einzelfalls und unter Abwägung seiner Interessen mit denen der Versichertengemeinschaft - ein Festhalten des Arbeitsverhältnisses nicht zugemutet werden kann.[820]

Ein wichtiger Grund im Sinne des § 144 Abs. 1 SGB III liegt nur vor, wenn der Arbeitnehmer erfolglos einen zumutbaren Versuch unternommen hat, diesen Grund zu beseitigen, oder wenn von vornherein feststeht, dass ein solcher Versuch erfolglos geblieben wäre.[821] Hat der wichtige Grund allerdings ohne Kenntnis des Betroffenen nur objektiv vorgelegen, so kann von diesem nicht verlangt werden, dass er einen Versuch zur Beseitigung des wichtigen Grundes unternimmt bzw. unternommen hat.[822]

---

[819] Lohre u.a.-Stevens-Bartol, § 144 Rn. 42; s.a.: SG Wiebaden v. 15.10.1998, info also 1999, 193 (195)
[820] Niesel in Niesel, § 144 Rn. 77; Marschner in GK-SGB III/2, § 144 Rn. 56; Lohre u.a.-Stevens-Bartol, § 144 Rn. 24
[821] Niesel in Niesel, § 144 Rn. 79; Marschner in GK-SGB III/2, § 144 Rn. 61
[822] Marschner in GK-SGB III/2, § 144 Rn. 62

Vorliegen muss bzw. musste der wichtige Grund zum Zeitpunkt der Auflösung des Arbeitsverhältnisses.[823]

Bezogen auf die Sperrzeit wegen Arbeitsaufgabe ist ein wichtiger Grund gegeben, wenn Umstände vorliegen, die nach verständigem Ermessen dem Arbeitnehmer die Fortsetzung des Beschäftigungsverhältnisses nicht mehr zumutbar erscheinen lassen, weil sonst sein Interesse in unbilliger Weise geschädigt würde.[824] Dies ist beispielsweise dann der Fall, wenn der Arbeitnehmer gemäß § 626 BGB zur fristlosen Kündigung seines Arbeitsverhältnisses berechtigt ist.[825] Entsprechendes gilt, wenn das körperliche oder geistige Leistungsvermögen die künftige Ausübung der bisherigen Tätigkeit zumindest wesentlich erschweren würde.[826] Sind die Verhältnisse am Arbeitsplatz von einer tiefgreifenden Zerrüttung des notwendigen Mindestvertrauens sowie der Grundregeln des persönlichen Umgangs zwischen den Arbeitskollegen geprägt und sind von dem betroffenen Arbeitnehmer die ihm zumutbaren Versuche zur Beseitigung dieser Umstände unternommen worden, so ist diesem die Aufrechterhaltung seines Beschäftigungsverhältnisses nicht zuzumuten.[827] Psychischer Druck kann nur dann einen wichtigen Grund für die Auflösung eines Beschäftigungsverhältnisses abgeben, wenn dieser in einem Maße ausgeübt wird, dass dem Arbeitnehmer die Fortführung seines Beschäftigungsverhältnisses nicht mehr zugemutet werden kann,[828] wenn die Nachteile von einigem Gewicht sind.[829]

Sofern ein Mobbingbetroffener berechtigt ist, sein Arbeitsverhältnis gemäß § 626 BGB fristlos zu kündigen, droht ihm mithin keine Sperrfrist gemäß § 144 Abs. 1 Ziffer 1 bzw. § 198 Satz 2 Ziffer 6 i.V.m. § 144 Abs. 1 Ziffer 1 SGB III. In allen anderen Fällen wird man von ihm zur Vermeidung einer Sperrfrist regelmäßig verlangen müssen, dass er zunächst ihm zumutbare Versuche unternimmt bzw. unternommen hat, um das Mobbing zu beenden. Hierzu gehört insbesondere die Beschwerde an den Arbeitgeber (z.B. gemäß § 84 BetrVG) bzw. an den Betriebsrat gemäß § 85 BetrVG oder an den Personalrat im Rahmen des § 68 Abs. 1 Ziffer 3 BPersVG. Lediglich dann, wenn die Mobbinghandlungen von dem Arbeitgeber selbst ausgehen oder dieser solche fördert oder ermöglicht, wird man von einer Beschwerde absehen können, da der Beschwerde der Erfolg von vornherein versagt bleiben dürfte. In derartigen Fällen, insbesondere wenn es keinen Betriebs- bzw. Personalrat gibt, müsste auf dem Erfordernis der Erhebung einer Beschwerde verzichtet werden können.

b. Ersatz des durch die Kündigung verursachten Schadens

Sofern der Arbeitgeber die Kündigung des Arbeitsvertrages veranlasst hat, ist dieser dem Arbeitnehmer gegenüber zum Ersatz des durch die Aufhebung des Arbeitsverhältnisses entstehenden Schadens verpflichtet (§ 628 Abs. 2 BGB), wenn die

[823] Marschner in GK-SGB III/2, § 144 Rn. 63, 67; Lohre u.a.-Stevens-Bartol, § 144 Rn. 24
[824] Niesel in Niesel, § 144 Rn. 80
[825] Niesel in Niesel, § 144 Rn. 81; s.a.: Marschner in GK-SGB III/2, § 144 Rn. 66, 88; BSGE 21, 205 (207)
[826] Niesel in Niesel, § 144 Rn. 82
[827] Niesel in Niesel, § 144 Rn. 89 unter Bezugnahme auf SG Mannheim v. 9.3.1994, info also 1994, 212; s.a.: SG Wiesbaden v. 15.10.1998, info also 1999, 193
[828] Niesel in Niesel, § 144 Rn. 89 unter Bezugnahme auf BSG v. 25.4.1990 – 7 Rar 16/89, DBlR § 119 AFG Nr. 3649
[829] SG Wiesbaden v. 15.10.1998, info also 1999, 193 Ls. 1

ausgesprochene außerordentliche Kündigung wirksam ist und eine schuldhafte Vertragsverletzung seitens des Arbeitgebers vorliegt.[830] Entsprechendes gilt, wenn das Arbeitsverhältnis aus den vorgenannten Gründen durch einen Aufhebungsvertrag bzw. durch eine ordentliche Kündigung beendet worden ist.[831] Zu ersetzen ist der Schaden, der dem Arbeitnehmer durch die fristlose Beendigung des Arbeitsverhältnisses entstanden ist.[832] Der Arbeitnehmer ist so zu stellen, wie er bei einem Fortbestand des Arbeitsverhältnisses stehen würde.[833] Der hiernach zu ersetzende Schaden kann beispielsweise neben der Zahlung von Lohn bzw. Gehalt, Urlaubs- und Weihnachtsgeld sowie Tantiemen, in der Erstattung von Bewerbungskosten (z.B. Kosten für Kopien, Photos, Porto, Reise- und Übernachtungskosten) sowie in der Zahlung entgangener Vergütung bestehen.[834] Hierbei muss sich der Arbeitnehmer allerdings anrechnen lassen, was er infolge der Beseitigung des Arbeitsverhältnisses erspart oder durch anderweitige Verwendung seiner Dienste erwirbt oder zu erwerben schuldhaft unterlässt.[835] Die an sich in zeitlicher Hinsicht unbegrenzte Schadensersatzpflicht des Arbeitgebers wird allerdings nach der Rechtsprechung beschränkt auf den Zeitraum bis zum Ablauf der Frist, die für eine Beendigung des Arbeitsverhältnisses aufgrund ordentlicher Kündigung gelten würde.[836] Damit relativiert sich die Höhe des dem Mobbingbetroffenen zu ersetzenden Schadens. Da sich der eventuell als Schadensersatz zu zahlende Geldbetrag von der Arbeitgeberseite leicht errechnen lässt, kann sich für den Arbeitgeber unter Umständen eine provozierte außerordentliche Kündigung rechnen. In dieser Hinsicht ist etwa an einen Mobbingbetroffenen zu denken, welcher der betriebliche Interessenvertretung angehört oder aus anderen Gründen einen besonderen Kündigungsschutz hat (z.B. Schwerbehinderte, Auszubildende, Schwangere, Erziehungsurlauber; vgl. 9 MuSchG, § 18 BerzGG, § 15 BBiG, § 15 KSchG, §§ 15, 26 Abs. 3 SchwbG). Zu beachten ist hinsichtlich einer Geltendmachung des Anspruchs, dass dieser in Höhe des Lohnes gemäß § 196 Abs. 1 Nr. 8 BGB bereits in zwei Jahren verjährt.[837]

III. *Arbeitsrechtliche Bewertung des Verhaltens der Mitglieder der betrieblichen Interessenvertretung*

Da es sich sowohl bei dem Betriebsrat als auch bei dem Personalrat um ein betriebsverfassungs- bzw. personalvertretungsrechtliches Organ handelt, das auf einer gesetzlichen Grundlage fußt und damit nicht in arbeitsrechtlichen Beziehungen zum Arbeitgeber stehen kann, ist in arbeitsrechtlicher Hinsicht im Zusammenhang mit Mobbing lediglich an eine
- Abmahnung,
- Versetzung,

[830] Kasseler Handbuch-Isenhardt, Rn. 297; Kittner/Trittin, § 628 BGB Rn. 17, 20
[831] Kasseler Handbuch-Isenhardt, Rn. 298; Kittner/Trittin, § 628 BGB Rn. 21 f.; Stahlhacke/Preis/Vossen, Rn. 494; Kittner/Däubler/Zwanziger-Däubler, § 628 BGB Rn. 14
[832] Kasseler Handbuch-Isenhardt, Rn. 299
[833] Stahlhacke/Preis/Vossen, Rn. 495
[834] vgl. Esser/Wolmerath, S. 282 f.; Stahlhacke/Preis/Vossen, Rn. 495
[835] vgl. Kasseler Handbuch-Isenhardt, Rn. 300; Kittner/Trittin, § 628 BGB Rn. 27 f.
[836] Kittner/Trittin, § 628 BGB Rn. 33 m.w.N., die diese Rechtsprechung ablehnen; so auch: Kasseler Handbuch-Isenhardt, Rn. 299
[837] Stahlhacke/Preis/Vossen, Rn. 495

- Kündigung
von Mitgliedern des Betriebs- bzw Personalrats zu denken, sofern eine derartige Interessenvertretung in dem Betrieb bzw. in der Dienststelle des Mobbingbetroffenen existiert.

Ohne selbst als Mobber in Erscheinung zu treten sind mehrere Fallgestaltungen denkbar, die die Frage nach einer Sanktion des Verhaltens von Mitgliedern des Betriebs- bzw. Personalrats aufwerfen:
- das Mitglied verletzte durch sein Verhalten Amtspflichten;
- das Mitglied verletzt durch sein Verhalten arbeitsvertragliche Pflichten;
- das Mitglied verletzt durch sein Verhalten sowohl Amtspflichten als auch arbeitsvertragliche Pflichten.

Sofern ein Betriebs- bzw. Personalratsmitglied gegen seine Amtspflichten verstößt, die nicht zugleich eine Verletzung arbeitsvertraglicher Pflichten darstellen, ist der Ausspruch einer Abmahnung, Versetzung oder Kündigung ausgeschlossen. Insoweit bleibt nur die Möglichkeit, ein Amtsenthebungsverfahren gemäß § 23 Abs. 1 BetrVG bzw. § 28 Abs. 1 BPersVG einzuleiten.[838] Da ein solches Amtsenthebungsverfahren dem Bereich der betriebs- bzw. personalvertretungsrechtlichen Bewertung von Mobbing unterfällt, werde ich im 7. Kapitel auf die damit zusammenhängenden Aspekte zurückkommen.

Ob ein Amtsenthebungsverfahren das alleinige in Frage kommende Sanktionsmittel ist, wenn eine Amtspflichtverletzung gleichzeitig auch eine Verletzung arbeitsvertraglicher Pflichten beinhaltet, ist streitig.[839] Will man die Möglichkeit einer arbeitsrechtlichen Sanktionierung zulassen, so besteht Einigkeit darüber, dass insoweit ein strenger Maßstab anzulegen ist.[840] Meines Erachtens ist eine strenge Trennung zwischen der Beschäftigteneigenschaft und dem Betriebs- bzw. Personalratsamt vorzunehmen. Hat die Pflichtverletzung ihre Ursache in der arbeitsrechtlichen Beziehung, so kann zum Zwecke der Disziplinierung sowie Sanktionierung nur auf die arbeitsrechtlichen Maßnahmen zurückgegriffen werden. Dies sind in der Regel Abmahnung, Versetzung und Kündigung. Es gelten dann die in Kapitelabschnitt I. dargelegten Grundsätze. Ergibt sich hingegen die Pflichtverletzung aus der Betriebs- bzw. Personalratstätigkeit, so ist zu ihrer Sanktionierung auf die betriebsverfassungs- bzw. personalvertretungsrechtlichen Möglichkeiten zurückzugreifen, wie sie in § 23 Abs. 1 BetrVG und § 28 Abs. 1 BPersVG niedergelegt sind. Da diese Vorschriften lediglich den Ausschluss des betreffenden Mitglieds aus dem Betriebs- bzw. Personalrat vorsehen, muss der Ausspruch eines arbeitsrechtlichen Sanktionsmittels ausgeschlossen sein. Insoweit beschränken sich die Sanktionsmöglichkeiten auf das Betriebsverfassungs- bzw. Personalvertretungsrecht. Sofern man sich dieser - meiner Meinung nach zutreffenden - Ansicht nicht anschließt, ergibt sich als Konsequenz, dass der Arbeitgeber bzw. Dienststellenleiter etwa mit dem Ausspruch einer Abmahnung eine

[838] BAGE 27,366 (374); BAG v. 26.1.1994, ArbuR 1994, 273; LAG Düsseldorf v. 23.2.1993, AiB 1993, 569 f. (Ls.); Gnade u.a., § 23 Rn. 6; Altvater u.a., § 28 Rn. 17; DKK-Trittin, § 23 Rn. 43 m.w.N, 44 a.E.; Kittner/Trittin, Einleitung Rn. 91; s.a.: Lorenzen u.a.-Lorenzen, § 28 Rn. 39 sowie die Aufführungen im 6. Kapitel unter II.

[839] vgl. BAG v. 31.8.1994, AiB 1995, 293 mit kritischer Anm. von Däubler; LAG Bremen v. 5.7.1994, AiB 1995, 146 (Ls.); Weuster, S. 519; Kossens, S. 578; Gnade u.a., § 23 Rn. 7; DKK-Trittin, § 23 Rn. 43 f.; Altvater u.a., § 28 Rn. 17; Sabottig/Ratz, S. 69 f. gegen BVerwG v. 19.9.1984, PersR 1985, 69 (Ls.); s.a.: Lorenzen u.a.-Lorenzen, § 28 Rn. 40 ff.

[840] vgl. Kossens, S. 580; Gnade u.a., § 23 Rn. 7; Altvater u.a., § 28 Rn. 17

Sanktion erreichen kann, die unter Umständen Auswirkungen auf den Fortbestand des Arbeitsvertrages hat, das Betriebs- bzw. Personalratsamt jedoch als solches (zunächst) unberührt lässt.[841] Wird allerdings eine Kündigung des Arbeitsvertrages ausgesprochen, so erfolgt mit dem Ausscheiden aus dem Arbeitsverhältnis zugleich ein Ausscheiden aus dem Betriebs- bzw. Personalrat, so dass die arbeitsrechtliche Sanktion dann betriebsverfassungs- bzw. personalvertretungsrechtliche Konsequenzen beinhaltet. Demgemäß könnte ein Arbeitgeber unter Umständen mit dem Ausspruch einer Kündigung erreichen, dass ein Betriebsratsmitglied aus dem Betrieb und damit auch aus dem Betriebsrat ausscheidet, obwohl einem Amtsenthebungsverfahren gemäß § 23 Abs. 1 BetrVG der Erfolg versagt sein würde.

Sofern an eine Verletzung ausschließlich arbeitsvertraglicher Pflichten zu denken ist, ergibt sich keine Notwendigkeit, das Betriebsrats- bzw. Personalratsmitglied anders zu behandeln, als es bei seinen Arbeitskollegen der Fall ist. Insoweit stellen sich für ein betreffendes Betriebs- bzw. Personalratsmitglied ebenfalls die Fragen, denen ich im folgenden Kapitelabschnitt IV.1. nachgehen werde.

IV. Arbeitsrechtliche Bewertung des Verhaltens von Arbeitskollegen und sonstigen Dritten

Da es arbeitsrechtliche Beziehungen lediglich zwischen dem Arbeitgeber und den im Betrieb bzw. in der Dienststelle beschäftigten Personen gibt, erübrigt sich eine Bewertung des Verhaltens sonstiger Dritter in arbeitsrechtlicher Hinsicht. Hier hat die Arbeitgeberseite lediglich die Möglichkeit, auf den Geschäftspartner, der den Dritten beschäftigt, dahingehend einzuwirken, dass er von einer weiteren „Entsendung" des Dritten in den Betrieb bzw. in die Dienststelle absieht oder den Dritten in der erforderlichen Weise (d.h. Ermahnung, Abmahnung, Versetzung, Kündigung) sanktioniert. Zu prüfen bleibt somit, wie das Verhalten der Arbeitskollegen des Mobbingbetroffenen im Zusammenhang mit dem Mobbinggeschehen zu bewerten ist, auch wenn diese nicht als Mobber in Erscheinung treten. Mithin stellen sich die folgenden drei Fragen:

1. Können die Arbeitskollegen durch ihr Verhalten arbeitsvertragliche Nebenpflichten verletzen?
2. Ob und inwieweit können die Arbeitskollegen infolge der Mobbingsituation des Mobbingbetroffenen berechtigt sein, kollektiv ihre Arbeitsleistung zurückzubehalten?
3. Welche Konsequenzen können sich für die Arbeitskollegen ergeben, wenn sie den Arbeitgeber zum Ausspruch einer Druckkündigung bewegen?

1. Pflichtverletzungen

Da das Verhalten der Arbeitskollegen nur dann einer arbeitsrechtlichen Sanktion zugeführt werden kann, wenn diese im Zusammenhang mit Mobbing eine arbeitsvertragliche Nebenpflichtverletzung begehen, stellt sich die Frage, wie ihr Verhalten zu bewerten ist, sofern sich diese bei drohenden Mobbinghandlungen bzw. während ihrer Ausführung passiv verhalten und ihrem Vorgesetzten bzw. dem Arbeitgeber oder Dienststellenleiter keine Mitteilung von der bevorstehenden bzw. in das Stadium ihrer Ausführung gelangten Mobbinghandlung machen.

---

[841] so im Ergebnis wohl auch DKK-Trittin, § 23 Rn. 44 und Sabottig/Ratz, S. 69

Mobbing in seiner Komplexität hat einen negativen Einfluss auf betriebliche Arbeitsabläufe, so dass insoweit an eine Nebenpflicht der „Sicherung der Arbeitsabläufe“[842] zu denken ist. Bei Mobbing bezieht sich die „Sicherung der Arbeitsabläufe“ nicht auf Maschinen oder technische Verfahrensabläufe - so dass nicht auf die insoweit in der Literatur vertretene Meinung[843] Bezug genommen werden kann -, sondern auf das Verhalten von Belegschaftsmitglieder untereinander. Hier steht einem drohenden Schadenseintritt die Gefahr gegenüber, dass das Handeln einzelner Arbeitskollegen von den anderen Arbeitskollegen sowie von Vorgesetzten bzw. dem Arbeitgeber als Denunziantentum verstanden wird und sich daraus für den Handelnden selbst Konsequenzen (z.B. er wird wegen betriebsstörenden Verhaltens abgemahnt, selbst Mobbinghandlungen ausgesetzt oder wegen falscher Verdächtigung [vgl. § 164 StGB] bei der Polizei angezeigt) ergeben können.[844]

Eine Lösung des beschriebenen Problems kann meines Erachtens nur mittels einer Abwägung der schützenswerten Interessen des Mobbingbetroffenen sowie der Arbeitskollegen unter Berücksichtigung aller Umstände und Besonderheiten des konkreten Einzelfalls sowie der Stellung der sich passiv verhaltenden Personen innerhalb der Betriebshierarchie erfolgen - wie es im Übrigen im Ergebnis auch Däubler in den Fällen der Schädigung von Eigentum tut.[845]

Die sich hieraus für den konkreten Einzelfall ergebenden Konsequenzen lassen sich anhand einiger Beispiele verdeutlichen.

Beispiel 1: Udo Müller erfährt, dass Willi Becker noch an demselben Tag in der Kantine erzählen will, dass Carola Meier in ihrer Freizeit als Prostituierte tätig sei, um diese in der Belegschaft lächerlich zu machen.

Beispiel 2: Udo Müller weiß, dass Carola Meier schon seit längerer Zeit Mobbingangriffen des Willi Becker ausgesetzt ist und sich aus diesem Grunde in ärztlicher Behandlung befindet. Als Udo Müller erfährt, dass Willi Becker zum „Endspurt“ ansetzen will, um Frau Meier aus der Abteilung zu vertreiben, schweigt er dennoch - obwohl er damit rechnet, dass Carola Müller bei der nächsten Attacke aufgrund ihrer stark angegriffenen Psyche einen Nervenzusammenbruch erleiden wird.

Beispiel 3: Udo Müller sieht, wie Willi Becker das Password des Arbeitsplatz-PC von Carola Meier verändert, so dass sie bei Arbeitsbeginn nicht mit diesem arbeiten kann. Dies wird erst möglich, nachdem ihr der Systembetreuer wieder einen Zugang zu dem PC verschafft hat. Udo Müller schweigt, als sich sein Vorgesetzter später in der Abteilung erkundigt, wer sich diesen „Spaß“ erlaubt habe.

Die aus dem Handeln von Willi Becker resultierenden Schäden unterscheiden sich in den drei Fällen. Während Carola Meier im Beispiel 1 Schaden an ihrem sozialen Ansehen in der Belegschaft erleidet, besteht dieser im Beispiel 2 in einem Nervenzusammenbruch, mithin in einer Verletzung ihrer Gesundheit. Im Beispiel 3 wird nicht Carola Meier, sondern ihr Arbeitgeber geschädigt, da er sie unter Berücksichtigung der Grundsätze der Betriebsrisikolehre[846] entlohnen muss, ohne eine entsprechende Gegenleistung von Frau Meier in Form geleisteter Arbeit zu erhalten. Weiter kann davon ausgegangen werden, dass Willi Becker in allen drei Fällen vorsätzlich gehandelt hat.

---

[842] vgl. Däubler AR 2, Rn. 659
[843] so etwa Däubler AR 2, Rn. 659 ff.
[844] s.a.: Däubler AR 2, Rn. 660
[845] vgl. Däubler AR 2, Rn. 661
[846] vgl. hierzu Däubler AR 2, Rn. 824, 842 f.; s.a.: Schaub, § 101

Gehen wir zunächst von der Annahme aus, dass es sich bei Udo Müller um einen Arbeitskollegen von Carola Meier handelt, der mit dieser auf derselben Hierarchieebene oder unter der von Frau Meier steht. Informiert Udo Müller seine Vorgesetzen in dem Beispiel 1 über das beabsichtigte Handeln des Willi Becker, so steht er bei seinen Arbeitskollegen schnell als Denunziant dar, wenn der angekündigte Angriff wider Erwarten nicht ausgeführt oder in der Belegschaft bekannt wird, dass dieser aufgrund einer arbeitgeberseitigen Intervention unterbunden wurde. Entsprechendes gilt für das Beispiel 3, wenn in der Belegschaft bekannt wird, dass Udo Müller den Willi Becker „verpfiffen" hat. Sofern man bedenkt, dass es grundsätzlich keine allgemeine Pflicht zur Erstattung von Strafanzeigen einer bereits begangenen bzw. einer beabsichtigten Straftat gibt,[847] so wird man auch im Arbeitsverhältnis nicht verlangen können, dass eine solche Mitteilung an den Arbeitgeber zu erfolgen hat. Mithin stellen passive Verhaltensweisen vor oder während schadensverursachenden Mobbinghandlungen keine Verletzung arbeitsvertraglicher Nebenpflichen dar.

Handelt es sich bei Udo Müller hingegen um einen Vorgesetzten, so ist dieser sowohl bei einer fahrlässigen als auch bei einer vorsätzlichen Schädigung von Eigentum des Arbeitgebers sowie von Belegschaftsangehörigen und solchen Störungen, die den Arbeitsablauf betreffen, zum Handeln verpflichtet.[848] Soweit dies nicht der Fall ist, eine Mobbinghandlung mithin nicht zu einem Eigentumsschaden bzw. zu einer Betriebsstörung führt, besteht auch keine Pflicht zum Tätigwerden. Obwohl die Verbreitung ehrenrühriger Behauptungen dazu führt, dass diese für ausreichenden Gesprächsstoff im Betrieb sorgt, wird der Betriebsablauf alleine dadurch nicht beeinträchtigt.[849] Vergleichbares wird regelmäßig für eine Körperverletzung gelten, die keine Auswirkungen auf den Betriebsablauf hat. Auswirkungen auf den Betriebsablauf können Manipulationen an PC hervorrufen. Dass solche durch die Änderung der Zugangsberechtigung an dem PC von Carola Meier verursacht wurden, ist nicht ersichtlich. Mithin besteht auch für Udo Müller in seiner Eigenschaft als Vorgesetzter in allen drei Beispielsfällen keine sich aus seinem Arbeitsverhältnis ergebende Nebenpflicht, geeignete Aktivitäten zu ergreifen, um Schaden von Carola Meier abzuwenden.

Ermangelt es an einer Nebenpflichtverletzung, was bei den drei dargestellten Beispiele der Fall ist, so scheidet eine arbeitsrechtliche Sanktionierung des Verhaltens von Arbeitskollegen - sowie Vorgesetzten - aus. Anders ist es nur dann, wenn eine Schädigung von Eigentum des Mobbingbetroffenen zu befürchten, oder ein Schädigung des Mobbingbetroffenen (die nicht sein Eigentum betrifft) mit einer Störung des Betriebsablaufs verbunden ist. Ein Untätigbleiben kann hier im konkreten Einzelfall unter Berücksichtigung der oben dargelegten Aspekte eine Nebenpflichtverletzung sein, die mit den betrieblichen Sanktionsmitteln Ermahnung, Abmahnung und gegebenenfalls Versetzung oder Kündigung sanktioniert werden und Schadensersatzansprüche des Arbeitgebers wegen Positiver Vertragsverletzung auslösen kann.

Da den Arbeitgeber insoweit die Beweislast trifft, wird sich dieser gut überlegen, ob eine Sanktion erfolgen soll, diese zudem im Fall der Versetzung bzw. Kündigung regelmäßig der vorherigen Beteiligung der Interesenvertretung bedarf. Begehen mehrere Beschäftigte dieselben bzw. vergleichbare Pflichtverletzungen, so ist weiter zu

[847] vgl. Roxin, § 37 Rn. 5; lediglich im Rahmen der §§ 138, 139 StGB besteht eine Rechtspflicht zur Anzeige geplanter Straftaten.
[848] Däubler AR 2, Rn. 661
[849] s.a.: Däubler AR 2, Rn. 661

bedenken, dass es in tatsächlicher Hinsicht schwierig ist, Sanktionsmaßnahmen gegen eine Vielzahl von Beschäftigten zu verhängen. Zum einen dürfte dies oftmals am Problem der Beweisbarkeit scheitern, zum andern kann sich ein derartiges Arbeitgeberverhalten negativ auf das Betriebsklima auswirken (z.B. Abnahme der Motivation, Anstieg der Fehlzeiten sowie der Fluktuation).

2. *Kollektive Ausübung des Zurückbehaltungsrechts*

Anerkannt ist, dass das Zurückbehaltungsrecht gemäß § 273 Abs. 1 BGB (vgl. Kapitelabschnitt II.3.) auch kollektiv ausgesprochen werden kann.[850] Seine „Kollektivität" ist allerdings insoweit beschränkt, als nur diejenigen ihre Arbeitsleistung verweigern können, die von dem Rechtsverstoß unmittelbar betroffen sind. Dieses Recht steht unter anderem den Betroffenen zu, die sich auf eine Fürsorgepflichtverletzung des Arbeitgebers berufen, oder die ihre Arbeitsleistung wegen einer akuten Gefährdung für eigenes Leib und Leben nicht in zumutbarer Weise erbringen können,[851] oder wenn der Arbeitgeber gegen die sich für ihn aus § 3 Abs. 1 ArbSchG ergebende Pflicht verstößt.[852]

Da die Arbeitskollegen keinen Mobbinghandlungen ausgesetzt sind, erscheint mir eine Verletzung arbeitsvertraglicher Pflichten ihnen gegenüber kaum möglich, so dass sich dieser Personenkreis im Zusammenhang mit der Mobbingsituation des Mobbingbetroffenen nicht auf ein Recht zu einer kollektiven Ausübung des Zurückbehaltungsrechts gemäß § 273 Abs. 1 BGB berufen kann.

3. *Folgen einer Druckausübung*

Wie in Kapitelabschnitt I.3. dargelegt ist, können Beschäftigte einen Druck derart auf den Arbeitgeber ausüben, so dass sich dieser veranlasst fühlt, eine Kündigung gegenüber dem Mobbingbetroffenen oder dem Mobber auszusprechen.

a. *Schadensersatzanspruch des Gekündigten*

Liegen personen- oder verhaltensbedingte Gründe für eine Kündigung vor, so ist eine auf Verlangen Dritter ausgesprochene Kündigung gerechtfertigt.[853] Dies gilt selbst dann, wenn der Arbeitgeber bei einer nicht erfolgten Druckausübung von dem Ausspruch einer Kündigung abgesehen hätte. Insoweit ist der Druck Dritter in rechtlicher Hinsicht unbeachtlich. Gleiches muss gelten, wenn der Arbeitgeber die den Druck auslösende Situation selbst herbeigführt hat.[854] Liegen hingegen keine eine Druckkündigung rechtfertigende Kündigungsgründe vor, so wird durch die Kündigung in das „Recht am Arbeitsplatz" des betroffenen Beschäftigten eingegriffen. Dies hat zur Folge, dass der Gekündigte eventuell einen Schadensersatzanspruch gegen den Arbeitgeber sowie gegen die den Druck ausübenden Personen haben kann.[855]

---

[850] vgl. Däubler AR 2, Rn. 2256; Däubler AR 1, Rn. 683
[851] vgl. Hessisches LAG v. 26.8.1997 – 7 Sa 535/97 – Seiten 10 f. der Entscheidung
[852] vgl. Däubler Arbeitsrecht 67 f., 164
[853] vgl. Schaub, § 130 II.13.
[854] s.a.: Däubler AR 2, Rn. 1130; Stahlhacke/Preis, Rn. 541; Hueck/v. Hoyningen-Huene, § 1 Rn. 204
[855] vgl. Schaub, § 125.VII.15., § 243.II.3., der die Möglichkeit einer Schadensersatzpflicht gemäß § 823 Abs. 1 BGB sieht. Hueck/v. Hoyningen-Huene, § 1 Rn. 204, sprechen sich für eine Schadensersatzpflicht

Da sich bei der Geltendmachung eines derartigen Schadensersatzanspruchs die gleichen Probleme ergeben, wie sie bereits im 3. Kapitel unter I. erörtert worden sind, kann insoweit auf die dortigen Ausführungen verwiesen werden. Insoweit ist anzumerken, dass es dem Gekündigten nur selten gelingen dürfte, die der Kündigung zugrunde liegende Drucksituation beweisen zu können. Dies dürfte insbesondere dann der Fall sein, wenn der Arbeitgeber und die Beschäftigten „mauern". Allenfalls wenn der Arbeitgeber das Vorliegen einer Drucksituation (z.B. in einem Kündigungsschutzprozess) einräumt, wird noch am ehesten die Möglichkeit des Mobbingbetroffenen bestehen, in den Genuss eines Schadensersatzes zu gelangen.

b. Abmahnung und Schadensersatzpflicht der Arbeitskollegen gegenüber dem Arbeitgeber

Gleichgültig, ob eine auf dem Druck der Beschäftigten ausgesprochene Kündigung wirksam ist, stets wird der Arbeitgeber im Sinne des § 240 Abs. 1 StGB genötigt, ein bestimmtes Verhalten an den Tag zu legen. Gleichzeitig wird durch die kollektive Druckausübung der Betriebsablauf gestört. Man denke in diesem Zusammenhang etwa an die Ankündigung, so lange nur noch Dienst nach Vorschrift zu verrichten, bis dem Begehren der Belegschaft gefolgt werde. Mithin wird sich die Druckausübung in der Regel als eine schuldhafte Verletzung der sich aus dem Arbeitsvertrag ergebenden „Treuepflicht" darstellen, so dass diese in arbeitsrechtlicher Hinsicht mit einer Abmahnung sanktioniert werden kann. In gleicher Weise kann ein durch die Druckausübung verursachter Schaden nach den Grundsätzen der Positiven Vertragsverletzung geltend gemacht werden (vgl. 3. Kapitel unter I.1.a.).

Diesbezüglich ist jedoch zu bedenken, dass der Arbeitgeber in der Praxis kaum gewillt sein dürfte, die betroffenen Beschäftigten zu sanktionieren bzw. bei diesen Regress zu nehmen. Schließlich wirken sich solche Maßnahmen unter anderem negativ auf das Arbeitsklima, die Zufriedenheit der Beschäftigten, den Krankenstand und auf die Qualität sowie Quantität der Arbeitsergebnisse aus. Maßnahmen dürften daher umso unwahrscheinlicher sein, je größer die Gruppe der den Druck ausübenden Personen ist. Schließlich weiß der Arbeitgeber in der Regel nicht, wie die Beschäftigten auf eine Sanktion und/oder auf ein Schadensersatzbegehren reagieren werden. Neben der Abnahme der Leistungsbereitschaft und -fähigkeit ist an eine Zunahme der Fehlzeiten sowie der Fluktuation zu denken, ferner an eine Verschlechterung der Arbeitsergebnisse. Letztendlich ist zu bedenken, dass sich der ausgeübte Druck regelmäßig gegen Vorgesetzte, „Außenseiter" sowie Angehörige einer Minderheitengruppe richtet.[856] Handelt es sich bei dem Mobbingbetroffenen bzw. bei dem Mobber um eine diesem Personenkreis zuzurechnende Person, wird sich der Arbeitgeber oftmals im Interesse eines ungestörten Arbeitsablaufs dem Anliegen der Beschäftigten anschließen bzw. mit diesen solidarisieren. Denkt der Arbeitgeber wie die den Druck ausübenden Beschäftigten, so wird er die „Schuld" nicht bei der Belegschaft, sondern bei dem Mobbingbetroffenen bzw. Mobber suchen. Dies wiederum dürfte zur Folge haben, dass er kaum gewillt sein wird, Sanktionen gegen die Beschäftigten zu verhängen bzw. diese auf Schadensersatz in Anspruch zu nehmen.

---

der Dritten gemäß § 826 BGB sowie des Arbeitgebers nach den Grundsätzen der Positiven Vertragsverletzung aus. s.a.: Kittner/Trittin, § 1 KSchG Rn. 333

[856] vgl. Däubler AR 2, Rn. 1130

Mithin haben die eine Druckkündigung herbeiführenden Beschäftigten kaum mit einer Sanktion ihres Verhaltens bzw. mit der Geltendmachung von Schadensersatzansprüchen seitens des Arbeitgebers zu rechnen.

V. Ergebnis der arbeitsrechtlichen Bewertung von Mobbing

Als Ergebnis der arbeitsrechtlichen Bewertung von Mobbing lässt sich festhalten, dass das (materielle) Arbeitsrecht ausreichende Möglichkeiten bietet, die zur Bewältigung von Mobbingsituationen herangezogen werden können. Die betriebliche Praxis sieht hingegen oftmals anders aus. Insbesondere die den Arbeitgeber treffende Darlegungs- und Beweislast führt häufig dazu, dass der Mobber arbeitsrechtliche Sanktionen nicht zu befürchten hat. Entsprechendes gilt für die übrigen Akteure in den Betrieben und Dienststellen. Je mehr der Mobbingbetroffene isoliert ist und der Rückhalt bei den Arbeitskollegen sowie bei dem Arbeitgeber schwindet, desto größer steigt für ihn die Gefahr, in ungerechtfertigter Weise mit arbeitsrechtlichen Mitteln sanktioniert bzw. Opfer einer Druckkündigung zu werden. Der Mobbingbetroffene ist das schwächste Glied am Arbeitsplatz und kann den Arbeitgeber weder zu einer Sanktion des Mobbers zwingen, noch den Arbeitgeber selbst - etwa durch den Ausspruch einer „Ermahnung“ bzw. „Abmahnung“ sanktionieren. Aus dem Blickwinkel des Mobbingbetroffenen heraus ist das Ergebnis der arbeitsrechtlichen Bewertung von Mobbing daher äußerst unbefriedigend.

5. Kapitel: Sozialrechtliche Bewertung von Mobbing

In diesem Kapitel gilt es, Mobbing einer sozialrechtlichen Bewertung zu unterziehen. Lange Krankheitszeiten - häufig verbunden mit stationären Behandlungen -, Arbeitslosigkeit sowie „Frühverrentung" sind schließlich oftmals die Folge von Mobbing. Sofern die Träger der Sozialversicherung im Zusammenhang mit Mobbing Leistungen erbringen, die dem Mobbingbetroffenen zugute kommen (etwa die Zahlung von Krankengeld, die Durchführung einer ambulanten therapeutischen Maßnahme), stellt sich für diese regelmäßig die Frage, ob und inwieweit sie den Mobber und/oder Dritte hinsichtlich der ihnen entstandenen Kosten in Regress nehmen können. Hierbei wird inzidenter der Frage nachgegangen, unter welchen Voraussetzungen sich im Zusammenhang mit Mobbing ein Arbeitsunfall ereignen bzw. von einer Berufskrankheit gesprochen werden kann.

I. Sozialrechtliche Bewertung des Verhaltens des Mobbers

Das Sozialrecht kennt zwei Schadensersatzansprüche, die den Sozialversicherungsträgern die Möglichkeit eines Rückgriffs auf das Vermögen des Schädigers eröffnen: § 110 SGB VII und § 116 SGB X. Wenden wir uns zunächst der Regelung des § 110 SGB VII zu.

1. Haftung gegenüber den Sozialversicherungsträgern gemäß § 110 SGB VII

§ 110 SGB VII regelt die Haftung der infolge eines Versicherungsfalls entstandenen Aufwendungen der Sozialversicherungsträger. Anspruchsberechtigt sind neben den Trägern der gesetzlichen Unfallversicherung vor allem die Träger der gesetzlichen Rentenversicherung sowie der gesetzlichen Krankenversicherung, sofern sie Leistungen aus Anlass eines Versicherungsfalles im Sinne des SGB VII erbracht haben.[857] Obgleich dieser Haftungsanspruch dem Zivilrecht zuzuordnen ist,[858] soll eine Erörterung dieser Haftungsgrundlage an dieser Stelle erfolgen, da die Erörterung sozialrechtlicher Aspekte im Vordergrund steht.

Voraussetzung für einen Haftungsanspruch gemäß § 110 Abs. 1 Satz 1 SGB VII ist, dass eine Person, deren Haftung nach den §§ 104 - 107 SGB VII beschränkt ist, einen Versicherungsfall vorsätzlich oder grob fahrlässig herbeigeführt hat.

a. Haftungsrechtlich begünstigter Personenkreis

Die §§ 104 - 107 SGB VII bestimmen, wer zu dem haftungsrechtlich begünstigten Personenkreis gehört. Soweit es sich bei dem Arbeitgeber[859] um eine natürliche Person handelt und dieser als Mobber in Erscheinung tritt, kann sich die Haftungsfreistellung aus § 104 Abs. 1 i.V.m. § 136 Abs. 3 SGB VII ergeben, sofern der Mobbingbetroffene

---

[857] h.M.; vgl.: Hauck-Nehls, K § 110 Rn. 6; Brackmann-Krasney, § 110 Rn. 6 f.; Petri in Petri/Voelzke/Wagner, § 110 Rn. 1; Kater/Leube, § 110 Rn. 4

[858] h.M.; vgl. Petri in Petri/Voelzke/Wagner, § 110 Rn. 1; Kater/Leube, § 110 Rn. 3; Waltermann, S. 3404; Brackmann-Krasney, § 110 Rn. 3, 10; Hauck-Nehls, K § 110 Rn. 26; s.a.: Rolfs, S. 3177

[859] das SGB VII kennt nicht den Arbeitgeber, sondern spricht stets vom Unternehmer; vgl. §§ 104 Abs. 1, 111, 136 Abs. 3 SGB VII

für das Unternehmen tätig ist oder zu dem Unternehmen in einer sonstigen die gesetzliche Unfallversicherung begründenden Beziehung steht. Im Übrigen sind juristische Personen des privaten sowie öffentlichen Rechts selbst Unternehmer und mithin haftungsprivilegiert im Sinne des § 104 Abs. 1 SGB VII.[860] Da juristische Personen selbst keine Mobbinghandlungen begehen können, sind diese somit bei der Begutachtung von vornherein zu vernachlässigen.

Handelt es sich bei dem Mobber hingegen um einen Beschäftigten des Unternehmens (Geschäftsführer,[861] Vorgesetzter, Arbeitskollege[862] oder Auszubildender), kann sich die Haftungsfreistellung gemäß § 105 Abs. 1 SGB VII unter der Bedingung ergeben, dass der Mobber den Versicherungsfall durch eine betriebliche Tätigkeit verursacht hat. Aber auch Nicht-Betriebsangehörige (z.B. Monteure eines Geschäftspartners, Leiharbeitnehmer, die Reinigungskraft eines externen Reinigungsunternehmens) kommen gemäß § 105 Abs. 1 SGB VII als haftungsprivilegierte Personen in Betracht, sofern sie (zum Zeitpunkt der Herbeiführung des Versicherungsfalls) in den Betrieb bzw. in die Dienststelle eingegliedert sind und eine betriebliche Tätigkeit ausüben.[863] Haftungsprivilegiert sind die angeführten Personenkreise mithin nur, soweit sie betriebliche Tätigkeiten verrichten.

Unter der betrieblichen Tätigkeit im Sinne des § 105 Abs. 1 SGB VII versteht man eine solche, die aus betrieblichen Gründen ausgeführt wird, den Zwecken des Unternehmens zu dienen bestimmt ist.[864] Ob eine Tätigkeit aus betrieblichen Gründen erfolgt, beurteilt sich vom Standpunkt der betreffenden Person her, wobei sich seine Auffassung an objektiven Maßstäben orientieren muss.[865] Mobbinghandlungen dürften überwiegend nur am Arbeitsplatz und nur in der Arbeitszeit begangen werden bzw. in einem engen sachlichen Zusammenhang mit dem Arbeitsplatz bzw. der Arbeitszeit stehen. Eine Mobbinghandlung außerhalb der Arbeitszeit und/oder an einem anderen Ort als dem Arbeitsplatz dürfte eher die Ausnahme sein - zu denken ist in diesem Zusammenhang etwa an einen obszönen Telefonanruf zu nächtlicher Stunde, der in der eigenen Wohnung entgegengenommen wird, ein tätlicher Angriff in einem Supermarkt während des Einkaufs von Lebensmitteln oder eine beleidigende Äußerung am Urlaubsort. Wenngleich Mobbinghandlungen grundsätzlich anlässlich bzw. im Zusammenhang mit der Ausführung von betrieblichen Aufgaben begangen werden, so dürften sie allerdings nur in den seltensten Fällen auf Veranlassung des Arbeitgebers bzw. Geschäftsführers etc. erfolgen bzw. deren mutmaßlichen Willen entsprechen. Dies wäre beispielsweise der Fall, wenn der Geschäftsführer einen Abteilungsleiter anweist, eine bestimmte Person so lange zu schikanieren, bis diese eine Kündigung ihres Arbeitsvertrages ausspricht.

Sofern man bedenkt, dass der Sinn der Haftungsfreistellung darin zu erblicken ist, den Schädiger vor solchen Schadensersatzansprüchen freizustellen, die aus einer ihm zum Zeitpunkt der Schadenszufügung übertragenen oder von ihm übernommenen Tätigkeit für den Betrieb bzw. für die Dienststelle und dessen betrieblichen bzw.

---

[860] Kater/Leube, § 104 Rn. 5 und § 136 Rn. 11

[861] vgl. Brackmann-Krasney, § 104 Rn. 7 und § 105 Rn. 7

[862] vgl. Gitter, S. 224 f.

[863] vgl. Petri in Petri/Voelzke/Wagner, § 105 Rn. 3; Brackmann-Krasney, § 105 Rn. 6; Waltermann, S. 3402; Rolfs, S. 3178; Kater/Leube, § 105 Rn. 8; Gitter, S. 225

[864] vgl. Kater/Leube, § 105 Rn. 6; Brackmann-Krasney, § 105 Rn. 6 und § 8 Rn. 31; s.a.: BAG v. 9.8.1966, NJW 1967, 220 (221 f.)

[865] Kater/Leube, § 105 Rn. 6; Brackmann-Krasney, § 8 Rn. 32

dienstlichen Zweck entstehen können - es hingegen keine Notwendigkeit gibt, den Schädiger von solchen Schadensersatzansprüchen freizustellen, die aus einem Verhalten des Schädigers erwachsen können, das mit seiner betrieblichen bzw. dienstlichen Aufgabenstellung nicht im Zusammenhang steht[866] -, so kann eine Mobbinghandlung in sozialrechtlicher Hinsicht nicht als eine Tätigkeit qualifiziert werden, die aus betrieblichen Gründen erfolgt bzw. dem unternehmerischen Zwecken dienen kann. Gleiches muss gelten, wenn ein Mobber im Auftrag oder mit Billigung des Arbeitgebers handelt. Schließlich kann selbst ein solches Handeln, das etwa zum Zwecke der Einsparung von Sozialplanabfindungen erfolgt, nicht dem eigentlichen Unternehmenszweck dienen. Jede andere Sichtweise könnte zu unbilligen Konsequenzen führen. Schließlich wäre es nicht hinnehmbar, wenn etwa der im Auftrag des Arbeitgebers handelnde Mobber in den Genuss einer Haftungsfreistellung nach § 105 Abs. 1 SGB VII gelangen könnte, der ohne Auftrag des Arbeitgebers handelnde Mobber hingegen nicht. Abgesehen von den Fällen der Anstiftung zu Mobbing bzw. der ausdrücklichen Billigung der Mobbinghandlungen durch den Arbeitgeber bzw. Geschäftsführer etc. dürfte ein Beschäftigter oder „wie Beschäftigter" zudem kaum der Ansicht sein, dass seine Mobbinghandlungen geeignet sind, den Unternehmenszwecken zu dienen. Sind Mobbinghandlungen mithin nicht als betriebliche Tätigkeiten im Sinne des § 105 Abs. 1 Satz 1 SGB VII zu qualifizieren, so bedeutet dies, dass der Personenkreis der Mobbing betreibenden Geschäftsführer, Vorgesetzten, Arbeitskollegen, Auszubildenden und „wie Beschäftigte" nicht zu den von dieser Vorschrift erfassten privilegierten Personen gehören.

§ 106 Abs. 1 SGB VII erweitert den Kreis der begünstigten Personen auf solche Personen, die in den in § 2 Abs. 1 Ziffern 2, 3 und 8 SGB VII genannten Unternehmen tätig sind, ohne eine betriebliche Tätigkeit im Sinne des § 105 SGB VII auszuführen, und zwar im Verhältnis der in den vorgenannten Vorschriften erwähnten Versicherten untereinander sowie in Bezug auf die Betriebsangehörigen desselben Unternehmens. Damit sind beispielhaft Auszubildende gemeint, die an einer Bildungsveranstaltung außerhalb ihres Beschäftigungsverhältnisses (z.B. Betriebsbesichtigung, Praktikum) teilnehmen, das der eigenen beruflichen Aus- und Fortbildung dient. Da es sich bei Mobbing um einen Geschehensprozess handelt, der regelmäßig über einen längeren Zeitraum verläuft, dürften die von § 106 Abs. 1 SGB VII erfassten Personen kaum als Mobber in Erscheinung treten können, so dass diese Personengruppe im Zusammenhang mit Mobbing insoweit vernachlässigt werden kann. Entsprechendes gilt für den von § 107 SGB VII erfassten Personenkreis, da in dieser Vorschrift die Besonderheiten in der Seefahrt geregelt sind und es nicht bekannt ist, ob und in welchem Unfang Mobbing in dem Bereich der Seefahrt anzutreffen ist.

Demgemäß kommt nur die als Mobber in Erscheinung tretende natürliche Person „Arbeitgeber" als haftungsprivilegierte Person in Betracht. Bei allen anderen Personen ist eine Anwendbarkeit des § 110 SGB VII ausgeschlossen. Demgemäß kann dieser Personenkreis lediglich der (Haftungs-) Regelung des § 116 SGB X unterliegen,[867] so dass diesbezüglich auf die Ausführungen in dem nachfolgenden Punkt 2. verwiesen wird.

---

[866] BAG v. 9.8.1966, NJW 1967, 220 (222)

[867] s.a.: Gitter, S. 225, 228

b. Vorliegen eines Versicherungsfalles

Kommt für eine Haftung gemäß § 110 Abs. 1 SGB VII nur die natürliche Arbeitgeberperson in Betracht, so muss diese - um einen Haftungsanspruch des betreffenden Sozialversicherungsträgers auslösen zu können - einen auf Mobbing beruhenden Versicherungsfall zu Lasten des Mobbingbetroffenen herbeigeführt haben. Versicherungsfälle im Sinne des gesetzlichen Unfallversicherungsrechts - und damit auch im Sinne des § 110 Abs. 1 Satz 1 SGB VII - sind gemäß der Legaldefinition in § 7 Abs. 1 SGB VII Arbeitsunfälle und Berufskrankheiten.

aa. Arbeitsunfall

Gemäß § 8 Abs. 1 Satz 1 SGB VII sind Arbeitsunfälle im Sinne dieses Gesetzes solche Unfälle, die in der gesetzlichen Unfallversicherung Versicherte infolge einer den Versicherungsschutz nach §§ 2, 3 oder § 6 SGB VII begründenden Tätigkeit (sog. versicherte Tätigkeit) erleiden. Demzufolge ist für die Bejahung eines Arbeitsunfalls das Vorliegen eines ursächlichen, inneren Zusammenhangs zwischen einer versicherten unfallzufügenden Tätigkeit und dem Unfall (sog. haftungsbegründende Kausalität) sowie zwischen dem Unfall und dem erlittenen Gesundheitsschaden (sog. haftungsausfüllende Kausalität) erforderlich,[868] wobei unter dem Gesundheitsschaden jeder regelwidrige körperliche, geistige oder seelische Zustand zu verstehen ist.[869] Das Merkmal des inneren Zusammenhangs dient der Abgrenzung der den Versicherungsschutz begründenden Tätigkeit von solchen Tätigkeiten, die dem privaten (eigenwirtschaftlichen) Bereich des Versicherten zuzurechnen sind, da letztere nicht dem Versicherungsschutz unterfallen.[870] Eigenwirtschaftliche Tätigkeiten sind solche, die zu dem persönlichen Lebensbereich des Versicherten gehören oder zumindest rechtlich wesentlich von der Verfolgung privater Belange geprägt sind.[871]

Unfälle sind nach der Legaldefinition in § 8 Abs. 1 Satz 2 SGB VII zeitlich begrenzte, von außen auf den Körper einwirkende Ereignisse, die zu einem Gesundheitsschaden oder zum Tod führen. Das Merkmal der zeitlichen Begrenzung ist erforderlich, um den Arbeitsunfall von der Berufskrankheit sowie der Krankheit im Sinne des Krankenversicherungsrechts abgrenzen zu können.[872] Demgemäß unterfällt dem Arbeitsunfall nur eine solche schädigende Einwirkung, die innerhalb eines verhältnismäßig kurzen fixierbaren Zeitraums (regelmäßig an einem bestimmten Tag) erfolgt. Mithin handelt es sich nicht um einen Arbeitsunfall, wenn die Häufung vieler kleiner Schädigungen erst in ihrem Zusammenwirken über einen längeren Zeitraum zu einer Gesundheitsstörung führen.[873] Etwas anderes gilt allerdings dann, wenn sich eine einzelne Einwirkung aus der Gesamtheit der Schädigungen derart hervorhebt, dass sie nicht nur die letzte von mehreren für den Erfolg gleichwertigen Einwirkungen erscheint.

---

[868] statt vieler: Voelzke in Petri/Voelzke/Wagner, § 8 Rn. 2 f.

[869] Voelzke in Petri/Voelzke/Wagner, § 8 Rn. 12; Brackmann-Krasney, § 8 Rn. 17

[870] h.M.; vgl. Brackmann-Krasney, § 8 Rn. 45; Kater/Leube, § 8 Rn. Rn. 67

[871] Kater/Leube, § 8 Rn. 67

[872] Krankheit im Sinne des Krankenversicherungsrechts ist ein regelwidriger körperlicher oder geistiger Zustand, der eine Behandlungsbedürftigkeit und/oder Arbeitsunfähigkeit zur Folge hat; vgl. Kater/Leube, § 9 Rn. 41

[873] Voelzke in Petri/Voelzke/Wagner, § 8 Rn. 7; Kater/Leube, § 8 Rn. 26

In diesem Fall ruft die letzte Einwirkung den Arbeitsunfall hervor.[874] Ebenfalls handelt es sich nicht um einen Arbeitsunfall, wenn es an einem von außen auf den Körper des Geschädigten einwirkendes Ereignis ermangelt, die Schädigung auf eine innere Ursache (z.B. epileptischer Anfall, Herz-Kreislauf-Versagen) beruht.[875]

Handelt es sich bei dem Mobbingbetroffenen um einen Arbeitnehmer, so ergibt sich seine Eigenschaft als in der gesetzlichen Unfallversicherung versicherte Person aus § 2 Abs. 1 Ziffer 1 SGB VII.[876] Entsprechendes gilt für Auszubildende im Rahmen eines Berufsausbildungsverhältnisses.[877] Diese werden mit den Mobbinghandlungen regelmäßig am Arbeitsplatz und während der Arbeitszeit konfrontiert; wobei zu bedenken ist, dass auch während der Arbeitspausen Versicherungsschutz in der gesetzlichen Unfallversicherung besteht.[878] Nur in den seltensten Fällen dürften die Handlungen auch außerhalb dieser Sphäre erfolgen, etwa nach Arbeitsende und außerhalb des Arbeisplatzes (z.B. obszöne Telefonanrufe zu nächtlicher Stunde, die in der Wohnung entgegengenommen werden; tätliche Übergriffe am Urlaubsort). Zu der Zeit, zu der die Mobbinghandlungen ausgeführt werden, dürfte der Mobbingbetroffene wiederum nur in den seltensten Fällen einer eigenwirtschaftlichen Tätigkeit nachgehen. Vielmehr ist grundsätzlich davon auszugehen, dass ein innerer Zusammenhang zwischen der versicherten Tätigkeit und einer infolge einer Mobbinghandlung erlittenen Verletzung besteht. Entsprechendes gilt für die Mitglieder der betrieblichen Interessenvertretung während der Ausübung ihres Amtes.[879]

Eine Übertragung der zum „Streit" entwickelten Grundsätze, wonach ein aus persönlichen Gründen entfachter Streit einen inneren Zusammenhang zwischen der versicherten Tätigkeit und dem Zusammenhang einer im Verlaufe des Streits erlittenen Verletzung ausschließt,[880]ist auf die Mobbingproblematik nicht zu übertragen, da Streitigkeiten offen ausgetragen werden, während den Mobbinghandlungen in der Regel ein verdeckter sozialer Konflikt zugrundeliegt (vgl. 1. Kapitel unter I.3.), der mit einer Infragestellung der Integrität des anderen sowie dessen sozialen Beziehungen einhergeht (vgl. 1. Kapitel unter I.3. und 5.).

Besteht die Mobbinghandlung in einer Einwirkung, die innerhalb eines verhältnismäßig kurzen fixierbaren Zeitraums erfolgt und einen Gesundheitsschaden in dem dargelegten Sinne verursacht, wie es etwa bei der Zufügung einer Stichwunde mit einem Messer der Fall ist, so handelt es sich zweifelsfrei um ein von außen auf den Körper des Mobbingbetroffenen einwirkendes Ereignis, welches während einer versicherten Tätigkeit erfolgt ist und als ein Arbeitsunfall im Sinne des § 8 Abs. 1 Satz 1 SGB VII qualifiziert werden kann.

Wie bereits im 1. Kapitel unter II.10.a. ausgeführt wurde, hat Mobbing den Stellenwert einer psychischen Traumatisierung. In der Mehrzahl der Fälle führt nicht eine einzelne Mobbinghandlung zu einer Schädigung der Gesundheit des Mobbingbetroffenen. Vielmehr bewirkt erst die Vielzahl der einzelnen Mobbinghandlungen in

---

[874] Brackmann-Krasney, § 8 Rn. 15

[875] Voelzke in Petri/Voelzke/Wagner, § 8 Rn. 8; s.a.: Kater/Leube, § 8 Rn. 124; Brackmann-Krasney, § 8 Rn. 15, 332

[876] s.a.: Voelzke in Petri/Voelzke/Wagner, § 2 Rn. 5 ff.; Kater/Leube, § 8 Rn. 3 ff.

[877] vgl. Voelzke in Petri/Voelzke/Wagner, § 2 Rn. 14-17; Brackmann-Wiester, § 2 Rn. 316 ff.

[878] Kater/Leube, § 8 Rn. 44

[879] Brackmann-Krasney, § 8 Rn. 114; BSGE 42, 36 (37)

[880] Brackmann-Krasney, § 8 Rn. 171; s.a.: Lauterbach-Schwerdtfeger, § 8 Rn. 274; Voelzke in Petri/Voelzke/Wagner, § 8 Rn. 46; BAG v. 9.8.1966, NJW 1967, 220 (222)

ihrer Komplexität und ihrem Zusammenwirken, dass der Mobbingbetroffene erkrankt. Verbildlicht lässt sich der typische Mobbingverlauf mit den Worten „steter Tropfen höhlt den Stein" umschreiben. Hierbei dürfte sich eine einzelne Einwirkung auf das gesundheitliche Wohlbefinden des Mobbingbetroffenen nur in den seltensten Fällen derart hervorheben, dass diese den Arbeitsunfall hervorruft.

Erleidet ein Mobbingbetroffener während oder nach der Beendigung eines Mobbingangriffs einen Herzstillstand oder einen Herzinfarkt, so kann dieser durchaus auf einer inneren Ursache des Mobbingbetroffenen beruhen. Dieser kann allerdings auch Folge eines von außen auf den Körper des Mobbingbetroffenen einwirkendes Ereignis sein, etwa durch ein starkes Erschrecken hervorgerufen werden. Worauf der Gesundheitsschaden zurückzuführen ist, wird regelmäßig Gegenstand gutachterlicher Tätigkeit, mithin ein Problem der Beweisbarkeit sein, worauf ich in dem nachfolgenden Punkt e.bb. zurückkommen werde.

Ist die schadensauslösende Mobbinghandlung des Mobbers das letzte Glied in einer langen Kette von einzelnen Mobbinghandlungen (sprichwörtlich: der letzte Tropfen, der das Fass zum Überlaufen bringt), das zu einer gesundheitlichen Schädigung geführt hat, wie es etwa bei einem Nervenzusammenbruch - aber auch bei einem Suizid (-versuch)[881] - infolge zahlreicher vorhergehender einzelner Angriffe der Fall sein kann, so kann in einem derartigen Fall nicht von einem Arbeitsunfall im Sinne des § 8 Abs. 1 Satz 1 SGB VII gesprochen werden.[882] In dieser Hinsicht ist beispielhaft an einen Mobbingbetroffenen zu denken, der den Mobbingangriffen entfliehen möchte, allerdings keinen anderen Ausweg sieht, als sich das Leben zu nehmen.[883] Etwas anderes gilt dagegen dann, wenn der Mobbingbetroffene infolge eines Arbeitsunfalls seine Fähigkeit zur Willensbildung eingebüßt hat bzw. diese eingeschränkt ist und sich im Zusammenhang mit der Mobbingsituation tötet. Nur in einem derartigen Fall kann der Suizid als Arbeitsunfall qualifiziert werden.[884]

bb. Berufskrankheit

Berufskrankheiten sind gemäß § 9 Abs. 1 Satz 1 SGB VII Krankheiten, welche die Bundesregierung durch Rechtsverordnung (sog. Berufskrankheitenverordnung) mit Zustimmung des Bundesrates als Berufskrankheiten bezeichnet hat und die der Versicherte infolge einer den Versicherungsschutz nach §§ 2, 3 oder § 6 SGB VII begründenden Tätigkeit erleidet. Eine Krankheit, die nicht in der Berufskrankheitenverordnung verzeichnet ist oder bei der die dort bestimmten Voraussetzungen nicht vorliegen, ist von dem Träger der gesetzlichen Unfallversicherung wie eine Berufskrankheit als Versicherungsfall anzuerkennen, sofern im Zeitpunkt der Entscheidung nach neuen Erkenntnissen der medizinischen Wissenschaft die Voraussetzungen für eine Bezeichnung nach § 9 Abs. 1 Satz 2 SGB VII erfüllt sind, mithin die Krankheit nach den Erkenntnissen der medizinischen Wissenschaft durch besondere Einwirkungen verursacht ist, denen bestimmte Personengruppen durch ihre versicherte Tätigkeit in erheblich höherem Grade als die übrige Bevölkerung ausgesetzt sind (§ 9 Abs. 2 i.V.m. Abs. 1 Satz 2 SGB VII).

---

[881] BSG v. 30.5.1985, SozR 2200 § 548 RVO Nr. 71, S. 201 f.
[882] s.a.: Kater/Leube, § 8 Rn. 27
[883] vgl. Brackmann-Krasney, § 8 Rn. 416
[884] s.a.: BSGE 18, 163 (165 f.)

Da es sich bei Mobbing nicht um eine medizinisch anerkannte Krankheit handelt, kann dieses Phänomen zwangsläufig auch keine Berücksichtigung in der Berufskrankheitenverordnung[885] finden. Auch finden sich in dieser Verordnung keine Krankheitsbilder, die Folge von Mobbing sein können. Mithin scheiden Mobbing bedingte Berufskrankheiten im Sinne des § 9 Abs. 1 Satz 1 SGB VII aus bzw. können durch Mobbing verursachte Krankheiten nicht als Berufskrankheiten im Sinne dieser Vorschrift qualifiziert werden.

Neuere - d.h. nach Erlass der Berufskrankheitenverordnung vom 31.10.1997 gewonnene und nach bewährten Forschungsergebnissen hinreichend gefestigte[886] - Erkenntnisse der medizinischen Wissenschaft, dass es Personengruppen gibt, die durch ihre Arbeit in erheblich höherem Maße als die übrige Bevölkerung schädigenden Einwirkungen ausgesetzt sind, die geeignet sind, ein bestimmtes auf Mobbing zurückführbares Krankheitsbild zu verursachen, liegen nach meiner Erkenntnis nicht vor. In seinem Urteil vom 23.7.1997 hat das Landessozialgericht Hamburg[887] für die Gruppe der Techniker und Ingenieure des Elektrofachs ausgeführt, dass diese Personengruppe durch ihre Arbeit nicht in einem erheblich höherem Grade als die übrige Bevölkerung psychischen Belastungen infolge Mobbing ausgesetzt ist. Mithin scheidet zumindest für diese Personengruppe ein Rückgriff auf § 9 Abs. 2 SGB VII aus. Ob dies auch für die Beschäftigten - und hier vor allem für die Angestellten - in den Bereichen des Gesundheitswesens, des Erziehungswesens sowie der öffentlichen Verwaltung gelten kann, die gemäß den (arbeitspsychologischen) Erkenntnissen von Zapf überrepräsentativ Mobbing ausgesetzt sind (vgl. 1. Kapitel unter II.6.), kann bezweifelt werden. Die (arbeits-) medizinische Wissenschaft müsste zu vergleichbaren Ergebnissen gelangen. Kann demzufolge nicht ausgeschlossen werden, dass es einzelne Personengruppen gibt, die durch ihre Arbeit in einem höheren Grade als die übrige Bevölkerung psychischen Belastungen infolge Mobbing ausgesetzt ist, so muss ein Rückgriff auf § 9 Abs. 2 SGB VII im konkreten Einzelfall möglich sein, mit der Folge, dass einzelne auf Mobbing zurückführbare typische Krankheiten im konkreten Einzelfall wie eine Berufskrankheit als Versicherungsfall anzuerkennen sind.

c. *Zivilrechtliche Schadensersatzpflicht*

Die §§ 104 ff. SGB VII sehen eine Haftungsbeschränkung nur für Personenschäden einschließlich der durch einen Personenschaden verursachten Folgen[888] vor, die sich aus anderen gesetzlichen Vorschriften (als dem SGB VII) ergeben und durch einen Versicherungsfall verursacht sind.[889] Ihnen gleichgestellt sind Schmerzensgeldansprüche[890] und Ersatzansprüche wegen der Beschädigung oder des Verlustes eines

[885] Berufskrankheitenverordnung vom 31.10.1997, BGBl. I, 2623 = ArbuR 1998, 63
[886] vgl. Kater/Leube, § 9 Rn. 84 f.
[887] III UBf 16/96
[888] Brackmann-Krasney, § 104 Rn. 17; s.a.: Gitter, S. 223 f.
[889] vgl. Brackmann-Krasney, § 104 Rn. 16; Petri in Petri/Voelzke/Wagner, § 104 Rn. 2
[890] Kater/Leube, § 104 Rn. 36; Brackmann-Krasney, § 104 Rn. 18; Petri in Petri/Voelzke/Wagner, § 104 Rn. 2; Gitter, S. 224

Hilfsmittels.[891] Hingegen unterliegen Sachschäden - mit Ausnahme der an Hilfsmitteln - nicht der Haftungsbeschränkung.[892]

Wie im 3. Kapitel unter II. dargelegt ist, können Mobbinghandlungen zu einer Schadensersatzpflicht des Arbeitgebers in dem vorgenannten Rahmen führen, so dass diese Voraussetzung im konkreten Einzelfall erfüllt sein kann.

d. Schuldhaftes Herbeiführen des Versicherungsfalles

Sofern im konkreten Einzelfall ein Versicherungsfall im Sinne des § 7 Abs. 1 SGB VII festgestellt werden kann, der dem Haftungsprivileg gemäß §§ 104 - 107 SGB VII unterfällt, muss dieser von dem Schädiger gemäß § 110 Abs. 1 SGB VII vorsätzlich oder grob fahrlässig herbeigeführt worden sein.

Da der Begriff des Vorsatzes nach den Grundsätzen des Zivilrechts bestimmt werden muss,[893] kann insoweit auf die Ausführungen im 3. Kapitel unter I.4. verwiesen werden. Entsprechendes gilt für die grobe Fahrlässigkeit - allerdings mit der Besonderheit, dass man dem Mobber sein den Versicherungsfall verursachendes Verhalten auch in subjektiver Hinsicht insoweit muss vorwerfen können, als er in nicht entschuldbarer Weise gegen den objektiven Sorgfaltsmaßstab verstoßen hat. Mithin wird eine objektiv besonders krasse und auch subjektiv schlechthin unentschuldbare Pflichtverletzung des schädigenden Mobbers verlangt.[894]

Ob der Versicherungsfall vorsätzlich oder grob fahrlässig in dem dargelegten Sinn herbeigeführt worden ist, lässt sich nur im konkreten Einzelfall beurteilen. Soweit diese Frage bejaht werden kann, ist eine Haftung gemäß § 110 SGB VII möglich, andernfalls schließt das fehlende Verschulden eine Haftung des Mobbers gemäß § 110 SGB VII aus.

e. Verfahrensrechtliche Aspekte

In verfahrensrechtlicher Hinsicht stehen im Zusammenhang mit Mobbing zwei Problemkreise im Vordergrund: die Verjährung des Erstattungsanspruchs sowie die Beweislast des Sozialversicherungsträgers.

aa. Verjährung des Erstattungsanspruchs

Gemäß § 113 SGB VII verjährt der Erstattungsanspruch nach § 110 SGB VII i.V.m. § 852 Abs. 1, 2 BGB in drei Jahren. Die Verjährungsfrist beginnt von dem Tag an zu laufen, an dem die Leistungspflicht für den Träger der Sozialversicherung bindend festgestellt oder ein entsprechendes Urteil rechtskräftig geworden ist. Sofern dies nicht der Fall ist, verjährt der Erstattungsanspruch in 30 Jahren.[895]

---

[891] Kater/Leube, § 104 Rn. 35

[892] h.M.; vgl. Brackmann-Krasney, § 104 Rn. 19; Kater/Leube, § 104 Rn. 35 f.; Petri in Petri/Voelzke/Wagner, § 104 Rn. 2

[893] vgl. Petri in Petri/Voelzke/Wagner, § 104 Rn. 4

[894] Petri in Petri/Voelzke/Wagner, § 110 Rn. 3; Kater/Leube, § 110 Rn. 11; Hauck-Nehls, K § 110 Rn. 12; s.a.: Brackmann-Krasney, § 110 Rn. 10

[895] Petri in Petri/Voelzke/Wagner, Kommentierung zu § 113; Kater/Leube, § 113 Rn 1 f.; Waltermann, S. 3404 f.

Ist die Leistungspflicht des Erstattungspflichtigen festgestellt, dürfte der anspruchsberechtigte Sozialversicherungsträger stets darauf bedacht sein, dass der Erstattungsanspruch nicht verjährt. Nur in Ausnahmefällen dürfte es zu einer Verjährung kommen, so dass der Erstattungspflichtige dann die Einrede der Verjährung erheben wird und infolgedessen der gerichtlichen Geltendmachung des Anspruchs der Erfolg versagt ist. Ist die Erstatttungspflicht nicht bindend festgestellt, etwa weil die Person des Ersatzpflichtigen nicht ermittelt bzw. einem solchen sein den Arbeitsunfall herbeiführendes Verhalten nicht nachgewiesen werden kann, so verjährt der Erstattungsanspruch zwar erst in 30 Jahren. Allerdings kann in einem derartigen Fall davon ausgegangen werden, dass die Möglichkeit des Sozialversicherungsträgers, den Mobber zu einem späteren Zeitpunkt ermitteln und dann in Regress nehmen zu können, mit zunehmender Zeit abnimmt.

bb. Beweislast

Da es sich bei dem Ersatzanspruch gemäß § 110 SGB VII nicht um eine öffentlichrechtliche, sondern um eine zivilrechtliche Streitigkeit handelt, finden auf die Geltendmachung des Anspruchs die zivilrechtlichen Verfahrensgrundsätze Anwendung, so dass der Aufwendungsersatz begehrende Sozialversicherungsträger die anspruchsbegründenden Tatsachen darlegen und im Falle des Bestreitens auch beweisen muss. Der Sozialversicherungsträger muss demzufolge beweisen, dass die als Mobber in Erscheinung getretene natürliche Arbeitgeberperson den Versicherungsfall vorsätzlich oder grob fahrlässig herbeigeführt hat. Der zudem erforderliche Beweis, dass ein Arbeitsunfall vorliegt, dürfte dem Träger der Sozialversicherung regelmäßig nicht gelingen. Abgesehen von dem krassen Ausnahmefall der Gesundheitsverletzung infolge eines tätlichen Angriffs dürfte es nur äußerst schwer festzustellen sein, ob eine bestimmte Mobbinghandlung eine Schädigung der Gesundheit des Mobbingbetroffenen bewirkt hat. Entsprechendes gilt bei Herz-Kreislauf-Versagen, Herzinfarkt und Krebs, wo zu beweisen ist, dass ein solcher Gesundheitsschaden nicht auf eine innere Ursache, sondern auf ein äußeres Ereignis beruht, für das zudem der Mobber die Verantwortung tragen muss. Oftmals wird es dem Sozialversicherungsträger zudem nicht gelingen, die für einen Arbeitsunfall erforderliche haftungsbegründende Kausalität (d.h. den ursächlichen Zusammenhang zwischen einer bestimmten Handlung des Mobbers und dem Arbeitsunfall des Mobbingbetroffenen) sowie die haftungsausfüllende Kausalität (d.h. den ursächlichen Zusammenhang zwischen dem Arbeitsunfall und der Schädigung des Mobbingbetroffenen) zu beweisen. Entsprechendes gilt für die Berufskrankheit.[896] Weiter stellt sich hier das Problem, dass der Sozialversicherungsträger den Beweis erbringen muss, dass der Mobbingbetroffene einer Personengruppe angehört, die durch ihre Arbeit in einem erheblich höheren Maße als die übrige Bevölkerung psychischen Belastungen infolge Mobbing ausgesetzt ist, die wiederum ein bestimmtes auf Mobbing zurückführbares Krankheitsbild verursachen müssen.

f. Haftungsumfang

Sofern dem Sozialversicherungsträger im Einzelfall ausnahmsweise die Beweisführung gelingen sollte, haftet der Mobber dem Sozialversicherungsträger für die

[896] vgl. Brackmann-Krasney, § 9 Rn. 20

infolge des Versicherungsfalls gesetzmäßig erbrachten[897] Aufwendungen (Sach- und Geldleistungen), allerdings nur bis zur Höhe des zivilrechtlichen Schadensersatzanspruchs (§ 110 Abs. 1 Satz 2 SGB VII), unter Umständen unter Beachtung eines Mitverschuldens des Versicherten.[898] Allerdings können die Sozialversicherungsträger gemäß § 110 Abs. 2 SGB VII nach billigem Ermessen, insbesondere unter Berücksichtigung der wirtschaftlichen Verhältnisse des Schädigers, auf den Ersatzanspruch ganz oder teilweise verzichten.[899]

2. *Schadensersatzpflicht gegenüber den Versicherungsträgern gemäß § 116 SGB X*

Soweit der Schädiger bereits nach § 110 SGB VII haftet, ist eine Haftung des Schädigers gemäß § 116 SGB X ausgeschlossen[900] Demzufolge findet die Regelung des § 116 SGB X auf alle Schadensverursacher Anwendung, die von den Sozialversicherungsträgern nicht gemäß § 110 SGB VII in Anspruch genommen werden können, die nicht zu dem Kreis der haftungsprivilegierten Personen im Rahmen der §§ 104 - 107 SGB VII zählen.[901] Damit kommen als schadensersatzpflichtige Personen alle als Mobber in Erscheinung tretenden Geschäftsführer, Vorgesetzte, Arbeitskollegen, Auszubildende und „wie Beschäftigte" (insbesondere Leiharbeitnehmer) in Betracht, bei denen ein Regress gemäß § 110 SGB VII ausgeschlossen ist.

§ 116 SGB X regelt den Übergang von Schadensersatzansprüchen, die ein geschädigter Sozialleistungsempfänger gegen den Schadensverursacher hat, auf einen oder mehrere Sozialleistungsträger.[902] Die Vorschrift gilt für die Träger der gesetzlichen Kranken-, Unfall- und Rentenversicherung einschließlich der Altershilfe für Landwirte und für die Sozialhilfeträger, zudem gemäß § 204 SGB III analog für die Bundesanstalt für Arbeit, soweit sie die Arbeitslosenhilfe durchführt.[903] Ergänzt wird die Vorschrift des § 116 SGB X durch § 117 SGB X, wonach die Leistungsträger Gesamtgläubiger sind, sofern mehrere von diesen Sozialleistungen erbracht haben und der in den Fällen des § 116 Abs. 2 und Abs. 3 SGB X übergegangene Schadensersatzanspruch begrenzt ist, untereinander jedoch im Verhältnis der von ihnen erbrachten Leistungen zum Ausgleich verpflichtet sind (Sätze 1 und 2). Auch wenn eine solche Gesamtgläubigerschaft besteht, steht der Ersatzanspruch im Innenverhältnis nur dem Leistungsträger zu, der eine Sozialleistung alleine erbracht hat (Satz 3). Obwohl auch der Schadensersatzanspruch gemäß § 116 SGB X dem Zivilrecht zuzuordnen ist,[904] wird er in diesem Kapitel behandelt, da die Behandlung sozialrechtlicher Aspekte im Vordergrund steht.

§ 116 Abs. 1 Satz 1 SGB X normiert den Regelfall, wonach - abgesehen von dem Sonderfall des § 116 Abs. 6 SGB X, der für einen Anspruchsübergang bei Schädigungen durch in häuslicher Gemeinschaft lebenden Familienangehörigen Vorsatz bedingt (sog. Familienprivileg) sowie der Härtefallregelung des § 116 Abs. 6 Satz 3

[897] vgl. Brackmann-Krasney, § 110 Rn. 13; Hauck-Nehls, K § 110 Rn. 15
[898] Brackmann-Krasney, § 110 Rn. 16
[899] s.a.: Brackmann-Krasney, § 110 Rn. 19; Waltermann, S. 3404
[900] Kater/Leube, Vor §§ 104 – 113 Rn. 2; Gitter, S. 228
[901] vgl. Gitter, S. 228
[902] vgl. Kittner/Reinhard, § 116 SGB X Rn. 1
[903] s.a.: Hauck/Haines, K § 116 Rn. 6, 68
[904] vgl. Kittner/Reinhard, § 116 SGB X Rn. 1

SGB X[905] - ein auf anderen gesetzlichen Vorschriften beruhender Anspruch auf Ersatz eines Schadens auf den Versicherungsträger oder Träger der Sozialhilfe übergeht, soweit dieser auf Grund des Schadensereignisses Sozialleistungen zu erbringen hat, die der Behebung eines Schadens der gleichen Art dienen und sich auf denselben Zeitraum wie der vom Schädiger zu leistende Schadensersatz beziehen.

a. Anspruch des Geschädigten gegen den Schädiger

Erforderlich ist für einen Anspruchsübergang zunächst, dass der Geschädigte gegen den Schädiger einen Schadensersatzanspruch hat, der sich aus anderen Rechtsnormen als dem Sozialgesetzbuch ergibt. Hierzu zählen in erster Linie sich aus dem Bürgerlichen Gesetzbuch herzuleitende Haftungsnormen wie Ansprüche aus unerlaubter Handlung gemäß §§ 823 ff. BGB oder aus Positiver Vertragsverletzung.[906]

Wie bereits im 3. Kapitel unter I. dargelegt wurde, können sich Schadensersatzansprüche des Mobbingbetroffenen gegen den Mobber aus unerlaubter Handlung ergeben, so dass diese Voraussetzung im konkreten Einzelfall erfüllt sein kann.

b. Bestehendes Sozialleistungsverhältnis

Für den Anspruchsübergang ist weiter erforderlich, dass zwischen dem geschädigten Mobbingbetroffenen und dem betreffenden Sozialleistungsträger ein Sozialleistungsverhältnis besteht, aufgrund dessen der Leistungsträger Sozialleistungen zu erbringen hat. Hierzu ist ausreichend, dass ein Anspruch bereits dem Grunde nach entstanden ist.[907]

In den weitaus überwiegenden Fällen dürfte sich der Mobbingbetroffene zu den Sozialleistungsträgern in einem Versicherungsverhältnis befinden: als Angestellter bzw. Arbeiter und Auszubildender[908] ist er gemäß § 2 Abs. 1 Ziffer 1 SGB VII kraft Gesetz in der gesetzlichen Unfallversicherung, gemäß § 24 Abs. 1 SGB III kraft Gesetz in der Arbeislosenversicherung, gemäß § 5 Abs. 1 Ziffer 1 SGB V in der gesetzlichen Krankenversicherung und gemäß § 1 Ziffer 1 SGB VI kraft Gesetz in der gesetzlichen Rentenversicherung versichert. Damit hat der insoweit versicherte Mobbingbetroffene Anspruch auf Leistung, sofern ein Versicherungsfall eingetreten ist und die Voraussetzungen für die Leistungspflicht des Leistungsträgers erfüllt sind (z.B. Leistungen zur medizinischen Rehabilitation gemäß §§ 27 Abs. 1 Ziffer 7, 33 SGB VII infolge eines erlittenen Arbeitsunfalls im Sinne des § 8 SGB VII). Soweit hingegen eine Leistungspflicht des Leistungsträgers nicht besteht, entfällt mithin zwangsläufig auch die Möglichkeit eines Anspruchübergangs auf einen oder mehrere Sozialversicherungs- bzw. Sozialhilfeträger.

---

[905] Gemäß § 116 Abs. 3 Satz 3 SGB X ist ein Übergang des Schadensersatzanspruchs ausgeschlossen, soweit der Geschädigte oder seine Hinterbliebenen dadurch hilfbedürftig im Sinne der Vorschriften des BSHG werden (sog. Härteklausel).

[906] vgl. Hauck/Haines, K § 116 Rn. 7; Gitter, S. 228

[907] vgl. Kittner/Reinhard, § 116 SGB X Rn. 1; Hauck/Haines, K § 116 Rn. 9; Gitter, S. 228

[908] vgl. Brackmann-Wiester, § 2 Rn. 316 ff.; Voelzke in Petri/Voelzke/Wagner, § 2 Rn. 14

c. Kongruenz zwischen der Sozialleistung und dem zu ersetzenden Schaden

Weitere Voraussetzung für den Anspruchsübergang ist, dass sowohl in sachlicher als auch in zeitlicher Hinsicht eine Kongruenz (d.h. Gleichartigkeit) zwischen der Sozialleistung und dem zu ersetzenden Schaden besteht.[909]

aa. Sachliche Kongruenz

In sachlicher Hinsicht liegt eine Kongruenz vor, wenn die Sozialleistung eine Kompensation eines artgleichen Schadens bezweckt, die Sozialleistung demselben Zweck dient wie die Schadensersatzpflicht des Schädigers.[910] Beide Leistungen müssen unmittelbar durch ein und dasselbe schadenstiftende Ereignis ausgelöst werden und übereinstimmend die Aufgabe haben, die vom Geschädigten erlittene Schädigung zu beseitigen.[911]

Eine sachliche Kongruenz besteht gemäß § 116 Abs. 1 Satz 2 SGB X auch bei Beiträgen, die von Sozialleistungen zu zahlen sind. Hierzu zählen unter anderem die Beiträge zur Kranken-, Renten- und Arbeitslosenversicherung.[912] Ebenfalls existiert eine sachliche Kongruenz regelmäßig bei Heilungskosten gemäß § 27 ff. SGB V sowie §§ 27 ff. SGB VII, da diese mit den zivilrechtlichen Schadensersatzansprüchen des Geschädigten gegenüber den Schädiger deckungsgleich sind.[913] Gleiches gilt für Renten wegen verminderter Erwerbsunfähigkeit (§§ 43 ff. SGB VI), Krankengeld (§ 44 SGB V), Unfallrenten (§ 56 SGB VII), Arbeitslosengeld und Arbeitslosenhilfe (§§ 117 ff., 190 ff. SGB III) sowie Verletzten- und Übergangsgeld (§§ 20 ff. SGB VI, §§ 45 ff. SGB VII, §§ 160 ff. SGB III), da sie den zivilrechtlichen Erwerbsschäden entsprechen.[914] Bei Ansprüchen auf Schmerzensgeld ist eine sachliche Gleichartigkeit hingegen zu verneinen, da die Leistungsträger entsprechende Leistungen nicht gewähren.[915] Gleiches gilt grundsätzlich für Sachschäden, wobei die Hilfsmittel gemäß § 8 Abs. 3 i.V.m. § 31 SGB VII (z.B. Brille, Hörgerät, Prothese) eine Ausnahme bilden.[916]

bb. Zeitliche Kongruenz

Eine Kongruenz besteht in zeitlicher Hinsicht, wenn der Zeitraum, für den die Sozialleistung erbracht wird, deckungsgleich ist mit dem Zeitraum, für den der Geschädigte gegenüber den Schädiger einen Anspruch auf Schadensersatz hat.[917] Sofern der Zeitraum der zeitlichen Kongruenz überschritten wird, bleibt dies für den Schädiger ohne Folgen. Insoweit kann der Leistungsträger von dem Schädiger keinen Ersatz

---

[909] vgl. statt vieler: Kittner/Reinhard, § 116 SGB X Rn. 1

[910] Kittner/Reinhard, § 116 SGB X Rn. 1; Hauck/Haines, K § 116 Rn. 11

[911] Hauck/Haines, K § 116 Rn. 11

[912] vgl. Hauck/Haines, K § 116 Rn. 17a; Schroeder-Printzen u.a.-Schmalz, § 116 Rn. 9

[913] s.a.: Hauck/Haines, K § 116 Rn. 15; Schroeder-Printzen u.a.-Schmalz, § 116 Rn. 5

[914] s.a.: Hauck/Haines, K § 116 Rn. 17; Schroeder-Printzen u.a.-Schmalz, § 116 Rn. 5 ff.

[915] vgl. Kittner/Reinhard, § 116 SGB X Rn. 1; Hauck/Haines, K § 116 Rn. 13; Schroeder-Printzen u.a.-Schmalz, § 116 Rn. 12

[916] vgl. Hauck/Haines, K § 116 Rn. 14; Schroeder-Printzen u.a.-Schmalz, § 116 Rn. 5

[917] Kittner/Reinhard, § 116 SGB X Rn. 1; s.a.: Hauck/Haines, K § 116 Rn. 20; Schroeder-Printzen u.a.-Schmalz, § 116 Rn. 15

verlangen.[918] Hat beispielsweise der Mobber Verdienstausfall für die Dauer von sechs Wochen zu leisten, zahlt die Berufsgenossenschaft jedoch eine Unfallrente für einen Zeitraum von zwei Monaten, so kann die Berufsgenossenschaft den Mobber demzufolge hinsichtlich der Rentenzahlungen nur für den Zeitraum von sechs Wochen in Anspruch nehmen.[919]

d. Folgen des Anspruchsübergangs

Sofern die Voraussetzungen des § 116 Abs. 1 SGB X erfüllt sind, geht grundsätzlich[920] die Forderung des geschädigten Mobbingbetroffenen gegen den Mobber mit dem Schadensereignis auf den Leistungsträger über.[921] Da der Anspruch nur in dem Umfang übergehen kann, in dem er im Verhältnis Schädiger/Geschädigter entstanden ist, muss sich der Leistungsträger gemäß §§ 404, 412 BGB Einwendungen und Einreden des Schuldners (z.B. die Einrede der Verjährung) entgegenhalten lassen.[922] Soweit dem Geschädigten ein mitwirkendes Verschulden oder eine mitwirkende Verantwortlichkeit vorzuwerfen ist oder der Ersatzanspruch durch Gesetz der Höhe nach begrenzt ist, geht nur der zum Schadensersatz verpflichtende Teil auf den Leistungsträger über (§ 116 Abs. 3 Satz 1, 2 SGB X).

Hat der Geschädigte von dem zum Schadensersatz verpflichteten auf einen übergegangenen Anspruch mit befreiender Wirkung gegenüber dem Leistungsträger Leistungen erhalten, so hat der Geschädigte dem Leistungsträger die von diesem erbrachten Leistungen zu erstatten (§ 116 Abs. 7 Satz 1 SGB X). Sofern den Leistungen eine befreiende Wirkung nicht zukommt, haften der Geschädigte und der Schädiger dem Leistungsträger gegenüber als Gesamtschuldner (§ 116 Abs. 7 Satz 2 SGB X).[923]

e. Beweislast

Da der Sozialversicherungs- bzw. Sozialhilfeträger im Rahmen des § 116 SGB X einen Anspruch erwirbt, den der Mobbingbetroffene zivilrechtlich durchsetzen müsste, gilt dies auch für den Leistungsträger.[924] Damit trifft den Leistungsträger die Darlegungs- und Beweislast für das Vorliegen der anspruchsbegründenden Tatsachen. Dies hat wiederum zur Konsequenz, dass der Leistungsträger nicht nur die anspruchsbegründenden Tatsachen des Schadensersatzanspruchs des Mobbingbetroffenen, sondern auch die eigene Leistungspflicht gegenüber dem Mobbingbetroffenen sowie die Kongruenz zwischen der Sozialleistung und dem zu ersetzenden Schaden darzulegen und zu beweisen hat. Ob dem Leistungsträger dies in der überwiegenden Zahl der Fälle

---

[918] vgl. Hauck/Haines, K § 116 Rn. 20

[919] s.a.: Hauck/Haines, K § 116 Rn. 20; Schroeder-Printzen u.a.-Schmalz, § 116 Rn. 15

[920] beachte die Härteklausel des § 116 Abs. 3 Satz 3 SGB X sowie das Familienprivileg gemäß § 116 Abs. 6 SGB X

[921] Hauck/Haines, K 116 Rn. 22; Gitter, S. 228; Eine Ausnahme hiervon wollen Hauck/Haines, a.a.O., für die Bundesanstalt für Arbeit machen. Gemäß ihrer (in der Literatur umstrittenen) Ansicht sollen Forderungen grundsätzlich erst zu dem Zeitpunkt auf die Bundesanstalt für Arbeit übergehen, zu dem sie Leistungen an den Geschädigten erbringt. Dieser Meinungsstreit dürfte in der Praxis kaum von Bedeutung sein, da der Anspruch auf jeden Fall auf die Bundesanstalt für Arbeit übergeht.

[922] Hauck/Haines, K § 116 Rn. 25

[923] entsprechendes gilt nach dem Wortlaut des § 116 Abs. 7 SGB X auch für die Hinterbliebenen des Geschädigten

[924] s.a.: Hauck/Haines, K § 116 Rn. 27

gelingen wird, kann unter Bezugnahme auf die voranstehenden Ausführungen in Punkt 1.e.bb. zur Beweislast und die sich daraus ergebenden Rückschlüsse eher bezweifelt werden. Infolgedessen dürfte es nur in Ausnahmefällen zu einer Schadensersatzpflicht des Mobbers gemäß § 116 SGB X kommen.

II. Sozialrechtliche Bewertung des Verhaltens von Vorgesetzten, des Arbeitgebers, von Personen mit Arbeitgeberfunktionen, von Mitgliedern der betrieblichen Interessenvertretung sowie von Arbeitskollegen und sonstigen Dritten

Nachdem das Verhalten des Mobbers einer sozialrechtlichen Bewertung unterzogen wurde, ist der Frage nachzugehen, wie das Verhalten der anderen betrieblichen Akteure (z.B. Geschäftsführer, Vorgesetzte, Arbeitskollegen, Auszubildende, Mitglieder der betrieblichen Interessenvertretung) in sozialrechtlicher Hinsicht zu bewerten ist. In Betracht kommen wiederum Haftungsansprüche der Leistungsträger gemäß § 110 SGB VII sowie nach § 116 SGB X.

1. Haftung gemäß § 110 SGB VII

Sofern eine der vorgenannten Personen - ohne dass diese als Mobber zu qualifizieren ist - einen Versicherungsfall vorsätzlich oder fahrlässig herbeigeführt hat, kommt eine Haftung gemäß § 110 SGB VII nur insoweit in Betracht, als der Versicherungsfall auf einem Unterlassen beruht.[925] Da ein Unterlassen jedoch nur dann von rechtlicher Bedeutung sein kann, wenn dem untätig Bleibenden eine Pflicht zum Handeln trifft, reduziert sich eine Anwendbarkeit der Vorschrift nur auf solche Personen, denen im Verhältnis zum Mobbingbetroffenen eine Garantenstellung zukommt. Nur soweit diese Personen ihre Garantenpflicht vorsätzlich oder grob fahrlässig verletzen, können sie einen Versicherungsfall durch Unterlassen herbeiführen.

Wie bereits im 3. Kapitel unter II.1.f. ausgeführt wurde, gibt es nur in Ausnahmefällen eine besondere Vertrauensbeziehung zwischen einem Vorgesetzten und dem Mobbingbetroffenen, die geeignet ist, eine Garantenstellung zu begründen. Trifft den Arbeitgeber die sich aus dem Arbeitsvertrag ergebende Pflicht, den Mobbingbetroffenen vor Schäden zu schützen (vgl. 3. Kapitel unter II1.a.), ist dieser als Garant zu qualifizieren, wenn ihm die Mobbingsituation bekannt ist. Hinsichtlich der Arbeitskollegen, den Mitgliedern der betrieblichen Interessenvertretung sowie sonstigen Dritten dürfte eine Garantenstellung hingegen nur im Ausnahmefall vorliegen.

Soweit eine Garantenpflicht in Einzelfall besteht, müssen die weiteren Voraussetzungen des § 110 SGB VII erfüllt sein, so dass diesbezüglich auf die Ausführungen in Kapitelabschnitt I.1. verwiesen werden kann. Nur soweit die dort erörterten Voraussetzungen erfüllt sind, besteht die Möglichkeit einer Haftung gemäß § 110 Abs. 1 SGB VII.

2. Schadensersatzpflicht gemäß § 116 SGB X

Sofern eine der vorgenannten Personen - ohne selbst als Mobber in Erscheinung zu treten - gegenüber dem Mobbingbetroffenen zum Schadensersatz verpflichtet ist, kann der betreffende Schadensersatzanspruch im Rahmen der §§ 116, 117 SGB X auf

---

[925] s.a.: Brackmann-Krasney, § 110 Rn. 10

einen oder mehrere Leistungsträger übergegangen sein. Schließlich ist der Anspruchsübergang gemäß § 116 Abs. 1 SGB X lediglich davon abhängig, dass der Geschädigte einen Schadensersatzanspruch hat, der auf einer anderen gesetzlichen Grundlage als dem Sozialgesetzbuch beruht. Ein Übergang des Schadensersatzanspruchs gemäß § 116 SGB X ist allerdings ausgeschlossen, wenn eine Haftungsbeschränkung im Rahmen der §§ 104 ff. SGB VII gegeben ist. In einem solchen Fall erfolgt lediglich eine Haftung gemäß § 110 SGB VII.[926]

III. Haftung des Unternehmens

In sozialrechtlicher Hinsicht ist abschließend an eine Haftung des Unternehmens gemäß § 111 SGB VII bzw. nach § 116 SGB X zu denken.

1. Haftung gemäß § 111 SGB VII

Gemäß § 111 Satz 1 SGB VII haftet nach Maßgabe des § 110 SGB VII auch die Vertretene, wenn ein Mitglied eines vertretungsberechtigten Organs, Abwickler oder Liquidatoren juristischer Personen, vertretungsberechtigte Gesellschafter oder Liquidatoren einer Personengesellschaft des Handelsrechts oder gesetzliche Vertreter der Unternehmer in Ausführung ihnen zustehender Verrichtungen den Versicherungsfall vorsätzlich oder grob fahrlässig verursacht haben; wobei eine nach § 110 SGB VII bestehende Haftung derjenigen, die den Versicherungsfall verursacht haben, unberührt bleibt (§ 111 Satz 2 SGB VII). Das gleiche gilt nach § 111 Satz 3 SGB VII für Mitglieder des Vorstandes eines nicht rechtsfähigen Vereins sowie für vertretungsberechtigte Gesellschafter einer Personengesellschaft des bürgerlichen Rechts mit der Maßgabe, dass sich die Haftung auf das Vereins- bzw. Gesellschaftsvermögen beschränkt.

a. Herbeiführung eines Versicherungsfalles in Ausübung der Vertretung

Eine Haftung des Vertretenen bzw. der Vertretenen nach § 111 SGB VII erfordert, dass der Vertreter den Versicherungsfall in Ausübung seiner Vertretung verursacht hat. Mithin ist eine Haftung ausgeschlossen, sofern der Versicherungsfall gelegentlich der Tätigkeit herbeigeführt wurde.[927] Entsprechendes gilt, wenn der von dem Vertreter verursachte Versicherungsfall auf eine Überschreitung der ihm übertragenen bzw. zugewiesenen Aufgaben beruht.[928]

Wurde eine einen Versicherungsfall im Sinne des § 7 Abs. 1 SGB VII verursachende Mobbinghandlung etwa von einem Geschäftsführer grob fahrlässig oder vorsätzlich begangen, um den Mobbingbetroffenen zu einer Aufgabe seines Arbeitsverhältnisses zu bewegen, so kann dies durchaus im Rahmen der dem Geschäftsführer von dem Gesellschafter übertragenen bzw. zugewiesenen Aufgaben erfolgt sein. Wird beispielsweise der Geschäftsführer einer GmbH von dem Gesellschafter beauftragt, Personal abzubauen, so wird dieser Auftrag stets beinhalten, dies möglichst kostengünstig zu bewerkstelligen. Mit welchen Mitteln der Geschäftsführer dies tut, wird dem

[926] Kater/Leube, § 110 Rn. 3
[927] Brackmann-Krasney, § 111 Rn. 8; Waltermann, S. 3404
[928] vgl. die Kommentierung von Petri zu § 111 in Petri/Voelzke/Wagner; s.a.: Waltermann, S. 3404

Gesellschafter häufig relativ gleichgültig sein, sofern sich der Geschäftsführer im Rahmen des rechtlich Erlaubten bewegt. Schafft es der Geschäftsführer beispielsweise, einen Teil der in Betracht kommenden Beschäftigten zu einer Eigenkündigung zu bewegen, so können damit zahlreiche Einsparungen (z.B. Wegfall von Prozesskosten infolge von vermiedenen Kündigungsschutzklagen, weniger Sozialplanabfindungen, keine zusätzliche Arbeit der Personalabteilung, kein Zeitaufwand wegen der ansonsten erforderlichen Anhörungen der betrieblichen Interessenvertretung) verbunden sein. Nur wenn der Versicherungsfall gelegentlich der Vertretungstätigkeit verursacht wird, entfällt eine Haftung des Unternehmens gemäß § 111 SGB VII, so dass dann nur noch eine Haftung des Vertreters in Betracht kommen kann.

Wurde der Versicherungsfall hingegen von einer Person herbeigeführt, die nicht als Vertreter des Unternehmens zu qualifizieren ist (z.B. Vorgesetzer, Arbeitskollegen des Mobbingbetroffenen), so haftet das Unternehmen nur, wenn dem Vertreter ein zumindest grob fahrlässiges Handeln bei der Beauftragung und/oder der Beaufsichtigung der betreffenden Person zur Last gelegt werden kann. Allerdings muss sich das grob fahrlässige Verhalten hinsichtlich der Beauftragung bzw. Beaufsichtigung gerade auf den Tätigkeitsbereich beziehen, in dem sich der Versicherungsfall durch das vorsätzliche oder grob fahrlässige Verhalten der betreffenden Person ereignet hat.[929] Mithin ist eine Haftung des Unternehmens beispielhaft dann zu bejahen, wenn der Geschäftsführer positive Kenntnis davon hat, dass ein Vorgesetzter Mobbing betreibt, der Geschäftsführer das Vorgehen des Mobbers gut heißt und infolgedessen absichtlich untätig bleibt, der Mobbingbetroffene infolge einer Mobbinghandlung einen Arbeitsunfall erleidet, den der Mobber wiederum mindestens grob fahrlässig herbeigeführt haben muss.

Demzufolge sind durchaus Fallkonstellationen denkbar, die eine Haftung des Unternehmens gemäß § 111 SGB VII begründen können.

b. *Haftungsumfang*

Sofern man im konkreten Einzelfall eine Haftung des bzw. der Vertretenen gemäß § 111 SGB VII bejahen kann, richtet sich diese in ihrem Umfang nach § 110 SGB VII, wobei zu bedenken ist, dass die Sozialversicherungsträger im Rahmen des § 110 Abs. 2 SGB VII auf eine solche ganz oder teilweise verzichten können.[930]

Ist sowohl eine Haftung des Vertreters nach § 110 SGB VII als auch eine Haftung des bzw. der Vertretenen nach § 111 SGB VII zu bejahen, so haften beide als Gesamtschuldner,[931] wobei in erster Linie das Interesse bestehen dürfte, das regelmäßig zahlungsfähigere Unternehmen in Anspruch zu nehmen.

c. *Verfahrensrechtliche Aspekte*

Auch hinsichtlich der Haftung des Unternehmens gemäß § 111 SGB VII stellen sich die Beweisprobleme, auf die bereits in Kapitelabschnitt I.1.e.bb. eingegangen wurde. Hinzu kommt, dass der Leistungsträger im Prozess darlegen und im Falle des Bestreitens auch beweisen muss, dass der Vertreter den Versicherungsfall in Aus-

[929] Brackmann-Krasney, § 111 Rn. 8
[930] Kater/Leube, § 111 Rn. 4
[931] vgl. Brackmann-Krasney, § 111 Rn. 3, 11; Kater/Leube, § 111 Rn. 5

führung seiner Verrichtung verursacht hat oder ihm ein zumindest grob fahrlässiges Handeln bei der Beauftragung oder Beaufsichtigung eines anderen (z.B. eines Vorgesetzten) zur Last gelegt werden kann. Dies dürfte in den meisten Fällen kaum gelingen, so dass eine mögliche Haftung nach § 111 SGB VII lediglich von theoretischer Bedeutung sein dürfte.

Hingegen dürfte sich die Frage einer Verjährung des Erstattungsanspruchs gemäß § 113 SGB VII kaum stellen, da grundsätzlich von dem Umstand ausgegangen werden darf, dass die Sozialversicherungsträger bestrebt sind, ihnen bekannte Erstattungspflichten zu realisieren (vgl. hierzu auch die Ausführungen in Kapitelabschnitt I.1.e.aa.).

2. Schadensersatzpflicht gemäß § 116 SGB X

Indem der § 116 Abs. 1 Satz 1 SGB X den Anspruchsübergang auf den Leistungsträger lediglich von einer Schadensersatzpflicht des Schädigers gegenüber dem Geschädigten abhängig macht, kann sich somit auch eine Schadensersatzpflicht des Unternehmens im Rahmen dieser Vorschrift ergeben. Allerdings muss auch hier beachtet werden, dass eine Anwendbarkeit der Vorschrift ausscheidet, sofern eine Haftung nach § 111 SGB X erfolgt.[932]

Hinsichtlich einer Anwendbarkeit des § 116 SGB X ist etwa an den Fall zu denken, dass der Mobbingbetroffene seinen Arbeitsvertrag in wirksamer Weise nach einer ausgesprochenen erfolglosen „Abmahnung" kündigt, weil der Geschäftsführer in schuldhafter Weise nicht der Fürsorgepflicht nachkommt und keine geeigneten Maßnahmen zur Beendigung des Mobbing ergreift, der Mobbingbetroffene hierdurch bedingt arbeitslos wird und von der Bundesanstalt für Arbeit die entsprechenden Leistungen bezieht. Hier stellt sich für die Bundesanstalt für Arbeit die Frage, ob ein Schadensersatzanspruch des Mobbingbetroffenen gegenüber dem Unternehmen gemäß § 116 Abs. 1 SGB X übergegangen ist.

Da die Voraussetzungen des § 116 SGB X sowie die sich bei der Geltendmachung des Anspruchs ergebenden Probleme bereits erörtert worden sind, kann insoweit auf die Ausführungen in Kapitelabschnitt I.2. verwiesen werden. Demzufolge kann festgehalten werden, dass ein Unternehmer kaum damit rechnen muss, gemäß § 116 SGB X Schadensersatz leisten zu müssen.

IV. Ergebnis der sozialrechtlichen Bewertung von Mobbing

Als Ergebnis der sozialrechtlichen Bewertung von Mobbing ist zu vermerken, dass sich in materiellrechtlicher Hinsicht im Einzelfall eine Haftung des Mobbers aus § 110 SGB VII sowie eine Haftung des Unternehmens gemäß § 111 SGB VII ergeben kann. Nur soweit eine Haftung nach §§ 110, 111 SGB VII ausscheidet, können sich sowohl der Mobber als auch die anderen betrieblichen Akteure im Einzelfall nach § 116 SGB X regresspflichtig machen. Stets hängt die Durchsetzbarkeit eines geltend gemachten Haftungsanspruchs von der Beantwortung verfahrensrechtlicher Fragen ab. In der Mehrzahl der Fälle dürfte dem Leistungsträger die Beweisführung kaum gelingen, so dass der Beklagte grundsätzlich nicht befürchten muss, im Zusammenhang mit Mobbing gegenüber den Sozialversicherungsträgern haften zu müssen.

---

[932] s.a.: Hauck-Nehls, K § 111 Rn. 10

Ferner kann festgehalten werden, dass eine einzelne Mobbinghandlung zu einem Arbeitsunfall im Sinne des § 8 SGB VII führen kann, während die Anerkennung einer Berufskrankheit gemäß § 9 SGB VII infolge Mobbing kaum in Betracht kommen dürfte.

6. Kapitel: Dienstrechtliche Bewertung von Mobbing

Während das Recht der im Öffentlichen Dienst beschäftigten Angestellten und Arbeiter dem privatrechtlichen Teil des Dienstrechts zuzuordnen ist, auf das grundsätzlich das allgemeine Arbeits- und Sozialrecht Anwendung findet, betrifft der öffentlich-rechtliche Teil des Dienstrechts das Recht der Beamten.[933] Im Verhältnis zum Arbeits- sowie Sozialrecht existieren im Beamtenrecht einige Besonderheiten, die sich aus der besonderen rechtlichen Beziehung zwischen dem Beamten und seinem Dienstherrn ergeben.[934] Diese Besonderheiten sind es, die es erfordern, sich auch im Zusammenhang mit Mobbing mit dem Dienstrecht der Beamten zu beschäftigen. Obgleich auch Richter, Berufssoldaten und kirchliche Bedienstete Angehörige des öffentlichen Dienststes sind, sollen diese bei der nachfolgenden Begutachtung außerhalb der Betrachtung bleiben, da deren Rechtsstellung spezialgesetzlich geregelt ist. Schließlich gilt für die Richter das Deutsche Richtergesetz (DRiG), für Soldaten das Soldatengesetz (SoldG) und für die Bediensteten der Kirchen das Kirchenrecht.[935] Zudem ist mir bislang kein Mobbingfall bekannt geworden, der einen Angehörigen dieses Personenkreises betraf.

Die dienstrechtliche Begutachtung orientiert sich an dem Bundesbeamtengesetz und betrifft mithin solche Beamte, auf die das Bundesbeamtengesetz Anwendung findet. Beamte, für die das Beamtengesetz eines der Bundesländer gilt, werden nur insoweit erfasst, als das Beamtenrechtsrahmengesetz gleichlautende Vorschriften enthält, die der Bundesgesetzgeber den Landesgesetzgebern zur Beachtung vorgegeben hat. Diese sind, sofern vorhanden, hinter der jeweiligen Vorschrift des Bundesbeamtengesetzes in Klammern gesetzt.

Entsprechend der Grundannahme in den voranstehenden Kapiteln wird auch bei der dienstrechtlichen Beurteilung - soweit es von rechtlicher Bedeutung ist - davon ausgegangen, dass Rechtfertigungsgründe sowie Schuldausschließungsgründe nicht zum Tragen kommen.

Im Zusammenhang mit Mobbing sind in dienstrechtlicher Hinsicht drei Aspekte einer Bewertung zu unterziehen:
- das Beschwerderecht des verbeamteten Mobbingbetroffenen,
- die Verhängung disziplinarrechtlicher Sanktionen gegen Beamte,
- der Anspruch des verbeamteten Mobbingbetroffenen auf Unfallfürsorge.

I. Beschwerderecht des verbeamteten Mobbingbetroffenen

Vergleichbar den Angestellten und Arbeitern können auch Beamte - mithin auch der verbeamtete Mobbingbetroffene - sich beschweren. Soweit es eine sexuelle Belästigung betrifft, ergibt sich das Beschwerderecht in demselben Maße aus § 3 Abs. 1 i.V.m. §§ 2 Abs. 2, 1 Abs. 2 BeSchuG. Das personalvertretungsrechtliche Beschwerderecht ergibt sich aus § 68 Abs. 1 Ziffer 3 BPersVG[936]. Daneben besteht ein allgemeines Beschwerderecht des Beamten, das seine gesetzliche Regelung in § 171 BBG (§ 60

[933] vgl. Künig, Rn. 5 f., 184, 192
[934] s.a.: Künig, Rn. 6
[935] s.a.: Künig, Rn. 10
[936] siehe hierzu auch die Ausführungen im 8. Kapitel unter I.2.

BRRG) erfahren hat. Danach kann der Beamte Beschwerden vorbringen, wobei der Beschwerdeweg bis zur obersten Dienstbehörde offen steht (§ 171 Abs. 1 BBG). Richtet sich die Beschwerde gegen den unmittelbaren Vorgesetzten (§ 3 Abs. 2 BBG), so kann sie bei dem nächsthöheren Vorgesetzen unmittelbar eingereicht werden.

Die Grundsätze des Beschwerderechts des Beamten sind mit denen der Angestellten und Arbeiter vergleichbar: Die Erhebung einer Beschwerde ist nicht an die Einhaltung von Form- und Fristvorschriften gebunden.[937] Da grundsätzlich der Dienstweg einzuhalten ist, sind Beschwerden regelmäßig an den unmittelbaren Vorgesetzten zu richten.[938] Die mit der Beschwerde angegangene Stelle hat diese entgegenzunehmen, zu prüfen und den Beschwerdeführer über das Ergebnis der Prüfung zu benachrichtigen.[939] Der Beschwerdeführer darf wegen der Erhebung seiner Beschwerde nicht benachteiligt werden.[940]

Da sich die Beschwerde eines Beamten in ihren Grundzügen nicht von der Beschwerde eines Angestellten bzw. Arbeiters unterscheidet, kann insoweit auf die Ausführungen im 4. Kapitel unter II.1. verwiesen werden. Ob eine gegen das Mobbing gerichtete Beschwerde des verbeamteten Mobbingbetroffenen zu einer Beendigung der Mobbingsituation führen wird, ist von den Umständen des konkreten Einzelfalls abhängig. Insbesondere die Rolle des Vorgesetzten sowie seine soziale Kompetenz sind Faktoren, denen hinsichtlich des Erfolges einer erhobenen Beschwerde eine wesentliche Bedeutung zukommt. Vergleichbar der Situation in der Privatwirtschaft wird man als Mobbingbetroffener jedoch keine allzu großen Hoffnungen hegen dürfen, dass die Beschwerde geeignet ist, eine Mobbingsituation zu beenden, geschweige, den sich dahinter verbergenden Konflikt zu lösen.

II. Disziplinarrechtliche Sanktionen gegen Beamte

Weiter ist zu fragen, ob gegen Beamte im Zusammenhang mit Mobbing disziplinarrechtliche Sanktionen (z.B. Verweis, Geldbuße, Entfernung aus dem Dienst; vgl. §§ 5 ff. BDO) verhängt werden können. Zu denken ist in dieser Hinsicht sowohl an einen Beamten, der selber als Mobber in Erscheinung tritt, als auch an einen Beamten, der in seiner Eigenschaft als Vorgesetzter nichts zur Beendigung einer akuten Mobbingsituation unternimmt.

Gemäß § 77 Abs. 1 Satz 1 BBG (§ 45 Abs. 1 Satz 1 BRRG) begeht ein Beamter ein Dienstvergehen, wenn er schuldhaft seine Pflichten verletzt. Aber auch ein Verhalten außerhalb des Dienstes ist ein Dienstvergehen, wenn es nach den Umständen des Einzelfalls geeignet ist, Achtung und Vertrauen in einer für sein Amt oder das Ansehen des Beamtentums bedeutsamen Weise zu beeinträchtigen (vgl. § 77 Abs. 1 Satz 2 BBG [§ 45 Abs. 1 Satz 2 BRRG]).

---

[937] Battis, § 171 Rn. 4; Plog u.a., § 171 Rn. 7, der allerdings darauf hinweist, dass die Schriftform wegen des Erfordernisses der Einhaltung des Dienstweges die Regel ist

[938] Plog u.a., § 171 Rn. 8

[939] Battis, § 171 Rn. 4; Plog u.a., § 171 Rn. 9

[940] Battis, § 171 Rn. 4; Plog u.a., § 171 Rn. 5, 9

1. Pflichten der Beamten

Die von einem jeden Beamten zu beachtenden Pflichten ergeben sich aus §§ 52 ff. BBG (§§ 35 ff. BRRG), daneben aus weiteren Gesetzen, Dienstordnungen, Dienstanweisungen sowie aus ungeschriebenen Regeln des Beamtentums.[941]

Von besonderer Bedeutung für die Bestimmung der Pflichten des Beamten ist § 54 Satz 3 BBG (§ 36 Satz 3 BRRG).[942] Nach dieser Vorschrift muss das Verhalten des Beamten innerhalb und außerhalb des Dienstes der Achtung und dem Vertrauen gerecht werden, die sein Beruf erfordern. Außerhalb des Dienstes erfährt diese „Wohlverhaltensklausel" durch § 77 Abs. 1 Satz 1 BBG (§ 45 Abs. 1 Satz 1 BRRG) eine Einschränkung, wonach ein Verhalten außerhalb des Dienstes nur dann ein Dienstvergehen darstellt, wenn es nach den Umständen des Einzelfalls in besonderem Maße geeignet ist, Achtung und Vertrauen in einer für sein Amt oder das Ansehen des Beamtentums bedeutsamen Weise zu beeinträchtigen.

Sofern man sich die Rechtsprechung sowie die Literatur betrachtet, scheinen den Pflichten eines Beamten keine Grenzen gesetzt zu sein. Im Zusammenhang mit Mobbing stehen folgende Pflichten des Beamten im Vordergrund, wobei der außerdienstliche Pflichtenkreis des Beamten wegen der Arbeitsplatzbezogenheit der Mobbingproblematik außerhalb der Betrachtung bleibt:

1. Die Pflicht zur Wahrung des Betriebsfriedens verpflichtet den Beamten, falsche Beschuldigungen, Verdächtigungen, Beleidigungen, Bedrohungen und Tätlichkeiten gegenüber seinen Arbeitskollegen zu unterlassen.[943]
2. Die Pflicht zu achtungswürdigem und vertrauensvollem Verhalten verpflichtet den Beamten, Beleidigungen und Verunglimpfungen seines Vorgesetzten[944] sowie achtungswidrige Äußerungen über die Dienststelle und/oder über seine Vorgesetzten gegenüber Dritten[945] zu unterlassen. Gleiches gilt für Drohungen und Tätlichkeiten.[946]
3. Die Pflicht, Gesetz und Recht zu wahren,[947] mithin „Straftaten im Amt" (z.B. den Kollegendiebstahl) zu unterlassen.[948]
4. Die Pflicht zu Gehorsam, d.h. Anordnungen des Vorgesetzten zu befolgen (vgl. § 55 Satz 2 BBG [§ 37 Satz 2 BRRG]).[949]
5. Die Pflicht zur Vermeidung jeglicher Verquickung von dienstlichen Handlungen bzw. Unterlassungen mit privaten Interessen.[950]

Soweit es sich bei dem Beamten um einen Vorgesetzten handelt, treffen diesen unter anderem folgende Pflichten:

1. Vorgesetzte haben Beleidigungen von Untergebenen zu unterlassen.[951]
2. Vorgesetzten obliegt die Fürsorge für die ihnen unterstellten Beamten.[952]

---

941 vgl. Claussen/Janzen, Einl. C Rn. 2; Battis, § 77 Rn. 6, 9
942 s.a.: Claussen/Janzen, Einl. C Rn. 1b, 2a
943 vgl. Plog u.a.; § 54 Rn. 8; Claussen/Janzen, Einl. C Rn. 30; Claussen/Benneke, Rn. 18; Köhler/Ratz, S. 303 ff.
944 Claussen/Janzen, Einl. C Rn. 44b, 50; Schütz, Teil CII Rn. 41
945 Claussen/Janzen, Einl. C Rn. 49
946 Claussen/Janzen, Einl. C Rn. 52
947 Claussen/Benneke, Rn. 19; Schnellenbach, S. 185
948 Schütz, Teil CII, Rn. 43; s.a.: Köhler/Ratz, S. 287 und S. 290 zu Rechtsprechungsnachweisen
949 Battis, § 55 Rn. 3; s.a.: Schütz, Teil CII Rn. 22; Schnellenbach, S. 185
950 Schütz, Teil CII Rn. 14; Köhler/Ratz, S. 297 f.; Schnellenbach, S. 184
951 Claussen/Janzen, Einl. C Rn. 55a; s.a.: BVerwGE 73, 187 (188)
952 Plog u.a.; § 59 Rn. 9; Claussen/Janzen, Einl. C Rn. 57e

3. Vorgesetzte haben den Dienst im erforderlichen Maße zu beaufsichtigen. Pflichtwidrig handelt insoweit auch, wer Pflichtwidrigkeiten seiner Untergebenen duldet, fördert oder sogar veranlasst.[953]
4. Vorgesetzte sind gegenüber ihren Untergebenen verpflichtet, jeden Missbrauch ihrer Dienststellung zu unterlassen.[954]

2. *Verletzung von Pflichten der Beamten*

Im Mittelpunkt des Disziplinarrechts steht ohne Zweifel die Pflichtverletzung. Diese kann der Beamte sowohl durch aktives Tun als auch durch Unterlassen begehen. Ein Unterlassen ist allerdings nur dann von disziplinarrechtlicher Relevanz, wenn der Beamte im konkreten Fall untätig bleibt, obwohl er aufgrund seiner Dienstpflicht hätte handeln müssen. In dieser Hinsicht ist beispielsweise an einen Vorgesetzten zu denken, der seine Dienstaufsicht verletzt.[955]

In welcher Form (d.h. Versuch oder Vollendung, Teilnahme oder [Mit-] Täterschaft) die Dienstpflichtverletzung begangen wird, ist in disziplinarrechtlicher Hinsicht ohne Belang.[956] Gleiches gilt für die Schwere des Dienstvergehens, soweit es sich nicht nur um bloße Bagatellverfehlungen handelt.[957]

Von besonderer Bedeutung ist, dass im Disziplinarrecht der Grundsatz der Einheit des Dienstvergehens gilt, so dass mehrere Verfehlungen eines Beamten in der Regel nur ein Dienstvergehen bilden.[958] Dieser Umstand, der sich auf den ersten Blick vorteilhaft auf die dienstrechtliche Bewertung von Mobbing auswirken müsste, resultiert aus dem Umstand, dass die dienstrechtliche Maßregelung nicht wegen der Verletzung bestimmter Dienstpflichten erfolgt, sondern wegen der Offenbarung von Persönlichkeitsmängeln, die den Beamten wegen der Dienstpflichtverletzung für den Dienst untragbar oder die eine Erziehungsmaßnahme geboten erscheinen lassen.[959] Nur wenn ein zeitlicher oder sachlicher Zusammenhang zwischen mehreren Pflichtverletzungen nicht besteht, ist die isolierte Betrachtung einzelner Verfehlungen unter Durchbrechung des Grundsatzes von der Einheit des Dienstvergehens möglich.[960]

Sofern man sich die Liste der 45 Mobbinghandlungen nach Leymann (vgl. 1. Kapitel unter II.1.) sowie die in den vorherigen Kapiteln dargestellten Beispiele vergegenwärtigt, so lassen sich zahlreiche Mobbinghandlungen als Pflichtverstöße festhalten, die in ihrer Verbundenheit regelmäßig ein Dienstvergehen im Sinne des § 77 Abs. 1 Satz 1 BBG (§ 45 Abs. 1 Satz 1 BRRG) darstellen. Als Beispiel lässt sich der verbeamtete Mobber anführen, der den Mobbingbetroffenen beleidigt, hinter seinen Rücken Unwahrheiten verbreitet, den Anweisungen seines Vorgesetzten (= Mobbingbetroffenen) nicht folgt und mit seinem Wirken insgesamt den Betriebsfrieden stört. Aber auch der Vorgesetzte, der seiner Fürsorgepflicht nicht genügt, weil er dem

[953] vgl. Plog u.a.; § 54 Rn. 9; Claussen/Janzen, Einl. C Rn. 57b
[954] Battis, § 54 Rn. 6
[955] vgl. Claussen/Janzen, Einl. C Rn. 1b; Claussen/Benneke, Rn. 8 s.a.: Battis, § 77 Rn. 9
[956] vgl. BVerwGE 103, 54 (56 f.); Claussen/Janzen, Einl. C. Rn. 1c; Battis, § 77 Rn. 6; s.a.: Schütz, Teil CI Rn. 7; Köhler/Ratz, S. 85
[957] Claussen/Janzen; Einl. C Rn. 4a ff.; Claussen/Benneke, Rn. 7
[958] Claussen/Janzen; Einl. C Rn. 6a; Claussen/Benneke, Rn. 9; Battis, § 77 Rn. 6; Schütz, Teil CI Rn. 7, 18; Köhler/Ratz, S. 84, 90 f; BVerwGE 63, 88 (89); BVerwGE 63, 123 (124); BVerwGE 73, 166 (167)
[959] so: BVerwGE 63, 88 (89)
[960] BVerwGE 73, 166 (168); s.a.: BVerwGE 63, 123 (125)

Mobbing trotz vorliegender Beschwerden des Mobbingbetroffenen kein Einhalt gebietet und/oder gegen seine Aufsichtspflichten verstößt, indem er etwa die mobbingbedingten Pflichtverstöße seiner Untergebenen duldet, handelt seinen Pflichten zuwider, so dass von einem Dienstvergehen gesprochen werden kann.

3. Vorsatz und Fahrlässigkeit

Da nur die schuldhafte Verletzung von Dienstpflichten ein Dienstvergehen darstellt (vgl. § 77 Abs. 1 Satz 1 BBG [§ 45 Abs. 1 Satz 1 BRRG]), muss der Beamte vorsätzlich oder fahrlässig gehandelt haben, wobei sich die Begrifflichkeiten an den strafrechtlichen Definitionsmerkmalen orientieren.[961] Bedingter Vorsatz genügt.[962] Der Beamte muss das Bewusstsein haben, dass sein Verhalten einen disziplinarrechtlich relevanten Pflichtenverstoß darstellt.[963]

Dem mobbenden Beamten wird regelmäßig zumindest der Vorwurf der fahrlässigen Verletzung von Dienstpflichten zu unterstellen sein. Oftmals wird sogar eine vorsätzliche Pflichtverletzung vorliegen. Entsprechendes gilt für den Vorgesetzten, der beispielswesie seiner Dienstaufsicht nicht in dem erforderlichen Maße nachkommt, obwohl ihm die Mobbingsituation bekannt ist.

4. Verfahrensrechtliche Aspekte

In verfahrensrechtlicher Hinsicht erscheinen mir zwei Aspekte hervorhebenswert: die Verjährung des Dienstvergehens sowie seine Beweisbarkeit.

a. Verjährung

Gemäß § 4 Abs. 1, 2 BDO verjähren Dienstvergehen spätestens in drei Jahre, wobei zu berücksichtigen ist, dass die Einleitung eines Strafverfahrens wegen desselben Sachverhalts die Verjährung für die Dauer des Strafverfahrens hemmt (§ 4 Abs. 3 BDO). Die Verjährung beginnt mit der Beendigung des als Dienstvergehen in Betracht kommenden Verhaltens (d.h. regelmäßig mit der Zeitpunkt der letzten Tathandlung).[964] Sie stellt mit ihrem Eintritt ein Prozesshindernis dar und führt gegebenenfalls zur Verfahrenseinstellung.[965] Ist die Verjährungsfrist auch für die letzte Pflichtverletzung abgelaufen, dann ist das Dienstvergehen insgesamt nicht mehr verfolgbar.[966] Sind nur einzelne ältere Einzelverfehlungen verjährt, so sind diese mit den jüngeren verfolgbar, soweit sie nicht isoliert zu beurteilen sind.[967]

Die Verjährung eines Dienstvergehens dürfte einer disziplinarrechtlichen Sanktion des Beamten im Zusammenhang mit Mobbing regelmäßig nur dann entgegenstehen, wenn der Dienstherr von den Pflichtverletzungen keine Kenntnis erlangt hat, etwa weil sich das Mobbing von Außenstehenden nicht erkennbar nur „im Verborgenen"

---

[961] vgl. Battis, § 77 Rn. 11; Claussen/Janzen, Einl. C Rn. 13a ff.; Claussen/Benneke, Rn. 11 ff.; Schütz, Teil CI, Rn. 21; Köhler/Ratz, S. 96

[962] Claussen/Janzen, Einl. C Rn. 13a ff.

[963] Claussen/Benneke, Rn. 15; Schütz, Teil CI Rn. 21, 25; Köhler/Ratz, S. 97

[964] Köhler/Ratz, S. 356; Claussen/Janzen, § 4 Rn. 2a

[965] Köhler/Ratz, S. 350; Claussen/Janzen, § 4 Rn. 5

[966] Köhler/Ratz, S. 90, 349; Claussen/Janzen, § 4 En. 2a; s.a.: BVerwGE 33, 193 (194)

[967] Köhler/Ratz, S. 349, 353; s.a.: Claussen/Janzen, § 4 Rn. 2b; BVerwGE 63, 88 (89 f.)

zwischen dem Mobbingbetroffenen und dem Mobber abgespielt hat, wie es oftmals bei sexuellen Belästigungen der Fall sein wird. Wird dem Dienstherrn hingegen eine Mobbingsituation bekannt, dürfte er aufgrund der anzunehmenden Pflichtverletzungen stets in disziplinarrechtlicher Hinsicht tätig werden. In einem derartigen Fall wird eine Verjährung des Dienstvergehens kaum erfolgen.

b. Beweislast

Um Disziplinarmaßnahmen gegen einen Beamten verhängen zu können, müssen diesem Täterschaft und Schuld nachgewiesen werden. Bleiben begründete Zweifel, so ist gemäß dem Grundsatz in dubio pro reo von einer Verhängung von Disziplinarmaßnahmen abzusehen.[968]

Unter Bezugnahme auf die diesbezüglichen Ausführungen in den voranstehenden Kapiteln kann von dem Umstand ausgegangen werden, dass dem Dienstherrn die Beweisführung grundsätzlich nur gelingen wird, sofern entsprechende Beweismittel verfügbar sind. Zwar kann der Dienstherr regelmäßig auf den Mobbingbetroffenen als Zeugen zurückgreifen. Allerdings wird es im Zweifelsfall von dessen Glaubwürdigkeit abhängen, ob seinen Aussagen eher zu folgen ist als den Einlassungen des mit dem Disziplinarverfahren konfrontierten Beamten.

Die Beweisbarkeit eines Dienstvergehens scheint mir bei vorgesetzten Beamten, die ihre Aufsichtspflicht verletzt haben, am ehesten möglich zu sein, sofern es zwischen dem Mobbingbetroffenen und dem Vorgesetzten einen Schriftwechsel gegeben hat und/oder der Personalrat mit der Mobbingsituation befasst war und mit dem Vorgesetzten diesbezüglich fruchtlose Gespräche geführt hat. Abgesehen von derartigen Fällen stellt sich die allgemeine Beweisproblematik, auf die der Betrachter im Zusammenhang mit Mobbing immer wieder stößt: Die Begehung von Mobbinghandlungen im Verborgenen unter Ausnutzung günstiger Situationen sowie die immer mehr um sich greifende Isolierung und Ausgrenzung des Mobbingbetroffenen wird häufig dazu führen, dass dem Mobber eine Pflichtverletzung nicht vorgeworfen werden kann. Je mehr dieser bei den Vorgesetzten und Arbeitskollegen beliebt ist, desto mehr Fürsprecher werden sich für ihn finden lassen, die mit ihren Aussagen zu einer Entlastung des Mobbers beitragen.

III. Anspruch des verbeamteten Mobbingbetroffenen auf Unfallfürsorge

Erleidet ein verbeamteter Mobbingbetroffener infolge der Mobbingangriffe einen Schaden, so stellt sich die Frage nach einer Unfallfürsorge des Dienstherrn. Schließlich hat gemäß § 30 Abs. 1 BeamtVG der verletzte Beamte aus Anlass eines Dienstunfalls Anspruch auf Unfallfürsorge (Unfallausgleich, Unfallruhegeld, einmalige Unfallentschädigung etc.; vgl. §§ 30 Abs. 2, 32 ff. BeamtVG).[969] Vergleichbares gilt für den Fall, dass der Beamte eine Berufskrankheit erleidet. Schließlich wird die Berufskrankheit gemäß § 31 Abs. 3 Satz 1 BeamtVG wie ein Dienstunfall behandelt.

---

[968] vgl. Claussen/Janzen, § 75 Rn. 7 f.; Claussen/Benneke, Rn. 150

[969] Diese Vorschrift entspricht der unfallversicherungsrechtlichen Regelung des Arbeitsunfalls gemäß § 8 SGB VII; vgl. insoweit die Ausführungen im 5. Kapitel unter I.1.b.aa.

1. Dienstunfall des Mobbingbetroffenen

Voraussetzung für einen Anspruch auf Unfallfürsorge ist, dass der die Fürsorge begehrende Beamte einen Dienstunfall erlitten hat. Gemäß der Legaldefinition in § 31 Abs. 1 Satz 1 BeamtVG ist der Dienstunfall ein auf äußerer Einwirkung beruhendes, plötzliches, örtlich und zeitlich bestimmbares, einen Körperschaden verursachendes Ereignis, das in Ausübung oder infolge des Dienstes entstanden ist.

a. Äußeres Ereignis

Eine äußere Einwirkung im Sinne des § 31 Abs. 1 Satz 1 BeamtVG liegt nur dann nicht vor, wenn der Körperschaden durch Umstände hervorgerufen wird, für die eine besondere physische oder psychische Veranlagung oder das willentliche (vorsätzliche) Verhalten des Betroffenen erhebliche Ursache ist[970] - es mithin an einer inneren Einwirkung ermangelt.

Die äußere Einwirkung kann auf höchst unterschiedlicher Weise erfolgen - etwa durch eine verbale Attacke (z.B. Beleidigung, Beschimpfung), die der Beamte im Zusammenhang mit seinem Dienst hinnehmen musste und bei ihm einen seelischen Schock oder einen Herzinfarkt ausgelöst hat.[971] Ausgeschlossen sind hingegen allgemeine Schäden, die auf innere seelische Vorgänge beruhen, die sich als Folge täglichen Ärgerns im Dienst zeigen (z.B. Magen- oder Gallenleiden).[972] Gleiches gilt regelmäßig für Körperschäden, die infolge einer körperlichen, seelischen oder psychischen Veranlagung hervorgerufen werden, sowie beim vorsätzlichen Suizid.[973]

Indem die Mobbinghandlungen von dem Mobber ausgehen und somit von außen auf den Körper des Mobbingbetroffenen einwirken, handelt es sich hierbei stets um äußere Einwirkungen in dem dargelegten Sinne. Da Mobbing trotz seiner weiten Verbreitung im öffentlichen Dienst (vgl. 1. Kapitel unter II.6.) nicht als eine „Normalität" am Arbeitsplatz gewertet werden kann, ist dieses Phänomen auch nicht mit dem „normalen" (täglichen) Ärger am Arbeitsplatz vergleichbar, der im Einzelfall Krankheitsbilder wie Magen- oder Gallenleiden hervorrufen kann. Allenfalls beim Suizid des Mobbingbetroffenen kann es an einer äußeren Einwirkung ermangeln, sofern dieser begangen wird, um dem Mobbing zu entfliehen.[974]

b. Plötzliches Ereignis

Das Definitionsmerkmal des plötzlichen Ereignisses ist dazu bestimmt, den Dienstunfall von Dauererkrankungen abzugrenzen.[975] Von einem plötzlichen Ereignis kann gesprochen werden, wenn der schädigende Vorgang unvermittelt eintritt und auf einen

---

[970] Schnellenbach, Rn. 606; Kümmel, § 31 Rn. 5; BVerwGE 17, 59 (62); BVerwGE 23, 201 (206); BVerwGE 35, 133 (134)

[971] Kümmel, § 31 Rn. 5; BVerwGE 35, 133 (134 f.); BVerwGE 80, 4 (6)

[972] Plog u.a., § 31 BeamtVG Rn. 8

[973] vgl. Schnellenbach, Rn. 607; Kümmel, § 31 Rn. 5; Plog u.a., § 31 BeamtVG Rn. 8; s.a.: BVerwGE 10, 258 (261); BVerwGE 17, 59 (62); BVerwGE 35, 133 (134)

[974] s.a. die entsprechenden Ausführungen im 5. Kapitel unter I.1.b.aa. zur Bewertung eines Suizides als Arbeitsunfall im Sinne des § 8 Abs. 1 Satz 1 SGB VII

[975] vgl. Plog u.a., § 31 BeamtVG Rn. 7; Schnellenbach, Rn. 608; s.a. Kümmel, § 31 Rn. 8 ff.; BVerwGE 23, 201 (209 f.)

verhältnismäßig kurzen Zeitraum (in der Regel innerhalb der zeitlichen Grenzen eines Tagesdienstes) beschränkt bleibt.[976] Erforderlich ist weiter, dass das Ereignis konkret nach Ort und Zeit bestimmbar ist.[977] Von einem plötzlichen Ereignis in dem dargelegten Sinne soll dann nicht zu sprechen sein, wenn eine Erkrankung auf dienstlich bedingten Ärger, Überarbeitung sowie häufige Dienstleistungen bei schlechtem Wetter beruhen.[978]

Mobbinghandlungen erfüllen das Erfordernis des plötzlichen Ereignisses, wenn sie sich unmittelbar schädigend auf den Mobbingbetroffenen auswirken. Dies ist zweifelsfrei etwa dann der Fall, wenn der Mobber den Mobbingbetroffenen mit einem Messer verletzt. Allerdings ist zu bedenken, dass derartige einen Schaden verursachende Mobbingangriffe eher selten anzutreffen sind. Vielmehr sind es die „kleinen Nadelstiche", die erst in ihrer Gesamtheit schädigend wirken. Dies hat regelmäßig zur Folge, dass sich etwa eine Depression grundsätzlich nicht auf ein einzelnes bestimmtes Ereignis zurückführen lässt. Mobbing bedingte Erkrankungen sind eher der häufigen Dienstleistung bei schlechtem Wetter, dem ständigen Ärger sowie ständiger Überarbeitung vergleichbar, bei denen sich Krankheiten erst wegen der „Chronifizierung" der Arbeitsumstände einstellen. Mithin dürfte das Merkmal des plötzlichen Ereignisses in der Mehrzahl der Fälle zu verneinen sein, so dass es regelmäßig bereits aus diesem Grunde nicht zu einer Anerkennung eines Dienstunfalls kommen dürfte.

c. *Körperschaden des Mobbingbetroffenen*

Sofern im Ausnahmefall ein plötzliches Ereignis anzuerkennen ist, muss der Mobbingbetroffene einen Körperschaden erlitten haben, wobei zwischen der Schädigung des Körpers und der äußeren Einwirkung ein Zurechnungszusammenhang bestehen muss.[979]

Von einem Körperschaden im Sinne des § 31 Abs. 1 Satz 1 BeamtVG kann gesprochen werden, wenn die körperliche Unversehrtheit für einen nicht unbedeutenden Zeitraum beeinträchtigt worden ist, wobei es auf die Schwere der Verletzung nicht ankommt.[980] Hierzu reichen jedoch bloße psychische Einwirkungen nicht aus, durch die lediglich das seelische Wohlbefinden berührt wird.[981]

Diese tatbestandliche Voraussetzung dürfte bei einer auf Mobbing beruhenden Erkrankung des Mobbingbetroffenen stets erfüllt sein, so dass dieser Punkt keiner weiteren Vertiefung bedarf. Auch wenn ein Mobber ausschließlich auf die Psyche des Mobbingbetroffenen einwirkt, so gehen die Folgen regelmäßig über eine bloße Störung des seelischen Wohlbefindens heraus. Beispielhaft sei ein Verweis auf das Krankheitsbild „PTSD" gestattet (vgl. 1. Kapitel unter II.10.a.).

---

[976] Schnellenbach, Rn. 609; Kümmel, § 31 Rn. 8; Stegmüller u.a., § 31 Rn. 3; s.a.: Plog u.a., § 31 BeamtVG Rn. 7

[977] Kümmel, § 31 Rn. 9; Plog u.a., § 31 BeamtVG Rn. 7; Schnellenbach, Rn. 609; Stegmüller u.a., § 31 Rn. 3; BVerwGE 11, 229 (230); BVerwGE 17, 59 (63); BVerwGE 23, 210 (209)

[978] Schnellenbach, Rn. 611 m.w.N.

[979] Schnellenbach, Rn. 618, 614

[980] Kümmel, § 31 Rn. 11; Plog u.a., § 31 BeamtVG Rn. 9

[981] Plog u.a., § 31 Rn. 9; OLG Hamm v.16.9.1958, MDR 1958, 939 (939)

d. *Dienstbezogenheit des Unfalls*

Ein Unfall ist dann „in Ausübung oder infolge eines Dienstes“ erfolgt, wenn der Beamte in dem Zeitpunkt der den Unfall auslösenden äußeren Einwirkung und des den Körperschaden verursachenden Unfallereignisses dienstliche Aufgaben verrichtet hat.[982] Bei dieser Beurteilung ist es ohne Bedeutung, ob der Beamte in diesem Zeitpunkt mit den für sein Amt typischen Aufgaben befasst war.[983]

Eine Dienstbezogenheit des Unfalls ist dann zu verneinen, wenn der Unfall durch Verhaltensweisen ausgelöst worden ist, die schlechthin nicht mit der Dienstausübung in Zusammenhang gebracht werden können, mithin beispielsweise eine eigenwirtschaftliche Tätigkeit des Beamten vorliegt.[984] Gleiches gilt für Verhaltensweisen, die dem wohlverstandenen Interesse des Dienstherrn zuwiderlaufen oder von dem Dienstherrn ausdrücklich untersagt sind.[985] Dies gilt beispielsweise für solche Unfälle, die durch tätliche Neckereien unter Beamten verursacht wurden.[986] Sofern ein solcher Ausnahmefall nicht vorliegt, sind Unfälle, die ein Beamter während der Dienststunden (einschließlich der Mehrarbeitszeiten) in dem betreffenden Arbeitsumfeld (z.B. Dienstgebäude, Dienstfahrzeug) erleidet, grundsätzlich in Ausübung oder infolge des Dienstes eingetreten.[987]

Mobbinghandlungen dürften hauptsächlich während der Arbeitszeit am Arbeitsplatz begangen werden, so dass - bezogen auf den Mobbingbetroffenen - von dem Normalfall der Zufügung eines Körperschadens in Ausübung oder infolge des Dienstes ausgegangen werden kann. Dass der Mobbingbetroffene einen Körperschaden während einer eigenwirtschaftlichen Betätigung am Arbeitsplatz erleidet, dürfte hingegen im Zusammenhang mit Mobbing der Ausnahmefall sein. Wenngleich Mobbing und Mobbingbedingte Körperschäden dem Interesse eines jeden Dienstherrn zuwiderlaufen dürften, so vermag dieser Umstand nichts an der Dienstbezogenheit eines Körperschadens ändern. Schließlich ist es nicht das passive Verhalten des den Schaden erleidenden Mobbingbetroffenen, das nicht im Einklang mit den Interessen des Dienstherrn steht, sondern das feindselige Verhalten des Mobbers.

e. *Kausalität*

Der Dienstunfall erfordert einen Kausalzusammenhang zwischen dem Unfallereignis und dem Dienst sowie zwischen dem Unfallereignis und dem Körperschaden.[988] Gemäß der im Unfallfürsorgerecht vorherrschenden Theorie vom Ursachenbegriff sind Ursachen im Sinne des § 31 Abs. 1 Satz 1 BeamtVG die Bedingungen, die wegen ihrer

---

[982] Kümmel, § 31 Rn. 12, 16, der zwischen „in Ausübung“ und „infolge“ eines Dienstes unterscheidet in dem Sinne, dass die zweite Tatbestandsvariante die Schäden umfasst, die vor oder erst nach Beendigung des Dienstes zutage treten; so im Ergebnis auch: Plog u.a., § 31 BeamtVG Rn. 11, 18; BVerwGE 17, 59 (63); BVerwGE 37, 203 (208 f.); s.a.: Schnellenbach, Rn. 619; BVerwGE 10, 128 (129), BVerwGE 37, 203 (206); BVerwGE 89, 117 (120)

[983] BVerwGE 17, 59 (63 ff.); Kümmel, § 31 Rn. 12

[984] Kümmel, § 31 Rn. 12; Plog u.a., § 31 BeamtVG Rn. 11; Stegmüller u.a., § 31 Rn. 6; BVerwGE 37, 203 (206); s.a.: Schnellenbach, Rn. 622

[985] Kümmel, § 31 Rn. 12; BVerwGE 17, 59 (64, 67); BVerwGE 20, 347 (351); OVG Lüneburg v. 5.12.1989, ZBR 1992, 121 (121)

[986] vgl. OVG Lüneburg v. 5.12.1989, ZBR 1992, 121 (121)

[987] Schnellenbach, Rn. 622, 625; s.a.: BVerwGE 17, 59 (64, 66); BVerwGE 37, 203 (205)

[988] Kümmel, § 31 Rn. 17; s.a.: Plog u.a., § 31 BeamtVG Rn. 10

besonderen Beziehung zum Erfolg zu dessen Erfolg wesentlich mitgewirkt haben.[989] Trifft eine Veranlagung des Beamten mit einer äußeren Ursache zusammen, so kann ein Dienstunfall nur anerkannt werden, wenn es sich bei der äußeren Einwirkung um die wesentlichere Ursache gehandelt hat.[990]

Sofern ein Körperschaden des Mobbingbetroffenen auf ein plötzliches Ereignis beruht, dürfte der erforderliche Kausalzusammenhang stets erfüllt sein. Insofern denke man an die Verletzung des Mobbingbetroffenen mit einem Messer. Erfolgt der Angriff während der Dienstzeit am Arbeitsplatz des Mobbingbetroffenen, so wird man einen Ursachenzusammenhang zwischen dem Unfall und dem Dienst des Mobbingbetroffenen kaum leugnen können. Beispielhaft denke man an die mit einem Messer zugefügte Stichwunde des Mobbingbetroffenen, welche ohne das plötzlich eintretende schädigende Ereignis, der Handlung des Mobbers, nicht eingetreten wäre.

f. Beweislast

Der die Unfallfürsorge beanspruchende Beamte trägt die (materielle) Beweislast für das Vorliegen eines Unfallereignisses sowie des Körperschadens, die Tatsachen, aus denen zu schließen ist, dass sich der Unfall in Ausübung oder infolge des Dienstes zugetragen hat, und die Umstände, aus denen sich die Kausal- und Zurechnungszusammenhänge herleiten lassen.[991]

Unter Berücksichtigung der Ausführungen in den voranstehenden Kapiteln ist hinsichtlich der Beweislast zu bedenken, dass sich der Mobbingbetroffene oftmals in einer Situation befinden wird, dass er wegen der Tat „unter vier Augen" auf Zeugen nicht zurückgreifen kann, bzw. gegebenenfalls vorhandene Zeugen nicht gewillt sind, mit ihren Aussagen zur Aufklärung des Sachverhalts beizutragen. Schließlich würden die Zeugen mit ihren Aussagen dazu beitragen, dass der Schädiger eventuell arbeits- bzw. disziplinarrechtliche Konsequenzen zu erwarten hat.

Weiter muss der Mobbingbetroffene stets damit rechnen, dass der Dienstherr die Krankheiten des Mobbingbetroffenen auf innere Ursachen und/oder Veranlagungen zurückführt sowie eine Dienstbezogenheit des erlittenen Körperschadens vergleichbar der Situation beim Streit unter Kollegen aus rein privaten Gründen (z.B. Eifersucht) verneint. Im ersten Fall wird eine Klärung des Sachverhaltes nur mittels eines ärztlichen Sachverständigengutachtens erfolgen können, im zweiten Fall wird es von den Aussagen des Schädigers (d.h. Mobbers) abhängen, ob von einer dem persönlichen Streit vergleichbaren Situation ausgegangen werden muss.

2. Berufskrankheit des Mobbingbetroffenen

Gemäß § 31 Abs. 3 Satz 1 BeamtVG gilt als Dienstunfall, wenn ein Beamter, der nach der Art seiner dienstlichen Verrichtung der Gefahr der Erkrankung an bestimmten Krankheiten ausgesetzt ist, an einer solchen Krankheit erkrankt, es sei denn, dass sich der Beamte die Krankheit außerhalb des Dienstes zugezogen hat. Welche Krankheiten als Berufskrankheiten in Betracht kommen, bestimmt die auf § 31 Abs. 3 Satz 3

---

[989] vgl. Kümmel, § 31 Rn. 18, 12; Schnellenbach, Rn. 614, 618, 622; BVerwGE 10, 258 (260 f.); BVerwGE 26, 332 (333); BVerwGE 80, 4 (6 f.); BVerwG v. 15.9.1994, NVwZ 1994, 183 (184)

[990] vgl. Schnellenbach, Rn. 614 ff.; Stegmüller u.a., § 31 Rn. 2; BVerwGE 14, 181 (184); BVerwGE 23, 201 (206), BVerwGE 26, 332 (333); BVerwG v. 15.9.1994, NVwZ 1996, 183 (184)

[991] Schnellenbach, Rn. 677; Plog u.a., § 31 BeamtVG Rn. 49; s.a.: BVerwGE 14, 181 (185 ff.)

BeamtVG fußende Berufskrankheitenverordnung. Da die in dieser Verordnung enthaltene Auflistung abschließender Natur ist, können andere Krankheiten nicht als Berufskrankheit anerkannt und folglich auch nicht wie ein Dienstunfall behandelt werden.[992]

Die Berufskrankheitenverordnung vom 31.10.1997,[993] die am 1.12.1997 in Kraft getreten ist, enthält keine Krankheiten, die Mobbing-spezifischer Natur sind bzw. auf Mobbing zurückgeführt werden können. Demgemäß kann eine auf Mobbing beruhende Erkrankung des verbeamteten Mobbingbetroffenen keine Berufskrankheit und folglich insoweit auch kein Dienstunfall im Sinne des § 31 Abs. 3 Satz 1 BeamtVG darstellen. Mithin kann sich ein Anspruch eines verbeamteten Mobbingbetroffenen auf Unfallfürsorge unter dem Gesichtspunkt der Berufskrankheit grundsätzlich nicht ergeben.

IV. Ergebnis der dienstrechtlichen Bewertung von Mobbing

Als Ergebnis der dienstrechtlichen Bewertung von Mobbing ist festzuhalten, dass dem verbeamteten Mobbingbetroffenen unfallfürsorgerechtliche Ansprüche grundsätzlich nicht zustehen. Wenngleich die Möglichkeit besteht, sich bei einem Vorgesetzten über eine konkrete Mobbingsituation zu beschweren, und verbeamteten Mobber sowie untätig bleibende verbeamtete Vorgesetzte wegen der Verletzung ihrer Pflichten im Einzelfall disziplinarrechtlichen Sanktionen zugeführt werden können, so ist dennoch zu vermerken, dass der Erfolg einer erhobenen Beschwerde äußerst bescheiden und die Verhängung disziplinarrechtlicher Sanktionen in der betrieblichen Praxis häufig nicht erfolgen dürfte. Insbesondere die mangelnde Beweisbarkeit einer Pflichtverletzung wird den Dienstherrn häufig bewegen, von der Verhängung einer Disziplinarmaßnahme abzusehen. Vergleichbar dem Mobbingbetroffenen in der Privatwirtschaft ist auch der verbeamtete Mobbingbetroffene das schwächste Glied am Arbeitsplatz, dem das Dienstrecht keine geeigneten Mittel zur Bewältigung seiner Situation bereithält.

---

[992] vgl. Kümmel, § 31 Rn. 42; Schnellenbach, Rn. 638; Plog u.a., § 31 BeamtVG Rn. 34; Stegmüller u.a., § 31 Rn. 1

[993] BGBl. I, S. 2623 = Kümmel, Anhang 2/2

7. Kapitel: Betriebsverfassungs- sowie personalvertretungsrechtliche Bewertung von Mobbing

Sofern man die Mobbingproblematik einer betriebsverfassungs- sowie personalvertretungsrechtlichen Bewertung unterzieht, ist der Frage nachzugehen, ob und gegebenenfalls unter welchen Voraussetzungen eine Auflösung der betrieblichen Interessenvertretung bzw. der Ausschluss einzelner Mitglieder aus dem Betriebs- bzw. Personalrat im Zusammenhang mit Mobbing in Betracht kommen kann.

§ 23 Abs. 1 BetrVG sanktioniert die grobe Verletzung gesetzlicher Pflichten mit der Auflösung des Betriebsrats bzw. mit dem Ausschluss einzelner Mitglieder aus dem Betriebsrat. Entsprechendes gilt gemäß § 28 Abs. 1 BPersVG für die Auflösung des Personalrats bzw. für den Ausschluss einzelner Mitglieder aus dem Gremium - allerdings mit der Besonderheit, dass in personalvertretungsrechtlicher Hinsicht auch die grobe Vernachlässigung gesetzlicher Befugnisse sanktionierbar ist.

I. Grobe Verletzung der gesetzlichen Pflichten

Der für eine Sanktion gemäß § 23 Abs. 1 BetrVG bzw. § 28 Abs. 1 BPersVG erforderliche Pflichtenverstoß erfasst lediglich Amtspflichtverletzungen sowie solche Verstöße, die auch eine Amtspflichtverletzung darstellen.[994] Grob im Sinne der Vorschrift ist ein solcher Pflichtenverstoß, der objektiv erheblich und offensichtlich schwerwiegend ist.[995] Ein einmaliger, besonders schwerwiegender grober Pflichtenverstoß kann bereits eine Auflösung bzw. Ausschließung rechtfertigen. Entsprechendes gilt für eine mehrmalige Wiederholung leichter Pflichtverletzungen, wenn die Verstöße mit einer gewissen Beharrlichkeit trotz eines diesbezüglichen Hinweises fortgesetzt worden sind.[996] Da es bei der Auflösung des Betriebs- bzw. Personalrats sowie bei dem Ausschluss aus dem Gremium nicht um die Sanktion zeitlich zurückliegenden Verhaltens, sondern um die Gewährleistung der Arbeit der Interessenvertretung geht, kann nur eine negative Prognose die Auflösung bzw. den Ausschluss rechtfertigen.[997] Auch findet das Ultima-ratio-Prinzip Anwendung, so dass eine Auflösung des Gremiums bzw. ein Ausschluss aus einem solchen erst dann in Betracht kommt, wenn die Verhängung milderer Sanktionsmittel nicht möglich ist.[998] Als ein „milderes" Sanktionsmittel ist wegen ihrer Unzulässigkeit nicht die betriebsverfassungs- bzw. personalvertretungsrechtliche „Abmahnung" anzusehen, die in der Rüge eines konkreten gegen betriebsverfassungs- bzw. personalvertretungsrechtliche Pflichten verstoßendes Verhaltens des Gremiums bzw. eines seiner Mitglieder besteht und mit dem Hinweis versehen ist, dass im Wiederholungsfall mit der Einleitung eines

---

[994] DKK-Trittin, § 23 Rn. 7 f.; FKHE, § 23 Rn. 14; Grabendorff/Ilbertz/Widmaier, § 28 Rn. 3

[995] vgl. DKK-Trittin, § 23 Rn. 10; Gnade u.a., § 23 Rn. 2; BAG v. 22.6.1993, NZA 1994, 184 (186); Altvater u.a., § 28 Rn. 7; Altvater u.a. 1998, § 28 Rn. 2; BVerwG v. 22.8.1991, PersR 1991, 417 (419)

[996] DKK-Trittin, § 23 Rn. 11

[997] vgl. DKK-Trittin, § 23 Rn. 12; Gnade u.a., § 23 Rn. 2; BVerwG v. 22.8.1991, PersR 1991, 417 (419); Lorenzen u.a.-Lorenzen, § 28 Rn. 3aa

[998] DKK-Trittin, § 23 Rn. 12; s.a.: Gnade u.a., § 23 Rn. 4

Aufhebungs- bzw. Ausschlussverfahrens gemäß § 23 Abs. 1 BetrVG bzw. § 28 Abs. 1 BPersVG gerechnet werden muss.[999]

Da der Betriebsrat bzw. Personalrat als Gremium nicht schuldhaft handeln kann, setzt die Tatbestandsverwirklichung kein Verschulden voraus. Maßgebend ist insofern, dass das Gremium objektiv seine gesetzlichen Pflichten in grober Weise verletzt hat.[1000] Anders verhält es sich bei einem aus dem Betriebs- bzw. Personalrat auszuschließenden Mitglied, das schuldhaft - mithin vorsätzlich oder fahrlässig gemäß § 276 BGB - gehandelt haben muss. Es handelt sich hierbei nicht um ein eigenständiges Tatbestandsmerkmal. Vielmehr wird das Verschulden von dem Tatbestandsmerkmal „grob" mit umfasst.[1001]

1. Mobbinghandlungen

Begeht ein Betriebs- bzw. Personalratsmitglied Mobbinghandlungen, die im Widerspruch zu den Grundsätzen für die Behandlung von Betriebsangehörigen im Rahmen des § 75 BetrVG bzw. § 67 Abs. 1 BPersVG stehen, so kann bereits eine einzige besonders schwerwiegende Mobbinghandlung genügen, einen Ausschluss aus dem Gremium zu rechtfertigen. Handelt es sich hingegen um eher „leichte" Pflichtverletzungen, so bedarf es regelmäßig einer weiteren Pflichtverletzung, um dann im Wiederholungsfall bei negativer Prognose einen Ausschluss aus dem Betriebs- bzw. Personalrat rechtfertigen zu können.

Eine Pflichtverletzung in dem dargelegten Sinne ist etwa dann anzunehmen, wenn ein Betriebsratsmitglied einen bestimmten ausländischen Arbeitskollegen, der die Sprechstunde des Betriebsrats aufsucht - entgegen der üblichen Gepflogenheit, die Arbeitskollegen in der Reihe ihres Erscheinens in das Betriebsratsbüro zu bitten - erst dann in das Betriebsratsbüro ruft, nachdem alle anderen Beschäftigten ihre Anliegen vorgetragen haben. Schließlich ist es unbillig, einen Arbeitskollegen grundlos anders als die Übrigen zu behandeln. Entsprechendes gilt, wenn das Betriebsratsmitglied den ausländischen Arbeitskollegen im Verlaufe des Gesprächs beleidigt und diesem dessen Bitte, in einer bestimmten Angelegenheit tätig zu werden, aus fremdenfeindlichen Gründen ausschlägt.

Eine Pflichtverletzung - die zugleich eine Mobbinghandlung darstellen kann - begeht etwa der Betriebs bzw. Personalrat, der es grundlos ablehnt, sich in seinen Sitzungen mit Angelegenheiten zu befassen, die einen bestimmten Arbeitskollegen betreffen (z.B. Beschwerde des Arbeitskollegen, Anhörung zu einer Versetzung des Arbeitskollegen).

Begehen Mitglieder der betrieblichen Interessenvertretung bzw. das Gremium Mobbinghandlungen, so wird es regelmäßig nicht bei einer Pflichtverletzung bleiben. Eher ist davon auszugehen, dass es zu einer Vielzahl von Pflichtverletzungen kommt. Aus diesem Grunde erübrigt sich regelmäßig die Beantwortung der Frage, ob die einzelne Pflichtverletzung „grob" oder „leicht" ist. Ebenfalls dürfte wegen der Vielzahl der Pflichtverstöße regelmäßig eine negative Prognose anzustellen sein. Die wiederholte Begehung von Pflichtverletzungen ist zudem das entscheidende Indiz dafür, dass

---

[999] vgl. DKK-Trittin, § 23 Rn. 45; Gnade u.a., § 23 Rn. 4; ArbG Hildesheim v. 1.3.1996, ArbuR 1997, 336 (Ls.); FKHE, § 23 Rn. 17a; s.a.: BAG v. 31.8.1994, NZA 1995, 225 (227)

[1000] DKK-Trittin, § 23 Rn. 51; Altvater u.a., § 28 Rn. 7; Grabendorff/Ilbertz/Widmaier, § 28 Rn. 2

[1001] vgl. DKK-Trittin, § 23 Rn. 13; FKHE, § 23 Rn. 16; Altvater u.a., § 28 Rn. 7; BVerwG v. 22.8.1991, PersR 1991, 417 (419); s.a.: Gnade u.a., § 23 Rn. 2; Grabendorff/Ilbertz/Widmaier, § 28 Rn. 2; Lorenzen u.a.-Lorenzen, § 28 Rn. 31

das Gremium bzw. das einzelne Mitglied auch in der Zukunft weitere Pflichtverletzungen begehen wird.

2. Verhaltensweisen, die keine Mobbinghandlungen darstellen

Auch Verhaltensweisen des Betriebs- bzw. Personalrats sowie seiner Mitglieder können - auch wenn diese nicht als Mobbinghandlungen zu qualifizieren sind - eine Auflösung des Betriebs- bzw. Personalrats oder einen Ausschluss einzelner seiner Mitglieder aus dem Gremium rechtfertigen. Missachtet ein Mitglied des Betriebs- bzw. Personalrats beispielsweise seine Überwachungspflicht gemäß § 75 Abs. 1 BetrVG bzw. § 67 Abs. 1 BPersVG, indem er konkreten Hinweisen aus der Belegschaft hinsichtlich eines akuten Mobbingfalls trotz mehrfacher Bitten einzelner Belegschaftsmitglieder nicht nachgeht, oder weigert er sich beharrlich, eine an den Betriebs- bzw. Personalrat gerichtete Beschwerde entgegenzunehmen oder einer solchen nachzugehen (vgl. § 85 Abs. 1 BetrVG, § 68 Abs. 1 Ziffer 3 BPersVG), so stellt eine jede der aufgezählten Verhaltensweisen eine Pflichtverletzung dar, die mit einem Ausschluss aus dem Gremium geahndet werden kann.

Entsprechendes gilt für den Betriebs- bzw. Personalrat. Kommt dieser der sich aus § 85 Abs. 1 BetrVG bzw. § 68 Abs. 1 Ziffer 3 BPersVG ergebenden Pflicht zur Entgegennahme und Auseinandersetzung mit einer an ihn gerichteten Beschwerde nicht nach, so kann dies eine Auflösung des Betriebsrats gemäß § 23 Abs. 1 BetrVG bzw. des Personalrats gemäß § 28 Abs. 1 BPersVG rechtfertigen. Esser/Wolmerath haben hierfür ein Beispiel parat:[1002] „Müller fühlt sich von seinem Vorgesetzten ständig schikaniert und bloßgestellt. Er richtet mehrere Beschwerden an den Betriebsrat verbunden mit der Bitte, für Abhilfe zu sorgen. Der Betriebsrat, der sich mit solchem Kleinkram nicht belasten will, geht den Beschwerden nicht nach. Sie landen sofort nach ihrem Eingang im Papierkorb." Da es der Betriebsrat mehrfach abgelehnt hat, sich mit Beschwerden des Herrn Müller zu befassen, ist es insoweit unerheblich, ob bereits die erste Ablehnung als eine „grobe" Pflichverletzung zu bewerten ist. Auch hier wird die Wiederholung der Ablehnung dazu führen, dass man von einer negativen Prognose ausgehen darf. Demgemäß wäre der Betriebsrat in dem Beispielsfall aufzulösen.

II. Grobe Vernachlässigung der gesetzlichen Befugnisse

Das Merkmal der groben Vernachlässigung gesetzlicher Befugnisse ist nur in der Vorschrift des § 28 Abs. 1 BPersVG enthalten. Einer besonderen Bedeutung kommt diesem Merkmal nur im Hinblick auf das eingeschränkte Antragsrechts des Dienststellenleiters zu.[1003] Demzufolge gelten für das Tatbestandsmerkmal der groben Vernachlässigung gesetzlicher Befugnisse grundsätzlich dieselben Regeln, wie sie bereits unter dem voranstehenden Punkt I. für die Verletzung gesetzlicher Pflichten dargelegt worden sind. Von einer groben Vernachlässigung gesetzlicher Befugnisse kann mithin beispielsweise dann gesprochen werden, wenn der Personalrat bzw. einzelne seiner Mitglieder bewusst in einem Einzelfall oder generell Mitbestimmungs-

[1002] vgl. Esser/Wolmerath, S. 267

[1003] Altvater u.a. 1998, § 28 Rn. 2; Altvater u.a., § 28 Rn. 7; Lorenzen u.a.-Lorenzen, § 28 Rn. 27

rechte oder sonstige Beteiligungsrechte nicht wahrnimmt bzw. wahrnehmen,[1004] der Personalratsvorsitzende etwa dem Dienststellenleiter mitteilt, „dass es der Personalrat im Zusammenhang mit den Mobbingangriffen des Schuldirektors Julius Justus gegen die Lehrerin Bärbel Bäcker ablehne, sich mit dem Begehren um Versetzung des Julius Justus zu befassen. Der Personalrat habe keine Lust, sich mit den Mobbingvorwürfen auseinander zu setzen, da es sich hierbei nur um eine Modeerscheinung handele. Aus diesem Grunde verzichte der Personalrat in derartigen Fällen auf eine Beteiligung gemäß § 76 Abs. 1 Ziffer 4 BPersVG."

III. Einleitung des Auflösungs- bzw. Ausschlussverfahrens

Sofern der Betriebs- oder Personalrat bzw. einzelne seiner Mitglieder eine grobe Verletzung seiner/ihrer gesetzlichen Pflichten begangen hat/haben, stellt sich die Frage nach der Einleitung eines entsprechenden Auflösungs- bzw. Ausschlussverfahrens. Vergleichbares gilt für den Fall der groben Vernachlässigung gesetzlicher Befugnisse durch den Personalrat bzw. einzelner seiner Mitglieder.

Gemäß § 23 Abs. 1 Satz 1 BetrVG bzw. § 28 Abs. 1 BPersVG kann das Auflösungs- bzw. Ausschlussverfahren von

- mindestens einem Viertel der wahlberechtigten Arbeitnehmer bzw. Wahlberechtigten,
- dem Arbeitgeber bzw. Dienststellenleiter, sowie
- einer im Betrieb bzw. in der Dienststelle vertretenen Gewerkschaft

eingeleitet werden. Sofern es um den Ausschluss eines Betriebs- bzw. Personalratsmitglieds geht, kann der Antrag auch von dem Betriebs- bzw. Personalrat gestellt werden (§ 23 Abs. 1 Satz 1 BetrVG, § 28 Abs. 1 Satz 2 BPersVG).

Da weder das Betriebsverfassungsgesetz noch das Bundespersonalvertretungsgesetz die Einleitung eines Auflösungs- bzw. Ausschlussverfahrens von der Einhaltung einer bestimmten Frist abhängig macht, der Antrag lediglich in der Amtszeit des Betriebs- bzw. Personalrats und seiner Mitglieder gestellt werden muss, kann das Antragsrecht nur verwirkt werden. Dies ist allerdings nur dann der Fall, wenn seit der Pflichtverletztung ein längerer Zeitraum vergangen und durch ein Verhalten des Antragstellers (z.B. nach einer intensiven Aussprache) der Eindruck entstanden ist, dass ein solches Verfahren nicht eingeleitet werde.[1005]

1. Antragsbefugnis der Arbeitskollegen

Liegen die Voraussetzungen für eine grobe Pflichtverletzung seitens des Betriebs- bzw. Personalrats oder eines seiner Mitglieder im Sinne des § 23 Abs. 1 Satz 1 BetrVG bzw. § 28 Abs. 1 Satz 1 BPersVG vor, so können die Arbeitskollegen, sofern sie in ihrer Summe mindestens ein Viertel der wahlberechtigten Arbeitnehmer bzw. Beschäftigten des Betriebes bzw. der Dienststelle ausmachen, gemäß der jeweils einschlägigen Vorschrift die Auflösung des Betriebs- bzw. Personalrats oder den Ausschluss eines einzelnen Betriebs- bzw. Personalratsratsmitglieds beantragen. Gleiches gilt gemäß § 28 Abs. 1 Satz 1 BPersVG für den Fall der groben Vernachlässigung der gesetzlichen Befugnisse.

[1004] vgl. Altvater u.a. 1998, § 28 Rn. 2; Altvater u.a., § 28 Rn. 8; Lorenzen u.a.-Lorenzen, § 28 Rn. 27; s.a.: Grabendorff/Ilbertz/Widmaier, § 28 Rn. 6

[1005] vgl. Altvater u.a., § 28 Rn. 7 mit Verweis auf § 83 Rn. 42; DKK-Trittin, § 23 Rn. 56

In dringenden Ausnahmefällen wird man im Interesse der Beschäftigten eine einstweilige Verfügung zulassen müssen, mit welcher dem betroffenen Betriebs- bzw. Personalratsmitglied untersagt wird, das Betriebs- bzw. Personalratsamt bis zur rechtskräftigen Entscheidung über den Ausschluss aus dem Betriebs- bzw. Personalrat auszuüben.[1006] Hingegen kann zum Zwecke der Vermeidung einer betriebs- bzw. personalratslosen Zeit keine einstweilige Verfügung dergestalt zugelassen werden, dass dem Betriebs- bzw. Personalrat die Amtsausübung bis zur rechtskräftigen Entscheidung über den Auflösungsantrag untersagt wird.[1007]

Die tatbestandliche Voraussetzung „mindestens ein Viertel“ der Wahlberechtigten muss als Verfahrensvoraussetzung ab dem Zeitpunkt der Antragstellung bis einschließlich der letzten mündlichen Verhandlung vor dem Bundesarbeitsgericht bzw. Bundesverwaltungsgericht vorliegen, wobei sich die Wahlberechtigung der einzelnen Arbeitnehmer nach § 7 BetrVG bzw. der einzelnen Beschäftigten nach § 13 BPersVG richtet, mithin auch Betriebs- bzw. Personalratsmitglieder erfasst. Scheiden einzelne Wahlberechtigte aus dem Verfahren aus, so müssen die verbleibenden Antragsteller - sofern nicht andere Wahlberechtigte anstelle der ausscheidenden Person in das Verfahren eintreten - in ihrer Summe weiterhin ein Viertel betragen. Andernfalls hat das Gericht das Verfahren einzustellen. Scheiden hingegen einzelne Personen aus dem Arbeits- bzw. Dienstverhältnis aus, ohne dies auch hinsichtlich des Verfahrens zu tun, so hat dieser Umstand auf das Auflösungs- bzw. Ausschlussverfahren keine Auswirkung. Anders verhält es sich nur dann, wenn sämtliche Antragsteller aus dem Betrieb bzw. aus der Dienststelle ausscheiden, da dann das Rechtsschutzinteresse an der Fortführung des Verfahrens entfällt.[1008]

2. *Antragsbefugnis des Arbeitgebers bzw. Dienststellenleiters*

Die Antragsbefugnis des Arbeitgebers bzw. des Dienststellenleiters, beim Arbeits- bzw. Verwaltungsgericht die Auflösung des Betriebs- bzw. Personalrats oder den Ausschluss einzelner Betriebs- bzw. Personalratsmitglieder wegen der groben Verletzung gesetzlicher Pflichten gemäß § 23 Abs. 1 Satz 1 BetrVG bzw. § 28 Abs. 1 Satz 3 BPersVG zu beantragen, beschränkt sich auf solche Amtspflichtverletzungen, die das Verhalten des Betriebs- bzw. Personalrats bzw. dessen Mitglieder gegenüber dem Arbeitgeber bzw. Dienststellenleiter betreffen.

Da sich im Zusammenhang mit Mobbing Amtspflichtverletzungen nur im Verhältnis Betriebs- bzw. Personalrat ./. Mobbingbetroffener sowie Betriebs- bzw. Personalrat ./. Mobber ergeben können, scheidet somit eine Antragsbefugnis des Arbeitgebers gemäß § 23 Abs. 1 Satz 1 BetrVG bzw. des Dienststellenleiters gemäß § 28 Abs. 1 Satz 3 BPersVG zwangsläufig aus. Vergleichbares gilt im Verhältnis der Betriebs- bzw. Personalratsmitglieder zum Mobbingbetroffenen bzw. Mobber. Nur wenn der Betriebsrat bzw. Personalrat oder einzelne seiner Mitglieder - was allerdings höchst selten vorkommen dürfte - Mobbinghandlungen gegenüber dem Arbeitgeber bzw. Dienststellenleiter begehen, kann der Verstoß gegen die Pflicht zur vertrauensvollen

---

[1006] Altvater u.a., § 28 Rn. 11a; DKK-Trittin, § 23 Rn. 37 m.w.N; FKHE, § 23 Rn. 32, die dem Arbeitgeber ein diesbezügliches Antragsrecht einräumen; Lorenzen u.a.-Lorenzen, § 28 Rn. 42; Grabendorff/Ilbertz/Widmaier, § 28 Rn. 20

[1007] wohl h.M.: vgl. Altvater u.a., § 28 Rn. 11b; DKK-Trittin, § 23 Rn. 60 m.w.N.

[1008] vgl. DKK-Trittin, § 23 Rn. 25 – 28, 54; GK-Wiese/Oetker, § 23 Rn. 62-64; Altvater u.a., § 28 Rn. 1 f.; Lorenzen u.a.-Lorenzen, § 28 Rn.15

Zusammenarbeit gemäß § 2 Abs. 1 BetrVG bzw. § 2 Abs. 1 BPersVG eine grobe Amtspflichtverletzung darstellen,[1009] die den Arbeitgeber bzw. Dienststellenleiter zur Stellung eines Antrages nach § 23 Abs. 1 Satz 1 BetrVG bzw. § 28 Abs. 1 Satz 3 BPersVG berechtigt.

Soweit dies ausnahmsweise der Fall ist, kann der Arbeitgeber bzw. Dienststellenleiter in dringenden Fällen gegen einzelne Betriebs- bzw. Personalratsmitglieder eine einstweilige Verfügung erwirken, mit der den hiervon Betroffenen im Interesse einer ordnungsgemäßen Zusammenarbeit untersagt wird, das Betriebs- bzw. Personalratsamt bis zur rechtskräftigen Entscheidung über die Ausschließung aus dem Betriebs- bzw. Personalrat auszuüben.[1010] Eine entsprechende einstweilige Verfügung gegen den Betriebs- bzw. Personalrat ist hingegen aus Gründen der Vermeidung einer betriebs- bzw. personalratslosen Zeit nicht zulässig.[1011]

3. *Antragsbefugnis der Gewerkschaft und Interventionsmöglichkeiten des Mobbingbetroffenen*

Da der Mobbingbetroffene als solcher nach dem eindeutigen Wortlaut des § 23 Abs. 1 BetrVG bzw. § 28 Abs. 1 BPersVG nicht antragsberechtigt ist, bleibt ihm lediglich die Möglichkeit, bei den Antragsberechtigten dergestalt zu intervenieren, dass sie die Auflösung des Betriebs- bzw. Personalrats bzw. den Ausschluss des betreffenden Mitglieds betreiben. Ist eine solche Intervention erfolgreich, so wird man die Antragsbefugnis des Antragsberechtigten im konkreten Fall davon abhängig machen müssen, ob er aufgrund seiner Stellung überhaupt in der Lage sein kann, die Interessen des Mobbingbetroffenen zu vertreten, mithin als dessen Sachwalter auftreten kann. Eine derartige Antragsbefugnis ist dem Arbeitgeber bzw. Dienststellenleiter abzusprechen. Seine Antragsbefugnis ist schließlich - wie unter Punkt 2. ausgeführt - auf solche Amtspflichtverletzungen beschränkt, die das Verhalten des Betriebs- bzw. Personalrats sowie seiner Mitglieder zum Arbeitgeber bzw. Dienststellenleiter betreffen.

Da es zu den „klassischen" Aufgaben der Gewerkschaften sowie der betrieblichen Interessenvertretung gehört, sich für die Interessen der Beschäftigten des Betriebes bzw. der Dienststelle einzusetzen, sich dieses für den Betriebs- und Personalrat sogar als eine ihm gesetzlich auferlegte Pflicht (vgl. §§ 75, 80 Abs. 1 BetrVG, §§ 67 f. BPersVG) darstellt, wird man beiden die Befugnis zusprechen müssen, auf Anregung erfolgte Auflösungs- bzw. Ausschlussanträge stellen zu dürfen. Soweit es das Personalvertretungsrecht betrifft, ist ferner zu bedenken, dass die in der Dienststelle vertretene Gewerkschaft sowie der Personalrat die grobe Vernachlässigung gesetzlicher Befugnisse zum Anlass nehmen kann, den Ausschluss eines Personalratsmitglieds aus dem Gremium zu beantragen (vgl. § 28 Abs. 1 Sätze 1, 2 BPersVG). Diesbezüglich ist allerdings zu bedenken, dass sowohl die betreffende Gewerkschaft als auch die betriebliche Interessenvertretung in der Regel zunächst bemüht sein wird, ihren Einfluss geltend zu machen und auf das betreffende Betriebs- bzw. Personalratsmitglied dergestalt einzuwirken, dass dieses in der Zukunft seinen gesetzlichen Pflichten nachkommt.

[1009] vgl. GK-Wiese/Oetker, § 23 Rn. 47, 65; DKK-Buschmann, § 23 Rn. 52

[1010] FKHE, § 23 Rn. 32; DKK-Trittin, § 23 Rn. 37; Altvater u.a., § 23 Rn. 11a; Grabendorff/Ilbertz/Widmaier, § 28 Rn. 20

[1011] FKHE, § 23 Rn. 43; DKK-Trittin, § 23 Rn. 60; Altvater u.a., § 23 Rn. 11b

Hinsichtlich der Antragsbefugnis der wahlberechtigten Beschäftigten ist zu bedenken, dass der Mobbingbetroffene regelmäßig diesem Kreis angehören dürfte. Stets wird man ihm das Recht zubilligen müssen, einzelnen Betriebs- bzw. Personalratsmitgliedern sowie dem Betriebs- bzw. Personalrat das Vertrauen zu entziehen und dies auch zum Ausdruck bringen zu dürfen. Findet er genügend wahlberechtigte Personen, die sich seinem Begehren anschließen, so wird man diesem Personenkreis die Antragsbefugnis nicht verweigern können. Schließlich ist zu bedenken, dass die Amtspflichtverletzung gegenüber einem Mitglied dieses Personenkreises begangen wurde, welches ein Angehöriger der Belegschaft ist, dessen Interessen von dem Betriebs- bzw. Personalrat sowie seinen Mitgliedern zu wahren sind.

Ob sich ein Antragsberechtigter für ein solches Amtsenthebungsverfahren finden lässt, ist von mehreren Faktoren abhängig. Je stärker der Rückhalt des Mobbingbetroffenen, seine soziale Akzeptanz, seine Beliebtheit sowie seine Position in der Belegschaft ist, desto eher werden sich wahlberechtigte Arbeitskollegen finden, die das Vorhaben des Mobbingbetroffenen unterstützen. Vergleichbares gilt für den Betriebsbzw. Personalrat. Eine Gewerkschaft wird sich zu einer Antragstellung umso eher bereit erklären, je mehr dies für sie von Interesse ist. Dies wird zum Beispiel dann der Fall sein, wenn der Mobbingbetroffene nicht nur passives Mitglied der betreffenden Gewerkschaft ist, sondern aktiv in dieser mitarbeitet (z.B. in der Jugend-, Bildungs- sowie Vertrauensleutearbeit) oder die Gewerkschaft sich erhofft, dass sie ihre Stellung in dem Betrieb bzw. in der Dienststelle mit Hilfe der Antragstellung festigen oder ausbauen kann. Berücksichtigt man diese Aspekte, so werden Mobbingbetroffene, die diese Anforderungen nicht erfüllen (z.B. Außenseiter, sich passiv verhaltende Gewerkschaftsmitglieder) bzw. am Arbeitsplatz weitgehend isoliert und ausgegrenzt sind, kaum jemanden finden, der für sie oder mit ihnen einen Ausschluss- bzw. Auflösungsantrag im Sinne des § 23 Abs. 1 BetrVG bzw. § 28 Abs. 1 BPersVG stellt.

IV. Reaktionsmöglichkeiten des Betriebs- bzw. Personalrats und seiner Mitglieder

Es erscheint als äußerst fraglich, ob sich eine konkrete Mobbingsituation mittels eines Auflösungs- bzw. Ausschlussverfahrens lösen lässt. Schließlich können sich der Betriebs- bzw. Personalrat sowie seine Mitglieder leicht einer drohenden Auflösung bzw. Ausschließung entziehen.

Erachtet etwa ein Betriebsratsmitglied seine Chancen, in einem Ausschlussverfahren zu obsiegen, als gering ein, so wird er spätestens in der letzten mündlichen Verhandlung die Niederlegung seines Amtes erklären.[1012] Versehen mit der „weißen Weste“ der Amtsniederlegung, die zur Einstellung des Ausschlussverfahrens führt, kann er bei der nächsten Betriebsratswahl erneut kandidieren und wird, sofern sein Ansehen in der Belegschaft nicht zu sehr gelitten hat, mit relativer Sicherheit wieder in den Betriebsrat gewählt werden.[1013]

Der Betriebsrat kann sich hingegen nicht einer Auflösung entziehen, indem er seinen Rücktritt beschließt oder sämtliche Betriebsratsmitglieder einschließlich der Ersatzmitglieder ihr Amt niederlegen.[1014] Hier setzt allerdings das Ende der Amtszeit, welches

[1012] s.a.: FKHE, § 23 Rn. 29; s.a.: Lorenzen u.a.-Lorenzen, § 28 Rn. 25 für die Niederlegung des Personalratsamtes

[1013] s.a.: DKK-Trittin, § 23 Rn. 34, 41; FKHE, § 23 Rn. 28

[1014] h.M.; vgl. FKHE, § 23 Rn. 41; s.a.: Lorenzen u.a.-Lorenzen, § 28 Rn. 24 für den Rücktritt des Personalrats

mit dem Beginn der Amtszeit eines neu gewählten Betriebsrats einhergeht, dem Auflösungsverfahren ein Ende. Da sich der Auflösungsantrag auf ein konkret benanntes Betriebsratsgremium bezieht, können sich seine Mitglieder bei der nächsten Betriebsratswahl erneut wählen lassen. Wird der Rücktritt des Betriebsrats geschickt arrangiert erklärt oder legen alle Mitglieder sowie Ersatzmitglieder ihr Amt im „richtigen" Augenblick nieder, ist der neue Betriebsrat noch vor der letzten mündlichen Verhandlung über die Begründetheit des Auflösungsantrages im Amt, so dass das Auflösungsverfahren einzustellen ist.

Vergleichbares gilt für den Personalrat und seine Mitglieder, so dass insoweit auf die obigen Ausführungen verwiesen werden kann.

Die dargelegten Aspekte lassen somit den Schluss zu, dass eine Auflösung des Betriebs- bzw. Personalrats oder der Ausschluss einzelner Mitglieder aus dem Betriebs- bzw. Personalrat zwar in engen Grenzen möglich, in der betrieblichen Praxis jedoch wegen der Reaktionsmöglichkeiten des mit einem Auflösungsverfahrens konfrontierten Betriebs- bzw. Personalrats sowie des einem Ausschlussverfahren ausgesetzten Betriebs- bzw. Personalratsmitglieds nur höchst selten vorkommen dürfte.

8. Kapitel: Handlungsmöglichkeiten des Betriebs- bzw. Personalrats

Im Anschluss an die rechtliche Bewertung des Mobbingphänomens stellt sich die Frage, welche Handlungsmöglichkeiten der Betriebs- bzw. Personalrat im Zusammenhang mit der Mobbingproblematik hat. Die der betrieblichen Interessenvertretung zur Verfügung stehenden Handlungsmöglichkeiten lassen sich wie folgt kategorisieren:

1. zeitbezogen: vergangenheits- und gegenwartsbezogene ./. zukunftsgerichtete Maßnahmen;
2. handlungsorientiert: reagierende ./. agierende Maßnahmen.

Sofern man das Augenmerk auf die Vergangenheit und Gegenwart richtet, ist der Frage nachzugehen, was Betriebs- und Personalräte in einer konkreten Mobbingsituation unternehmen können. Insoweit erfolgt eine Betrachtung reagierender Handlungsmöglichkeiten. Wendet man sich dagegen der Zukunft zu, so fällt der Blick auf die gestaltenden Handlungsmöglichkeiten des Betriebs- bzw. Personalrats. Nur diesbezüglich stellt sich die Frage, was genau die betriebliche Interessenvertretung zur Prävention gegen Mobbing in dem Betrieb bzw. in der Dienststelle tun kann. Im Folgenden soll beiden Aspekten nachgegangen werden.

Auf eine Darstellung der Handlungsmöglichkeiten des Arbeitgebers bzw. Dienstherrn wird hingegen verzichtet, da es dieser aufgrund seiner besonderen Stellung im Betrieb bzw. in der Dienststelle in der Hand hat, dem Mobbing ein Ende zu bereiten bzw. vorbeugende Maßnahmen gegen Mobbing zu ergreifen. Hierbei sollte nicht nur die Möglichkeit der Kosteneinsparung (z.B. Senkung der Entgeltfortzahlungskosten im Krankheitsfall)[1015] sowie Ertragssteigerung (z.B. Realisierung neuer Marktchancen infolge verbesserter Produktqualität) gesehen werden. Die breite Verbreitung, die die Betriebsvereinbarung „Partnerschaftliches Verhalten am Arbeitsplatz“ sowohl unter Betriebs- und Personalräten als auch in den Medien erfahren hat, verdeutlicht, dass Maßnahmen zur Verbesserung des Betriebsklimas sowie des sozialen Umgangs am Arbeitsplatz dazu beitragen können, positiv auf das Image eines Unternehmens zu wirken. Ob dieser Umstand den Personalverantwortlichen der Volkswagen AG bei der Unterzeichnung ihrer Betriebsvereinbarung bewusst war, vermag ich nicht zu beurteilen. Auf jeden Fall sollte die Möglichkeit der Verbesserung des Ansehens des Unternehmens bzw. der Dienststelle in der Öffentlichkeit ebenfalls gesehen werden und auch Anlass für die Ergreifung von Aktionen gegen Mobbing sein.

Soweit die Arbeitgeberseite präventiv gegen Mobbing vorgehen will, sollte sie dies im Schulterschluss mit dem Betriebs- bzw. Personalrat tun. Insoweit dürften die Ausführungen in diesem Kapitel für Arbeitgeber und Dienstherren ebenfalls von Interesse sein.

I. Reagierende Handlungsmöglichkeiten des Betriebs- bzw. Personalrats

Wenden wir uns zunächst den reagierenden Handlungsmöglichkeiten zu, die

1. in einer Sanktion des Arbeitgebers wegen der Verletzung gesetzlicher Pflichten, und

[1015] Laut Groeblinghoff, S. 163 f., soll ein deutscher Automobilbauer bereits vor knapp einem Jahrzehnt errechnet haben, dass er jährliche Einsparungen in Höhe von ca. 500.000 DM verzeichnen könne, sofern der Krankenstand um 1 v.H. je 1.000 Mitarbeiter verringert werden kann.

2. in der Behandlung von an den Betriebs- bzw. Personalrat gerichteten Beschwerden bestehen.

1. Verletzung gesetzlicher Pflichten durch den Arbeitgeber

§ 23 Abs. 3 Satz 1 BetrVG räumt dem Betriebsrat[1016] die Möglichkeit ein, beim Arbeitsgericht zu beantragen, dem Arbeitgeber wegen groben Verstößen gegen seine Verpflichtungen aus diesem Gesetz aufzugeben, eine Handlung zu unterlassen, die Vornahme einer Handlung zu dulden oder eine Handlung vorzunehmen. Erfasst werden von dieser Vorschrift alle Verstöße, die sich auf seine betriebsverfassungsrechtliche Rechtsstellung beziehen.[1017]

a. Grober Pflichtenverstoß des Arbeitgebers

Die in § 23 Abs. 1 Satz 1 BetrVG angesprochenen „Verpflichtungen aus diesem Gesetz" beruhen in erster Linie auf dem Betriebsverfassungsgesetz, können sich aber auch aus anderen Gesetzen sowie aus Betriebsvereinbarungen, Sprüchen der Einigungsstelle und Regelungsabreden ergeben.[1018] Die sich für den Arbeitgeber aus § 75 und §§ 84 f. BetrVG gegenüber den einzelnen Arbeitnehmern ergebenden Pflichten sind gesetzliche Vorschriften im Sinne des § 23 Abs. 3 Satz 1 BetrVG.[1019] Erforderlich ist gemäß § 23 Abs. 1 Satz 1 BetrVG das Vorliegen eines groben Verstoßes, der objektiv erheblich sein muss.[1020] Hierzu kann nach den konkreten Umständen des Einzelfalles ein einmaliger schwerwiegender Pflichtenverstoß genügen. Leichtere Verstöße können sich bei ihrer Wiederholung bzw. Fortsetzung zu einem groben Verstoß entwickeln.[1021]

Wenn der Betriebsrat oder einzelne Betriebsratsmitglieder Mobbinghandlungen seitens des Arbeitgebers ausgesetzt sind, verstößt letzterer mit seinem Verhalten gegen das Gebot der vertrauensvollen Zusammenarbeit gemäß § 2 Abs. 1 BetrVG. Soweit im konkreten Einzelfall ein einzelner Verstoß nicht ausreicht, eine grobe Pflichtverletzung darzustellen, wird dies bei mehreren fortgesetzten Pflichtverletzungen in der Regel der Fall sein, so dass zumindest dann eine grobe Pflichtverletzung im Sinne des § 23 Abs. 3 Satz 1 BetrVG anzuerkennen ist.[1022]

Eine grobe Pflichtverletzung im Sinne des § 23 Abs. 3 Satz 1 BetrVG ist weiter dann anzunehmen, wenn der Arbeitgeber sich beharrlich weigert, einer von einem Beschäftigten an ihn gerichteten oder einer ihm von dem Betriebsrat im Rahmen des § 85 BetrVG vorgelegten Beschwerde nachzugehen oder einer für berechtigt erachteten Beschwerde abzuhelfen (§§ 84 Abs. 2, 85 Abs. 3 BetrVG).[1023]

Letztendlich stellen willkürliche Ungleichbehandlungen einzelner Arbeitnehmer sowie die Verletzung von Persönlichkeitsrechten nach § 75 BetrVG grobe Pflichtverletzungen im Sinne des § 23 Abs. 3 Satz 1 BetrVG dar.[1024]

[1016] Das Bundespersonalvertretungsgesetz enthält leider keine entsprechende Regelung.
[1017] DKK-Buschmann, § 85 Rn. 69
[1018] DKK-Trittin, § 23 Rn. 69 f.; FKHE, § 23 Rn. 60 f.
[1019] DKK-Trittin, § 23 Rn. 69
[1020] DKK-Trittin, § 23 Rn. 73
[1021] DKK-Trittin, § 23 Rn. 74; FKHE, § 23 Rn. 62
[1022] DKK-Trittin, § 23 Rn. 80
[1023] DKK-Trittin, § 23 Rn. 83
[1024] DKK-Trittin, § 23 Rn. 83; FKHE, § 23 Rn. 66; s.a.: Grunewald, S. 1073

Diese wenigen Aufzählungen verdeutlichen bereits, dass der Arbeitgeber im Zusammenhang mit Mobbing gegen gesetzliche Pflichten im Sinne des § 23 Abs. 1 BetrVG verstoßen kann, wobei es im Ergebnis unerheblich ist, ob er als Mobber handelt oder in einer anderen Weise seinen gesetzlichen Pflichten nicht nachkommt.

b. *Schuldhaftes Verhalten des Arbeitgebers*

Indem die Sanktion gemäß § 23 Abs. 3 BetrVG in die Zukunft gerichtet ist und die Sanktion den Arbeitgeber ausschließlich in seiner Eigenschaft als Organ der Betriebsverfassung trifft, kommt es auf ein schuldhaftes Verhalten des Arbeitgebers nicht an.[1025]

c. *Beweisbarkeit des Verhaltens des Arbeitgebers*

Da es sich bei dem Antrag nach § 23 Abs. 3 BetrVG um eine Angelegenheit handelt, auf das gemäß § 2a Abs. 1 Ziffer 1, Abs. 2 ArbGG die Regeln über das arbeitsgerichtliche Beschlussverfahren (vgl. §§ 64 ff. ArbGG) Anwendung finden, hat das angerufene Arbeitsgericht gemäß § 83 Abs. 1 Satz 1 ArbGG den Sachverhalt im Rahmen der gestellten Anträge von Amts wegen zu ermitteln (sog. Untersuchungsgrundsatz). Wenngleich es somit eine Beweislastverteilung zwischen dem Betriebsrat einerseits und dem Arbeitgeber andererseits nicht gibt,[1026] sind alle am Verfahren Beteiligten - somit unter Umständen auch der Mobbingbetroffene - verpflichtet, an der Aufklärung des Sachverhaltes mitzuwirken (vgl. § 83 Abs. 1 Satz 2 ArbGG). Speziell der antragstellende Betriebsrat muss denjenigen Sachverhalt vortragen, aus dem sich das mit dem Antrag geltend gemachte Begehren ergeben soll.[1027]

Indem grundsätzlich davon auszugehen ist, dass der Arbeitgeber das Vorbringen des Betriebsrats bestreitet, muss das Gericht über erhebliche und bestrittene Tatsachenbehauptungen Beweis und Gegenbeweis erheben.[1028] Von dem Ergebnis der Beweisaufnahme wird es dann abhängen, ob die Voraussetzungen des § 23 Abs. 3 BetrVG als erfüllt angesehen werden können. Hierbei hat regelmäßig der Arbeitgeber die bessere Ausgangslage, der Pflichtverletzungen nur bei Gelegenheit begeht und stets darauf achtet, dass man ihm diese später nicht nachweisen kann. Diesbezüglich ist zum Beispiel an Diskriminierungen sowie sexuelle Belästigungen zu denken, die nur dann vorgenommen werden, wenn Dritte nicht zugegen sind, der Arbeitgeber jedes Vorbringen der betroffenen Person als eine Lüge abtun kann. Weiter wird der Arbeitgeber bestrebt sein, Pflichtverletzungen hinter objektiven Gründen zu verbergen. So wird er bei Bedarf stets behaupten, nur aus betriebsnotwendigen Gründen gehandelt zu haben, ohne jemals an eine Verletzung etwaiger Pflichten gedacht bzw. eine solche beabsichtigt zu haben. Als Beispiel lässt sich die Versetzung der Sekretärin des Geschäftsführers anführen, die sich seinen Annäherungsversuchen widersetzt hat. Da der Geschäftsführer die Versetzung seiner Sekretärin kaum mit seinen enttäuschten Hoffnungen begründen kann, wird er sich zur Rechtfertigung der Versetzung auf eine mangelnde Loyalität, Unzuverlässigkeit etc. seiner Mitarbeiterin berufen.

[1025] h.M.; vgl. DKK-Trittin, § 23 Rn. 76; GK-Wiese/Oetker, § 23 Rn. 224; FKHE, § 23 Rn. 64
[1026] vgl. Grunsky, § 83 Rn. 7; Hauck, § 83 Rn. 6
[1027] vgl. Germelmann/Matthes/Prütting, § 83 Rn. 89; Hauck, § 83 Rn. 3; Grunsky, § 83 Rn. 3 f.
[1028] vgl. Hauck, § 83 Rn. 7; Germelmann/Matthes/Prütting, § 83 Rn. 101

d. *Gerichtliche Auflage und Folgen des Auflagenverstoßes*

Ist eine grobe Pflichtverletzung im Sinne des § 23 Abs. 3 Satz 1 BetrVG bewiesen, so wird dem Arbeitgeber durch das Arbeitsgericht aufgegeben, eine bestimmte Handlung vorzunehmen, eine bestimmte Handlung zu unterlassen oder ihre Vornahme durch Dritte zu dulden. In Bezug auf Mobbing dürfte es überwiegend um die Vornahme einer Handlung gehen. Zu denken ist diesbezüglich beispielhaft an die Zuweisung von Arbeitsaufgaben an den Mobbingbetroffenen in einer dem Arbeitsvertrag entsprechenden Weise, die Zuweisung des alten Arbeitsplatzes bei einer zum Zwecke der Diskriminierung erfolgten Versetzung, die Unterlassung der Zuweisung „kränkender", vertragswidriger sowie diskriminierender Arbeitsaufgaben sowie die Unterlassung von ständiger unberechtigter Kritik an der Person des Mobbingbetroffenen und/oder an seiner Arbeit.

Handelt der Arbeitgeber der gerichtlichen Auflage zuwider, eine Handlung zu unterlassen oder die Vornahme einer Handlung zu dulden, so kann er auf erneutem Antrag des Betriebsrats wegen einer jeden Zuwiderhandlung nach vorheriger Androhung zu einem Ordnungsgeld verurteilt werden (§ 23 Abs. 3 Sätze 2, 4 BetrVG). Führt der Arbeitgeber eine ihm durch eine rechtskräftige gerichtliche Entscheidung auferlegte Handlung nicht durch, so kann er auf Antrag des Betriebsrats zur Vornahme der Handlung durch Zwangsgeld angehalten werden (§ 23 Abs. 3 Sätze 3, 4 BetrVG). Das zu verhängende Ordnungs- bzw. Zwangsgeld beträgt mindestens 5,00 DM und höchstens 20.000,00 DM (vgl. § 23 Abs. 3 Satz 5 BetrVG, Art. 6 Abs. 1 EGStGB). Es ist für jeden Einzelfall neu festzusetzen und kann, wenn mehrere Zuwiderhandlungen gleichzeitig geahndet werden, in der Summe den Betrag von 20.000,00 DM übersteigen.[1029]

Sofern erforderlich, kann der Anspruch auf Beseitigung bzw. Unterlassung gemäß § 23 Abs. 3 BetrVG auch mittels einstweiliger Verfügung durchgesetzt werden.[1030]

2. *Behandlung von Beschwerden durch den Betriebs- bzw. Personalrat*

Arbeitet der Mobbingbetroffene in einem Betrieb, in dem ein Betriebsrat eingerichtet ist, so kann er sich bei diesem gemäß § 85 Abs. 1 BetrVG beschweren. Entsprechendes gilt gemäß § 68 Abs. 1 Ziffer 3 BPersVG für eine an den Personalrat gerichtete Beschwerde. In seiner Entscheidung, ob er seine Beschwerde an den Arbeitgeber bzw. Dienstherrn (vgl. hierzu auch die Ausführungen in dem 4. Kapitel unter II.1. und im 6. Kapitel unter I.) oder an den Betriebsrat bzw. Personalrat richtet, ist er frei. Beide Beschwerdewege stehen gleichrangig nebeneinander.[1031]

Was Gegenstand einer Beschwerde nach § 85 BetrVG bzw. § 68 Abs. 1 Ziffer 3 BPersVG sein kann, sagt das Gesetz - anders als § 84 Abs. 1 BetrVG - nicht. Allerdings herrscht Einigkeit darüber, dass der Beschwerdegegenstand des § 85 Abs. 1 BetrVG mit dem des § 84 Abs. 1 BetrVG identisch ist.[1032] Somit kann sich bei dem Betriebsrat beschweren, wer sich in seiner individuellen Rechtsposition durch ein Verhalten des

---

[1029] DKK-Trittin, § 23 Rn. 112; GK-Wiese/Oetker, § 23 Rn. 217; FKHE, § 23 Rn. 83

[1030] DKK-Trittin, § 23 Rn. 95; GK-Wiese/Oetker, § 23 Rn. 148 m.w.N.

[1031] vgl. Esser/Wolmerath, S. 277

[1032] vgl. DKK-Buschmann, § 85 Rn. 2; GK-Wiese, § 85 Rn. 4 m.w.N.; Richardi, § 85 Rn. 3; FKHE, § 85 Rn. 2

Arbeitgebers oder eines Arbeitskollegen beeinträchtigt fühlt.[1033] Dies ist auch dann möglich, wenn die Beschwerde bereits vom Arbeitgeber abschlägig beschieden wurde (vgl. § 84 Abs. 2 BetrVG).[1034] Entsprechendes gilt für den Bereich der Personalvertretung, wobei unter der Beschwerde jede Äußerung der Unzufriedenheit verstanden wird.[1035]

Zur Entgegennahme einer Beschwerde ist der Betriebs- bzw. Personalrat verpflichtet. Auch ist er verpflichtet, der Beschwerde nachzugehen.[1036] Handelt er dieser Pflicht zuwider oder befasst er sich nicht inhaltlich mit der Beschwerde, so kann dies im konkreten Einzelfall eine grobe Amtspflichtverletzung im Sinne des § 23 Abs. 1 BetrVG bzw. § 28 Abs. 1 BPersVG sowie eine grobe Vernachlässigung gesetzlicher Befugnisse im Sinne des § 28 Abs. 1 BPersVG darstellen[1037] (vgl. hierzu die Ausführungen im 7. Kapitel).

Über das Ergebnis der Beschwerde hat der Betriebsrat den Beschwerdeführer zu unterrichten.[1038] Obwohl es eine vergleichbare Pflicht des Personalrats nicht gibt, steht es diesem frei, den Beschwerdeführer über den Sachstand zu informieren.[1039] Erachtet der Betriebsrat die Beschwerde für berechtigt, hat er gemäß § 85 Abs. 1 BetrVG beim Arbeitgeber auf Abhilfe hinzuwirken - der wiederum verpflichtet ist, sich mit der ihm vorgetragenen Beschwerde zu befassen. Entsprechendes gilt auch für den Personalrat.[1040] Hält der Arbeitgeber die Beschwerde für berechtigt, muss er ihr analog § 84 Abs. 2 BetrVG abhelfen.[1041] Vergleichbares gilt für den Dienststellenleiter.[1042]

Bestehen zwischen dem Arbeitgeber und dem Betriebsrat Meinungsverschiedenheiten über die Berechtigung der Beschwerde, so besteht für - und nur für - den Betriebsrat die Möglichkeit, die Einigungsstelle anzurufen, deren Spruch grundsätzlich die Einigung zwischen dem Betriebsrat und dem Arbeitgeber ersetzt (§ 85 Abs. 2 BetrVG). Die Anrufung der Einigungsstelle ist weder von der Zustimmung des Beschwerdeführers abhängig, noch kann der Beschwerdeführer diese erzwingen. Auf das Einigungsstellenverfahren kann er lediglich insoweit Einfluss nehmen, als er seine Beschwerde zurückzieht und dieser auf diese Weise ihrer Grundlage beraubt.[1043] Die Einigungsstelle kann nur dann nicht gemäß § 85 Abs. 2 BetrVG angerufen werden, wenn der Gegenstand der Beschwerde ein Rechtsanspruch des Beschwerdeführers ist. In einem solchen Fall ist lediglich ein freiwilliges Einigungsstellenverfahren nach § 76 Abs. 6 BetrVG möglich.[1044] Die Möglichkeit, die Einigungsstelle wegen einer Meinungsverschiedenheit mit dem Dienststellenleiter über die Berechtigung einer Beschwerde anzurufen, hat der Personalrat hingegen nicht, da das Bundespersonalvertretungsgesetz keine dem § 85 Abs. 2 BetrVG entsprechende Regelung enthält.

[1033] vgl. DKK-Buschmann, § 85 Rn. 2; Lorenzen u.a.-Lorenzen, § 68 Rn. 25;
[1034] DKK-Buschmann, § 85 Rn. 2
[1035] vgl. Grabendorff/Ilbertz/Widmaier, § 68 Rn. 15; Lorenzen u.a.-Lorenzen, § 68 Rn. 25 ff.
[1036] vgl. FKHE, § 85 Rn. 2; DKK-Buschmann, § 85 Rn. 5; Altvater u.a., § 68 Rn. 4 f.; Grabendorff/Ilbertz/Widmaier, § 68 Rn. 15, 20; Lorenzen u.a.-Lorenzen, § 68 Rn. 25
[1037] DKK-Buschmann, § 85 Rn. 4
[1038] vgl. DKK-Buschmann, § 85 Rn. 4; FKHE, § 85 Rn. 6
[1039] vgl. Altvater u.a., § 68 Rn. 6; Lorenzen u.a.-Lorenzen, § 68 Rn. 26
[1040] vgl. Altvater u.a., § 68 Rn. 4; Lorenzen u.a.-Lorenzen, § 68 Rn. 26; Grabendorff/Ilbertz/Widmaier, § 68 Rn. 21
[1041] DKK-Buschmann, § 85 Rn. 6
[1042] vgl. Altvater u.a., § 68 Rn. 4
[1043] Esser/Wolmerath, S. 277 mit Verweis auf DKK-Buschmann, § 85 Rn. 7
[1044] FKHE, § 85 Rn. 3 f.; s.a.: DKK-Buschmann, § 85 Rn. 9; Richardi, § 85 Rn. 17

Der Ausgang eines jeden Beschwerdeverfahrens ist von zahlreichen Faktoren abhängig. Fehlt den Beteiligten jedes Fingerspitzengefühl oder ist ihre soziale Kompetenz nicht sonderlich ausgeprägt, so wird der Beschwerde der Erfolg bereits aus Gründen eines „ungeschickten“ Vorgehens versagt bleiben.[1045] Weiter ist zu bedenken, dass der Mobbingbetroffene auf das Verhalten der Beteiligten - insbesondere auf das des Arbeitgebers bzw. Dienststellenleiters sowie des Betriebs- bzw. Personalrats - nur einen äußerst geringen Einfluss hat. So kann der Mobbingbetroffene letztendlich nur versuchen, die Beteiligten für sein Mobbingproblem zu sensibilisieren, damit diese seiner Beschwerde abhelfen und die Mobbingsituation zum Anlass nehmen, generell über Maßnahmen zur Prävention sowie Bewältigung von Mobbingkonflikten in dem Betrieb bzw. in der Dienststelle nachzudenken.[1046]

II. Präventive Handlungsmöglichkeiten des Betriebs- bzw. Personalrats

Präventive Handlungsmöglichkeiten ergreifen die betrieblichen Interessenvertretungen, wenn sie die ihnen durch das Betriebsverfassungsgesetz bzw. Bundespersonalvertretungsgesetz eröffneten Möglichkeiten nutzen, um etwa auf betriebliche Missstände gestaltenden Einfluss zu nehmen. § 87 Abs. 1 BetrVG zählt einzelne Angelegenheiten auf, die der pflichtigen Mitbestimmung unterliegen und dem Betriebsrat „Initiativrechte“ dergestalt einräumen, von sich aus die Initiative zu ergreifen und den Arbeitgeber notfalls mittels eines Einigungsstellenverfahrens zu einer Regelung der mitbestimmungspflichtigen Angelegenheiten zu zwingen.[1047] Entsprechendes gilt für die vergleichbare Regelung des § 75 Abs. 3 BPersVG, wobei sich das Initiativrecht des Personalrats aus § 70 BPersVG ergibt. In Hinblick auf Mobbing kommen Mitbestimmungsrechte gemäß § 87 Abs. 1 Ziffer 1 BetrVG bzw. § 75 Abs. 3 Ziffer 15 BPersVG und § 87 Abs. 1 Ziffer 7 BetrVG bzw. § 75 Abs. 3 Ziffer 11 BPersVG in Betracht,[1048] auf die im Folgenden näher eingegangen werden soll.

Bereits an dieser Stelle sei darauf hingewiesen, dass es derzeit weder gesetzliche noch tarifvertragliche Regelungen hinsichtlich des Umgangs mit sowie der Prävention von Mobbing gibt, so dass bezüglich der Mitbestimmungsmöglichkeiten des Betriebs- bzw. Personalrats nach § 87 Abs. 1 BetrVG bzw. § 75 Abs. 3 BPersVG weder der Gesetzes- noch der Tarifvorbehalt des § 87 Abs. 1 Eingangssatz BetrVG bzw. § 75 Abs. 3 Eingangssatz BPersVG eingreift.

1. Teilnahme an Schulungs- und Bildungsveranstaltungen

Gemäß dem allgemeingültigen Grundsatz, dass nur derjenige Betriebs- bzw. Personalrat eine effektive Interessenvertretung bewerkstelligen kann, der über das zu bewältigende Problem ausreichend informiert ist und seine betriebspolitischen sowie

---

[1045] Esser/Wolmerath, S. 280

[1046] vgl. Esser/Wolmerath, S. 281

[1047] vgl. DKK-Klebe, § 87 Rn. 18 ff.; FKHE, § 87 Rn. 553; s.a.: Kittner/Pieper ArbSchR, BetrVG Rn. 38 zu § 87 Abs. 1 Ziffer 7 BetrVG und BPersVG Rn. 5 zu § 75 Abs. 3 Ziffer 11 BPersVG

[1048] Laut Warschkow/Erdmann, S. 511, denen sich Bieler/Heilmann (vgl. Bieler/Heilmann, S. 439) anschließen, werden durch Mobbing nahezu alle Mitbestimmungstatbestände des § 87 Abs. 1 BetrVG tangiert. Dies mag zwar zutreffen, gibt dem Betriebsrat allerdings jeweils nur punktuelle Handlungsmöglichkeiten, während die Ziffern 1 und 7 der Vorschrift von genereller Natur sind und daher umfassendere Handlungsmöglichkeiten eröffnen.

rechtlichen Handlungsmöglichkeiten kennt, bietet sich für den Betriebs- bzw. Personalrat die Teilnahme an einer Schulungs- und Bildungsveranstaltung zur Mobbingproblematik an. Dass der Betriebs- bzw. Personalrat an einer derartigen Veranstaltung teilnehmen kann, ergibt sich aus § 37 Abs. 6 i.V.m. § 40 Abs. 1 BetrVG bzw. § 46 Abs. 6 i.V.m. § 44 Abs. 1 BPersVG. Nach beiden Vorschriften ist das betreffende Betriebs- bzw. Personalratsmitglied für die Teilnahme an einem Seminar zur Mobbingproblematik (unter Fortzahlung der Bezüge) freizustellen, soweit die Schulungsveranstaltung Kenntnisse vermittelt, die für die Tätigkeit des Betriebs- bzw. Personalrats erforderlich sind. Sofern diese Erforderlichkeit bejaht wird, hat der Arbeitgeber bzw. Dienststellenleiter zudem sämtliche Kosten zu tragen die durch die Schulungsteilnahme entstehen (z.B. Seminargebühr, Übernachtung, Reisekosten).

In mehreren Fällen hatten sich bereits Arbeitsgerichte mit der Erforderlichkeit der Teilnahme an einem Mobbing-Seminar auseinanderzusetzen. So hat das Bundesarbeitsgericht[1049] festgestellt, dass die sachgerechte Behandlung von Beschwerden Kenntnisse über Ursachen und Verläufe von Mobbinggeschehen und das Wissen um konkrete Abhilfemöglichkeiten verlangt, welches sich der Betriebsrat durch den Besuch von speziellen Schulungsveranstaltungen aneigenen kann. Da auf einem Mobbingseminar kein Grundlagenwissen vermittelt werde, sei für die Freistellung von Betriebsratsmitgliedern sowie für die Kostentragungspflicht des Arbeitgebers erforderlich, dass der Betriebsrat eine betriebliche Konfliktlage darlegt, aus der sich ein Schulungsbedarf ergibt und zu dessen Erledigung das auf dem Seminar vermittelte Wissen notwendig ist.[1050] Dem ist bislang - soweit mir ersichtlich - nur das Arbeitsgericht Frankfurt/Main[1051] entgegengetreten, wonach das Wissen des Betriebsrats hinsichtlich der Mobbingproblematik dem Grundlagenwissen zuzurechnen und infolgedessen von einer erforderlichen Kenntnisvermittlung im Sinne des § 37 Abs. 6 BetrVG auszugehen ist.[1052] Ebenfalls stellt sich das Gericht gegen den möglichen Hinweis eines Arbeitgebers, der Betriebsrat könne sich das Wissen im Selbststudium aneignen. Schließlich dürfte der für das Selbststudium erforderliche Zeitaufwand unverhältnismäßig größer sein als derjenige, der durch den Besuch einer geeigneten Schulungsveranstaltung entsteht.[1053]

In zwei Entscheidungen wurde es Betriebsratsmitgliedern ermöglicht, an einem Mobbing-Seminar mittels einstweiliger Verfügung teilzunehmen.[1054] Insoweit dem Arbeitsgericht Kiel[1055] folgend, erachtet das Arbeitsgericht Detmold[1056] die Teilnahme an einem Mobbing-Seminar bereits dann als erforderlich, wenn erste Anzeichen für eine systematische Schikane gegenüber einzelnen Mitarbeitern durch andere Mitarbeiter oder Vorgesetzte erkennbar sind. Der Betriebsrat müsse nicht erst warten, bis sich Mobbing

---

[1049] Beschluss v. 15.1.1997, AiB 1997, 410 (411)

[1050] BAG v. 15.1.1997 – 7 ABR 14/96, Seite 6 f. der Entscheidung; s.a.: AiB 1997, 410 (411); dem folgend: Arbeitsgericht Frankfurt/Main v. 4.5.1999 – 18 BV Ga 20/99

[1051] Beschluss v. 31.1.1996, AiB 1996, 557 (558). Das ArbG Kiel, Beschluss v. 27.2.1996, AiB 1997, 410 konnte die Beantwortung der Frage offen lassen, da der Betriebsrat unbestritten konkrete Verhaltensweisen von Vorgesetzten und Mitarbeitern aufgezeigt hatte, die sich zu einer Mobbingsituation entwicklen können.

[1052] ArbG Kiel v. 27.2.1997 – H 5 d BV 41/96 – Seite 7 der Entscheidung; s.a.: AiB 1997, 410

[1053] ArbG Frankfurt/Main v. 31.1.1996, AiB 1996, 557 (578)

[1054] ArbG Detmold v. 30.4.1998, AiB 1998, 405 und ArbG Frankfurt/Main v. 4.5.1999 – 18 BV Ga 20/99

[1055] Beschluss v. 27.2.1997, AiB 1997, 419

[1056] Beschluss v. 30.4.1998, AiB 1998, 405 (406)

in vollem Umfang im Betrieb auswirkt. Das Arbeitsgericht Frankfurt/Main[1057] erachtet in seiner einstweiligen Verfügung die Teilnahme von einem weiblichen und einem männlichen Betriebsratsmitglied als erforderlich, weil Mobbing neben den rechtlichen auch gesellschaftliche, sozial- und individualpsychologische sowie konfliktverarbeitende strategische Problemstellungen betrifft, so dass auch ein zweites Betriebsratsmitglied den erforderlichen besonderen Kenntnisstand erhalten muss, weil sich Modifizierungen bzw. Zuspitzungen aufgrund unterschiedlicher geschlechtsbezogener Sozialisation und deren Auswirkungen im betrieblichen Verhalten ergeben können. Der Verfügungssgrund für den Ausspruch einer einstweiligen Verfügung ergibt sich nach dieser Entscheidung aus der Tatsache, dass menschliche Konflikte recht schnell gelöst werden müssen, das Abwarten des Ausgangs eines Hauptsacheverfahrens über die Erforderlichkeit der Schulungsteilnahme zu lange dauert, um bestehende Konflikte bereinigen zu können.[1058] Diese von der arbeitsgerichtlichen Rechtsprechung entwickelten Grundsätze lassen sich wegen der Vergleichbarkeit der Regelungen in § 37 Abs. 6 BetrVG und § 46 Abs. 6 BPersVG auf das Personalvertretungsrecht übertragen.

Wenngleich ich wie das Arbeitsgericht Frankfurt/Main[1059] der Ansicht bin, dass auf einem Mobbing-Seminar nicht Spezialwissen, sondern für die Arbeit der Interessenvertretung unverzichtbares und somit notwendiges Grundlagenwissen vermittelt wird,[1060] so hat das Bundesarbeitsgericht in seiner bereits zitierten Entscheidung vom 15.1.1997 keine unüberwindbaren Hürden aufgebaut, die überwunden werden müssen, um einem Betriebsratsmitglied die Teilnahme an einem Mobbing-Seminar zu ermöglichen. Es verlangt lediglich die Darlegung einer betrieblichen Konfliktlage, aus der sich ein Handlungsbedarf des Betriebsrats ergibt und zu dessen Erledigung das auf dem Seminar vermittelte Wissen notwendig ist. So lässt es das Bundesarbeitsgericht genügen, wenn der Betriebsrat vorträgt, dass er aufgrund der ihm bekannt gewordenen Konflikte initiativ werden wolle, um etwa durch Verhandlungen mit der Arbeitgeberseite über den Abschluss einer Betriebsvereinbarung weiteren Mobbing-Fällen entgegenzuwirken. Gleiches muss gelten, wenn der Betriebsrat darlegt, dass sich einzelne Arbeitnehmer bei ihm beschwert bzw. einen Sachverhalt geschildert haben, wonach Mobbing im Betrieb existiert bzw. existieren kann.[1061] Diese Grundsätze müssen wegen der Vergleichbarkeit der Regelungen auch für den Bereich der Personalvertretung gelten.

2. *Mitbestimmung gemäß § 87 Abs. 1 Ziffer 1 BetrVG bzw. § 75 Abs. 3 Ziffer 15 BPersVG*

Gemäß § 87 Abs. 1 Ziffer 1 BetrVG hat der Betriebsrat in Fragen der Ordnung des Betriebs und des Verhaltens der Arbeitnehmer im Betrieb mitzubestimmen. Entsprechendes gilt gemäß § 75 Abs. 3 Ziffer 15 BPersVG für die Personalvertretung.

Nach der ständigen Rechtsprechung des Bundesarbeitsgerichts betrifft dieses Mitbestimmungsrecht einerseits die Gestaltung der Ordnung des Betriebs durch die Schaffung allgemeingültiger, verbindlicher Verhaltensregeln und andererseits alle

---

[1057] Beschluss v. 4.5.1999 – 18 BV Ga 20/99 – Seite 6 der Entscheidung
[1058] Beschluss v. 4.5.1999 – 18 BV Ga 20/99 – Seite 7 der Entscheidung
[1059] Beschluss v. 31.1.1996, AiB 1996, 557
[1060] vgl. AiB 1997, 411
[1061] vgl. die gemeinsame Anmerkung von Wolmerath zu den Entscheidungen des BAG v. 15.1.1997 sowie des ArbG Kiel v. 27.2.1997, AiB 1997, 411 (411)

Maßnahmen, durch die das Verhalten der Arbeitnehmer in Bezug auf die betriebliche Ordnung beeinflusst werden soll, die darauf gerichtet sind, die vorgegebene Ordnung des Betriebs zu gewährleisten und aufrechtzuerhalten. Unter der betrieblichen Ordnung in diesem Sinne ist die Sicherung eines ungestörten Arbeitsablaufs und des reibungslosen Zusammenlebens bzw. Zusammenwirkens im Betrieb zu verstehen.[1062]

Diese Rechtsprechung hat das Bundesverwaltungsgericht für den Bereich der Personalvertretung übernommen, so dass die vom Bundesarbeitsgericht aufgestellten Grundsätze auf das Bundespersonalvertretungsrecht übertragen werden können.[1063]

Dass es sich bei Mobbing um eine Angelegenheit handelt, die der Mitbestimmung des Betriebsrats gemäß § 87 Abs. 1 Ziffer 1 BetrVG bzw. des Personalrats gemäß § 75 Abs. 3 Ziffer 15 BPersVG unterworfen ist, kann inzwischen als herrschende Meinung (zumindest in der Literatur) angesehen werden.[1064] Lediglich das LAG Hamburg ist sich offensichtlich nicht sicher, ob es sich dieser Meinung anschließen soll. In seinem Beschluss vom 15.7.1998[1065] will es ein (die Initiative umfassendes) Mitbestimmungsrecht des Betriebsrats gemäß § 87 Abs. 1 Ziffer 1 BetrVG nicht ausschließen, blockiert die Mitbestimmung des Betriebsrats allerdings mit dem Argument, dass einem solchen der Gesetzesvorbehalt gemäß § 87 Abs. 1 Eingangssatz BetrVG entgegenstehe, da das von dem Betriebsrat im konkreten Fall angestrebte Konfliktlösungsmodell abschließend in §§ 84, 85 BetrVG geregelt sei. Dieser Auffassung des Gerichts ist entgegenzuhalten, dass es der Gesetzgeber den Betriebsparteien in § 86 Satz 1 BetrVG überlässt, ob sie die Einzelheiten des Beschwerdeverfahrens durch eine Betriebsvereinbarung regeln wollen. Eröffnet der Gesetzgeber den Betriebsparteien in § 86 BetrVG somit die Möglichkeit des Abschlusses einer Betriebsvereinbarung, so kann diese Vorschrift nicht gleichzeitig als Gesetzesvorbehalt im Sinne des § 87 Abs. 1 Eingangssatz BetrVG bewertet werden. Mithin ist die Auffassung des LAG Hamburg nicht geeignet, die überwiegend vertretene Auffassung zu entkräften.

3. *Mitbestimmung gemäß § 87 Abs. 1 Ziffer 7 BetrVG bzw. § 75 Abs. 3 Ziffer 11 BPersVG*

Gemäß § 87 Abs. 1 Ziffer 7 BetrVG hat der Betriebsrat mitzubestimmen hinsichtlich Regelungen über die Verhütung von Arbeitsunfällen und Berufskrankheiten sowie über den Gesundheitsschutz im Rahmen der gesetzlichen Vorschriften oder der Unfallverhütungsvorschriften. Weiter ist das entsprechende in § 75 Abs. 3 Ziffer 11 BPersVG geregelte Mitbestimmungsrecht des Personalrats, da es über den in § 87 Abs. 1 Ziffer 7 BetrVG gesteckten Rahmen hinaus dem Personalrat Mitbestimmungsrechte über Maßnahmen zur Verhütung von Dienst- und Arbeitsunfällen und sonstigen Gesundheitsschädigungen einräumt.[1066]

[1062] vgl. DKK-Klebe, § 87 Rn. 42 m.w.N.

[1063] Altvater u.a., § 75 Rn. 71a; s.a.: BVerwG v. 5.10.1989, PersR 1989 364 (365)

[1064] Esser/Wolmerath, S. 293; Esser/Wolmerath 1996, S. 542; Esser/Wolmerath 1997, S. 24; Bieler/Heilmann, S. 439; Bieler/Heilmann ArbuR, S. 433; Hage/Heilmann, S. 746; Warschkow/Erdmann, S. 511; Gnade u.a., § 87 Rn. 13; DKK-Klebe, § 87 Rn. 52; zur Ausgestaltung als „betriebsinterne Bußordnung“ vgl. Kollmer, S. 43

[1065] NZA 1998, 1245; AiB 1999, 101

[1066] vgl. Altvater u.a., § 75 Rn. 62a; Altvater u.a. 1998, § 75 Rn. 44; Kittner/Pieper ArbSchR, BPersVG Rn. 10; s.a.: Lorenzen u.a.-Rehak, § 75 Rn. 174e, die unter der sonstigen Gesundheitsbeschädigung nur solche Eingriffe in die Gesundheit verstanden wissen wollen, die ihrer Schwere nach den Dienst- und Arbeitsunfällen gleichzuachten sind.

Unter einem Arbeitsunfall im Sinne der Vorschriften werden Arbeitsunfälle im Sinne des § 8 Abs. 1 SGB VII verstanden,[1067] mithin Unfälle von Versicherten infolge einer den Versicherungsschutz nach den §§ 2, 3 oder § 6 SGB VII begründeten Tätigkeit, wobei Unfälle zeitlich begrenzte, von außen auf den Körper einwirkende Ereignisse sind, die zu einem Gesundheitsschaden oder zum Tod führen (§ 8 Abs. 1 SGB VII). Arbeitnehmer genießen Versicherungsschutz gemäß § 2 Abs. 1 Ziffer 1 SGB VII,[1068] können infolgedessen durch einen Arbeitsunfall geschädigt werden (vgl. zu den Einzelheiten die Ausführungen im 5. Kapitel unter I.1.b.aa.). Vergleichbares gilt für Beamte, die einen Dienstunfall erleiden können (siehe hierzu die Ausführungen im 6. Kapitel unter III.1.).

Mangels eigenständiger Definition im Betriebsverfassungsgesetz wird hinsichtlich des Begriffs der Berufskrankheit auf die Legaldefinition in § 9 SGB VII Bezug genommen.[1069] Insoweit kann auf die Ausführungen im 5. Kapitel unter I.1.b.bb. verwiesen werden.

Der umfassend zu begreifende Begriff des Gesundheitsschutzes in § 87 Abs. 1 Ziffer 7 BetrVG erfasst neben der Verhütung von Arbeitsunfällen und Berufskrankheiten alle sonstigen vorbeugenden Maßnahmen, die der Erhaltung der psychischen und physischen Integrität gegenüber arbeitsbedingten Beeinträchtigungen dienen und die zur Verhinderung gesundheitlicher Schäden der Arbeitnehmer in Betracht kommen.[1070] Arbeitsbedingte Beeinträchtigungen in diesem Sinne sind solche, die durch die berufliche Tätigkeit bedingt sind oder anlässlich dieser Tätigkeit entstehen oder verschlimmert werden.[1071] Diese Grundsätze sind auf die in § 75 Abs. 3 Ziffer 11 BPersVG verwendete Terminologie der „sonstigen Gesundheitsbeeinträchtigungen“ zu übertragen, da beide Begriffe im Lichte des § 2 Abs. 1 ArbSchG auszulegen sind.[1072]

Ein Mitbestimmungsrecht gemäß § 87 Abs. 1 Ziffer 7 BetrVG besteht nur, wenn eine Vorschrift des Arbeitsschutzes durch Regelungen ausgefüllt werden soll, die arbeitsschutzrechtliche Vorschrift mithin nicht aus sich selbst heraus abschließend und unmittelbar Schutzstandards festlegt.[1073] Hierzu zählt das Arbeitsschutzgesetz mit den aufgrund § 19 ArbSchG erlassenen Rechtsverordnungen.[1074] Zu erwähnen ist die Bildschirmarbeitsverordnung, die in ihrem § 3 als erste bundesdeutsche Regelung den Begriff der psychischen Belastung erwähnt. Als ausfüllungsbedürftige Rahmenvorschriften im Sinne des § 87 Abs. 1 Ziffer 7 BetrVG sind unter anderem die Pflichten des Arbeitgebers nach § 3 Abs. 1 und Abs. 2 ArbSchG anerkannt worden.[1075] Danach hat der Betriebsrat mitzubestimmen, sofern der Arbeitgeber (vgl. § 2 Abs. 3 ArbSchG) die erforderlichen Maßnahmen des Arbeitsschutzes unter Berücksichtigung der Umstände treffen will, die Sicherheit und Gesundheit der Beschäftigten bei der Arbeit

---

[1067] DKK-Klebe, § 87 Rn. 170; FKHE, § 87 Rn. 254

[1068] vgl. Voelzke in Petri/Voelzke/Wagner, § 2 Rn. 5 ff.

[1069] vgl. DKK-Klebe, § 87 Rn. 171; FKHE, 87 Rn. 255

[1070] vgl. DKK-Klebe, § 87 Rn. 172; FKHE, § 87 Rn. 256; Kittner/Pieper ArbSchR, BetrVG Rn. 16

[1071] FKHE, § 87 Rn. 256

[1072] vgl. Kittner/Pieper ArbSchR, BPersVG Rn. 10 und BetrVG Rn. 16; so im Ergebnis wohl auch Altvater u.a., § 75 Rn. 62b

[1073] vgl. DKK-Klebe, § 87 Rn. 168, 176; FKHE, § 87 Rn. 251; Gnade u.a., § 87 Rn. 43

[1074] DKK-Klebe, § 87 Rn. 174; Gnade u.a., § 87 Rn. 45; s.a.: Kittner/Pieper, Anhang Nr. 2 - BetrVG Rn. 11, 13

[1075] Kittner/Pieper, Anhang Nr. 2 – BetrVG Rn. 11; Gnade u.a., § 87 Rn. 45 unter Verweis auf ArbG Hamburg v. 26.5.1998 – 25 BV 3/98; Kittner/Pieper ArbSchR, BetrVG Rn. 27

beeinflussen. Entsprechendes ist für den Bereich der Personalvertretung anzunehmen.[1076]

Erleidet der Mobbingbetroffene infolge einer konkreten Mobbinghandlung einen Schaden an seiner Gesundheit, so kann sich dieses Ereignis als ein Arbeitsunfall im Sinne des § 8 Abs. 1 SGB VII darstellen (vgl. insoweit die Ausführungen im 5. Kapitel unter I.1.b.aa.). Demzufolge betreffen solche Maßnahmen des Betriebs- bzw. Personalrats, die dieses generelle Gefahrenpotential zum Gegenstand haben, die Verhütung von Arbeitsunfällen im Sinne des § 87 Abs. 1 Ziffer 7 BetrVG bzw. § 75 Abs. 3 Ziffer 11 BPersVG. Entsprechendes gilt für den Dienstunfall im Sinne des § 31 Abs. 1 BeamtVG, den in gleicher Weise ein Beamter im Zusammenhang mit Mobbing erleiden kann (vgl. diesbezüglich die Ausführungen im 6. Kapitel unter III.1.).

Weiter ist zu bedenken, dass Mobbing seine Ursachen in den Umständen hat, die am Arbeitsplatz anzutreffen sind. Wegen der mit Mobbing regelmäßig einhergehenden Verschlechterung des Betriebsklimas beeinflusst Mobbing die Umstände, unter denen die Beschäftigten ihre vertraglich geschuldeten Leistungen zu erbringen haben. Erleidet ein Mobbingbetroffener einen auf Mobbing zurückführbaren Gesundheitsschaden - was oftmals der Fall ist -, so erleidet er einen Schaden, der durch die berufliche Tätigkeit bedingt und anlässlich der Beschäftigung in dem Betrieb bzw. in der Dienststelle enstanden ist. Mithin tangiert Mobbing Fragen des Gesundheitsschutzes der Beschäftigten am Arbeitsplatz. Dieser hat seine gesetzliche Ausgestaltung im Arbeitsschutzgesetz erfahren. Damit ergibt sich auch unter diesem Blickwinkel ein Mitbestimmungsrecht des Betriebs- bzw. Personalrats. Schließlich verpflichtet § 3 Abs. 1 ArbSchG den Arbeitgeber bzw. Dienstherrn, die erforderlichen Maßnahmen zu treffen, die notwendig sind, um durch Mobbing drohende Gesundheitsgefahren auszuschließen. Hierbei hat der Arbeitgeber bzw. Dienststellenleiter das Mitbestimmungsrecht der betrieblichen Interessenvertretung zu beachten, so dass diese technische, medizinische sowie organisatorische Maßnahmen des Arbeitgebers bzw. Dienststellenleiters einschließlich arbeitsschutzrelevantener Unternehmensleitlinien verlangen kann bzw. vor der Ergreifung solcher Maßnahmen zu beteiligen ist.[1077]

4. Abschluss einer Betriebs- bzw. Dienstvereinbarung zur Mobbingproblematik

Betriebs- und Personalratsmitglieder haben mir mehrfach berichtet, dass der Arbeitgeber bzw. Dienststellenleiter die Existenz bereits abgeschlossener Betriebs- und Dienstvereinbarungen in Abrede stellt. Oftmals wird die Interessenvertretung insoweit „abgespeist", als der Arbeitgeber bzw. Dienststellenleiter zu verstehen gibt, zur Aufnahme von Verhandlungen über den Abschluss einer Betriebs- bzw. Dienstvereinbarung zum Thema Mobbing nur dann bereit zu sein, sofern ihm die Interessenvertretung den Nachweis erbringe, dass entsprechende Vereinbarungen bereits in anderen Betrieben bzw. Dienststellen existieren - in der Hoffnung, dass es solche nicht gibt bzw. es der Interessenvertretung nicht gelingt, Kopien solcher Vereinbarungen vorzulegen. Was liegt näher, als einem solchen Taktieren Einhalt zu gebieten.

[1076] vgl. Grabendorff/Ilbertz/Widmaier, § 75 Rn. 157
[1077] vgl. Kittner/Pieper ArbSchR, BetrVG Rn. 37

Angelegenheiten, die dem Katalog des § 87 Abs. 1 BetrVG bzw. § 75 Abs. 3 BPersVG unterfallen, werden regelmäßig durch Betriebsvereinbarungen (vgl. § 77 BetrVG) bzw. Dienstvereinbarungen (vgl. §§ 73, 75 Abs. 3 Eingangssatz BPersVG) geregelt. Zur Mobbingproblematik konnten bereits zahlreiche Betriebs- sowie Dienstvereinbarungen abgeschlossen werden.

Durch den Abschluss der nachfolgend aufgeführten Vereinbarungen dürfte bewiesen sein, dass mittels einer internsiven Nutzung der konkret zur Verfügung stehenden Mitbestimmungsrechte sowohl in konfliktbewältigender als auch in präventiver Hinsicht gegen Mobbing vorgegangen werden kann. Hierbei ist zu betonen, dass der Anstoß, eine Betriebs- bzw. Dienstvereinbarung abzuschließen, nicht zwingend von der betrieblichen Interessenvertretung ausgehen muss. In der gleichen Weise kann die Arbeitgeberseite etwa das sich selbst gesteckte Ziel der Verbesserung des Betriebsklimas - um etwa auf diese Weise den Krankenstand und hierdurch die Entgeltfortzahlungskosten zu senken sowie die Qualität der Arbeitsergebnisse zu verbessern - zum Anlass nehmen, mit der betrieblichen Interessenvertretung geeignete Maßnahmen zu beraten. Leider ist mir bislang kein Fall bekannt geworden, bei dem die Initiative zum Abschluss einer Betriebs- bzw. Dienstvereinbarung zur Mobbingproblematik von der Arbeitgeberseite ausgegangen ist.

Bezüglich der bereits abgeschlossenen Betriebs- und Dienstvereinbarungen zur Mobbingproblematik sind folgende Vereinbarungen zu nennen, die teilweise veröffentlicht wurden. Sofern dies nicht der Fall ist, sind diese im Anhang dokumentiert:[1078]

- Rahmenkonzernbetriebsvereinbarung der Deutsche Bahn AG „über Partnerschaftliches Verhalten am Arbeitsplatz" vom 27.4.1999;
- Konzernbetriebsvereinbarung der Arbeiterwohlfahrt Bezirk Westliches Westfalen e.V. vom 18.2.1999
- Betriebsvereinbarung „Partnerschaftliches Verhalten am Arbeitsplatz" der Volkswagen AG vom 27.6.1996;[1079]
- Betriebsvereinbarung „Partnerschaftliches Verhalten am Arbeitsplatz" der Deutsche Telekom Niederlassung Kaiserslautern vom 2.6.1999;
- Betriebsvereinbarung vom 4.3.1998 für die Städtischen Seniorenheime Dortmund gGmbH;
- Betriebsvereinbarung „über das Verhalten der Arbeitnehmer/innen der Krankenhaus GmbH" der Städtischen Krankenhaus Hildesheim GmbH vom 9.1.1998;
- Betriebsvereinbarung „Partnerschaftliches Verhalten am Arbeitsplatz" für den DRK Kreisverband Forst (Lausitz) e.V. vom 21.8.1999;
- „Betriebsvereinbarung zur Verhinderung von Mobbing" für die Bildungsvereinigung Arbeit und Leben Niedersachsen e.V. vom 15.6.1999;
- Dienstvereinbarung „über den Beschäftigtenschutz (sexuelle Belästigung, Mobbing und Diskriminierung)" der Bundesversicherungsanstalt für Angestellte (BfA) vom 24.4.1998;

[1078] Im Anhang werden die Vereinbarungen nur insoweit dokumentiert, als mir dies von den betreffenden Betriebsparteien gestattet wurde. Für ihre Erlaubnis möchte ich mich bei ihnen an dieser Stelle recht herzlich bedanken.

[1079] Schauer, S. 114 ff., die sich allerdings in der Jahreszahl irrt. Die Betriebsvereinbarung gilt bereits seit dem 1.7.1996; vgl. ArbuR 1996, 443 (Auszüge)

• Dienstvereinbarung der Landeshauptstadt München „für den Umgang mit Mobbing am Arbeitsplatz“ vom 14.10.1997;[1080]
• Dienstvereinbarung des Bezirksamtes Berlin Weißensee zur „Mobbingabwehr“;[1081]
• Dienstvereinbarung der Stadt Friedrichshafen „zum Schutz der Mitarbeiterinnen und Mitarbeiter gegen Mobbing am Arbeitsplatz“ vom 20.5.1996;[1082]
• Dienstvereinbarung gegen Mobbing für das Städtische Krankenhaus Friedrichshafen vom 23.4.1998;
• Dienstvereinbarung „Anlaufstelle zur Lösung von Konflikten am Arbeitsplatz“ des Universitäts-Krankenhauses Eppendorf in Hamburg vom 24.7.1997;[1083]
• Dienstvereinbarung „zum Schutze der Mitarbeiterinnen und Mitarbeiter gegen Mobbing am Arbeitsplatz“ der Landesversicherungsanstalt Mecklenburg-Vorpommern vom 4.11.1997;
• „Dienstvereinbarung zum Schutz vor Mobbing“ für das Arbeitsamt Köln vom 4.6.1997.

b. Eckpunkte für eine Betriebs- bzw. Dienstvereinbarung zur Mobbingproblematik

Neben Grund[1084] haben Esser/Wolmerath[1085] Eckpunkte für eine Betriebs- bzw. Dienstvereinbarung zum Thema Mobbing erarbeitet, die es dem interessierten Leser ermöglichen, zu erfahren sowie darüber nachzudenken, wie eine für seinen Betrieb bzw. seine Dienststelle abzuschließende Betriebs- bzw. Dienstvereinbarung aussehen könnte und über welche Aspekte er sich bei der Erarbeitung einer Vereinbarung Gedanken machen sollte.

Aufbauend auf diese Eckpunkte lassen sich folgende Aspekte nennen, wobei der Katalog nicht in einem abschließenden sowie allgemeingültigen Sinne verstanden werden darf:
• Überschrift der Vereinbarung
Die Überschrift sollte möglichst positiv formuliert sein, um Vorurteilen und möglichen Ängsten vorzubeugen (z.B. "Betriebsvereinbarung für ein soziales Betriebsklima")
• Präambel
- Grund, Anlass für den Abschluss der Vereinbarung
- Motive, Absichten und Ziele
• Geltungsbereich der Vereinbarung
- räumlich: für welche(n) Betrieb(e), Abteilung(en) usw.
- persönlich: alle in dem Betrieb Tätigen (Stammbelegschaft, Kantinenpersonal, Reinigungskräfte, Fremdfirmenbeschäftigte usw.)
- zeitlich: sofern (z.B. aus Gründen ihrer Erprobung) der Abschluss einer befristeten Vereinbarung gewünscht wird
• Begriffsbestimmungen

[1080] PersR 1998, 357 mit einer kurzen Beschreibung des Zustandekommens der Vereinbarung von Teppert-Neumann/Wolmerath, a.a.O., S. 355 f.
[1081] AuA 1996, 349
[1082] PersR 1996, 393 mit einer Beschreibung des Zustandekommens der Vereinbarung von Herzhauser, ebenda, S. 391 f.
[1083] Diese Dienstvereinbarung hatte ich im Internet gefunden. Sie kann ebenfalls über die Redaktion der Zeitschrift AuA sowie per Fax-Abruf bezogen werden; vgl. AuA 1999, 165
[1084] Grund, S. 102 ff.
[1085] Esser/Wolmerath, S. 296 ff.

- Definition (Was ist Mobbing?)
- Offener Katalog einzelner Mobbinghandlungen, der bei Bedarf fortgeschrieben werden kann
- Abgrenzung von Verhaltensweisen, die nicht unter Mobbing fallen, allerdings wie Mobbinghandlungen betrachtet werden
• Verhaltensregeln am Arbeitsplatz
- Auflistung einzelner Verhaltensanforderungen
- Aufzählung unerwünschter Verhaltensweisen
- Beschreibung des Umgangs mit Problemen und Konflikten am Arbeitsplatz
• Verbesserung des Betriebsklimas
- Benennung einzelner Maßnahmen zur Verbesserung des Betriebsklimas
- Zeitpunkt, Ort und Art ihrer Durchführung
- Freistellung der Teilnehmer von der Arbeit
- Regelung der Kostentragung
• Verfahrensregeln zur Lösung von Konflikten
- Aufstellung von Verfahrensregeln zur Bewältigung von Konfliktsituationen
- Aufstellung eines Stufenplans/Maßnahmenkatalogs
- Regelung der Einbeziehung externer Experten, Anlaufstellen usw. (z.B. Selbsthilfegruppe, Psychologe)
• Hilfe für Mobbingbetroffene
- Benennung der Hilfsangebote (z.B. Gespräche, Anschriften, Literatur)
- Zeitpunkt, Ort und Art der Hilfsangebote
- Freistellung der Hilfesuchenden von der Arbeit
- Regelung der Kostentragung
• Verhängung von Sanktionen (falls gewünscht)
- Benennung der Sanktionen (z.B. Ermahnung, Abmahnung, Versetzung, Kündigung)
- Verfahrensregelungen
- Beteiligung der Interessenvertretung
• Installation eines Mobbingbeauftragten
- Bestimmung seiner Funktion, Stellung und Aufgaben
- Ausstattung (z.B. Büro, Telefon, Fax, Bücher, PC, Schreibkraft)
- Regelung der Hinzuziehung externer Personen durch den Mobbingbeauftragten
- Qualifizierung des Mobbingbeauftragten
- Regelung der Kostentragung
• Sensibilisierung und Qualifizierung der Beschäftigten
- Benennung von Maßnahmen zur Sensibilisierung und Qualifizierung aller Beschäftigten
- Zeitpunkt, Ort und Art der Durchführung von Maßnahmen
- Freistellung der Teilnehmer von der Arbeit
- Regelung der Kostentragung
• Clearingstelle zur Beilegung von Streitigkeiten im Zusammenhang mit der Vereinbarung
- Regelung der Zuständigkeit
- Besetzung der Clearingstelle
- Einleitung und Durchführung des Verfahrens vor der Clearingstelle
- Hinzuziehung externer Personen (z.B. Sachverständige)
- Regelung der Kostentragung

• Schlussbestimmungen der Vereinbarung
- Bekanntmachung der Vereinbarung
- Verteilung von Kopien an neue Beschäftigte
- Salvatorische Klausel
- Pflicht zur Umsetzung, Überprüfung und Fortschreibung der Vereinbarung
- gegebenenfalls: Inkrafttreten
- Kündigung der Vereinbarung
- Nachwirkung der Vereinbarung

c. Muster einer Betriebs- bzw. Dienstvereinbarung mit Erläuterungen

Neben der Ausarbeitung von Eckpunkten haben Esser/Wolmerath[1086] eine mit Erläuterungen versehene Mustervereinbarung zur Mobbingproblematik erarbeitet. Diese soll ebenfalls dokumentiert werden, da sie Anregung und Hilfe für diejenigen Leser sein kann, die vor allem präventive Maßnahmen zur Bewältigung von Mobbing in ihrem Betrieb bzw. in ihrer Dienststelle ergreifen wollen.

Ein häufig nicht gesehener bzw. oftmals unterschätzter Vorteil einer Betriebs- bzw. Dienstvereinbarung gegen Mobbing besteht meines Erachtens darin, dass mit ihrer Hilfe auch andere unerwünschte Verhaltensweisen, die als „Mobbinggleiche" Handlungen bezeichnet werden können, abstellbar sind.[1087] Diesbezüglich sind vor allem Diskriminierungen, ausländerfeindliche Äußerungen und sexuelle Belästigungen zu nennen. Demzufolge kommt einer Betriebs- bzw. Dienstvereinbarung gegen Mobbing eine weitaus größere Bedeutung zu, als man vielleicht auf den ersten Blick vermutet.

[1086] Esser/Wolmerath, S. 318 ff.; s.a.: AiB 1997, 23
[1087] s.a.: Esser/Wolmerath, S. 320

Betriebsvereinbarung
für ein partnerschaftliches Verhalten am Arbeitsplatz

Gliederung:

1. Überschrift
2. Vertragsparteien
3. Präambel
4. Geltungsbereich
4.1. Räumlicher Geltungsbereich
4.2. Persönlicher Geltungsbereich
4.3. Zeitlicher Geltungsbereich
5. Begrifflichkeiten
5.1. Mobbing
5.2. Mobbingbetroffener
5.3. Mobber
6. Verhaltenskodex
7. Verbesserung des Betriebsklimas
8. Maßnahmen gegen Mobbing
9. Konfliktlösungsverfahren
9.1. Information über Mobbing
9.2. Sachverhalt und Analyse
9.3. Schlichtung
9.4. Konfliktlösungskommission
10. Hilfe für Mobbingbetroffene
11. Sanktionen
12. Konfliktbeauftragter
12.1. Stellung
12.2. Funktion
12.3. Aufgaben
12.4. Rechte
12.5. Materielle Ausstattung
12.6. Qualifizierung
12.7. Kostentragung
13. Sensibilisierung und Qualifizierung
14. Information der Belegschaft
15. Rechte der Beschäftigten
16. Inkrafttreten, Kündigung, Nachwirkung
17. Umsetzung und Fortschreibung der Betriebsvereinbarung
18. Meinungsverschiedenheiten
19. Salvatorische Klausel
20. Datum, Unterschriften

Wortlaut der Betriebsvereinbarung	*Erläuterungen*
1. Überschrift Betriebsvereinbarung zu Mobbing am Arbeitsplatz ***Oder*** Betriebsvereinbarung zu sozialem Umgang im Betrieb ***Oder*** Betriebsvereinbarung für ein partnerschaftliches Verhalten am Arbeitsplatz	Viele Aspekte, die in einer Betriebsvereinbarung "Mobbing" geregelt werden können, sind als Bestandteile einer Betriebsvereinbarung "Sucht" oder "Sexuelle Belästigung" vorstellbar. Schließlich geht es in allen drei Fällen um die Verbesserung des sozialen Umgangs sowie Verhaltens im Betrieb und um den Abbau von psychischen Belastungen am Arbeitsplatz. Aus diesem Grunde bietet es sich an, eine relativ weit gefasste - möglichst positiv formulierte und nicht vorverurteilende - Überschrift zu wählen, um mit dieser Betriebsvereinbarung neben Mobbing vielleicht auch andere mit Mobbing vergleichbare Problemsituationen zu erfassen.
2. Vertragsparteien zwischen der ... *(Firma, Anschrift)* und dem Betriebrat der ... *(Firma, Anschrift)*	Am Anfang der Betriebsvereinbarung werden die vertragsschließenden Parteien mit vollständiger Bezeichnung sowie vollständiger Anschrift aufgeführt. Dies dient der Bestimmbarkeit der Vertragsparteien. Zugleich ist für jedermann unmissverständlich feststellbar, ob er unter den Geltungsbereich dieser Vereinbarung fällt (s. Ziffer 4.).

3. Präambel

Arbeitgeber und Betriebsrat sind sich bewusst, dass fehlerhafter sozialer Umgang, unsoziale Verhaltensweisen und nicht gelöste Konflikte das Betriebsklima nachteilig beeinflussen, den Arbeitsprozess stören, die Produktivität des Betriebs sowie die Qualität der Arbeitsergebnisse vermindern und mannigfalte negative Auswirkungen für den Betrieb sowie für die Belegschaft mit sich bringen. Psychosomatische Beschwerden und Erkrankungen, Depressionen, Erschöpfungszustände, Folgeerkrankungen infolge mangelnder Abwehrkräfte, Verzweiflung, Angstzustände und vieles mehr können Folge von Mobbing sein. Anliegen dieser Betriebsvereinbarung ist es insbesondere, das Betriebsklima und den sozialen Umgang aller im Betrieb tätigen Personen zu verbessern.

In der Präambel können die Betriebsparteien ihre Motive, Absichten sowie Ziele zum Ausdruck bringen, die Beweggrund für den Abschluss der Betriebsvereinbarung waren. Da die Betriebsvereinbarung jedermann zugänglich zu machen ist (vgl. § 77 Abs. 2 Satz 3 BetrVG), ist die Funktion der Präambel nicht zu unterschätzen. Eine gut ausformulierte Präambel vermag Vorgesetzte und Beschäftigte in gleicher Weise für das Problem "Mobbing am Arbeitsplatz" zu sensibilisieren. Weiter kann die Präambel bei nie auszuschließenden Meinungsstreitigkeiten wichtige Hinweise für die Auslegung einzelner Regelungen liefern.

4. Geltungsbereich

In dem Punkt Geltungsbereich wird festgelegt, für welchen Personenkreis die Betriebsvereinbarung gelten soll.

4.1. Räumlicher Geltungsbereich

Die Betriebsvereinbarung gilt für ...

Oder

für die Betriebsteile ...

oder

für den Betrieb ... mit Ausnahme der Abteilungen ...

oder

...

Grundsätzlich gilt die Betriebsvereinbarung für den Betrieb, dem die Betriebsparteien angehören. Einzelne Abteilungen können allerdings ebenso aus dem Geltungsbereich herausgenommen werden, wie der Geltungsbereich auf einige Abteilungen beschränkt werden kann.

4.2. Persönlicher Geltungsbereich

Die Betriebsvereinbarung gilt für alle Beschäftigten der ...

Der persönliche Geltungsbereich erstreckt sich auf alle Arbeitnehmer des Betriebes einschließlich der in Heimarbeit Beschäftigten, die in der Hauptsache für den Betrieb arbeiten. Er kann auf bestimmte Arbeitnehmergruppen beschränkt werden.

Der Arbeitsgeber verpflichtet sich, auf die in § 5 Abs. 2 und 3 BetrVG genannten Personen in geeigneter Weise einzuwirken, dass sich diese gemäß dieser Betriebsvereinbarung verhalten.

Betriebsvereinbarungen gelten nicht für den in § 5 Abs. 2 und 3 BetrVG genannten Personenkreis. Da eine Betriebsvereinbarung "Mobbing" ohne die Einbeziehung dieses Personenkreises (z.B. leitende Angestellte) ihre Wirkungen zum Wohle aller nicht vollends entfalten kann, dieser von der Vereinbarung allerdings ebenso profitiert wie Arbeitnehmer es tun, müssen diese mit in die Betriebsvereinbarung "Mobbing" einbezogen werden. Dies kann allerdings nur über einen Umweg erreicht werden, indem sich der Arbeitgeber zu einer bestimmten Einwirkung auf den in § 5 Abs. 2 und 3 BetrVG genannten Personenkreis verpflichtet.

Sie findet ferner auf alle betriebsfremden Personen Anwendung, die - aus welchem Rechtsgrund auch immer - im Betrieb tätig werden. Insoweit hat die ... bei Vertragsschluss Sorge zu tragen, dass sich der jeweilige Vertragspartner verpflichtet, sich im Betrieb gemäß dieser Betriebsvereinbarung zu verhalten bzw. auf bei ihm Beschäftigte oder von ihm beauftragte Personen einzuwirken, dass sich diese im Betrieb gemäß dieser Betriebsvereinbarung verhalten. Verstöße gegen die in dieser Betriebsvereinbarung aufgestellten Verhaltensregeln sind insoweit zu sanktionieren, als der Vertragspartner auf den Verstoß hinzuweisen und im Wiederholungsfall bei der Auftragsvergabe nicht mehr zu berücksichtigen ist.

Da dem Betriebsrat die Legitimation fehlt, die Interessen betriebsfremder Personen wahrzunehmen, kann der persönliche Geltungsbereich nicht unmittelbar auf solche Personen erstreckt werden. Allerdings kann sich der Arbeitgeber verpflichten, Aufträge nur an solche Firmen oder Personen zu vergeben, die sich der Betriebsvereinbarung unterwerfen.

4.3. Zeitlicher Geltungsbereich

Diese Betriebsvereinbarung tritt am ... in Kraft und gilt bis einschließlich ...

In einer Betriebsvereinbarung kann der Geltungsbereich auch in zeitlicher Hinsicht bestimmt werden. Dies ist dann sinnvoll, wenn die Geltungsdauer der Betriebsvereinbarung (z.B. aus Gründen der Erprobung) in zeitlicher Hinsicht beschränkt sein soll. Regelmäßig wird sie jedoch auf unbestimmte Zeit geschlossen, so dass nur der Zeitpunkt des Inkrafttretens zu vereinbaren ist. Gibt es keine Klausel, so tritt die Betriebsvereinbarung mit ihrer Unterzeichnung in Kraft (s.a. die Ziffer 16).

5. Begrifflichkeiten

5.1. Mobbing

Als Mobbing im Sinne dieser Betriebsvereinbarung werden alle persönlichen Auseinandersetzungen, aber auch ergänzende administrative Vorgänge und Konflikte verstanden, bei denen die Handlungs- und Entscheidungsfreiheit einer Person, seine Persönlichkeitsentwicklung und sein Selbstwertgefühl, seine sozialen Beziehungen, seine Würde und sein soziales Ansehen sowie die Möglichkeit, sich sinnvoll in den Arbeitsprozess des Betriebes einzugliedern, immer wieder systematisch angegriffen und verletzt werden.

In Mobbingkonflikten wird Ausgrenzung, Diskriminierung sowie der Ausstoß einer Person betrieben, eine offene und faire Auseinandersetzung wird vermieden und der angegriffenen Person wird eine faire Behandlung nicht zugebilligt.

Obwohl das Wort "Mobbing" in aller Munde ist, wird dieser Begriff in unterschiedlichster Weise definiert. Aus diesem Grunde ist es notwendig, sowohl eine Begriffsbestimmung als auch eine Abgrenzung zu anderen Verhaltensweisen und Umgangsformen vorzunehmen. Zugleich können hierdurch spätere Meinungsverschiedenheiten zwischen Betriebsrat und Arbeitgeber, die auf einem unterschiedlichen Verständnis von "Mobbing" beruhen, vermieden werden.

Das Ziel von Mobbing besteht in der Schwächung der gegnerischen Person und Position und nicht in dem Auffinden von sachlich und mitmenschlich akzeptablen Lösungen. Mobbing tritt in vielen Formen auf, die nicht in allen Details aufgeführt werden können. Beispielsweise können bestimmte Formen von permanenter, überzogener, kränkender und herablassender Kritik, bei der keine Möglichkeit zur Rechtfertigung gegeben wird sowie ebenfalls keine Verbesserungsvorschläge und keine Ermutigung für zukünftiges Handeln einbezogen sind, Mobbing sein.

Obwohl es sich bei den folgenden Verhaltensweisen nicht um Mobbing im eigentlichen Sinne handelt, werden diese wegen ihrer negativen Auswirkungen mit Mobbing gleichgesetzt und als solche behandelt: ...

Verhaltensweisen und Umgangsformen, die nicht unter "Mobbing" zu subsumieren sind, können als unerwünschte "mobbinggleiche" Handlungen mit in die Betriebsvereinbarung einbezogen werden.

5.2. Mobbingbetroffener

Mobbingbetroffener ist derjenige, gegen den sich Mobbingangriffe hauptsächlich richten, dessen persönliche Würde, dessen Arbeits- und Wirkungsmöglichkeiten am Arbeitsplatz gravierend behindert, dessen soziale Beziehungen untergraben, dessen Persönlichkeitsentfaltung behindert, dem mitmenschlicher Respekt, das Mitgefühl und jede Rücksicht verweigert sowie dessen sozialer Ausschluss betrieben wird.

In gleicher Weise ist es erforderlich, die Begriffe "Mobbingbetroffener" und "Mobber" zu definieren.

5.3. Mobber

Ungeachtet der möglicherweise dahinterliegenden berechtigten Interessen und eigenen Verletzungen ist Mobber, wer Mobbingangriffe mit einer gewissen Regelmäßigkeit betreibt, dabei Schäden für den Mobbingbetroffenen beabsichtigt oder billigend in Kauf nimmt oder Hilfe für einen Mobbingbetroffenen unterlässt, obwohl ihm dieses möglich und zuzumuten ist.

6. Verhaltenskodex

Soziale Umgangsformen beinhalten, dass jedermann Mitmenschen in der gleichen Weise behandelt, wie er es von diesen erwartet. Hierzu gehört unter anderem, dass Probleme am Arbeitsplatz (z.B. Ärger mit Arbeitskollegen, nicht gerechtfertigte Rügen durch Vorgesetzte) angesprochen sowie mögliche Wege zur Lösung des jeweiligen Problems gemeinsam gesucht und beschritten werden. Verhaltensweisen, die geeignet sind, andere zu verletzen bzw. in ihrem Ansehen herabzusetzen, sind zu unterlassen.

Unter der Überschrift "Verhaltenskodex" sind die Verhaltensanforderungen niederzulegen, denen sich jedermann (s. Ziffer 4.2.) zu unterwerfen hat. Bei der Ausgestaltung dieser Bestimmung ist die Phantasie der Betriebsparteien gefragt – wie soll das gewünschte Verhalten am Arbeitsplatz aussehen, wie sollen Menschen am Arbeitsplatz miteinander umgehen?

Es ist zu beachten, dass alle im Betrieb tätigen Personen nach den Grundsätzen von Recht und Billigkeit behandelt werden, insbesondere dass jede unterschiedliche Behandlung von Personen wegen ihrer Abstammung, Religion, Nationalität, Herkunft, politischen oder gewerkschaftlichen Betätigung oder Einstellung oder wegen ihres Geschlechts, eine Benachteiligung wegen Überschreitung bestimmter Altersstufen unterbleibt. Die freie Entfaltung der Persönlichkeit ist zu schützen und zu fördern.

Diese Bestimmung entspricht dem Wortlaut des § 75 BetrVG, der nur den Betriebsrat und den Arbeitgeber verpflichtet. Durch eine entsprechende Aufnahme in die Betriebsvereinbarung wird eine Bindung des von ihr erfassten Personenkreises erreicht.

7. Verbesserung des Betriebsklimas

Die Betriebsparteien stellen übereinstimmend fest, dass das allgemeine Betriebsklima/das Betriebsklima in der Abteilung ... verbesserungswürdig ist. Um dies zu erreichen, werden folgende Maßnahmen durchgeführt: ...
(Beipiele: In der Abteilung ... wird eine Vertretungsregelung getroffen; Personalausfälle werden durch die Beschäftigung von Aushilfen aufgefangen)

Mobbing und Betriebsklima stehen zueinander in einem gewissen Spannungsverhältnis. Mobbing kann zum einen das Betriebsklima verschlechtern. Zum anderen kann ein schlechtes Betriebsklima Mobbing begünstigen. Ist das Betriebsklima verbesserungswürdig, sollten geeignete Maßnahmen zur Verbesserung desselben vereinbart werden, um im konkreten Einzelfall vielleicht die entscheidende Ursache für Mobbing am Arbeitsplatz auszuschalten.

8. Maßnahmen gegen Mobbing

Zu den erforderlichen Maßnahmen zur Bekämpfung bzw. Vemeidung von Mobbing gehört sowohl die Aufklärung der unter den Geltungsbereich dieser Betriebsvereinbarung fallenden Personen (s. Ziffern 4., 13.) als auch die Beseitigung betrieblicher Mängel und Engpässe im Arbeitsablauf sowie der Arbeitsorganisation, die erfahrungsgemäß leicht zu persönlichen Auseinandersetzungen führen können. Zur Lösung von akuten Mobbingkonflikten werden die Maßnahmen gemäß der Ziffern 9.3. und 9.4. dieser Betriebsvereinbarung zur Anwendung gebracht. Hier gilt das Prinzip, dass zunächst immer nach einvernehmlichen Lösungen gesucht werden muss. Der personenbezogene Konflikt ist in einen sachlich zu lösenden Konflikt zu überführen. Ist der Mobber auch nach intensiven Bemühungen, eine einvernehmliche Lösung herbeizuführen, nicht willens, von Mobbing abzulassen oder war das Verhalten des Mobbers strafrechtlich relevant, sind die Verhängung betrieblicher Sanktionen gemäß der Ziffer 11. dieser Betriebsvereinbarung sowie die Einleitung rechtlicher Schritte durch den Arbeitgeber gegen den Mobber in Erwägung zu ziehen.

Die Maßnahmen, die zur Bekämpfung bzw. Vermeidung von Mobbing in Betracht kommen können, werden hier in allgemeiner Form beschrieben, an anderer Stelle ausführlich niedergelegt.

9. Konfliktlösungsverfahren

9.1. Information über Mobbing

Der Konfliktbeauftragte (s. Ziffer 12.) ist über Konflikte und Problemsituationen, die Mobbing sind oder sein können, unverzüglich zu informieren.

9.2. Sachverhalt und Analyse

Nachdem der Konfliktbeauftragte von einer Konfliktsituation Kenntnis erlangt hat, führt er eine Klärung des Sachverhaltes und eine erste Analyse durch, die Klärungs- und Sondierungsgespräche beinhalten.

9.3. Schlichtung

Sofern die Bereitschaft zu einer einvernehmlichen Konfliktlösung zu erkennen ist, leitet und moderiert der Konfliktbeauftragte Gespräche zwischen dem Mobbingbetroffenen sowie dem Mobber. Auf Verlangen einer oder beider Seiten finden diese Gespräche im Beisein des Betriebsrats und/oder Arbeitgebers bzw. Vorgesetzten statt.

Sofern eine einvernehmliche Konfliktlösung erzielt wird, ist diese dem Betriebsrat und dem Arbeitgeber mitzuteilen, damit diese bei Bedarf in der erforderlichen Weise tätig werden können.

Sofern eine einvernehmliche Konfliktlösung nicht möglich oder nicht zu erwarten ist, ist in das Konfliktlösungsverfahren gemäß Ziffer 9.4. einzusteigen.

Das Verfahren der Konfliktlösung kann unterschiedlich ausgestaltet werden: wann wird der Arbeitgeber, wann wird der Betriebsrat aktiv; wann finden Gespräche mit dem Betroffenen, wann mit dem Beschuldigten statt; wann gibt es ein Gespräch mit allen Beteiligten? Soweit es einen Konfliktbeauftragten (s. Ziffer 12.) gibt, ist zu regeln, zu welchem Zeitpunkt und in welcher Weise er in das Konfliktlösungsverfahren einbezogen werden soll. Vergleichbares gilt für die Einschaltung Externer (z.B. Ärzte, Psychologen, Selbsthilfegruppen oder auch Juristen).

9.4. Konfliktlösungskommission

Wenn eine einvernehmliche Lösung des Konfliktes nicht möglich oder eine solche nicht zu erwarten ist, ist die Konfliktlösungskommission von dem Konfliktbeauftragten einzuberufen. Der Konfliktbeauftragte sitzt dieser Kommission vor, die aus dem Mobbingbetroffenen, dem Mobber sowie je einem Vertreter des Arbeitgebers sowie des Betriebsrats besteht.

Die Konfliktlösungskommission findet sich zu maximal drei Gesprächsrunden ein, die in einem zeitlichen Abstand von drei Wochen durchgeführt werden. Ziel der Kommission ist die Lösung des Konfliktes. Dieses Ziel muss spätestens am Ende der dritten Gesprächsrunde erreicht sein.

In der ersten Gesprächsrunde können Mobbingbetroffener und Mobber ihre Auffassungen zu dem Konflikt äußern. Beide haben das Recht, ihre eigene Sichtweise im erforderlichen Maße zu schildern. Der Konfliktbeauftragte referiert gegebenenfalls die Ergebnisse eigener Recherchen und unterbreitet einen Vorschlag zur Konfliktlösung. Ferner zeigt er mögliche Konsequenzen und Sanktionen von Mobbing auf.

In der zweite Gesprächsrunde wird, aufbauend auf der ersten Gesprächsrunde, versucht, eine einvernehmliche Lösung des Konfliktes zu erzielen. Sofern eine solche nicht gefunden werden kann, sind konkrete Konsequenzen und Sanktionen für den Fall anzudrohen, dass weiterhin Mobbing betrieben wird.

Können auch in der dritten Gesprächsrunde einvernehmliche Lösungen nicht erzielt werden, so beschließt die Kommission geeignete Maßnahmen mit der Mehrheit der anwesenden Kommissionsmitglieder. Diese sind, soweit erforderlich, von dem Arbeitgeber unter Beachtung der Mitbestimmungsrechte des Betriebsrats umzusetzen.

Die Konfliktlösungskommission bietet die Möglichkeit, betriebsintern zu einer einvernehmlichen Lösung des Konfliktes unter Ausschaltung etwaiger Sanktionen zu gelangen. Damit am Ende der Arbeit dieser Kommission ein Ergebnis erzielt werden kann, darf diese nicht unendlich lange tagen. Bereits bei der Arbeitsaufnahme muss für jeden Beteiligten klar erkennbar sein, dass die Kommission nur begrenzt tagt und dass sie selbst über geeignete Maßnahmen zur Beendigung des Konfliktes befinden kann.

10. Hilfe für Mobbingbetroffene

Jeder, der sich Mobbingangriffen ausgesetzt fühlt, kann sich während der Arbeitszeit unter Fortzahlung seines Entgeltes an den Konfliktbeauftragten wenden und diesen um Hilfe ersuchen. Hierzu stehen dem Mobbingbetroffenen die Sprechstunden des Konfliktbeauftragten zur Verfügung. Der Konfliktbeauftragte hält Anschriften von Selbsthilfegruppen, Enrichtungen, außerbetrieblichen Beratungsstellen, Ärzten, Rechtsanwälten ... bereit. Bei Bedarf begleitet er den Mobbingbetroffenen zu den zuvor genannten Anlaufstellen.

Mobbingbetroffene befinden sich in einer Konfliktsituation, in der sie der Hilfe bedürfen. Daher ist es wichtig, diesen Punkt speziell in der Betriebsvereinbarung anzusprechen.

11. Sanktionen

Konflikte sind zu lösen, ohne dass es der Sanktion des Verhaltens einzelner oder mehrerer bedarf.

Soweit sich jemand bewusst über die in dieser Betriebsvereinbarung niedergelegten Verhaltensanforderungen hinwegsetzt, ist er vom Arbeitgeber im Beisein des Betriebsrats unverzüglich auf sein Verhalten anzusprechen und von diesem aufzufordern, das beanstandete Verhalten einzustellen. Bei diesem Gespräch ist er auf mögliche Sanktionen hinzuweisen.

Setzt der Betreffende sein Verhalten weiter fort, so ist er nach Aufklärung des konkreten Sachverhalts und nach erfolgter Anhörung des Betriebsrats schriftlich abzumahnen. Dem Betriebsrat ist eine Kopie der Abmahnung auszuhändigen.

Ändert der Betreffende sein Verhalten auch nach erfolgter Abmahnung nicht, so kann er wiederholt abgemahnt und bei Bedarf versetzt werden. Notfalls ist eine verhaltensbedingte fristgemäße oder fristlose Kündigung auszusprechen. Die Notwendigkeit der Verhängung einer Sanktion schließt die Beachtung der Beteiligungsrechte des Betriebsrats, die diesem nach dem BetrVG zustehen, nicht aus.

Ob die Betriebsvereinbarung auch Bestimmungen über Sanktionsmittel und die Sanktion von Mobbinghandlungen beinhalten soll, müssen die Betriebsparteien für sich entscheiden. Häufig dürfte die Verhängung von Sanktionsmitteln das letzte Mittel sein, um Schlimmeres zu verhindern. Wichtig ist zu bedenken, dass viele betriebliche Sanktionsmittel auch ohne Aufnahme in der Betriebsvereinbarung verhängt werden können. Andere, wie etwa die Betriebsbuße, müssen hingegen speziell geregelt werden. Mit Hilfe der Betriebsvereinbarung besteht die Möglichkeit, dem Betriebsrat über das BetrVG hinausgehende Mitwirkungsrechte einzuräumen (z.B. Anhörung vor Ausspruch einer Abmahnung, Aushändigung einer Kopie der Abmahnung). Die betrieblichen Sanktionsmittel stehen neben den staatlichen Sanktionsmöglichkeiten und sind von diesen unabhängig. Die Verhängung einer betrieblichen Sanktion hat z.B. keinen Einfluss auf ein Strafverfahren.

12. Konfliktbeauftragter

Um Mobbingbetroffenen den Weg zum Mobbingbeauftragten zu erleichtern sowie möglichen Ängsten, Vorurteilen und Hemmschwellen entgegenzuwirken, schlagen wir vor, einen eher neutralen Begriff wie den des "Konfliktbeauftragten" zu wählen.

12.1. Stellung

Der ... wird mit Wirkung vom ... zum betrieblichen Konfliktbeauftragten bestellt. Seine Arbeitszeit beträgt ... Stunden/Woche. Soweit erforderlich, kann sie auf bis zu ... Stunden/Woche aufgestockt werden.

oder

Es wird unverzüglich die Stelle eines betrieblichen Konfliktbeauftragten eingerichtet. Hierzu hat der Arbeitgeber folgendes zu veranlassen: ... Sämtliche Bewerbungsunterlagen sind dem Betriebsrat vorzulegen. Bei den Auswahlgesprächen ist der Betriebsrat hinzuzuziehen. Die Einstellung bedarf der Zustimmung des Betriebsrats. Hiervon unberührt sind die Rechte des Betriebsrats nach dem BetrVG.

oder

Der Betriebsrat benennt aus seiner Mitte eine Person/den ... zum betrieblichen Konfliktbeauftragten. Die Arbeit des Konfliktbeauftragten zählt zur Arbeitszeit mit allen sich daraus ergebenden Rechten und Pflichten. Zur Ausübung dieser Tätigkeit wird die Person/der ... Stunden/Woche unter Fortzahlung des Arbeitsentgelts von der Arbeit freigestellt.

Es gibt verschiedene Möglichkeiten, einen betrieblichen Konfliktbeauftragten zu installieren. Es kann sich bei ihm um einen Externen, um einen Internen oder um ein Mitglied des Betriebsrats handeln. Der Externe kann auf der Arbeitgeberseite oder als Beauftragter des Betriebsrats tätig sein. Der Konfliktbeauftragte kann mit weitreichenden Kompetenzen, aber auch nur mit äußerst beschränkten Handlungsmöglichkeiten ausgestattet sein. Demgemäß kommt diesem Regelungspunkt eine nicht zu unterschätzende Rolle zu.

oder

Dem Betriebsrat werden die Dienste des ... ab dem ... als Konfliktbeauftragter zur Verfügung gestellt. Der ... unterliegt in seiner Funktion ausschließlich dem Weisungsrecht des Betriebsrats.

12.2. Funktion

Der Konfliktbeauftragte hat die Funktion, Mobbingkonflikte auf einvernehmliche Weise zu lösen und Mobbingprävention zu betreiben.

Da dem Konfliktbeauftragten höchst unterschiedliche Funktionen zugedacht werden können, ist es notwendig, diese schriftlich niederzulegen.

12.3. Aufgaben

Ausgehend von seinen Funktionen hat der Konfliktbeauftragte insbesondere folgende Aufgaben:

1. Durchführung von vorbeugenden Maßnahmen gegen Mobbing;
2. Durchführung von regelmäßig stattfindenden Sprechstunden (mindestens eine Sprechstunde pro Woche);
3. Betreuung eines "Kummerkastens";
4. Beratung und Unterstützung von Mobbingbetroffenen bei der Lösung ihrer Probleme;
5. Durchführung und Leitung von Gesprächen zur Konfliktlösung;
6. Einberufung und Leitung der Konfliktlösungskommission;
7. Fachlicher Austausch mit externen Mobbingeinrichtungen;
8. ...

Die Aufgaben des Konfliktbeauftragten ergeben sich teilweise aus den ihm zugedachten Funktionen. Erst wenn geklärt ist, welche Funktionen er im Betrieb haben soll, können seine Aufgaben definiert werden.

12.4. Rechte

Der Konfliktbeauftragte hat einen Anspruch auf umfassende Unterrichtung über alle Konfliktsituationen im Betrieb sowohl durch den Arbeitgeber als auch durch den Betriebsrat.
Der Konfliktbeauftragte hat ein Zutrittsrecht zu allen Arbeitsplätzen und kann mit jedermann während der Arbeitszeit Gespräche führen.
Der Konfliktbeauftragte kann sowohl dem Arbeitgeber als auch dem Betriebsrat Maßnahmen zur Konfliktlösung unterbreiten.

12.5. Materielle Ausstattung

Der Konfliktbeauftragte erhält folgende materielle Ausstattung:
- Dienstwagen;
- Schreibkraft, Sekretariatskraft;
- verschließbares Büro;
- verschließbare Büromöbel;
- PC oder Laptop;
- Kommunikationsmittel (z.B.Telefon, Anrufbeantworter, Fax, Modem, Handy);
- Literatur;
- ...

Um überhaupt tätig werden zu können, benötigt der Konfliktbeauftragte ein Mindestmaß an materieller Ausstattung. Hierzu gehört insbesondere ein eigenes Büro, um ungestört Sprechstunden und Gespräche führen zu können. Die räumliche Trennung vom Betriebsratsbüro ist sinnvoll, um nicht mit dem Betriebsrat gleichgesetzt oder sogar verwechselt zu werden. Welche materielle Ausstattung der Konfliktbeauftragte benötigt, ist von den örtlichen Gegebenheiten sowie der konkreten betrieblichen Situation abhängig.

12.6. Qualifizierung

Um eine sachgerechte Ausübung seiner Tätigkeit auf Dauer gewährleisten zu können, hat sich der Konfliktbeauftragte einer Supervision zu unterziehen und in geeigneter Form fortzubilden.
Die Kosten hierfür sind vom Arbeitgeber zu tragen. Dem Arbeitgeber/Betriebsrat ist die Teilnahme an Supervisions-, Schulungs- und Bildungsmaßnahmen anzuzeigen.
Für die Teilnahme an Schulungs- und Bildungsmaßnahmen wird dem Konfliktbeauftragten ein Betrag in Höhe von ... DM/Jahr zur Verfügung gestellt, über den er frei verfügen kann. Nicht in Anspruch genommene Gelder sind auf das folgende Kalenderjahr zu übertragen.

oder

Hinsichtlich der Teilnahme an Schulungs- und Bildungsmaßnahmen finden § 37 Abs. 6, Abs. 7 BetrVG entsprechende Anwendung.

Die Teilnahme an Schulungs- und Bildungsveranstaltungen ist ebenso wie das Lesen der einschlägigen Lektüre notwendige Voraussetzung für die Tätigkeit des Konfliktbeauftragten. Soweit er nicht dem Betriebsrat angehört, ist sicherzustellen, dass ihm die Möglichkeit eingeräumt wird, auf Kosten des Arbeitgebers derartige Veranstaltungen zu besuchen.
Mehrere Möglichkeiten der Ausgestaltung sind denkbar. Insbesondere die Kostentragung des Arbeitgebers muss geregelt werden, da insbesondere die Begleichung der Teilnahmegebühr regelmäßig Gegenstand von Streitigkeiten ist.

12.7. Kostentragung

Sämtliche durch die Tätigkeit des Konfliktbeauftragten entstehenden Kosten trägt der Arbeitgeber.

Diese Bestimmung dient der Klarheit und kann Rechtsstreitigkeiten vermeiden helfen.

13. Sensibilisierung und Qualifizierung

Alle im Betrieb tätigen Personen sind durch geeignete Maßnahmen, die von dem Konfliktbeauftragten vorbereitet und unter seiner Leitung durchgeführt werden, für die Problematik von Mobbing am Arbeitsplatz zu sensibilisieren. Ferner sind sie in geeigneter Weise zu qualifizieren und damit in die Lage zu versetzen, Konflikte im Betrieb offen, fair und konstruktiv unter Vermeidung von Mobbing zu lösen.

Arbeitgeber, Vorgesetzte und Beschäftigte müssen in gleicher Weise für Mobbing sensibilisiert werden. Sie müssen erfahren, was Mobbing ist, welche Folgen Mobbing haben kann und wie Konflikte unter Ausschaltung von Mobbinghandlungen gelöst werden können. Ansonsten besteht die Gefahr, dass die Bemühungen der Betriebsparteien ins Leere laufen, da die im Betrieb tätigen Personen die Betriebsvereinbarung nicht mittragen. Die Information der Belegschaft (s. Ziffer 14) ist der erste Schritt zur Sensibilisierung.

14. Information der Belegschaft

Über Abschluss, Anlass, Zweck und Inhalt dieser Vereinbarung ist die Belegschaft auf einer Betriebsversammlung zu informieren. Zu dieser Versammlung wird der Betriebsrat einen Referenten/den ... hinzuzuziehen, der über das Thema "Mobbing am Arbeitsplatz" sprechen und Fragen der Teilnehmer beantworten wird.

Da die Betriebsvereinbarung Wirkungen für die Beschäftigten entfaltet, ist es ratsam, diese möglichst umfassend über die Motive für den Abschluss, den beabsichtigten Zielen sowie dem Inhalt der Betriebsvereinbarung zu informieren. Nirgendwo kann dies besser erfolgen als auf einer Betriebsversammlung. Insbesondere die Einladung eines Referenten, der über Mobbing am Arbeitsplatz spricht, kann zur Sensibilisierung der Belegschaft beitragen.

Der Arbeitgeber verpflichtet sich, die in § 5 Abs. 2 und 3 BetrVG genannten Personen in geeigneter Weise über Abschluss, Anlass, Zweck und Inhalt dieser Vereinbarung zu informieren.

Entsprechendes gilt für die in § 5 Abs. 2 und 3 BetrVG genannten Personen.

Die Betriebsvereinbarung wird im Betrieb an folgenden Orten aufgehängt: ...

Diese Bestimmung entspricht § 77 Abs. 2 Satz 3 BetrVG. Sie gewährleistet, dass jedermann von der Betriebsvereinbarung Kenntnis nehmen kann.

Jeder Beschäftigte erhält eine Kopie der Vereinbarung. Neue Beschäftigte erhalten diese bei Abschluss des Arbeitsvertrages.

Die Aushändigung einer Kopie der Betriebsvereinbarung trägt dazu bei, dass sie bei den Beschäftigten nicht in Vergessenheit geraten und von diesen bei Bedarf zu jeder Zeit gelesen werden kann.

15. Rechte der Beschäftigten

Jede im Betrieb tätige Person hat das Recht, sich während der Arbeitszeit unter Fortzahlung der Vergütung bei dem Konfliktbeauftragten über diese Betriebsvereinbarung zu informieren, hierzu Fragen zu stellen und sich über Benachteiligungen, Schikanen, Belästigungen, Verunglimpfungen usw. zu beschweren. Hierzu soll er die Sprechstunden des Konfliktbeauftragten aufsuchen.

§ 39 Abs. 3 BetrVG bestimmt, dass die Sprechstunde des Betriebsrats ohne Minderung des Arbeitsentgeltes besucht werden kann. Eine solche Regelung gibt es hinsichtlich der Sprechstunde des Konfliktbeauftragten nicht. Aus diesem Grunde ist diese Regelung erforderlich.

Zeiten, die dazu verwendet werden, um Konflikte am Arbeitsplatz zu lösen, werden wie Arbeitszeit behandelt und entsprechend vergütet.

Um Streitigkeiten zwischen Arbeitgeber und Betriebsrat vorzubeugen ist es ratsam, die Entgeltfortzahlung zu regeln.

16. Inkrafttreten, Kündigung, Nachwirkung

Diese Vereinbarung tritt am ... in Kraft und kann mit einer Frist von ... Monaten zum Jahresschluss, erstmals zum 31.12. ... gekündigt werden.

Wird ein Zeitpunkt des Inkrafttretens nicht vereinbart, so tritt die Betriebsvereinbarung mit ihrer Unterzeichnung in Kraft. Wird die Betriebsvereinbarung nicht befristet abgeschlossen (s.a. Ziffer 4.3.), so kann sie gekündigt werden. Die Betriebsparteien können vereinbaren, dass dies erstmals zu einem bestimmten Zeitpunkt möglich sein soll.

Vor einer Kündigung hat die Partei, die die Kündigung auszusprechen beabsichtigt, die Schlichtungsstelle (s. Ziffer 18.) anzurufen, damit diese über den Kündigungsgrund tagen und Lösungen finden kann, die den Ausspruch der Kündigung entbehrlich machen.

Manchmal sind es nur nichtige Anlässe, die eine Partei dazu bewegen, eine Betriebsvereinbarung zu kündigen. Mit Hilfe eines Vorschaltverfahrens kann der Ausspruch einer Kündigung im Einzelfall verhindert werden.

Die gekündigte Betriebsvereinbarung wirkt so lange nach, bis sie durch eine neue Vereinbarung abgelöst wird. Von der Nachwirkung werden auch solche Personen erfasst, die erst nach erfolgter Kündigung dieser Vereinbarung in den Betrieb eintreten bzw. tätig werden.

Damit alle Bestimmungen der Betriebsvereinbarung so lange weiter gelten bis sie durch andere abgelöst werden, ist eine Nachwirkung der Betriebsvereinbarung zu vereinbaren (s.a. *DKK-Berg*, § 77 Rn. 58-61). Vergleichbares gilt für den persönlichen Geltungsbereich.

17. Umsetzung und Fortschreibung der Betriebsvereinbarung

Betriebsrat und Arbeitgeber verpflichten sich, die in dieser Vereinbarung festgeschriebenen Punkte umzusetzen, aufmerksam zu verfolgen und bei Bedarf fortzuschreiben. Dem Betriebsrat wird insoweit ein Initiativrecht eingeräumt, das die Anrufung der Schlichtungsstelle beinhaltet.

Betriebsrat und Arbeitgeber versäumen es häufig, abgeschlossene Betriebsvereinbarungen in die Praxis umzusetzen. Sie sind häufig der Ansicht, dass sie bereits mit dem Abschluss der Betriebsvereinbarung alles Notwendige getan haben.
Die Betriebsvereinbarung darf nicht in Vergessenheit geraten und muss, um auch in Zukunft noch von Bedeutung sein zu können, bei Bedarf überarbeitet und aktualisiert werden.

18. Meinungsverschiedenheiten

Bei Meinungsverschiedenheiten zwischen Betriebsrat und Arbeitgeber, die sich aus der Anwendung dieser Betriebsvereinbarung ergeben, ist eine Schlichtungsstelle zu bilden. Diese besteht aus einem Vorsitzenden/dem ... als Vorsitzenden aussowie je zwei Vertretern des Betriebsrats sowie des Arbeitgebers. Die Schlichtungsstelle soll unverzüglich, spätestens jedoch zwei Wochen nach Anrufung, tagen. Das Verfahren vor der Schlichtungsstelle entspricht dem des Einigungsstellenverfahrens gemäß §§ 76, 76a BetrVG.

Es ist nicht auszuschließen, dass es bei der Umsetzung der Betriebsvereinbarung zu Meinungsverschiedenheiten zwischen Arbeitgeber und Betriebsrat kommt. Diese klären zu helfen, ohne dass sofort die Kündigung der Betriebsvereinbarung ausgesprochen wird, ist die Aufgabe der Schlichtungsstelle. Diese ist der Einigungsstelle (vgl. §§ 76, 76a BetrVG) nachgebildet. Auch hier gilt: Je mehr Mühe sich die Betriebsparteien bei der Ausgestaltung dieser Bestimmung machen, desto effektiver wird die Schlichtungsstelle arbeiten können. Wer sich bereits vor Abschluss der Betriebsvereinbarung Gedanken über den Vorsitzenden der Schlichtungsstelle macht, beugt späteren Streitigkeiten über die Besetzung des Vorsitzes der Schlichtungsstelle vor.

Die unterlegene Partei kann gegen die Entscheidung der Schlichtungsstelle das Arbeitsgericht anrufen.

Es entspricht rechtsstaatlichen Grundsätzen, Entscheidungen der Schlichtungsstelle gerichtlich überprüfen zu lassen (s.a. § 76 Abs. 5 Satz 4 BetrVG).

Der Arbeitgeber trägt die Kosten des Schlichtungsverfahrens.

Die Kostenbestimmung entspricht dem § 76a Abs. 1 BetrVG.

19. Salvatorische Klausel

Sind einzelne Bestimmungen dieser Betriebsvereinbarung unwirksam, so berührt dies nicht die Wirksamkeit der übrigen Bestimmungen dieser Vereinbarung. Im Falle der Unwirksamkeit einer oder mehrerer Bestimmungen werden die Parteien eine der unwirksamen Regelung möglichst nahe kommende rechtswirksame Ersatzregelung treffen.

Immer wieder kommt es vor, dass einzelne Bestimmungen einer Betriebsvereinbarung unwirksam sind. Mit der salvatorischen Klausel wird klargestellt, dass die Betriebsvereinbarung mit Ausnahme dieser unwirksamen Regelungen weiter Gültigkeit besitzen. Unwirksame Bestimmungen sind durch wirksame Regelungen zu ersetzen.

20. Datum, Unterschriften

Um wirksam werden zu könnne, bedarf es der Unterzeichnung der Betriebsvereinbarung durch die Betriebspartner. Die Datumsangabe ist für das Inkrafttreten der Vereinbarung von Bedeutung, sofern nicht hierzu eine Regelung (s. Ziffern 4.3., 16.) getroffen wurde.

9. Kapitel: Handlungsmöglichkeiten der Tarifvertragsparteien

In der gleichen Weise, wie die Betriebsparteien Maßnahmen sowohl zur Bewältigung als auch zur Prävention des Mobbingphänomens ergreifen können, kommt den Tarifvertragsparteien diese Möglichkeit zu. Schließlich bestimmt § 1 Abs. 1 TVG unter anderem, dass der Tarifvertrag Rechtsnormen enthält, die betriebliche und betriebsverfassungsrechtliche Fragen ordnen können.

Betriebliche und betriebsverfassungsrechtliche Normen sind dadurch gekennzeichnet, dass sie einheitlich für alle Arbeitnehmer oder bestimmte Arbeitnehmergruppen gelten und dem einzelnen Arbeitnehmer als Mitglied der Belegschaft zugute kommen.[1088] Betriebliche Normen enthalten im Wesentlichen formelle Arbeitsbedingungen, die das Zusammenarbeiten vieler Arbeitnehmer zur Erzielung eines einheitlichen Produktions- oder Dienstleistungszieles erst ermöglichen,[1089] und betreffen insbesondere Arbeitnehmerschutzvorschriften sowie die Fragen des Verhaltens der Beschäftigten im Betrieb.[1090] Betriebsverfassungsrechtliche Normen betreffen den gesamten Regelungsbereich des Betriebsverfassungsgesetzes, wie etwa die Mitbestimmung in sozialen Angelegenheiten gemäß § 87 BetrVG.[1091] Entsprechendes gilt für das Bundespersonalvertretungsrecht zumindest dann, wenn sich die tarifvertraglichen Bestimmungen an die Grundsätze halten, die durch das Bundespersonalvertretungsgesetz vorgegeben sind.[1092]

Da Mobbing Fragen des Gesundheitsschutzes der Beschäftigten am Arbeitsplatz betrifft, die dem Regelungsbereich des Arbeitsschutzgesetzes unterfallen und dieses Gesetz ohne Zweifel als eine „Arbeitnehmerschutzvorschrift" verstanden werden muss, handelt es sich bei tarifvertraglichen Regelungen zur Mobbingproblematik um betriebliche Normen. Entsprechendes gilt unter dem Blickwinkel, dass Mobbing das Verhalten der Beschäftigten am Arbeitsplatz sowie die betriebliche Ordnung betrifft.

Weiter tangiert Mobbing die Mitbestimmung des Betriebsrats nach § 87 Abs. 1 Ziffern 1 und 7 BetrVG bzw. des Personalrats gemäß § 75 Abs. 3 Ziffern 11 und 15 BPersVG. Demzufolge betrifft das Mobbingphänomen auch betriebsverfassungsrechtliche Fragen, so dass die Tarifvertragsparteien auch insoweit Tarifverträge zur Mobbingproblematik schließen können. Da sich die Tarifvertragsparteien hierbei im Rahmen der gesetzlichen Regelungen des Betriebsverfassungs- bzw. Bundespersonalvertretungsgesetzes bewegen, stellt sich somit für den Bereich des Bundespersonalvertretungsgesetzes nicht die Frage, ob § 3 BPersVG dem Abschluss eines derartigen Tarifvertrages entgegensteht. Schließlich bestimmt § 3 BPersVG, dass das Personalvertretungsrecht durch Tarifvertrag nicht abweichend von diesem Gesetz geregelt werden kann.

Handelt es sich bei den tarifvertraglichen Regelungen zur Mobbingproblematik um betriebliche sowie betriebsverfassungsrechtliche Normen, so ist zu bedenken, dass ein diesbezüglicher Tarifvertrag gemäß § 3 Abs. 2 TVG für alle Betriebe gilt, deren Arbeitgeber tarifgebunden ist. Damit umfasst der Tarifvertrag auch solche Beschäftigte,

---

[1088] vgl. Kempen/Zachert, § 3 Rn. 13; Däubler TR, Rn. 170; Wiedemann, § 1 Rn. 584 ff.

[1089] Kempen/Zachert, § 3 Rn. 13

[1090] vgl. Kempen/Zachert, § 3 Rn. 14; Däubler TR, Rn. 170; Stein, Rn. 160

[1091] vgl. Kempen/Zachert, § 3 Rn. 15, § 1 Rn. 284 f.; Däubler TR, Rn. 170

[1092] vgl. Altvater u.a., § 3 Rn. 1; s.a.: Kempen/Zachert, § 1 Rn. 300; Däubler TR, Rn. 1091 f.

die zwar nicht Mitglied der vertragsschließenden Gewerkschaft sind, allerdings in einem Betrieb bzw. in einer Dienststelle arbeiten, welcher bzw. welche der Tarifbindung unterliegt.

I. Eckpunkte für einen Tarifvertrag zur Mobbingproblematik

Sofern man sich Gedanken macht, über welche Eckpunkte ein Tarifvertrag zur Mobbingproblematik verfügen kann, lassen sich durchaus Parallelen zu den Eckpunkten für eine Betriebs- bzw. Dienstvereinbarung zur Mobbingproblematik im 8. Kapitel unter II.4.b. ziehen. Hier geht es letztendlich ebenfalls um die Verbesserung der sozialen Verhaltensweisen am Arbeitsplatz sowie des Arbeitsklimas, was die Lösung konkreter Konfliktsituationen mit einschließt. Insoweit trägt ein Tarifvertrag zur Mobbingproblematik ebenfalls dazu bei, auf unsoziale Verhaltensweisen einzuwirken, die zwar nicht als Mobbing qualifiziert werden können, aber diesem Phänomen ähnlich sind. Diesbezüglich ist insbesondere an die sexuelle Belästigung sowie an die Diskriminierung anderer zu denken. Aus diesem Grunde erscheint es mir zweckmäßig, einen Tarifvertrag gegen Mobbing relativ breit anzulegen, um damit auch vergleichbare Problemfelder zu erfassen.

In diesem Zusammenhang ist zu bedenken, dass den Betriebsparteien die Lösung ihrer betrieblichen Probleme obliegen muss, die Tarifvertragsparteien insoweit nicht als Problemlöser fungieren dürfen. Mithin ist der Vorzug eines Tarifvertrages zur Mobbingproblematik in der Unterstützung der Betriebsparteien bei der Lösung ihrer konkreten betrieblichen Probleme zu erblicken. Hierbei ist der Umstand zu berücksichtigen, dass die Tarifvertragsparteien in der Regel finanzkräftiger sind, als es im Zweifelsfall der einzelne Betrieb bzw. die einzelne Dienststelle ist. Demzufolge können die Tarifvertragsparteien Dienstleistungen und Hilfen anbieten, die sich im besonderen Maße kleine Betriebe und Dienststellen in finanzieller Hinsicht nicht erlauben können.

Daneben können die Tarifvertragsparteien spezielle Serviceleistungen für solche Mitglieder bereithalten, die von Mobbing betroffen sind. Eine Vorreiterrolle dürfte insoweit der Österreichische Gewerkschaftsbund (ÖGB) eingenommen haben, der seinen Mitgliedern einen umfangreichen Versicherungsschutz bietet, den der Mitgliedsbeitrag beinhaltet. Seit dem 1.1.2000 werden einmal jährlich die Kosten einer anwaltlichen oder psychologischen Beratung in Höhe bis zu 2.500 Schilling (ca. 360,00 DM) übernommen, wenn ein ÖGB-Mitglied Opfer von Mobbing, sexueller Belästigung oder Diskriminierung am Arbeitsplatz geworden ist.[1093]

Unter Berücksichtigung der dargelegten Aspekte lassen sich folgende Eckpunkte für einen Tarifvertrag zur Mobbingproblematik anführen:

- Überschrift des Tarifvertrages

Die Überschrift sollte möglichst positiv formuliert werden, um Vorurteilen und möglichen Ängsten vorzubeugen. In der gleichen Weise sollte die Überschrift weit gefasst werden, um auch Verhaltensweisen (z.B. Diskriminierung, sexuelle Belästigung) erfassen zu können, die - ohne als Mobbinghandlungen qualifiziert zu werden - ebenfalls nicht erwünscht sind (z.B. „Tarifvertrag für ein soziales Betriebsklima“ oder „Tarifvertrag zur Humanisierung der Arbeit“)

[1093] vgl. den Beihefter in den ÖGB-Nachrichten, Nr. 3006 vom 9.12.1999 sowie Claudia Schanza, Sicher mit dem ÖGB, in: Solidarität, Nr. 817, November 1999, S. 4 f.

- • Präambel
- Grund, Anlass für den Abschluss des Tarifvertrags
- Motive, Absichten und Ziele
- • Geltungsbereich des Tarifvertrags
- räumlicher Geltungsbereich
- betrieblich-fachlicher Geltungsbereich
- persönlicher Geltungsbereich
- zeitlicher Geltungsbereich
- • Dienstleistungen und Hilfsangebote der Tarifvertragsparteien
- Sensibilisierung und Schulung
- Beratung der Betriebsparteien
- Hilfsangebote für Betroffene
- Vermittlung von Mediatoren
- • Schlichtungsstelle zur Beilegung von Streitigkeiten im Zusammenhang mit der Anwendung des Tarifvertrags
- Regelung der Zuständigkeit
- Besetzung der Schlichtungsstelle
- Einleitung und Durchführung des Verfahrens vor der Schlichtungsstelle
- • Schlussbestimmungen des Tarifvertrags
- Inkrafttreten und Kündigung (sofern der zeitliche Geltungsbereich des Tarifvertrags nicht bestimmt ist)

II. Muster für einen Tarifvertrag mit Erläuterungen

Da es einen Tarifvertrag zur Mobbingproblematik in der Bundesrepublik Deutschland bislang nicht gibt, wird an dieser Stelle beispielhaft aufgezeigt, wie ein solcher Tarifvertrag aussehen kann. Wegen seines Charakters als Muster erhebt der folgende Entwurf keinen Anspruch auf Vollständigkeit oder Allgemeingültigkeit. Dazu sind die Rahmenbedingungen in den einzelnen Tarifbereichen zu unterschiedlich.

Der folgende Entwurf eines Tarifvertrages geht von der Annahme aus, dass die Betriebsparteien für die Lösung betrieblicher Probleme zuständig sind und diese daher nicht mittels eines Tarifvertrages aus ihrer Verantwortung entlassen werden dürfen. Die Stärke tarifvertraglicher Regelungen zur Mobbingproblematik liegt vielmehr in der Unterstützung der Betriebsparteien sowie von Mobbing betroffenen Personen, die nicht unbedingt Mitglied einer der Tarifvertragsparteien sein müssen.[1094] So können die Tarifvertragsparteien beispielsweise die Schulung und Qualifizierung der Betriebsparteien übernehmen sowie Ansprechpersonen, Referenten und Mediatoren bei Bedarf zur Verfügung stellen bzw. vermitteln - und dem Beispiel des Österreichischen Gewerkschaftsbundes folgen, indem die Tarifvertragsparteien die Kosten für eine rechtliche und/oder psychologische Beratung im Zusammenhang mit einer Betroffenheit von Mobbing vollständig oder zumindest teilweise übernehmen.

[1094] In der Praxis dürfte jedoch von dem Umstand auszugehen sein, dass die Tarifvertragsparteien nur gewillt sind, ihren Mitgliedern Serviceleistungen anzubieten. Schließlich können sie solche Angebote als Argumente für einen Gewerkschafts- bzw. Verbandsbeitritt, mithin zur Werbung neuer Mitglieder einsetzen.

Tarifvertrag
„Partnerschaftliches Verhalten am Arbeitsplatz"

Inhaltsübersicht:

Wortlaut des Tarifvertrags

1. Präambel

Die Tarifvertragsparteien sind sich bewusst, dass fehlerhafter sozialer Umgang und nicht gelöste Konflikte am Arbeitsplatz das Arbeitsklima negativ beeinflussen, die Arbeitsprozesse stören und die Qualität sowie Quantität der Arbeitsergebnisse verschlechtern. Psychosomatische Beschwerden und Erkrankungen, Depressionen, Erschöpfungszustände, Verzweiflung und vieles mehr können die Folge fehlerhaften sozialen Umgangs sowie nicht gelöster Konflikte am Arbeitsplatz sein.
Dieser Tarifvertrag soll dazu beitragen, diesen Gefahren entgegenzuwirken und den Gedanken eines partnerschaftlichen Verhaltens am Arbeitsplatz zu verwirklichen.

2. Geltungsbereich

Dieser Tarifvertrag gilt für die von dem Manteltarifvertrag ... erfassten Personen.

oder

Dieser Tarifvertrag gilt für ...

Erläuterungen

Da der Tarifvertrag zumindest im Organisationsbereich der Tarifvertragparteien eine weite Verbreitung finden wird, ist es erforderlich, den Anlass, die Motive sowie die mit dem Tarifvertrag verfolgten Ziele aufzuzeigen. Hierdurch können die Mitglieder der Tarifvertragsparteien für die in dem Tarifvertrag geregelte Problematik sensibilisiert werden.

In diesem 2. Punkt wird der Geltungsbereich des Tarifvertrags festgelegt. Die Tarifvertragsparteien haben die Möglichkeit, den Tarifvertrag in räumlicher, betrieblich-fachlicher, persönlicher und zeitlicher Hinsicht zu regeln. Hierbei ist zu bedenken, dass der Tarifvertrag gemäß § 3 Abs. 1 TVG für alle Betrieb gilt, deren Arbeitgeber tarifgebunden ist. Sofern der Geltungsbereich nicht in zeitlicher Hinsicht bestimmt wird (z.B. der Tarifvertrag tritt am 1.1.2000 in Kraft und gilt bis einschließlich 31.12.2001), ist eine Regelung entsprechend dem Punkt 4. „Inkrafttreten und Kündigung“ notwendig.

3. Dienstleistungen und Hilfsangebote

Ein partnerschaftliches Verhalten am Arbeitsplatz stellt sich nicht von alleine ein. Hierzu bedarf es oft mannigfacher Maßnahmen. Zur Unterstützung sowohl der Beschäftigten und Führungskräfte als auch der betrieblichen Interessenvertretung und des Arbeitgebers halten die Tarifvertragsparteien die nachfolgend aufgeführten Dienstleistungen und Hilfsangebote bereit, auf die im Bedarfsfall zurückgegriffen werden kann.

Die Tarifvertragsparteien haben die Möglichkeit, mittels des Angebotes von Dienstleistungen und Hilfen auf die Betriebe bzw. Dienststellen einzuwirken und sowohl die Betriebsparteien als auch die Betroffenen bei der Bewältigung konkreter Konfliktsituationen sowie bei betrieblichen Aktionen zur Verbesserung des Betriebsklimas und des sozialen Umgangs am Arbeitsplatz zu unterstützen. Hierbei wird dem Umstand Rechnung getragen, dass die finanzielle Ausstattung der Tarifvertragsparteien und die sich daraus ergebenden Möglichkeiten oftmals größer sind als die Spielräume speziell in Klein- und Mittelbetrieben. Daneben können die Tarifvertragsparteien Serviceleistungen anbieten, die ihren Mitgliedern unmittelbar zugute kommen, wie es etwa der Österreichische Gewerkschaftsbund tut.

3.1. Sensibilisierung und Schulung

Sowohl den Führungskräften als auch den Beschäftigten ist nicht immer bekannt, welche Folgen nicht gelöste Konflikte sowie ein fehlerhafter sozialer Umgang am Arbeitsplatz haben kann. Sofern dies der Fall ist, müssen die betrieblichen Akteure für diese betrieblichen Problemfelder sensibilisiert werden. Führungskräfte, gewerkschaftliche Vertrauensleute und Mitglieder der betrieblichen Interessenvertretung bedürfen zudem umfangreicher Kenntnisse, die regelmäßig nur auf speziellen Schulungsveranstaltungen vermittelt werden können.

Zum Zwecke der Sensibilisierung werden die Tarifvertragsparteien für ihre Organisationsbereiche geeignete Materialien (Broschüren, Poster, Handzettel, Videofilme) erstellen und diese ihren Mitgliedern sowie den von ihnen betreuten

Da nicht jeder Führungskraft und nicht jedem Beschäftigten bewusst ist, welche Gefahren sich für den Einzelnen sowie für den Betrieb bzw. für die Dienststelle aus ungelösten Konflikten sowie fehlerhaften sozialen Verhaltensweisen am Arbeitsplatz ergeben können, müssen sie häufig erst für diese Probleme sensibilisiert werden. Entsprechendes gilt regelmäßig auch für die Arbeitgeber sowie für die Betriebs- bzw. Personalräte. Da diese zudem Ansprechpartner für Betroffene sind und die Aufgabe haben, zum Wohle der Beschäftigten und des Betriebes bzw. der Dienststelle zu wirken, bedürfen sie der Vermittlung umfassender Kenntnisse. Diese können wegen der Komplexität der Problematik nur auf speziellen Schulungs- und Bildungsveranstaltungen vermittelt werden. Aus diesem Grunde ist es

betrieblichen Einrichtungen bei Bedarf kostenlos zur Verfügung stellen. Ferner werden die Tarifvertragsparteien eine Ausstellung „Partnerschaftliches Verhalten am Arbeitsplatz“ bereithalten, die für betriebliche Aktionen gebucht werden können. Weiter werden die Tarifvertragsparteien die Problemfelder des fehlerhaften sozialen Umgangs sowie der ungelösten Konflikte am Arbeitsplatz in ihre Seminarprogramme aufnehmen.

Die Tarifvertragsparteien sind sich darüber einig, dass die Teilnahme von Mitgliedern der betrieblichen Interessenvertretung an Schulungs- und Bildungsmaßnahmen, welche den Bereichen des fehlerhaften sozialen Umgangs sowie der nicht gelösten Konflikte am Arbeitsplatz zuzuschreiben sind, als erforderlich im Sinne des § 37 Abs. 6 BetrVG bzw. § 46 Abs. 6 BPersVG gelten. Hierzu zählen unter anderem die nachfolgende aufgeführten Schulungs- und Bildungsangebote zu:

- Mobbing,
- Diskriminierung,
- Sexuelle Belästigung,
- Rassismus und Ausländerfeindlichkeit,
- Mediation,
- Psychische Belastungen am Arbeitsplatz,
- Psychosoziale Belastungen am Arbeitsplatz,
- Soziale Kompetenz,
- Gesprächs- und Verhandlungsführung.

erforderlich, dass entsprechende Seminare von den Tarifvertragsparteien angeboten werden. Um Auseinandersetzungen in den Betrieben bzw. Dienststellen hinsichtlich der Erforderlichkeit einer Schulungsteilnahme im Sinne des § 37 Abs. 6 BetrVG bzw. § 46 Abs. 7 BPersVG vorzubeugen, ist es sinnvoll, diesen Aspekt zu regeln. Hierzu dient auch der Katalog beispielhafter Seminarthemen.

Daneben ist es von Nutzen, geeignete Materialien zur Verfügung zu stellen, die relativ einfach und ohne großen (Kosten-) Aufwand zum Zwecke der Sensibilisierung eingesetzt werden können. Hierzu zählen vor allem Broschüren, Plakate, Poster, Handzettel, Videofilme und Wanderausstellungen.

3.2. Beratung der Betriebsparteien

Zum Zwecke der Unterstützung der Betriebsparteien sowohl bei der Intervention in akuten Konfliktsituationen als auch bei der Prävention fehlerhafter unsozialer Verhaltensweisen, insbesondere bei der Ausarbeitung einer Betriebs- bzw. Dienstvereinbarung für ein partnerschaftliches Verhalten am Arbeitsplatz benennen die Tarifvertragsparteien mit der Problematik vertraute und speziell geschulte Personen, auf die im Bedarfsfall (kostenlos) zurückgegriffen werden kann.

Viele Führungskräfte sowie Betrieb- und Personalratsmitglieder fühlen sich überfordert, wenn sie mit einer akuten Konfliktsituation zwischen Beschäftigten konfrontiert werden. Sie wissen oftmals nicht, wie sie mit eschwerden Einzelner umgehen sollen. Vergleichbares gilt, wenn es um die Ergreifung vorbeugender Maßnahmen bzw. um Mittel und Wege der Verbesserung des Arbeitsklimas geht. Daher ist es erforderlich, die Betriebsparteien bei Bedarf mit Rat und Tat zur

Seite zu stehen. Hierzu bieten sich vor allem besonders geschulte Berater an.

Die Tarifvertragsparteien sind sich einig, dass betriebliche Maßnahmen zur Bewältigung und Vorbeugung von fehlerhaften unsozialen Verhaltensweisen sowie zur Lösung von Konflikten am Arbeitsplatz der Mitbestimmung der betrieblichen Interessenvertretung unterfallen und diese insoweit auch ein Initiativrecht besitzt.

Die Einigkeit der Tarifvertragsparteien hinsichtlich des Bestehens eines Initiativ- und Mitbestimmungsrechts der Betriebs- bzw. Personalräte soll dazu dienen, diesbezügliche Meinungsverschiedenheiten und Streitigkeiten der Betriebsparteien vorzubeugen.

3.3. Hilfsangebote für Betroffene

Für von fehlerhaften unsozialen Verhaltensweisen betroffene Personen halten die Tarifvertragsparteien (jeweils für ihren Organisationsbereich) mit der Problematik vertraute und speziell geschulte Ansprechpersonen bereit. Diese sollen eine erste Anlaufstelle für Rat suchende Personen sein. Zu diesem Zweck erstellen die Tarifvertragsparteien geeignete Materialien (z.B. Broschüren, Listen mit den Anschriften von Ärzten, Psychologen, Therapeuten, Selbsthilfegruppen), welche an die Ratsuchenden kostenlos verteilt werden.

Es entspricht der sozialen Verantwortung der Tarifvertragsparteien, ihren Mitgliedern in Situationen zu helfen, die ihre Ursachen am Arbeitsplatz haben. Hierzu bieten sich spezielle Anlaufstellen an, die verbandsübergreifend oder im Organisationsbereich der jeweiligen Tarifvertragspartei angesiedelt sein können.

3.4. Vermittlung von Mediatoren

Für den Fall, dass es den Parteien eines akuten Konflikts am Arbeitsplatz nicht möglich erscheint, ihren Konflikt zum Wohle beider Konfliktparteien lösen zu können, sind die Tarifvertragsparteien bei der Vermittlung geeigneter Mediatoren (Streitschlichter) behilflich. Die durch die Heranziehung eines Mediators entstehenden Kosten trägt bei einer Konfliktsituation zwischen Beschäftigten die Gewerkschaft, in allen übrigen Fällen der Arbeitgeberverband.

Mit zu dem Hilfsangebot der Tarifvertragsparteien kann die Vermittlung von Mediatoren gehören. Mediatoren bieten die Möglichkeit, akute Konflikte zum Wohle beider Konfliktparteien zu lösen. Da mit dem Einsatz von Mediatoren Kosten verbunden sind, hat eine Regelung der Kostentragungspflicht zu erfolgen.

Durch die Inanspruchnahme eines Mediators darf den Konfliktparteien kein Nachteil entstehen.

Diese Regelung ist dem § 84 Abs. 3 BetrVG nachgebildet. Sie hat einen Schutzcharakter und soll den Konfliktparteien die eventuell existierende Angst nehmen, die Hilfe eines Mediators in Anspruch zu nehmen.

Sofern die Mediation zwischen Beschäftigten in die Arbeitszeit fällt und nicht mit Gleitzeit ausgeglichen werden kann, erfolgt eine Freistellung von der Arbeit für die Dauer der Mediation unter Fortzahlung der Bezüge. Ebenfalls trägt der Arbeitgeber notwendige Reisekosten.

Hat ein Konflikt seine Ursachen am Arbeitsplatz, so ist es nur billig und recht, wenn die betreffenden Beschäftigten durch die Inanspruchnahme eines Mediators keinen Entgeltverlust erleiden. Entsprechendes gilt für eventuell anfallende Reisekosten. Schließlich kommt es dem Betrieb bzw. der Dienststelle zugute, wenn eine Konfliktlösung erfolgt. Die gegebenenfalls entstehenden Kosten halten sich in dem Bereich des zumutbaren, da diese wesentlich geringer ausfallen dürften, als die Kosten, die dem Betrieb bzw. der Dienststelle infolge ungelöster Konflikte entstehen können (z.B. Entgeltfortzahlung im Krankheitsfall, Prozesskosten, Verschlechterung der Qualität sowie der Quantität der Arbeitsergebnisse).

4. Inkrafttreten und Kündigung

Dieser Tarifvertrag tritt am ... in Kraft und kann mit einer Frist von ... Monaten, erstmals zum ... gekündigt werden.

Sofern die Tarifvertragsparteien den zeitlichen Geltungsbereich nicht bestimmt haben (vgl. Punkt 2.), müssen sie das Inkrafttreten sowie die Möglichkeit der Kündigung des Tarifvertrags regeln.

5. Schlichtungsstelle zur Beilegung von Meinungsverschiedenheiten im Zusammenhang mit der Anwendung des Tarifvertrags

Bei Meinungsverschiedenheiten zwischen den Tarifvertragsparteien, die sich im Zusammenhang mit der Anwendung des Tarifvertrages ergeben, ist eine Schlichtungsstelle zu bilden.

Die Schlichtungsstelle besteht aus einem Vorsitzenden

Oder

dem ... als Vorsitzenden sowie je drei Vertreter der Tarifvertragsparteien. Das Verfahren vor der Schiedsstelle bestimmt sich nach §§ 104 ff. ArbGG.

Den Tarifvertragsparteien kommt gegenüber ihren Mitgliedern eine Vorbildfunktion zu, wenn sie sich bei Meinungsverschiedenheiten, die sich im Zusammenhang mit der Anwendung des Tarifvertrags ergeben können, einem Schlichtungsverfahren unterwerfen, welches die Lösung eventueller Konflikte zum Ziel hat. Es bietet sich an, das Verfahren vor der Schlichtungsstelle entsprechend den §§ 104 ff. ArbGG zu regeln.

6. Datum, Unterschriften der Tarifvertragsparteien

Zu ihrer Wirksamkeit bedürfen Tarifverträge der eigenhändigen Unterzeichnung der Tarifvertragsparteien (§ 1 Abs. 2 TVG i.V.m. § 126 BGB; vgl. Kempen/Zachert, § 1 Rn. 367).

10. Kapitel: Handlungsmöglichkeiten des Gesetzgebers

Sofern man die Quintessenz der rechtlichen Bewertung von Mobbing zieht, ergibt sich aus der Sicht des Mobbingbetroffenen ein erschreckendes Bild. Lässt sich die Mobbingproblematik noch in das materielle Recht einordnen, so stehen verfahrensrechtliche Probleme einer erfolgreichen Aufarbeitung von Mobbing regelmäßig im Wege.[1095] Stets sind es vor allem Beweisfragen, die die juristische Aufarbeitung einer konkreten Mobbingsituation verhindern.

Dieses Ergebnis spiegeln Erfahrungsberichte von Rechtsanwälten wider, die Mobbingbetroffene beraten und als Prozess- bzw. Verfahrensbevollmächtigte vertreten haben. Mir wurde mehrfach bestätigt, dass die juristische Aufarbeitung von Mobbing in den überwiegenden Fällen letztendlich in der Beendigung des Beschäftigungsverhältnisses besteht. Nur zum Teil gelingt es den Rechtsanwälten, dieses Ausscheiden mit der Zahlung einer Abfindung durch die Arbeitgeberseite an den Mobbingbetroffenen zu verbinden.

Die mangelnde Beweisbarkeit des Verhaltens des Mobbers in zahlreichen Fällen[1096] sowie der oftmals festzustellende zeitliche Abstand zwischen dem Beginn der Mobbinghandlungen und dem Erkennen[1097] dieses durch den Mobbingbetroffenen sowie der Einleitung rechtlicher Schritte führen häufig zu unbefriedigenden Ergebnisses. Viele Mobbingbetroffene sowie Helfer fühlen sich dem Mobbing gegenüber ohnmächtig. Das Unterliegen in einem gerichtlichen Verfahren fügt sich für sie in die Kette der Mobbinghandlungen ein - und stellt nach Leymann die letzte Phase vor dem Ausschluss aus dem Arbeitsverhältnis dar.[1098]

Anders verhält es sich meines Erachtens dann, wenn in dem Betrieb bzw. in der Dienststelle vorbeugende Maßnahmen gegen Mobbing ergriffen werden oder beabsichtigt sind. Hier hat der Gesetzgeber den Betriebsparteien die Möglichkeit eröffnet, die Mobbingproblematik zum Gegenstand von Betriebs- und Dienstvereinbarungen zu machen. Sofern hiervon Gebrauch gemacht und die abgeschlossene Vereinbarung umgesetzt sowie „mit Leben" gefüllt wird, scheinen Mobbingprobleme nicht mehr so häufig aufzutreten bzw. bereits zu Beginn der Konfliktentstehung lösbar zu sein. Diesbezüglich ist jedoch zu bedenken, dass es nicht allerorts betriebliche Interessenvertretungen gibt, was insbesondere in kleinen Betrieben oftmals der Fall ist. Aus diesem Grunde hat der Gesetzgeber Maßnahmen zu ergreifen, die unabhängig von dem Bestehen einer betrieblichen Interessenvertretung in allen Betrieben und Dienststellen zur Anwendung gelangen.

Um der - zumindest aus der Sicht der Mobbingbetroffenen - unbefriedigenden Situation abhelfen zu können, ist es erforderlich, dass der Gesetzgeber Maßnahmen trifft, die eine rechtliche Aufarbeitung von Mobbing und/oder Konfliktlösung erleichtern - in vielen Fällen vielleicht sogar erst ermöglichen.

[1095] Dieser Umstand wird von nahezu allen Autoren angesprochen; vgl. Degen/Geiswald, S. 82; Grunewald, S. 1073; Hage/Heilmann, S. 746; Kollmer, S. 66 f.; Däubler in Leymann, S. 85 ff.; Niemann, S. 22

[1096] s.a.: Däubler AR 2, Rn. 469

[1097] s.a.: Resch in Leymann, S. 159

[1098] Leymann 1995, S. 46; s.a.: Esser/Wolmerath, S. 23

Wenngleich es bislang keine empirischen Untersuchungsergebnisse hinsichtlich des volkswirtschaftlichen Schadens gibt, der in der Bundesrepublik Deutschland durch Mobbing zugefügt wird, so lassen die zahlreichen Auswirkungen von Mobbing (vgl. 1. Kapitel unter II.10.) und die Hochrechnungen einzelner Autoren (vgl. 1. Kapitel unter II.10.d. und e.) dennoch den Schluss zu, dass der Volkswirtschaft durch Mobbing jährlich Schäden in Milliardenhöhe verursacht werden. Nicht messbar und sich lediglich abschätzen lässt sich der gesellschaftliche Schaden, den die Bevölkerung infolge Mobbing erleidet. Mobbing betrifft nicht nur einzelne Arbeitnehmer, sondern auch ihre Familien. Familien zerbrechen an den unerträglichen Belastungen. In vergleichbarer Weise gehen soziale Kontakte verloren. Freunde, Bekannte etc. wenden sich von dem Mobbingbetroffenen ab. Insbesondere der Verlust der Fähigkeit, Konflikte offen, fair und konstruktiv zu lösen, wird sich auf andere Bereich des gesellschaftlichen Lebens übertragen. Über „Mobbing" unter Schülern wird inzwischen im gleichen Maße diskutiert.

Da es sich bei Mobbing mithin nicht nur um ein „persönliches" sondern um ein gesellschaftliches Problem mit nachhaltigen negativen Folgen handelt, die in ihrem Ausmaß heute noch nicht erschöpfend beurteilt werden können, ist verständlich, dass ab und zu der Ruf nach einem gesetzgeberischen Einschreiten laut wird, das in den Zuständigkeitsbereich des Bundesgesetzgebers gemäß Art. 73 Ziffer 8, 74 Abs. 1 Ziffern 1, 12 GG fällt. Lediglich für die Änderungen der Landesgesetze sind die Bundesländer zuständig. Dies ergibt sich beispielsweise für die Personalvertretungsgesetze der Länder aus Art. 70 Abs. 1 GG, wobei diese die sich aus dem Bundespersonalvertretungsgesetz ergebenden Rahmenvorschriften (vgl. §§ 94 - 106 BPersVG) sowie die unmittelbar für die Bundesländer geltenden Vorschriften des Bundespersonalvertretungsgesetzes (vgl. §§ 107 - 109 BPersVG) zu beachten haben.

Dass eine gesetzgeberische Maßnahme auf Bundesebene in der Bevölkerung auf breite Zustimmung stoßen dürfte, zeigt sich darin, dass es nicht nur um die Wahrung der Interessen Einzelner geht. Schließlich kann Mobbing nahezu jeden unmittelbar oder mittelbar betreffen - Sozialpartner, Arbeitgeber, Vorgesetzte, Personen mit Arbeitgeberfunktionen, betriebliche Interessenvertreter, Arbeitnehmer, Beamte, Familienangehörige und Freunde.

Sofern sich der Gesetzgeber der Mobbingproblematik annimmt, bringt er damit zum Ausdruck, dass er das gesellschaftlich und volkswirtschaftlich schädigende Verhalten der Mobber sowie die sich aus nicht bzw. nicht richtig bewältigten sozialen Konflikten ergebenden Folgen nicht hinnimmt. Gleichzeitig spricht er eine Missbilligung sozialschädlicher Verhaltensweisen aus.

I. Möglichkeiten und Grenzen eines gesetzgeberischen Handelns

Mit Hilfe eines Gesetzes zur Mobbingproblematik kann Mobbingbetroffenen sowie den betrieblichen Akteuren eine gewisse Sicherheit an die Hand gegeben werden, die sie bei einer Auseinandersetzung mit Mobbing benötigen. Diese erforderliche Sicherheit kann mit der Darreichung einer handhabbaren Definition von Mobbing beginnen und bis zur Errichtung einer betrieblichen Anlaufstelle für Mobbingbetroffene reichen. Daneben kann das Gesetz konfliktbewältigende Aspekte beinhalten. Ombudspersonen bzw. betriebliche Konfliktlotsen[1099] können den Konfliktparteien bei der Lösung ihrer Situation behilflich sein. Insoweit kann das Gesetz den Gedanken der Mediation aufgreifen. Bei der Mediation handelt es sich um eine Methode des Konfliktmanagements, die in den USA als ein strukturiertes Verfahren zur außergerichtlichen Streitvermittlung entwickelt wurde:[1100] Ein (meist) neutraler und unparteiischer Dritter wird in einem Konflikt hinzugezogen, um die Konfliktparteien bei ihren Verhandlungs- und Lösungsversuchen zu unterstützten, ohne jedoch über eine eigene (Konflikt-) Entscheidungskompetenz zu verfügen.[1101]

Die größten Chancen sehe ich in der Prävention. Dies erfordert eine Sensibilisierung und Schulung aller im Betrieb tätigen Personen.[1102] Vergleichbar dem Vorgehen des Verordnungsgebers in Schweden können Verhaltensregeln aufgestellt werden, die von jedermann am Arbeitsplatz zu beachten sind, um auf diese Weise Mobbing vorzubeugen.[1103] Um mögliche Streitigkeiten zwischen den Betriebsparteien hinsichtlich der Mitwirkungsmöglichkeiten der betrieblichen Interessenvertretung bei präventiven sowie konfliktbewältigenden Maßnahmen auszuschließen,[1104] sollte Mobbing in dem Katalog der Mitbestimmungsrechte des Betriebs- bzw. Personalrats (vgl. § 87 Abs. 1 BetrVG; § 75 Abs. 3 BPersVG) speziell erwähnt werden.

Ein Gesetz zur Mobbingproblematik stößt an seine Grenzen, wenn es neues „Unrecht" schafft bzw. schaffen kann. Dies könnte im Fall einer Beweislastumkehr erfolgen, die dergestalt aussehen könnte, dass der Mobbingbetroffene eine Mobbinghandlung und einen daraus entstandenen Schaden, der Mobber hingegen mangelndes Verschulden zu beweisen hätte. Die Verlagerung der Beweispflicht von dem Mobbingbetroffenen auf den Mobber hätte zur Folge, dass sich derjenige unter Umständen eine günstige Ausgangslage verschafft, der einen anderen als Erstes des Mobbing bezichtigt. So zeigt sich in der betrieblichen Praxis immer wieder, dass nicht derjenige zwangsläufig das „Opfer" sein muss, der als Erster Mobbingangriffe beklagt.[1105] Die Bezichtigung anderer als „Mobber" kann durchaus Bestandteil einer Mobbingstrategie sein.

Gleichfalls darf ein Gesetz zur Mobbingproblematik nicht die Konfliktlösung zwischen den beteiligten Personen ersetzen. Schließlich ist zu bedenken, dass Konflikte nicht im Wege des Machteingriffs auf Dauer bereinigt werden können. Stets besteht die Gefahr, dass der Mobber in den „Untergrund" abtaucht und zu Handlungen übergeht, die ihm noch schwerer nachgewiesen werden können. Vielmehr sollte den Konfliktparteien - sofern erforderlich - Möglichkeiten und Wege zur Konfliktbeilegung aufge-

---

[1099] Dieser Begriff wird von dem Projekt „QUAK" verwendet, das von der Fachanwältin für Arbeitsrecht und Mediatorin Andrea Budde in Köln geleitet wird. Der Begriff „QUAK" steht für „Qualifizierung von betrieblichen Konfliktlotsen". Inhaltlich geht es bei diesem Projekt um faires Konfliktmanagement und Mediation. Die Teilnehmer an dem Projekt sollen durch eine entsprechende Qualifizierung befähigt werden, bei bestehenden Konflikten vermittelnd und schlichtend zu wirken sowie im Unternehmen eine faire Streitkultur zu entwickeln

[1100] vgl. die Broschüre des Projekts „QUAK"

[1101] Breidenbach, S. 4; s.a.: Breidenbach in: Breidenbach/Henssler, S. 3; Mähler/Mähler, S. 15

[1102] s.a.: Däubler AR 2, Rn. 469

[1103] vgl. Däubler AR 2, Rn. 469; siehe hierzu ausführlich den Abschnitt III. dieses Kapitels

[1104] ArbG und LAG Hamburg hatten sich mit der Streitfrage zu befassen, ob dem Betriebsrat bei Mobbing ein Mitbestimmungsrecht gemäß § 87 Abs. 1 Ziffer 1 BetrVG im Sinne eines Initiativrechts zusteht; vgl. ArbG Hamburg, Beschluss vom 23.3.1998 - 8 BV 18/98 - und LAG Hamburg, Beschluss vom 15.7.1998 - 5 Ta BV 4/98 - AiB 1999, 101 (mit einer kritischen Anmerkung von Wolmerath) = NZA 1998, 1245

[1105] vgl. das Beispiel bei Warschkow/Erdmann, S. 509 f.

zeigt werden, ohne dass es „Sieger“ und „Besiegte“ bzw. „Gewinner“ und „Verlierer“ gibt.

Auf über das derzeitige Rechtssystem hinausgehende Straftatbestände sowie Anspruchsgrundlagen für Schadensersatzansprüche sollte verzichtet werden. Rechtliche Handlungsmöglichkeiten enden häufig mit einem Machteingriff, der regelmäßig in einem Urteilsspruch des angerufenen Gerichts besteht. Weiteres Recht kann nicht nur dazu führen, dass neues Unrecht geschaffen wird. Es kann ebenfalls - wie es allerdings auch bei dem derzeit bestehenden Rechtssystem der Fall sein kann - bewirken, dass der Mobber das gegen ihn gesprochene Urteil als Angriff auf seine Person, als eine ihn widerfahrende Ungerechtigkeit betrachtet, und nunmehr zu subtileren und/oder in ihren Auswirkungen noch gefährlicheren Mitteln greift. Dies bedeutet, dass man sich stets vor Augen führen muss, dass es auch bei Mobbing Grenzen gibt, die der Gesetzgeber zu beachten hat.

Da ein Gesetz zur Mobbingproblematik Auswirkungen auf das Betriebsklima und auf die Arbeitsbedingungen haben wird, stellt es einen Beitrag zur Humanisierung der Arbeit dar.[1106] Daneben bietet es die Chance, sozial nicht erwünschte Verhaltensweisen, die nicht als Mobbing zu bezeichnen sind, als „Mobbingähnliche“ Verhaltensweisen mit in das Gesetz aufzunehmen. Damit kann mit dem Gesetz zur Mobbingproblematik - vergleichbar einem Tarifvertrag sowie den mit einer Betriebs- bzw. Dienstvereinbarung verbundenen Chancen - mehr erreicht werden, als es auf den ersten Blick der Fall zu sein scheint.

Schließlich kann der volkswirtschaftliche Schaden, der infolge Mobbing entsteht, mittels eines Gesetzes zur Mobbingproblematik reduziert werden. Dies betrifft beispielsweise die Kosten infolge krankheitsbedingter Ausfallzeiten, Frühverrentung, unzureichender Produktqualität, Know-how-Verlust sowie nicht realisierbare nationale und internationale Marktchancen.

Auf jeden Fall aber setzt der Gesetzgeber mit einem Gesetz zur Mobbingproblematik ein nicht zu übersehendes Zeichen - dass Mobbing in der Bundesrepublik Deutschland missbilligt und nicht hingenommen wird.

II. Inhaltliche Anforderungen an das Gesetz

Um nicht bei den Adressaten des Gesetzes auf Widerstand zu stoßen, sollte das Gesetz positiv umschrieben werden. Entsprechendes gilt für Positionen und Gremien, die in den Betrieben bzw. Dienststellen gemäß dem Gesetz einzurichten sind.

Neben einer leicht verständlichen und einer Weiterentwicklung zugänglichen Begriffsbestimmung sollte das Gesetz - folgend dem Beispiel Schwedens - einen Katalog unerwünschter Verhaltensregeln enthalten, den jedermann zu beachten hat.

Die am 1.4.1994 in Schweden in Kraft getretene Verordnung über kränkende Sonderbehandlung am Arbeitsplatz („Offensive Discrimination at work“) enthält folgende fünf Regelungen:[1107]

1. Der Arbeitgeber hat die Arbeit so zu planen und zu organisieren, dass Mobbing-Tendenzen von vornherein verhindert werden.
2. Der Arbeitgeber soll keinen Zweifel daran lassen, dass er Mobbing missbilligt.

[1106] s.a.: Diergarten, S. 27

[1107] Bieler/Heilmann ArbuR, S. 431; s.a.: Däubler AR 2, Rn. 469

3. In die betrieblichen Tätigkeitsabläufe soll eine Art Frühwarnsystem implementiert werden. Ferner soll eine fortlaufende Verbesserung von nicht zufriedenstellenden Arbeitsbedingungen und Arbeitsabläufen erreicht werden. Durch eine umfassende Kooperation aller Beteiligten bei der Lösung dieser Probleme sollte es zu Mobbing gar nicht erst kommen.
4. Wenn dennoch Anzeichen von Mobbing deutlich werden, müssen umgehende Gegenmaßnahmen ergriffen werden. Eine anschließende Analyse der Ursachen soll ermitteln, ob die Mängel bei einer Zusammenarbeit der Beteiligten sowie einer besseren Arbeitsorganisation hätten verhindert werden können.
5. Schließlich soll Mobbing-Opfern schnell geholfen werden, wofür der Arbeitgeber verantwortlich ist.

In inhaltlicher Hinsicht sollte das Gesetz den Grundsatz einer zukunftsorientierten Konfliktbewältigung verfolgen, bei der es weder „Sieger" und „Besiegte" noch „Gewinner" und „Verlierer" gibt. Im Idealfall sollten sich der Mobbingbetroffene und der Mobber nach einer erfolgten Konfliktbewältigung die Hand reichen können. Nur im „Notfall" sollte die Verhängung von Sanktionen in Betracht kommen, wenn sich der Mobber in vorwerfbarer Weise einer Beilegung des Konflikts entzieht.[1108]

Um die Betriebsparteien (Arbeitgeber bzw. Dienststellenleiter und Betriebs- bzw. Personalrat) nicht zu überfordern, sollte die Errichtung unabhängiger betrieblicher Konfliktlösungsstellen in dem Gesetz vorgesehen werden. Auf dieser Weise kann eine „Vertrauensperson" in dem Betrieb bzw. in der Dienststelle installiert werden, die über die erforderliche Ausbildung verfügt, um bei Bedarf vorhandene Konflikte mit den betreffenden Personen aufarbeiten zu können.[1109] Bei dieser Vertrauensperson sollte es sich regelmäßig nicht um den Arbeitgeber bzw. Dienstherrn oder Dienststellenleiter, eine Führungskraft oder einem Mitglied des Betriebs- bzw. Personalrats handeln, da diese mit der Ausfüllung der Funktion der Vertrauensperson sowohl in arbeitsmäßiger als auch in persönlicher Hinsicht überfordert sein können und ferner zu bedenken ist, dass sie gegebenenfalls in ihrer Funktion als Arbeitgeber bzw. betriebliche Interessenvertretung Sanktionen verhängen, fordern, solchen zustimmen oder bei diesen mitwirken müssen.[1110]

Stets sind die finanziellen Möglichkeiten des Arbeitgebers bzw. Dienstherrn im konkreten Einzelfall sowie die speziellen betrieblichen Belange zu berücksichtigen. Dies betrifft nicht nur die Ausstattung der Position „Vertrauensperson" in persönlicher Hinsicht, sondern auch die Ausstattung mit Büropersonal und Sachmittel. Weiter wäre es nicht zweckmäßig, den Betrieben sowie Dienststellen eine Einrichtung der Position zur Pflicht zu machen, wenn es hierzu keinen Bedarf gibt. Damit muss den Betriebsparteien die Möglichkeit einer individuellen und auf ihre konkreten Bedürfnisse zugeschnittene Anpassung und Ausgestaltung des Gesetzes eröffnet werden.

Das Gesetz darf nicht dazu führen, dass die Rechte des Arbeitgebers bzw. Dienstherrn oder Dienststellenleiters sowie die Rechte des Betriebs- bzw. Personalrats beschnitten werden. Ihre Rechte - insbesondere die des Betriebsrats nach dem Betriebs-

---

[1108] so im Ergebnis auch: Däubler AR 2, Rn. 469

[1109] so auch: Däubler AR 2, Rn. 469 und Esser/Wolmerath, S. 301 ff.; Grund, S. 101; s.a.: Schimmelpfennig/Schimmelpfennig, S. 313 f., die die Rolle des „Mobbing-Beauftragten" einer besonders geeigneten Führungskraft zuweisen und sich für eine einzurichtende Vermittlungs- oder Schlichtungsstelle aussprechen, welcher dieser angehören soll.

[1110] So im Ergebnis auch Esser/Wolmerath, S. 302, die auf die Möglichkeit der Übertragung des Weisungsrechts hinsichtlich der Tätigkeit als „Mobbing-Beauftragter" auf den Betriebsrat hinweisen.

verfassungsgesetz sowie des Personalrats nach dem betreffenden Bundes- bzw. Landespersonalvertretungsgesetz - müssen unberührt bleiben, da sie im gleichen Maße die Rechte sowohl des Mobbingbetroffenen als auch des Mobbers zu wahren und deren berechtigte Interessen zu beachten haben. So darf die Vertrauensperson weder mit den Sanktionsrechten des Arbeitgebers bzw. Dienstherrn (z.B. Versetzung, Kündigung) versehen werden, noch dürfen die Beteiligungsrechte des Betriebs- bzw. Personalrats (z.B. vor Ausspruch einer beabsichtigten Kündigung des Arbeitsvertrages des Mobbers) leerlaufen.

In gleicher Weise muss das Gesetz den Grundsätzen des selbstbestimmten sowie freiwilligen Handelns folgen. Dem Mobbingbetroffenen bzw. dem Mobber muss es überlassen bleiben, ob er sich an die Vertrauensperson wendet und diese um eine Intervention bittet.

Da die Konfliktlösung regelmäßig nicht in einem „Bestrafen“ oder „Ausgrenzen“ des Mobbers, sondern in einer zukunftsorientierten Beilegung der Situation bestehen sollte, muss dieser Grundsatz im Gesetz Berücksichtigung finden.

Ferner sollte der Mobbingprävention in dem Gesetz Beachtung geschenkt werden. Hierzu bieten sich insbesondere betriebliche Fortbildungsmaßnahmen an, mit deren Hilfe eine Sensibilisierung für das Problem erzeugt werden kann.

III. Entwurf eines Gesetzes mit Erläuterungen

Die Idee, ein Gesetz zur Mobbingproblematik zu erarbeiten, ist nicht neu. Bereits am 24.3.1997 fand eine öffentliche Expertenanhörung unter der Überschrift „Mobbing - Reicht der Schutz für Betroffene?“ in der damaligen Außenstelle des Deutschen Bundestages in Berlin statt. Diese Anhörung hatte die Diskussion eines von der PDS-Bundestagsgruppe erarbeiteten „Entwurf eines Gesetzes gegen systematische psychische Belästigungen am Arbeitsplatz (Psychoterror, Mobbing)“ zum Gegenstand. Nachdem sich der vorgelegte Gesetzentwurf in der Aussprache als nicht geeignet erwiesen hatte, sagten die Vertreter der PDS-Bundestagsgruppe zu, den Entwurf zu überarbeiten. Einen überarbeiteten Gesetzentwurf haben Sie jedoch bis heute nicht vorgelegt.

Im Folgendem wird ein eigener Entwurf für ein Gesetz zur Mobbingproblematik vorgestellt, welcher in der Form eines Artikelgesetzes gekleidet ist. Der Gesetzentwurf beinhaltet - in Anlehnung an das Beschäftigtenschutzgesetz vom 24.6.1994 (BGBl. I 1406) - ein „Zweites Beschäftigtenschutzgesetz“ (2.BeSchuG) sowie zahlreiche Ergänzungen in einzelnen Gesetzen, die teilweise lediglich der Klarstellung bzw. Rechtssicherheit dienen. Die Anlehnung an das Beschäftigtenschutzgesetz vom 24.6.1994 resultiert aus dem Umstand, dass die sexuelle Belästigung Bestandteil eines Mobbingprozesses sein kann, es somit Berührungspunkte zwischen der Problematik der sexuellen Belästigung sowie Mobbing gibt. Der Gesetzentwurf ist sowohl für die private Wirtschaft, als auch für den öffentlichen Dienst konzipiert. Da der Gesetzentwurf auf die in den ersten Kapiteln gewonnenen sowie dargestellten Erkenntnisse fußt, geht er auch auf solche Aspekte ein, die sich bei der rechtlichen Bewertung von Mobbing als problematisch und daher als verbesserungsbedürftig erwiesen haben.

In der linken Spalte ist der Wortlaut des Gesetzes eingestellt, die rechte Spalte beinhaltet die entsprechenden Erläuterungen. Soweit Änderungen bzw. Ergänzungen bestehender gesetzlicher Bestimmungen vorgeschlagen werden, sind diese kursiv gesetzt. Dies soll die Orientierung erleichtern.

Bedingt durch die begrenzte Gesetzgebungsbefugnis des Bundes berücksichtigt der Vorschlag keine Änderungen landesrechtlicher Vorschriften. Den Landesgesetzgebern steht es allerdings frei, in entsprechender Weise tätig zu werden und unter anderem die Landespersonalvertretungsgesetze anzupassen.

Der Gesetzentwurf spricht sowohl von der psychischen Belastung als auch von psychischen Belästigungen. Während der Begriff der psychischen Belastung als Oberbegriff betrachtet werden soll, unter dem die Gesamtheit aller erfassbaren Einflüsse zu verstehen sind, die von außen auf den Menschen zukommen und auf ihn einwirken,[1111] ist die psychische Belästigung als eine auf unmittelbares menschliches Verhalten zurückzuführende Einwirkung auf einen anderen zu begreifen.

[1111] vgl. Kittner/Pieper ArbSchR, § 3 Bildschirmarbeitsverordnung Rn. 7 mit Verweis auf DIN 33405 bzw. DIN EN ISO 10075 (Entwurf])

Gesetz
zur Vermeidung von psychischen Belästigungen am Arbeitsplatz
und zur Verbesserung der Situation der von psychischen Belästigungen betroffenen Beschäftigten

Inhaltsübersicht:

Wortlaut des Gesetzes

Art. 1: Zweites Beschäftigtenschutzgesetz

Erläuterungen

Die Überschrift trägt dem Umstand Rechnung, dass es sich sowohl bei Mobbing als auch bei der sexuellen Belästigung um Formen der psychischen Belastung handelt, die sexuelle Belästigung Bestandteil von Mobbing sein kann. Aus diesem Grunde gibt es Parallelen zum Beschäftigtenschutzgesetz vom 24.6.1994 (BGBl. I 1406).

§ 1 Ziel

Ziel des Gesetzes ist der Schutz vor psychischen Belästigungen am Arbeitsplatz.

§ 1 dient der Zieldefinition des Gesetzes. Es geht über das Phänomen Mobbing hinaus und umfasst alle Formen psychischer Belastungen (z.B. Diskriminierung von Ausländern sowie Behinderten). Da es Anliegen dieses Gesetzes ist, Einfluss auf das soziale Klima am Arbeitsplatz im Sinne einer Humanisierung der Arbeit sowie auf den zwischenmenschlichen Umgang am Arbeitsplatz zu nehmen, spricht das Gesetz von psychischen Belästigungen. Es grenzt sich damit zugleich von den arbeitsschutzrechtlichen Bestimmungen ab, die auch solche psychischen Belastungen erfassen, die auf die Arbeitsbedingungen im engeren Sinne zurückzuführen sind (z.B. Geschwindigkeit eines Montagebandes, Mengenvorgaben für die Datenerfassung).

§ 2 Anwendungsbereich

(1) Dieses Gesetz findet Anwendung auf
1. Arbeitnehmerinnen und Arbeitnehmer in Betrieben und Verwaltungen des privaten oder öffentlichen Rechts (Arbeiterinnen und Arbeiter, Angestellte, zu ihrer Berufsbildung Beschäftigte) und auf solche Personen, die in diesen eingegliedert sind, ohne zu ihnen in einem Beschäftiigungsverhältnis zu stehen;
2. Personen, die wegen ihrer wirtschaftlichen Unselbstständigkeit als arbeitnehmerähnliche Personen anzusehen sind. Zu diesen gehören auch die in Heimarbeit Beschäftigten und die ihnen Gleichgestellten; für sie tritt an die Stelle des Arbeitgebers der Auftraggeber oder Zwischenmeister;
3. Beamtinnen und Beamten des Bundes, der Länder, der Gemeinden, der Gemeindeverbände sowie der sonstigen der Aufsicht des Bundes oder eines Landes unterstehenden Körperschaften, Anstalten und Stiftungen des öffentlichen Rechts;
4. Richterinnen und Richter des Bundes und der Länder;
5. Soldatinnen und Soldaten.

(2) Die Regelungen des Beschäftigtenschutzgesetzes zum Schutze vor sexuellen Belästigungen werden durch dieses Gesetz nicht berührt.

Abs. 1 regelt den Anwendungsbereich des Gesetzes. Diese Vorschrift entspricht im Wesentlichen dem Wortlaut des § 2 Beschäftigtenschutzgesetz. Abs. 1 Ziffer 1 bezieht neben der Stammbelegschaft auch solche Personen in den Anwendungsbereich dieser Vorschrift ein, die in den Betrieb bzw. in die Verwaltung eingegliedert sind, ohne zu diesem/dieser in einem Beschäftigungsverhältnis zu stehen. Anwendung findet das Gesetz infolgedessen auch auf Fremdfirmenbeschäftigte. Es ist nicht einzusehen, warum diese schlechter gestellt werden sollen als die Mitglieder der Stammbelegschaft. Zudem wird dadurch den Entwicklungen in der Arbeitswelt Rechnung getragen (z.B. Integration von Zulieferern in den Produktionsprozess durch Mitarbeit am Montageband in der Automobilindustrie).

Um Widersprüchlichkeiten gegenüber dem Beschäftigtenschutzgesetz zu vermeiden, wird die sexuelle Belästigung gemäß Abs. 2 von dem Anwendungsbereich dieses Gesetzes ausgenommen. Alternativ zu der Regelung des Abs. 2 kann das Beschäftigtenschutzgesetz in dieses Gesetz bzw. dieses Gesetz in das Beschäftigtenschutzgesetz integriert werden, um ein alle Erscheinungsformen der psychischen Belästigungen umfassendes Beschäftigtenschutzgesetz zu erhalten.

§ 3 Schutz vor psychischen Belästigungen

(1) Arbeitgeber und Dienstvorgesetzte haben die in § 2 genannten Personen vor psychischen Belästigungen am Arbeitsplatz zu schützen. Dieser Schutz umfasst auch vorbeugende Maßnahmen. Wer dieser Pflicht nicht nachkommt, verletzt seine arbeitsvertraglichen bzw. dienstrechtlichen Pflichten.

(2) Psychische Belästigung im Sinne dieses Gesetzes sind alle persönlichen Auseinandersetzungen, aber auch ergänzende administrative Vorgänge und Konflikte, bei denen insbesondere die Handlungs- und Entscheidungsfreiheit, die Entfaltung und Entwicklung der Persönlichkeit, das Selbstwertgefühl, die sozialen Beziehungen, die Würde und/oder das soziales Ansehen einer Person, sowie dessen Möglichkeit, sich in den Arbeitsablauf einzubringen, immer wieder systematisch angegriffen und verletzt wird.

(3) Die psychische Belästigung am Arbeitsplatz ist eine Verletzung arbeitsvertraglicher Pflichten bzw. ein Dienstvergehen.

Noch Erläuterung: Hält der Arbeitgeber diese nicht zum Schutz vor sexuellen Belästigungen im Sinne des Abs. 1 an, oder überwacht er diese nicht hinsichtlich der ihnen gesetzlich auferlegten Pflicht, so kann dies dem Arbeitgeber als Organisationsverschulden zugerechnet werden. Abs. 1 Satz 3 legt weiter fest, dass Dienstvorgesetzte, die der ihnen in Abs. 1 auferlegten Pflicht nicht nachkommen, eine Verletzung ihrer arbeitsvertraglichen bzw. dienstrechtlichen Pflichten begehen, welche von dem Arbeitgeber in arbeits- bzw. dienstrechtlicher Hinsicht sanktioniert werden kann. Gegebenenfalls kann der Arbeitgeber von den Dienstvorgesetzten zudem Schadensersatz wegen Positiver Vertragsverletzung verlangen.

§ 3 beschreibt den Schutz vor psychischen Belästigungen. Abs. 1 verpflichtet Arbeitgeber und Dienstvorgesetzte zum Schutz der von diesem Gesetz nach § 2 erfassten Personen vor psychischen Belästigungen. Dieser Schutz umfasst nicht nur reaktive, sondern auch präventive Maßnahmen.

Abs. 2 definiert die psychische Belästigung. Die Definition ist weit gefasst. Da sie keinen abschließenden Charakter hat, ist sie offen gegenüber neuen Formen psychischer Belästigungen sowie diesbezüglichen Änderungen.

Abs. 3 legt fest, dass es sich bei der psychischen Belästigung um eine Verletzung arbeitsvertraglicher Pflichten bzw. um ein Dienstvergehen handelt. Diese Festlegung hat zur Folge, dass psychische Belästigungen in arbeits- bzw. dienstrechtlicher Hinsicht sanktioniert werden können. Als Sanktionsmittel kommen abhängig von den konkreten Umständen des Einzelfalls vor allem die Ermahnung, Abmahnung, Versetzung und Änderungs- bzw. Beendigungskündigung in Betracht.

Die gesetzlich auferlegte Handlungspflicht des Arbeitgebers sowie die Qualifizierung der psychischen Belästigung als Vertragsverletzung bewirken auf der Arbeitgeberseite, dass dieser eine Überwachungspflicht dergestalt auferlegt wird, als sie im Sinne einer betrieblichen Verkehrssicherungspflicht gehalten ist, Sorge zu tragen, dass die Beschäftigten (§ 2 Abs. 1) keine psychischen Belästigungen begehen bzw. nicht solchen ausgesetzt sind sowie festgestellten psychischen Belästigungen Einhalt geboten wird. Soweit der Arbeitgeber dies nicht tut, begeht er gemäß Abs. 1 Satz 3 eine Verletzung seiner arbeitsvertraglichen Pflichten und kann insoweit von dem Belästigten mit arbeitsrechtlichen Sanktionen belegt werden. Da dieselbe Pflicht auch die Dienstvorgesetzten trifft, trifft den Arbeitgeber hinsichtlich dieses Personenkreises eine Überwachungspflicht.

§ 4 Verhaltensregeln

(1) Jedermann hat am Arbeitsplatz Verhaltensweisen zu unterlassen, die von anderen als psychische Belästigung verstanden werden können. Hierzu zählen unter anderem
1. Diskriminierung von Personen wegen ihrer Abstammung, Religion, Nationalität oder Herkunft;
2. Einschränkung der Möglichkeit, sich zu äußern,
3. Zuweisung über- bzw. unterfordernder sowie sinnloser Arbeitsaufgaben in kränkender Absicht.

(2) Probleme am Arbeitsplatz sollen offen angesprochen sowie mögliche Lösungen gemeinsam gesucht und umgesetzt werden.

Die Vorschrift verpflichtet in Abs. 1 jedermann - d.h. sowohl die Beschäftigten, den Arbeitgeber bzw. Dienstherr und Dienstvorgesetzte als auch andere sich in dem Betrieb aufhaltende Personen. Die Verpflichtung bezieht sich sowohl auf Handlungen als auch auf Unterlassungen. Abs. 1 enthält zudem eine beispielhafte und daher nicht abschließende Aufzählung von psychischen Belästigungen.
Dem Abs. 2 kommt eine präventive Bedeutung zu. Da sich ungelöste Probleme zu Konflikten entwickeln können, die wiederum psychische Belastungen (z.B. aufgrund von Mobbinghandlungen) zur Folge haben, sollten Probleme angesprochen und einvernehmlich gelöst werden. Hierbei handelt es sich um eine Sollvorschrift, deren Befolgung in das Ermessen der jeweils beteiligten Personen gestellt ist.

§ 5 Beschwerderecht

(1) Jedermann, der sich im Sinne des § 3 Abs. 2 psychisch belästigt fühlt, hat das Recht, sich bei den zuständigen Stellen des Betriebes oder der Dienststelle zu beschweren. Die Vorschriften der §§ 84, 85 des Betriebsverfassungsgesetzes sowie personalvertretungsrechtliche Vorschriften bleiben davon unberührt.

(2) Die angerufene Beschwerdestelle hat die Beschwerde zu prüfen und geeignete Maßnahmen zu treffen bzw. auf solche beim Arbeitgeber hinzuwirken, um eine Fortsetzung der festgestellten Belästigung zu unterbinden. Hierzu zählt das Konfliktlösungsverfahren gemäß § 7.

Abs. 1 Satz 1 regelt das Beschwerderecht, das sich für die Arbeitnehmer des Betriebes bzw. der Dienststelle bereits aus dem Arbeitsvertrag ergibt. Darüber hinaus haben gemäß der Vorschrift auch solche Personen das Recht, sich zu beschweren, auf die das Gesetz gemäß § 2 Abs. 1 Ziffer 1 Anwendung findet (insbesondere: Fremdfirmenbeschäftigte). Beschwerdestelle im Sinne der Vorschrift ist insbesondere die Ombudsfrau bzw. der Ombudsmann (vgl. § 6). Vergleichbar dem Beschäftigtenschutzgesetz lässt Abs. 1 Satz 2 die Vorschriften des §§ 84, 85 BetrVG unberührt. Entsprechendes hat für die Personalvertretung zu gelten.

§ 6 Ombudsfrau und Ombudsmann

(1) In Betrieben und Dienststellen mit in der Regel mehr als 20 Beschäftigten im Sinne des § 2 ist eine Ombudsfrau bzw. ein Ombudsmann zu bestellen, die/der nicht Arbeitgeber- bzw. Dienstvorgesetztenfunktionen ausüben oder dem Betriebs- bzw. Personalrat angehören darf.

(2) Die Ombudsfrau bzw. der Ombudsmann muss über die erforderlichen Fähigkeiten verfügen, betriebliche Belästigungen sowie zwischenmenschliche Probleme und Konflikte mit den betroffenen Personen aufarbeiten zu können.

(3) Der Betriebs- bzw. Personalrat kann der Bestellung widersprechen sowie die Abberufung einer Ombudsfrau bzw. eines Ombudsmannes verlangen, wenn die betreffende Person die persönliche oder fachliche Eignung nicht besitzt oder ihre nach diesem Gesetz übertragenen Aufgaben vernachlässigt.

(4) Der Ombudsfrau bzw. dem Ombudsmann sind vom Arbeitgeber im erforderlichen Umfang Räume, Sachmittel und Büropersonal zur Verfügung zu stellen und die Möglichkeit einzuräumen, an Schulungs- und Bildungsveranstaltungen teilzunehmen, die Kenntnisse vermitteln, die für die Tätigkeit geeignet sind.

(5) Die durch die Tätigkeit der Ombudsfrau bzw. des Ombudsmannes entstehenden Kosten einschließlich der Kosten für die Ombudsfrau bzw. den Ombudsmann trägt der Arbeitgeber.

§ 6 trägt dem Umstand Rechnung, dass Arbeitgeber und Betriebsrat (dies gilt natürlich auch für den Personalrat) häufig nicht über die erforderlichen Fähigkeiten verfügen, zwischenmenschliche Probleme und Konflikte endgültig zu lösen. Insbesondere in dieser Hinsicht überforderte Vorgesetzte greifen immer wieder zum Mittel des Machteingriffs (z.B. mittels Abmahnung oder Versetzung), obwohl mittels Machteingriff Probleme und Konflikte nicht dauerhaft gelöst werden können. Es besteht vielmehr die Gefahr, dass der Belästiger in den Untergrund abtaucht oder zu subtileren Mitteln der Konfliktaustragung greift (z.B. Mobbinghandlungen verübt).

Die Trennung des Ombudsamtes von der Arbeitgeber- sowie Betriebsrats- bzw. Personalratsfunktion soll verhindern, dass es zu Interessenskonflikten wegen einer doppelten Funktion (z.B. Arbeitgeber und Ombudsmann) gibt. Auch wird dadurch vermieden, dass die Betriebsparteien ihren gesetzlich übertragenen Pflichten nicht nachkommen und/oder auf ihnen zustehende Rechte verzichten.

Abs. 1 lässt offen, ob es sich bei der Ombudsperson um eine betriebsinterne oder -externe Person handelt. In der gleichen Weise wird der zeitliche Umfang nicht vorgegeben. Hierdurch soll den konkreten betrieblichen Bedürfnissen und Möglichkeiten Rechnung getragen werden.

Abs. 2 beschreibt, über welche Fähigkeiten eine Ombudsperson verfügen muss und berücksichtigt, dass psychische Belästigungen häufig auf ungelöste Probleme und Konflikte beruhen.

Abs. 3 soll sicherstellen, dass nur solche Personen das Ombudsamt übertragen bekommen, die hierzu auch in persönlicher und fachlicher Hinsicht befähigt sind.

Um überhaupt seine Aufgabe wahrnehmen zu können, benötigt die Ombudsperson ein Mindestmaß an sachlicher Ausstattung sowie Fortbildung. Dies soll durch Abs. 4

Noch Erläuterung: gewährleistet werden, der der Ombudsperson insoweit auch ein Klagerecht einräumt.

Abs. 5 regelt die Kostentragungspflicht des Arbeitgebers.

§ 7 Aufgaben und Pflichten der Ombudsfrau bzw. des Ombudsmannes

(1) Die Ombudsperson (die Ombudsfrau bzw. der Ombudsmann) hat neben den sich aus § 8 Abs. 1, 3 bis 5 ergebenden Aufgaben folgende Aufgaben:

1. an sie nach diesem Gesetz gerichtete Beschwerden hat die Ombudsperson entgegenzunehmen, nachzugehen, und sofern sie diese für berechtigt erachtet, beim Arbeitgeber auf Abhilfe hinzuwirken;
2. Konfliktparteien hat die Ombudsperson bei der Lösung ihrer Konflikte behilflich zu sein, sofern ein solches Handeln zumindest von einem der Beteiligten gewünscht wird;
3. die Ombudsperson hat im Rahmen ihrer Funktion den Arbeitgeber zu beraten und bei der Umsetzung seiner Maßnahmen nach diesem Gesetz zu unterstützen;
4. der Betriebs- oder Personalrat kann sich von der Ombudsperson in den sich aus diesem Gesetz für ihn ergebenden Fragen beraten lassen, ohne dass es hierzu einer näheren Vereinbarung mit dem Arbeitgeber bedarf.

(2) Die Ombudsfrau bzw. der Ombudsmann ist verpflichtet, über alle Umstände, die mit dem Ombudsamt verbunden sind bzw. sich daraus ergeben, Stillschweigen zu bewahren. Dies gilt auch für die Zeit nach dem Ausscheiden aus dem Amt. Diese Verpflichtung gilt nicht gegenüber dem Arbeitgeber sowie dem Betriebs- bzw. Personalrat, soweit dies der Erfüllung der nach diesem Gesetz übertragenen Aufgaben dient.

Die Vorschrift legt die Aufgaben und Pflichten der Ombudsperson fest, soweit sich solche nicht bereits aus anderen Vorschriften dieses Gesetzes ergeben.

Abs. 1 Ziffer 1 erklärt die Ombudsperson zu einer Beschwerdestelle im Sinne des § 5 Abs. 2. Sie trägt zudem dem Umstand Rechnung, dass die Ombudsperson keine Maßnahmen treffen kann, zu denen nur der Arbeitgeber befugt ist (z.B. Ausspruch einer Versetzung).

Da niemand gezwungen werden kann, sich der Hilfe der Ombudsperson zu bedienen, steht die Ziffer 2 unter dem Freiwilligkeitsvorbehalt der Konfliktparteien. Die Beschränkung der Freiwilligkeit auf eine Konfliktpartei ist erforderlich, da andernfalls die Anrufung der Konfliktlösungskommisssion nach § 8 Abs. 3 nicht möglich wäre.

Während die Ziffer 3 die Ombudsperson zur Beratung und Unterstützung des Arbeitgebers verpflichtet, steht es im Ermessen der betrieblichen Interessenvertretung, ob sie sich von der Ombudsperson beraten lassen möchte. Da es sich bei der Ombudsperson sowohl um eine(n) Beschätigte(n) des Unternehmens als auch um eine(n) „freie(n)" Mitarbeiter(in) handeln kann, muss für den Bedarfsfall die Kostentragung der Inanspruchnahme einer Beratung durch die Ombudsperson geregelt werden. Hierzu dient ebenfalls die Ziffer 4. Schließlich lässt die Vorschrift einen Rückgriff auf § 80 Abs. 3 BetrVG insoweit zu, als der Betriebsrat auch eine(n) andere(n) Sachverständige(n) zur Beratung heranziehen darf.

Da die Ombudsperson in Ausübung ihres Amtes viele höchst persönlichen Informationen erhält, deren Weitergabe anderen zum Schaden gereichen kann, ist die Verpflichtung der Ombudsperson zur Veschwiegenheit unverzichtbar. Dies gilt nicht nur für die Zeit der Ausübung des Ombudsamtes, sondern auch für die Zeit

Noch Erläuterung: danach. Hiervon ausgenommen sein muss die Informationsweitergabe an den Arbeitgeber sowie an die betriebliche Interessenvertretung, damit diese ihren Funktionen nachkommen können.

§ 8 Konfliktkösungsverfahren, Konfliktlösungskommission

(1) Die Ombudsfrau bzw. der Ombudsmann hat ein Verfahren auszuarbeiten und schriftlich niederzulegen, nach dem der Versuch der Konfliktlösung zu erfolgen hat.

(2) Konflikte sind einvernehmlich, offen, fair und konstruktiv zu lösen. Die Verhängung von Sanktionen soll nur im Ausnahmefall, beispielsweise im Wiederholungsfall, erfolgen.

(3) Für den Fall, dass eine einvernehmliche Konfliktlösung nicht möglich ist oder scheint, hat die Ombudsfrau bzw. der Ombudsmann die Konfliktlösungskommission anzurufen. Die Einrichtung einer ständigen Konfliktlösungskommission ist zulässig.

(4) Der Konfliktlösungskommission gehören die Ombudsfrau bzw. der Ombudsmann, der Arbeitgeber oder Dienstvorgesetzte sowie ein Mitglied des Betriebsbzw. Personalrats an. Den Vorsitz führt die Ombudsfrau bzw. der Ombudsmann.

(5) Die Konfliktlösungskommission gibt sich eine Verfahrensordnung, aus der sich unter anderem der Verfahrensgang, das Recht der Beteiligten auf mündliches Gehör sowie das Verfahren der Entscheidungsfindung im Falle einer nicht einvernehmlichen Konfliktlösung ergeben. Im Falle einer nicht einvernehmlichen Konfliktlösung hat die Kommission dem Arbeitgeber oder Dienstvorgesetzten das Ergebnis sowie einen Vorschlag für dessen Reaktion zu unterbreiten, den dieser umzusetzen hat.

(6) Die Rechte des Betriebs- bzw. Personalrats nach den einschlägigen Gesetzen bleiben unberührt.

§ 8 ist zweistufig aufgebaut. Sofern eine einvernehmliche Konfliktlösung unter Vermittlung der Ombudsperson nicht gelingt, hat diese die Konfliktlösungskommission anzurufen (Abs. 2, 3, 4).

Um für alle Beteiligten eine Verbindlichkeit zu schaffen, sind Verfahrensordnungen schriftlich festzulegen. Hierdurch wird für die Beteiligten zudem Transparenz geschaffen. Willkür soll ferner ausgeschlossen werden. Das Recht auf Gehör entspricht rechtsstaatlichen Grundsätzen.

Abs. 2 beinhaltet den Grundsatz, dass Konflikte zukunftsgerichtet zu lösen sind, ohne neues „Unrecht" zu schaffen. Aus diesem Grunde soll grundsätzlich von der Verhängung von Sanktionen durch den Arbeitgeber abgesehen werden.

Die Ombudsperson hat der Konfliktlösungskommission vorzustehen (Abs. 3, 4), da sie besser in die konkrete Problematik eingearbeitet ist. Auch werden damit mögliche Interessenkonflikte der Konfliktparteien vermieden.

Vergleichbar der ständigen Einigungsstelle nach § 76 Abs. 1 Satz 2 BetrVG kann eine ständige Konfliktlösungskommission gebildet werden.

Da nur der Arbeitgeber Sanktionen verhängen bzw. arbeitsrechtliche Schritte einleiten kann, muss diesem ein diesbezügliches Letztentscheidungsrecht eingeräumt werden. Sofern der Arbeitgeber dem Votum der anderen Kommissionsmitglieder nicht folgt, können ihm von den anderen Kommissionsmitgliedern nur rechtlich unverbindliche Vorschläge unterbreitet werden.

In der gleichen Weise, wie der Arbeitgeber die Verantwortung für die Verhängung von Sanktionen sowie Einleitung rechtlicher Schritte trägt, werden die Rechte der betrieblichen Interessenvertretung durch § 8 nicht berührt (Abs. 6).

§ 9 Maßnahmen des Arbeitgebers

(1) Der Arbeitgeber hat die im Einzelfall angemessenenen arbeitsrechtlichen bzw. dienstrechtlichen und personalwirtschaftlichen Maßnahmen zu treffen, die erforderlich sind, um psychische Belästigungen zu sanktionieren. Daneben hat er in Absprache mit der Ombudsfrau bzw. dem Ombudsmann geeignete Maßnahmen zu treffen, die zur Vorbeugung psychischer Belästigungen am Arbeitsplatz geeignet sind.

(2) Die Rechte des Betriebsrats bzw. des Personalrats nach den einschlägigen Gesetzen bleiben unberührt.

Abs. 1 lehnt sich an § 3 Abs. 1 sowie § 8 Abs. 5 an und legt dem Arbeitgeber die Verpflichtung auf, die im konkreten Einzelfall erforderlichen Maßnahmen zu treffen, die erforderlich sind, um psychische Belästigungen, die eine Verletzung arbeitsvertraglicher Pflichten bzw. ein Dienstvergehen darstellen, zu sanktionieren. Daneben ist er gehalten, präventiv tätig zu werden, wobei ihn die Ombudsperson mit Rat und Tat zur Seite stehen soll.

Abs. 2 stellt ausdrücklich klar, dass der Arbeitgeber die Beteiligungsrechte der betrieblichen Interessenvertretung bei Maßnahmen nach Abs. 1 zu beachten hat.

§ 10 Schutz vor Benachteiligung

Niemand darf wegen der Wahrnehmung von Rechten nach diesem Gesetz benachteiligt werden.

Die Vorschrift lehnt sich an § 4 Abs. 3 Beschäftigtenschutzgesetz sowie § 84 Abs. 3 BetrVG an. Sie entspricht allgemeinen rechtsstaatlichen Grundsätzen, wonach niemand wegen der Inanspruchnahme ihm zustehender Rechte benachteiligt werden darf.

§ 11 Leistungsverweigerungsrecht, Beweiswirkung

(1) Ergreift der Arbeitgeber oder Dienstvorgesetzte keine oder offensichtlich ungeeignete Maßnahmen zur Unterbindung einer psychischen Belästigung, so sind die belästigten Beschäftigten berechtigt, ihre Tätigkeit ohne Verlust des Vergütungsanspruchs und der Bezüge einzustellen, soweit dies zu ihrem Schutz erforderlich ist.

Abs. 1 entspricht der Regelung des § 4 Abs. 2 Beschäftigtenschutzgesetz Die Vorschrift bestätigt insoweit noch einmal ausdrücklich das allgemeine Leistungsverweigerungsrecht nach § 273 BGB.

(2) Ist eine psychische Belästigung auf ein schlechtes Betriebsklima, auf schlechte Arbeitsbedingungen oder eine unzureichende Arbeitsorganisation zurückzuführen oder begünstigen betriebliche Umstände psychische Belästigungen, so wird vermutet, dass ein der bzw. dem Belästigten entstandener Schaden auf diese zurückzuführen sind; es sei denn, dass der Arbeitgeber das Gegenteil beweist.

Abs. 2 statuiert eine Haftung des Arbeitgebers für eigenes Organisationsverschulden. Da er es in der Hand hat, Maßnahmen zur Verbesserung (bzw. für ein gutes Betriebsklima) zu ergreifen, Arbeitsbedingungen zu verbessern sowie die Arbeitsorganisation zu gestalten, ist es billig und recht, ihm die Beweislast dafür aufzubürden, dass ein Schaden nicht auf die aufgeführten betrieblichen Umstände zurückgeführt werden kann. Insoweit bleibt es ihm unbenommen, sich zu entlasten. Damit hat der Geschädigte die schadensverursachende Handlung und den sich daraus kausal ergebenden Schaden zu beweisen (haftungsbegründende Kausalität). Den Arbeitgeber trifft die Beweislast insoweit, als er die gesetzliche Vermutung zu widerlegen hat, dass die unzureichenden betrieblichen Umstände kausal für die Schadensverursachung gewesen sind (haftungsausfüllende Kausalität).

§ 12 Aus- und Fortbildung

(1) Im Rahmen der beruflichen Aus- und Fortbildung von Beschäftigten im Sinne des § 2 ist die Problematik der psychischen Belästigungen am Arbeitsplatz zu berücksichtigen.

(2) Beschäftigte mit Vorgesetztenfunktionen sind in Personalführung zu schulen.

§ 12 dient vor allem der Prävention. Nur wer die Probleme kennt, die mit den psychischen Belästigungen am Arbeitsplatz verbunden sind, kann für die Thematik der psychischen Belästigungen sensibilisiert und auf diese Weise zu einem veränderten Verhalten am Arbeitsplatz bewegt werden.

§ 13 Sonderregelungen für Soldatinnen und Soldaten

Für Soldatinnen und Soldaten bleiben die Vorschriften des Soldatengesetzes, der Wehrdisziplinarordnung und der Wehrbeschwerdeordnung unberührt.

Die Vorschrift entspricht § 6 Beschäftigtenschutzgesetz

§ 14 Information der Beschäftigten

Dieses Gesetz sowie die im Rahmen des § 8 ergangenen Verfahrensordnungen sind in den Betrieben und Dienststellen an geeigneter Stelle auszuhängen oder zur Einsicht auszulegen.

§ 14 dient der Information der Beschäftigten. Diese soll dazu beitragen, dass die Beschäftigten ihre Rechte kennen und demgemäß handeln können. Sie entspricht § 7 Beschäftigtenschutzgesetz.

Art. 2: Änderung des Arbeitsgerichtsgesetzes

Dem § 2a Abs. 1 wird eine neue Ziffer 3c. angefügt, die folgenden Wortlaut umfasst:
„*3c. Angelegenheiten aus §§ 6 - 8 2.Beschäftigtenschutzgesetz;*“

Sich aus dem 2. Beschäftigtenschutzgesetz ergebende Probleme müssen notfalls unter Beschreitung des Rechtsweges geklärt werden können. Da das Gesetz dem Arbeitsrecht zuzuordnen ist, bietet es sich an, eine Zuständigkeit der Arbeitsgerichtsbarkeit gemäß § 2a zu begründen.

Der § 10 wird ergänzt und erhält folgenden Wortlaut:
„... in den Fällen des § 2a Abs. 1 Nr. 1 bis *3c* sind auch die nach dem Betriebsverfassungsgesetz, dem Sprecherausschussgesetz, dem Mitbestimmungsgesetz, dem Mitbestimmungsergänzungsgesetz, dem Betriebsverfassungsgesetz 1952, dem § 54c des Schwerbehindertengesetzes und den zu diesen Gesetzen ergangenen Rechtsverordnungen, dem Gesetz über Europäische Betriebsräte *sowie die nach §§ 6 - 8 2.Beschäftigtenschutzgesetz* beteiligten Personen und Stellen Beteiligte, ...

Die Vorschrift legt fest, dass die Ombudsperson sowie die Konfliktlösungskommission parteifähig sind. Ohne diese Regelung können sie kein Beschlussverfahren einleiten bzw. Beteiligter eines solchen sein.

Art. 3: Änderung des Betriebsverfassungsgesetzes

In § 37 Abs. 6 wird ein neuer Satz 2 eingefügt mit folgendem Wortlaut:

... *Erforderlich im Sinne dieser Vorschrift sind insbesondere Schulungs- und Bildungsmaßnahmen, die das Wissen vermitteln, das der Betriebsrat benötigt, um Maßnahmen zur Verbesserung des Betriebsklimas sowie zur Bewältigung und Prävention von Konflikten im Betrieb ergreifen zu können.* Der Betriebsrat hat bei der Festlegung ...

Die Vorschrift hat klarstellende Bedeutung und dient dem Rechtsfrieden der Betriebsparteien. Schulungsmaßnahmen, die dem Satz 2 zugeordnet werden, sind per Gesetz als erforderlich im Sinne des § 37 Abs. 6 Satz 1 BetrVG qualifiziert. Erstmals findet der Begriff „Betriebsklima“ Eingang in das Betriebsverfassungsgesetz.

§ 75 Abs. 2 wird zu Abs. 3. Eingefügt wird ein neuer Abs. 2 mit folgendem Wortlaut:

(2) Arbeitgeber und Betriebsrat haben darüber zu wachen, dass niemand durch das Verhalten anderer psychischen Belastungen ausgesetzt sowie das Betriebsklima nicht durch sozial zu missbilligende Verhaltensweisen negativ beeinträchtigt wird.

Abs. 2 erweitert die Grundsätze für die Behandlung der Betriebsangehörigen.

In § 77 Abs. 4 wird ein neuer Satz 2 einfügt:

Betriebsvereinbarungen gelten unmittelbar und zwingend. *Betriebsvereinbarungen vergemäß § 87 Abs. 1 Ziffer 1a. gelten auch für Personen, die zwar nicht Arbeitnehmer im Sinne des § 5 Abs. 1, jedoch ihnen vergleichbar in den Betrieb eingegliedert sind; hierzu zählen insbesondere Personen im Sinne der § 5 Abs. 2 bis 4.* Werden Arbeitnehmer ...

Die Vorschrift erweitert den Geltungsbereich für Betriebsvereinbarungen, die auf dem Mitbestimmungsrecht des neu eingefügten § 87 Abs. 1 Ziffer 1a BetrVG fußen auf solche Personen, die durch ihr Verhalten ebenfalls Einfluss auf das Betriebsklima nehmen und sowohl psychischen Belästigungen ausgesetzt sind als auch als psychische Belästiger in Erscheinung treten können.

§ 80 Abs. 1 erhält eine weitere Ziffer 8. mit folgendem Wortlaut:

8. darüber zu wachen, dass niemand psychischen Belästigungen anderer ausgesetzt ist.

Die Vorschrift hat klarstellenden Charakter und ergänzt die sich bereits aus § 80 Abs. 1 Ziffer 1 ergebende Verpflichtung des Betriebsrats, darüber zu wachen, dass der Arbeitgeber seinen sich für ihn und für seine Vorgesetzten aus dem 2. Beschäftigtenschutzgesetz ergebenden Pflichten nachkommt.

§ 87 Abs. 1 erhält eine Ziffer 1a. mit folgendem Wortlaut: *1a. psychische Belastungen, insbesondere infolge Mobbing, Diskriminierung und sexueller Belästigung;*	Die Vorschrift hat ebenfalls klarstellenden Charakter. Sie soll einer Diskussion über die Mitbestimmung des Betriebsrats - einschließlich eines ihm zustehenden Initiativrechts - bei psychischen Belastungen vorbeugen.
In § 89 Abs. 1 wird folgender Wortlaut eingefügt: Der Betriebsrat hat bei der Bekämpfung von Unfall- und Gesundheitsgefahren *einschließlich der psychischen Belastungen* die für den Arbeitsschutz zuständigen Behörden, ...	Durch die Ergänzung werden die in dieser Vorschrift bereits enthaltenen Mitwirkungsrechte und -pflichten ergänzt. Mittels der Ergänzung soll verdeutlicht werden, dass psychische Belastungen die Gefährdung der Gesundheit der Beschäftigten in sich birgt.

Die Überschrift „Zweiter Unterabschnitt - Berufsbildung" nach § 95 und vor § 96 wird ergänzt und erhält folgenden Wortlaut:

Zweiter Unterabschnitt - Berufsbildung *und Schulung*

Nach § 98 wird ein neuer § 98a eingefügt:

(1) Der Betriebsrat hat mitzubestimmen bei Schulungen, die dazu bestimmt sind, Einfluss auf das soziale Verhalten aller Arbeitnehmer im Betrieb zu nehmen sowie dazu beitragen können, das Betriebsklima zu verbessern.
(2) Im Betrieb tätigen Personen, die nicht Arbeitnehmer im Sinne des § 5 Abs. 1 sind, hat der Arbeitgeber die Teilnahme an solchen Seminaren zu gestatten.
(3) Wegen der Teilnahme an einem Seminar nach Abs. 1 oder Abs. 2 dürfen den Teilnehmern keine Nachteile entstehen. Der Arbeitgeber ist nicht zur Minderung des Arbeitsentgelts berechtigt.

Die Ergänzung der Überschrift des zweiten Unterabschnittes trägt dem Umstand Rechnung, dass es im Betrieb nicht nur der Berufsbildung (d.h. Berufsausbildung, berufliche Fortbildung, berufliche Umschulung) bedarf, sondern dass es einen darüber hinaus gehenden Schulungsbedarf gibt. Dies ist insbesondere im Hinblick auf solche Themen der Fall, die das soziale Verhalten am Arbeitsplatz, mithin insbesondere psychische Belästigungen, betreffen und somit entscheidenden Einfluss auf das Betriebsklima haben.
Aus diesem Grunde bedarf es der Regelung des § 98a, welche die Mitbestimmung des Betriebsrats auf derartige Schulungsmaßnahmen erweitert (Abs. 1).
Abs. 2 regelt, dass alle Personen, die mit ihrem Verhalten Einfluss auf das Betriebsklima haben, die Möglichkeit einer Teilnahme an Schulungen im Sinne des Abs. 1 erhalten. Erfasst werden insbesondere leitende Angestellte im Sinne des § 5 Abs. 3, 4 sowie in dem Betrieb tätige Fremdfirmenbeschäftigte.
Abs. 3 hat deklaratorischen Charakter und soll den an einer Schulungsteilnahme interessierten Personen verdeutlichen, dass sie wegen einer Schulungsteilnahme keine Nachteile zu befürchten haben, ihnen insbesondere nicht das Arbeitsentgelt für die Zeitdauer der Schulungsteilnahme gemindert werden darf. Dieser Grundsatz gilt auch für in dem Betrieb eingesetzten Fremdfirmenbeschäftigten. Wenn schon der Arbeitgeber aus ihren Einsatz einen Nutzen zieht, so soll er auch für solche Schulungsmaßnahmen aufkommen, die sich aus solchen positiv für seinen Betrieb ergeben (können).

§ 104 Satz 1 BetrVG wird ergänzt und enthält folgenden Wortlaut:

Hat ein Arbeitnehmer durch gesetzwidriges Verhalten oder durch grobe Verletzung der in § 75 Abs. 1 *und Abs. 2* enthaltenen Grundsätze den Betriebsfrieden ...

Die Ergänzung in dieser Vorschrift ist in der Erweiterung der sich für die Betriebsparteien gemäß § 75 Abs. 2 (n.F.) ergebenden Pflichten begründet.

Art. 4: Änderung des Bundespersonalvertretungsgesetzes

§ 46 Abs. 6 wird ergänzt und erhält einen Satz 2 mit folgendem Wortlaut:

... *Erforderlich im Sinne dieser Vorschrift sind insbesondere Schulungs- und Bildungsmaßnahmen, die das Wissen vermitteln, das der Personalrat benötigt, um Maßnahmen zur Verbesserung des Betriebsklimas sowie zur Bewältigung und Prävention von Konflikten in der Dienststelle ergreifen zu können.*

Die Vorschrift entspricht der Änderung in § 37 Abs. 6 BetrVG. Sie hat ebenfalls eine klarstellende Bedeutung und dient dem Rechtsfrieden. Schulungsmaßnahmen, die dem Satz 2 zugeordnet werden, sind per Gesetz als erforderlich im Sinne des § 46 Abs. 6 Satz 1 BpersVG qualifiziert. Erstmals findet der Begriff „Betriebsklima“ Eingang in das Bundespersonalvertretungsgesetz.

In § 67 Abs. 1 wird ein neuer Satz 2 eingefügt mit folgendem Wortlaut:

... *Ferner haben sie darüber zu wachen, dass niemand durch das Verhalten anderer psychischen Belastungen ausgesetzt sowie das Betriebsklima nicht durch sozial zu missbilligende Verhaltensweisen negativ beeinträchtigt wird.* Dabei müssen sie sich ...

Satz 2 erweitert die Grundsätze für die Behandlung der Beschäftigten. Die Regelung entspricht der Änderung des § 75 BetrVG.

§ 73 Abs. 2 wird zu Abs. 3. Eingefügt wird ein neuer Abs. 2 mit folgendem Wortlaut:

(2) Dienstvereinbarungen nach § 75 Abs. 3 Ziffer 15a. gelten auch für Personen, die zwar nicht Angestellte und Arbeiter im Sinne des § 4 Abs. 3 und Abs. 4, jedoch ihnen vergleichbar in die Dienststelle eingegliedert sind.

Die Vorschrift entspricht der betriebsverfassungsrechtlichen Regelung in § 77 Abs. 4 BetrVG.

§ 68 Abs. 1 erhält eine weitere Ziffer 8. Mit folgendem Wortlaut: *8. darüber zu wachen, dass niemand psychischen Belästigungen anderer ausgesetzt ist.*	Die Vorschrift entspricht der Regelung des § 80 Abs. 1 Ziffer 8 BetrVG. Sie hat ebenfalls klarstellenden Charakter und ergänzt die sich bereits aus § 68 Abs. 1 Ziffer 2 ergebende Verpflichtung der Personalvertretung, darüber zu wachen, dass der Arbeitgeber seinen sich für ihn und für seine Dienstvorgesetzten aus dem 2. Beschäftigungsförderungsgesetz ergebenden Pflichten nachkommt.
§ 75 Abs. 3 erhält eine weitere Ziffer 15a. mit folgendem Wortlaut: *15a. psychische Belastungen, insbesondere infolge Mobbing, Diskriminierung und sexueller Belästigung,*	Die Ergänzung hat klarstellenden Charakter. Sie soll - wie auch bei § 87 Abs. 1 Ziffer 1a. BetrVG - einer Diskussion über die Mitbestimmung der Personalvertretung bei psychischen Belastungen vorbeugen.
§ 76 Abs. 2 erhält eine weitere Ziffer 11 mit folgendem Wortlaut: *11. psychische Belastungen, insbesondere infolge Mobbing, Diskriminierung und sexueller Belästigung.*	Die Ergänzung hat einen klarstellenden Charakter und trägt dem Umstand Rechnung, dass das Bundespersonalvertretungsgesetz hinsichtlich der Mitbestimmungsrechte des Personalrats zwischen den Arbeiter und Angestellten einerseits sowie den Beamten andererseits unterscheidet.
In § 81 Abs. 1 wird folgender Wortlaut eingefügt: Der Personalrat hat bei der Bekämpfung von Unfall- und Gesundheitsgefahren *einschließlich der psychischen Belastungen* die für den Arbeitsschutz zuständigen Behörden, ...	Die Einfügung entspricht dem insoweit wortgleichen § 89 Abs. 1 BetrVG. Durch sie werden die in dieser Vorschrift bereits enthaltenen Mitwirkungsrechte und Mitwirkungspflichten ergänzt. Mittels der Ergänzung soll verdeutlicht werden, dass psychische Belastungen die Gefährdung der Gesundheit der Beschäftigten in sich birgt.

Art. 5: Änderung des Arbeitsschutzgesetzes

§ 3 Abs. 1 Satz 1 erhält folgende Ergänzung: Der Arbeitgeber ist verpflichtet, die erforderlichen Maßnahmen des Arbeitsschutzes unter Berücksichtigung der Umstände zu treffen, die Sicherheit und Gesundheit der Beschäftigten *einschließlich ihres psychischen Wohlbefindens* bei der Arbeit beeinflussen.	Im Gegensatz zu § 3 Bildschirmarbeitsverordnung erwähnt das Arbeitsschutzgesetz den Begriff der psychischen Belastung nicht explizit. Da psychische Belastungen das psychische Wohlbefinden des Betroffenen beeinflussen und nachteilige Auswirkungen auf seine Gesundheit haben können, ist es gerechtfertigt, das psychische Wohlbefinden mit in die Grundpflichten des Arbeitgebers aufzunehmen.
§ 4 erhält in seinen Ziffern 1. und 4. Ergänzungen mit folgendem Wortlaut: 1. Die Arbeit ist so zu gestalten, dass eine Gefährdung für Leben und Gesundheit *sowie psychische Belastungen* möglichst vermieden und die verbleibende Gefährdung möglichst gering gehalten wird; 2. ... 3. ... 4. Maßnahmen sind mit dem Ziel zu planen, Technik, Arbeitsorganisation, sonstige Arbeitsbedingungen, *Betriebsklima, sozialer Umgang,* soziale Beziehungen, ...	Ziffer 1 greift die Begrifflichkeit der psychischen Belastungen auf und integriert diesen in den Katalog der von dem Arbeitgeber allgemein zu beachtenden Grundsätze. Ziffer 4 hat klarstellenden Charakter. Zugleich wird der Möglichkeit unterschiedlicher Interpretation der Vorschrift (z.B. wird das Betriebsklima mit von „sonstige Arbeitsbedingungen" bzw. der soziale Umgang mit von „soziale Beziehungen" erfasst?) der Boden entzogen.

Art. 6: Änderung des Strafgesetzbuches

§ 77b Abs. 1 wird um einen neuen Satz 2 ergänzt und erhält folgenden Wortlaut:

Eine Tat, die nur auf Antrag verfolgbar ist, wird nicht verfolgt, wenn der Antragsberechtigte es unterlässt, den Antrag bis zum Ablauf einer Frist von drei Monaten zu stellen. *Bei Taten, die auf psychische Belästigungen am Arbeitsplatz im Rahmen eines in sich abgeschlossenen Geschehensprozesses zurückzuführen sind, beträgt die Frist zwei Jahre. ...*

Von dem Grundsatz der relativ kurzen Antragsfrist soll aus Gründen des Rechts- und Betriebsfriedens grundsätzlich nicht abgewichen werden. Eine Ausnahme hiervon ist allerdings für die Fälle zuzulassen, in denen insbesondere in ihrem Selbstbewusstsein schwer geschädigte Personen erst nach einer längeren therapeutischen Behandlung in der Lage sind, ihnen zustehende Rechte in Anspruch zu nehmen. Dies ist vor allem bei Mobbingbetroffenen der Fall, die Mobbing über einen relativ langen Zeitraum bzw. Mobbinghandlungen in einem besonders schweren Maße ausgesetzt waren.
Die Verlängerung der Antragsfrist auf zwei Jahre trägt dem Umstand Rechnung, dass Ansprüche aus dem Arbeitsverhältnis gemäß § 196 Abs. 1 BGB in zwei Jahren verjähren.

Art. 7: Änderung des Sozialgesetzbuch VII

§ 9 erhält in Abs. 1 Satz 2 1. Halbsatz, Abs. 2, Abs. 6 Ziffer 2, Abs. 7, Abs. 8 1. Halbsatz und Abs. 9 Satz 1 1. Halbsatz Ergänzungen und damit folgenden Wortlaut:

Die Ergänzungen in § 9 ergeben sich aus dem Umstand, dass das Berufskrankheitenrecht bislang arbeitswissenschaftliche (vor allem arbeitspsychologische) Aspekte nicht berücksichtigt.[1112] Die Diskussion um Mobbing zeigt allerdings, dass eine Anerkennung nach Absatz 2 (a.F.) ausscheidet, da neue Erkenntnisse der medizinischen Wissenschaft nicht vorliegen, es hingegen vor allem von Leymann und Zapf gewonnene arbeitspsychologisch-wissenschaftliche Erkenntnisse gibt, die zur Begründung einer Anerkennung nach Abs. 2 (n.F.) herangezogen werden können.

[1112] s.a.: Brackmann, § 9 Rn. 47

(1) ... Die Bundesregierung wird ermächtigt, in der Rechtsverordnung solche Krankheiten als Berufskrankheiten zu bezeichnen, die nach den Erkenntnissen der medizinischen Wissenschaft *und/oder Arbeitswissenschaft* durch besondere Einwirkungen verursacht sind, denen bestimmte Personengruppen durch ihre versicherte Tätigkeit in erheblich höherem Grade als die übrige Bevölkerung ausgesetzt sind; ...

(2) Die Unfallversicherungsträger haben eine Krankheit, die nicht in der Rechtsverordnung bezeichnet ist oder der die dort bestimmten Voraussetzungen nicht vorliegen, wie eine Berufskrankheit als Versicherungsfall anzuerkennen, sofern im Zeitpunkt der Entscheidung nach neueren Erkenntnissen der medizinischen Wissenschaft *und/oder der Arbeitswissenschaft* die Voraussetzungen für eine Bezeichnung nach Absatz 1 Satz 2 erfüllt sind.

(6) Die Bundesregierung regelt durch Rechtsverordnung mit Zustimmung des Bundesrates

1. ...
2. die Mitwirkung der für den medizinischen Arbeitsschutz zuständigen Stellen *sowie von Vertretern der Arbeitswissenschaft* bei der Feststellung von Berufskrankheiten sowie von Krankheiten, die nach Absatz 2 wie Berufskrankheiten zu entschädigen sind; dabei kann bestimmt werden, dass die für den medizinischen Arbeitsschutz zuständigen Stellen *sowie die Vertreter der Arbeitswissenschaft* berechtigt sind, Zusammenhangsgutachten zu erstellen sowie zur Vorbereitung ihrer Gutachten Versicherte zu untersuchen oder auf Kosten der Unfallversicherungsträger andere Ärzte mit der Vornahme der Untersuchung zu beauftragen,
3. ...

(7) Die Unfallversicherungsträger haben die für den medizinischen Arbeitsschutz zuständige Stelle *sowie die Vertreter der*

Die Ergänzungen in Abs. 1, Abs. 2 und Abs. 8 fußen auf der oben dargelegten Begründung, wonach sowohl medizinische als auch arbeitswissenschaftliche Erkenntnisse im Berufskrankheitenrecht Berücksichtigung finden sollen.

Die Ergänzungen in Abs. 6 Ziffer 2, Abs. 7 und Abs. 9 ergeben sich aus dem Umstand, dass es den für den medizinischen Arbeitsschutz zuständige Stellen (z.B. Gewerbearzt, Landesgewerbearzt, Landesinstitut für Arbeitsmedizin) vergleichbare Einrichtungen im Hinblick auf die Arbeitswissenschaft derzeit nicht gibt. Solange es vergleichbare arbeitswissenschaftliche Stellen nicht gibt, können Vertreter der Arbeitswissenschaft nach einem vorher festgelegten Verfahren mit entsprechenden Aufgaben bzw. Funktionen nach SGB VII betraut werden. Alternativ zu der vorgeschlagenen Gesetzesänderung können die Zuständigkeiten der für den medizinischen Arbeitsschutz zuständigen Stellen um die Arbeitswissenschaft erweitert werden, wodurch die Notwendigkeit einer Ergänzung in der Vorschrift entfallen würde.

Arbeitswissenschaft über den Ausgang des Berufskrankheitenverfahrens zu unterrichten, soweit ihre Entscheidung von der gutachterlichen Stellungnahme der zuständigen Stelle abweicht:

(8) Die Unfallversicherungsträger wirken bei der Gewinnung neuer medizinisch-wissenschaftlicher *sowie arbeitswissenschaftlicher* Erkenntnisse mit; ...

(9) Die für den medizinischen Arbeitsschutz zuständigen Stellen *sowie die Vertreter der Arbeitswissenschaft* dürfen zur Feststellung von Berufskrankheiten sowie von Krankheiten, die nach Absatz 2 wie Berufskrankheiten zu entschädigen sind, Daten erheben, verarbeiten oder nutzen sowie zur Vorbereitung von Gutachten Versicherte untersuchen, soweit dies im Rahmen ihrer Mitwirkung nach Absatz 6 Nr. 2 erforderlich ist; ...

11. Kapitel: Endergebnis und Ausblick

Als Endergebnis der rechtlichen Bewertung des Mobbingphänomens lässt sich festhalten, dass das materielle Recht im konkreten Einzelfall durchaus geeignet ist, zu einer juristischen Aufarbeitung herangezogen zu werden. In der Hauptsache sind es verfahrensrechtliche Aspekte, die einer juristische Aufarbeitung letztendlich im Wege stehen. Somit dürften die Verfahren und Prozesse, die insbesondere von Mobbingbetroffenen eingeleitet werden, nur im Ausnahmefall von Erfolg gekrönt sein - wobei zu bedenken ist, dass sich die Konflikte, die einer Mobbingsituation zugrunde liegen, kaum mittels juristischer Machteingriffe lösen lassen, wozu insbesondere Verurteilungen zu zählen sind.

Auch wenn es sich bei Mobbing in erster Linie um ein Erscheinungsbild handelt, das zu seiner Lösung ein Umdenken innerhalb der Gesellschaft bedarf, so können die Betriebsparteien, Tarifvertragsparteien sowie die Gesetzgeber auf der Bundes- bzw. Länderebene den notwendigen Prozess eines gesellschaftlichen Wandelns von einem rücksichtslosen egoistischen Individualismus zu einer gegenseitigen Rücksichtnahme begleiten. Sämtliche Regelungsgeber haben es in der Hand, mittels Betriebs- bzw. Dienstvereinbarung, Tarifvertrag und Gesetz Einfluss auf das Sozialverhalten am Arbeitsplatz zu nehmen, der sich insgesamt gesellschaftspolitisch positiv auswirken dürfte. Die vielfältigen aufgezeigten Gefahren und Konsequenzen, die sowohl für den Einzelnen als auch für die Gesellschaft mit Mobbing verbunden sind, sollten insbesondere für die Tarifvertragsparteien sowie für den Gesetzgeber Anlass sein, in der aufgezeigten Art und Weise tätig zu werden. Hierbei ist zu berücksichtigen, dass den Gesetzgeber insoweit eine besondere Verpflichtung trifft, da nur er es in der Hand hat, Regelungen zu treffen, die allen Beschäftigten - unabhängig von der Größe des Betriebes sowie der Mitgliedschaft in einer Gewerkschaft - und allen Betriebe bzw. Dienststellen - unabhängig von einer Tarifgebundenheit des Arbeitgebers bzw. Dienstherrn - zugute kommen.

Das aufgezeigte Ergebnis der rechtlichen Bewertung des Mobbingphänomens sowie die dargebotenen Lösungsmöglichkeiten bestätigen die in den Vorbemerkungen aufgestellte These, wonach das bundesdeutsche Rechtssystem zur Bewältigung einer konkreten Mobbingsituation nur in Ausnahmefällen mit Erfolg herangezogen werden kann. Aus diesem Grunde sind vorbeugende Maßnahmen erforderlich, die in das bundesdeutsche Rechtssystem integriert sein müssen, um in den Betrieben und Dienststellen erfolgreich ein- sowie umgesetzt werden zu können.

Losgelöst von möglichen Aktivitäten der Tarifvertragsparteien sowie des Gesetzgebers haben es die Betriebsparteien bereits schon heute in der Hand, mittels Betriebs- und Dienstvereinbarungen gegen Mobbing vorzugehen. Insoweit müssen diese nicht auf ein Handeln der Tarifvertragsparteien sowie des Gesetzgebers warten.

Nachtrag

Seit der Fertigstellung des Manuskriptes ist mehr als ein halbes Jahr vergangen. Insbesondere der Ausgang des Schadensersatzprozesses der Witwe eines infolge Suizid verstorbenen ehemaligen Opel-Mitarbeiters gegen dessen ehemalige Arbeitgeberin bestätigt die von mir aufgestellte These.[1113] Auch in diesem Fall ist die Klägerin an der Beweislast gescheitert.

Will man die Situation der Mobbingbetroffenen bezüglich der rechtlichen Aufarbeitung von Mobbing verbessern, wird man nicht umhin kommen, der Haftung der Arbeitgeberseite aus „Organisationsverschulden" ein größeres Gewicht einzuräumen. Der Arbeitgeber bzw. Dienstherr, dem ein Mobbingvorfall bekannt ist, muss verpflichtet sein, alles ihm Mögliche zu unternehmen, um die Mobbingsituation zu beenden. Gleiches muss gelten, wenn er weiß, dass es bereits in der Vergangenheit Mobbing in dem Betrieb bzw. in der Dienststelle gegeben hat. Allein dieser Umstand - verbunden mit der Erkenntnis, dass sich Mobbing wiederholen kann - muss ihn verpflichten, alles ihm Mögliche zu unternehmen, um weiteren Mobbingfällen vorzubeugen. Insoweit muss der Satz gelten: Wer als Arbeitgeber bzw. Dienstherr untätig bleibt, obwohl er weiß, dass es Mobbing in dem Betrieb bzw. in der Dienststelle in der Vergangenheit bereits gegeben hat und/oder derzeit gibt, muss alles ihm Mögliche zur Vorbeugung weiterer Mobbingfälle und/oder zur Beendigung einer akuten Mobbingsituation unternehmen, will er nicht nach den Grundsätzen des „Organisationsverschuldens" haften.

Die Unzufriedenheit mit den existierenden Mobbingdefinitionen haben Dr. Axel Esser und ich zum Anlass genommen, eine eigene Begriffserklärung zu erarbeiten. Wir hoffen, dass die von uns erarbeitete Definition leichter zu verstehen ist, keine Missverständnisse beinhaltet und nicht der Interpretation bedarf. Wir definieren Mobbing wie folgt:[1114]

> *Mobbing ist ein Geschehensprozess in der Arbeitswelt, in dem destruktive Handlungen unterschiedlicher Art über einen längeren Zeitraum gegen Einzelne vorgenommen werden, welche von den Betroffenen als eine Beeinträchtigung und Verletzung ihrer Person empfunden werden*
> *und*
> *dessen ungebremster Verlauf für die Betroffenen grundsätzlich dazu führt, dass ihre psychische Befindlichkeit und Gesundheit zunehmend beeinträchtigt werden, ihre Isolation und Ausgrenzung am Arbeitsplatz zunehmen, dagegen die Chancen auf eine zufriedenstellende Lösung schwinden und der regelmäßig im Verlust ihres bisherigen beruflichen Wirkbereichs endet.*

Was die Fortschreibung existierender Betriebs- und Dienstvereinbarungen betrifft, scheinen die Betriebsparteien bei der Landeshauptstadt München am weitesten zu sein. Die Evaluierungsphase ist abgeschlossen. Eine die Dienstvereinbarung aus dem Jahre

[1113] ArbG Bochum, Urteil v. 15.8.2000 – 2 Ca 1256/00; vgl. WAZ (Ausgabe Bochum) v. 12.5.2000, Köln extra v. 17.5.2000, Frankfurter Rundschau v. 16.8.2000

[1114] vgl. AiB 2000, S. 388

1997 ablösende und überarbeitete Dienstvereinbarung soll offensichtlich noch in diesem Jahr geschlossen werden.[1115]

[1115] Die neue Dienstvereinbarung werden Helmut Teppert-Neumann und ich zu gegebener Zeit in der Zeitschrift „Der Personalrat“ vorstellen; s.a.: PersR 1998, 355 zur ersten Dienstvereinbarung zur Mobbingproblematik aus dem Jahre 1997

1. Rahmenkonzernbetriebsvereinbarung zwischen dem Vorstand der Deutsche Bahn AG und dem Konzernbetriebsrat beim Vorstand der Deutsche Bahn AG über Partnerschaftliches Verhalten am Arbeitsplatz

Präambel
Eine Unternehmenskultur, die sich durch ein partnerschaftliches Verhalten am Arbeitsplatz auszeichnet, bildet die Basis für ein positives Arbeitsklima und ist damit eine wichtige Voraussetzung für den wirtschaftlichen Erfolg des Konzerns Deutsche Bahn.
Der Vorstand der Deutsche Bahn AG und der Konzernbetriebsrat stimmen darin überein, daß jede unterschiedliche Behandlung von Personen wegen ihrer Abstammung, Religion, Nationalität, Herkunft, politischen oder gewerkschaftlichen Betätigung oder Einstellung oder wegen ihres Geschlechts im Unternehmen unterbleibt und niemand benachteiligt bzw. belästigt werden darf. Ebenso darf niemand wegen seiner Behinderung benachteiligt werden.
Benachteiligungen von Beschäftigten aufgrund des Geschlechts stehen im klaren Widerspruch zu einer an den Grundsätzen von Chancengleichheit ausgerichteten Personalpolitik.
Diskriminierungen am Arbeitsplatz, Mobbing und sexuelle Belästigung stellen einen Verstoß gegen das grundgesetzlich verankerte Recht auf Wahrung der Menschenwürde sowie eine Verletzung der persönlichen Integrität dar und führen zu einer schwerwiegenden Störung des Arbeitsfriedens.
Das Unternehmen verpflichtet sich, Mobbing, sexuelle Belästigung sowie anderweitige benachteiligende und/oder diskriminierende Handlungen zu ahnden und zu unterbinden sowie Maßnahmen zum Erhalt eines partnerschaftlichen Klimas zu fördern.

§ 1 Geltungsbereich
Die Rahmenkonzernbetriebsvereinbarung gilt für alle Beschäftigten des Deutsche Bahn Konzerns. Sie gilt auch für zugewiesene Beamtinnen und Beamte.

§ 2 Grundsätze
1) Alle Beschäftigten des Deutsche Bahn Konzerns sind zu gegenseitiger Rücksichtnahme verpflichtet. Dieses Gebot der gegenseitigen Rücksichtnahme umfaßt ein kollegiales und von gegenseitigem Respekt getragenes Verhalten.
2) Arbeits- und Leistungsbedingungen sind so zu gestalten, daß das Grundrecht auf Menschenwürde sowie das Grundrecht auf freie Entfaltung der Persönlichkeit gesichert wird.
3) Der Arbeitgeber ist aufgrund seiner Fürsorgeverpflichtung gehalten, die Beschäftigten vor Beeinträchtigungen der körperlichen und psychischen Unversehrtheit zu schützen. Er ist verpflichtet, bereits vorbeugend geeignete Maßnahmen gegen Mobbing, sexuelle Belästigungen sowie anderweitige diskriminierende Handlungen am Arbeitsplatz zu ergreifen und die Ursachen zu beseitigen. Den Vorgesetzten kommt dabei eine besondere Verantwortung zu.

4) Verhaltensweisen, die gegen diesen Grundsatz verstoßen, sind insbesondere Mobbing und sexuelle Belästigung. Mobbing und sexuelle Belästigung am Arbeitsplatz stellen eine Verletzung der arbeitsvertraglichen Pflichten bzw. ein Dienstvergehen dar.
5) Der Arbeitgeber wird den Zielsetzungen dieser Rahmenkonzernbetriebsvereinbarung zuwiderlaufendes Verhalten ahnden und die betroffenen Beschäftigten in ihren Rechten unterstützen.
6) Der Arbeitgeber verpflichtet sich ferner, in seiner Werbung sowie als Werbeträger keine Bilder oder Texte zu publizieren, die Frauen und Männer in ihrer Würde verletzend darstellen.
7) Die gesetzlichen Bestimmungen - Auszüge aus dem Grundgesetz, Betriebsverfassungsgesetz, Bürgerliches Gesetzbuch, Beschäftigtenschutzgesetz - sind als Anlage zu dieser Rahmenkonzernbetriebsvereinbarung aufgenommen.

§ 3 Begriffsbestimmung
1) Unter Mobbing wird eine konfliktbelastete, feindselige und zermürbende Kommunikation am Arbeitsplatz unter den Beschäftigten oder zwischen Vorgesetzten und unterstellten Mitarbeiter/innen verstanden, bei der die angegriffene Person unterlegen ist und von einer oder mehreren Personen systematisch, oft und während längerer Zeit mit dem Ziel und/oder dem Effekt der Auflösung bzw. einer nachteiligen Veränderung des Arbeitsverhältnisses direkt oder indirekt angegriffen wird und dies als Diskriminierung empfindet.
2) Sexuelle Belästigung am Arbeitsplatz ist jedes vorsätzliche, sexuell bestimmte Verhalten, das die Würde von Beschäftigten am Arbeitsplatz verletzt. Dazu gehören sexuelle Handlungen und Verhaltensweisen, die nach den strafgesetzlichen Vorschriften unter Strafe gestellt sind sowie unerwünschte und sexuell bestimmte körperliche Berührungen und Übergriffe, Bemerkungen mit sexuellem Inhalt, Anbringen pornographischer Darstellungen, Aufforderungen zu sexuellem Handeln und sonstige sexuelle Handlungen, die von den Betroffenen unerwünscht sind und erkennbar abgelehnt werden.
3) Diskriminierung ist jede benachteiligende, nicht gerechtfertigte, willkürliche Behandlung von Personen sowie jede diesbezügliche Äußerung in mündlicher oder schriftlicher Form über Personen, insbesondere in Bezug auf die Abstammung, Religion, Nationalität, Herkunft, politische oder gewerkschaftliche Betätigung oder Einstellung oder wegen des Geschlechts.

§ 4 Beratung und Beschwerderecht
1) Fühlen sich Beschäftigte gemobbt bzw. sexuell belästigt oder anderweitig diskriminiert, haben sie das Recht, sich bei den zuständigen Stellen des Betriebes zu beschweren.
2) Ist die persönliche Zurechtweisung der belästigenden Person bzw. der Personen erfolglos bzw. erscheint sie unangebracht, können sich die Beschäftigten zur Beratung und Unterstützung an folgende Stellen wenden:
- der/die Vorgesetzte bzw. nächsthöhere Vorgesetzte
- der/die Personalleiter/in und sonstige Personalverantwortliche
- Beauftragte für Chancengleichheit
- Interessenvertretung

Beschäftigte können jederzeit eine Person ihres Vertrauens hinzuziehen.

3) Die zuständigen Stellen sind verpflichtet, die Beschwerde zu prüfen und eine Sachverhaltsaufklärung herbeizuführen. Sie haben im Einvernehmen mit der betroffenen Person Maßnahmen zur Konfliktlösung zu ergreifen.

§ 5 Maßnahmen

1) Die zuständigen Stellen haben unverzüglich mit der diskriminierenden bzw. belästigenden Person in Verbindung zu treten und diese über die betrieblichen, arbeits- bzw. disziplinarrechtlichen Zusammenhänge und Folgen seines/ihres Verhaltens aufzuklären. In Absprache mit dem Betriebsrat sind geeignete Maßnahmen zu ergreifen, um die diskriminierende Situation für den betroffenen Beschäftigten zu beseitigen.

2) Der Beschäftigte kann ein Mitglied des Betriebsrates zur Unterstützung oder Vermittlung hinzuziehen. Die §§ 84 und 85 BetrVG über das Beschwerderecht und die Behandlung von Beschwerden durch den Betriebsrat gelten sinngemäß.

3) Bestehen Meinungsverschiedenheiten über die Berechtigung der Beschwerde, so kann auf Antrag des Betriebsrates bzw. des Arbeitgebers eine Beschwerdekommission eingerichtet werden. Bei der Zusammensetzung dieser Kommission muß ein gleichgewichtiger Einfluß des Betriebsrates gegenüber dem Arbeitgeber gewährleistet sein. Die Beschwerdekommission sollte sich aus je zwei Vertretern/innen des Betriebsrates und des Arbeitgebers zusammensetzen. § 86 BetrVG gilt sinngemäß.

4) Die Sitzung der Beschwerdekommission muß spätestens 2 Wochen nach der Antragstellung einberufen werden. Die Beschwerdekommission hat folgende Aufgaben und Rechte:

- allen Beschwerden und Hinweisen von Mobbing und sexueller Belästigung nachzugehen
- Vorschläge für eine Verbesserung des Arbeitsklimas zu machen
- ggf. abschließende Klärung des Konfliktfalls herbeizuführen
- Gegenmaßnahmen und Sanktionen vorzuschlagen
- Informationen an die Beschäftigten zu geben

Beim Vorliegen von Verstößen bzw. einem Fehlverhalten gemäß § 3 dieser Rahmenkonzernbetriebsvereinbarung sind geeignete Maßnahmen zum Schutz der Betroffenen zu treffen. Angemessene Maßnahmen sollen dazu beitragen, Verfehlungen zu ahnden und künftiges Fehlverhalten zu verhindern.

6) Die Wahl der Maßnahmen richtet sich im Einzelfall nach dem Grundsatz der Verhältnismäßigkeit. Die Maßnahme muß der Schwere des Fehlverhaltens angemessen sein.

7) Als angemessene Maßnahmen kommen in Betracht:

- Ermahnung bzw. Belehrung
- Abmahnung
- Versetzung
- Kündigung
- Diziplinarrechtliche Maßnahmen gemäß Bundesdisziplinarordnung

8) Der Betriebsrat ist bei der Entscheidung über die Auswahl der geeigneten Maßnahme entsprechend zu beteiligen. Die §§ 87 Abs. 1 Nr. 1, 99 und 102 BetrVG gelten sinngemäß.

§ 6 Nachteilschutz
1) Der Arbeitgeber verpflichtet sich, Betroffene vor allen Nachteilen, die aus der Beschwerde entstehen können, konsequent und wirksam zu schützen.
2) Beschwerden von Betroffenen sind vertraulich zu behandeln.
3) Über den Sachverhalt insgesamt sowie über persönliche Daten und Gespräche ist gegenüber Dritten, die nicht am Verfahren beteiligt sind, Stillschweigen zu bewahren.

§ 7 Fördermaßnahmen
1) Das Thema „Partnerschaftliches Verhalten am Arbeitsplatz“ wird zur Förderung des Betriebsklimas in die Seminare für Führungskräfte und sonstige Personalverantwortliche sowie in die Berufsausbildung und in den betrieblichen Fortbildungsveranstaltungen aufgenommen.
2) Über das Thema „Partnerschaftliches Verhalten am Arbeitsplatz“ wird in den internen Medien des Konzerns eine regelmäßige Information und Aufklärung erfolgen, um u.a. Mobbing und sexuelle Belästigung sowie anderweitige Diskriminierung am Arbeitsplatz wirksam zu verhindern.

§ 8 Öffnungsklausel
1) Auf der Grundlage dieser Rahmenkonzernbetriebsvereinbarung können spezielle Betriebsvereinbarungen abgeschlossen werden, sofern vorstehende Regelungen spezifisch ausgefüllt werden sollen.

§ 9 Schlußbestimmungen
1) Die Betriebsvereinbarung tritt am 01. Mai 1999 in Kraft. Sie kann mit einer Frist von drei Monaten zum Jahresende gekündigt werden; sie wirkt bis zum Abschluß einer neuen Vereinbarung nach.

Frankfurt am Main, 27. April 1999

2. Konzernbetriebsvereinbarung der Arbeiterwohlfahrt Bezirk Westliches Westfalen e.V.

Konzernbetriebsvereinbarung zwischen der Arbeiterwohlfahrt Bezirk Westliches Westfalen e.V. (AWO), vertreten durch den Bezirksgeschäftsführer ... und dem Konzernbetriebsrat der Arbeiterwohlfahrt Bezirk Westliches Westfalen e.V., vertreten durch den Vorsitzenden ...

Präambel

Eine Betriebsorganisation, die sich durch ein partnerschaftliches Verhalten am Arbeitsplatz auszeichnet, bildet die Basis für ein positives innerbetriebliches Arbeitsklima und ist damit eine wichtige Voraussetzung für die Umsetzung der formulierten Ziele der Arbeiterwohlfahrt.

Mobbing gegen einzelne sowie Diskriminierung wegen Herkunft und/oder Hautfarbe und/oder Religion können am Arbeitsplatz zu einer schwerwiegenden Störung des Arbeitsfriedens führen. Verstöße gegen die Menschenwürde und Verletzungen des Persönlichkeitsrechts widersprechen dem Leitgedanken der Arbeiterwohlfahrt. Derartige Störungen können im Betrieb eingeengte, streßbelastete und entwürdigende Arbeitsbedingungen schaffen, die dem Betrieb nicht dienlich sind und dem einzelnen gesundheitlichen Schaden zufügen können.

Die Arbeiterwohlfahrt verpflichtet sich, Mobbing und Diskriminierung zu unterbinden sowie ein partnerschaftliches Klima zu fördern und aufrechtzuerhalten. Die Betriebsräte verpflichten sich, diese Bemühungen im Rahmen ihrer Möglichkeiten zu unterstützen.

§ 1 Geltungsbereich

Diese Konzernbetriebsvereinbarung gilt für alle Beschäftigten im Unternehmen der Arbeiterwohlfahrt Bezirk Westliches Westfalen e.V. einschließlich der Beschäftigten in den Konzernunternehmen des Bezirks (Unterbezirke, Kreisverbände und Gesellschaften), die derzeitig und zukünftig bei den vorgenannten Arbeitgebern beschäftigt sind bzw. beschäftigt werden.

§ 2 Grundsätze

1. Jeder Beschäftigte ist verpflichtet, zur Einhaltung des Arbeitsfriedens und eines guten Arbeitsklimas beizutragen. Hierzu gehört vor allem, die Persönlichkeit jedes anderen Beschäftigten zu respektieren.

2. Zur Verletzung der Würde des einzelnen gehört insbesondere das bewußte, gezielte und fahrlässige Herabwürdigen der Persönlichkeit bis hin zum

a) Mobbing, wie beispielsweise:

- Verleumden von Beschäftigten oder deren Familien
- Verbreiten von Gerüchten über Beschäftigte oder deren Familien
- absichtliches Zurückhalten von arbeitsnotwendigen Informationen oder sogar Desinformation
- Drohungen und Erniedrigungen
- Beschimpfung, verletzende Behandlung Hohn und Aggressivität
- unwürdige Behandlung durch Vorgesetzte, wie z.B. die Zuteilung kränkender, unlösbarer, sinnloser oder gar keiner Aufgaben

oder zur
b) Diskriminierung, wie beispielsweise:
- aus rassistischen, ausländerfeindlichen oder religiösen Gründen, die in mündlicher oder schriftlicher Form geäußert werden
- diesbezügliche Handlungen gegenüber Beschäftigten.
3. Die in Absatz 2 genannten Grundsätze gelten gleichermaßen für das Verhalten von Beschäftigten gegenüber im Betrieb beschäftigten Fremdfirmenangehörigen und Zivildienstleistenden.

§ 3 Beschwerderecht
1. Wenn sich Beschäftigte durch Mißachtung der unter § 2 beschriebenen Grundsätze beeinträchtigt fühlen, können sie sich bei den zuständigen Stellen des Betriebes beschweren. Hierzu gehören neben den jeweiligen Vorgesetzten der Betriebsrat und die Schwerbehindertenvertretung.
2. Die in Absatz 1 genannten Stellen haben die Aufgabe, unverzüglich - binnen einer angemessenen Frist nach Kenntnis des Vorfalls
a) in getrennten oder gemeinsamen Gesprächen mit den Beteiligten den Sachverhalt festzustellen und zu dokumentieren;
b) die belästigende Person über die tatsächlichen und arbeitsrechtlichen Zusammenhänge und Folgen einer Belästigung im vorgenannten Sinne am Arbeitsplatz aufzuklären;
c) den zuständigen Gremien Gegenmaßnahmen und ggf. arbeitsrechtliche Konsequenzen im Rahmen der bestehenden Verfahren vorzuschlagen;
d) allen - auch vertraulichen - Hinweisen auf Belästigungen im vorgenannten Sinne nachzugehen;
e) die zuständigen Gremien sind gehalten, die Betroffene/den Betroffenen vor weiteren Beeinträchtigungen zu schützen und insbesondere Benachteiligungen aufgrund der getätigten Beschwerde auszuschließen.
3. Die §§ 84 und 85 BetrVG über das allgemeine Beschwerderecht bleiben unberührt.

§ 4 Vertraulichkeit
Über die Informationen und Vorkommnisse, persönlichen Daten und Gespräche ist absolutes Stillschweigen gegenüber Dritten zu bewahren, die nicht am Verfahren beteiligt sind.

§ 5 Maßnahmen
1. Der Arbeitgeber hat die dem Einzelfall angemessenen betrieblichen Maßnahmen wie z.B.
- Belehrung
- Verwarnung
- Verweis

oder arbeitsrechtliche Maßnahmen wie z.B.
- Versetzung
- Abmahnung
- Kündigung

zu ergreifen.
2. Die Auswahl der Maßnahme erfolgt nach Beratung mit dem Betriebsrat.
3. Zur Abhilfe kann im Einzelfall ein Beratungs- und/oder Therapieangebot erfolgen.

4. Im übrigen gelten die einschlägigen gesetzlichen Bestimmungen, z.B. das Beschäftigtenschutzgesetz.

§ 6 Fördermaßnahmen
1. Im Rahmen der beruflichen Fort- und Weiterbildung von Betriebsangehörigen werden die Problematik des Mobbings und der Diskriminierung, der Rechtsschutz. für die Betroffenen und die Handlungsverpflichtungen der Vorgesetzten aufgenommen.
Dies gilt insbesondere für:
- Abteilungsleitungen
- Stations-/Gruppenleitungen
- Praxisanleitungen
- Mitglieder des Betriebsrates

2. Im Interesse einer umfassenden Informations- und Aufklärungsarbeit innerhalb der Betriebe werden den Belegschaften Publikationen mit Vorschlägen und Hinweisen zur Verbesserung des Arbeitsklimas zugänglich gemacht.

§ 7 Schlußbestimmungen
1. Die Konzernbetriebsvereinbarung tritt mit dem Datum der Unterzeichnung in Kraft.
2. Die Vereinbarung kann mit einer Frist von 3 Monaten zum Ende eines Kalenderjahres gekündigt werden. Die Kündigung bedarf der Schriftform.

Dortmund, den 18.02.1999

3. Betriebsvereinbarung „Partnerschaftliches Verhalten am Arbeitsplatz" der Deutsche Telekom Niederlassung Kaiserslautern

Zwischen der TN Niederlassung Kaiserslautern und dem BR der TN Niederlassung Kaiserslautern wird folgende freiwillige Betriebsvereinbarung abgeschlossen:

Präambel
Eine Unternehmenskultur, die sich durch ein partnerschaftliches Verhalten am Arbeitsplatz auszeichnet, bildet die Basis für ein positives innerbetriebliches Arbeitsklima und ist damit eine wichtige Voraussetzung für den wirtschaftlichen Erfolg eines Unternehmens.
Sexuelle Belästigung, Mobbing, sowie Diskriminierung nach Herkunft und Hautfarbe, Geschlecht, Religion oder Behinderung stellen am Arbeitsplatz eine schwerwiegende Störung des Arbeitsfriedens dar. Sie gelten als Verstoß gegen die Menschenwürde sowie als eine Verletzung des Persönlichkeitsrechts. Solche Verhaltensweisen sind unvereinbar mit den Bestimmungen der Arbeitsordnung.
Sie schaffen im Unternehmen ein eingeengtes, streßbelastetes und entwürdigendes Arbeits- und Lernumfeld und begründen nicht zuletzt gesundheitliche Störungen.
Die Niederlassung Kaiserslautern verpflichtet sich, sexuelle Belästigung, Mobbing und Diskriminierung zu unterbinden und ein partnerschaftliches Klima zu fördern und aufrecht zu erhalten.

§ 1 Zweck der Betriebsvereinbarung
Die Betriebsvereinbarung hat zum Ziel, Vorbeugung zu gewährleisten.
Wenn allen Beschäftigten bekannt ist, welche Verhaltensweisen als sexuelle Belästigung, Mobbing oder Diskriminierung eingestuft und deshalb verboten sind, daß sie konsequent verfolgt und entsprechend geahndet werden, hat dies eine vorbeugende und abschreckende Wirkung.
Durch zielgerichtete Veröffentlichung kann sich niemand mehr mit der Alibibehauptung „Davon habe ich nichts gewußt!" aus der persönlichen Verantwortung ziehen.
Des weiteren soll eine Verhaltenssicherheit für Betroffene und Personalverantwortliche erzielt werden, wie in konkreten Fällen verfahren werden muß.
Maßnahmen zur Konfliktregelung und Hilfe für Betroffene sind durch diese Betriebsvereinbarung klar definiert.
Als weiteres wichtiges Ziel gilt die Vertrauensbildung bei den Beschäftigten.
Sie können diese Vereinbarung als Signal verstehen, daß die Problematik sexuelle Belästigung, Mobbing und Diskriminierung erst genommen wird.
Betroffene werden darüber informiert, an wen sie sich zwecks Hilfestellung wenden können und welche Möglichkeiten sie haben sich zur Wehr zu setzen.

§ 2 Geltungsbereich
Diese Betriebsvereinbarung gilt für alle Beschäftigten der TN Niederlassung Kaiserslautern im Sinne des § 5 BetrVG, § 24 Abs.2 Satz 1 Postpersonalrechtsgesetz.

§ 3 Definition der Begriffe
Alle Beschäftigten sind verpflichtet, zur Einhaltung des Arbeitsfriedens und damit eines guten Arbeitsklimas beizutragen.
Hierzu gehört vor allem, die Persönlichkeit jedes/er Beschäftigten zu respektieren.
Zur Verletzung dieser Würde des/der Einzelnen gehört insbesondere das bewußte und gezielte Herabwürdigen bis hin zum/zur
• Sexuellen Belästigung,
Sexuelle Belästigung ist ein vorsätzliches und sexuell bestimmtes Verhalten, das die sexuelle Selbstbestimmung eines/einer anderen verletzt.
dazu gehören beispielsweise
- unerwünschte sexuell bestimmte Körperkontakte
- anzügliche Bemerkungen, Kommentare und Witze zur Person
- Zeigen sexistischer und pornographischer Darstellungen (z.B. Pin-up-Kalender usw.)
- Aufforderung zu sexuellen Handlungen
- Andeutungen, daß sexuelles Entgegenkommen berufliche Vorteile bringen könnte
• Mobbing,
Mobbing ist ein systematisches, kontinuierliches Verhalten einer oder mehrerer Personen mit Billigung anderer mit dem Ziel eine Person oder Gruppe sozial auszugrenzen, zu unterwerfen und/oder herab zu würdigen.
dazu gehören beispielsweise (jeweils in der oben genannten Absicht)
- Verleumden von Beschäftigten oder deren Familien
- absichtliches Zurückhalten von arbeitsnotwendigen Informationen oder sogar Desinformation
- Drohungen und Erniedrigungen
- Beschimpfungen, verletzende Behandlung, Hohn und Aggressivität
- unwürdig Behandlung durch Vorgesetzte
- bewußt falsche Anschuldigungen gegenüber anderen Beschäftigten
• Diskriminierung, - wie beispielsweise aus
- rassistischen, ausländerfeindlichen, geschlechtsspezifischen oder religiösen Gründen, oder Gründen einer Behinderung die in mündlicher oder schriftlicher Form geäußert werden.
Die o.g. Grundsätze gelten gleichermaßen für das Verhalten von Beschäftigten der TN Niederlassung Kaiserslautern gegenüber im Unternehmen der Deutschen Telekom AG beschäftigten Fremdfirmenangehörigen und anderen Personen, die nicht dem Unternehmen Deutsche Telekom AG angehören.

§ 4 Zuständigkeiten
Betroffene Beschäftigte, die sich durch Mißachtung der unter § 3 beschriebenen Definitionen beeinträchtigt fühlen, können sich an die nachfolgend aufgeführten Stellen wenden
- der/die Konfliktbeauftragte (siehe unten)
- der/die betriebliche Vorgesetzte
- der Betriebsrat
- die Ansprechpartnerin für Gleichstellungsfragen
- die regionale Gleichstellungsbeauftragte
- die Sozialbetreuung
- der/die Vertreter/in der Schwerbehinderten
Diese haben die Aufgabe die Betroffenen zu beraten und zu unterstützen.

Sie können erste Ansprechpartner von Betroffenen sein.
Darüber hinaus haben die verantwortlichen Stellen mit Einverständnis der Betroffenen zeitnah den/die Konfliktbeauftragte/n zu informieren.
Die von sexueller Belästigung, Mobbing oder Diskriminierung Betroffenen sollen ausdrücklich ermutigt werden, diese Angriffe auf ihre Persönlichkeit nicht hinzunehmen, sondern sich dagegen zur Wehr zu setzen.
Sie haben das Recht auf eine angemessene Behandlung des Problems. Deshalb wird als feste Einrichtung zur Behandlung dieser Problematik bei der TN Niederlassung ein/e Konfliktbeauftragte/r benannt.

§ 5 Der/die Konfliktbeauftragte
Betriebsrat und Arbeitgebervertreter benennen einvernehmlich eine Person zum/zur betrieblichen Konfliktbeauftragten und eine Person zum/zur Stellvertreter/in. Die Arbeit des/der Konfliktbeauftragten zählt zur Arbeitszeit mit allen sich daraus ergebenden Rechten und Pflichten. Der/die Konfliktbeauftragte hat eine Dokumentation des Arbeitsumfangs hinsichtlich der personalwirtschaftlichen Überprüfung vorzunehmen. Dies gilt nicht, wenn der/die Konfliktbeauftragte aus der Freistellung des Betriebsrats kommt.
Funktion:
Der/die Konfliktbeauftragte hat die Funktion, Prävention zu betreiben und Konflikte, die sich aus den vorgenannten Problemfeldern ergeben auf einvernehmliche Weise und auf Wunsch der/des Betroffenen zu lösen.

Aufgaben:
Ausgehend von seinen/ihren Funktionen hat der/die Konfliktbeauftragte insbesondere folgende Aufgaben:
1) Durchführung von vorbeugenden Maßnahmen gegen Mobbing, sexuelle Belästigung und Diskriminierung initiieren
2) Betreuung eines Kummerkastens
3) Beratung und Unterstützung von Betroffenen bei der Lösung ihrer Probleme
4) Durchführung und Leitung von Gesprächen zur Konfliktlösung
5) Feststellung und Dokumentation des Sachverhalts
6) Fachlicher Austausch mit externen Selbsthilfegruppen und Sachverständigen zu vorgenannten Problematiken in erforderlichem Umfang

Rechte:
Der/die Konfliktbeauftragte hat einen Anspruch auf umfassende Unterrichtung über alle Konfliktsituationen im Zusammenhang mit dieser Betriebsvereinbarung, soweit dies der/die Betroffene nicht ablehnt. Gleichwohl hat er ein Zutrittsrecht zu allen Arbeitsplätzen und kann mit jedem/jeder Beschäftigten während der Arbeitszeit Gespräche führen. Der/die Konfliktbeauftragte kann dem Arbeitgeber und dem Betriebsrat Maßnahmen zur Konfliktlösung unterbreiten.

Kosten:
Sämtliche durch die Tätigkeit des/der Konfliktbeauftragten entstehenden notwendigen Kosten trägt der Arbeitgeber. Kostenstellenverantwortlicher ist der Niederlassungsleiter.

§ 6 Vertraulichkeit
Über die Informationen und Vorkommnisse, persönliche Daten und Gespräche ist absolutes Stillschweigen gegenüber Dritten zu bewahren, die nicht am Verfahren beteiligt sind.

§ 7 Maßnahmen
Sexuelle Belästigung, Mobbing und Diskriminierung können strafrechtliche Tatbestände erfüllen. Ziel aller Sanktionen ist, die Taten adäquat zu ahnden, die betroffenen Beschäftigten zu schützen und den belästigenden Personen den Verstoß gegen geltendes Recht deutlich zu machen.
1) Die Niederlassungsleitung hat die im Einzelfall angemessenen arbeitsrechtlichen bzw. disziplinarrechtlichen Maßnahmen, wie z.B.
- Belehrung
- Verwarnung
- Versetzung
- Abmahnung
- Kündigung
- Einleitung eines ggf. förmlichen Disziplinarverfahrens

zu ergreifen.
Die Rechte des Betriebsrates nach dem Betriebsverfassungsgesetz bleiben unberührt. Der Betriebsrat erhält über die beabsichtigte Maßnahme eine Vorabinformation. Zur Abhilfe kann auch ein Beratungs- und/oder Therapieangebot erfolgen. Im übrigen gelten die einschlägigen gesetzlichen Bestimmungen, z.B. des Beschäftigtenschutzgesetz.
(2) Wegen Erhebung einer Beschwerde dürfen der/dem Beschäftigten keine Nachteile entstehen.

§ 8 Fördermaßnahmen
• Fortbildung
Im Rahmen der beruflichen Fort- und Weiterbildung von Beschäftigten wird die Problematik der sexuellen Belästigung, des Mobbings und der Diskriminierung, die Möglichkeiten der Konfliktregelung für die Betroffenen (z.B. Schutzrechte) und die Handlungsverpflichtungen der Vorgesetzten aufgenommen und nachvollziehbar dokumentiert.
• Information und Aufklärung
Im Interesse einer umfassenden Informations- und Aufklärungskampagne innerhalb der Belegschaft werden die partnerschaftlichen Verhaltensgrundsätze der Belegschaft zugänglich gemacht.
Dies wird in das Kommunikations-Konzept der Niederlassung aufgenommen.
Darüber hinaus erfolgen unterstützend von Zeit zu Zeit Publikationen mit Vorschlägen/Hinweisen zur Verbesserung des Arbeitsklimas (z.B. an „Schwarzen Brettern“, im „Monitor vor Ort“ usw.). Vorgesetzten werden hierzu regelmäßig Fortbildungsveranstaltungen angeboten (z.B. Seminare über Mobbing-Problematik usw.).

§ 9 Umsetzung der Betriebsvereinbarung und Bekanntmachung
Alle Beschäftigten erhalten ein Exemplar der Betriebsvereinbarung. Sie wird außerdem in den hausinternen Mitteilungen bekanntgegeben.

Neue Beschäftigte erhalten mit Beginn ihrer Beschäftigung bei der NL Kaiserslautern ein Exemplar dieser Betriebsvereinbarung. Die NL Kaiserslautern verpflichtet sich, die in § 5 Abs. 2 und 3 BetrVG genannten Personen über Abschluß, Anlaß, Zweck und Inhalt dieser Vereinbarung zu informieren.
Diese Betriebsvereinbarung wird im Intranetserver der Niederlassung Kaiserslautern eingestellt und ist somit allen Beschäftigten jederzeit zugänglich.
Alle Abteilungsleiter und Ressortleiter werden verpflichtet, den Mitarbeitern und Mitarbeiterinnen die vorliegende Betriebsvereinbarung während einer Abteilungs- bzw. Ressortbesprechung zu erläutern.

§ 10 Schlußbestimmung

Diese Betriebsvereinbarung tritt mit Unterzeichnung der sie abschließenden Parteien in Kraft.
Diese Betriebsvereinbarung kann mit einer Frist von drei Monaten von beiden Seiten schriftlich gekündigt werden.
Die Nachwirkung ist ausgeschlossen.

Kaiserslautern, den 02.06.1999

4. Betriebsvereinbarung für die Städtischen Seniorenheime Dortmund gGmbH

Betriebsvereinbarung zwischen der Städtischen Seniorenheime Dortmund gGmbH; vertreten durch den Geschäftsführer und dem Betriebsrat der Städtischen Seniorenheime Dortmund gGmbH; vertreten durch den Betriebsratsvorsitzenden

Präambel
Eine Betriebsorganisation, die sich durch ein partnerschaftliches Verhalten am Arbeitsplatz auszeichnet, bildet die Basis für ein positives innerbetriebliches Arbeitsklima und ist damit eine wichtige Voraussetzung für motivierte Arbeitnehmer.
Mobbing gegen einzelne Arbeitnehmer sowie Diskriminierung nach Herkunft, Religion, sexueller Orientierung und Hautfarbe stellen am Arbeitsplatz eine schwerwiegende Störung des Arbeitsfriedens dar. Des weiteren widersprechen Verstöße gegen die Menschenwürde und Verletzungen des Persönlichkeitsrecht dem Grundgesetz. Derartige Störungen schaffen im Betrieb eingeengte, streßbelastete und entwürdigte Arbeitsbedingungen, die dem Betrieb nicht dienlich sind und dem einzelnen Arbeitnehmer gesundheitlichen Schaden zufügen.
Die Städtische Seniorenheime gGmbH verpflichtet sich Mobbing und Diskriminierung zu unterbinden und ein partnerschaftliches Klima zu fördern und aufrecht zu erhalten. Der Betriebsrat verpflichtet sich diese Bemühungen im Rahmen seiner Möglichkeiten zu unterstützen.

§ 1 Geltungsbereich
Diese Betriebsvereinbarung gilt für alle Beschäftigten der Städtischen Seniorenheime gGmbH.

§ 2 Grundsätze
1. Jeder Beschäftigte ist verpflichtet, zur Einhaltung des Arbeitsfriedens und eines guten Arbeitsklimas beizutragen. Hierzu gehört vor allem die Persönlichkeit jedes anderen Beschäftigten zu respektieren.
2. Zur Verletzung der Würde des einzelnen gehört insbesondere das bewußte gezielte und fahrlässige Herabwürdigen bis hin zum
a. Mobbing beispielsweise:
- Verleumden von Beschäftigten oder deren Familien
- Verbreiten von Gerüchten über Beschäftigte oder deren Familien
- absichtliches Zurückhalten von arbeitsnotwendigen Informationen oder sogar Desinformationen
- Drohungen und Erniedrigungen
- Beschimpfung, verletzende Behandlung, Hohn und Aggressivität
- unwürdige Behandlung durch Vorgesetzte wie z.B. Zuteilung kränkender, unlösbarer, sinnloser oder gar keiner Aufgaben
oder zur
b. Diskriminierung, wie beispielsweise:
- aus rassistischen, ausländerfeindlichen, sexuellen oder religiösen Gründen, die in mündlicher oder schriftlicher Form geäußert werden
- diesbezügliche Handlungen gegenüber Beschäftigten

3. Die in Absatz 2 genannten Grundsätze gelten gleichermaßen für das Verhalten von Beschäftigten gegenüber im Betrieb beschäftigten Fremdfirmen angehören und Zivildienstleistenden.

§ 3 Beschwerderecht

1. Wenn sich Beschäftigte durch der unter § 2 beschriebenen Grundsätze beeinträchtigt fühlen, sind Beschwerden dieser Art an die nachfolgenden Stellen zu richten:
- Stationsleitung
- Heimleitung/Pflegedienstleitung
- Betriebsrat
- Schwerbehindertenvertretung

2. Die in Absatz 1 genannten Stellen haben die Aufgabe, unverzüglich - spätestens jedoch innerhalb einer Woche nach Kenntnis des Vorfalls
a.) in getrennten oder gemeinsamen Gesprächen mit den Belästigenden und den belästigten Personen den Sachverhalt festzustellen und zu dokumentieren
b.) die belästigende Person über die tatsächlichen und arbeitsrechtlichen Zusammenhänge und Folgen einer Belästigung im vorgenannten Sinne am Arbeitsplatz aufzuklären
c.) den zuständigen Gremien Gegenmaßnahmen und ggf. arbeitsrechtliche Konsequenzen im Rahmen der bestehenden Verfahren vorzuschlagen
d.) allen - auch vertraulichen - Hinweisen nach Beschwerden von Belästigungen im vorgenannten Sinne nachzugehen
e.) die Betroffene/den Betroffenen vor weiteren Beeinträchtigungen zu schützen, insbesondere sind Benachteiligungen aufgrund der getätigten Beschwerde auszuschließen

3. Darüber hinaus können sich betroffene Beschäftigte auch jederzeit an Personen ihres Vertrauens wenden.

4. Die §§ 84 und 85 BetrVG über das allgemeine Beschwerderecht bleiben unberührt.

§ 5 Maßnahmen

1. Der Arbeitgeber hat die dem Einzelfall angemessenen betrieblichen Maßnahmen wie z.B.
- Belehrung
- Verwarnung
- Verweis

oder arbeitsrechtliche Maßnahmen wie z.B.
- Versetzung
- Abmahnung
- Kündigung

zu ergreifen.

2. Die Durchführung der unter § 5 Ziffer 1 beispielhaft genannten betrieblichen und arbeitsrechtlichen Maßnahmen erfolgt unter Beachtung der nach dem Betriebsverfassungsgesetz geregelten Mitbestimmungsrechte des Betriebsrates.

Im Rahmen der vertrauensvollen Zusammenarbeit ist der Betriebsrat vor einer beabsichtigten Abmahnung anzuhören.

Sollte der Arbeitgeber eine Abmahnung aussprechen, verbleibt diese ein Jahr in der Personalakte. Nach erfolgreicher Bewährung, ist die Abmahnung aus der Personalakte zu entfernen.

3. Zur Abhilfe kann im Einzelfall auch ein Beratungs- und/oder Therapieangebot erfolgen.
4. Im übrigen gelten die einschlägigen gesetzlichen Bestimmungen, z.B. das Beschäftigungsschutzgesetz

§ 6 Fördermaßnahmen
1. Im Rahmen der beruflichen Fort- und Weiterbildung von Betriebsangehörigen werden die Problematik des Mobbings und der Diskriminierung, der Rechtsschutz für die Betroffenen und die Handlungsverpflichtungen der Vorgesetzten aufgenommen. Dies gilt insbesondere für:
- Abteilungsleitungen
- Stationsleitungen
- Praxisanleitungen
- Mitglieder des Betriebsrates

2. Im Interesse einer umfassenden Informations- und Aufklärungsarbeit innerhalb des Betriebs werden der Belegschaft Publikationen mit Vorschlägen und Hinweisen zur Verbesserung des Arbeitsklimas zugänglich gemacht.

§ 7 Schlußbestimmungen
1. Die Betriebsvereinbarung tritt mit Datum und Unterschrift in Kraft.
2. Die Betriebsvereinbarung kann von beiden Seiten mit einer Frist von sechs Monaten zum Ende eines Kalenderjahres gekündigt werden. Die Kündigung bedarf der Schriftform.
3. Die Betriebsvereinbarung verliert sodann ihre Gültigkeit zum Ende der Kündigungsfrist.

Dortmund, den 4.3.1998

5. Betriebsvereinbarung „über das Verhalten der Arbeitnehmer/innen der Krankenhaus GmbH“ der Städtischen Krankenhaus Hildesheim GmbH

Betriebsvereinbarung über das Verhalten der Arbeitnehmer/innen der Krankenhaus GmbH zwischen der Geschäftsleitung und dem Betriebsrat wird folgende Betriebsvereinbarung gemäß 87 Abs. 1 Nr. 1 BetrVG abgeschlossen

Präambel

Ein Unternehmen, das sich durch ein partnerschaftliches Verhalten am Arbeitsplatz auszeichnet, bildet die Basis für ein positives innerbetriebliches Arbeitsklima und ist damit eine wichtige Voraussetzung für den wirtschaftlichen Erfolg eines Unternehmens.

Mobbing gegen Einzelne, sowie Diskriminierung nach Herkunft, Hautfarbe und der Religion, stellen am Arbeitsplatz eine schwerwiegende Störung des Arbeitsfriedens dar. Sie gelten als Verstoß gegen die Menschenwürde sowie als eine Verletzung des Persönlichkeitsrechts. Solche Verhaltensweisen sind unvereinbar mit den Bestimmungen der Arbeitsordnung. Sie schaffen im Unternehmen ein eingeengtes, streßbelastetes und entwürdigtes Arbeits- und Lernumfeld und begründet nicht zuletzt gesundheitliche Störungen, die die Arbeitspflichten in erheblichem Maß beeinträchtigen.

Das Unternehmen verpflichtet sich, Mobbing und Diskriminierung zu unterbinden, ein partnerschaftliches Klima zu fördern und aufrecht zu erhalten. Dies gilt auch für die Darstellung in der Öffentlichkeit.

Alle Beteiligten sind sich darüber einig, daß Mobbing Außenwirkung hat und sich geschäftsschädigend auf das Unternehmen auswirkt.

1. Geltungsbereich

Die Betriebsvereinbarung gilt für alle Beschäftigten persönlich und räumlich der Städtischen Krankenhaus Hildesheim GmbH unabhängig von der beruflichen Stellung im Unternehmen.

2. Grundsätze

Jeder Angehörige der GmbH verpflichtet sich, zur Einhaltung des Arbeitsfriedens und eines guten Betriebs- und Arbeitsklimas beizutragen. Hierzu gehört vor allem, die Persönlichkeit jedes Angehörigen der GmbH zu respektieren. Zur Verletzung dieser Würde des einzelnen gehört insbesondere das bewußte, gezielte und fahrlässige Herabwürdigen bis hin zum

• Mobbing, wie beispielsweise
- Verleumdung von Angehörigen der GmbH oder deren Familien,
- Verbreiten von Gerüchten über Angehörige der GmbH oder deren Familien,
- absichtliches Zurückhalten von arbeitsnotwendigen Informationen oder sogar Desinformation,
- Drohung und Erniedrigungen,
- Beschimpfungen, verletzenden Behandlung, Hohn und Aggressivität,
- unwürdige Behandlung durch Vorgesetzte, wie z.B. die Zuteilung kränkender, unlösbarer, sinnloser oder gar keiner Aufgaben.

• Diskriminierung, wie beispielsweise aus

- rassistischen, ausländerfeindlichen oder religiösen Gründen, die in mündlicher oder schriftlicher Form geäußert werden sowie
- diesbezüglicher Handlungen gegenüber Betriebsangehörigen.
Die oben genannten Grundsätze gelten gleichermaßen für das Verhalten von Betriebsangehörigen gegenüber im Unternehmen beschäftigten Fremdfirmenangehörigen.

3. Beschwerderecht
Wenn eine persönliche Zurechtweisung durch die belästigte Person im Einzelfall erfolglos ist oder unangebracht erscheint, können sich die betroffenen Betriebsangehörigen, die sich durch Mißachtung der unter Punkt 2 beschriebenen Grundsätze beeinträchtigt fühlen, an die nachfolgenden Stellen wenden.
Verantwortliche Stellen in diesem Sinne sind insbesondere
- der/die betrieblichen Vorgesetzten,
- der Betriebsrat,
- der/die Mobbingbeauftragte,
- die Personalabteilung,
- der Betriebsarzt/die Betriebsärztin.
Diese haben die Aufgabe, unverzüglich, spätestens innerhalb einer Woche nach Kenntnis des Vorfalls:
- die Betroffenen zu beraten und zu unterstützen,
- in getrennten oder gemeinsamen Gesprächen mit den belästigten Personen den Sachverhalt festzustellen und zu dokumentieren,
- die belästigende Person über die tatsächlichen und arbeitsrechtlichen Zusammenhänge und Folgen einer Belästigung im vorgenannten Sinne am Arbeitsplatz abzuklären,
- den zuständigen Gremien Gegenmaßnahmen und ggf. arbeitsrechtliche Konsequenzen im Rahmen der bestehenden Verfahren vorzuschlagen,
- allen - auch vertraulichen - Hinweisen und Beschwerden von Belästigungen im vorgenannten Sinne nachzugehen,
- auf Wunsch die/der Betroffene/n zu/in allen Gesprächen und Besprechungen einschließlich zu Sitzungen des Betriebsausschusses zu unterstützen.
Sollte sich das Verhalten der belästigenden Person nicht nach Ablauf eines Monats geändert haben, ist mit ihr ein erneutes Gespräch zu führen und zu fordern, daß sie sich um ein konkretes Hilfsangebot kümmert (z.B. Teilnahme an einem Seminar). Für den Fall, daß das Hilfsangebot nicht angenommen wird und sich das Verhalten nicht ändert, ist die Einleitung von arbeitsrechtlichen Schritten anzukündigen.
Nach Ablauf von maximal 2 Monaten ist durch Gespräche mit den Beteiligten zu klären, ob sich eine Verbesserung des Ist-Zustandes ergeben hat, Sofern sich der Ist-Zustand nach den vorstehenden Schritten positiv verändert hat, wird eine Nachbetreuung der betroffenen Person eingeleitet. Wenn festgestellt wird, daß eine positive Veränderung nicht eingetreten ist, erfolgt eine formelle Abmahnung der belästigenden Person mit der Folge, daß weitere arbeitsrechtliche Maßnahmen eingeleitet werden. Alle im Zusammenhang mit diesem Verfahren anfallenden Vorgänge sind in die Personalakte der belästigenden Person zu übernehmen.
Eine belästigte Person kann sich außer an die oben genannten betrieblichen Stellen auch jederzeit an eine Person ihres Vertrauens wenden. Über die Teilnahme von Vertrauenspersonen an Sitzungen des Betriebsausschusses entscheidet der Betriebsausschuß in Abwägung der Umstände des Einzelfalls.

Die §§ 84 und 85 des Betriebsverfassungsgesetzes über das allgemeine Beschwerderecht bleiben unberührt. Die Beschwerde darf nicht zu Benachteiligungen führen.

4. Mobbingbeauftragter

4.1 Stellung des/der Mobbingbeauftragten

Der Betriebsrat und Geschäftsleitung benennen einvernehmlich eine Person zum/zur betrieblichen Mobbingbeauftragten. Die Arbeit der/des Mobbingbeauftragten wird wie Arbeitszeit mit allen sich daraus ergebenden Rechten und Pflichten erachtet. Zur Ausübung dieser Tätigkeit wird der/die Mobbingbeauftragte im Bedarfsfall unter Fortzahlung des Arbeitsentgelts von der Arbeit freigestellt.
Der/die Mobbingbeauftragte unterliegt dem besonderem Kündigungsschutz des Betriebsverfassungsgesetzes.

4.2 Funktion

Der/die Mobbingbeauftragte hat die Funktion, Mobbingkonflikte auf einvernehmliche Weise zu lösen und Mobbingprävention zu betreiben.

4.3 Aufgaben

Ausgehend von seinen Funktionen hat der/die Mobbingbeauftragte insbesondere folgende Aufgaben:
- Durchführung von vorbeugenden Maßnahmen gegen Mobbing;
- Durchführung von regelmäßig stattfindenden Sprechstunden;
- Beratung und Unterstützung Mobbingbetroffenen bei der Lösung ihrer Probleme;
- Durchführung und Leitung von Gesprächen zur Konfliktlösung;
- Fachlicher Austausch mit externen Mobbingeinrichtungen.

4.4. Rechte

Der/die Mobbingbeauftragte hat einen Anspruch auf umfassende Unterrichtung über alle Konfliktsituationen im Betrieb, sowohl durch den Arbeitgeber als auch durch den Betriebsrat. Der/die Mobbingbeauftragte hat ein Zutrittsrecht zu allen Arbeitsplätzen und kann mit jedermann während der Arbeitszeit Gespräche führen. Der/die Mobbingbeauftragte kann sowohl dem Arbeitgeber als auch dem Betriebsrat Maßnahmen zur Konfliktlösung unterbreiten.

4.6. Materielle Ausstattung

Der Mobbingbeauftragte erhält folgende materielle Ausstattung:
- verschließbares Büro
- verschließbare Büromöbel
- Kommunikationsmittel
- Literatur

4.6. Qualifizierung

Um eine sachgerechte Ausübung seiner Tätigkeit auf Dauer gewährleisten zu können, hat sich der/die Mobbingbeauftragte einer Supervision zu unterziehen und in geeigneter Form fortzubilden.
Die Kosten hierfür sind vom Arbeitgeber zu tragen. Dem Arbeitgeber ist die Teilnahme an Supervision-, Schulungs- und Bildungsmaßnahmen anzuzeigen.

Für die Teilnahme an Schulungs- und Bildungsmaßnahmen finden §§ 37 Abs. 6, Abs. 7 BetrVG entsprechende Anwendung.

4.7 Kostentragung
Sämtliche durch die Tätigkeit der/des Mobbingbeauftragten entstehenden Kosten trägt der Arbeitgeber.

5. Vertraulichkeit
Über die Informationen und Vorkommnisse, persönliche Daten und Gespräche ist absolutes Stillschweigen gegenüber Dritten zu bewahren, die nicht am Verfahren beteiligt sind.

6. Maßnahmen
Die Städtische Krankenhaus Hildesheim GmbH wird nach pflichtgemäßen Ermessen im Einzelfall angemessene betriebliche Maßnahmen ergreifen.
Darüber hinaus vereinbaren die Städtische Krankenhaus Hildesheim GmbH und der Betriebsrat den nachstehenden Betriebsbußenkatalog nach folgendem Schema:
- Belehrung
- Rüge
- Geldbuße

BAT	**Stufe**	**Geldbuße**
Verg.Gr. X-VII	a)	50 DM
Verg.Gr. VIb-Vb	b)	100 DM
Verg.Gr. IVb-III	c)	200 DM
Verg.Gr. II-I	d)	400 DM
KR.		
Verg.Gr. Kr.I-Kr.IV	a)	50 DM
Verg.Gr. Kr.V-Kr.VII	b)	100 DM
Verg.Gr. Kr.VIII-Kr.X	c)	200 DM
Verg.Gr. Kr.XI-XIII	d)	400 DM
BMT-G II		
Lohngr. 1-4a	a)	50 DM
Lohngr. 5-8a	b)	100 DM
Lohngr. 9	c)	200 DM

Auszubildende, Auszubildende nach dem Krankenpflegegesetz, Praktikanten nach Sondervergütung und Ärzte im Praktikum zahlen eine Geldbuße von 50 DM.
Die Vereinbarenden sind sich darüber einig, daß Betriebsbußen für Verstöße gegen die Verhaltensgrundsätze gemäß Ziffer 2 dieser Vereinbarung verhängt werden können.
Gezahlte Geldbußen werden dem Verein „Wildwasser e.V.“ gespendet.
Die Durchführung einer beabsichtigten Verhängung einer Betriebsbuße erfolgt in Abstimmung mit der/dem Mobbingbeauftragten und nach Zustimmung durch den Betriebsrat.
Im Hinblick auf sonstige arbeitsrechtliche Maßnahmen wie z.B.
- Versetzung

- Abmahnung
- Kündigung

gelten die einschlägigen Bestimmungen des Betriebsverfassungsgesetzes.

7. Fördermaßnahmen

Im Rahmen der beruflichen Fort- und Weiterbildung von Betriebsangehörigen wird die Problematik von Belästigung am Arbeitsplatz, des Mobbings und der Diskriminierung, der Rechtsschutz für die Betroffenen und die Handlungsverpflichtungen der Vorgesetzten aufgenommen.

Die gilt insbesondere für

- betriebliche Vorgesetzte
- Ausbilder/Ausbilderinnen
- Beschäftigte der Personalabteilung, sowie für den Betriebsrat

8. Salvatorische Klausel

Sind einzelne Bestimmungen dieser Betriebsvereinbarung unwirksam, so berührt dies nicht die Wirksamkeit der übrigen Bestimmungen dieser Vereinbarung. Im Falle der Unwirksamkeit einer oder mehrerer Bestimmungen werden die Parteien eine der unwirksamen Regelung möglichst nahe kommende rechtswirksame Ersatzregelung treffen.

Schlußbestimmung

Jeder/jede Betriebsangehörige erhält einen Abschrift dieser Betriebsvereinbarung. Neu einzustellende Mitarbeiter/innen erhalten diese Betriebsvereinbarung bei Aushändigung des Arbeitsvertrages. Sie ist Bestandteil des Arbeitsverhältnisses.

Die Betriebsvereinbarung tritt am 01.02.1998 in Kraft. Sie kann mit einer Frist von 3 Monaten zum Jahresende gekündigt werden. Wird diese Betriebsvereinbarung gekündigt, z.B. im Falle einer Änderung einschlägiger gesetzlicher Vorschriften oder Rechtsprechung, gelten die Festlegungen dieser Betriebsvereinbarung bis zum Abschluß einer neuen Vereinbarung weiter.

Hildesheim, 09.01.1998

6. Betriebsvereinbarung „Partnerschaftlichen Verhalten am Arbeitsplatz" für den DRK Kreisverband Forst (Lausitz) e.V.

Betriebsvereinbarung auf der Grundlage des § 87 Abs. 1 Nr. 1 BetrVG zwischen dem DRK Kreisverband Forst (Lausitz) e.V. und dessen Betriebsrat über den Schutz der Beschäftigten vor sexueller Belästigung, Mobbing und Diskriminierung am Arbeitsplatz

Präambel
Geschäftsführung und Betriebsrat sind sich darüber einig, daß sexuelle Belästigung, soziales Fehlverhalten, ungelöste Konflikte und fehlende Achtung vor Andersdenkenden, Angehörigen anderer Nationen oder Glaubensgemeinschaften das Betriebsklima negativ beeinflussen, zu Störungen der Arbeitsabläufe führen, sowie die Qualität der Arbeitsergebnisse beeinträchtigen. Die Rechte der Betroffenen auf sexuelle Selbstbestimmung, Menschenwürde und Meinungsfreiheit werden durch solche Verhaltensweisen verletzt. Folge dieser Belastungen können seelische und körperliche Erkrankungen sein.
Anliegen dieser Betriebsvereinbarung ist es insbesondere, das Betriebsklima und den sozialen Umgang aller im Haus tätigen Personen zu verbessern.
Grundlage dieser Betriebsvereinbarung ist das Grundgesetz vom 23.05.1949: "Die Würde des Menschen ist unantastbar ..."

§ 1 Geltungsbereich
Die Betriebsvereinbarung gilt für alle Beschäftigten sowie Auszubildende und Praktikanten des DRK Kreisverbandes Forst (Lausitz) e.V.
Der Arbeitgeber verpflichtet sich, auf die in § 5 Abs. 2 und 3 BetrVG genannten Personen in geeigneter Weise einzuwirken, dass sich diese gemäß dieser Betriebsvereinbarung verhalten.
Sie findet ferner auf alle Betriebsfremden Personen Anwendung, die - aus welchem Rechtsgrund auch immer - im Betrieb tätig werden. Insoweit hat der DRK Kreisverband Forst e.V. dafür Sorge zu tragen, daß sich der jeweilige Vertragspartner im Betrieb gemäß dieser Betriebsvereinbarung zu verhalten hat bzw. auf bei Ihm Beschäftigte oder von Ihm beauftragte Personen einzuwirken, das sich diese im Betrieb gemäß dieser Betriebsvereinbarung verhalten.
Ferner hat der Arbeitgeber in Auswirkung seiner Fürsorgepflicht beeinträchtigende Handlungen zu unterbinden, mit welchem die Arbeitnehmer in Ausübung, oder gelegentlich ihres Dienstes in Kontakt kommen.

§ 2 Grundsätze
Diese Betriebsvereinbarung soll dazu dienen, sexuelle Belästigung sowie Mobbing und Diskriminierung zu verhindern.
Sie regelt das Verfahren bei Verstößen.
Die genannten Verhaltensweisen stellen eine Verletzung der arbeitsvertraglichen Pflichten dar und können auch Strafrechtstatbestände erfüllen!

§ 3 Pflichten

Der DRK Kreisverband Forst e.V. mißbilligt jede Form von sexueller Belästigung sowie Mobbing und Diskriminierung am Arbeitsplatz. Er sieht es als seine Pflicht an, alles zu tun, um die Beschäftigten davor zu schützen.

Der DRK Kreisverband Forst e.V. verpflichtet sich, in Abstimmung mit den Betroffenen gegen Personen vorzugehen, die gegen diese Betriebsvereinbarung verstoßen. Der DRK Kreisverband Forst e.V. hat dafür zu sorgen, daß den Beschwerdeführenden aus der Mitteilung eines Fehlverhaltens kein Nachteil entsteht.

Werden Beschäftigte durch betriebsfremde Personen am Arbeitsplatz sexuell belästigt oder diskriminiert, wird der DRK Kreisverband Forst e.V. seine rechtlichen und tatsächlichen Möglichkeiten ausschöpfen, um dies künftig verhindern und unterbinden zu können.

§ 4 Begriffsbestimmung

(1) Mobbing: „Unter Mobbing wird eine konfliktbelastete Kommunikation am Arbeitsplatz unter Kollegen oder zwischen Vorgesetzten und Untergebenen verstanden, bei der die angegriffene Person unterlegen ist und von einer oder einigen Personen systematisch, oft und während längerer Zeit mit dem Ziel und/oder dem Effekt des Ausstoßes aus dem Arbeitsverhältnis direkt oder indirekt angegriffen wird und dies als Diskriminierung empfindet.

(2) Mobbingbetroffener: Mobbingbetroffener ist, gegen den sich die Mobbingangriffe hauptsächlich richten.

(3) Mobber: Ungeachtet der möglicherweise dahinterliegenden berechtigten Interessen und eigenen Verletzungen ist Mobber, wer Mobbingangriffe mit einer gewissen Regelmäßigkeit betreibt, dabei Schäden für den Betroffenen beabsichtigt oder billigend in Kauf nimmt oder Hilfe für einen Betroffenen unterläßt, obwohl ihm dieses möglich und zuzumuten ist.

(4) Als Mobbing-Handlungen kommen in Betracht:

Angriffe auf die Möglichkeit, sich mitzuteilen:

- Der Vorgesetzte schränkt die Möglichkeiten ein, sich zu äußern
- Man wird ständig unterbrochen
- Kollegen schränken die Möglichkeiten ein, sich zu äußern
- Anschreien oder lautes Schimpfen
- Ständige Kritik am Privatleben
- Ständige Kritik an der Arbeit
- Telefonterror
- Mündliche Drohungen
- Schriftliche Drohungen
- Kontaktverweigerung durch abwertende Blicke oder Gesten
- Kontaktverweigerung durch Andeutungen, ohne daß man etwas direkt ausspricht

Angriffe auf die sozialen Beziehungen:

- Man spricht nicht mehr mit dem Betroffenen
- Man läßt sich nicht ansprechen
- Versetzung in einem Raum weit ab von den Kollegen
- Den Arbeitskollegen wird verboten, den Betroffenen anzusprechen
- Man wird wie „Luft“ behandelt

Angriffe auf das soziale Ansehen:
- Hinter dem Rücken des Betroffenen wird schlecht über ihn gesprochen
- Man verbreitet Gerüchte
- Man macht jemanden lächerlich
- Man verdächtigt jemanden, psychisch krank zu sein
- Man will jemanden zu einer psychiatrischen Untersuchung zwingen
- Man macht sich über eine Behinderung lustig
- Man imitiert den Gang, die Stimme oder Gesten, um jemanden lächerlich zu machen
- Man greift die politische oder Religiöse Einstellung an
- Man macht sich über das Privatleben lustig
- Man macht sich über die Nationalität lustig
- Man zwingt jemanden, Arbeiten auszuführen, die sein Selbstbewußtsein verletzen
- Man beurteilt den Arbeitseinsatz in falscher und kränkender Weise
- Man stellt die Entscheidung des Betroffenen in Frage
- Man ruft ihm obszöne Schimpfworte oder andere entwürdigende Ausdrücke nach
- Sexuelle Annäherungen oder verbale sexuelle Angebote

Angriffe auf die Qualität der Berufs - und Lebenssituation:
- Man weist dem Betroffenen keine Arbeitsaufgaben zu
- Man nimmt ihm jede Beschäftigung am Arbeitsplatz, so daß er sich nicht einmal selbst Aufgaben ausdenken kann
- Man gibt ihm sinnlose Arbeitsaufgaben
- Man gibt ihm Aufgaben weit unter seinem eigentlichen Können
- Man gibt ihm ständige neue Arbeitsaufgaben
- Man gibt ihm „kränkende" Arbeitsaufgaben
- Man gibt ihm Arbeitsaufgaben, die seine Qualifikation übersteigen, um ihn zu diskreditieren

Angriffe auf die Gesundheit:
- Zwang zu gesundheitsschädlichen Arbeiten
- Androhung körperlicher Gewalt
- Anwendung leichter Gewalt, zum Beispiel um jemanden einen „Denkzettel" zu verpassen
- Körperliche Mißhandlung
- Man verursacht Kosten für den Betroffen, um ihm zu schaden
- Man richtet physischen Schaden im Heim oder am Arbeitsplatz des Betroffenen an
- Sexuelle Handgreiflichkeiten

(5) Sexuelle Belästigung: Sexuelle Belästigung am Arbeitsplatz ist jedes vorsätzliche, sexuell bestimmte Verhalten, das die Würde des Menschen verletzt. Ausschlaggebend sind ausschließlich die Empfindungen der Betroffenen.
Sexelle Belästigung liegt vor, wenn es:
- aufgrund allgemeingültiger gesellschaftlicher Formen als unerwünscht unterstellt werden kann
- oder von den Betroffenen erkennbar abgelehnt wird.
Als sexuelle Belästigung kommen z.B. in Betracht:

- das Aushängen, Verbreiten von Bildern, Pin-up-Darstellungen, Kalendern, Software usw. mit sexuell anzüglichen Ausführungen, Darstellungen menschlicher Körper oder Personen als Lustobjekte
- unerwünschter oder unnötiger körperlicher Kontakt,
- sexuell anzügliche oder unangenehme verbale Bemerkungen, Äußerungen, Witze, Kommentare über Aussehen anderer Personen oder Erlebnisse mit anderen Personen oder beleidigende Äußerungen,
- beleidigende oder diskriminierende Äußerungen wegen gleichgeschlechtlicher Lebensweise, obszöne oder kompromittierende Aufforderungen oder Einladungen,
- Handlungen die geeignet sind, Frauen und Männer als Anschauungsobjekte einzustufen (z.B. Anstarren, Hinterherpfeifen),
- die sprachliche Benennung mit „Kosewörtern" (z.B. „Schätzchen"),
- exhibitionistische Angebote oder Handlungen,
- Aufforderung zu sexuellen Handlungen.

Als besonders schwerwiegend wird die Belästigung angesehen, wenn sie sich gegen Nachgeordnete und Auszubildende richtet oder mit Hinweisen auf eine mögliche Verknüpfung zwischen der Erfüllung von sexuellen Forderungen dem Fortkommen oder der Benachteiligung verbunden wird.

(6) Diskriminierung ist die Herabsetzung von Beschäftigten wegen ihrer Behinderung, Herkunft, Hautfarbe, Religion, politischer Anschauung oder sexuellen Identität und verletzt die Würde der betroffenen Person sowie ihre Grundrechte.

Als Diskriminierung kommen z.B. in Betracht:
- verbale, nonverbale oder schriftliche Äußerungen sowie Handlungen mit herabwürdigenden Inhalt aus o.g. Gründen.

§ 5 Verhaltenskodex

Soziale Umgangsformen beinhalten, daß jedermann Mitmenschen in der gleichen Weise behandelt, wie er es von diesen erwartet. Hierzu gehört unter anderem, daß Probleme am Arbeitsplatz (z.B. Ärger mit Arbeitskollegen, nicht gerechtfertigte Rügen durch Vorgesetzte) angesprochen sowie mögliche Wege zur Lösung des jeweiligen Problems gemeinsam gesucht werden. Verhaltensweisen, die geeignet sind, andere zu verletzen bzw. in ihrem Ansehen herabzusetzen, sind zu unterlassen. Es ist zu beachten, daß alle im Betrieb tätigen Personen nach den Grundsätzen von Recht und Billigkeit behandelt werden. Die freie Entfaltung der Persönlichkeit ist zu schützen und zu fördern.

§ 6 Maßnahmen gegen Mobbing

Zu den erforderlichen Maßnahmen zur Bekämpfung bzw. Vermeidung von Mobbing gehört sowohl die Aufklärung des unter den Geltungsbereich dieser Betriebsvereinbarung fallenden Personen als auch die Beseitigung betrieblicher Mängel und Engpässe im Arbeitsablauf sowie der Arbeitsorganisation, die erfahrungsgemäß leicht zu persönlichen Auseinandersetzungen führen können. Unter Berücksichtigung der Umstände hat der Arbeitgeber alle erforderlichen Maßnahmen des Gesundheitsschutzes zu treffen, die Gesundheit und Sicherheit aller Beschäftigten bei der Arbeit beeinflussen. Er hat die Maßnahmen auf ihre Wirksamkeit zu überprüfen und erforderlichenfalls sich ändernden Gegebenheiten anzupassen.

§ 7 Verhaltensregeln für Betroffene

(1) Betroffene werden ausdrücklich ermutigt, ein Fehlverhalten im Sinne dieser Betriebsvereinbarung nicht hinzunehmen, sondern sich dagegen zur Wehr zu setzen und der betreffenden Person zunächst deutlich zu machen, daß ihr Verhalten unerwünscht ist, daß es als verletzend oder mißachtend empfunden wird und das Betriebsklima stört. Betroffene können auch Beschäftigte sein, die zwar nicht persönlich behelligt werden, aber das Fehlverhalten miterleben oder mit ansehen.

(2) Jede Form der sexuellen Belästigung, von Mobbing oder Diskriminierung sollte dem Konfliktbeauftragten oder der Beschwerdestelle gemeldet werden, insbesondere wenn die Aufforderung zur Unterlassung (Absatz 1) erfolglos ist bzw. aus persönlichen Gründen unterbleibt. Die Beschwerdeführenden können sich durch Personen ihres Vertrauens zur Beschwerdestelle begleiten lassen.

(3) Betroffene, deren Situation von der Beschwerdestelle als berechtigt anerkannt wurde, dürfen ihren Arbeitsplatz unter Fortzahlung der Bezüge verlassen, wenn sich an ihre Situation nichts verändert und diese sich als weiterhin für sie unerträglich darstellt. Sie müssen lediglich die Personen ihres Vertrauens (Absatz 2) informieren, die wiederum informieren die Geschäftsführung.

§ 8 Konfliktbeauftragter, Beschwerdestelle, Beschwerdeverfahren

(1) Der Betriebsrat benennt aus seiner Mitte eine Person als Konfliktbeauftragten.

Die Arbeit des Konfliktbeauftragten wird wie Arbeitszeit mit allen sich daraus ergebenden Rechten und Pflichten gewertet.

Die Sprechstunden des Konfliktbeauftragten sind denen des Betriebsrats gleichgestellt.

Aufgaben:

- Durchführung von vorbeugenden Maßnahmen gegen Mobbing
- Durchführung regelmäßiger Sprechstunden
- Betreuung eines Kummerkastens
- Öffentlichkeitsarbeit im Betrieb
- Pflege und Kontakt zu externen Stellen
- Einberufung und Leitung der Beschwerdestelle
- Beratung der Betroffenen

Rechte:

- Anspruch über umfassende Unterrichtung über Konflikte im Betrieb von Seiten des Arbeitgebers und des Betriebsrats
- Zutrittsrecht zu allen Arbeitsplätzen während der Arbeitszeit um Gespräche, die der Konfliktlösung dienen, zu führen

Um eine sachgerechte Ausübung seiner/ihrer Tätigkeit auf Dauer gewährleisten zu können, hat sich der/die Konfliktbeauftragte einer Supervision zu unterziehen und in geeigneter Form fortzubilden. Die Kosten hierfür hat der Arbeitgeber zu tragen. Die Teilnahme an solchen Maßnahmen einschließlich der notwendigen Wegzeiten ist wie Arbeitszeit zu vergüten.

Sämtliche durch die Tätigkeit des/der Konfliktbeauftragten entstehenden Kosten trägt der Arbeitgeber.

(2) Die Beschwerdestelle setzt sich wie folgt zusammen:

- ein Konfliktbeauftragter
- ein Vertreter des Betriebsrats
- ein Vertreter des Arbeitgebers

- eventuell eine vom Betriebsrat zu benennende Person (Psychologen, Ärzte usw.), diese hat in der Beschwerdestelle jedoch kein Stimmrecht

§ 9 Ermittlungsverfahren

(1) Zur Ermittlung des Sachverhalts / Anhörung der Beschuldigten tritt die Beschwerdestelle zusammen. Die Zusammensetzung ergibt sich aus § 8 Abs. 2. Die Beschwerdestelle läd die Beschuldigten ein und gibt ihnen Gelegenheit, sich zu den vorgetragenen Vorwürfen Stellung zu nehmen. Die Aussagen werden protokolliert. Nach Anhörung prüft die Beschwerdestelle, ob zur Sachklärung das heranziehen weiterer Personen notwendig ist.

(2) Nach Abschluß der Ermittlungen prüft die Beschwerdestelle bei Verdacht eines Fehlverhaltens im Sinne dieser Betriebsvereinbarung, ob arbeitsrechtliche Maßnahmen erforderlich erscheinen und macht entsprechende Vorschläge gegenüber dem Geschäftsführer und dem Vorstand des DRK Kreisverband Forst e.V. Innerhalb einer Woche sind die Maßnahmen einzuleiten und durchzuführen (z.B. Ermahnung, Abmahnung, Kündigung). Die Maßnahmen sollen den Beschuldigten das Fehlverhalten nachdrücklich verdeutlichen, Wiederholungen verhindern und klarstellen, daß der DRK Kreisverband Forst e.V. ein solches Verhalten auf keinen Fall duldet.

(3) Unabhängig davon ist in jeden Einzelfall zu prüfen, ob Personen, die sich Fehlverhalten haben, versetzt bzw. Wiederholungsgefahr vor Ablauf des Verfahrens vom Dienst suspendiert werden können. Auf Wunsch können die Belästigten ebenfalls versetzt werden. Diese Maßnahmen sind innerhalb einer Woche einzuleiten.

§ 10 Meinungsverschiedenheiten

(1) Bei Meinungsverschiedenheiten zwischen Betriebsrat und Arbeitgeber, die sich aus der Anwendung dieser Betriebsvereinbarung ergeben, ist eine Schlichtungsstelle zu bilden. Diese besteht aus einem Vorsitzendem sowie je zwei Vertretern des Betriebsrates sowie des Arbeitgebers. Die Schlichtungsstelle soll unverzüglich, spätestens jedoch zwei Wochen nach Anrufung, tagen. Das Verfahren vor der Schlichtungsstelle entspricht dem des Einigungsstellenverfahrens gem. §§ 76, 76a BetrVG.

(2) Die Unterlegene Partei kann gegen die Entscheidung der Schlichtungsstelle das Arbeitsgericht anrufen.

(3) Der Arbeitgeber trägt die Kosten des Schlichtungsverfahrens.

§ 11 Besondere Verantwortung der Vorgesetzten

(1) Die Vorgesetzten haben durch ihr Verhalten zu einem Betriebsklima beizutragen, in dem die persönliche Integrität und die Selbstachtung aller Beschäftigten respektiert werden. Die Vorgesetzten tragen die Verantwortung dafür, daß Hinweisen auf eine eventuelle sexuelle Belästigung sowie Mobbing oder Diskriminierung in ihrem Arbeitsbereich unverzüglich nachgegangen wird.

(2) Falls sich Beschäftigte am Arbeitsplatz nachweislich Fehlverhalten haben, sind sie als Vorgesetzte grundsätzlich ungeeignet.

Vorgesetzte, die einer sexuellen Belästigungen sowie Mobbing oder Diskriminierung nicht konsequent entgegentreten, sind auf ihre Verantwortung hinzuweisen. Im Wiederholungsfall ist die Einleitung von Maßnahmen im Sinne des § 7 Abs. 2 zu prüfen.

§ 12 Ausbildung / Fortbildung

(1) Bei Ausbildungs- und Fortbildungsmaßnahmen des DRK Kreisverband Forst e.V. sind die Themen „Sexuelle Belästigung am Arbeitsplatz“ sowie „Mobbing“ und „Diskriminierung“ einschließlich der Rechtsfolgen für die Betroffenen und der Handlungspflichten der Vorgesetzten zu berücksichtigen. über die Inhalte und die Auswahl der Referentinnen und Referenten (intern/extern) ist mit dem Betriebsrat Einvernehmen zu erzielen.

(2) Derartige Fortbildungsmaßnahmen sind insbesondere vorzusehen für: Beschäftigte mit Führungs- und Leitungsaufgaben, in Aus- und Weiterbildung, Mitglieder der Beschwerdestelle, Beschäftigte der Personalabteilung, Mitglieder des Betriebsrates und die Frauenvertreterin.

§ 13 Bekanntmachung der Betriebsvereinbarung

(1) Über Abschluß, Anlaß, Zweck und Inhalt dieser Vereinbarung ist die Belegschaft auf einer Betriebsversammlung zu informieren. Zu dieser Betriebsversammlung kann der Betriebsrat einen Referenten hinzuziehen, der über das Thema - Mobbing am Arbeitsplatz - sprechen und Fragen der Belegschaft beantworten wird. Der Arbeitgeber verpflichtet sich, die in § 5 Abs. 2 und 3 BetrVG genannten Personen in geeigneter Weise über Abschluß, Anlaß, Zweck und Inhalt dieser Vereinbarung zu informieren.

Jeder/jede Beschäftigte erhält eine Kopie dieser Vereinbarung. Neue Beschäftigte erhalten diese bei Abschluß des Arbeitsvertrages.

§ 14 Inkrafttreten / Kündigung / Nachwirkung

Die Betriebsvereinbarung tritt mit dem Tag der Unterzeichnung in Kraft.

Sie kann mit einer Frist von drei Monaten zum Jahresende schriftlich einseitig gekündigt werden. Die gekündigte Betriebsvereinbarung wirkt so lange nach, bis sie durch eine neue Betriebsvereinbarung abgelöst wird.

Sie kann ebenfalls im gegenseitigem Einvernehmen ohne eine Nachwirkung mit einer Frist von drei Monaten zum Jahresende gekündigt werden.

§ 15 Salvatorische Klausel

Sollte eine Regelung dieser Betriebsvereinbarung gegen eine gesetzliche Bestimmung verstoßen und demzufolge unwirksam sein, so bleiben die übrigen Regelungen hiervon unberührt. Die Parteien verpflichten sich, anstelle der unwirksamen Bestimmungen eine Regelung zu finden, die der gewollten (unwirksamen) Regelung am nächsten kommt.

Forst, den 21.08.1999

7. „Betriebsvereinbarung zur Verhinderung von Mobbing“ für die Bildungsvereinigung Arbeit und Leben Niedersachsen e.V.

zwischen der Bildungsvereinigung Arbeit und Leben Niedersachsen e.V. und dem Betriebsrat der Bildungsvereinigung Arbeit und Leben Niedersachsen e.V. und des DGB-Bildungswerks Niedersachsen e.V. anderseits

§ 1 Geltungsbereich
Diese Betriebsvereinbarung gilt für alle Beschäftigten der Bildungsvereinigung Arbeit und Leben Niedersachsen.

§ 2 Belästigungsverbot
Geschäftsleitung- und Betriebsrat sind sich einig darüber, daß keine Person wegen ihrer Abstammung, Religion, Nationalität, Herkunft, Alter, Geschlecht, sexueller Orientierung, persönlicher Einstellung, politischer oder gewerkschaftlicher Betätigung oder Einstellung Nachteile entstehen dürfen. Geschäftsleitung und Betriebsrat sehen eine wichtige Aufgabe darin, die freie Entfaltung der Persönlichkeit der im Betrieb beschäftigten ArbeitnehmerInnen zu schützen und zu fördern.
Deshalb werden alle Betriebsangehörigen aufgefordert, Maßnahmen zu unterlassen, die die Entfaltung der Persönlichkeit einzelner beeinträchtigen können oder als Belästigung und Beleidigung empfunden werden können.
Insbesondere ist darauf zu achten, daß
- niemand in seinen/ihren Möglichkeiten, sich zu äußern oder mit seinen KollegInnen und Vorgesetzten zu sprechen, eingeschränkt wird,
- niemand in seinen/ihren Möglichkeiten, soziale Beziehungen aufrechtzuerhalten, beschnitten wird,
- niemand in seinem/ihrem sozialen Ansehen beschädigt wird,
- niemand durch Wort, Gesten oder Handlungen sexuell belästigt wird,
- niemand physischer Gewalt oder gesundheitsschädigenden Arbeitsbedingungen ausgesetzt wird.

§ 3 Sanktionen
Unabhängig von den in folgenden genannten Vorgehensweisen zur Verhinderung von Belästigungen und Beeinträchtigungen kommen Geschäftsleitung und Betriebsrat überein, daß sie belästigende Handlungen nach § 2 als ernstliche Verletzung des Betriebsfriedens betrachten. Personen, die trotz Ermahnung solche Verhaltensweisen weiterhin ausüben, müssen mit Versetzung oder Entlassung rechnen.

§ 4 Maßnahmen zur Verbesserung des Betriebsklimas
Zur Verbesserung des Betriebsklimas und zur Verhinderung von Belästigung werden regelmäßig MitarbeiterInnen Fortbildungsmaßnahmen unter Einbeziehung der Vorgesetzten angeboten. Die Teilnahme ist verpflichteten. Der Betriebsrat ist an der Konzeption der Schulung und Auswahl der Schulungsträger beteiligt und hat das Recht, an den Schulungen teilzunehmen. In den Schulungen sind dem Thema: „Maßnahmen zur Verbesserung des Betriebsklimas und zur Verhinderung von Mobbing“ besonderer Raum zu lassen. Betriebsrat und Geschäftsleitung messen diesen Bildungsmaßnahmen im Rahmen von Qualitätsentwicklung hohe Bedeutung zu.

§ 5 Betriebliches Beschwerderecht
Jeder und jede Betriebsangehörige, der sich vom Arbeitgeber oder von ArbeitnehmerInnen des Betriebes benachteiligt oder ungerecht behandelt oder in sonstiger Weise beeinträchtigt fühlt, hat das Recht zur Beschwerde. Nachteile dürfen ihm und ihr nicht daraus entstehen.

§ 6 Stufen der Beschwerdebehandlung
Ein Betriebsangehöriger oder eine Betriebsangehörige, der und die eine Beschwerde nach § 5 vorbringt, kann zunächst ein Gespräch mit dem Konfliktgegner unter Leitung des oder der Konfliktbeauftragten verlangen. Wer Beschwerden führt, hat das Recht, daß dieses Gespräch innerhalb von zwei Wochen nach der Beschwerde stattfindet.
Kommen die Konfliktparteien in diesem Gespräch nicht zu einer Einigung oder besteht der ursprüngliche Mißstand, der Anlaß zur Beschwerde gab, weiter, so kommt die Angelegenheit innerhalb von weiteren zwei Wochen vor die betriebliche Beschwerdestelle. Sie entscheidet nach Anhörung beider Seiten verbindlich.

§ 7 Zusammensetzung der betrieblichen Beschwerdestelle
Die betriebliche Beschwerdestelle ist eine ständige Einrichtung. Sie setzt sich aus drei Mitgliedern, von denen je 1 Person von der Geschäftsleitung und dem Betriebsrat genannt werden, zusammen. Den Vorsitz übernimmt eine betriebsinterne neutrale Person, auf die sich beide Seiten einigen. Die Beschwerdestelle entscheidet einstimmig.
Die betriebliche Beschwerdestelle hat das Recht, Maßnahmen zur Beilegung des Konfliktes zu beschließen. Die Geschäftsleitung und der Betriebsrat sind zur Umsetzung der Entscheidung der Beschwerdestelle verpflichtet.
Kommt keine Einigung zustande, wird eine externe Person zur Vermittlung hinzugezogen, deren Vermittlungsvorschlag angenommen werden muß.

§ 8 Betrieblicher Konfliktbeauftragter, betriebliche Beauftragte
Um eine Eskalation von Konflikten zu verhindern, wird ein betrieblicher Konfliktbeauftragter bzw. Konfliktbeauftragte benannt, der oder die von den Personen, die Beschwerde führen, angerufen werden kam, wenn sie sich belästigt oder benachteiligt fühlen. Der Konfliktbeauftragte, die Konfliktbeauftragte werden von Geschäftsleitung und Betriebsrat im Einvernehmen benannt. Der Konfliktbeauftragte, die Konfliktbeauftragte werden gesondert geschult und haben folgende Rechte:
- Gespräche zwischen zwei Konfliktparteien einzuberufen und zu leiten, sofern noch keine Beschwerde nach § 6 geführt wurde,
- im Auftrag der Person, die Beschwerde führt, Verhandlungen mit Vorgesetzten und Personalabteilung zu führen, um einen Mißstand zu beseitigen oder eine einvernehmliche Lösung zu finden,
- in der betrieblichen Beschwerdestelle als Sachverständiger oder Sachverständige aufzutreten und Lösungen vorzuschlagen,
- gegen Entscheidungen der betrieblichen Beschwerdestelle ein Veto einzulegen, wenn der begründete Verdacht besteht, daß es sich um einen Fall von Mobbing handelt.

Wenn der Konfliktbeauftragte, die Konfliktbeauftragte ein Veto gegen die Entscheidung der betrieblichen Beschwerdestelle einlegt, muß diese eine externe Person zum Thema Mobbing hören und deren Vermittlungsvorschläge annehmen.

§ 9 Inkrafttreten, Kündigung
Diese Vereinbarung tritt am 01.07.1999 in Kraft.
Die Vereinbarung gilt auf unbestimmte Zeit, sie kann mit einer halbjährlichen Frist zum jeweiligen Jahresende gekündigt werden. Widerspricht die andere Seite der Kündigung, so gilt die Vereinbarung fort, bis sie durch eine andere ersetzt wird.

Hannover, den 15.06.1999

8. Dienstvereinbarung „über den Beschäftigtenschutz (sexuelle Belästigung, Mobbing und Diskriminierung)“ der Bundesversicherungsanstalt für Angestellte (BfA)

Zwischen der Bundesversicherungsanstalt für Angestellte (BfA) - vertreten durch die Geschäftsführung – und dem Gesamtpersonalrat wird auf Initiative des Personalrates der zentralen Dienststelle in Berlin, des Gesamtpersonalrates und der Frauenbeauftragten nach § 73 in Verbindung mit § 75 Abs. 3 Nr. 15 des Bundespersonalvertretungsgesetzes folgende Dienstvereinbarung geschlossen, die den Schutz der Beschäftigten vor sexueller Belästigung, vor Mobbing sowie vor Diskriminierung wegen Behinderung, Herkunft, Hautfarbe, Religion, politischer Anschauung oder sexueller Identität am Arbeitsplatz gewährleisten soll.

Präambel

Es besteht Einvernehmen, daß sexuelle Belästigung, soziales Fehlverhalten, ungelöste Konflikte und fehlende Achtung vor Andersdenkenden sowie Angehörigen anderer Nationen oder Glaubensgemeinschaften das Betriebsklima negativ beeinflussen, zu Störungen der Arbeitsabläufe führen sowie die Qualität der Arbeitsergebnisse beeinträchtigen. Die Rechte der Betroffenen auf sexuelle Selbstbestimmung, Menschenwürde und Meinungsfreiheit werden durch solche Verhaltensweisen verletzt. Folge dieser Belästigungen können seelische und körperliche Erkrankungen sein.
Alle Beschäftigten der BfA sind aufgefordert, an der Gestaltung der Arbeitswelt mitzuwirken, die von gegenseitiger Achtung und Toleranz geprägt ist und in der Konflikte zugelassen und gelöst werden.

§ 1 Geltungsbereich

Die Dienstvereinbarung gilt für alte Beschäftigten der BfA.

§ 2 Grundsätze

(1) Diese Dienstvereinbarung soll dazu beitragen, sexuelle Belästigungen sowie Mobbing und Diskriminierung zu verhindern. Sie regelt das Verfahren bei Verstößen. Die genannten Verhaltensweisen stellen eine Verletzung der arbeitsvertraglichen Pflichten oder ein Dienstvergehen dar und können auch Strafrechtstatbestände erfüllen.
(2) Die Rechte der Personalvertretung bleiben unberührt.

§ 3 Pflichten des Arbeitgebers/Dienstherrn

(1) Die BfA als Arbeitgeber/Dienstherr mißbilligt jede Form von sexueller Belästigung sowie von Mobbing und Diskriminierung am Arbeitsplatz. Sie sieht es als ihre Pflicht an, alles zu tun, um die Beschäftigten davor zu schützen.
(2) Die BfA verpflichtet sich, in Abstimmung mit den Betroffenen gegen Personen vorzugehen, die gegen diese Dienstvereinbarung verstoßen. Die BfA hat dafür zu sorgen, daß den Beschwerdeführenden aus der Mitteilung eines Fehlverhaltens kein Nachteil entsteht.
(3) Werden Beschäftigte durch betriebsfremde Personen am Arbeitsplatz sexuell belästigt oder diskriminiert, wird die BfA ihre rechtlichen und tatsächlichen Möglichkeiten ausschöpfen, um dies künftig zu verhindern.

§ 4 Verantwortung der Vorgesetzten

(1) Die Vorgesetzten haben durch ihr Verhalten zu einem Betriebsklima beizutragen, in dem die persönliche Integrität und die Selbstachtung aller Beschäftigten respektiert werden. Die Vorgesetzten tragen die Verantwortung dafür, daß Hinweisen auf eine eventuelle sexuelle Belästigung sowie Mobbing oder Diskriminierung in ihrem Arbeitsbereich unverzüglich nachgegangen wird.

(2) Vorgesetzte, die einer sexuellen Belästigung sowie Mobbing oder Diskriminierung nicht konsequent entgegentreten, sind auf ihre Verantwortung hinzuweisen. Im Wiederholungsfall ist die Einleitung von dienst- oder arbeitsrechtlichen Maßnahmen zu prüfen.

§ 5 Begriffsbestimmung

(1) Sexuelle Belästigung am Arbeitsplatz ist jedes vorsätzliche sexuell bestimmte Verhalten, das die Würde des Menschen am Arbeitsplatz verletzt. Ausschlaggebend sind die Empfindungen der Betroffenen.

Sexuelle Belästigung liegt vor, wenn ein Verhalten

- aufgrund allgemeingültiger gesellschaftlicher Normen als unerwünscht unterstellt werden kann

oder

- von den Betroffenen erkennbar abgelehnt wird.

Als sexuelle Belästigung kommen z.B. in Betracht:

- das Aushängen, Verbreiten oder Zeigen von Bildern, Pin-up-Darstellungen, Kalendern, Software usw. mit sexuell anzüglichen Ausführungen, Darstellungen menschlicher Körper oder Personen als Lustobjekte,
- unnötigen oder unerwünschter körperlicher Kontakt,
- sexuell anzügliche oder unangenehme verbale Bemerkungen, Äußerungen, Witze, Kommentare über Aussehen anderer Personen oder Erlebnisse mit anderen Personen oder beleidigende Äußerungen,
- beleidigende oder diskriminierende Äußerungen wegen gleichgeschlechtlicher Lebensweise,
- obszöne oder kompromittierende Aufforderungen oder Einladungen,
- unerwünschte verbale sexuelle Annäherungsversuche,
- Handlungen, die geeignet sind, Frauen und Männer als Anschauungsobjekte einzustufen,
- die sprachliche Benennung mit „Kosewörtern“,
- exhibitionistische Angebote oder Handlungen,
- Aufforderung zu sexuellen Handlungen.

Als besonders schwerwiegend wird die Belästigung angesehen, wenn sie sich gegen Nachgeordnete richtet oder mit Hinweisen auf eine mögliche Verknüpfung zwischen der Erfüllung von sexuellen Forderungen und dem Fortkommen oder der Benachteiligung im Arbeitsleben verbunden wird.

Einvernehmliche Beziehungen werden durch diese Dienstvereinbarung nicht berührt. Wenn das Einvernehmen beendet ist, dürfen Betroffene keine Nachteile haben, weil die Beziehung zunächst erwünscht war.

(2) Mobbing findet statt, wenn jemand am Arbeitsplatz schikaniert, bedrängt oder ausgegrenzt wird. Es beeinträchtigt die Persönlichkeitsentwicklung, das Selbstwertgefühl sowie die Handlungs- und Entscheidungsfreiheit der betroffenen Person, es verletzt ihre Würde und ihr soziales Ansehen. Mobbing verhindert, daß die Betroffenen

ihre Fähigkeiten einbringen und ihre fachlichen Aufgaben sinnvoll wahrnehmen können.
Als Mobbing-Handlungen kommen z.B. in Betracht:
- Verleumdung von Beschäftigten oder deren Familien,
- Verbreiten von abträglichen bzw. negativen Gerüchten über Beschäftigte oder deren Familien,
- absichtliches Zurückhalten von arbeitsnotwendigen Informationen,
- Drohungen und Erniedrigungen,
- Beschimpfung, verletzende Behandlung, Hohn und Aggressivität,
- unwürdige Behandlung durch Vorgesetzte, wie z.B. die Zuteilung kränkender, unlösbarer, sinnloser oder gar keiner Aufgaben,
- Belästigungen von Beschäftigten bis in die Privatsphäre.
(3) Diskriminierung ist die Herabsetzung von Beschäftigten wegen ihrer Behinderung, Herkunft, Hautfarbe, Religion, politischer Anschauung oder sexuellen Identität und verletzt die Würde der betroffenen Person sowie ihre Grundrechte.
Als Diskriminierungen kommen z.B. in Betracht:
- verbale oder schriftliche Äußerungen sowie Handlungen mit herabwürdigendem Inhalt aus o.g. Gründen,
- alle Mobbing-Handlungen mit diskriminierendem Hintergrund.

§ 6 Unterstützung der Betroffenen
(1) Betroffene werden ausdrücklich ermutigt, ein Fehlverhalten im Sinne dieser Dienstvereinbarung nicht hinzunehmen, sondern sich dagegen zur Wehr zu setzen und der betreffenden Person zunächst mündlich oder schriftlich deutlich zu machen, daß ihr Verhalten unerwünscht ist, daß es als verletzend oder mißachtend empfunden wird und das Betriebsklima stört. Sie können hierzu eine Person ihres Vertrauens einschalten. Betroffene können auch Beschäftigte sein, die zwar nicht persönlich behelligt werden, aber das Fehlverhalten miterleben oder mitansehen.
(2) Jede Form der sexuellen Belästigung, von Mobbing oder Diskriminierung sollte einem Mitglied der Beratungsstelle (§ 7) gemeldet werden, insbesondere wenn die Aufforderung zur Unterlassung (Absatz 1) erfolglos ist bzw. aus persönlichen Gründen unterbleibt. Die Beschwerdeführenden können sich durch Personen ihres Vertrauens begleiten lassen.

§ 7 Beratungsstelle, Verfahren
(1) Zur Beratung der Mitarbeiterinnen und Mitarbeiter bei Anliegen im Sinne dieser Dienstvereinbarung stehen Mitglieder einer Beratungsstelle zur Verfügung. Die Beratungsstelle besteht aus mindestens acht Beschäftigten, die nach vorheriger Bekanntmachung von der Geschäftsführung im Einvernehmen mit dem Gesamtpersonalrat bestellt werden. Betroffene können wählen, an welches Mitglied sie sich wenden.
In den im Sinne des Bundespersonalvertretungsgesetzes räumlich weitentfernten Dienststellen werden von den jeweiligen Dienststellenleitungen im Einvernehmen mit der jeweils zuständigen Personalvertretung je eine Vermittlungsperson bestellt.
6 Abs. 2 letzter Satz bleibt unberührt.
(2) Die Mitglieder der Beratungsstelle haben folgende Aufgaben:
- Beratung der Betroffenen,
- Entgegennahme von Beschwerden,

- Prüfung, ob es sich um einen Fall im Sinn dieser Dienstvereinbarung handelt.
- Initiieren von vorbeugenden Maßnahmen und Schulungen,
- Öffentlichkeitsarbeit im Betrieb,
- Kontakte zu externen Steilen.

(3) Vorgetragene Anliegen werden unverzüglich und vertraulich behandelt. Erscheinen hiernach weitere Schritte erforderlich, gibt die Beratungsstelle den Vorgang im Einvernehmen mit den Ratsuchenden über die Leitung der Abteilung Personal an die Ermittlungsstelle (§ 8 Abs. 1) weiter. Sie kann damit einen Vorschlag zum weiteren Vorgehen, insbesondere zum Schutz der Ratsuchenden verbinden.

(4) Die Mitglieder der Beratungsstelle werden von anderweitigen dienstlichen Tätigkeiten freigestellt, soweit es zur ordnungsgemäßen Wahrnehmung ihrer Aufgaben in der Beratungsstelle erforderlich ist. Die notwendige personelle und sachliche Unterstützung ist von der BfA zugesichert.

(5) Die Mitglieder der Beratungsstelle sind hinsichtlich der ihnen in dieser Tätigkeit bekannt werdenden Angelegenheiten über die Zeit ihrer Ernennung hinaus zum Stillschweigen verpflichtet. Dies gilt auch für andere Beteiligte.

§ 8 Ermittlungsstelle, Verfahren

(1) Zur Ermittlung des Sachverhalts wird von Fall zu Fall eine Ermittlungsstelle eingerichtet. Die Ermittlungsstelle besteht aus der Teamleitung des Personalverwaltungsteams der Abteilung, in der sich der Vorfall ereignet hat, und zwei Beschäftigten, von denen mindestens eine Volljuristin/einer Volljurist sein muß. Diese Mitglieder werden jeweils von der Abteilungsleitung Personal aus einem Pool bestimmt. Dieser Pool besteht aus mindestens zwölf Beschäftigten, die nach vorheriger Bekanntmachung von der Geschäftsführung im Einvernehmen mit dem Gesamtpersonalrat bestellt werden kann. Kommt die Ermittlungsstelle zu dem Ergebnis, daß die Beschwerde nicht offensichtlich unbegründet ist, leitet sie die erforderlichen Schutzmaßnahmen ein.

(2) Die Ermittlungsstelle gibt Beschuldigten danach Gelegenheit, sich zu den Vorwürfen zu äußern. Sie prüft dann, ob die Anhörung weiterer Personen bzw. die von der Beratungsstelle vorgeschlagenen Maßnahmen (§ 7 Abs. 3 Satz 3) erforderlich sind. Aussagen zur Sache werden protokolliert. Die Entscheidung über Sofortmaßnahmen trifft die Leitung der Abteilung Personal.

(3) Nach Abschluß der Ermittlungen prüft die Ermittlungsstelle, ob dienst- oder arbeitsrechtliche Maßnahmen (z.B. Ermahnung, Abmahnung, Kündigung) erforderlich erscheinen und macht entsprechende Vorschläge gegenüber der Personalverwaltung. Über das weitere Verfahren entscheidet die Abteilung Personal.

Die Maßnahmen sollen ein Fehlverhalten nachdrücklich verdeutlichen, Wiederholungen verhindern und klarstellen, daß die BfA ein solches Verhalten auf keinen Fall duldet.

Kommt die Ermittlungsstelle zu dem Ergebnis, daß kein Fehlverhalten vorliegt, schlägt sie der Leitung der Abteilung Personal die Einstellung des Verfahrens vor.

(4) Die Betroffenen dürfen keinen Nachteil aus der Anzeige der Belästigung erleiden. Dies gilt auch, wenn das Verfahren gegen Beschuldigte eingestellt wird.

(5) § 7 Abs. 4 und 5 gelten entsprechend.

§ 9 Ausbildung, Fortbildung, Qualifizierung
Bei Ausbildungs-, Fortbildungs- und Qualifizierungsmaßnahmen der BfA sind die Themen „Sexuelle Belästigung am Arbeitsplatz“ sowie „Mobbing“ und „Diskriminierung“ einschließlich des Rechtsschutzes für die Betroffenen, der Handlungspflichten der Vorgesetzten und des Verfahrens bei Verstößen zu berücksichtigen.
Das gilt insbesondere für
- Beschäftigte mit Führungs- und Aufsichtsaufgaben,
- in der Aus- und Fortbildung tätige Beschäftigte,
- Mitglieder der Beratungsstelle,
- Mitglieder der Ermittlungsstelle,
- Beschäftigte mit Personalaufgaben,
- Mitglieder der Personalvertretungen,
- Mitglieder der Jugend- und Auszubildendenvertretung,
- die Frauenbeauftragte,
- Vermittlungspersonen,
- die Mitarbeiterinnen und Mitarbeiter der betrieblichen Sozialberatung und des Betriebs-/Personalärztlichen Dienstes,
- Mitglieder der Schwerbehindertenvertretung,
- Mitglieder der Gesamtschwerbehindertenvertretung.

§ 10 Bekanntgabe der Dienstvereinbarung
Alle Beschäftigten erhalten ein Exemplar dieser Dienstvereinbarung sowie des Gesetzes zum Schutz der Beschäftigten vor sexueller Belästigung am Arbeitsplatz – Beschäftigtenschutzgesetz. Die Dienstvereinbarung und das Gesetz können außerdem in allen Dezernats- und Referatsleitungen eingesehen werden.

§ 11 Inkrafttreten, Kündigung, Nachwirkung
Die Dienstvereinbarung tritt mit dem Tage der Unterzeichnung in Kraft. Sie kann mit einer Frist von einem Monat zum Schluß eines Kalendermonats schriftlich gekündigt werden.
Nach Ablauf der Kündigungsfrist wirkt die Dienstvereinbarung bis zum Inkrafttreten einer Neuregelung nach.

Berlin-Wilmersdorf, den 24. April 1996

9. „Dienstvereinbarung gegen Mobbing“ für das Städtische Krankenhaus Friedrichshafen

Vereinbarung zwischen dem Direktorium und dem Personalrat zum Schutz der Mitarbeiterinnen und Mitarbeiter gegen Mobbing am Arbeitsplatz.

Zwischen dem Direktorium des Städtischen Krankenhauses Friedrichshafen (SKF) und dem Personalrat des Städtischen Krankenhauses Friedrichshafen (SKF) wird gemäß LPVG § 79 Abs. 1 Ziff. 8 und 12 die folgende Dienstvereinbarung abgeschlossen:

Vorbemerkung
Das Direktorium des SKF und die Personalvertretung sind sich darin einig, daß die Bekämpfung von Mobbing ein wichtiges Anliegen der Fürsorgepflicht ist.
Ziel dieser Dienstvereinbarung ist es, dafür Sorge zu tragen, daß unmittelbar nach Bekanntwerden eines gestörten Betriebsfriedens oder nach Kenntnisnahme von Repressalien gegen einzelne Mitarbeiter(innen) oder gegen Gruppen von Mitarbeitern darauf hingearbeitet wird, ein funktionierendes, menschenwürdiges Miteinander am Arbeitsplatz zu erreichen und die Produktivität des Dienstbetriebes zu gewährleisten.
Zur besseren Handhabung der Dienstvereinbarung wird nachfolgend jeweils die männliche Form verwendet, obwohl Männer und Frauen gleichermaßen angesprochen werden.
Das Direktorium und die Personalvertretung vereinbaren, nach den folgenden Bestimmungen zu verfahren.

§ 1 Geltungsbereich
Diese Dienstvereinbarung gilt für alle Mitarbeiter sowie Auszubildende und Praktikanten des SKF.

§ 2 Anwendungsgrundlage
Die Dienstvereinbarung ist anzuwenden, wenn ein Mitarbeiter wegen Verletzung seiner Persönlichkeit durch Vorgesetzte oder Mitarbeiter unter einen psychischen Leidensdruck gerät und sich hilfesuchend an seine vorgesetzte Stelle, die Personalabteilung und/oder an den Personalrat wendet.

§ 3 Vorgehensweise
Schritt 1:
Gespräch mit dem Hilfesuchenden.
In dem vertraulich geführten Gespräch wird dem hilfesuchenden Mitarbeiter Verständnis für seine Situation signalisiert und es wird ihm mitgeteilt, daß Klärung in Aussicht gestellt wird. Zu dieser Klärung gehört ein gemeinsames Gespräch mit den betroffenen Parteien.

Schritt 2:
Es wird von der Personalabteilung und vom Personalrat eine verstärkte Kommunikation mit dem Vorgesetzten und den Mitarbeitern im Umfeld der hilfesuchenden Person gesucht.
Wurde durch die Intervention der o.g. Stellen wieder ein funktionierendes und menschenwürdiges Miteinander der Mitarbeiter erreicht, so wird von weiteren Schritten

gemäß dieser Dienstvereinbarung abgesehen. Soweit erforderlich erfolgt eine Nachbetreuung der betroffenen Personen.

Schritt 3:
Ist nach Ablauf von maximal zwei Monaten im Verhalten der Mitarbeiter am Arbeitsplatz nach der eventuellen internen Information keine positive Veränderung festzustellen, so folgt ein Gespräch mit den Betroffenen, an dem der/die Vorgesetzten des Bereiches, der Personalrat, die Personalabteilung und eventuell später Vertrauenspersonen der Beteiligten teilnehmen.

Schritt 4:
Nach Ablauf von maximal weiteren sechs Monaten oder nach dem Seminarbesuch (siehe Protokollerklärung zu Schritt 3) wird ein Gespräch mit den Beteiligten Mitarbeitern gesucht und eine Analyse des Istzustandes durchgeführt sowie die Vorstellung der Parteien über die weitere Mitarbeit aufgenommen.

Schritt 5:
Ist im Verhalten der Betroffenen am Arbeitsplatz nach maximal drei Monaten nach Schritt 4 noch immer keine positive Veränderung festzustellen, so findet auf Veranlassung des Vorgesetzten, der Personalabteilung, des Personalrats oder einer betroffenen Partei ein neues Gespräch statt.
Die Betroffenen werden aufgefordert, ihr Verhalten ab sofort zu ändern und sich um ein konkretes Hilfsangebot zu kümmern.
Im Gespräch kündigt die Personalabteilung an, daß bei Ablehnung des 1.Hilfsangebots unmittelbar nach Ablauf einer Frist von vier Wochen konkrete arbeits- oder dienstrechtliche Konsequenzen gezogen werden.
Der Betroffene erhält eventuell eine schriftliche Abmahnung durch die Personalabteilung, in der die arbeitsrechtlichen Konsequenzen (siehe Protokollerklärung, Schritt 5) für ihn aufgezeigt werden.

Schritt 6:
Es folgt eine weitere Beobachtungsphase von maximal drei Monaten.
Ist keine Änderung im Verhalten der Betroffenen festzustellen, führt die Personalabteilung mit ihnen ein weiteres Gespräch unter Beteiligung des Vorgesetzten, des Personalrats und eventuell des Vertrauensmanns der Schwerbehinderten.
Bei Arbeitern und Angestellten werden arbeitsrechtliche Konsequenzen, im Rahmen einer Abmahnung, angedroht.

Schritt 7:
Stellt der Leiter des Bereiches nach maximal weiteren sechs Wochen fest, daß alle bisherigen arbeitsrechtlichen Maßnahmen ohne Erfolg geblieben sind und ist ein Fehlverhalten am Arbeitsplatz festzustellen, so beantragt er nach vorheriger Rücksprache mit dem Personalrat und eventuell dem Vertrauensmann der Schwerbehinderten bei der Personalabteilung die in § 3, Schritt 5 angedrohten Maßnahmen.

§ 4 Personalakten
Der gesamte Schriftwechsel, der im Zusammenhang mit dem Mobbingverhalten von Mitarbeitern anfällt, wird in die jeweilige Personalakte übernommen.

§ 5 Ausführungsanhang
Der Ausführungsanhang ist Bestandteil dieser Dienstvereinbarung.

§ 6 Inkrafttreten, Geltungsdauer, Merkblatt
1. Diese Dienstvereinbarung tritt am heutigen Tage in Kraft. Sie kann mit einer Frist von sechs Monaten jeweils zum Jahresende gekündigt werden. Die Vereinbarung wirkt nach bis zum Inkrafttreten einer neuen Vereinbarung, längstens jedoch bis zu einem Jahr nach Ablauf der Kündigungsfrist.
2. Die allgemeinen Orientierungshinweise der Anlagen sind zu beachten.
3. Die gesetzlichen bzw. arbeitsrechtlichen Bestimmungen bleiben von dieser Dienstvereinbarung unberührt.

Friedrichshafen, den 23.04.1998

10. Dienstvereinbarung „zum Schutz der Mitarbeiterinnen und Mitarbeiter gegen Mobbing am Arbeitsplatz“ der Landesversicherungsanstalt Mecklenburg-Vorpommern

Dienstvereinbarung zwischen dem Geschäftsführer und dem Personalrat zum Schutz der Mitarbeiterinnen und Mitarbeiter gegen Mobbing am Arbeitsplatz

1. Grundsätze
Der Geschäftsführer und der Personalrat stimmen überein, daß partnerschaftliches Verhalten am Arbeitsplatz die Basis für ein positives innerbetriebliches Arbeitsklima ist und unsoziale Verhaltensweisen sowie nicht gelöste Konflikte das Betriebsklima nachteilig beeinflussen.
Mobbing stellt eine schwerwiegende Störung des Arbeitsfriedens dar. Mobbing schafft ein eingeengtes, streßbelastetes und entwürdigendes Arbeitsumfeld und begründet nicht zuletzt gesundheitliche Beeinträchtigungen.
Als Mobbing im Sinne dieser Vereinbarung werden alle persönlichen Auseinandersetzungen, aber auch ergänzende innerbehördliche Vorgänge und Konflikte verstanden, bei denen die Handlungs- und Entscheidungsfreiheit einer Person, ihre sozialen Beziehungen, ihre Würde und ihr soziales Ansehen sowie die Möglichkeit, sich sinnvoll in den Arbeitsprozeß einzugliedern, immer wieder systematisch angegriffen und verletzt werden.
Ziel dieser Angriffe und Verletzungen ist die Ausgrenzung und Diskriminierung einer Person ohne die Möglichkeit einer offenen und fairen Auseinandersetzung.
Wenn im Folgenden von Mobbing die Rede ist, ist davon auszugehen, daß sexuelle Belästigung und jegliche sonstige Diskriminierung inbegriffen sind.
Anliegen dieser Dienstvereinbarung ist es insbesondere, ein partnerschaftliches Betriebsklima zu fördern und diesbezügliches Fehlverhalten zu analysieren und mit geeigneten Mitteln bestehende Konflikte zu lösen.

2. Geltungsbereich
Diese Dienstvereinbarung gilt für alle Beschäftigten der LVA Mecklenburg-Vorpommern.

3. Anwendungsgrundlage
Die Dienstvereinbarung ist anzuwenden, wenn ein Mitarbeiter vermutet, aufgrund von Mobbing durch Vorgesetzte oder Mitarbeiter unter einen psychischen oder physischen Leidensdruck geraten zu sein.

4. Gremien
4.1 Konfliktbeauftragter
Der Personalrat benennt aus seiner Mitte eine Person zum Konfliktbeauftragten.
Der Konfliktbeauftragte hat Mobbingprävention zu betreiben und Mobbingkonflikte auf einvernehmliche Weise zu lösen.
Ausgehend von seiner Funktion hat der Konfliktbeauftragte insbesondere folgende Aufgaben:
- Durchführung von vorbeugenden Maßnahmen gegen Mobbing
- Durchführung von Sprechstunden und Bereitstellung von Info-Material

- Beratung von Hilfesuchenden
- klärende Unterstützung von Betroffenen
- Durchführung und Leitung von Gesprächen mit dem Ziel einer einvernehmlichen Konfliktlösung
- Einberufung und Leitung der Konfliktlösungskommission
- fachlicher Austausch mit externen Mobbingeinrichtungen

Der Konfliktbeauftragte hat einen Anspruch auf umfassende Unterrichtung über alle Konfliktsituationen im Betrieb sowohl durch den Arbeitgeber als auch durch den Personalrat. Er hat Zutrittsrecht zu allen Arbeitsplätzen und kann mit den im Konfliktumfeld Beschäftigten während der Arbeitszeit Gespräche führen.

4.2 Konfliktlösungskommission

Der Konfliktlösungskommission gehören an:
- der Konfliktbeauftragte als Vorsitzender,
- ein benannter Mitarbeiter des Personaldezernates und
- ein weiterer Sachverständiger, der durch die beiden Vorgenannten ausgewählt wird.

Die Hinzuziehung weiterer sachverständiger Personen mit beratender Stimme liegt im Ermessen der Konfliktlösungskommission.
Die Konfliktlösungskommission wird einberufen, wenn eine einvernehmliche Lösung des Konfliktes nicht möglich ist.
Aufgabe dieser Konfliktlösungskommission ist es, ein Konfliktlösungsverfahren einzuleiten, festzustellen, ob es sich um Mobbing handelt, den Verlauf des Verfahrens zu überwachen und der Verwaltung geeignete Maßnahmen zur Lösung des Konfliktes vorzuschlagen.
Alle durch die Konfliktlösungskommission geführten Gespräche werden protokolliert und durch den Vorsitzenden der Konfliktlösungskommission mindestens 5 Jahre aufbewahrt. Über die endgültige Vernichtung entscheidet die Konfliktlösungskommission. In Abstimmung mit der Konfliktlösungskommission kann das Personaldezernat Einsicht in die Gesprächsprotokolle nehmen und gegebenenfalls darüber verfügen. Den beiden Konfliktparteien ist ebenfalls in Abstimmung mit der Konfliktlösungskommission Einsicht in die Gesprächsprotokolle zu gewähren.
Die Mitglieder der Konfliktlösungskommission verpflichten sich, gemäß den ihnen zur Verfügung stehenden Möglichkeiten, an Qualifikationsmaßnahmen zum Thema „Mobbing" teilzunehmen.
Der Arbeitgeber stellt die Mitglieder der Konfliktlösungskommission zur Wahrnehmung ihrer Aufgaben und zur Teilnahme an Schulungsmaßnahmen von ihrer dienstlichen Tätigkeit frei.

5. Konfliktlösungsverfahren

5.1 Information

Das Konfliktlösungsverfahren wird durch eine Information über einen vermuteten Mobbingfall an den Konfliktbeauftragten eingeleitet.

5.2 Sachverhalt und Analyse

In Gesprächen mit dem Betroffenen klärt der Konfliktbeauftragte den Sachverhalt und analysiert, ob es sich um einen Mobbingkonflikt handeln könnte.
Sucht ein Betroffener nur moralische Unterstützung oder will sich über mögliche Lösungswege informieren, so kann das Verfahren an dieser Stelle beendet werden.

Das Verfahren ist keinesfalls gegen den Willen des Betroffenen fortzuführen.

5.3 Schlichtung

Sofern aufgrund der Analyse Bereitschaft zu einer einvernehmlichen Lösung zwischen den Konfliktbetroffenen zu vermuten ist, führt der Konfliktbeauftragte weitere Gespräche mit dem Mobbingbetroffenen, eventuellen Beobachtern des Konfliktes und schließlich mit dem Verursacher. Zu allen Gesprächen kann auf Verlangen des jeweils Beteiligten ein Vertreter des Personalrates, der Verwaltung bzw. der Vorgesetzte oder eine andere Vertrauensperson, die Mitarbeiter der LVA Mecklenburg-Vorpommern ist, hinzugezogen werden. Bestätigt sich die Vermutung einer einvernehmlichen Konfliktlösung, so ist diese in einem gemeinsamen Gespräch mit allen Beteiligten verbindlich festzuschreiben,

5.4 Konfliktlösung durch die Konfliktlösungskommission

Wenn eine einvernehmliche Lösung des Konfliktes nicht möglich ist, ist die Konfliktlösungskommission durch den Konfliktbeauftragten einzuberufen.
Die Konfliktlösungskommission findet sich zu maximal drei Gesprächsrunden ein, die einen zeitlichen Abstand von je drei Wochen nicht überschreiten sollten.
In den Gesprächsrunden können Mobbingbetroffene und Mobber (gegebenenfalls in getrennten Gesprächen) ihre Auffassungen zu dem Konflikt äußern. Der Konfliktbeauftragte gibt ggf. eine Darstellung des Konfliktes aufgrund eigener Recherchen ab und unterbreitet einen Vorschlag zur Konfliktlösung. Ferner zeigt er mögliche Konsequenzen und Sanktionen für den Verursacher von Mobbing auf.
Können in den Gesprächsrunden keine einvernehmlichen Lösungen gefunden werden, und steht keine Besserung der Situation für die Beteiligten in Aussicht, so stellt die Kommission einstimmig fest, ob es sich um Mobbing handelt und schlägt ggf. einstimmig der Verwaltung geeignete Maßnahmen zur Wiederherstellung eines gesunden Betriebsklimas vor.

6. Beschwerderecht

Unabhängig von dem unter Punkt 5 dargelegten Verfahren hat jeder Beteiligte jederzeit das Recht der Beschwerde beim Personalrat oder der Verwaltung.

7. Vertraulichkeit

Über Informationen und Vorkommnisse, persönliche Daten und Gespräche ist von den am Verfahren Beteiligten absolutes Stillschweigen gegenüber Dritten zu bewahren.
Alle diesbezüglichen Unterlagen sind datenschutzgerecht zu behandeln.

8. Inkrafttreten, Geltungsdauer

Diese Dienstvereinbarung tritt mit dem Tag ihrer Bekanntgabe in Kraft. Sie kann mit einer Frist von drei Monaten jeweils zum folgenden Quartal gekündigt werden.
Die Vereinbarung wirkt nach bis zum Inkrafttreten einer neuen Dienstvereinbarung, längstens jedoch bis zu einem Jahr nach Ablauf der Kündigungsfrist.
Die gesetzlichen bzw. arbeitsrechtlichen Bestimmungen bleiben von der Dienstvereinbarung unberührt.

Neubrandenburg, 04.11.1997

11. „Dienstvereinbarung zum Schutz vor Mobbing" für das Arbeitsamt Köln

In dem Willen, eine vertrauensvolle Zusammenarbeit aller Beschäftigten und eine gute Arbeitsatmosphäre im Arbeitsamt Köln zu fördern bzw. zu erhalten, Konflikte produktiv zu nutzen und zu bearbeiten und negative Auswirkungen sozialer Konflikte auf Einzelne zu verhindern, schließen der Direktor und der Personalrat des Arbeitsamtes Köln folgende Vereinbarung:

1. Grundsätze

1.1 Diese Dienstvereinbarung zum Schutz vor Mobbing hat das Ziel, Arbeitsbedingungen für alle Mitarbeiterinnen und Mitarbeiter sicherzustellen, die Arbeitsfreude, Leistungsfähigkeit, Betriebsfrieden und positive zwischenmenschlichen Beziehungen ermöglichen.

1.2 Jede/r Beschäftigte - insbesondere der/die mit Leitungsaufgaben betraute/n - ist in seinem/ihrem Arbeitsbereich dafür verantwortlich, durch sein/ihr Verhalten und Handeln zu einem Arbeitsklima beizutragen, in dem diskriminierendes Verhalten unterbleibt oder abgestellt wird.

1.3 Angriffe auf das Persönlichkeitsrecht eines/einer Beschäftigten oder die persönliche Ehre sowie auf die körperliche und seelische Unversehrtheit oder Behinderung der freien Entfaltung der Persönlichkeit werden als unzulässige Belästigungen angesehen. Sie gelten als Verstoß gegen die Dienstpflichten.

1.4 Als ein Angriff auf die Persönlichkeit eines/einer Beschäftigten gelten: Belästigung und Erschwerung der Arbeitsbedingungen sowie Benachteiligungen aufgrund Alter, Geschlecht, Abstammung, Herkunft, Religion, Nationalität, sexueller Identität, persönlicher Eigenheiten, parteipolitischer oder gewerkschaftlicher Betätigung oder Einstellung.

2. Begriffsbestimmung

2.1 Unter dem Begriff „Mobbing" wird eine konfliktbelastete Kommunikation/Situation am Arbeitsplatz unter Kollegen oder zwischen Vorgesetzten und MitarbeiterInnen verstanden, bei der
- die angegriffene Person unterlegen ist und
- von einer oder einigen Personen systematisch, oft
- und während längerer Zeit
- mit dem Ziel/oder dem Effekt des Ausstoßes aus dem Arbeitsverhältnis direkt oder indirekt angegriffen wird und dies als Diskriminierung empfindet.

2.2 Als „Mobbing-Handlungen" gelten Maßnahmen, die die Entfaltung der Persönlichkeit Einzelner beeinträchtigen können oder als Belästigung oder Beleidigung empfunden werden können.

Hierzu gehören z.B.:
- das Verleumden von Dienststellenangehörigen und deren Familien,
das Verbreiten von Gerüchten, über Dienststellenangehörige und deren Familien,
- absichtliches Zurückhalten von arbeitsnotwendigen Informationen oder sogar Desinformation,
- das Beschneiden von sozialen und kommunikativen Kontaktmöglichkeiten,

- Drohungen und Erniedrigungen, auch durch sexuelle Belästigungen in Form von Gesten oder sonstigen Handlungen,
- Beschimpfungen, verletzende Behandlungen, Hohn, Aggressivität oder sogar physische Gewalt,
- unwürdige Behandlung durch Vorgesetzte oder Mitarbeiter in Form von Zuteilung kränkender, unlösbarer, sinnloser oder gar keiner Aufgaben,
- Diskriminierungen durch rassistische oder ausländerfeindliche Äußerungen in mündlicher oder schriftlicher Form.

2.3 Vorgesetzte im Sinne dieser Vereinbarung sind alle unmittelbaren und mittelbaren Vorgesetzen.

3. Vorbeugende Maßnahmen

3.1 Informationen

3.1.1 Im Zusammenhang mit der Bekanntmachung dieser Vereinbarung wird durch die amtsinternen Mitteilungen über die Thematik des Mobbings informiert. Dies erfolgt in enger Abstimmung zwischen Amtsleitung und Personalrat. In lockerer Folge und bei besonderen Anlässen wird das Thema erneut aufgegriffen. Besondere Beachtung findet dabei der Aspekt der innerdienstlichen Konfliktbearbeitung.

3.1.2 Es werden Informationen bereitgestellt zu den Bereichen Gruppenprozesse, Mobbing und Konflikte, Arbeitssituation und Streß sowie Streßmanagement. Zudem werden Handlungsmöglichkeiten aufgezeigt und Hilfsangebote zur Verfügung gestellt. Einzelheiten werden zwischen Amtsleitung und Personalrat gesondert vereinbart.

3.2 Schulungen

3.2.1 Um die notwendige Sensibilität bei allen Beschäftigten zu fördern, wird das Thema „Mobbing" in Schulungsveranstaltungen behandelt. In die Konzeptionierung der Schulungsveranstaltungen ist der Personalrat einzubeziehen.

3.2.2 Besondere Schulungen/Gesprächskreise zu diesem Thema werden für alle Vorgesetzten eingerichtet.

3.3 Dienstbesprechungen

Die regelmäßig durchzuführenden Dienstbesprechungen dienen nicht nur der Sicherstellung der Informationsweitergabe an alle Mitarbeiterinnen und Mitarbeiter, sondern auch der Förderung sozialer Kontakte.

Dabei wird darauf geachtet, daß alle Mitarbeiterinnen und Mitarbeiter des jeweiligen Teams teilnehmen. Hierbei werden auch die unterschiedlichen Anwesenheitszeiten, insbesondere von Teilzeitbeschäftigten, berücksichtigt.

3.4 Mitarbeitergespräche

Der Vermeidung oder Lösung von Konflikten dient auch die Durchführung von Mitarbeitergesprächen, die auch von den Mitarbeiterinnen und Mitarbeitern selbst veranlaßt werden können. Bei personellen oder organisatorischen Veränderungen achten Vorgesetzte und Mitarbeiter besonders intensiv auf Konflikt- und Mobbingsignale und sprechen hierüber offen.

3.5 Arbeitsorganisation
Bei Veränderungen von Arbeitsbedingungen sowie im Rahmen der Organisationsentwicklung werden Arbeitsabläufe und -strukturen daraufhin überprüft, daß Konfliktursachen, die Mobbing fördern, ausgeschaltet werden.

4. Unterstützung der Betroffenen/Vertrauenspersonen
4.1 Betroffene werden ausdrücklich ermutigt, sich gegen Mobbing zur Wehr zu setzen. Um eine Eskalation eines Mobbing-Verlaufes zu vermeiden, wird dem/der Betroffenen empfohlen, der oder dem belästigenden Person/en zunächst klar zu machen, daß deren Verhalten als verletzend oder mißachtend empfunden wird und das Arbeitsklima stört.
4.2 Ist die persönliche Zurechtweisung erfolglos oder erscheint sie im Einzelfall unangebracht bzw. unzumutbar, so ist es zweckmäßig, wenn sich der/die von Mobbing Betroffene an eine Person seines/ihres Vertrauens oder an die im nachfolgenden Absatz genannten Vertrauenspersonen wendet, um sich persönlichen Rückhalt zu verschaffen.
4.3 Diese Vertrauenspersonen können Vorgesetzte, die Frauenbeauftragte, die Schwerbehinderten-Vertrauensperson oder Mitglieder des Personalrates sein.
4.4 Die eingeschalteten Vertrauenspersonen sollen auf Wunsch des/der Betroffenen - in der Regel innerhalb von 2 Wochen nach ihrer Einschaltung - ein gemeinsames Konfliktgespräch zwischen den am Mobbingverfahren Beteiligten organisieren.

5. Beschwerdebehandlung/förmliche Beschwerde
5.1 Haben die Bemühungen des/der Mobbing-Betroffenen bzw. der eingeschalteten Vertrauensperson zur Konfliktbewältigung (siehe 4.3) keinen Erfolg oder werden diese Gespräche von den Konfliktparteien als gescheitert eingestuft, so wird der/die nächsthöhere gemeinsame Vorgesetzte der am Konflikt Beteiligten auf Wunsch des/der Betroffenen eingeschaltet.
5.2 Der/die eingeschaltete nächsthöhere Vorgesetzte sorgt dafür, daß, in der Regel spätestens 2 Wochen nach seiner / ihrer Einschaltung bzw. nach dem Scheitern der unter 4. Aufgezeigten Bemühungen, weitere Gespräche zwischen den Konfliktparteien stattfinden. Auf Wunsch des Beschwerdeführers/der Beschwerdeführerin kann der Personalrat hinzugezogen werden.
5.3 Diese Gespräche müssen mit einer konkreten Vereinbarung enden. Dies können zum Beispiel Maßnahmen zur Beseitigung der Konfliktursachen sein. Sollten personal- bzw. arbeitsrechtliche Belange, wie z.B. die Umsetzung eines der am Prozeß Beteiligten oder die Einleitung von Maßnahmen gem. Pkt. 9 sinnvoll bzw. erforderlich sein, so ist ein Mitglied der Personalverwaltung hinzuzuziehen.
5.4 In der Personalakte der/des von Mobbing Betroffenen darf der Beschwerdevorgang nicht erkennbar sein.
5.5 Darüberhinaus steht allen Mitarbeiterlnnen, die sich von anderen Mitarbeiterlnnen oder von Vorgesetzten gemobbt fühlen, ungeachtet der unter 5.1 und 5.2 aufgezeigten freiwilligen Bemühungen das Recht zur förmlichen Beschwerde zu.
5.6 Durch die Beschwerde dürfen dem/der Betroffenen keine Nachteile entstehen.

6. Die Verantwortung der Vorgesetzten
6.1 Vorgesetzte haben durch ihr Verhalten aktiv zu einem Arbeitsklima beizutragen, in dem die persönliche Integrität und die Selbstachtung alter Beschäftigten respektiert werden.

6.2 Insbesondere trägt jede/r Vorgesetzte dafür Verantwortung, daß in den ihnen unterstellten Aufgabenbereichen ein positives Arbeitsklima gefördert wird. Ferner übernehmen die Vorgesetzten Verantwortung dafür, daß Hinweisen - sowohl von Betroffenen als auch Dritten – auf Fehlverhalten in ihrem Bereich nachgegangen wird und Mobbing so unterbunden unterbunden wird.
6.3 Die Vorgesetzten haben insbesondere die Aufgabe:
- die Betroffenen zu beraten und zu unterstützen
- auftretende Konflikte konstruktiv zu bearbeiten
- in getrennten oder gemeinsamen Gesprächen mit allen Beteiligten, die eine Person ihres Vertrauens hinzuziehen können den Sachverhalt festzustellen
- die belästigenden Personen über die tatsächlichen und rechtlichen Zusammenhänge und Folgen der Mobbing-Verhaltensweisen aufzuklären und auf eventuelle Sanktionen hinzuweisen.

7. Vertraulichkeit
Über Informationen und Vorkommnisse, Persönliche Daten und Gespräche im Rahmen von Mobbing-Fällen ist absolutes Stillschweigen gegenüber Dritten bewahren, die nicht am Gesamtverfahren beteiligt sind.

8. Rolle und Rechte des Personalrates
Der Personalrat kann Mitglieder benennen, die als besondere Ansprechpartner für die erforderlichen Konflikt- und Vermittlungsgesprächen auf Wunsch der Betroffenen zur Verfügung stehen.

9. Sanktionen
9.1 Der Direktor des Arbeitsamtes Köln hält es für seine Pflicht, gegen Vorgesetzte und Beschäftigte vorzugehen, die andere Beschäftigte belästigen, benachteiligen oder durch Mobbing in ihren Persönlichkeitsrechten einschränken oder die solches Verhalten dulden.
9.2 Sanktionen sollen durch vorbeugende Maßnahmen, Konfliktlösungs- und Vermittlungsgespräche verhindert werden. Im Einzelfall kann es jedoch erforderlich sein, arbeits-/disziplinarrechtliche Konsequenzen zu ziehen.
Je nach Schwere der Belästigung sind folgende Sanktionen vorgesehen:
- persönliche Gespräche und Hinweise auf das Verbot der Belästigung, Benachteiligungen und von Mobbing im allgemeinen
- Vermerk in der Personalakte
- mündliche und/oder schriftliche Ermahnung
- Umsetzung
- schriftliche Abmahnung und Kündigungsandrohung
- bei Beamten: Untersuchung und Ahndung nach den Vorschriften der Bundesdisziplinarordnung
- bei Arbeitnehmern: arbeitsrechtliche Konsequenzen bis hin zur fristgerechten/fristlosen Kündigung
- Strafanzeige durch den Arbeitgeber

10. Schlußbestimmungen
10.1 Diese Vereinbarung gilt für alle Angehörigen des Arbeitsamtes Köln einschließlich der Auszubildenden und VerwaltungsinspektorenanwärterInnen.

Sie erstreckt sich auf alle Dienststellen/Auslagerungen.
10.2 Jede/r Beschäftigte des Arbeitsamtes Köln hat sich mit dem Inhalt dieser Dienstvereinbarung vertraut zu machen und die darin niedergelegten Bestimmungen zu beachten.
Jeder Mitarbeiter und jede Mitarbeiterin erhält ein Exemplar dieser Vereinbarung.

11. Inkrafttreten
Diese Dienstvereinbarung tritt sofort in Kraft. Sie kann von beiden Seiten mit einer Frist von drei Monaten zum Ende eines Kalendermonats gekündigt werden und wirkt bis zum Abschluß einer neuen Dienstvereinbarung nach.

Köln, 04.06.1997

Abkürzungsverzeichnis

a.A.	andere(r) Ansicht
a.a.O.	am angegebenen Ort
Abs.	Absatz
a.E.	am Ende
a.F	alte(r) Fassung
AFG	Arbeitsförderungsgesetz
AG	Aktiengesellschaft
AiB	Arbeitsrecht im Betrieb (Zeitschrift)
AP	Arbeitsrechtliche Praxis (Entscheidungssammlung)
ArbG	Arbeitsgericht
ArbGG	Arbeitsgerichtsgesetz
ArbSchG	Arbeitsschutzgesetz
ArbuR	Arbeit und Recht (Zeitschrift)
ARD	Arbeitsgemeinschaft der öffentlich-rechtlichen Rundfunkanstalten der Bundesrepublik Deutschland
Art.	Artikel
AuA	Arbeit und Arbeitsrecht (Zeitschrift)
Aufl.	Auflage
BAG	Bundesarbeitsgericht
BAGE	Entscheidungen des Bundesarbeitsgerichts (Entscheidungssammlung)
BB	Betriebs-Berater (Zeitschrift)
BBG	Bundesbeamtengesetz
BDO	Bundesdisziplinarordnung
BeamtVG	Beamtenversorgungsgesetz
BeSchuG	Beschäftigtenschutzgesetz
BetrVG	Betriebsverfassungsgesetz
BGB	Bürgerliches Gesetzbuch
BGBl.	Bundesgesetzblatt
BGH	Bundesgerichtshof
BGHSt	Entscheidungen des Bundesgerichtshofs in Strafsachen (Entscheidungssammlung)
BGHZ	Entscheidungen des Bundesgerichtshofs in Zivilsachen (Entscheidungssammlung)
Bl.	Blatt
BPersVG	Bundespersonalvertretungsgesetz
BRRG	Beamtenrechtsrahmengesetz
BSG	Bundessozialgesetz
BSGE	Entscheidungen des Bundesozialgerichts (Entscheidungssammlung)
BSHG	Bundessozialhilfegesetz
BVerfG	Bundesverfassungsgericht
BVerfGE	Entscheidungen des Bundesverfassungsgerichts (Entscheidungssammlung)
BVerwG	Bundesverwaltungsgericht

BVerwGE	Entscheidungen des Bundesverwaltungsgerichts (Entscheidungssammlung)
bzw.	beziehungsweise
CD	compact disc
DB	Der Betrieb (Zeitschrift)
DBlR	Dienstblatt der Bundesanstalt für Arbeit
d.h.	das heißt
DM	Deutsche Mark
DRiG	Deutsches Richtergesetz
EFZG	Entgeltfortzahlungsgesetz
Einf	Einführung
etc.	et cetera
e.V.	eingetragener Verein
f.	folgend(e)
ff.	fortfolgend(e)
Fn.	Fußnote
GG	Grundgesetz
GGmbH	gemeinnützige Gesellschaft mit beschränkter Haftung
GmbH	Gesellschaft mit beschränkter Haftung
GS	Großer Senat
HGB	Handelsgesetzbuch
h.M.	herrschende Meinung
info also	Informationen zum Arbeitslosenrecht und Sozialhilferecht (Zeitschrift)
ILO	International Labour Organisation (Internationale Arbeitsorganisation)
i.V.m.	in Verbindung mit
Kfz	Kraftfahrzeug
KG	Kommanditgesellschaft
KO	Konkursordnung
KSchG	Kündigungsschutzgesetz
LAG	Landesarbeitsgericht
Ls.	Leitsatz
MDR	Monatsschrift für Deutsches Recht (Zeitschrift)
Mrd.	Milliarde
m.w.N.	mit weiteren Nachweisen
n.F.	neue(r) Fassung
NJW	Neue Juristische Wochenschrift (Zeitschrift)
NJW-RR	NJW-Rechtsprechungs-Report (Zeitschrift)
Nr.	Nummer(r)
NStZ	Neue Zeitschrift für Strafrecht (Zeitschrift)
NVwZ	Neue Zeitschrift für Verwaltungsrecht (Zeitschrift)
NZA	Neue Zeitschrift für Arbeitsrecht (Zeitschrift)
OHG	Offene Handelsgesellschaft
OLG	Oberlandesgericht
OVG	Oberverwaltungsgericht
PC	Personalcomputer
PDS	Partei des Demokratischen Sozialismus

PersR	Der Personalrat (Zeitschrift)
Pkw	Personenkraftwagen
PTSD	Post-traumatic stress disorder (posttraumatische Stressbelastung)
RiStBV	Richtlinien für das Strafverfahren und Bußgeldverfahren
Rn.	Randnummer(n)
RVO	Reichsversicherungsordnung
S.	Seite
s.a.	siehe auch
SG	Sozialgericht
SGB III	Sozialgesetzbuch III (Arbeitsförderung)
SGB V	Sozialgesetzbuch V (Gesetzliche Krankenversicherung)
SGB VI	Sozialgesetzbuch VI (Gesetzliche Rentenversicherung)
SGB VII	Sozialgesetzbuch VII (Gesetzliche Unfallversicherung)
SGB X	Sozialgesetzbuch X (Verwaltungsverfahren, ...)
sog.	so genannt
SoldG	Soldatengesetz
SozR	Sozialrecht (Entscheidungssammlung)
StGB	Strafgesetzbuch
StPO	Strafprozessordnung
u.	und
u.a.	und andere
Überbl	Überblick
v.	vom, vor
v.H.	von Hundert
vgl.	vergleiche
VglO	Vergleichsordnung
Vor	Vorbemerkungen
Vorbem	Vorbemerkungen
WAZ	Westdeutsche Allgemeine Zeitung
z.B.	zum Beispiel
ZBR	Zeitschrift für Beamtenrecht (Zeitschrift)
ZVG	Zwangsversteigerungsgesetz

Literaturverzeichnis

Ahrens; Arbeitnehmerhaftung bei betrieblich veranlaßter Tätigkeit; DB 1996, 934

Altmeppen; Haftung der Geschäftsleiter einer Kapitalgesellschaft für Verletzung von Verkehrssicherungspflichten; ZIP 1995, 881

Altvater/Bacher/Hörter/Peiseler/Sabottig/Schneider/Vohs; BPersVG: Bundespersonalvertretungsgesetz mit Wahlordnung und ergänzenden Vorschriften; 4. Aufl.; Köln, 1994 (zitiert: Altvater u.a.)

Altvater/Bacher/Hörter/Peiseler/Sabottig/Vohs; Bundespersonalvertretungsgesetz: Basiskommentar mit Wahlordnung und ergänzenden Vorschriften für Gerichte, Bahn, Post, Bundeswehr und NATO; 2. Aufl.; Frankfurt am Main, 1998 (zitiert: Altvater u.a. 1998)

Ausfelder; Mobbing - Schikane am Arbeitsplatz; 2. Aufl.; München, 1995

Battis; Bundesbeamtengesetz; 2. Aufl.; München, 1997

Becker; Rückwege zum Selbstbewußtsein. Ein Beispiel für die Behandlung in der Mobbingklinik; in: Leymann (Hrsg.); Der neue Mobbing-Bericht: Erfahrungen und Initiativen, Auswege und Hilfsangebote; Reinbek bei Hamburg, 1995

Becker/Etzel/Fischermeier/Friedrich/Lipke/Pfeiffer/Rost/Spilger/Weigand/Wolff; Gemeinschaftskommentar zum Kündigungsschutzgesetz und zu den sonstigen kündigungsschutzrechtlichen Vorschriften; 5. Aufl.; Neuwied, Kriftel, 1998 (zitiert: KR-Bearbeiter)

Beckers/Metz; Mobbing-Opfer sind nicht wehrlos; 2. Aufl.; Freiburg im Breisgau, 1998

Belling; Die Haftung des Betriebsrats und seiner Mitglieder für Pflichtverletzungen; Tübingen, 1990

Bieler/Heilmann; Mobbing - Ursachen und Problemlösungsmöglichkeiten; Betrieb und Wirtschaft 1997, 437

Bieler/Heilmann; Mobbing - ein bekanntes Ärgernis unter neuem Namen (?); ArbuR 1996, 430 (zitiert: Bieler/Heilmann ArbuR)

Blaese; Die arbeitsrechtliche Druckkündigung; DB 1988, 178

Brackmann; Handbuch der Sozialversicherung; Gesetzliche Unfallversicherung; 12. Aufl., 92. Lieferung – Stand Dezember 1998; Sankt Augustin (zitiert: Brackmann-Bearbeiter)

Breidenbach; Mediation: Struktur, Chancen und Risiken von Vermittlung im Konflikt; Köln, 1995

Breidenbach; Mediation - Komplementäre Konfliktbehandlung durch Vermittlung; in: Breidenbach/Henssler (Hrsg.); Mediation für Juristen; Köln, 1997

Brill; Zur zivilrechtlichen Haftung des Betriebsrats und seiner Mitglieder; ArbuR 1980, 353

Brinkmann; Mobbing, Bullying, Bossing – Treibjagd am Arbeitsplatz; Heidelberg, 1995

Brox; Allgemeines Schuldrecht; 24. Aufl.; München, 1997 (zitiert: Brox SR I)

Brox; Besonderes Schuldrecht; 22. Aufl.; München, 1997 (zitiert: Brox SR II)

Bücker/Feldhoff/Kohte; Vom Arbeitsschutz zur Arbeitsumwelt: Europäische Herausforderungen für das deutsche Arbeitsrecht; Neuwied, Kriftel, Berlin, 1994

Busemann; Die Haftung des Arbeitnehmers gegenüber dem Arbeitgeber und Dritten; Berlin, 1999

Claussen/Benneke; Das nichtförmliche Disziplinarverfahren; 3. Aufl.; Köln, Berlin, Bonn, München, 1996
Claussen/Janzen; Bundesdisziplinarordnung; 8. Aufl.; Köln, Berlin, Bonn, München, 1996

Däubler; Arbeitsrecht; Frankfurt am Main, 1998
Däubler; Das Arbeitsrecht 1; 15. Aufl.; Reinbek bei Hamburg, 1998 (zitiert: Däubler AR 1)
Däubler; Das Arbeitsrecht 2; 11. Aufl.; Reinbek bei Hamburg, 1998 (zitiert: Däubler AR 2)
Däubler; Das Zivilrecht 1; Reibek bei Hamburg 1, 1997 (zitiert: Däubler ZR 1)
Däubler; Das Zivilrecht 2; Reinbek bei Hamburg, 1997 (zitiert: Däubler ZR 2)
Däubler; Zurückhaltung des Rechts. Mobbing und das Arbeitsrecht - eine Bestandsaufnahme; in: Leymann (Hrsg.); Der neue Mobbing-Bericht: Erfahrungen und Initiativen, Auswege und Hilfsangebote; Reinbek bei Hamburg, 1995 (zitiert: Däubler in Leymann)
Däubler; Mobbing und Arbeitsrecht; BB 1995, 1347
Däubler; Tarifvertragsrecht; 3. Aufl.; Baden-Baden, 1993 (zitiert: Däubler TR)
Däubler/Kittner/Klebe; Betriebsverfassunsgesetz; 6. Aufl.; Frankfurt am Main, 1998 (zitiert: DKK-Bearbeiter)
Das Bürgerliche Gesetzbuch mit besonderer Berücksichtigung der Rechtsprechung des Reichsgerichts und des Bundesgerichtshofes; 12. Aufl.; Berlin, New York, 1989 (zitiert: BGB-RGRK)
Degen/Geiswald; Rechtsratgeber Frauen im Beruf; Reinbek bei Hamburg, 1997
Dieball; Mobbing und Arbeitsrecht; BB 1996, 483
Diergarten; Mobbing - Wenn der Arbeitsalltag zum Alptraum wird ...; Köln, 1994

Eichhorn/Steinmann; Abmahnung - was tun? Der Ratgeber für Arbeitnehmer und deren Interessenvertretung; Köln, 1997
Esser/Wolmerath; Mobbing: der Ratgeber für Betroffene und ihre Interessenvertretung; 2. Aufl.; Frankfurt/Main, 1998
Esser/Wolmerath, Mobbing - Handlungsmöglichkeiten des Betriebsrats; AiB 1996, 540 (zitiert: Esser/Wolmerath 1996)
Esser/Wolmerath, Musterbetriebsvereinbarung „Mobbing"; AiB 1997, 23 (zitiert: Esser/Wolmerath 1997)

Fabricius; Zur Dogmatik des „sonstigen Rechts" gemäß § 823 Abs. 1 BGB; AcP 160, 273
Fabricius/Kraft/Wiese/Kreutz; Betriebsverfassungsgesetz; Band 1 (§§ 1-73); 6. Aufl.; Neuwied, Kriftel, Berlin, 1997 (zitiert: GK-Bearbeiter)
Fabricius/Kraft/Wiese/Kreutz; Betriebsverfassungsgesetz; Band 2 (§§ 74 - 132); 6. Aufl.; Neuwied, Kriftel, Berlin, 1998 (zitiert: GK-Bearbeiter)
Fikentscher; Schuldrecht; 9. Aufl.; Berlin, New York, 1997
Fitting/Kaiser/Heither/Engels; Betriebsverfassungsgesetz; 19. Aufl.; München, 1998 (zitiert: FKHE)
Fricke; Virtuelle Betrieb- Auswirkungen auf die Betriebsratsarbeit?; AiB 1997, 31

Gemeinschaftskommentar zum Arbeitsförderungsrecht; Neuwied, Kriftel, 1998 (zitiert: Bearbeiter in GK-SGB III/Band)
Gamillscheg; Die Haftung des Betriebsrats und seiner Mitglieder für Pflichtverletzungen; ArbuR 1992, 176
Germelmann/Matthes/Prütting; Arbeitsgerichtsgesetz; 3. Aufl.; München, 1999
Gitter; Sozialrecht; 4. Aufl.; München, 1996
Gleichmann; Mobbing - Psychoterror am Arbeitsplatz; Schulleitung und Schulentwicklung; Stuttgart, September 1997
Gnade/Kehrmann/Schneider/Blanke/Klebe; Betriebsverfassungsgesetz: Basiskommentar mit Wahlordnung; 8. Aufl.; Frankfurt/Main, 1999 (zitiert: Gnade u.a.)
Grabendorf/Ilbertz/Widmaier; Bundespersonalvertretungsgesetz; 9. Aufl.; Stuttgart, Berlin, Köln, 1999
Gralka; Mobbing und Arbeitsrecht; BB 1995, 2651
Groeblinghoff; Mobbing. Störungen am Arbeitsplatz - Ursachen und Lösungen; AuA 1999, 162
Grund; Wenn die Hemmschwellen sinken. Die Aufgaben der Gewerkschaft: Aufklärung und Prävention; in: Leymann (Hrsg,); Der neue Mobbing-Bericht: Erfahrungen und Initiativen, Auswege und Hilfsangebote; Reinbek bei Hamburg, 1995
Grunewald; Mobbing - arbeitsrechtliche Aspekte eines neuen Phänomens; NZA 1993, 1071
Grunsky; Arbeitsgerichtsgesetz; 7. Aufl.; München, 1995

Hage/Heilmann; Mobbing - ein modernes betriebliches Konfliktfeld; BB 1998, 742
Hamm; Das Ende der fortgesetzten Handlung; NJW 1994, 1636
Hauck; Arbeitsgerichtsgesetz; München, 1996
Hauck; Sozialgesetzbuch; SGB VII, Gesetzliche Unfallversicherung, 1. Band; Berlin, 1997; Stand 1. November 1998 (zitiert: Hauck-Bearbeiter)
Hauck/Haines; Sozialgesetzbuch X/3, Zusammenarbeit der Leistungsträger und ihre Beziehungen zu Dritten; Stand: 1. Januar 1997
Hesse/Schrader; Krieg im Büro - Konflikte am Arbeitsplatz und wie man sie löst; Frankfurt/Main, 1995
Huber; Mobbing: Psychoterror am Arbeitsplatz; Niedernhausen/Ts., 1993/1994
Hueck/v. Hoyningen-Huene; Kündigungsschutzgesetz; 12. Aufl.; München, 1997

Kater/Leube; Gesetzliche Unfallversicherung, SGB VII; München, 1997
Kempen/Zachert; Tarifvertragsgesetz; 3. Aufl.; Köln, 1997
Kittner; Gesamtsystem Schuldrecht: rechtliche Grundlagen - wirtschaftliche Zusammenhänge; München, 1998
Kittner/Däubler/Zwanziger; Kündigungsschutzrecht; 4. Aufl.; Frankfurt/Main, 1999
Kittner/Pieper; Arbeitsschutzgesetz; Köln, 1997
Kittner/Pieper; Arbeitsschutzrecht; Frankfurt/Main 1999 (zitiert: Kittner/Pieper ArbSchR)
Kittner/Reinhard; Sozialgesetzbuch I, IV, X - Allgemeiner Teil, Gemeinsame Vorschriften, Verwaltungsverfahren; Köln, 1997
Kittner/Trittin; Kündigungsschutzrecht; 3. Aufl.; Köln, 1997
Kleinknecht/Meyer-Goßner; Strafprozeßordnung; 44. Aufl.; München, 1999

Köhler/Ratz; BDO: Bundesdisziplinarordnung und materielles Disziplinarrecht; 2. Aufl.; Köln, 1994
Kollmer; Mobbing im Arbeitsverhältnis; Heidelberg, 1997
Kossens; Die Abmahnung von Betriebsratsmitgliedern; AiB 1996, 579
Kratz; Mobbing; Wien/Frankfurt, 1998
Kraushaar; Die Arbeitnehmerhaftung; AiB 1994, 353
Kümmel; Beamtenversorgungsgesetz; Hannover; Stand Mai 1999
Kunig; Das Recht des öffentlichen Dienstes; in: Schmidt-Aßmann; Besonderes Verwaltungsrecht; 10. Aufl.; Berlin, New York, 1995
Kursawe; Die Aufklärungspflicht des Arbeitgebers bei Abschluß von Arbeitsverträgen; NZA 1997, 245

Lackner/Kühl; Strafgesetzbuch; 23. Aufl.; München, 1999
Ladwig; Klagen von Bediensteten auf Widerruf unwahrer Behauptungen des Personalrats oder seiner Mitglieder; PersV 1983, 483
Landesbildungswerk der Deutschen Angestellen Gewerkschaft Berlin und Brandenburg e.V. (Hrsg.); Mobbing; ohne Erscheinungsort und -jahr (zitiert: Autor in DAG)
Landwehr; Die Haftung der juristischen Personen für körperschaftliche Organisationsmängel; AcP 164, 482
Larenz; Lehrbuch des Schuldrechts; Band I, Allgemeiner Teil; 14. Aufl.; München, 1987
Larenz/Canaris; Lehrbuch des Schuldrechts; Band II/2, Besonderer Teil; 13. Aufl.; München, 1994
Larenz/Wolf; Allgemeiner Teil des Bürgerlichen Rechts; 8.Aufl.; München, 1997
Lauterbach; Unfallversicherung, Sozialgesetzbuch VII; 4. Aufl.; Stuttgart, Berlin, Köln, 1997; 8. Lieferung: Stand November 1998 (zitiert: Lauterbach-Bearbeiter)
Leinemann (Hrsg.); Kasseler Handbuch zum Arbeitsrecht; Neuwied, Kriftel, Berlin, 1997 (zitiert: Kasseler Handbuch-Bearbeiter)
Lemke/Julius/Krehl/Kurth/Rautenberg/Temming; Strafprozeßordnung; 2. Aufl.; Heidelberg, 1999 (zitiert: Lemke u.a.-Bearbeiter)
Leymann; Mobbing: Psychoterror am Arbeitsplatz und wie man sich dagegen wehren kann; Reinbek bei Hamburg, 1993 (zitiert: Leymann 1993)
Leymann (Hrsg,); Der neue Mobbing-Bericht: Erfahrungen und Initiativen, Auswege und Hilfsangebote; Reinbek bei Hamburg, 1995 (zitiert: Leymann 1995)
Leymann/Niedl; Mobbing Psychoterror am Arbeitsplatz; Wien, 1994
Lindemeier; Neue Arbeit – Neues Denken?; INFORM 2/96, 2
Lohre/Mayer/Stevens-Bartol (Hrsg.), Arbeitsförderung – Sozialgesetzbuch III, 2. Aufl.; Frankfurt/Main, 1999 (zitiert: Lohre u.a.-Bearbeiter)
Lorenzen/Schmitt/Etzel/Gerhold/Schlatmann; Bundespersonalvertretungsgesetz; Heidelberg, Stand Mai 1999 (zitiert: Lorenzen u.a.-Bearbeiter)

Mähler/Mähler; Mediation - eine interessengerechte Konfliktregelung; in: Breidenbach/Henssler (Hrsg.); Mediation für Juristen; Köln, 1997
Medicus; Schuldrecht I, Allgemeiner Teil; 9. Aufl.; München, 1996
Medicus; Schuldrecht II, Besonderer Teil; 8. Aufl.; München, 1997 (zitiert: Medicus SR II)
Metzner; in: DGB-Bundesvorstand (Hrsg.); Mobbingfälle; Düsseldorf, 1998

Mittelstaedt; Mobbing und Emotionen: Aspekte einer Organisationssoziologie; München und Mering, 1998
Münchener Kommentar zum Bürgerlichen Gesetzbuch; Band 1, Allgemeiner Teil; 3. Aufl.; München, 1993 (zitiert: MüKo-Bearbeiter)
Münchener Kommentar zum Bürgerlichen Gesetzbuch; Band 5, Schuldrecht, Besonderer Teil III; 3. Aufl.; München, 1997 (zitiert: MüKo-Bearbeiter)

Neuberger; Mobbing: Übel mitspielen in Organisationen; München und Mering, 1994 (zitiert: Neuberger (1994))
Neuberger; Mobbing: Übel mitspielen in Organisationen; 3. Aufl.; München und Mering, 1999
Niedl; Wem nützt Mobbing? Psychoterror am Arbeitsplatz und die Personalwirtschaft von Unternehmen; in: Leymann (Hrsg.); Der neue Mobbing-Bericht: Erfahrungen und Initiativen, Auswege und Hilfsangebote; Reinbek bei Hamburg, 1995 (zitiert: Niedl in Leymann)
Niedl; Mobbing/Bullying am Arbeitsplatz; München und Mering, 1995
Niemann; Juristische Fragen bei Konflikten am Arbeitsplatz („Mobbing"); kda Nr. 2/1999, 22
Niesel; Sozialgesetzbuch, Arbeitsförderung, SGB III; München, 1998 (zitiert: Bearbeiter in Niesel)
Nipperdey; Tatbestandsaufbau und Systematik der deliktischen Grundtatbestände; NJW 1967, 1985

Ossenbühl; Staatshaftungsrecht; 5. Aufl.; München, 1998

Palandt; Bürgerliches Gesetzbuch; 58. Aufl.; München, 1999
Petri/Voelzke/Wagner; Gesetzliche Unfallversicherung, Sozialgesetzbuch VII; Köln, 1998
Plog/Wiedow/Beck/Lemhöfer; Kommentar zum Bundesbeamtengesetz; Neuwied und Darmstadt; Stand Juni 1999 (zitiert: Plog u.a.)

Resch; Wenn Arbeit krank macht; Frankfurt/Main, Berlin, 1994
Resch; Streßausgleich bei Mobbing. Einige Grundregeln; in: Leymann (Hrsg.); Der neue Mobbing-Bericht: Erfahrungen und Initiativen, Auswege und Hilfsangebote; Reinbek bei Hamburg, 1995 (zitiert: Resch in Leymann)
Richardi; Betriebsverfassungsgesetz mit Wahlordnung; 7. Aufl.; München, 1998
Rolf; Ameise gegen Giganten. Ein Mobbing - Trauma; Hamburg, 1999
Rolfs; Die Neuregelung der Arbeitgeber- und Arbeitnehmerhaftung bei Arbeitsunfällen durch das SGB VII, NJW 1996, 3177
Roxin; Strafverfahrensrecht; 24. Aufl.; München, 1995
Roxin; Strafrecht, Allgemeiner Teil, Band 1: Grundlagen, der Aufbau der Verbrechenslehre; 3. Aufl.; München, 1997 (zitiert: Roxin AT)
Rudolphi/Horn/Günther/Samson; Systematischer Kommentar zum Strafgesetzbuch; Neuwied, Kriftel, Stand Februar 1999 (zitiert: SK-StGB-Bearbeiter)

Sabottig/Ratz; Beamtenrechtliche Probleme und Personalratsamt; PersR 1985, 69
Schaub; Arbeitsrechts-Handbuch; 8. Aufl.; München, 1996
Schauer; Mobbing. Kostspielige Kränkungen am Arbeitsplatz; Wiesbaden, 1998

Schiek; Zweites Gleichberechtigungsgesetz für die Privatwirtschaft; Köln, 1995
Schiek/Buhr/Dieball/Fritsche/Klein-Schonnefeld/Malzahn/Wankel; Frauengleichstellungsgesetze des Bundes und der Länder; Köln, 1996
Schimmelpfennig/Schimmelpfennig; Mobbing als Problem für Kollegen, Vorgesetzte und Personalvertretung; PersV 1998, 260 und 299
Schlaugat; Mobbing am Arbeitsplatz: eine theoretische und empirische Analyse; München und Mering, 1999
Schmidt/Seidel; Strafgesetzbuch - Allgemeiner Teil; 2. Aufl.; Bremen, 1998
Schnellenbach; Beamtenrecht in der Praxis; 4. Aufl.; München, 1998
Schönke/Schröder; Strafgesetzbuch; 25. Aufl.; München, 1997 (zitiert: Schönke/ Schröder-Bearbeiter)
Schroeder-Printzen/Engelmann/Schmalz/Wiesner/von Wulffen; Sozialgesetzbuch, Verwaltungsverfahren - SGB X; 3. Aufl.; München 1996 (zitiert: Schroeder-Printzen u.a.-Bearbeiter)
Schütz; Disziplinarrecht des Bundes und der Länder; Bielefeld; Stand August 1998
Skowronek; Mobbing - Psychoterror am Arbeitsplatz; AiB 1998, 270
Soergel; Kommentar zum Bürgerlichen Gesetzbuch; 12. Aufl.; Stuttgart, Berlin, Köln, 1990 (zitiert: Soergel-Bearbeiter)
Stahlhacke/Preis; Kündigung und Kündigungsschutz im Arbeitsverhältnis; 6. Aufl.; München, 1995
Stahlhacke/Preis/Vossen; Kündigung und Kündigungsschutz im Arbeitsverhältnis; 7. Aufl.; München, 1999
Staudinger; Kommentar zum Bürgerlichen Gesetzbuch; 1. Band, Allgemeiner Teil; 13. Bearbeitung; Berlin, 1995 (zitiert: Staudinger-Bearbeiter)
Stegmüller/Schmalhofer/Bauer; Beamtenversorgungsgesetz; München, Berlin; Stand März 1999 (zitiert: Stegmüller u.a.)
Stein; Tarifvertragsrecht; Stuttgart, Berlin, Köln, 1997
Steinbrück; Mobbingursachen; in: Mobbing. Erkennen, Lernen, Helfen; Landesbildungswerk der Deutschen Angestellten Gewerkschaft Berlin und Brandenburg e.V.

Thomas; Chefsache Mobbing: Souverän gegen Psychoterror am Arbeitsplatz; Wiesbaden, 1993
Tröndle/Fischer; Strafgesetzbuch und Nebengesetze; 49. Aufl.; München, 1999

Walter; Mobbing: Kleinkrieg am Arbeitsplatz: Konflikte erkennen, offenlegen und lösen; 2. Aufl.; Frankfurt/Main, 1993
Waltermann; Änderungen im Schadensrecht durch das neue SGB VII; NJW 1997, 3401
Warschkow/Erdmann; Mobbing unterbinden; AiB 1995, 509
Wessels; Strafrecht, Allgemeiner Teil; 23. Aufl.; Heidelberg, 1993
Weuster; Die Abmahnung aus Arbeitnehmersicht; AiB 1995, 513
Wiedemann; Tarifvertragsgesetz; 6. Aufl.; München, 1999
Windscheid; Die Haftung für Handlungen der Personalvertretung; PersV 1977, 41
Wolmerath; Mobbing und Recht: Handlungsmöglichkeiten, Vorgehen, Prävention; in: Das Lehrerhandbuch; Stuttgart, März 1998
Wolmerath/Esser; Konfliktbewältigung am Arbeitsplatz - Eckpunkte für eine Betriebsvereinbarung; AiB 1999, 74

Zapf; Mobbing in Organisationen - Überblick zum Stand der Forschung; Zeitschrift für Arbeits- und Organisationspsychologie, Heft 1/1999, 1

Zapf/Warth; Mobbing: Subtile Kriegsführung am Arbeitsplatz; Psychologie Heute, August 1997, 20

Zöllner/Loritz; Arbeitsrecht; 5. Aufl.; München, 1998

Zuschlag; Mobbing: Schikane am Arbeitsplatz; erfolgreiche Mobbing-Abwehr durch systematische Ursachenanalyse; 2. Aufl.; Göttingen, 1997